Die Sonderprüfung im Recht der GmbH

Europäische Hochschulschriften

European University Studies

Publications Universitaires Européennes

Reihe II **Rechtswissenschaft**

Series II Law

Série II Droit

Band/Volume **5489**

Matthias Grote

Die Sonderprüfung im Recht der GmbH

PL ACADEMIC RESEARCH

Bibliografische Information der Deutschen Nationalbibliothek
Die Deutsche Nationalbibliothek verzeichnet diese Publikation in der Deutschen Nationalbibliografie; detaillierte bibliografische Daten sind im Internet über http://dnb.d-nb.de abrufbar.

Zugl.: Münster (Westfalen), Univ., Diss., 2012

D 6
ISSN 0531-7312
ISBN 978-3-631-62963-5 (Print)
E-ISBN 978-3-653-03463-9 (E-Book)
DOI 10.3726/978-3-653-03463-9

PL Academic Research ist ein Imprint der Peter Lang GmbH.
Peter Lang – Frankfurt am Main · Bern · Bruxelles · New York · Oxford · Warszawa · Wien

www.peterlang.de

Meinen Eltern

Vorwort

Die Rechtswissenschaftliche Fakultät der Westfälischen Wilhelms-Universität Münster hat die vorliegende Arbeit im Wintersemester 2012/13 als Dissertation angenommen. Rechtsprechung und Literatur konnten noch bis Mitte Dezember 2012 Berücksichtigung finden.

Sehr herzlich möchte ich mich bei meinem verehrten Doktorvater Professor Dr. *Ingo Saenger* bedanken. Er hat meine Promotion auf sehr angenehme Weise betreut und gefördert. Sein Rat stand mir jederzeit zur Seite. Ihm verdanke ich sowohl wertvolle Anregungen in Bezug auf die Anfertigung der Dissertation als auch die Gewährung einer weiten akademischen Freiheit während meiner Promotionszeit. Professor Dr. *Wolfram Timm* hat schließlich das Zweitgutachten erstellt.

Mein größter Dank gebührt meinen lieben Eltern Dr. *Anke Schwerdtfeger-Grote* und Professor Dr. *Thomas Grote*. Sie haben mir nicht nur eine glückliche und unbeschwerte Jugend sowie ein erfülltes und sorgenfreies Studium ermöglicht, sondern mich auch während meiner Promotionszeit in jeder Hinsicht und auf vielfältige Weise unterstützt und gefördert. Sie waren und sind mir große Vorbilder. Ihnen ist diese Arbeit in Dankbarkeit zugeeignet.

Ganz besonders möchte ich mich außerdem bei meinem Vater sowie meinen Freunden aus dem Studium, dem Referendariat und der Schulzeit Dr. *Nils Rümpker*, *Andreas Engel* und *Ingo Hoffmann* für deren großartige Hilfe beim Korrekturlesen des Manuskripts bedanken. Bei meinen Studienfreunden *Carsten Hösker* und Dr. *Nils Rümpker* bedanke ich mich in diesem Zusammenhang für den häufigen fachlichen Austausch und zahlreiche sehr bereichernden Diskussionen während unserer gemeinsamen – auch im Übrigen sehr erinnerungsreichen – Promotionszeit in Münster.

Hamburg und Essen, im Dezember 2012 *Matthias Grote*

Inhaltsübersicht

Inhaltsverzeichnis

Abkürzungsverzeichnis

A. .... Auflage
a. A. .... andere Auffassung
a. a. O.................... am angegebenen Ort
abgedr. .... abgedruckt
abl. .... ablehnend
Abs......................... Absatz
abw. .... abweichend
AcP .... Archiv für die civilistische Praxis *(Zeitschrift)*
ADHGB .... Allgemeines Deutsches Handelsgesetzbuch
a. E........................ am Ende
AG .... Aktiengesellschaft
AG .... Amtsgericht
AG .... Die Aktiengesellschaft *(Zeitschrift)*
AktG .... Aktiengesetz
allg. .... allgemein
Anh(.)................... Anhang
Anm. .... Anmerkung
Art. .... Artikel
Aufl....................... Auflage
Az. .... Aktenzeichen
BaFin .... Bundesanstalt für Finanzdienstleistungsaufsicht
BayObLG .... Bayerisches Oberstes Landesgericht
BB .... Betriebs-Berater *(Zeitschrift)*; *vormals* Der Betriebs-Berater
Bd. .... Band
BeckRS .... Beck-Rechtsprechung
Begr. .... Begründer
Begr. .... Begründung
Beschl. .... Beschluss
BFH .... Bundesfinanzhof
BGB .... Bürgerliches Gesetzbuch
BGBl..................... Bundesgesetzblatt
BGH...................... Bundesgerichtshof
BGHZ .... Entscheidungen des Bundesgerichtshofes in Zivilsachen
BR-Drucks............ Drucksachen des Deutschen Bundesrates
BSG .... Bundessozialgericht
bspw...................... beispielsweise
BT-Drucks. .... Drucksachen des Deutschen Bundestages

BVerfG .... Bundesverfassungsgericht
BVerfGE............... Entscheidungen des Bundesverfassungsgerichts
bzgl. .... bezüglich
bzw. .... beziehungsweise
DB......................... Der Betrieb *(Zeitschrift)*
ders. .... derselbe
DJT .... Deutscher Juristentag
DrittelbG.............. Drittelbeteiligungsgesetz
DStR .... Deutsches Steuerrecht *(Zeitschrift)*
DZWIR .... Deutsche Zeitschrift für Wirtschafts- und Insolvenzrecht; *vormals* Deutsche Zeitschrift für Wirtschaftsrecht
e. A. .... eine Auffassung
ebda....................... ebenda
EDV .... elektronische Datenverarbeitung
Einl(.)................... Einleitung
EPG....................... Europäische Privatgesellschaft
etc. .... *et cetera*
EU......................... Europäische Union
EWiR .... Entscheidungen zum Wirtschaftsrecht *(Loseblattsammlung)*
f............................ folgende/r
FamFG .... Gesetz über das Verfahren in Familiensachen und in den Angelegenheiten der freiwilligen Gerichtsbarkeit
ff. .... folgende
Fn.......................... Fußnote
FS.......................... Festschrift
gem. .... gemäß
GewO.................... Gewerbeordnung
GG .... Grundgesetz
ggf......................... gegebenenfalls
GmbH .... Gesellschaft mit beschränkter Haftung
GmbHG .... Gesetz betreffend die Gesellschaften mit beschränkter Haftung (GmbH-Gesetz)
GmbHR................. GmbH-Rundschau *(Zeitschrift)*
GWR..................... Gesellschafts- und Wirtschaftsrecht *(Zeitschrift)*
Hdb .... Handbuch
HGB...................... Handelsgesetzbuch
h. M....................... herrschende Meinung
Hrsg. .... Herausgeber
Hs.......................... Halbsatz
i. d. R. .... in der Regel

i. E. .... im Ergebnis
i. H. v. .... in Höhe von
inkl. .... inklusive
insb. .... insbesondere
i. R. v. .... im Rahmen von
i. R. e. .... im Rahmen eines/einer
i. S. .... im Sinne
i. S. d. .... im Sinne des/der
i. S. e. .... im Sinne eines/einer
i. S. v. .... im Sinne von
i. V. m. .... in Verbindung mit
JFE .... *Journal of Financial Economics (Zeitschrift)*
Jg. .... Jahrgang
JW .... Juristische Wochenschrift *(Zeitschrift)*
KG .... Kammergericht
KG .... Kommanditgesellschaft
KGaA .... Kommanditgesellschaft auf Aktien
Komm .... Kommentar
KonTraG .... Gesetz zur Kontrolle und Transparenz im Unternehmensbereich
KWG .... Gesetz über das Kreditwesen (Kreditwesengesetz)
LG .... Landgericht
LS .... Leitsatz
LZ .... Leipziger Zeitschrift für Handels-, Konkurs- und Versicherungsrecht
m. .... mit
m. b. H. .... mit beschränkter Haftung
MitbestG .... Mitbestimmungsgesetz
MittBayNot .... Mitteilungen des Bayerischen Notarvereins *(Zeitschrift)*
MittRhNotK .... Mitteilungen der Rheinischen Notarkammer *(Zeitschrift)*
m. N. .... mit Nachweisen
MoMiG .... Gesetz zur Modernisierung des GmbH-Rechts und zur Bekämpfung von Missbräuchen
m. w. N. .... mit weiteren Nachweisen
NJW .... Neue Juristische Wochenschrift *(Zeitschrift)*
NJW-RR .... Rechtsprechungsreport der Neuen Juristischen Wochenschrift *(Zeitschrift)*
Nr. .... Nummer
NZG .... Neue Zeitschrift für Gesellschaftsrecht
OHG .... Offene Handelsgesellschaft

OLG .... Oberlandesgericht
OLGZ .... Entscheidungssammlung der Oberlandesgerichte in Zivilsachen
Recht .... Das Recht *(Zeitschrift)*
RefE .... Referentenentwurf
RegE .... Regierungsentwurf
Reidnitz .... Die GmbH in der Rechtsprechung der deutschen Gerichte seit 1892, nach den amtlichen Sammlungen und anderen Quellen bearbeitet von Georg Reidnitz
RG .... Reichsgericht
RGBl. .... Reichsgesetzblatt
RGZ .... Entscheidungen des Reichsgerichts in Zivilsachen
RIW .... Recht der Internationalen Wirtschaft *(Zeitschrift)*
Rn. .... Randnummer
Rspr. .... Rechtsprechung
S. .... Satz
S. .... Seite
s. .... siehe
SE .... *Societas Europaea*; Europäische (Aktien-)Gesellschaft
SEAG .... SE-Ausführungsgesetz
SE-VO .... SE-Verordnung
sog. .... sogenannt
Sp. .... Spalte
SPE .... *Societas Privata Europaea*; Europäische Privatgesellschaft
Syst. Darst. .... Systematische Darstellung
ThürOLG .... Thüringisches Oberlandesgericht
u. a. .... und andere
u. a. .... unter anderem
UMAG .... Gesetz zur Unternehmensintegrität und Modernisierung des Anfechtungsrechts
UmwG .... Umwandlungsgesetz
Unterabs. .... Unterabsatz
USA .... *United States of America*; Vereinigte Staaten von Amerika
v. a. .... vor allem
VAG .... Gesetz über die Beaufsichtigung der Versicherungsunternehmen (Versicherungsaufsichtsgesetz)
Verf. .... Verfasser
Verh. .... Verhandlungen
vgl. .... vergleiche
Voraufl. .... Vorauflage

Vorbem(.) .... Vorbemerkungen
VVaG.................... Versicherungsverein auf Gegenseitigkeit
UMAG.................. Gesetz zur Unternehmensintegrität und Modernisierung des Anfechtungsrechts
Urt......................... Urteil
UStG..................... Umsatzsteuergesetz
u. U. .... unter Umständen
WM....................... Wertpapier-Mitteilungen *(Zeitschrift)*
Wpg .... Die Wirtschaftsprüfung *(Zeitschrift)*
WPO .... Gesetz über eine Berufsordnung für Wirtschaftsprüfer (Wirtschaftsprüferordnung)
WuB...................... Entscheidungssammlung zum Wirtschafts- und Bankrecht *(Loseblattsammlung)*
z. B........................ zum Beispiel
ZGR .... Zeitschrift für Gesellschafts- und Unternehmensrecht
ZHR .... Zeitschrift für das gesamte Handelsrecht und Wirtschaftsrecht
ZIP .... Zeitschrift für Wirtschaftsrecht; *zuvor (1980-1982)* Zeitschrift für Wirtschaftsrecht und Insolvenzpraxis
ZPO...................... Zivilprozessordnung

Literaturverzeichnis

ADLER, HANS/DÜRING, WALTHER/SCHMALTZ, KURT, Rechnungslegung und Prüfung der Unternehmen, Kommentar zum HGB, AktG, GmbHG, PublG nach den Vorschriften des Bilanzrichtlinien-Gesetzes, neu bearbeitet von Karl-Heinz Forster u. a., 6. Aufl., Stuttgart 1995 ff.; zitiert: *Adler/Düring/Schmaltz*

ADLER, HANS/FORSTER, KARL-HEINZ, Zur Frage des Inhalts und Umfanges des Berichts über die aktienrechtliche Sonderprüfung (§ 121 AktG), in: Die Wirtschaftsprüfung 1957, S. 357-362

ARBEITSKREIS EUROPÄISCHES UNTERNEHMENSRECHT, Thesen zum Vorschlag einer Europäischen Privatgesellschaft (SPE), in: Neue Zeitschrift für Gesellschaftsrecht 2008, S. 897-901

BACHER, PHILIPP, Die Abdingbarkeit des Stimmverbots nach § 47 Abs. 4 GmbHG in der Satzung, in: GmbH-Rundschau 2001, S. 133-137

BACK, MATTHIAS, Verfahrensbeschleunigung durch Zuweisung von Leistungsklagen in den Bereich der Freiwilligen Gerichtsbarkeit?, Eine Kritik des Auskunftserzwingungsverfahrens nach geltendem Aktien- und GmbH-Recht, Hamburg 1986

BALL, JOCHEN/HAAGER, BERND CHRISTIAN, Aktienrechtliche Sonderprüfungen – Rechtliche Grundlagen, Prüfungspraxis, Haftungsfragen, Berlin 2007; zitiert: *Bearbeiter* in Ball/Haager

BALTHASAR, STEPHAN/HAMELMANN, UWE, Finanzkrise und Vorstandshaftung nach § 93 Abs. 2 AktG: Grenzen der Justiziabilität unternehmerischer Entscheidungen, in: Wertpapier-Mitteilungen 2010, S. 589-594

BANSPACH, DIRK/NOWAK, KARSTEN, Der Aufsichtsrat der GmbH – unter besonderer Berücksichtigung kommunaler Unternehmen und Konzerne, in: Der Konzern 2008, S. 195-207

BARZ, CARL HANS, Die Reform des GmbH-Rechts, in: GmbH-Rundschau 1963, S. 124-128

BAUMBACH, ADOLF/HUECK, ALFRED, GmbH-Gesetz, 18. Aufl., München 2006; zitiert: *Bearbeiter* in Baumbach/Hueck (18. A.)

BAUMBACH, ADOLF/HUECK, ALFRED, GmbHG, 19. Aufl., München 2010; zitiert: *Bearbeiter* in Baumbach/Hueck

BAUMS, THEODOR, Empfiehlt sich eine Neuregelung des aktienrechtlichen Anfechtungs- und Organhaftungsrechts, insbesondere der Klagemöglichkeiten von Aktionären?, in: Verhandlungen des Dreiundsechzigsten Deutschen Juristentages 2000 in Leipzig, Band I: Gutachten, Teil F, München 2000; zitiert: *Baums*, Verh. des 63. DJT 2000, Bd. I

BAUSCHATZ, PETER, Zur Reichweite der mit einer Anfechtungsklage verbundenen positiven Beschlussfeststellungsklage im GmbH-Recht, in: Neue Zeitschrift für Gesellschaftsrecht 2002, S. 317-321

BAYER, WALTER/ILLHARDT, DANIEL, Darlegungs- und Beweislast im Recht der GmbH anhand praktischer Fallkonstellationen – Teil 3: Geschäftsführer, Aufsichtsrat, Gesellschafterversammlung –, in: GmbH-Rundschau 2011, S. 751-761

BEA, FRANZ XAVER/SCHEURER, STEFFEN, Die Kontrolle bei der GmbH, in: Der Betrieb 1995, S. 1289-1296

BEA, FRANZ XAVER/THISSEN, SUSANNE, Institutionalisierung des Shareholder-Value-Konzepts bei der GmbH, in: Der Betrieb 1997, S. 787-792

BECHTLE, JOACHIM, Die Kontrollrechte des GmbH-Gesellschafters, Zugleich eine allgemeine Untersuchung der Individualkontrollrechte im Gesellschaftsrecht, München 1969

BECKER, MICHAEL, Verwaltungskontrolle durch Gesellschafterrechte, Eine vergleichende Studie nach deutschem Verbandsrecht und dem amerikanischen Recht der corporation, Tübingen 1997

BECK´SCHES HANDBUCH GMBH - Beck´sches Handbuch der GmbH, Gesellschaftsrecht – Steuerrecht, Hrsg.: Welf Müller und Norbert Winkeljohann, 4. Aufl., München 2009; zitiert: *Bearbeiter* in BeckHdb GmbH

BERLE, ADOLF AUGUSTUS/MEANS, GARDINER COLT, The Modern Corporation and Private Property, New York/Chicago 1932

BITTER, CHRISTIAN VON, Das Informationsrecht der GmbH-Gesellschafter in §§ 51a, 51b GmbHG, in: Zeitschrift für Wirtschaftsrecht und Insolvenzpraxis 1981, S. 825-832

BLECKMANN, ALBERT, Staatsrecht I – Staatsorganisationsrecht – Grundlagen, Staatszielbestimmungen und Staatsorganisationsrecht des Bundes, Köln/Berlin/Bonn/München 1993

BODE, THOMAS, Abhängigkeitsbericht und Kostenlast im einstufigen faktischen Konzern, in: Die Aktiengesellschaft 1995, S. 261-273

BOESEBECK, ERNST, Das Weisungsrecht der Gesellschafter einer GmbH, in: GmbH-Rundschau 1960, S. 118-123

BOETTCHER, FRIEDERIKE ANNA, Die Kompetenzen von Verwaltungsrat und geschäftsführenden Direktoren in der monistischen SE in Deutschland, Baden-Baden 2009

BOPP, HANS-PETER, Die Informationsrechte des GmbH-Gesellschafters, Eine rechtsvergleichende Untersuchung des deutschen französischen und schweizerischen Rechts, Konstanz 1991

BORDT, KARL, Die aktienrechtliche Sonderprüfung unter besonderer Berücksichtigung der Aktienrechtsreform, Hamburg 1961

BORK, REINHARD, Das Anerkenntnis im aktienrechtlichen Beschlußanfechtungsverfahren, in Zeitschrift für Wirtschaftsrecht 1992, S. 1205-1212

BORK, REINHARD, Passivlegitimation und gesetzliche Vertretung der AG bei Klagen einzelner Aufsichtsratsmitglieder, in: Zeitschrift für Wirtschaftsrecht 1991, S. 137-147

BORK, REINHARD/SCHÄFER, CARSTEN (HRSG.), GmbHG – Kommentar zum GmbH-Gesetz, 2. Aufl., Köln 2012; zitiert: *Bearbeiter* in Bork/Schäfer

BOUCOURECHLIEV, JEANNE/HOMMELHOFF, PETER (HRSG.), Vorschläge für eine Europäische Privatgesellschaft – Strukturelemente einer kapitalmarktfernen europäischen Gesellschaftsform nebst Entwurf für eine EPG-Verordnung der Europäischen Gemeinschaft, Köln 1999

BRANDNER, HANS ERICH, Minderheitenrechte bei der Geltendmachung von Ersatzansprüchen aus der Geschäftsführung, in: Festschrift für Marcus Lutter zum 70. Geburtstag, Hrsg.: Uwe H. Schneider u. a., Köln 2000, S. 317-326

BRANDNER, HANS ERICH, Sonderprüfungen zur Kontrolle der Geschäftsführer im Recht der GmbH, in: Festschrift für Rudolf Nirk zum 70. Geburtstag am 11. Oktober 1992, Hrsg.: Karl Bruchhausen u. a., München 1992, S. 75-83

BRAUNFELS, FLORIAN, Gesetzliche Stimmverbote bei der GmbH, AG und Personengesellschaft, in: Mitteilungen der Rheinischen Notarkammer 1994, S. 233-246

BREMER, JÜRGEN, Stimmrechtsausschlüsse von Gesellschaftern, in: GmbH-Rundschau 1999, S. 651-652

BUCHNER, HERBERT, Die Entlastung des Geschäftsführers in der GmbH, Wenig Klarheit über ein altes gesellschaftsrechtliches Institut, in: GmbH-Rundschau 1988, S. 9-14

BUMILLER, URSULA/HARDERS, DIRK, FamFG – Freiwillige Gerichtsbarkeit, 10. Aufl., München 2011; zitiert: *Bearbeiter* in Bumiller/Harders

BUNDESMINISTERIUM DER JUSTIZ (HRSG.), Referentenentwurf eines Gesetzes über Gesellschaften mit beschränkter Haftung, Köln 1969; zitiert: Referentenentwurf 1969

BUNGERT, HARTWIN/ROTHFUCHS, MARTIN, Vorbereitung und Durchführung der Sonderprüfung nach § 142 Abs. 2 AktG in der Praxis, in: Der Betrieb 2011, S. 1677-1682

BUNTE, HERMANN-JOSEF, Informationsrechte in der GmbH und im GmbH-Konzern, Bern/Frankfurt am Main 1976

BUTZKE, VOLKER, Die Hauptversammlung der Aktiengesellschaft, Begr.: Walter Obermüller, Winfried Werner und Kurt Winden, 5. Aufl., Stuttgart 2011

BYDLINSKI, FRANZ, Juristische Methodenlehre und Rechtsbegriff, 2. Aufl., Wien/New York 1991

CANARIS, CLAUS-WILHELM, Die Feststellung von Lücken im Gesetz, 2. Aufl., Berlin 1983; zitiert: *Canaris*, Lücken im Gesetz

CASPER, MATTHIAS, Der stimmlose Beschluss, in: Festschrift für Uwe Hüffer zum 70. Geburtstag, Hrsg.: Peter Kindler u. a., München 2010, S. 111-129

DEILMANN, BARBARA, Abgrenzung der Überwachungsbefugnisse von Gesellschafterversammlung und Aufsichtsrat einer GmbH unter besonderer Berücksichtigung des mitbestimmten Aufsichtsrats, in: Betriebs-Berater 2004, S. 2253-2257

DEUTLER, KARL F., Das neue GmbH-Recht – GmbH-Novelle 1980 –, Düsseldorf 1980; zitiert: *Deutler*, GmbH-Novelle

DEUTLER, KARL F., Novellierung des GmbH-Gesetzes, in: GmbH-Rundschau 1977, S. 73-77

DEUTSCHER HANDELSTAG (HRSG.), Entwurf eines Gesetzes betreffend die Gesellschaften mit beschränkter Haftung nebst Begründung und Anlage, Berlin 1892; zitiert: Entwurfsbegründung GmbHG 1892, abgedr. bei Deutscher Handelstag (Hrsg.)

DRENCKHAN, HELKE, Gläubigerschützende Gesellschafterpflichten in der Krise der GmbH, in: GmbH-Rundschau 2006, S. 1296-1302

DUDEN, KONRAD, Überwachung: wen oder was?, in: Festschrift für Robert Fischer, Hrsg.: Marcus Lutter, Walter Stimpel und Herbert Wiedemann, Berlin/New York 1979, S. 95-106

DUVE, CHRISTIAN/BASAK, DENIS, Ungeahnte Unterstützung für aktive Aktionäre – wie das UMAG Finanzinvestoren hilft, in: Betriebs-Berater 2006, S. 1345-1350

EBENROTH, CARSTEN-THOMAS, Das Auskunftsrecht des Aktionärs und seine Durchsetzung im Prozeß, Bielefeld 1970; zitiert: *Ebenroth*, Auskunftsrecht des Aktionärs

EBENROTH, CARSTEN-THOMAS, Die Geschäftsführerkontrolle durch den GmbH-Gesellschafter nach geltendem und künftigem Recht, Bielefeld 1972; zitiert: *Ebenroth*, Geschäftsführerkontrolle

EBENROTH, CARSTEN-THOMAS, Die Kontrollrechte der GmbH-Gesellschafter, Eine methodologische Studie zur GmbH-Reform, Bielefeld 1971; zitiert: *Ebenroth*, Kontrollrechte

EBENROTH, CARSTEN-THOMAS, Kritische Bemerkungen zur Ausgestaltung der Kontrolle der GmbH-Geschäftsführer im Regierungsentwurf eines GmbH-Gesetzes, in: Zeitschrift für Unternehmens- und Gesellschaftsrecht, 1. Jahrgang (1972), S. 427-447

EBENROTH, CARSTEN-THOMAS/BOUJONG, KARLHEINZ/JOOST, DETLEV/STROHN, LUTZ, Handelsgesetzbuch, 2. Aufl., München 2008/2009; zitiert: *Bearbeiter* in Ebenroth/Boujong/Joost/Strohn

EBENROTH, CARSTEN-THOMAS/WILKEN, OLIVER, Zum Auskunftsrecht des Aktionärs im Konzern, Zugleich Anmerkung zu LG Berlin, Beschl. vom 24. 6. 1993 – 93 O 244/92, BB 1993, 1827 ff., in: Betriebs-Berater 1993, S. 1818-1823

EBERT, SABINE, Folgepflicht und Haftung des GmbH-Geschäftsführers beim Erhalt und bei der Ausführung von Weisungen, in: GmbH-Rundschau 2003, S. 444-449

EICKHOFF, ANDREAS, Die Praxis der Gesellschafterversammlung – Einberufung, Ablauf, Beschlussfassung in der GmbH und GmbH & Co. KG, 4. Aufl., Köln 2006

EISENHARDT, ULRICH, Zum Weisungsrecht der Gesellschafter in der nicht mitbestimmten GmbH, in: Strafrecht, Unternehmensrecht, Anwaltsrecht – Festschrift für Gerd Pfeiffer zum Abschied aus dem Amt als Präsident des Bundesgerichtshofes, Hrsg.: Otto Friedrich Freiherr von Gamm, Peter Raisch und Klaus Tiedemann, Köln/Berlin/Bonn/München 1988, S. 839-852

EMDE, RAIMOND, Der Angriff eines Mitgesellschafters gegen die Beschlussfeststellungsklage, in: Zeitschrift für Wirtschaftsrecht 1998, S. 1475-1478

EMDE, RAIMOND, Die Bestimmtheit von Gesellschafterbeschlüssen, in: Zeitschrift für Wirtschaftsrecht 2000, S. 59-64

ENGISCH, KARL, Einführung in das juristische Denken, Hrsg.: Thomas Würtenberger und Dirk Otto, 11. Aufl., Stuttgart 2010

ENNECCERUS, LUDWIG/NIPPERDEY, LUDWIG, Allgemeiner Teil des Bürgerlichen Rechts, Ein Lehrbuch, 15. Aufl., Tübingen 1959/1960; zitiert: *Enneccerus/Nipperdey* AT Halbband, Seite

ENSTHALER, JÜRGEN/FÜLLER, JENS THOMAS/SCHMIDT, BURKHARD, Kommentar zum GmbH-Gesetz, Köln 2010; zitiert: *Bearbeiter* in Ensthaler/Füller/Schmidt

FEINE, HANS ERICH, Die Gesellschaft mit beschränkter Haftung, Sonderdruck aus dem Handbuch des gesamten Handelsrechts, Hrsg.: Victor Ehrenberg, Dritter Band, III. Abteilung, Leipzig 1929

FLEISCHER, HOLGER, Aktienrechtliche Sonderprüfungen und Corporate Governance, Vergleichende Bestandsaufnahme zum deutschen und französischen Recht, in: Recht der Internationalen Wirtschaft 2000, S. 809-816

FLEISCHER, HOLGER, Das Gesetz zur Unternehmensintegrität und Modernisierung des Anfechtungsrechts, in: Neue Juristische Wochenschrift 2005, S. 3525-3530

FLEISCHER, HOLGER, Die Lückenausfüllung des GmbH-Rechts durch das Recht der Personengesellschaften, in: GmbH-Rundschau 2008, S. 1121-1130

FLEISCHER, HOLGER, Die Sonderprüfung im GmbH-Recht, Überlegungen de lege lata und de lege ferenda, in: GmbH-Rundschau 2001, S. 45-53

FLEISCHER, HOLGER, Zur ergänzenden Anwendung von Aktienrecht auf die GmbH, in: GmbH-Rundschau 2008, S. 673-682

FLEISCHER, HOLGER/WEDEMANN, FRAUKE, Zur sogenannten Annexkompetenz im GmbH- und Aktienrecht, GmbH-Rundschau 2010, S. 449-457

FLUME, WERNER, Allgemeiner Teil des Bürgerlichen Rechts, Erster Band, Zweiter Teil: Die Juristische Person, Berlin/Heidelberg/New York/Tokyo 1983; zitiert: *Flume* I 2

FLUME, WERNER, Allgemeiner Teil des Bürgerlichen Rechts, Zweiter Band: Das Rechtsgeschäft, 4. Aufl., Berlin/Heidelberg/New York u. a. 1992; zitiert: *Flume* II

FORUM EUROPAEUM KONZERNRECHT, Konzernrecht für Europa, in: Zeitschrift für Unternehmens- und Gesellschaftsrecht, 27. Jahrgang (1998), S. 672-772

FRÄNKEL, FRANZ, Die Gesellschaft mit beschränkter Haftung, Eine volkswirtschaftliche Studie, Tübingen 1915

GACH, BERNT/PFÜLLER, MARKUS, Die Vertretung der GmbH gegenüber ihrem Geschäftsführer, in: GmbH-Rundschau 1998, S. 64-73

GADOW, W. U. A., Aktiengesetz, Kommentar, 1. Aufl., Berlin 1939; zitiert: *Bearbeiter* in Großkomm AktG (1. A., 1939)

GEHRLEIN, MARKUS, Die Gesellschafterklage und § 46 Nr. 8 GmbHG – ein ungelöstes Problem?, in: Zeitschrift für Wirtschaftsrecht 1993, S. 1525-1531

GEHRLEIN, MARKUS/WITT, CARL-HEINZ, GmbH-Recht in der Praxis, 2. Aufl., Frankfurt am Main 2008

GEßLER, ERNST/HEFERMEHL, WOLFGANG/ECKARDT, ULRICH/KROPFF, BRUNO, Aktiengesetz, München 1973 ff.; zitiert: *Bearbeiter* in Geßler/Hefermehl/Eckardt/Kropff

GLEICHENSTEIN, MAXIMILIAN FREIHERR VON, Die Sonderprüfung im Aktienrecht, in: Der Betriebs-Berater 1956, S. 761-764

GMBH-HANDBUCH, Hrsg.: Centrale für GmbH Dr. Otto Schmidt, Köln, Loseblattsammlung, 141. Lieferung, Stand: September 2012; zitiert: *Bearbeiter* in GmbH-Hdb

GOERDELER, REINHARD, Die Zuziehung von Sachverständigen bei der Einsicht in die Bücher, in: Festschrift für Walter Stimpel zum 68. Geburtstag am 29. November 1985, Hrsg.: Marcus Lutter, Hans-Joachim Mertens und Peter Ulmer, Berlin/New York 1985, S. 125-138

GOETTE, WULF, „Nichtbefassungsbeschluß" und § 50 GmbHG, in: Festschrift für Peter Ulmer zum 70. Geburtstag am 2. Januar 2003, Hrsg.: Mathias Habersack u. a., Berlin 2003, S. 129-140

GROß, WOLFGANG, Informations- und Auskunftsrecht des Aktionärs, in: Die Aktiengesellschaft 1997, S. 97-107

GROß, WOLFGANG, Stimmrecht und Stimmrechtsausschluß bei der Testamentsvollstreckung am GmbH-Anteil, in: GmbH-Rundschau 1994, S. 596-603

GROßFELD, BERNHARD/BRONDICS, KLAUS, Die Stellung des fakultativen Aufsichtsrates (Beirat) in der Gesellschaft mit beschränkter Haftung und in der GmbH & Co. KG, in: Die Aktiengesellschaft 1987, S. 293-309

GROẞKOMMENTAR AKTG – Aktiengesetz, Großkommentar, Hrsg.: Klaus J. Hopt und Herbert Wiedemann, 4. Aufl., Berlin/New York 1992 ff.; zitiert: *Bearbeiter* in Großkomm AktG

GROTE, THOMAS, Die culpa in contrahendo als Anwendungsfall der Eigenhaftung Dritter, Bochum 1984; zitiert: *Th. Grote*, Eigenhaftung Dritter

GRUNEWALD, BARBARA, Einsichts- und Auskunftsrecht des GmbH-Gesellschafters nach neuem Recht, in: Zeitschrift für das gesamte Handelsrecht und Wirtschaftsrecht, 146. Band (1982), S. 211-237

GRUNEWALD, BARBARA, Gesellschaftsrecht, 8. Aufl., Tübingen 2011; zitiert: *Grunewald*, GesellschR

GUSTAVUS, ECKHART, Das Informationserzwingungsverfahren nach § 51b GmbHG in der Praxis, in: GmbH-Rundschau 1989, S. 181-187

HABERSACK, MATHIAS, Zweck und Gegenstand der Sonderprüfung nach § 142 AktG, in: Festschrift für Herbert Wiedemann zum 70. Geburtstag, Hrsg.: Rolf Wank u. a., München 2002, S. 889-905

HACHENBURG, MAX, Aus dem Rechte der Gesellschaft mit beschränkter Haftung – Bedarf die Gesellschaft mit beschränkter Haftung einer Reform?, in: Leipziger Zeitschrift für Handels-, Konkurs- und Versicherungsrecht 1909, Sp. 15-36

HACHENBURG, MAX (BEGR.), Gesetz betreffend die Gesellschaften mit beschränkter Haftung (GmbHG), Großkommentar, Hrsg.: Peter Ulmer, 8. Aufl., Berlin/NewYork 1990 ff.; zitiert: *Bearbeiter* in Hachenburg

HACHENBURG, MAX (HRSG.), Kommentar zum Gesetz betreffend die Gesellschaften mit beschränkter Haftung, 6. Aufl., Berlin 1956/1959; zitiert: *Bearbeiter* in Hachenburg (6. A.)

HANDWÖRTERBUCH DER RECHNUNGSLEGUNG UND PRÜFUNG, Hrsg.: Wolfgang Ballwieser, Adolf G. Coenenberg und Klaus von Wysocki, 3. Aufl., Stuttgart 2002; zitiert: *Bearbeiter* in HWdRP

HÄRER, RALF-DIETMAR, Erscheinungsformen und Kompetenzen des Beirats in der GmbH, Frankfurt am Main/Bern/New York/Paris 1991

HASSELBERG, FRANK, Strategische Kontrolle im Rahmen strategischer Unternehmensführung, Frankfurt am Main/Bern/New York/Paris 1989

HECKSCHEN, HERIBERT/HEIDINGER, ANDREAS, Die GmbH in der Gestaltungs- und Beratungspraxis, 2. Aufl., Köln/Berlin/Bonn/München 2009; zitiert: *Bearbeiter* in Heckschen/Heidinger

Heidel, Thomas (Hrsg.), Aktienrecht und Kapitalmarktrecht, 3. Aufl., Baden-Baden 2011; zitiert: *Bearbeiter* in Heidel

Heidelberger Kommentar GmbH-Recht – GmbH-Recht, Heidelberger Kommentar, Hrsg.: Harald Bartl u. a., 6. Aufl., Heidelberg 2009; zitiert: *Bearbeiter* in HeidelbKomm

Heidelberger Kommentar AktG – Aktiengesetz, Heidelberger Kommentar, Hrsg.: Tobias Bürgers und Torsten Körber, 2. Aufl., Heidelberg 2011; zitiert: *Bearbeiter* in HeidelbKomm AktG

Hengeler, Hans, Probleme der Entlastung und der Sonderprüfung im Aktienrecht, in: Die Aktiengesellschaft 1962, S. 87-92 und S. 119-121

Henssler, Martin/Strohn, Lutz (Hrsg.), Gesellschaftsrecht, München 2011; zitiert: *Bearbeiter* in Henssler/Strohn

Henze, Hartwig, Prüfungs- und Kontrollaufgaben des Aufsichtsrates in der Aktiengesellschaft – Die Entscheidungspraxis des Bundesgerichtshofes, in: Neue Juristische Wochenschrift 1998, S. 3309-3312

Hirte, Heribert, Die Ausübung der Informationsrechte von Gesellschaftern durch Sachverständige, in: Festschrift für Volker Röhricht zum 65. Geburtstag, Hrsg.: Georg Crezelius, Heribert Hirte und Klaus Vieweg, Köln 2005, S. 217-233

Hirte, Heribert, Die Nichtbestellung von Sonderprüfern im Feldmühle-Verfahren – Zugleich eine Besprechung des Beschlusses des AG Düsseldorf vom 4. Mai 1988 – HR B 20461, ZIP 1988, 970, in: Zeitschrift für Wirtschaftsrecht 1988, S. 953-957

Hirte, Heribert, Kapitalgesellschaftsrecht, 6. Aufl., Köln 2009; zitiert: *Hirte*, KapGesellschR

Hoffmann-Becking, Michael, Das Recht des Aufsichtsrats zur Prüfung durch Sachverständige nach § 111 Abs. 2 Satz 2 AktG, in: Zeitschrift für Unternehmens- und Gesellschaftsrecht, 40. Jahrgang (2011), S. 136-154

Hölters, Wolfgang (Hrsg.), Aktiengesetz, Kommentar, München 2011; zitiert: *Bearbeiter* in Hölters

Hommelhoff, Peter, Die deutsche GmbH im System der Kapitalgesellschaften, in: Das System der Kapitalgesellschaften im Umbruch – ein internationaler Vergleich, Hrsg.: Günter H. Roth, Köln 1990, S. 26-61; zitiert: *Hommelhoff*, in: System der Kapitalgesellschaften

HOMMELHOFF, PETER, Jahresabschluß und Gesellschafterinformation in der GmbH, in: Zeitschrift für Wirtschaftsrecht 1983, S. 383-392

HOMMELHOFF, PETER, Unternehmensführung in der mitbestimmten GmbH, in: Zeitschrift für Unternehmens- und Gesellschaftsrecht, 7. Jahrgang (1978), S. 119-155

HOMMELHOFF, PETER/HOPT, KLAUS J./VON WERDER, AXEL (HRSG.), Handbuch Corporate Governance, Leitung und Überwachung börsennotierter Unternehmen in der Rechts- und Wirtschaftspraxis, 2. Aufl., Stuttgart/Köln 2009; zitiert: *Bearbeiter* in Hommelhoff, Hdb Corporate Governance

HOMMELHOFF, PETER/MATTHEUS, DANIELA, Corporate Governance nach dem KonTraG, in: Die Aktiengesellschaft 1998, S. 249-259

HOMMELHOFF, PETER/TEICHMANN, CHRISTOPH, Eine GmbH für Europa: Der Vorschlag der EU-Kommission zur Societas Privata Europaea (SPE), in: GmbH-Rundschau 2008, S. 897-911

HOPT, KLAUS J., Gemeinsame Grundsätze der Corporate Governance in Europa?, in: Zeitschrift für Unternehmens- und Gesellschaftsrecht, 29. Jahrgang (2000), S. 779-818

HÜFFER, UWE, Aktiengesetz, 10. Aufl., München 2012; zitiert: *Hüffer*, AktG

HÜFFER, UWE, Die Gesellschafterversammlung – Organ der GmbH oder bloßes Beschlussverfahren?, in: Festschrift 100 Jahre GmbH-Gesetz, Hrsg.: Marcus Lutter, Peter Ulmer und Wolfgang Zöllner, Köln 1992, S. 521-537

HÜFFER, UWE, Verwaltungskontrolle und Rechtsverfolgung durch Sonderprüfer und besondere Vertreter (§§ 142, 147 Abs. 2 AktG), in: Zeitschrift für das gesamte Handelsrecht und Wirtschaftsrecht, 174. Band (2010), S. 642-682

IMMENGA, ULRICH, Der neue Referentenentwurf zum GmbH-Gesetz, in: Betriebs-Berater 1977, S. 957-961

IMMENGA, ULRICH, Die personalistische Kapitalgesellschaft, Eine rechtsvergleichende Untersuchung nach deutschem GmbH-Recht und dem Recht der Corporations in den Vereinigten Staaten, Bad Homburg v. d. H. 1970; zitiert: *Immenga*

IMMENGA, ULRICH/WERNER, HORST S., Der Stimmrechtsausschluß eines GmbH-Gesellschafters, in: GmbH-Rundschau 1976, S. 53-60

JÄNIG, RONNY, Aktienrechtliche Sonderprüfungen und UMAG, Die weitergehende Reformbedürftigkeit der aktienrechtlichen Sonderprüfung, in: Betriebs-Berater 2005, S. 949-955

JÄNIG, RONNY, Der Gegenstand der Sonderprüfung nach § 142 AktG, in: Die Wirtschaftsprüfung 2005, S. 761-772

JÄNIG, RONNY, Die aktienrechtliche Sonderprüfung, Eine rechtsvergleichende Untersuchung zur außerordentlichen Kontrolle der Verwaltung im deutschen, schweizerischen, französischen, englischen und niederländischen Aktienrecht, 1. Aufl., Baden-Baden 2005; 2. Aufl. (unverändert), Norderstedt 2008; zitiert: *Jänig*

JÄNIG, RONNY, Kurzkommentar zu KG, Beschl. vom 5. 1. 2012 – 2 W 95/11, in: Entscheidungen zum Wirtschaftsrecht 2012 (§ 142 AktG 1/12), S. 369-370

JANSEN, MICHAEL GEORG, Die Sonderprüfung der Geschäftsführung nach dem Aktiengesetz, Frankfurt am Main 1974; zitiert: *M. G. Jansen*, Sonderprüfung

JANSEN, ULRIKE, Stimmrechtsausschluss bei der GmbH, Eine Betrachtung der Rechtsfolgenseite, Hamburg 2011; zitiert: *U. Jansen*, Stimmrechtsausschluss

JENSEN, MICHAEL C./MECKLING, WILLIAM H., Theory of the Firm: Managerial Behavior, Agency Costs and Ownership Structure, in: Journal of Financial Economics, 3. Jahrgang (1976), S. 305-360

KARL, GÜNTER, Das Auskunfts- und Einsichtsrecht des GmbH-Gesellschafters nach § 51a GmbHG, in: Deutsches Steuerrecht 1995, S. 940-944

KEßLER, JÜRGEN, Die kommunale GmbH, Gesellschaftsrechtliche Grenzen politischer Instrumentalisierung, in: GmbH-Rundschau 2000, S. 71-78

KIRSCHNER, LARS, BB-Forum: UMAG passiert den Bundesrat – Letzter Feinschliff für das Sonderprüfungsrecht?, in: Betriebs-Berater 2005, S. 1865-1867

KIRSCHNER, LARS, Die Sonderprüfung der Geschäftsführung in der Praxis, Konkrete Regeln für die Anwendung der §§ 142-146 AktG, Düsseldorf 2008; zitiert: *Kirschner*

KLING, MICHAEL, Der besondere Vertreter im Aktienrecht, in: Zeitschrift für Unternehmens- und Gesellschaftsrecht, 38. Jahrgang (2009), S. 190-230

KLOEPFER, MICHAEL, Verfassungsrecht, Band I: Grundlagen, Staatsorganisationsrecht, Bezüge zum Völker- und Europarecht, München 2011

KNOBBE-KEUK, BRIGITTE, Das Klagerecht des Gesellschafters einer Kapitalgesellschaft wegen gesetz- und satzungswidriger Maßnahmen der Geschäftsführung, in: Beiträge zum Zivil- und Wirtschaftsrecht, Festschrift für Kurt Ballerstedt zum 70. Geburtstag am 24. Dezember 1975, Hrsg.: Werner Flume, Peter Raisch und Ernst Steinhoff, Berlin 1975, S. 239-255

KOLB, ANDREAS, Unternehmensintegrität, Minderheitenrechte und Corporate Governance – Die Änderungen des Aktiengesetzes durch das UMAG und deren Auswirkungen, in: Deutsche Zeitschrift für Wirtschafts- und Insolvenzrecht 2006, S. 50-57

KÖLNER KOMMENTAR AKTG (1. A.) – Kölner Kommentar zum Aktiengesetz, Hrsg.: Wolfgang Zöllner, Köln/Berlin/Bonn/München 1970 ff.; zitiert: *Bearbeiter* in KölnKomm AktG

KÖLNER KOMMENTAR AKTG (2. A.) – Kölner Kommentar zum Aktiengesetz, Hrsg.: Wolfgang Zöllner, 2. Aufl., Köln/Berlin/Bonn/München 1986 ff.; zitiert: *Bearbeiter* in KölnKomm AktG (2. A.)

KÖLNER KOMMENTAR AKTG (3. A.) – Kölner Kommentar zum Aktiengesetz, Hrsg.: Wolfgang Zöllner und Ulrich Noack, 3. Aufl., Köln 2004 ff.; zitiert: *Bearbeiter* in KölnKomm AktG (3. A.)

KÖNIG, MAX, Der Umfang der Berichterstattung über die aktienrechtliche Sonderprüfung, Berlin 1970

KONZEN, HORST, Geschäftsführung, Weisungsrecht und Verantwortlichkeit in der GmbH und GmbH & Co. KG, in: Neue Juristische Wochenschrift 1989, S. 2977-2987

KOPPENSTEINER, HANS-GEORG, Treuwidrige Stimmabgaben bei Kapitalgesellschaften, in: Zeitschrift für Wirtschaftsrecht 1994, S. 1325-1330

KORNBLUM, UDO, Rechtstatsachen zum Unternehmens- und Gesellschaftsrecht im Langzeitvergleich des Leonberger Handelsregisters 1980, 1988 und 1996; in: GmbH-Rundschau 1997, S. 630-639

KORNBLUM, UDO/HAMPF, THORSTEN/NAß, NICOLE, Neue württembergische Rechtstatsachen zum Unternehmens- und Gesellschaftsrecht, in: GmbH-Rundschau 2000, S. 1240-1251

KORT, MICHAEL, Das Informationsrecht des Gesellschafters der Konzernobergesellschaft, in: Zeitschrift für Unternehmens- und Gesellschaftsrecht, 16. Jahrgang (1987), S. 46-75

KORT, MICHAEL, Die Änderung der Unternehmenspolitik durch den GmbH-Geschäftsführer, in: Zeitschrift für Wirtschaftsrecht 1991, S. 1274-1279

KRIEGER, GERD, Geltendmachung von Schadensersatzansprüchen gegen GmbH-Geschäftsführer, in: Gesellschaftsrecht in der Diskussion – Jahrestagung 1998 der Gesellschaftsrechtlichen Vereinigung (VGR), Hrsg.: Gesellschaftsrechtliche Vereinigung, Köln 1999, S. 111-133; zitiert: *Krieger*, in: GesellschR in der Diskussion

KROPFF, BRUNO, Aktiengesetz – Textausgabe des Aktiengesetzes vom 6. 9. 1965 (Bundesgesetzblatt I S. 1089) und des Einführungsgesetzes zum Aktiengesetz vom 6. 9. 1965 (Bundesgesetzblatt I S. 1185) mit Begründung des Regierungsentwurfs; Bericht des Rechtsausschusses des Deutschen Bundestags; Verweisungen und Sachverzeichnis; im Anhang: Aktiengesetz von 1937 –, zusammengestellt von Bruno Kropff, Düsseldorf 1965

KÜBLER, FRIEDRICH/ASSMANN, HEINZ-DIETER, Gesellschaftsrecht, Die privatrechtlichen Ordnungsstrukturen und Regelungsprobleme von Verbänden und Unternehmen, 6. Aufl., Heidelberg 2006

KÜHN, MANFRED, Analoge Anwendung der aktienrechtlichen Minderheitsrechte auf die GmbH, in: GmbH-Rundschau 1965, S. 151-155

KÜHN, MANFRED, Der Minderheitenschutz in der GmbH, in: GmbH-Rundschau 1965, S. 132-137

KÜHN, MANFRED, Die Minderheitsrechte in der GmbH und ihre Reform – Zugleich ein Beitrag zum Wesen der GmbH, Hamburg 1964; zitiert: *Kühn*, Minderheitsrechte

KÜTING, KARLHEINZ/WEBER, CLAUS-PETER (HRSG.), Handbuch der Rechnungslegung – Einzelabschluss, Kommentar zur Bilanzierung und Prüfung, Loseblattausgabe, 5. Aufl., Stuttgart 2002 ff.; zitiert: *Bearbeiter* in Küting/Weber

LANGENBUCHER, KATJA, Aktien- und Kapitalmarktrecht, 2. Aufl., München 2011

LARENZ, KARL, Methodenlehre der Rechtswissenschaft, 6. Aufl., Berlin/Heidelberg/New York 1991; zitiert: *Larenz*, Methodenlehre

LARENZ, KARL/WOLF, MANFRED, Allgemeiner Teil des Bürgerlichen Rechts, 9. Aufl., München 2004; zitiert: *Larenz/Wolf*, AT (9. A.)

LEFFSON, ULRICH, Wirtschaftsprüfung, 4. Aufl., Wiesbaden 1988

LEHMANN, MICHAEL, Die ergänzende Anwendung von Aktienrecht auf die Gesellschaft mit beschränkter Haftung, Köln 1970

LEINEKUGEL, ROLF, Voraussetzungen und Grenzen einer GmbH-rechtlichen Sonderprüfung gemäß § 46 Nr. 6 GmbHG bei Konflikten unter Gesellschaftern, in: GmbH-Rundschau 2008, S. 632-637

LIMBACH, JUTTA, Theorie und Wirklichkeit der GmbH, Die empirischen Normaltypen der GmbH und ihr Verhältnis zum Postulat von Herrschaft und Haftung, Berlin 1966

LINDACHER, WALTER F., Fragen der Beschlußfassung und -feststellung nach § 46 Nr. 8 GmbHG – Besprechung der Entscheidung BGHZ 96, 28 [*sic*; gemeint ist BGHZ 97, 28 (Anm. des Verf.)] –, in: Zeitschrift für Unternehmens- und Gesellschaftsrecht, 16. Jahrgang (1987), S. 121-128

LOHR, MARTIN, Der Stimmrechtsausschluss des GmbH-Gesellschafters (§ 47 IV GmbHG), in: Neue Zeitschrift für Gesellschaftsrecht 2002, S. 551-562

LOOK, FRANK VAN, Stimmverbot und „körperschaftlicher Sozialakt", in: Neue Juristische Wochenschrift 1991, S. 152-153

LOOSCHELDERS, DIRK, Schuldrecht, Besonderer Teil, 7. Aufl., München 2012

LUTTER, MARCUS, Blockabstimmungen im Aktien- und GmbH-Recht, in: Festschrift für Walter Odersky zum 65. Geburtstag am 17. Juli 1996, Hrsg.: Reinhard Böttcher, Götz Hueck und Burkhard Jähnke, Berlin/New York 1996, S. 845-855

LUTTER, MARCUS, Defizite für eine effiziente Aufsichtsratstätigkeit und gesetzliche Möglichkeiten der Verbesserung, in: Zeitschrift für das gesamte Handelsrecht und Wirtschaftsrecht, 159. Band (1995), S. 287-309

LUTTER, MARCUS, Theorie der Mitgliedschaft, in: Archiv für die civilistische Praxis, 180. Band (1980), S. 84-159

LUTTER, MARCUS, Zum Informationsrecht des Gesellschafters nach neuem Recht, in: Zeitschrift für Unternehmens- und Gesellschaftsrecht, 11. Jahrgang (1982), S. 1-14

LUTTER, MARCUS/HOMMELHOFF, PETER, GmbH-Gesetz, Kommentar, 16. Aufl., Köln 2004; zitiert: *Lutter/Hommelhoff*, GmbHG (16. A.)

LUTTER, MARCUS/HOMMELHOFF, PETER, GmbH-Gesetz, Kommentar, 18. Aufl., Köln 2012; zitiert: *Bearbeiter* in Lutter/Hommelhoff, GmbHG

LUTTER, MARCUS/HOMMELHOFF, PETER (HRSG.), SE-Kommentar, Köln 2008; zitiert: *Bearbeiter* in Lutter/Hommelhoff, SE-Komm

LUTTER, MARCUS/KRIEGER, GERD, Rechte und Pflichten des Aufsichtsrats, 5. Aufl., Köln 2008; zitiert: *Lutter/Krieger*, Aufsichtsrat

MARTENS, KLAUS-PETER, Die GmbH und der Minderheitenschutz, in: GmbH-Rundschau 1984, S. 265-272

MEIER, NORBERT, Zum Verhältnis zwischen der Informationspflicht der Geschäftsführung und der Überwachungspflicht des fakultativen Aufsichtsrates bei einer GmbH, in: Deutsches Steuerrecht 1997, S. 1894-1895

MEIER-SCHATZ, CHRISTIAN J., Managermacht und Marktkontrolle, Bemerkungen zur amerikanischen Debatte um Übernahmeangebot und Markt für Unternehmenskontrolle, in: Zeitschrift für das gesamte Handelsrecht und Wirtschaftsrecht, 149. Band (1985), S. 76-108

MENNICKE, PETRA, Zum Weisungsrecht der Gesellschafter und der Folgepflicht des GF in der mitbestimmungsfreien GmbH, in: Neue Zeitschrift für Gesellschaftsrecht 2000, S. 622-626

MERKT, HANNO, Zum Verhältnis von Kapitalmarktrecht und Gesellschaftsrecht in der Diskussion um die Corporate Governance, in: Die Aktiengesellschaft 2003, S. 126-136

MERTENS, HANS-JOACHIM, Die Verfassung der GmbH, in: Probleme der GmbH-Reform, Zugleich Bericht über die Arbeitstagung „GmbH-Reform" in Bonn am 29. 9. bis 1. 10. 1969, Hrsg.: Centrale für GmbH Dr. Otto Schmidt, Köln 1970, S. 96-121; zitiert: *Mertens*, in: Probleme der GmbH-Reform

MERTENS, HANS-JOACHIM, § 51a Abs. 1 GmbHG und die kapitalistisch strukturierte GmbH, in: Festschrift für Winfried Werner zum 65. Geburtstag am 17. Oktober 1984 – Handelsrecht und Wirtschaftsrecht in der Bankpraxis, Hrsg.: Walther Hadding u. a. Berlin/New York 1984, S. 557-572

MEYER-LANDRUT, JOACHIM/MILLER, FRITZ GEORG/NIEHUS, RUDOLF J., Gesetz betreffend die Gesellschaften mit beschränkter Haftung (GmbHG), einschließlich Rechnungslegung zum Einzel- sowie zum Konzernabschluß – Kommentar, Berlin/New York 1987; zitiert: *Bearbeiter* in Meyer-Landrut/Miller/Niehus

MICHALSKI, LUTZ (HRSG.), Kommentar zum Gesetz betreffend die Gesellschaften mit beschränkter Haftung (GmbH-Gesetz), 2. Aufl., München 2010; zitiert: *Bearbeiter* in Michalski

MOCK, SEBASTIAN, Sonderprüfungen bei der Europäischen Aktiengesellschaft, in: Der Konzern 2010, S. 455-467

MÖHRING, PHILIPP, Die Kontrollrechte der Gesellschafter, in: Geld, Kapital und Kredit, Festschrift zum siebzigsten Geburtstag von Heinrich Rittershausen, Hrsg.: Hans E. Büschgen, Stuttgart 1968, S. 357-374

MÜLLER, KLAUS J./WOLFF, REINMAR, Freiwilliger Aufsichtsrat nach § 52 GmbHG und andere freiwillige Organe, in: Neue Zeitschrift für Gesellschaftsrecht 2003, S. 751-755

MÜLLER, KLAUS J./WOLFF, REINMAR, Verlagerung von Zuständigkeiten auf den Beirat der GmbH, in: GmbH-Rundschau 2003, S. 810-817

MÜLLER-MICHAELS, OLAF/WINGERTER, EUGEN, Die Wiederbelebung der Sonderprüfung durch die Finanzkrise: IKB und die Folgen, in: Die Aktiengesellschaft 2010, S. 903-910

MÜNCHENER ANWALTSHANDBUCH GMBH-RECHT, Hrsg.: Volker Römermann, 2. Aufl., München 2009; zitiert: MünchAnwaltsHdb

MÜNCHENER HANDBUCH GESELLSCHR III – Münchener Handbuch des Gesellschaftsrechts, Band 3: Gesellschaft mit beschränkter Haftung, Hrsg.: Hans-Joachim Priester und Dieter Mayer, 3. Aufl., München 2009; zitiert: *Bearbeiter* in MünchHdb GesR III

MÜNCHENER HANDBUCH GESELLSCHR IV – Münchener Handbuch des Gesellschaftsrechts, Band 4: Aktiengesellschaft, Hrsg.: Michael Hoffmann-Becking, 3. Aufl., München 2007; zitiert: *Bearbeiter* in MünchHdb GesR IV

MÜNCHENER KOMMENTAR AKTG (2. A.) – Münchener Kommentar zum Aktiengesetz, Hrsg.: Bruno Kropff und Johannes Semler, 2. Aufl., München 2000 ff.; zitiert: *Bearbeiter* in MünchKomm AktG

MÜNCHENER KOMMENTAR AKTG (3. A.) – Münchener Kommentar zum Aktiengesetz, Hrsg.: Wulf Goette und Mathias Habersack, 3. Aufl., München 2008 ff.; zitiert: *Bearbeiter* in MünchKomm AktG (3. A.)

MÜNCHENER KOMMENTAR BGB – Münchener Kommentar zum Bürgerlichen Gesetzbuch, Hrsg.: Franz Jürgen Säcker und Roland Rixecker, 6. Aufl., München 2012; zitiert: *Bearbeiter* in MünchKomm BGB

MÜNCHENER KOMMENTAR GMBHG – Münchener Kommentar zum Gesetz betreffend die Gesellschaften mit beschränkter Haftung – GmbHG, Hrsg.: Holger Fleischer und Wulf Goette, München 2010/2012; zitiert: *Bearbeiter* in MünchKomm GmbHG

MÜNCHENER KOMMENTAR HGB – Münchener Kommentar zum Handelsgesetzbuch, Hrsg.: Karsten Schmidt, 2. Aufl., München 2005 ff.; zitiert: *Bearbeiter* in MünchKomm HGB

MUTTER, STEFAN/QUINKE, DAVID, Kurzkommentar zu OLG Düsseldorf, Beschl. vom 9. 12. 2009 – I-6 W 45/09, in: Entscheidungen zum Wirtschaftsrecht 2010 (§ 142 AktG 1/10), S. 171-172

NÄGELE, STEFAN/NESTEL, FRED, Entlastung des GmbH-Geschäftsführers und des AG-Vorstands – Chancen und Risiken in der Praxis, in: Betriebs-Berater 2000, S. 1253-1258

NEUKAMP, ERNST, Gutachten über die Frage: Empfiehlt es sich, das im Deutschen Reiche und in Österreich geltende Recht der Gesellschaft mit beschränkter Haftung zu vereinheitlichen und welche Sonderbestimmungen des österreichischen Gesetzes vom 6. März 1906 würden sich vorzugsweise zur Aufnahme in das einheitliche Recht eignen?, in: Verhandlungen des Einunddreißigsten Deutschen Juristentages, Zweiter Band: Gutachten, Berlin 1912, S. 221-233; zitiert: *Neukamp*, Verh. des 31. DJT 1912, Bd. 2

NOACK, ULRICH, Die konzernrechtliche Sonderprüfung nach § 315 AktG, in: Die Wirtschaftsprüfung 1994, S. 225-237

OBERMÜLLER, WALTER, Die Sonderprüfung im geltenden und im neuen Aktienrecht, in: Der Betriebs-Berater 1962, S. 546-547

OPPENLÄNDER, FRANK/TRÖLITZSCH, THOMAS (HRSG.), Praxishandbuch der GmbH-Geschäftsführung, 2. Aufl., München 2011; zitiert: *Bearbeiter* in Oppenländer/Trölitzsch

PALANDT, OTTO (BEGR.), Bürgerliches Gesetzbuch mit Nebengesetzen, Bearbeiter Peter Bassenge u. a., 71. Aufl., München 2012; zitiert: *Bearbeiter* in Palandt

PAWLOWSKI, HANS-MARTIN, Methodenlehre für Juristen – Theorie der Norm und des Gesetzes, 3. Aufl., Heidelberg 1999

PETERS, ANDREA/DECHOW, ANGELA, Sonderprüfungsrecht für GmbH-Minderheitsgesell-schafter, Aufnahme eines Sonderprüfungsrechts in das MoMiG und in die GmbH-Satzung, in: GmbH-Rundschau 2007, S. 236-242

PETERS, CARSTEN/STROTHMANN, YORK, Der Stimmrechtsausschluss gemäß § 47 Abs. 4 GmbHG, in: Festschrift für Wienand Meilicke, Hrsg.: Andreas Herlinghaus u. a., Baden-Baden 2010, S. 511-528

PETERS, KAI, Angemessene Informationsbasis als Voraussetzung pflichtgemäßen Vorstandshandelns, in: Die Aktiengesellschaft 2010, S. 811-817

PITREICH, AUGUST RITTER VON, Gutachten über die Frage: Empfiehlt es sich, das im Deutschen Reiche und in Österreich geltende Recht der Gesellschaft mit beschränkter Haftung zu vereinheitlichen und welche Sonderbestimmungen des österreichischen Gesetzes vom 6. März 1906 würden sich vorzugsweise zur Aufnahme in das einheitliche Recht eignen?, in: Verhandlungen des Einunddreißigsten Deutschen Juristentages, Zweiter Band: Gutachten, Berlin 1912, S. 314-333; zitiert: *von Pitreich*, Verh. des 31. DJT 1912, Bd. 2

PRIESTER, HANS-JOACHIM, Stimmverbot des GmbH-Gesellschafters bei Entlastungsbeschlüssen, in: Festschrift für Heinz Rowedder zum 75. Geburtstag, Hrsg.: Gerd Pfeiffer, Günther Wiese und Klaus Zimmermann, München 1994, S. 369-385

RAISER, THOMAS, Das Recht der Gesellschafterklagen, in: Zeitschrift für das gesamte Handelsrecht und Wirtschaftsrecht, 153. Band (1989), S. 1-34

RAISER, THOMAS/VEIL, RÜDIGER, Recht der Kapitalgesellschaften, Ein Handbuch für Praxis und Wissenschaft, 5. Aufl., München 2010

RECHENBERG, WOLF-GEORG FREIHERR VON, Die Hauptversammlung als oberstes Organ der Aktiengesellschaft, Heidelberg 1986

ROHLEDER, MICHAEL, Die Übertragbarkeit von Kompetenzen auf GmbH-Beiräte, Köln 1991

ROITZSCH, FRANK, Der Minderheitenschutz im Verbandsrecht, Königstein/Taunus 1981

ROTH, GÜNTER H., GmbH und AG: Versuch einer Neuorientierung, in: Das System der Kapitalgesellschaften im Umbruch – ein internationaler Vergleich, Hrsg.: Günter H. Roth, Köln 1990, S. 1-25; zitiert: *Roth*, in: System der Kapitalgesellschaften

ROTH, GÜNTER H./ALTMEPPEN, HOLGER, Gesetz betreffend die Gesellschaften mit beschränkter Haftung – GmbHG –, Kommentar, 7. Aufl., München 2012; zitiert: *Bearbeiter* in Roth/Altmeppen

ROWEDDER, HEINZ/SCHMIDT-LEITHOFF, CHRISTIAN, Gesetz betreffend die Gesellschaften mit beschränkter Haftung (GmbHG), Kommentar, 4. Aufl., München 2002; zitiert: *Bearbeiter* in Rowedder/Schmidt-Leithoff

SAAGE, GUSTAV, Die Prüfung der Geschäftsführung, Stuttgart 1965

SAENGER, INGO, Beteiligung Dritter bei Beschlussfassung und Kontrolle im Gesellschaftsrecht, Berlin 1990; zitiert: *Saenger*, Beteiligung Dritter im GesellschR

SAENGER, INGO, Gesellschaftsrecht, München 2010; zitiert: *Saenger*, GesellschR

SAENGER, INGO, Hinzuziehung von Stellvertreter oder Beistand bei Beschlussfassung und Kontrolle im Gesellschaftsrecht, in: Neue Juristische Wochenschrift 1992, S. 348-352

SAENGER, INGO, Minderheitenschutz durch innergesellschaftliche Klagen bei der GmbH, in: GmbH-Rundschau 1997, S. 112-121

SAENGER, INGO/ADERHOLD, LUTZ/LENKAITIS, KARLHEINZ/SPECKMANN, GERHARD (HRSG.), Handels- und Gesellschaftsrecht – Praxishandbuch, 2. Aufl., Baden-Baden 2011; zitiert: *Bearbeiter* in Saenger/Aderhold/Lenkaitis/Speckmann

SAENGER, INGO/INHESTER, MICHAEL (HRSG.), GmbHG, Handkommentar, Baden-Baden 2011; zitiert: *Bearbeiter* in Saenger/Inhester

SCHÄFER, CARSTEN, Antragsrecht und Bescheidungsanspruch des GmbH-Gesellschafters, in: Zeitschrift für das gesamte Handelsrecht und Wirtschaftsrecht, 167. Band (2003), S. 66-88

SCHALL, MARTINA, Organzuständigkeit in der mitbestimmten GmbH, Berlin 1996

SCHEDLBAUER, HANS, Sonderprüfungen, Ein Handbuch der gesetzlichen und freiwilligen aperiodischen Prüfungen, Stuttgart 1984

SCHMALZ, DIETER, Methodenlehre für das juristische Studium, 4. Aufl., Baden-Baden 1998

SCHMIDT, KARSTEN, Das neue Auskunfts- und Einsichtsrecht des GmbH-Gesellschafters, in: Das neue GmbH-Recht in der Diskussion, Zugleich Bericht über die Centrale-Arbeitstagung in Köln am 8. 9. 1980, Hrsg.: Centrale für GmbH Dr. Otto Schmidt, Köln 1981, S. 87-118; zitiert: *K. Schmidt*, in: Das neue GmbH-Recht

SCHMIDT, KARSTEN, Die Behandlung treuwidriger Stimmen in der Gesellschafterversammlung und im Prozeß, Bemerkungen zum „Cats"-Urteil des Hanseatischen OLG Hamburg, in: GmbH-Rundschau 1992, S. 9-14

SCHMIDT, KARSTEN, Die Information des Gesellschafters, in: Festschrift 100 Jahre GmbH-Gesetz, Hrsg.: Marcus Lutter, Peter Ulmer und Wolfgang Zöllner, Köln 1992, S. 559-586

SCHMIDT, KARSTEN, Geklärte und offene Probleme der „positiven Beschlußfeststellungsklage“ – Bemerkungen zum Urteil des BGH vom 13. 3. 1980 – II ZR 54/78, in: Die Aktiengesellschaft 1980, S. 169-172

SCHMIDT, KARSTEN, Gesellschaftsrecht, 4. Aufl., Köln/Berlin/Bonn/München 2002; zitiert: *K. Schmidt*, GesellschR

SCHMIDT, KARSTEN, Informationsrechte in Gesellschaften und Verbänden, Ein Beitrag zur gesellschaftsrechtlichen Institutionenbildung, Heidelberg 1984; zitiert: *K. Schmidt*, Informationsrechte

SCHMIDT, KARSTEN, Rechtsschutz des Minderheitsgesellschafters gegen rechtswidrige ablehnende Beschlüsse – Bemerkungen zum Urteil des BGH vom 20. 1. 1986, in: Neue Juristische Wochenschrift 1986, S. 2018-2021

SCHMIDT, KARSTEN/LUTTER, MARCUS (HRSG.), Aktiengesetz, Kommentar, 2. Aufl., Köln 2010; zitiert: *Bearbeiter* in K. Schmidt/Lutter, AktG

SCHNEIDER, BIRGIT, Informationsrechte von GmbH-Gesellschaftern – Inhalt und Grenzen, in: GmbH-Rundschau 2008, S. 638-643

SCHNEIDER, SVEN H., Rezension zu Ronny Jänig, Die aktienrechtliche Sonderprüfung, in: Zeitschrift für das gesamte Handelsrecht und Wirtschaftsrecht, 170. Band (2006), S. 90-94

SCHNEIDER, UWE H., Der Auskunftsanspruch des Aktionärs im Konzern, in: Festschrift für Marcus Lutter zum 70. Geburtstag, Hrsg.: Uwe H. Schneider u. a., Köln 2000, S. 1193-1205

SCHNEIDER, UWE H., Die aktienrechtliche Sonderprüfung im Konzern, in: Die Aktiengesellschaft 2008, S. 305-310

SCHNEIDER, UWE H., Stimmverbote im GmbH-Konzern, in: Zeitschrift für das gesamte Handelsrecht und Wirtschaftsrecht, 150. Band (1986), S. 609-634

SCHOLZ, FRANZ (BEGR.), Kommentar zum GmbH-Gesetz, 6. Aufl., Köln 1978 ff.; zitiert: *Bearbeiter* in Scholz (6. A.)

SCHOLZ, FRANZ (BEGR.), Kommentar zum GmbH-Gesetz, 10. Aufl., Köln 2007/2010; zitiert: *Bearbeiter* in Scholz

SCHOLZ, FRANZ (BEGR.), Kommentar zum GmbH-Gesetz, 11. Aufl., I. Band: §§ 1-34, Köln 2012; zitiert: *Bearbeiter* in Scholz (11. A.)

SCHOPP, HEINRICH, Einberufung einer Gesellschafterversammlung durch eine Minderheit, in: GmbH-Rundschau 1976, S. 126-130

SCHUBERT, WERNER (HRSG.), Akademie für Deutsches Recht 1933–1945, Protokolle der Ausschüsse, Band II: Ausschuß für G.m.b.H.-Recht, Berlin/New York 1986; zitiert: *Schubert*, Akademie, Bd. II

SCHUBERT, WERNER (HRSG.), Entwurf des Reichsjustizministeriums zu einem Gesetz über Gesellschaften mit beschränkter Haftung von 1939, Heidelberg 1985; zitiert: *Schubert*, Entwurf GmbHG 1939

SCHWICHTENBERG, JÖRG, Horizontale und vertikale Interessenkonflikte bei Entlastungsbeschlüssen im GmbH-Recht, in: GmbH-Rundschau 2007, S. 400-405

SEIBT, CHRISTOPH H., Die Reform des Verfolgungsrechts nach § 147 AktG und des Rechts der Sonderprüfung, in: Wertpapier-Mitteilungen 2004, S. 2137-2146

SEMLER, JOHANNES, Einzelentlastung und Stimmverbot, in: Festschrift für Wolfgang Zöllner zum 70. Geburtstag, Hrsg.: Manfred Lieb, Ulrich Noack und Harm Peter Westermann, Band I, Köln/Berlin/Bonn/München 1998, S. 553-563

SIEGER, JÜRGEN J./GÄTSCH, ANDREAS, Anmerkung zu BayObLG, Beschl. vom 2. 7. 1999 – 3Z BR 298/99 –, in: Neue Zeitschrift für Gesellschaftsrecht 1999, S. 1064

SIEGMUND, IRIS, Stimmverbote im GmbH-Recht, in: Betriebs-Berater 1981, S. 1674-1679

SKAURADSZUN, DOMINIK, Detailfragen zur Sonderprüfung im GmbH-Recht, in: GmbH-Rundschau 2012, S. 936-942

SLINGERLAND, ERIK A., Die Aufsicht über die Geschäftsführung bei Kapitalgesellschaften nach schweizerischem, niederländischem, deutschem und europäischem Recht, Diessenhofen (Schweiz) 1982

SOUDRY, ROUVEN, Anmerkung zu OLG Hamm, Urt. vom 1. September 2010 (I-8 U 118/09 – LG Dortmund), in: Gesellschafts- und Wirtschaftsrecht 2010, S. 526-527

SPINDLER, GERALD, Haftung und Aktionärsklage nach dem neuen UMAG, in: Neue Zeitschrift für Gesellschaftsrecht 2005, S. 865-872

SPINDLER, GERALD, Sonderprüfung und Pflichten eines Bankvorstands in der Finanzmarktkrise – Anmerkung zu OLG Düsseldorf, Beschl. v. 9. 12. 2009 – 6 W 45/09 – IKB, in: Neue Zeitschrift für Gesellschaftsrecht 2010, S. 281-285

SPINDLER, GERALD/KEPPER, KATRIN, Funktionen, rechtliche Rahmenbedingungen und Gestaltungsmöglichkeiten des GmbH-Beirats, in: Deutsches Steuerrecht 2005, S. 1738-1743 und S. 1775-1779

SPINDLER, GERALD/STILZ, EBERHARD (HRSG.), Kommentar zum Aktiengesetz, 2. Aufl., München 2010; zitiert: *Bearbeiter* in Spindler/Stilz

STAUB, HERMANN, Kommentar zum Allgemeinen Deutschen Handelsgesetzbuch (ohne Seerecht), 2. Aufl., Berlin 1894; zitiert: *Staub* (2. A., 1894)

STAUDINGER, JULIUS VON (BEGR.), J. von Staudingers Kommentar zum Bürgerlichen Gesetzbuch mit Einführungsgesetz und Nebengesetzen, Neubearbeitungen nach der 13. Aufl., Berlin 2000 ff.; zitiert: *Bearbeiter* in Staudinger, § (Erscheinungsjahr des jeweiligen Bandes) Rn.

STEIN, EKKEHART/FRANK, GÖTZ, Staatsrecht, 21. Aufl., Tübingen 2011

STODOLKOWITZ, HEINZ DIETER, Gerichtliche Durchsetzung von Organpflichten in der Aktiengesellschaft, in: Zeitschrift für das gesamte Handelsrecht und Wirtschaftsrecht, 154. Band (1990), S. 1-23

SWATZINA, CHRISTIAN, Mitgliedschaftliche Stimmverbote, Element eines allgemeinen Teils des Gesellschaftsrechts, Heidelberg 2001

TEICHMANN, ARNDT, Anmerkung zu BGH, Urt. vom 12. Juni 1989 (II ZR 246/88, München), in: Entscheidungssammlung zum Wirtschafts- und Bankrecht II C. § 47 GmbHG 1.89, S. 1318-1319

TEICHMANN, ARNDT, Gestaltungsfreiheit in Gesellschaftsverträgen, München 1970; zitiert: *A. Teichmann*, Gestaltungsfreiheit

TEICHMANN, ARNDT, Rechte des einzelnen und Befugnisse der Minderheit, in: GmbH-Reform, Hrsg.: Ernst Geßler, Roman Herzog u. a., Bad Homburg v. d. H./Berlin/Zürich 1970, S. 59-93; zitiert: *A. Teichmann*, in: GmbH-Reform

THEISEN, MANUEL RENÉ, Grundsätze ordnungsgemäßer Kontrolle und Beratung der Geschäftsführung durch den Aufsichtsrat, in: Die Aktiengesellschaft 1995, S. 193-203

THELEN, WERNER, Die Ankündigung des Zwecks der Gesellschafterversammlung bei der Einberufung, in: GmbH-Rundschau 1992, S. 796-797

THÜMMEL, RODERICH C., Möglichkeiten und Grenzen der Kompetenzverlagerung auf Beiräte in der Personengesellschaft und in der GmbH; in: Der Betrieb 1995, S. 2461-2465

TIETZE, JÖRG, Die Informationsrechte des GmbH-Gesellschafters, Köln 1985

TRÖLITZSCH, THOMAS/GUNßER, CHRISTIAN, Grenzen der gerichtlichen Anordnung von Sonderprüfungen nach § 142 Abs. 2 AktG, in: Die Aktiengesellschaft 2008, S. 833-839

TRÖLITZSCH, THOMAS/LEINEKUGEL, ROLF, Anwaltsstrategien bei Auseinandersetzungen unter GmbH-Gesellschaftern, Stuttgart u. a. 2008

ULMER, PETER, Begründung von Rechten für Dritte in der Satzung einer GmbH?, in: Festschrift für Winfried Werner zum 65. Geburtstag am 17. Oktober 1984, Handelsrecht und Wirtschaftsrecht in der Bankenpraxis, Hrsg.: Walther Hadding u. a., Berlin/New York 1984, S. 911-931

ULMER, PETER/HABERSACK, MATHIAS/WINTER, MARTIN (HRSG.), Gesetz betreffend die Gesellschaften mit beschränkter Haftung (GmbHG), Großkommentar, Tübingen 2005 ff.; zitiert: *Bearbeiter* in Ulmer/Habersack/Winter

ULRICH, STEPHAN, Die Societas Privata Europaea – endgültig abgelehnt!, in: GmbH-Rundschau 2011, S. R241 f.

VENROOY, GERD J. VAN, Zwingende Zustimmungsvorbehalte der Gesellschafterversammlung gegenüber der Geschäftsführung, in: GmbH-Rundschau 2005, S. 1243-1256

VERHOEVEN, THOMAS, Der besondere Vertreter nach § 147 AktG: Erwacht ein schlafender Riese?, in: Zeitschrift für Wirtschaftsrecht 2008, S. 245-255

VERHOEVEN, THOMAS, Zur geplanten Novellierung des GmbH-Gesetzes, in: Wertpapier-Mitteilungen 1977, S. 806-812

VOGEL, WOLFGANG, Gesellschafterbeschlüsse und Gesellschafterversammlung, 2. Aufl., Köln 1986

VOLLMER, LOTHAR, Die mitbestimmte GmbH – Gesetzliches Normalstatut, mitbestimmungsrechtliche Satzungsgestaltungen und gesellschaftsrechtlicher Minderheitenschutz, in: Zeitschrift für Unternehmens- und Gesellschaftsrecht, 8. Jahrgang (1979), S. 135-172

VORWERK, KLAUS/WIMMERS, JÖRG, Treubindung des Mehrheitsgesellschafters oder der Gesellschaftermehrheit bei Beschlußfassung in der GmbH-Gesellschafterversammlung, in: GmbH-Rundschau 1998, S. 717-723

WACHTER, THOMAS (HRSG.), Kommentar zum Aktiengesetz, Köln 2012, zitiert: *Bearbeiter* in Wachter

WALDENBERGER, ARTHUR, Sonderrechte der Gesellschafter einer GmbH – ihre Arten und ihre rechtliche Behandlung, in: GmbH-Rundschau 1997, S. 49-56

WANK, ROLF, Die Auslegung von Gesetzen, 5. Aufl., München 2011

WESTERMANN, HARM PETER, Zur Anwendung des § 47 Abs. 4 GmbHG im Konzern und in Gemeinschaftsunternehmen, in: Unternehmen, Recht und Wirtschaftsordnung, Festschrift für Peter Raisch zum 70. Geburtstag, Hrsg.: Karsten Schmidt und Eberhard Schwark, Köln/Berlin/Bonn/München 1995, S. 309-327

WICKE, HARTMUT, Gesetz betreffend die Gesellschaften mit beschränkter Haftung (GmbHG), Kommentar, 2. Aufl., München 2011

WICKE, HARTMUT, Kontinuität und Wandel im Recht der GmbH, in: Mitteilungen des Bayerischen Notarvereins 2011, S. 23-32

WIEDEMANN, HERBERT, Beiratsverfassung in der GmbH, in: Festschrift für Marcus Lutter zum 70. Geburtstag, Hrsg.: Uwe H. Schneider u. a., Köln 2000, S. 801-819

WIEDEMANN, HERBERT, Gesellschaftsrecht, Ein Lehrbuch des Unternehmens- und Verbandsrechts, Band I: Grundlagen, München 1980; zitiert: *Wiedemann* I

WILDE, CHRISTIAN, Informationsrechte und Informationspflichten im Gefüge der Gesellschaftsorgane, in: Zeitschrift für Unternehmens- und Gesellschaftsrecht, 27. Jahrgang (1998), S. 423-465

WILSING, HANS-ULRICH/LINDEN, KLAUS VON DER/OGOREK, MARKUS, Gerichtliche Inhaltskontrolle von Sonderprüfungsberichten, in: Neue Zeitschrift für Gesellschaftsrecht 2010, S. 729-734

WILSING, HANS-ULRICH/NEUMANN, KAY-UWE, Die Neuregelung der aktienrechtlichen Sonderprüfungen nach dem Inkrafttreten des UMAG, in: Der Betrieb 2006, S. 31-35

WILSING, HANS-ULRICH/OGOREK, MARKUS, Der Minderheitsantrag auf gerichtliche Einsetzung eines Sonderprüfers gem. § 142 Abs. 2 AktG – ein neues Betätigungsfeld für professionelle Minderheitsaktionäre, in: Gesellschafts- und Wirtschaftsrecht 2009, S. 75-78

WINDBICHLER, CHRISTINE, Gesellschaftsrecht, 22. Aufl., München 2009

WINTER, MARTIN, Mitgliedschaftliche Treubindungen im GmbH-Recht – Rechtsformspezifische Aspekte eines allgemeinen Prinzips, München 1988

WITTE, ANDREAS, Zum Informationsrecht des Gesellschafters einer mitbestimmten GmbH – Besprechung der Entscheidung BGH ZIP 1997, 978 –, in:

Zeitschrift für Unternehmens- und Gesellschaftsrecht, 27. Jahrgang (1998), S. 151-166

WLOTZKE, OTFRIED/WIßMANN, HELLMUT/KOBERSKI, WOLFGANG/KLEINSORGE, GEORG, Mitbestimmungsrecht, Kommentar, 4. Aufl., München 2011; zitiert: *Bearbeiter* in Wlotzke/Wißmann/Koberski/Kleinsorge

WOHLLEBEN, HERMANN PETER, Informationsrechte des Gesellschafters, Köln/Berlin/Bonn/München 1989

WOLANY, JOSEF, Rechte und Pflichten des Gesellschafters einer GmbH, Köln 1964

WOLF, MANFRED/NEUNER, JÖRG, Allgemeiner Teil des Bürgerlichen Rechts, Begr.: Karl Larenz, 10. Aufl., München 2012; zitiert: *Wolf/Neuner*, AT

WP HANDBUCH 2008 – Wirtschaftsprüfung, Rechnungslegung, Beratung, BAND II, Hrsg.: Institut der Wirtschaftsprüfer in Deutschland e. V., 13. Aufl., Düsseldorf 2007; zitiert: WP-Handbuch, Bd. II

ZEILINGER, ANDREAS, Die Einberufung der Gesellschafterversammlung – Fallstricke für die Wirksamkeit von Gesellschafterbeschlüssen, in: GmbH-Rundschau 2001, S. 541-551

ZIEMONS, HILDEGARD, Die Haftung der Gesellschafter für Einflußnahmen auf die Geschäftsführung der GmbH, Köln/Berlin/Bonn/München 1996

ZIEMONS, HILDEGARD/JAEGER, CARSTEN (HRSG.), Beck'scher Online-Kommentar GmbHG, München, Edition 8, Stand: 1. 8. 2011; zitiert: *Bearbeiter* in Ziemons/Jaeger

ZIMMERMANN, KLAUS, Verschmelzungsprüfung bei der GmbH-Verschmelzung, in: Festschrift für Hans Erich Brandner zum 70. Geburtstag, Hrsg.: Gerd Pfeiffer, Joachim Kummer und Silke Scheuch, Köln 1996, S. 167-182

ZIPPELIUS, REINHOLD, Juristische Methodenlehre, 10. Aufl., München 2006

ZITZMANN, AXEL, Die Vorlagepflichten des GmbH-Geschäftsführers, Heidelberg 1991

ZÖLLNER, WOLFGANG, Beschluß, Beschlußergebnis und Beschlußergebnisfeststellung, in: Festschrift für Marcus Lutter zum 70. Geburtstag, Hrsg.: Uwe H. Schneider u. a., Köln 2000, S. 821-831

ZÖLLNER, WOLFGANG, Die Schranken mitgliedschaftlicher Stimmrechtsmacht bei den privatrechtlichen Personenverbänden, München/Berlin 1963; zitiert: *Zöllner*, Stimmrechtsschranken

ZÖLLNER, WOLFGANG, Die sogenannten Gesellschafterklagen im Kapitalgesellschaftsrecht, in: Zeitschrift für Unternehmens- und Gesellschaftsrecht, 17. Jahrgang (1988), S. 392-440

Einführung

I. Gegenstand der Untersuchung

Die angemessene Kontrolle der Leitungsorgane einer Kapitalgesellschaft weckt schon seit längerem das gesteigerte Interesse von Rechtswissenschaftlern, die sich mit dem Gesellschaftsrecht befassen. Die international geführte sog. *Corporate-Governance*-Diskussion, die die deutsche Rechtswissenschaft in den neunziger Jahren des letzten Jahrhunderts erreichte, hat sich schwerpunktmäßig gerade auch mit den vielfältigen Rechtsfragen auseinandergesetzt, die das System unternehmensbezogener Kontrollmechanismen aufwirft. Im Mittelpunkt des Interesses stand dabei allerdings eindeutig die innere Ordnung der Aktiengesellschaft. Im Zuge dessen wurden insbesondere Schwächen der Aufsichtsratsverfassung des deutschen Aktienrechts thematisiert. Auch wurde kapitalmarktrechtlichen Aspekten ein stärkeres Gewicht verliehen. Obwohl die GmbH die in Deutschland mit Abstand am häufigsten anzutreffende Gesellschaftsform bildet, sind bislang Rechtsfragen zum System der GmbH-rechtlichen Kontrolle im gesellschaftsrechtlichen Diskurs weit weniger intensiv behandelt worden als diejenigen zum Aktienrecht. Die vorliegende Arbeit wendet sich angesichts dessen bewusst der Verfassung der GmbH zu und greift sich ein Element der GmbH-rechtlichen Kontrollmechanismen heraus, um dies in rechtsdogmatischer Hinsicht zu analysieren: Die Sonderprüfung im Recht der GmbH.

Für die Gesellschafter sämtlicher Verbandsformen ist es wichtig, über eine breite Informationsbasis zu den die Gesellschaft betreffenden Themen zu verfügen, damit sie von ihren übrigen gesellschaftsrechtlich vermittelten Rechten und Befugnissen sinnvoll Gebrauch machen können. Sonderprüfungsrechte bieten den Mitgliedern von Kapitalgesellschaften die Möglichkeit, zuverlässige und sachkundig aufbereitete Informationen über Vorgänge in der Körperschaft zu erlangen, an der sie beteiligt sind.

Sofern in der Rechtswissenschaft der privatrechtlichen Korporationen Sonderprüfungen thematisiert werden, betreffen auch diese Ausführungen fast ausschließlich das Recht der Aktiengesellschaft. Allerdings fristete bis zur Reform der §§ 142 ff. AktG durch das UMAG selbst das aktienrechtliche Institut der Sonderprüfung in der juristischen Praxis weitgehend ein Schattendasein – und dies, obwohl die Befugnis zur Bestellung von Sonderprüfern bereits seit 1884 ein Bestandteil des positiven Aktienrechts ist. Die Bedeutung dieses den Aktionären zustehenden Instruments zur außerordentlichen Kontrolle der Verwaltung hat jedoch in den letzten Jahren spürbar zugenommen. In zahlreichen Gesellschaften fanden in jüngster Zeit Sonderprüfungen statt oder es gab zumindest entsprechende Initiativen von Seiten der Anteilseigner. Die Folgen der Finanzmarkt- und Wirtschaftskrise der zurückliegenden Jahre haben diese Tendenz noch einmal wahrnehmbar verstärkt. Vor diesem Hintergrund hat in jüngster Vergangenheit der spektakuläre Streit um die Bestellung von Sonderprüfern im Zusammenhang mit den viel beachteten Vorgängen bei der IKB Deutsche Industriebank AG dem Institut der Sonderprüfung schließlich sogar ein mediales Interesse verschafft und es so in das Bewusstsein einer breiteren Öffentlichkeit gerückt.[1]

Das rechtswissenschaftliche Schrifttum zur Sonderprüfung nach dem Aktiengesetz ist jahrzehntelang verhältnismäßig übersichtlich geblieben. Der Umfang der diesbezüglichen Literatur wurde inzwischen aber erheblich erweitert. Es existieren zwei ältere[2] und zwei sehr umfangreiche, jüngere Dissertationen,[3] daneben eine weitere Monographie.[4] Die Kommentar- und Aufsatzliteratur zur aktienrechtlichen Sonderprüfung ist in den letzten Jahren – parallel zu ihrer Praxisrelevanz und der Zahl der zu diesem Rechtsinstitut veröffentlichten Entscheidungen – deutlich angewachsen. Insofern ist mittlerweile ein relativ breit angelegtes, dogmatisches Fundament vorhanden, aus dem angemessene, sorgfältig begründbare Lösungen für die Rechtsfragen, die mit der aktienrechtlichen Sonderprüfung in Zusammenhang stehen, abgeleitet werden können.

Mit der Sonderprüfung bei der GmbH hat sich die gesellschaftsrechtliche Literatur indes bis heute kaum beschäftigt.[5] Dabei stellen sich die mit dieser Rechtsfigur verbundenen Fragen bereits seit der Einführung der GmbH im Jahre 1892. Die wichtigsten maßgeblichen Rechtsvorschriften sind nämlich seitdem nicht verändert worden. Die Zurückhaltung des Schrifttums dürfte vor allem da-

---

1 Vgl. in diesem Zusammenhang nur die Bestätigung der gerichtlichen Prüferbestellung durch das OLG Düsseldorf, Beschl. vom 9. 12. 2009 (I-6 W 45/09), ZIP 2010, 28 ff. – „IKB".

2 *Bordt*, Die aktienrechtliche Sonderprüfung unter besonderer Berücksichtigung der Aktienrechtsreform, 1961; *M. G. Jansen*, Die Sonderprüfung der Geschäftsführung nach dem Aktiengesetz, 1974.

3 *Jänig*, Die aktienrechtliche Sonderprüfung, Eine rechtsvergleichende Untersuchung zur außerordentlichen Kontrolle der Verwaltung im deutschen, schweizerischen, französischen, englischen und niederländischen Aktienrecht, 2005, unveränderte Neuaufl. 2008; *Kirschner*, Die Sonderprüfung der Geschäftsführung in der Praxis, Konkrete Regeln für die Anwendung der §§ 142-146 AktG, 2008.

4 *Ball/Haager*, Aktienrechtliche Sonderprüfungen – Rechtliche Grundlagen, Prüfungspraxis, Haftungsfragen, 2007.

5 Aus dem zurückliegenden Jahrzehnt datieren drei Aufsätze zu diesem Thema: *Fleischer*, GmbHR 2001, 45 ff.; *Peters/Dechow*, GmbHR 2007, 236 ff.; *Leinekugel*, GmbHR 2008, 632 ff. Jüngst ist ein weiterer Aufsatz erschienen: *Skauradszun*, GmbHR 2012, 936 ff. Im Übrigen findet die Sonderprüfung im GmbH-rechtlichen Schrifttum allenfalls am Rande Berücksichtigung.

rauf zurückzuführen sein, dass das GmbH-Gesetz keine ausdrücklichen Bestimmungen zu Sonderprüfungsrechten enthält. Gleichwohl ist die Sonderprüfung auch im GmbH-Recht als Kontrollinstrument anerkannt. Zwar ist die Relevanz dieses Instituts für die GmbH-rechtliche Praxis momentan noch sehr überschaubar. Entwicklungen im Aktienrecht werden bei der „kleineren" Kapitalgesellschaftsform allerdings häufig nachgezeichnet. So ist es nahe liegend, dass der verstärkte Einsatz des Sonderprüfungsrechts bei den Aktiengesellschaften diesem Kontrollinstrument auch im GmbH-Recht zum Durchbruch verhelfen wird. Investoren oder Rechtsberater, die auf dem Gebiet des Aktienrechts gute Erfahrungen mit der Initiierung von Sonderprüfungen gesammelt haben und mit dem entsprechenden Procedere vertraut sind, werden in bestimmten Situationen auch als Anteilseigner einer GmbH oder als deren Berater erwägen, auf die Durchführung einer Sonderprüfung hinzuwirken oder zumindest mit dieser Option zu drohen.

Nicht nur angesichts des zu erwartenden Bedeutungszuwachses von Sonderprüfungen bei den Gesellschaften m. b. H. setzt sich diese Arbeit zum Ziel, zur Schließung der soeben identifizierten rechtswissenschaftlichen Lücke beizutragen. Die folgende Untersuchung soll die Rechtsdogmatik GmbH-rechtlicher Sonderprüfungen umfassend ergründen. Die Erschließung dieses Themas erfordert zum einen eine intensive Auseinandersetzung mit den allgemeinen Prinzipien der GmbH-rechtlichen Organisationsverfassung, zum anderen eine eingehende Analyse struktureller Gemeinsamkeiten und Unterschiede zwischen Aktiengesellschaft und GmbH. Insofern lässt sich diese Arbeit auch als ein Beitrag zur Untersuchung zahlreicher Aspekte des Innenrechts einer GmbH in Abgrenzung zu der Verfassung der Aktiengesellschaft verstehen.

Im Aktienrecht steht sowohl dem Organ Hauptversammlung als auch einer qualifizierten Minderheit von Aktionären die Befugnis zu, Sonderprüfer zu bestellen. GmbH-Gesellschafter, die über eine Mehrheitsbeteiligung an der Gesellschaft verfügen, haben regelmäßig insgesamt großen Einfluss auf die Geschicke des Verbandes. Aus dem gesellschaftsrechtlichen Blickwinkel heraus ist es deswegen von vornherein von besonderem Interesse, ob und inwiefern auch Minderheitsgesellschafter einer GmbH rechtlich dazu in der Lage sind, eine Sonderprüfung der Geschäftsführung zu veranlassen oder zu erzwingen. Diesen Aspekt wird die vorliegende Arbeit deswegen ausgiebig thematisieren. Vor diesem Hintergrund wird sie auch einen Hauptaugenmerk auf die Untersuchung der Frage legen, unter welchen Voraussetzungen Gesellschafter bei der Beschlussfassung i. S. v. § 46 Nr. 6 GmbHG einem Stimmverbot unterliegen, zumal es sich hierbei um eine Frage handelt, die – wie die meisten Aspekte des kollektiven Kontrollrechts der GmbH-Gesellschafter – noch fast gänzlich unerforscht ist.

II. Gang der Darstellung

Im ersten Abschnitt der Untersuchung (Teil A) sollen die rechtswissenschaftlichen Grundlagen entfaltet werden, die man benötigt, um in der nachfolgenden Analyse die der GmbH-rechtlichen Sonderprüfung eigene Dogmatik herausbilden zu können. Gerade weil dieses Rechtsinstitut im GmbH-Recht keine explizite Regelung erfahren hat, bedarf es zunächst einiger Erläuterungen zu der Frage, was sich hinter dem Begriff „Sonderprüfung" verbirgt, um den Gegenstand dieser Arbeit präzisieren zu können. Die Untersuchung beginnt deswegen (im 1. Kapitel) damit abzustecken, um was es sich bei dem gesellschaftsrechtlichen Institut der Sonderprüfung überhaupt handelt, in welchen Ausprägungen Sonderprüfungen durchgeführt werden und mit welcher Zweckrichtung sie im Einzelnen eingesetzt werden können. Anschließend (im 2. Kapitel) werden kurz die Grundzüge der allgemeinen Sonderprüfung des Aktienrechts i. S. d. §§ 142 ff. AktG vorgestellt, um so eine erste Orientierungshilfe zur Herausprägung der Dogmatik für das entsprechende Rechtsinstitut im GmbH-Recht zu erhalten. Das 3. Kapitel befasst sich zunächst generell mit dem System der Kontrollbefugnisse und -instrumente, die das GmbH-Recht vorhält, um darauf aufbauend das Recht zur Einleitung einer Sonderprüfung in rechtsdogmatischer und rechtssystematischer Hinsicht verorten zu können. In diesem Zusammenhang sollen auch die historische Entwicklung der GmbH-Sonderprüfung in Deutschland sowie die Herausbildung vergleichbarer Rechtsinstitute in Europa aufgezeigt und eine Abgrenzung von verwandten Kontrollbefugnissen vorgenommen werden.

Im Mittelpunkt des Teils B, steht die Analyse der verfahrensmäßigen und materiellen Voraussetzungen, die das GmbH-Recht an die Einleitung einer Sonderprüfung stellt. Dieser Teil betrifft die gesellschaftsrechtlichen Kernfragen der von dieser Arbeit behandelten Thematik und wird den Schwerpunkt der Untersuchung bilden. Dabei soll zunächst der Frage nachgegangen werden, ob und auf welche Weise im GmbH-Recht auch die Gesellschafterminderheit die Durchführung einer solchen Revision erzwingen kann (4. Kapitel). Zudem sind die in Betracht kommenden Gegenstände einer GmbH-Sonderprüfung (5. Kapitel) sowie die Schranken, denen ein Sonderprüfungsbeschluss unterliegt (7. Kapitel), eingehend zu untersuchen und zu systematisieren. Die Analyse des Verfahrens zur Fassung des Sonderprüfungsbeschlusses, mit der sich das 6. Kapitel befasst, wird die größte Beachtung den Stimmverboten schenken, denen Gesellschafter bei ihrer Stimmabgabe unterliegen können. Ferner soll untersucht werden, inwiefern das Institut der Sonderprüfung Gegenstand gesellschaftsvertraglicher Bestimmungen sein kann (8. Kapitel).

Die Arbeit wird sich schließlich in Teil C mit den wichtigsten Aspekten, die die Person des Sonderprüfers, den Vorgang der Prüferbestellung (beides im

9. Kapitel) sowie das Prüfungsverfahren (10. Kapitel) betreffen, auseinandersetzen. Dabei ist insbesondere aufzuzeigen, inwieweit die diesbezüglich im Aktienrecht geltenden Regelungen und Grundsätze das Sonderprüfungsverfahren bei der GmbH beeinflussen sowie welche nennenswerten Gemeinsamkeiten und Unterschiede zwischen den beiden Rechtsformen bestehen.

Im letzten Abschnitt (Teil D) der Untersuchung sollen anhand der durch die rechtliche Analyse erschlossenen Erkenntnisse dieser Arbeit einige abschließende Einschätzungen getroffen werden. Dabei gilt es, Einsatzmöglichkeiten und Nutzen der GmbH-rechtlichen Sonderprüfung *de lege lata* zu identifizieren sowie rechtliche und praktische Probleme, die aus der derzeitigen Rechtslage herrühren, aufzuzeigen (11. Kapitel). Die Arbeit schließt mit einer thesenartigen Zusammenfassung der durch die Untersuchung gewonnenen Erkenntnisse (12. Kapitel).

Teil A: Grundlagen

1. Kapitel: Wesen und Bedeutung von Sonderprüfungen

I. Begriff, Arten und Entwicklung der Sonderprüfung im Gesellschaftsrecht

1. Begriff der Sonderprüfung

Der Definition des Sonderprüfungsbegriffs vorgelagert ist der Terminus der Prüfung. Er muss vorab geklärt werden. Dazu kann in weitem Umfang auf Veröffentlichungen aus dem Bereich der Wirtschaftswissenschaften zurückgegriffen werden, weil sich bisher fast nur deren Vertreter mit Begriffsbildungen im Bereich des Prüfungswesens befasst haben.

Die „Prüfung“ ist ein Prozess zur Urteilsbildung, regelmäßig über wirtschaftliche Sachverhalte, der von hinreichend sachkundigen, vertrauenswürdigen und vom ständigen Überwachungsprocedere des Unternehmens unabhängigen Personen durchgeführt wird, indem diese Ist-Objekte mit vorgegebenen oder noch zu erarbeitenden Soll-Objekten vergleichen. Ein vor allem früher gebräuchliches Synonym für „Prüfung“ ist der Ausdruck „Revision“.[1] Die Prüfung ist keine ständige Einrichtung, sondern im Gegenteil immer einmalig, das heißt zeitweilig, entweder im Sinne laufend wiederkehrender (periodischer) oder bloß sporadischer (aperiodischer) Beurteilungsprozesse. Die Prüfungspersonen müssen prozessunabhängig sein und werden aufgrund eines erteilten Auftrags tätig. Jedoch kann es sich sowohl um „externe“ Prüfer, etwa selbständige Wirtschaftsprüfer, als auch zum Beispiel um Angehörige einer unabhängigen Revisionsabteilung des zu prüfenden Unternehmens handeln. Dann lässt sich von einer „internen“ Prüfung sprechen.[2]

Streng genommen müsste die Prüfungsleistung dem Prüfer entsprechend der wirtschaftswissenschaftlichen Begriffsbildung stets drei Schritte abverlangen: die Ermittlung bzw. zumindest die Feststellung eines bereits vorliegenden Sachverhalts (des Ist-Objekts), den Vergleich mit einem – vom Prüfer gegebenenfalls

---

1 *Leffson*, S. 13 f.; *Schedlbauer*, S. 3 f.; insgesamt kritische Begriffsbildung bei *Saage*, S. 72 f.

2 *Schedlbauer*, S. 3 f.

noch anhand von Erfahrungswerten zu erarbeitenden – Sollobjekt und schließlich die Beurteilung des Sachverhalts anhand des Sollobjektes.[3] Gerade das Vorliegen eines Soll-Ist-Vergleiches unterscheidet die Prüfung nämlich von „Feststellungen" und „Begutachtungen". Diese ebenfalls vertrauenswürdigen Beurteilungsprozesse dienen in erster Linie der Aufklärung und Bestimmung von Sachverhalten, die im Falle der auf einem analytischen Prozess beruhenden Begutachtung allerdings auch erst zukünftig eintreten mögen und äußerst komplex sein können.[4] Mit Blick auf die Besonderheiten von Sonderprüfungen ist aber darauf hinzuweisen, dass sich in der Praxis Prüfungen, Feststellungen und Begutachtungen meist nicht klar voneinander trennen lassen. Der Prüfungsprozess beinhaltet praktisch immer auch die Bewältigung von Feststellungs- oder Begutachtungsaufgaben. So wird der Prüfungsbegriff häufig in einem weiteren Sinne verwendet, wenn die Lösung der „Prüfungsaufgabe" hauptsächlich oder gar ausschließlich verständige Sachverhaltsaufklärung erfordert und im Zuge dessen kein Soll-Ist-Vergleich angestellt wird.[5]

Bei der Sonderprüfung handelt es sich um eine spezielle Art der Prüfung. Man versteht darunter eine durch unternehmensfremde, private Prüfungsträger vorzunehmende Revision, die sporadisch, das heißt ohne zwangsläufige Periodizität, aus besonderem Anlass mit dem Ziel angeordnet wird, einen ökonomisch oder rechtlich relevanten Sachverhalt zu verifizieren.[6]

Die Sonderprüfung ist demzufolge ein aperiodischer Prozess. Sie unterscheidet sich insofern von den regelmäßigen Prüfungen, denen insbesondere die Jahres- und Konzernabschlüsse sowie die Lageberichte von Kapitalgesellschaften gem. § 316 Abs. 1 und 2 HGB unterzogen werden.[7] Ferner wird eine Sonderprüfung *per definitionem* nur durch externe Prüfer vorgenommen, sodass von ihr die Wahrnehmung von Prüfungspflichten durch Leitungs- oder Aufsichtsorgane – wie etwa die Gründungsprüfung i. S. v. § 33 Abs. 1 AktG –abzugrenzen sind.[8] Schließlich kommen als Prüfungsträger nur Privatrechtssubjekte infrage. Die häufig gleichfalls als „Sonderprüfung" bezeichneten Prüfungsmaßnahmen aufgrund der Anordnung einer Aufsichtsbehörde, vor allem der Bundesanstalt für Finanzdienstleistungsaufsicht (BaFin) nach § 44 Abs. 1 Satz 2 KWG oder

---

3 *Saage*, S. 72 f.; *Leffson*, S. 15 ff.

4 *Schedlbauer*, S. 5 f.; *Leffson*, S. 11 f., 18 ff.

5 *Leffson*, S. 23 f.; *Schedlbauer*, S. 4. Gerade Sonderprüfungen sind gelegentlich nur auf die Feststellung von Tatsachen gerichtet: vgl. dazu noch unten S. 146 ff. und S. 374 f.

6 *Schedlbauer*, S. 11; *Fleischer* in Küting/Weber, § 142 AktG Rn. 15; vgl. auch WP-Handbuch, Bd. II, Rn. B 1.

7 *Bezzenberger* in Großkomm AktG, § 142 Rn. 10; *Fleischer* in Küting/Weber, § 142 AktG Rn. 24; *Selchert* in HWdRP, Sp. 2225.

8 Vgl. nur *Schedlbauer*, S. 12; *M. G. Jansen*, Sonderprüfung, S. 18.

§ 83 Abs. 1 Satz 1 Nr. 2 VAG, werden kraft spezieller öffentlich-rechtlicher Vorschriften durchgeführt. Sie bilden daher keinen Unterfall der gesellschaftsrechtlichen Sonderprüfung[9] und sind deswegen nicht Gegenstand dieser Untersuchung. Aus demselben Grund soll ebenfalls nicht auf Sonderprüfungen eingegangen werden, die die Finanzbehörden auf Grundlage des Abgabenrechts – insbesondere zur Ermittlung umsatzsteuerrechtlicher Pflichten – vornehmen dürfen.

2. Arten der Sonderprüfung

Im Kapitalgesellschaftsrecht sind Sonderprüfungen, die aufgrund gesetzlicher Bestimmungen durchgeführt werden, von sog. informellen Sonderprüfungen zu unterscheiden.

a) Gesetzlich geregelte Sonderprüfungen

Die Betriebswirtschaftslehre teilt zudem die aufgrund Gesetzes vorgenommenen Sonderprüfungen herkömmlicherweise in zwei weitere Untergruppen ein: sie grenzt obligatorische von dispositiven Sonderprüfungen ab.[10]

Als dispositiv – oder fakultativ – lassen sich alle Sonderprüfungen bezeichnen, die gestützt auf gesetzliche Einzeltatbestände bei Eintritt der dort normierten Voraussetzungen von den jeweils benannten Entscheidungsträgern veranlasst werden können, aber nicht zwangsläufig durchgeführt werden müssen. Solche Bestimmungen trifft das Gesetz nur für das Aktienrecht, nämlich in §§ 142 ff., §§ 258 ff. und § 315 AktG. Bei den dort normierten Revisionen handelt es sich um Prüfungen, die man jeweils als Angebot des Gesetzgebers an die zur Prüfungsinitiierung Berechtigten verstehen mag, die also lediglich *gesetzlich vorgesehen* sind.[11]

Als obligatorische Sonderprüfungen sollen dagegen alle aperiodischen Prüfungen einzuordnen sein, die *gesetzlich vorgeschrieben* sind. Eine solche Prüfung ist entweder zwingende Konsequenz bei Vorliegen bestimmter Voraussetzungen oder sie stellt eine für das Erreichen der angestrebten Rechtsfolge notwendige Bedingung dar. Im Allgemeinen werden obligatorische Prüfungen im Zusammenhang mit einer schwerwiegenden Veränderung im „Leben“ einer Kapitalgesellschaft erforderlich.[12] Anlässe für derartige gesetzlich vorgeschriebene

---

9 *Schedlbauer*, S. 12; *Haager* in Ball/Haager, S. 24.

10 *Schedlbauer*, S. 12; *Selchert* in HWdRP, Sp. 2225; vgl. dazu auch *Fleischer* in Küting/Weber, § 142 AktG Rn. 15.

11 *Selchert* in HWdRP, Sp. 2225; *Schedlbauer*, S. 12, 139 ff.

12 Zum Ganzen *Schedlbauer*, S. 12; *Selchert* in HWdRP, Sp. 2225.

Revisionen bilden im Aktienrecht bestimmte Fälle der Gesellschaftsgründung und die meisten Nachgründungen (§§ 33 bis 35 bzw. § 52 Abs. 4 AktG), der Großteil der Kapitalerhöhungen, die unter Erbringung von Sacheinlagen durchgeführt werden sollen (§§ 183 Abs. 3, 183a, 194 Abs. 4, 205 Abs. 5 AktG), sowie der Abschluss von Unternehmensverträgen (§ 293b ff. AktG). Sowohl das Aktien- als auch das GmbH-Recht verlangen außerdem, eine solche Prüfung bei einer Kapitalerhöhung aus Gesellschaftsmitteln (§ 209 Abs. 3 und 4 AktG, § 57f Abs. 2 und 3 GmbHG) oder anlässlich bestimmter Umwandlungen (zum Beispiel bei Verschmelzungen nach §§ 9 bis 12 i. V. m. §§ 30 Abs. 2, 48 oder 60 UmwG) vorzunehmen.[13]

Aus der Sicht von Wirtschaftsprüfern, die offenbar Parallelen bei den jeweiligen Prüfungsprozessen ausmachen, ist gegen die insofern zweckmäßige Binnendifferenzierung innerhalb der aufgrund Gesetzes veranlassten Sonderprüfungen nichts einzuwenden. Aus juristischer Perspektive muss hingegen eine andere Terminologie zugrunde gelegt werden. So ist erkennbar, dass der Gesetzgeber den Ausdruck „Sonderprüfung" allein der ersten Kategorie von Revisionen vorbehalten wollte.[14] § 142 Abs. 1 Satz 1 AktG enthält eine Legaldefinition. Danach sind diejenigen Prüfer „Sonderprüfer", die von der Hauptversammlung einer Aktiengesellschaft zur Prüfung von Vorgängen bei der Gründung oder Geschäftsführung bestellt werden können. Dem lässt sich entnehmen, dass die Anteilseigner Sonderprüfungen immer ohne eine dahingehende Verpflichtung, gewissermaßen aus eigenem Antrieb – freiwillig – einleiten dürfen. Bei diesem Verständnis bietet eine Sonderprüfung den Gesellschaftern ein beliebig einsetzbares Kontroll- und Informationsinstrument. Obligatorische „Sonderprüfungen" dienen zwar auch den Verbandsmitgliedern. Wegen ihres verpflichtenden Charakters bezweckt der Gesetzgeber mit ihnen jedoch mindestens gleichrangig den Schutz der Gesellschaftsgläubiger und öffentlicher Interessen sowie die Entlastung der Gerichte bei der Erfüllung von Prüfungspflichten im Vorfeld der Eintragung einer gesellschaftsrechtlichen Strukturmaßnahme in das Handelsregister. Obligatorische Prüfungen sollen mithin in erster Linie den Grundsatz der realen Kapitalaufbringung und dadurch die Seriosität von Gesellschaftsgründungen, Kapitalmaßnahmen oder Umwandlungen weitest möglich gewährleisten.[15] Die sehr unterschiedlich gewichteten Regelungszwecke, die dispositiven

---

13 Vgl. *Selchert* in HWdRP, Sp. 2225; *Schedlbauer*, S. 12, 41 ff.; WP-Handbuch, Bd. II, Rn. B 1 f.; zur Verschmelzungsprüfung bei der GmbH *Zimmermann* in FS Brandner, S. 167 ff.

14 So auch *Fleischer* in Küting/Weber, § 142 AktG Rn. 16; ihm folgend *Kirschner*, S. 39.

15 Z. B. *Bayer* in K. Schmidt/Lutter, AktG, § 33 Rn. 1; *Priester* in Großkomm AktG, § 52 Rn. 13; *Lutter* in KölnKomm AktG (2. A.), § 183 Rn. 2, 4; vgl. insofern aber auch *Schedlbauer*, S. 43, 74 f., 90.

und obligatorischen Prüfungen zugrunde liegen, gebieten vielfach eine unterschiedliche rechtliche Behandlung dieser Ausprägungen von Beurteilungsprozessen und führen zu mitunter kaum vergleichbaren Rechtsfragen im Zusammenhang mit den verschiedenen Prüfungstypen. So mögen sich vielleicht die beiden Arten der Revision in ihrer Durchführung ähneln. Verpflichtende Prüfungen sind aber keine Sonderprüfungen im Sinne des Gesellschaftsrechts. Demzufolge handelt es sich bei den „obligatorischen Sonderprüfungen" bloß um sonstige aperiodische Revisionen, die als Pflichtprüfungen scharf von den Sonderprüfungen im Rechtssinne abgegrenzt werden müssen.[16] Eine Sonderprüfung wird stets freiwillig vom jeweils dazu berechtigten Personenkreis ausgelöst. Die oben[17] getroffene Definition der Sonderprüfung ist insofern zu erweitern.

Innerhalb der verbleibenden gesetzlich geregelten aktienrechtlichen Sonderprüfungen bildet § 142 Abs. 1 AktG den Grundtatbestand. Im Übrigen kennt das Aktiengesetz zwei spezielle Arten der Sonderprüfung. Hierzu gehört die sog. „bilanzrechtliche Sonderprüfung" gem. §§ 258 ff. AktG, die von Aktionärsseite veranlasst werden kann, um dem Verdacht nachzugehen, dass Posten im festgestellten Jahresabschluss in unzulässiger Weise unterbewertet worden sind. Dieses besondere Prüfungsverfahren soll die Beachtung der bilanzrechtlichen Bewertungsvorschriften gewährleisten und vor allem das mitgliedschaftliche Dividendenrecht der Aktionäre schützen.[18] Daneben besteht die Möglichkeit einer sog. „konzernrechtlichen Sonderprüfung" i. S. v. § 315 AktG, mittels derer auf Antrag auch nur eines einzelnen Aktionärs die geschäftlichen Beziehungen der Gesellschaft zu bestimmten Unternehmen desselben Konzerns untersucht werden können. Konzeptionell dient diese Prüfungsart außenstehenden Aktionären im faktischen Konzern dazu, ihr zumeist bestehendes Informationsdefizit zu überwinden und mit Hilfe so gewonnener Beweismittel etwaig bestehende Ersatzansprüche aus §§ 317, 318 AktG besser durchsetzen zu können.[19]

In Abgrenzung zu den vorgenannten Spezialfällen wird die Revision nach §§ 142 ff. AktG als „allgemeine Sonderprüfung" bezeichnet. Sie ist – wie § 142 Abs. 3 AktG ausdrücklich anordnet – gegenüber der bilanzrechtlichen Sonderprüfung komplett subsidiär, soweit schon der sachliche Anwendungsbereich der

---

16 *Fleischer* in Küting/Weber, § 142 AktG Rn. 16; *Kronstein/Zöllner* in KölnKomm AktG, § 142 Rn. 4.

17 S. 8.

18 Zu diesen Funktionen der §§ 258 ff. AktG *Wilsing/Neumann*, DB 2006, 31; *Jänig*, S. 226; *Schedlbauer*, S. 157; *Kleindiek* in K. Schmidt/Lutter, AktG, § 258 Rn. 3.

19 BGHZ 135, 107, 109 f.; OLG Hamm, ZIP 2000, 1299 f.; *U. H. Schneider*, AG 2008, 305, 309; *Noack*, Wpg 1994, 225; *Altmeppen* in MünchKomm AktG (3. A.), § 315 Rn. 1.

§§ 258 ff. AktG betroffen ist.[20] Demgegenüber ergänzen die §§ 142 ff. AktG die nicht abschließenden Regelungen zur konzernrechtlichen Sonderprüfung,[21] bei der es sich nur um eine besondere Ausprägung des allgemeinen minderheitenschützenden Instituts der Sonderprüfung handelt.[22]

Im GmbH-Recht sind Sonderprüfungen demgegenüber nicht ausdrücklich gesetzlich geregelt.[23]

b) Informelle Sonderprüfungen

Neben dieser begrenzten Zahl gesetzlich vorgesehener Sonderprüfungen im eigentlichen Sinne können sog. „informelle Sonderprüfungen" grundsätzlich die verschiedensten ökonomisch relevanten Untersuchungsgegenstände betreffen.[24] „Informell" sind die hierunter zu fassenden Revisionen insofern, als dass das Gesetz keine auf sie zugeschnittenen Anforderungen an die Auslösung der Prüfung und an ihre Durchführung aufstellt. Der Vorteil der informellen gegenüber den nach gesetzlicher Maßgabe durchzuführenden Prüfungen liegt deshalb darin, dass diese schneller als jene eingeleitet werden können und dass bei der Festlegung und einer eventuell später angestrebten Anpassung des Prüfungsgegenstandes deutlich flexibler verfahren werden kann.[25] Auch informelle Prüfungen werden immer aus freien Stücken, ohne gesetzlichen Zwang in die Wege geleitet, sodass sie definitionsgemäß den Sonderprüfungen zuzuordnen sind.

Informelle Prüfungen erfreuen sich in der Praxis großer Beliebtheit. Sie werden in der Regel vom Leitungs- und Geschäftsführungsorgan oder vom Aufsichtsrat als dem speziellen Aufsichtsorgan veranlasst. Dies geschieht in der Weise, dass sich das betreffende Organ externer Hilfe durch Wirtschaftsprüfer oder andere sachkundige Personen bedient und diese mit der unabhängigen Überprüfung bestimmter Geschäftsführungsmaßnahmen oder anderer Vorgänge

---

20 Dagegen vertreten *Wilsing/Neumann*, DB 2006, 31, die §§ 142 ff. AktG seien nur bis zum Ablauf der Antragsfrist des § 258 Abs. 2 S. 1 AktG gesperrt, aufgegeben von *Wilsing/von der Linden* in Heidel, § 142 AktG Rn. 41.

21 Zum Ganzen *Fleischer* in Küting/Weber, § 142 AktG Rn. 16 ff.; *Selchert* in HWdRP, Sp. 2227 f.; *Mock* in Spindler/Stilz, § 142 Rn. 21 f.; *Noack*, Wpg 1994, 225, 227, 234 ff.; *Kirschner*, S. 40 ff.; *M. G. Jansen*, Sonderprüfung, S. 16 ff.; *Schedlbauer*, S. 141 ff., 157 ff., 179 ff.; *Haager* in Ball/Haager, S. 23 f.; missverständlich, aber i. E. genauso *Bezzenberger* in Großkomm AktG, § 142 Rn. 10.

22 So z. B. *Forum Europaeum Konzernrecht*, ZGR 27 (1998), 672, 719; *Wilsing/Neumann*, DB 2006, 31; vgl. auch OLG München, ZIP 2011, 1364, 1365; OLG Frankfurt am Main, NJW-RR 2009, 1411; OLG Stuttgart, AG 2010, 717, 718.

23 Dazu z. B. *Leinekugel*, GmbHR 2008, 632.

24 *Schedlbauer*, S. 12; detaillierte Darstellung möglicher Gegenstände *ders.*, S. 211 ff.

25 *Schröer* in MünchKomm AktG, § 142 Rn. 11; *Kirschner*, S. 49 f.

beauftragt. Hierdurch können Sachverhalte adäquat aufgeklärt und dadurch anstehende Entscheidungen angemessen vorbereitet werden, insbesondere wenn die Organmitglieder nicht selbst über die erforderliche Fachkunde verfügen oder neue Organmitglieder die Maßnahmen ihrer inzwischen abgelösten Vorgänger neutral untersuchen lassen möchten.[26]

Für die Leitungsorgane, das heißt für Vorstand und Geschäftsführer, stellt die Beauftragung von Sonderprüfern eine Leitungs- bzw. Geschäftsführungsmaßnahme dar. Sie können jederzeit als gesetzliche Vertreter im Namen der Gesellschaft informelle Sonderprüfungen durchführen lassen.[27] Der Aufsichtsrat kann eine Sonderprüfung einleiten, indem er in Wahrnehmung seiner Überwachungsbefugnis gem. § 111 Abs. 2 Satz 2 Fall 2 AktG (ggf. i. V. m. § 52 Abs. 1 GmbHG) einem sachverständigen Dritten einen bestimmten Prüfungsauftrag erteilt.[28] Da für eine solche Prüfung keine eigenen Verfahrensbestimmungen existieren – ihre Durchführung richtet sich insbesondere nicht nach §§ 142 ff. AktG – muss das bestellende Organ selbst Umfang und Verfahren des Beurteilungsprozesses festlegen.[29]

Als „informell" ließen sich prinzipiell auch von der Mitgliederversammlung veranlasste Prüfungen bezeichnen, die an keine gesetzlichen Vorgaben gebunden sind. Im Aktienrecht ist allerdings stark umstritten, ob auch die Hauptversammlung als Initiativorgan mit einfacher Stimmenmehrheit eine informelle Sonderprüfung veranlassen kann, deren Gegenstand dann etwa nicht i. S. v. § 142 Abs. 1 Satz 1 AktG bestimmte „Vorgänge der Geschäftsführung" betreffen müsste. Den aus Anlass einer derartigen Maßnahme von der Hauptversammlung bestellten Prüfern würden dann jedenfalls nicht die Befugnisse aus § 145 Abs. 1 bis 3 AktG zustehen.[30] Überlegungen, die eine informelle Hauptver-

---

26 *Bezzenberger* in Großkomm AktG, § 142 Rn. 25; *Schröer* in MünchKomm AktG, § 142 Rn. 28; *Wilsing/von der Linden* in Heidel, § 142 AktG Rn. 1; WP-Handbuch, Bd. II, Rn. B 2; u. U. kann sogar die Pflicht des Leitungsorgans bestehen, Expertenrat einzuholen: dazu *Peters*, AG 2010, 811, 812 ff.

27 So etwa auch *Schröer* in MünchKomm AktG, § 142 Rn. 28; *Mock* in Spindler/Stilz, § 142 Rn. 26.

28 *Hoffmann-Becking*, ZGR 40 (2011), 136, 137 ff.; *Spindler* in K. Schmidt/Lutter, AktG, § 142 Rn. 11; *Fleischer* in Küting/Weber, § 142 AktG Rn. 32; *Schröer* in MünchKomm AktG, § 142 Rn. 28; *U. H. Schneider* in Scholz, § 52 Rn. 123, 159; vgl. auch BGHZ 85, 293, 296 f. „Hertie"

29 *Kirschner*, S. 47 f.; *Schröer* in MünchKomm AktG, § 142 Rn. 28; *Bezzenberger* in Großkomm AktG, § 142 Rn. 25; zu den Prüferrechten im Falle des § 111 Abs. 2 S. 2 AktG *Hoffmann-Becking*, ZGR 40 (2011), 136, 149 ff.

30 Dies vertreten etwa *Bordt*, S. 53; *Adler/Düring/Schmaltz*, §§ 142-146 AktG Rn. 7; *Kronstein/Zöllner* in KölnKomm AktG, § 142 Rn. 12; *Schröer* in MünchKomm AktG, § 142 Rn. 14, 54; *Zwissler* in Wachter, § 142 Rn. 3; ähnlich *Butzke*, Rn. M 2.

sammlungsrevision für zulässig erachten, vermögen aber nicht zu überzeugen, da sie der aktienrechtlichen Zuständigkeitsverteilung widersprechen.[31] Ohne gesetzliche Zuweisung beschließt nämlich die Hauptversammlung gem. § 119 Abs. 1 AktG nur in den in der Satzung ausdrücklich vorgesehenen Fällen. Eine die §§ 142 ff. AktG ergänzende Satzungsbestimmung kann jedoch wegen § 23 Abs. 5 Satz 2 AktG nicht wirksam getroffen werden, da die Kompetenzverteilung in der Aktiengesellschaft bis auf wenige Ausnahmen als abschließend anzusehen ist. Nur so lässt sich die Stabilität der durch zahlreiche Normen austarierten Machtbalance zwischen den Gesellschaftsorganen gewährleisten.[32] Auch das den Aktionären mit § 119 Abs. 1 Nr. 7 i. V. m. § 142 AktG eingeräumte Untersuchungsrecht ist gerade im Hinblick auf die möglichen Prüfungsgegenstände tatbestandlich so fest umrissen, dass es allein deswegen schon nicht i. S. v. § 23 Abs. 5 Satz 2 AktG erweiterungsfähig ist. Demzufolge wäre selbst bei entsprechender Satzungsbestimmung der Beschluss einer informellen Sonderprüfung durch die Hauptversammlung unzulässig.[33] Im Aktienrecht können daher informelle Sonderprüfungen nur durch Vorstand und Aufsichtsrat veranlasst werden.

Bezogen auf das GmbH-Recht ist es hingegen wenig hilfreich, Sonderprüfungen als formell oder informell zu charakterisieren. Dadurch, dass die Normen des positiven GmbH-Rechts von den aperiodischen Prüfungen nur die verpflichtend vorgeschriebenen[34] explizit regeln, sind die in Betracht kommenden Sonderprüfungen bei dieser Rechtsform in gewisser Weise sämtlich „informell",[35] es sei denn, man könnte auf die GmbH die aktienrechtlichen Bestimmungen zur allgemeinen Sonderprüfung umfassend analog anwenden.[36] Es bietet sich statt dieser Kategorienbildung im GmbH-Recht an, zwischen den unterschiedlichen Typen von Sonderprüfungen ausschließlich anhand des jeweiligen Initiativorgans zu differenzieren.

---

31 So auch die herrschende Auffassung: *Jänig*, S. 242 f.; *Kirschner*, S. 48 f.; *Spindler* in K. Schmidt/Lutter, AktG, § 142 Rn. 10; *Fleischer* in Küting/Weber, § 142 AktG Rn. 31; *Bezzenberger* in Großkomm AktG, § 142 Rn. 24 f.; *Haager* in Ball/Haager, S. 25; etwas anders *Mock* in Spindler/Stilz, § 142 Rn. 57: der Beschluss einer nicht bindenden „Empfehlung", eine informelle Sonderprüfung durchzuführen, sei der Hauptversammlung gestattet.

32 *Hoffmann* in Spindler/Stilz, § 119 Rn. 48; *Mock*, ebda., § 142 Rn. 109; *Jänig*, S. 242 f.; *Raiser/Veil*, S. 192 f.; *Butzke*, Rn. A 9.

33 Infolgedessen für Anfechtbarkeit *Fleischer* in Küting/Weber, § 142 AktG Rn. 31; *Spindler* in K. Schmidt/Lutter, AktG, § 142 Rn. 10; sogar für Nichtigkeit RGZ 146, 385, 393 f.; *Mock* in Spindler/Stilz, § 142 Rn. 88; *Hirschmann* in Hölters, § 142 Rn. 11.

34 Z. B. § 57f Abs. 2 GmbHG, §§ 48, 9 ff. UmwG; s. dazu auch oben S. 9 f.

35 Ähnlich *Kirschner*, S. 21.

36 Eingehend zur Frage der Analogie zu §§ 142 ff. AktG unten S. 107 ff.

Einerseits ist es den Gesellschaftern möglich, eine Sonderprüfung zu veranlassen. Eine solche Revision ist üblicherweise gemeint, wenn hinsichtlich der GmbH von Sonderprüfungen gesprochen wird.[37] Eine Binnendifferenzierung ist diesbezüglich nur angezeigt, sofern §§ 142 ff. AktG für die GmbH analog heranzuziehen wären. Anderenfalls ließe sich etwa die Frage, welche Sachverhalte als taugliche Prüfungsgegenstände in Betracht kommen, insofern ohnehin nur einheitlich beantworten, sodass die soeben zur Hauptversammlung geschilderte Problematik im GmbH-Recht keine Rolle spielte. Wie bereits erwähnt können Sonderprüfungen andererseits auch von den Geschäftsführern oder einem Aufsichtsorgan[38] eingesetzt werden. Die Rechtsfragen, die diese Prüfungen betreffen, sind jedoch keine GmbH-rechtliche Besonderheit, sondern im Wesentlichen die gleichen, die sich auch bezogen auf die Aktiengesellschaft stellen. Diese Arbeit wird sich deshalb auf die Sonderprüfung als Befugnis der Gesellschafter konzentrieren und die von anderen Organen initiierten Prüfungen nur am Rande berücksichtigen.

3. Entwicklungslinien der kodifizierten Sonderprüfung im Überblick

Während die Sonderprüfung der Geschäftsführung den positiv-rechtlichen Bestimmungen des GmbH-Gesetzes bis heute fremd geblieben ist,[39] ist sie in der aktienrechtlichen Tradition als normiertes Rechtsinstitut fest verwurzelt. Die heutigen Vorschriften der §§ 142 ff., §§ 258 ff. und § 315 AktG spiegeln insoweit das Ergebnis einer über 125-jährigen Entwicklungsgeschichte wider.[40]

Erstmals wurde schon 1884 in Art. 222a ADHGB[41] das Recht einer qualifizierten Aktionärsminderheit, Revisoren zur Prüfung der Geschäftsführung zu bestellen, gesetzlich geregelt. Durch zahlreiche Reformen des Aktienrechts wurde die Sonderprüfung seitdem stetig fortentwickelt, obgleich die betreffenden Normen kaum prinzipielle inhaltliche Veränderungen erfuhren. Das im Jahr

---

37 Vgl. nur *Fleischer*, GmbHR 2001, 45 ff.; *Brandner* in FS Nirk, S. 75 ff.; *Leinekugel*, GmbHR 2008, 632 ff.

38 Beispiele für vom Aufsichtsrat einer GmbH veranlasste Sonderprüfungen: KG, Urt. vom 16. 6. 2011 (19 U 116/10), BeckRS 2011, 17866; ThürOLG, NZG 2010, 226 ff.

39 Ausführlich zur GmbH-rechtlichen Gesetzgebungsgeschichte noch unten S. 84 ff

40 *Fleischer*, RIW 2000, 809, 810; *ders.* in Küting/Weber, § 142 AktG Rn. 5 ff.; zur Geschichte außerdem *Bordt*, S. 1 ff. (äußerst ausführlich); *Bezzenberger* in Großkomm AktG, § 142 Rn. 1 f.; *Schröer* in MünchKomm AktG, § 142 Rn. 8 f.; *M. G. Jansen*, Sonderprüfung, S. 6 ff.; *Schedlbauer*, S. 14 f.

41 Gesetz vom 18. 7. 1884, RGBl. I, S. 123 ff.

1900 in Kraft getretene, neu gefasste HGB[42] wies in seinen §§ 266, 267 neben dem Minderheitsrecht nun auch ausdrücklich der Generalversammlung der damals ohnehin noch umfassende Kompetenzen zugewiesen waren,[43] die Befugnis zu, mit einfacher Mehrheit, ohne zusätzlichen gerichtlichen Beschluss, Revisoren zu bestellen. Diese Bestimmungen wurden zunächst von §§ 118 ff. AktG 1937[44] abgelöst, die 1965 in den §§ 142 ff. AktG[45] aufgingen. Seit dieser letzten Neukonzeption des Aktienrechts wird die allgemeine Sonderprüfung zudem von den speziellen §§ 258 ff. und § 315 AktG flankiert. Nachdem zuvor das Gesetz noch von „Prüfung" durch „Revisoren" sprach, bezeichnete die Überschrift des einschlägigen Unterabschnitts im Aktiengesetz 1937 das Rechtsinstitut erstmals offiziell als „Sonderprüfung". Diese Namensgebung wurde schnell im Schrifttum gebräuchlich.[46] Seit 1965 enthält § 142 Abs. 1 Satz 1 AktG die bereits angesprochene Legaldefinition der „Sonderprüfer".

Trotz seiner nun schon langen Tradition hat das Institut der Sonderprüfung in der gesellschaftsrechtlichen Literatur meist nur wenig Aufmerksamkeit erfahren.[47] Die seit den neunziger Jahren des letzten Jahrhunderts international vom Schlagwort *Corporate Governance* bestimmte Debatte in der Jurisprudenz zur kapitalgesellschaftsrechtlichen Organisationsverfassung rückte die Aspekte der Unternehmenskontrolle zurück in den Fokus des rechtswissenschaftlichen Interesses.[48] Vor diesem Hintergrund und konkret wegen der gesetzlichen Änderun-

---

42 Gesetz vom 10. 5. 1897, RGBl. I, S. 219 ff.; später geändert durch Verordnung des Reichspräsidenten vom 19. 9. 1931, RGBl. I, S. 493 ff.

43 Dazu *Staub* (2. A., 1894), Art. 221 § 2; aus heutiger Sicht z. B. *von Rechenberg*, S. 18 ff.

44 Gesetz vom 30. 1. 1937, RGBl. I, S. 107 ff.

45 Gesetz vom 6. 9. 1965, BGBl. I, S. 1089 ff.

46 Dazu *Bordt*, S. 50; vgl. etwa *W. Schmidt* in Großkomm AktG (1. A., 1939), § 118 Rn. 1; *von Gleichenstein*, BB 1956, 761 ff.

47 Dazu *Jänig*, S. 29 f.

48 *Jänig*, S. 24; *Hommelhoff/Mattheus*, AG 1998, 249 ff.; vgl. zur Thematik *Corporate Governance* allgemein aus juristischer Perspektive bspw. *K. Schmidt*, GesellschR, S. 767; *Windbichler*, S. 6 f., 310 ff.; *Spindler* in MünchKomm AktG (3. A.), Vor § 76 Rn. 72 ff.; aus wirtschaftswissenschaftlicher Perspektive vgl. nur *von Werder* in Hommelhoff, Hdb Corporate Governance, S. 3 ff. m. w. N.

gen durch das UMAG[49] thematisierte das Schrifttum – jedenfalls bezogen auf das Aktienrecht – nun auch vermehrt Fragen zum Recht der Sonderprüfung.[50]

II. Charakterisierung der Sonderprüfung durch Einordnung in das System gesellschaftsrechtlicher Überwachungsbefugnisse

1. Einzelnes Instrumentarium zur Kontrolle der Geschäftsführung

Die Sonderprüfung stellt im Rahmen des modernen gesellschaftsrechtlichen Überwachungs- und Informationssystems einen wichtigen Baustein dar.[51] Sie gehört bei den Kapitalgesellschaften zu den Bestandteilen der Überwachung – ein anderer Ausdruck dafür ist „Aufsicht". Dabei ist der Terminus „Überwachung" sehr umfassend zu verstehen. Mit ihm als Oberbegriff kann gewissermaßen ein ganzer Funktionsbereich der inneren Organisationsverfassung einer Gesellschaft bezeichnet werden, dem sich jeweils einzelne Aufgaben, Befugnisse und Rechte der Gesellschafter oder der Gesellschaftsorgane zuordnen lassen.[52] Überwachung oder Aufsicht meint eine dauernde Tätigkeit zum Zwecke der Fehlerermittlung, -vermeidung und -bereinigung.[53] Jede Prüfung, so auch die Sonderprüfung, verlangt demgegenüber immer nur punktuelle, in sich abgeschlossene Verrichtungen, die sich mit konkreten Zeiträumen bzw. Sachverhalten, also einzelnen Vorgängen befassen, und ist folglich immer „einmalig".[54] Die Sonderprüfung ist somit ein einzelnes Instrumentarium im Rahmen des ständigen Systems unternehmensbezogener Überwachung.

---

49 Gesetz zur Unternehmensintegrität und Modernisierung des Anfechtungsrechts vom 22. 9. 2005, BGBl. I, S. 2802 ff.; zu dessen Auswirkungen auf die Sonderprüfung beispielhaft *Wilsing/Neumann*, DB 2006, 31 ff.; *Kolb*, DZWIR 2006, 50, 51 f.; *Jänig*, BB 2005, 949 ff.; *Kirschner*, BB 2005, 1865 ff.; *ders.*, S. 14 ff.; *Seibt*, WM 2004, 2137, 2139 ff.

50 So *Haager* in Ball/Haager, S. 17 f.; *Jänig*, Wpg 2005, 761; *Mock* in Spindler/Stilz, § 142 Rn. 6; zur Sonderprüfung als Element der *Corporate Governance Windbichler*, S. 311.

51 *Fleischer*, GmbHR 2001, 45; *Seibt*, WM 2004, 2137; *U. H. Schneider*, AG 2008, 305; *Bungert/Rothfuchs*, DB 2011, 1677; *Haager* in Ball/Haager, S. 22; *Spindler* in K. Schmidt/Lutter, AktG, § 142 Rn. 1.

52 Vgl. dazu *Leffson*, S. 9 f.; *Schedlbauer*, S. 5; *Slingerland*, S. 50.

53 *Slingerland*, S. 50; *Bunte*, S. 56.

54 Statt aller *Schedlbauer*, S. 5.

In diesem Zusammenhang ist ebenfalls der Begriff der „Kontrolle" gebräuchlich, der allerdings wegen seiner Mehrdeutigkeit Probleme aufwirft. *Schedlbauer*[55] etwa hält Überwachung für den Oberbegriff von Kontrolle einerseits und Prüfung andererseits, wobei die Kontrolle eine ständige Einrichtung, die Prüfung dagegen eine einmalige Veranstaltung sei. Demnach wären Kontrolle und Prüfung Gegenbegriffe. Ganz überwiegend behandelt aber das Schrifttum[56] Kontrolle als Synonym für Überwachung. In der rechtswissenschaftlichen Literatur ist Kontrolle sogar der gebräuchlichere Ausdruck für den Funktionsbereich, der in erster Linie dem Zweck dient, Fehlentscheidungen der Geschäftsführung zu vermeiden und zu korrigieren.[57] Kontrolle ist somit zwar in der Tat eine ständige Einrichtung, die Sonderprüfung aber ein spezielles Mittel der Kontrolle. Von diesem Begriffsverständnis, das Überwachung und Kontrolle gleichsetzt, soll im Folgenden ausgegangen werden.

Aus dem gesellschaftsrechtlichen Blickwinkel heraus betrachtet bezieht sich die Kontrolle in einem Unternehmen ganz hauptsächlich auf die Geschäftsführung. Das Kapitalgesellschaftsrecht wird nämlich vom Prinzip der Fremdorganschaft beherrscht, dem zufolge die Ausübung von Organfunktionen nicht zwingend an die Mitgliedschaft in der Gesellschaft gebunden ist.[58] Als Konsequenz daraus liegt in der Rechtswirklichkeit die Geschäftsleitung bei der Aktiengesellschaft meist und bei der GmbH häufig nicht bei den Anteilseignern selbst. Da aber gerade nicht die Mitglieder des Leitungsorgans, sondern die Gesellschafter wegen ihrer Kapitalbeteiligung das unternehmerische Risiko zu tragen haben, muss die Ausübung von Verfügungsgewalt durch die Geschäftsführung einer angemessenen Kontrolle unterworfen sein.[59]

---

55 S. 5.

56 Z. B. *Leffson*, S. 9 f.; *Bea/Scheurer*, DB 1995, 1289; *Ebenroth*, Kontrollrechte, passim; *ders.*, Geschäftsführerkontrolle, passim; *Becker*, S. 39 ff.; ebenso z. B. das Begriffsverständnis von *Fleischer*, GmbHR 2001, 45 ff.; *Zöllner* in Baumbach/Hueck, § 46 Rn. 50; *Drygala* in K. Schmidt/Lutter, AktG, § 111 Rn. 4 ff.; wiederum anders *Hommelhoff*, ZIP 1983, 383, 385, der Kontrolle verglichen mit Überwachung als weitergehender erachtet.

57 Vgl. etwa statt vieler *Becker*, passim; *Lutter*, ZGR 11 (1982), 1, 4 ff. Dagegen versteht z. B. *Hirte*, in FS Röhricht, S. 224, „Kontrolle" spezieller als Verifizierung von erteilten Auskünften v. a. anhand von Einsichtnahme in Unterlagen. Damit verwendet er „Kontrolle" i. S. v. „Prüfung".

58 *K. Schmidt*, GesellschR, S. 409; *Saenger*, GesellschR, Rn. 14.

59 *Jänig*, S. 24; vgl. *Schmiegelt/Gerber* in BeckHdb GmbH, § 3 Rn. 102; ähnlich *A. Teichmann*, Gestaltungsfreiheit, S. 178 f.

2. Mechanismus der mittelbaren, unternehmensinternen Kontrolle

Der Geschäftsführungskontrolle in der Kapitalgesellschaft liegt daher ein umfassendes Konzept zugrunde, das auf verschiedenen Instanzen, die jeweils Überwachungsfunktionen erfüllen, aufbaut. Zu nennen sind drei „Säulen“ der Aufsicht: die sog. verwaltungsinterne Kontrolle, die Kontrollinstrumente der Gesellschafter – die beiden zunächst genannten Ausprägungen sind jeweils der unternehmensinternen Aufsicht zuzurechnen – sowie außerdem Formen der unternehmensexternen Kontrolle.[60]

Am auffälligsten wird die verwaltungsinterne Kontrolle in institutioneller Hinsicht bei Vorhandensein eines besonderen Aufsichtsorgans – etwa eines Aufsichtsrates – verkörpert, das gerade existiert, um die Geschäftsführung zu überwachen. In Aktiengesellschaft und KGaA ist das Bestehen eines Aufsichtsrats obligatorisch. In einer monistischen SE, in der es kein solches Organ gibt, übernimmt hingegen der Verwaltungsrat gem. § 22 Abs. 1 SEAG die „interne“ Überwachung der von ihm gem. § 40 Abs. 1 SEAG zu bestellenden geschäftsführenden Direktoren.[61] In allen Kapitalgesellschaftsformen sind zudem auch die einzelnen Vorstandsmitglieder bzw. bei mehreren Geschäftsführern diese untereinander wegen ihrer Gesamtverantwortung im Rahmen der Leitungsfunktion verpflichtet, sich gegenseitig zu kontrollieren.[62] Mithin kann selbst bei einer GmbH ohne spezielles Aufsichtsorgan eine verwaltungsinterne Kontrolle existieren.

Neben der verwaltungsinternen Aufsicht findet Überwachung der Geschäftsführung innerhalb des Verbandes außerdem durch die Gesellschafter selbst statt, indem ihnen als Gesamtheit oder jeweils dem einzelnen Mitglied zahlreiche Rechte und Befugnisse mit Kontrollcharakter eingeräumt werden.[63] Hiervon wird – bezogen auf das GmbH-Recht – noch ausführlich die Rede sein.[64]

Schließlich spielt die unternehmensexterne, das heißt die „Außenkontrolle“ im System der Überwachungsinstrumente eine wichtige Rolle. Darunter soll etwa die Prüfung der Rechnungslegung durch den Abschlussprüfer als unternehmensfremden Experten i. S. d. §§ 316 ff. HGB fallen. Die Jahresabschlussprüfung nimmt zwar ein externer Wirtschaftsprüfer bzw. vereidigter Buchprüfer

---

60 Einen Überblick zum Ganzen verschafft *Jänig*, S. 25 ff.; zum Aktienrecht *Hommelhoff/Mattheus*, AG 1998, 249 ff.

61 *Boettcher*, S. 128 ff.; *Ch. Teichmann* in Lutter/Hommelhoff, SE-Komm, Anh. Art. 43 SE-VO (§ 22 SEAG) Rn. 2 f., 14 ff.

62 *Kort* in Großkomm AktG, § 76 Rn. 156; *U. H. Schneider* in Scholz, § 43 Rn. 39.

63 Grundlegend *Becker*, passim.

64 Vgl. S. 58 ff.

vor. Dieser wird aber gem. § 318 Abs. 1 Satz 1 HGB von den Anteilseignern gewählt und bei der Aktiengesellschaft nach § 111 Abs. 2 Satz 3 AktG vom Aufsichtsrat, bei der GmbH in der Regel vom Geschäftsführer beauftragt. Insofern ist der Abschlussprüfer neben seiner Funktion als Garant der öffentlichen Rechnungslegung trotz seiner Unabhängigkeit in gewisser Weise auch Partner des Aufsichtsrats oder der Gesellschafterversammlung bei der Wahrnehmung von deren Überwachungsaufgaben.[65] Demzufolge berührt die Abschlussprüfung neben der Außenkontrolle auch die beiden anderen „Säulen" der Geschäftsführungsüberwachung. Ebenfalls – und zwar vollständig – zur externen Aufsicht zählen die Instrumente des Marktes,[66] auf die an dieser Stelle nur der Vollständigkeit halber hingewiesen sei. Neben dem Managermarkt und dem Markt für Unternehmenskontrolle meint dies bei börsennotierten Unternehmen vor allem die Kontrolle durch den Kapitalmarkt. Überwachung der Geschäftsführung durch Marktmechanismen kann bei unverfälschten wettbewerblichen Strukturen vor allem dadurch erfolgen, dass Gesellschafter, Manager, Arbeitnehmer, Kunden und Anleger ihrer Ablehnung bestimmter Maßnahmen des Leitungsorgans dadurch Ausdruck verleihen, dass sie der Gesellschaft durch Abwanderung den Rücken kehren.[67]

Völlig außer Betracht bleiben soll hier die Außenkontrolle der Gesellschaftstätigkeit durch staatliche Aufsichtsbehörden, die noch in einigen wenigen Rechtsbereichen Bedeutung besitzt.[68] Mit dem Übergang vom Konzessionszum Normativsystem hat historisch betrachtet die in den Organisationsverfassungen der Gesellschaften eingerichtete Selbstkontrolle, deren Vorrang heute Art. 9 Abs. 1 GG gebietet, die staatliche Aufsicht über das Verbandswesen nämlich weitgehend abgelöst. Die Kreierung der Sonderprüfung als ein zugunsten der Aktionäre wirkendes Rechtsinstitut bildet folglich ein konsequentes Produkt der Phase dieses Systemwechsels im Aktienrecht des ausgehenden 19. Jahrhunderts.[69]

Bei der Sonderprüfung handelt es sich in fast allen Ausprägungen um ein Instrument zur Kontrolle der Geschäftsleitung[70] – jedenfalls ist das stets der vordergründige Zweck. Obwohl sie von externen Prüfern vorgenommen wird, ist

---

65 *Hommelhoff/Mattheus*, AG 1998, 249, 251 f.; *Jänig*, S. 26; *Hopt*, ZGR 29 (2000), 779, 795 f.; ablehnend *Ebke* in MünchKomm HGB, § 316 Rn. 34 f.

66 Dazu etwa *Meier-Schatz*, ZHR 149 (1985), 76, 93 ff.; *Raiser*, ZHR 153 (1989), 1, 8; *Jänig*, S. 25 f.; *Becker*, S. 59; vgl. auch *Merkt*, AG 2003, 126 ff.; zur „marktlichen Kontrollinstanz" bei der GmbH *Bea/Thissen*, DB 1997, 787, 788.

67 *Becker*, S. 59 f.; kritische Analyse bei *Meier-Schatz*, ZHR 149 (1985), 76, 93 ff., 105 ff.

68 Dazu *Becker*, S. 40 ff.

69 *M. G. Jansen*, Sonderprüfung, S. 6 f.; *Becker*, S. 39, 72.

70 Statt aller *K. Schmidt*, GesellschR, S. 874.

die Sonderprüfung – anders als die Abschlussprüfung – eindeutig als Mittel der innergesellschaftlichen Überwachung, das heißt der gesellschaftlichen Selbstkontrolle, anzusehen.[71] Sie ist nämlich definitionsgemäß nicht zwingend gesetzlich vorgeschrieben, sondern findet nur auf freiwillige Veranlassung der Anteilseigner oder der Verwaltungsorgane hin statt.[72] Zwar müssen die Sonderprüfer von den Anteilseignern unabhängig sein, was scheinbar für die Zuordnung zur „Außenkontrolle" spricht. Allerdings dienen die neutralen Ermittlungsmaßnahmen der Sonderprüfer in erster Linie dazu, den Gesellschaftern eine besonders sachkundig aufbereitete Informationsbasis zu beschaffen. Wenn sich die Anteilseigner bei der Wahrnehmung ihrer Überwachungsbefugnisse im Wege der Sonderprüfung gesellschaftsfremder Personen bedienen, so wird die Verwaltungskontrolle lediglich mediatisiert. Insofern stellt die Sonderprüfung zwar eine mittelbare, aber prinzipiell verbandsinterne Kontrolle der Geschäftsführung durch die Gesellschafter – oder andere Gesellschaftsorgane – dar.[73]

Im Folgenden soll nur noch von den durch die Anteilseigner veranlassten Sonderprüfungen die Rede sein.

III. Funktionen einer Sonderprüfung

1. Fundierte Information der Gesellschafter

Die allgemeine Sonderprüfung des Kapitalgesellschaftsrechts bezweckt mit der Überprüfung von Vorgängen bei der Geschäftsführung, dass bestimmte Sachverhalte aufgehellt, Missstände aufgeklärt und Unregelmäßigkeiten ans Licht gebracht werden.[74] In der Regel ist diese Sachverhaltermittlung allerdings ein bloßes Zwischenziel. Als Informationsinstrument soll eine Sonderprüfung die Gesellschafter vor allem in die Lage versetzen, ihre Gesellschafterrechte – die übrigen Kontrollrechte eingeschlossen – sinnvoll und zweckentsprechend ausüben zu können.[75]

---

71 Ähnlich wie hier *Kirschner*, S. 78; *Seibt*, WM 2004, 2137, 2138: „Mittel der internen *Corporate Governance*".

72 Dazu oben S. 10 f.

73 Diese Einordnung erfolgt bereits bei *Ebenroth*, Kontrollrechte, S. 51; *ders.*, Geschäftsführerkontrolle, S. 9, 13; anders (externe Kontrolle) *Bunte*, S. 56 und offenbar *Brandner* in FS Nirk, S. 76.

74 Statt aller *Bezzenberger* in Großkomm AktG, § 142 Rn. 8; *Obermüller*, BB 1962, 546.

75 *Kirschner*, S. 8; *Jänig*, S. 204; *Fleischer*, RIW 2000, 809, 810, 815; *Seibt*, WM 2004, 2137.

Gesellschafter können nämlich ihre Mitgliedschaftsrechte und die Befugnisse, die ihnen als Gesamtheit zustehen, nur dann sachgerecht wahrnehmen, wenn sie über die Gesellschaftsangelegenheiten hinreichend informiert sind.[76] Wegen ihrer fremdorganschaftlichen Verfassung liegt in den Kapitalgesellschaften aber häufig die Verfügungsgewalt über das Gesellschaftsvermögen nicht bei den Anteilseignern.[77] Leitungsmacht lässt sich zwar, wenn auch mittelbar, so dennoch nur durch die Verbandsmitglieder selbst legitimieren, die durch die – von ihnen bestellten – Leitungsorgane lediglich repräsentiert werden.[78] Trotzdem verfügen die Mitglieder des Geschäftsführungsorgans infolge des tatsächlichen Auseinanderfallens von Eigentum und Leitungsmacht typischerweise über fundiertere Kenntnisse zu den Vorgängen im Unternehmen als die Gesellschafter, sofern sie diesem Organ nicht angehören. Weil sie gleichwohl über ihre Gesellschaftsbeteiligung das unternehmerische Risiko zu tragen haben, müssen für die Anteilseigner angemessene Mechanismen bereitstehen, um überwachend und lenkend auf das Leitungsorgan einwirken zu können.[79] Ansonsten bestünde die Möglichkeit, dass das Management seinen Informationsvorsprung in opportunistischer Weise ausnutzt und so die Gesellschafterinteressen vernachlässigt. Diesen Konflikt im Verhältnis der Anteilseigner zum Management begreifen viele Stimmen in der Lehre von der ökonomischen Analyse des Rechts auch als eine Ausprägung der (vertikalen) Prinzipal-Agenten-Problematik.[80]

In diesem Kräftefeld erfüllt die Sonderprüfung ihre Aufgabe als ein Bestandteil der Instrumente zur Kontrolle der Geschäftsführung. Ihre besondere Stärke liegt darin, dass die externen Prüfer auf der Basis einer sorgfältigen Aufbereitung des Tatsachenstoffs den Gesellschaftern Informationen bereitstellen, die so wenig wie möglich von den Leitungs- und Überwachungsorganen der Ge-

---

76 BGHZ 14, 53, 57; *Wohlleben*, S. 11 f.; *Wiedemann* I, S. 373 f.; *K. Schmidt*, Informationsrechte, S. 23; ebenso die Wertungen des Gesetzgebers zum AktG 1965 (Begr. RegE, abgedr. bei *Kropff*, S. 184) und zur GmbHG-Novelle 1980 (Begr. RegE, BT-Drucks. 8/1347, S. 44); ausführlich, aber aus anderer Perspektive *Grunewald*, ZHR 146 (1982), 211, 217 ff.

77 Der prägnante Begriff *separation of ownership and control* wurde in den USA bereits 1932 von *Berle/Means*, S. 5, entworfen; vgl. dazu *Meier-Schatz*, ZHR 149 (1985), 76, 89 f.; *Hirte*, KapGesellschR, Rn. 1.29 ff.

78 *K. Schmidt*, GesellschR, S. 450; *Roitzsch*, S. 140.

79 *Wiedemann* I, S. 344 ff.; *Jänig*, S. 23, 28; *Ebenroth*, ZGR 1 (1972), 427.

80 Dabei handelte es sich ursprünglich um eine in der Wirtschaftswissenschaft herausgeprägte Begrifflichkeit. Zur Anwendung der Agenturtheorie auf das Verhältnis zwischen Eigentümern und Management vgl. grundlegend *Jensen/Meckling*, JFE 3 (1976), 305 ff.; aus der rechtswissenschaftlichen Perspektive heraus z. B. *Windbichler*, S. 18; *Hirte*, KapGesellschR, Rn. 1.28 f.

sellschaft gefiltert worden sind.[81] Schon insofern geht sie in ihren Möglichkeiten über die einzelnen Informationsrechte der Mitglieder und die Berichtspflichten der Organe hinaus. Außerdem beinhaltet der Prüfungsbericht meist zusätzlich eine sachverständige Würdigung des ermittelten Sachverhalts durch die Prüfer, wodurch die Gesellschafter eine wichtige Hilfe für anstehende Entscheidungen erhalten.[82] Die Sonderprüfung soll auf diese Weise mit zu einer interessengerechten Überwindung bzw. zum Ausgleich der angesprochenen Informationsasymmetrien zwischen Gesellschaftern und der Verwaltung beitragen.[83]

2. Präparatorischer Einsatz

Der mit der Durchführung einer Sonderprüfung erreichten Verbesserung des Informationsstandes bei den Gesellschaftern kommt meist vorbereitender Charakter im Hinblick auf das Ergreifen weiterer Maßnahmen zu. Insofern wird die Sonderprüfung häufig zum Zwecke der Beweismittelbeschaffung eingesetzt.[84] Dabei dient sie in allererster Linie dazu, Kenntnisse über Tatsachen zu vermitteln, die dabei helfen sollen, die Erfolgsaussichten einer Haftungsklage gegen Organmitglieder und gegebenenfalls Gesellschafter zu verbessern oder zumindest besser abschätzen zu können.[85] Dieser funktionale Zusammenhang wird deutlich, betrachtet man die Systematik des Gesetzes. Das Aktienrecht bringt durch die Überschrift des die §§ 142 bis 149 AktG zusammenfassenden Unterabschnitts „Sonderprüfung. Geltendmachung von Ersatzansprüchen" das entsprechend finale Konzept des Gesetzgebers zum Ausdruck.[86] Im GmbH-Recht lassen sich immerhin die Befugnis der Gesellschafter zur Überwachung der Ge-

---

81 *Jänig*, S. 29, 201; *Fleischer* in Küting/Weber, § 142 AktG Rn. 1; *Haager* in Ball/Haager, S. 21 f.; vgl. in diesem Sinne auch KG, ZIP 2012, 672, 673 f.

82 Vgl. etwa *Bezzenberger* in Großkomm AktG, § 145 Rn. 31 f.; *Spindler* in K. Schmidt/Lutter, AktG, § 145 Rn. 22; dazu bezogen auf das GmbH-Recht unten mehr, S. 100 f.

83 *Müller-Michaels/Wingerter*, AG 2010, 903; *Spindler* in K. Schmidt/Lutter, AktG, § 142 Rn. 1; *Haager* in Ball/Haager, S. 21 f.

84 *Haager* in Ball/Haager, S. 22 f., 18 f.; *Kirschner*, S. 9; *Müller-Michaels/Wingerter*, AG 2010, 903, 906; *Fleischer* in Küting/Weber, § 142 AktG Rn. 1.

85 KG, ZIP 2012, 672, 673; OLG München, Der Konzern 2010, 319, 320; *Hüffer*, ZHR 174 (2010), 642, 644; *Habersack* in FS Wiedemann, S. 892 ff.; *Hirte*, ZIP 1988, 953, 956; *Jänig*, S. 213; *Hüffer*, AktG, § 142 Rn. 1; *Fleischer* in Küting/Weber, § 142 AktG Rn. 1; *Bezzenberger* in Großkomm AktG, § 142 Rn. 8; WP-Handbuch, Bd. II, Rn. B 2; *Kühn*, Minderheitsrechte, S. 71; *ders.*, GmbHR 1965, 151, 152; zur GmbH *Brandner* in FS Lutter, S. 324.

86 *Habersack* in FS Wiedemann, S. 893; *Hüffer*, ZHR 174 (2010), 642, 654; *Holzborn/Jänig* in HeidelbKomm AktG, § 142 Rn. 1.

schäftsführung und ihre Kompetenz, Ersatzansprüche der Gesellschaft geltend zu machen, aus derselben Vorschrift herleiten (§ 46 Nr. 6 und Nr. 8 GmbHG). Auf welche Rechtsgrundlage sich die Haftungsklage im konkreten Fall stützt, ist indes unbeachtlich. Die in Frage kommenden Ansprüche des Verbandes gegen seine Organwalter lassen sich zumeist aus den organisationsrechtlichen Haftungsnormen der §§ 93, 116 AktG oder § 43 GmbHG herleiten.[87] Neben Klagen gegen Organmitglieder kann eine Sonderprüfung aber auch die Geltendmachung von Ansprüchen gegen nicht der Verwaltung angehörende Mitgesellschafter – insbesondere Gründer – oder gegen dritte Personen, etwa wegen Vertragsverletzung, aufgrund von § 117 AktG oder wegen anderer unerlaubter Handlungen vorbereiten,[88] die sich jedenfalls mittelbar über die Prüfung einschlägiger Geschäftsführungsvorgänge ergründen lassen.

Das Ergebnis einer Sonderprüfung muss jedoch nicht zwingend für die Erhebung einer Schadensersatzklage verwendet werden. So kann das Prüfungsresultat auch insofern präparatorisch wirken, als auf seiner Grundlage Konsequenzen in personeller Hinsicht erwogen werden können. Insbesondere die Abberufung, Entlastung oder Wiederbestellung eines Organmitglieds können von ihm abhängig gemacht werden.[89] Außerdem werden Sonderprüfungsergebnisse bei der Entscheidung über organisatorische Konsequenzen berücksichtigt – wie etwa die Änderung von Unternehmensstrukturen, der Ressortverteilung im Vorstand bzw. unter den Geschäftsführern oder von bisher gängigen Geschäftspraktiken.[90]

In welchem Maße schließlich die Veranlassung einer Sonderprüfung dergestalt „Selbstzweck" sein darf, dass sie allein auf die Erlangung bestimmter Informationen an sich gerichtet ist, wird noch zu untersuchen sein.[91] Diese Frage berührt schon die Problematik des Missbrauchs von Gesellschafterrechten. Allerdings muss die Prüferbestellung gewiss nicht immer im Hinblick auf eine

---

87 *Spindler* in K. Schmidt/Lutter, AktG, § 142 Rn. 2; *Schröer* in MünchKomm AktG, § 142 Rn. 4; *Bezzenberger* in Großkomm AktG, § 142 Rn. 8; *Wilsing/von der Linden* in Heidel, § 142 AktG Rn. 3; *Habersack* in FS Wiedemann, S. 893 f.

88 *Kirschner*, S. 9 f.; *Schröer* in MünchKomm AktG, § 142 Rn. 4; *Kronstein/Zöllner* in KölnKomm AktG, § 142 Rn. 2.

89 KG, ZIP 2012, 672, 673; *Habersack* in FS Wiedemann, S. 895; *Hüffer*, ZHR 174 (2010), 642, 644; *Kirschner*, S. 10; *Wilsing/Ogorek*, GWR 2009, 75, 77; *Schröer* in MünchKomm AktG, § 142 Rn. 5; *Spindler* in K. Schmidt/Lutter, AktG, § 142 Rn. 2; *Kronstein/Zöllner* in KölnKomm AktG, § 142 Rn. 15.

90 *Habersack* in FS Wiedemann, S. 895; *Hirschmann* in Hölters, § 142 Rn. 18; *Spindler* in K. Schmidt/Lutter, AktG, § 142 Rn. 2.

91 Vgl. unten S. 296 f.; zum „Selbstzweck" vgl. bereits an dieser Stelle *Kronstein/Zöllner* in KölnKomm AktG, § 142 Rn. 15.

konkret zu ergreifende Maßnahme erfolgen. Sie soll den Anteilseignern zu breit angelegten Informationen über Geschehnisse verhelfen, die die Gesellschaft betreffen. Der Prüfungsbericht bildet dann regelmäßig ganz allgemein die Grundlage für eine sachgerechte Stimmrechtsausübung durch die Gesellschafter wie auch für die Wahrnehmung der übrigen Gesellschafterrechte.[92]

3. Minderheitenschutz

Seit ihrer Einführung im Jahr 1884 kann – jedenfalls bei der Aktiengesellschaft – eine Sonderprüfung ebenfalls durch den Antrag einer qualifizierten Aktionärsminorität beim zuständigen Gericht ausgelöst werden, heute gem. § 142 Abs. 2 AktG. Sonderprüfungen stellten somit von Beginn an ein wesentliches Element des aktienrechtlichen Minderheitenschutzes dar.[93] Es handelt sich bei diesem Antragsrecht um ein außerordentliches Angriffsmittel, das der Gesetzgeber als Minderheitsrecht im technischen Sinne ausgestaltet hat.[94] Dieses Instrument ist gerade hilfreich, wenn ein Gesellschafter allein oder eine Gruppe gemeinsam agierender Mitglieder über eine Mehrheitsbeteiligung die Gesellschaft kontrolliert. Es droht dann nämlich die Gefahr, dass die Mehrheitseigner ihren formellen oder faktischen Einfluss auf die Geschäftsführung in opportunistischer Weise dazu benutzen, sich selbst gegenüber der Minderheit einen Informationsvorsprung oder gar weitergehende unrechtmäßige Vorteile zu verschaffen. In solchen Fällen lässt sich von einem horizontalen Prinzipal-Agenten-Konflikt sprechen, der auf Seiten der Minderheit einen erhöhten Kontrollbedarf auslöst.[95] In solchen Situationen kann die Sonderprüfung, obwohl sie formell stets die Geschäftsführung betreffen muss, mittelbar als „Kampfmittel“ in Auseinandersetzungen der Gesellschafter untereinander eingesetzt werden.[96]

---

92 *Fleischer* in Küting/Weber, § 142 AktG Rn. 1; *Habersack* in FS Wiedemann, S. 897; enger *Trölitzsch/Gunßer*, AG 2008, 833, 834.

93 OLG München, Der Konzern 2010, 319, 320; *Adler/Düring/Schmaltz*, §§ 142-146 AktG Rn. 1; *Bezzenberger* in Großkomm AktG, § 142 Rn. 8; *Fleischer* in Küting/Weber, § 142 AktG Rn. 2; *ders.*, RIW 2000, 809, 810; *Seibt*, WM 2004, 2137; *Butzke*, Rn. M 13; *Jänig*, S. 247; dagegen anders *Wilsing/von der Linden* in Heidel, § 142 AktG Rn. 6: das Rechtsinstitut bezwecke den Schutz der Gesellschaft durch eine Minderheit.

94 So die Einordnung bei *Kühn*, Minderheitsrechte, S. 68; *K. Schmidt*, GesellschR, S. 496; *Wiedemann* I, S. 419 f.

95 Zum Ganzen *Hirte*, KapGesellschR, Rn. 1.32; *Fleischer*, RIW 2000, 809, 815; *Windbichler*, S. 18; ähnlich *Noack*, Wpg 1994, 225.

96 Vgl. etwa insofern zum GmbH-Recht *Leinekugel*, GmbHR 2008, 632; mehr dazu unten S. 167 und S. 176.

4. Präventivwirkung und Eigenkontrolle

Machen die Gesellschafter von ihrer Befugnis zur Bestellung von Sonderprüfern Gebrauch, so bekundet schon allein dieser Beschluss wegen der Außerordentlichkeit der anstehenden Überprüfung ein starkes Misstrauen gegenüber den aktuellen oder früheren Mitgliedern des Leitungsorgans[97], was für deren Reputation abträglich sein kann. Bei Vorhandensein eines Aufsichtsorgans ist für dessen Mitglieder der eine Sonderprüfung auslösende Beschluss ebenfalls wenig schmeichelhaft. Er bringt jedenfalls in der Regel den Vorwurf der Gesellschafter zum Ausdruck, die für die gesellschaftsinterne Kontrolle Verantwortlichen seien ihren Pflichten nicht sorgfältig genug nachgekommen.[98] Allein der Umstand, dass ihnen eine für ihr Ansehen potenziell schädliche Sonderprüfung drohen kann, mag die Organmitglieder dazu motivieren, Auskünfte bereitwilliger zu erteilen bzw. gegebenenfalls zweifelhafte Praktiken zu überdenken. Weil ihnen bewusst sein muss, dass selbst die Kapitalmehrheit Sonderprüfungen nicht zu verhindern vermag, vermittelt schon die bloße Existenz dieses mit besonderer Schärfe versehenen Rechtsinstituts einen präventiven Schutz vor Unredlichkeiten und anderen Pflichtverletzungen.[99]

Jede Sonderprüfung versetzt – idealtypisch gedacht – auch die Verwaltung selbst in die Lage, sich einer Eigenkontrolle zu unterziehen. Es mag sich in einzelnen Fällen für das Leitungsorgan sogar als Chance erweisen, wenn es von sich aus den Anteilseignern vorschlägt, eine Sonderprüfung durchführen zu lassen, um so bereits aufgekommene Vorwürfe, die das Vertrauen der Gesellschafter in die Geschäftsführung trüben, entkräften zu können.[100] Gerade, wenn sich ein Wechsel in der Inhaberschaft an der Mehrheitsbeteiligung einer Gesellschaft vollzogen hat, sowie nach personellen Veränderungen innerhalb des Leitungsorgans dürfte ein solches Vorgehen zur Vertrauensbildung geeignet sein.[101]

---

97 *Butzke*, Rn. M 4; *Kronstein/Zöllner* in KölnKomm AktG, § 142 Rn. 3; *von Gleichenstein*, BB 1956, 761.

98 *Bork* in Hommelhoff, Hdb Corporate Governance, S. 745; *Mock* in Spindler/Stilz, § 142 Rn. 1; *Bezzenberger* in Großkomm AktG, § 142 Rn. 24.

99 *Leinekugel*, GmbHR 2008, 632; *Habersack* in FS Wiedemann, S. 893; *Hüffer*, ZHR 174 (2010), 642, 645; *M. G. Jansen*, Sonderprüfung, S. 14 f.; *von Rechenberg*, S. 41; *Adler/Düring/Schmaltz*, §§ 142-146 AktG Rn. 1; *Fleischer* in Küting/Weber, § 142 AktG Rn. 11; *Liebscher* in Henssler/Strohn, § 142 AktG Rn. 1; *Hüffer*, AktG, § 142 Rn. 1; *Wilsing/von der Linden* in Heidel, § 142 AktG Rn. 5.

100 So lag z. B. der Fall OLG München, AG 2001, 193, 194 – „HypoVereinsbank“; vgl. ansonsten *Kronstein/Zöllner* in KölnKomm AktG, § 142 Rn. 3; *Fleischer* in Küting/Weber, § 142 AktG Rn. 13.

101 *M. G. Jansen*, Sonderprüfung, S. 19; *Bork* in Hommelhoff, Hdb Corporate Governance, S. 745; *Butzke*, Rn. M 4.

5. Schutz öffentlicher Interessen?

Im Aktienrecht kann schließlich über das Instrument der Sonderprüfung wegen der Verpflichtung aus § 145 Abs. 6 Satz 3 AktG, den Prüfungsbericht beim Handelsregister einzureichen, von den Aktionären die Publizität bestimmter Vorgänge erzwungen werden. Die Bestimmung bezweckt die Aufklärung sowohl der Aktionäre als auch des Kapitalmarktes.[102] Daraus, dass die Publizität des Handelsregisters zudem zur Unterrichtung der Öffentlichkeit beitragen soll, zieht *M. G. Jansen*[103] in diesem Zusammenhang den Schluss, Sonderprüfungen würden *per se* auch im öffentlichen Interesse durchgeführt. Als rechtspolitische Forderung befürwortet er daran anknüpfend sogar, das Antragsrecht zur Bestellung von Sonderprüfern bei Gericht auch Arbeitnehmern und Gesellschaftsgläubigern gesetzlich einzuräumen. Vergegenwärtigt man sich die Bedeutung großer Kapitalgesellschaften für die deutsche Volkswirtschaft, so lässt sich erkennen, dass geordnete wirtschaftliche Verhältnisse dieser Unternehmen durchaus auch im öffentlichen Interesse liegen.[104] Dass das Institut der Sonderprüfung an sich überhaupt existiert, mag wie das Bestehen sämtlicher Kontrolleinrichtungen des Gesellschaftsrechts auch öffentlichen Interessen dienen. Die einzelne Sonderprüfung selbst wird gleichwohl von den jeweiligen Verbandsmitgliedern ausgelöst. Sie bietet ihnen ein – privatrechtlich veranlasstes – Kontrollinstrument in Angelegenheiten der Gesellschaft. Die Allgemeinheit mag zwar ebenfalls, etwa im Hinblick auf die öffentliche Sicherheit, an unternehmensinternen Vorgängen interessiert sein. Diesbezüglich müssen aber in erster Linie öffentlich-rechtliche Vorschriften weiterhelfen.[105] Anders als die im Interesse der Allgemeinheit verpflichtende Jahresabschlussprüfung[106] schützen die Vorschriften zur Sonderprüfung ihrer gesetzlichen Konzeption nach außerhalb der Gesellschaft stehende Rechtssubjekte, wie Arbeitnehmer oder Gläubiger, oder die – meist neugierige – allgemeine Öffentlichkeit allenfalls reflexhaft.[107] In einer marktwirtschaftlichen Unternehmensordnung ist das berechtigte Interesse an Gesellschaftsinterna grundsätzlich den das Unternehmensrisiko tragenden Anteilseignern sowie den

---

102 *M. G. Jansen*, Sonderprüfung, S. 2 f.

103 S. 3 ff.; seinen Vorschlägen stehen ablehnend gegenüber *Jänig*, S. 337 ff.; *Fleischer* in Küting/Weber, § 142 AktG Rn. 61; *Mock* in Spindler/Stilz, § 142 Rn. 20.

104 So auch *Schedlbauer*, S. 13; *Slingerland*, S. 66.

105 Vgl. zu Informationsrechten im Allgemeinen *Wohlleben*, S. 17.

106 *Ebke* in MünchKomm HGB, § 316 Rn. 25; *Wiedmann* in Ebenroth/Boujong/Joost/Strohn, § 316 Rn. 4.

107 *Spindler* in K. Schmidt/Lutter, AktG, § 142 Rn. 2; *Hirschmann* in Hölters, § 142 Rn. 5; *Fleischer* in Küting/Weber, § 142 AktG Rn. 4; *ders.*, RIW 2000, 809, 816; anders offenbar auch *Hirte*, ZIP 1988, 953, 954.

Verbandsorganen vorbehalten, jedenfalls sofern die Gesellschaft nicht börsennotiert ist.[108]

[108] So auch OLG Koblenz, BB 1967, 1265, 1266, bzgl. Informationen zur Höhe der Managervergütung, deren Offenlegung gegenüber der Allgemeinheit auch in heutiger Zeit häufig gefordert wird; *Wohlleben*, S. 17 f.

2. Kapitel: Grundzüge der aktienrechtlichen Sonderprüfung

Wenngleich sich diese Arbeit thematisch mit der Sonderprüfung im Recht der GmbH befasst, lohnt es sich dennoch, vorab einen Blick auf die aktienrechtliche Sonderprüfung zu werfen. Dies ist geradezu geboten, denn bisher sind positivrechtliche Bestimmungen zu Sonderprüfungen ausschließlich dem Aktiengesetz zu entnehmen.

Die beiden speziellen Arten aktienrechtlicher Sonderprüfungen sollen in diesem Überblick nicht näher vorgestellt werden,[1] weil eine diesbezügliche Detailuntersuchung für die Analyse der GmbH-rechtlichen Sonderprüfung nicht benötigt wird. Als sehr aufschlussreich für die Zwecke dieser Arbeit erweisen sich dagegen die rechtlichen Strukturen der allgemeinen Sonderprüfung i. S. d. §§ 142 ff. AktG. In unmittelbarer Anwendung betreffen die Vorschriften nur die Aktiengesellschaft. Sie gelten aber kraft des Verweises in § 278 Abs. 3 AktG auch für die KGaA[2] und gem. § 36 Satz 1 VAG auch für den VVaG. Zudem erstreckt Art. 52 Unterabs. 2 Fall 1 SE-VO die Anwendbarkeit der allgemeinen Sonderprüfung gem. § 119 Abs. 1 Nr. 7 i. V. m. §§ 142 ff. AktG auch auf eine in Deutschland ansässige SE.[3] Die folgenden Abschnitte der Arbeit werden die Grundzüge der allgemeinen Sonderprüfung bezogen auf die Aktiengesellschaft erläutern. Davon ausgehend sollen im weiteren Gang der Darstellung Parallelen und Unterschiede im Recht der Sonderprüfung bei der GmbH aufgezeigt werden. Deswegen setzt die folgende Betrachtung bewusst Schwerpunkte zu denjenigen Fragen, die bezogen auf die Rechtslage bei der GmbH von besonderem Interesse sind.

---

1 Sie sind auf S. 11 f. bereits kursorisch behandelt worden.

2 § 283 Nr. 7 AktG betrifft entgegen *Kirschner*, S. 20, auch im Zusammenhang mit Sonderprüfungen nur die Rolle des persönlich haftenden Gesellschafters. Ein spezielles Stimmverbot für diesen enthält § 285 Abs. 1 S. 2 Nr. 3 AktG. Im Übrigen sind mit der Maßgabe des § 283 Nr. 7 AktG die rechtlichen Regeln zu Sonderprüfungen bei einer KGaA § 278 Abs. 3 i. V. m. §§ 142 ff. AktG zu entnehmen.

3 Dazu *Spindler* in Lutter/Hommelhoff, SE-Komm, Art. 52 SE-VO Rn. 34. Ausführlich zur Sonderprüfung bei einer SE mit Sitz in Deutschland *Mock*, Der Konzern 2010, 455 ff.

I. Aufgabe der (Mehrheits-)Sonderprüfung als Bestandteil der aktienrechtlichen Organisationsverfassung

Zunächst soll untersucht werden, weshalb es der Sonderprüfung i. S. v. § 142 Abs. 1 AktG überhaupt bedarf und welche Bedeutung ihr innerhalb der aktienrechtlichen Organisationsverfassung zukommt.

Jede Aktiengesellschaft verfügt über die drei Organe Vorstand, Aufsichtsrat und Hauptversammlung, deren Kompetenzen das Gesetz weitgehend zwingend festlegt. Während dem Vorstand die Leitung und die Führung des Unternehmens überantwortet wird, kommt dem Aufsichtsrat außer der Bestellung der Vorstandsmitglieder vor allem die Aufgabe zu, deren Geschäftsführung zu überwachen, § 111 Abs. 1 AktG. Bei der Hauptversammlung handelt es sich zwar um das Willensbildungsorgan der Aktionäre. Da der Vorstand die Gesellschaft i. S. v. § 76 Abs. 1 AktG in eigener Verantwortung leitet, verbleibt aber der Hauptversammlung neben der Bestimmung der Aufsichtsratsmitglieder bloß die Entscheidungsmacht zu den Grundlagen der Gesellschaft, insbesondere zu wesentlichen Strukturmaßnahmen. Dabei handelt es sich zwar durchaus um einen bedeutenden Aufgabenbereich. Auf das Tagesgeschäft der Gesellschaft können die Aktionäre nach der gesetzlichen Konzeption indes keinen Einfluss nehmen. Demzufolge liegt der Organisationsverfassung der Aktiengesellschaft kein hierarchischer Aufbau zugrunde. Vielmehr wird das Verhältnis der Gesellschaftsorgane zueinander von einer gewissen Machtbalance geprägt, die aus dem soeben vorgestellten System der Gewaltenteilung resultiert.[4]

Diese Kompetenzverteilung beruht auf der Annahme, dass die umfassende Leitungsmacht des Vorstands durch die Kontrolltätigkeit des Aufsichtsrats als eines institutionalisierten Überwachungsorgans angemessen aufgewogen wird.[5] In der Rechtswirklichkeit kommt es jedoch vor, dass eine pflichtwidrig agierende Geschäftsleitung nicht oder nicht genügend vom Aufsichtsrat kontrolliert wird, entweder weil die Mitglieder beider Verwaltungsorgane fachlich inkompetent sind, der Aufsichtsrat seine Aufgaben nur in nachlässiger Weise erfüllt oder er mit dem Vorstand sogar kollusiv zusammenwirkt. Wird insofern das nach gesetzlicher Intention ausgewogene Verhältnis von Leitungsmacht und verwaltungsinterner Kontrolle gestört, muss die aktienrechtliche Zuständigkeitsvertei-

---

4 Vgl. zum Ganzen statt aller *Raiser/Veil*, S. 106 f.; *K. Schmidt*, GesellschR, S. 781 f.; *Windbichler*, S. 289 f.; *von Rechenberg*, S. 27 ff.; *Kort* in Großkomm AktG, Vor § 76 Rn. 2, 7 ff., 13 ff.; *Wiesner* in MünchHdb GesR IV, § 19 Rn. 1 ff.

5 *Bork* in Hommelhoff, Hdb Corporate Governance, S. 744; *Bezzenberger* in Großkomm AktG, § 142 Rn. 6; *Haager* in Ball/Haager, S. 21 f.

lung zugunsten der Verbandsmitglieder durchbrochen werden können. Zu diesem Zweck stellt das Gesetz den Aktionären, die von einem Fehlverhalten der Organwalter letztlich betroffen sind, das Institut der Sonderprüfung zur Verfügung.[6] Mit diesem außerordentlichen Informationsmittel, das den Anteilseignern tiefer gehende Kontrollmöglichkeiten als die laufenden Berichterstattungen der Verwaltung und das Auskunftsrecht gem. § 131 AktG eröffnen,[7] soll das System der aktienrechtlichen *checks and balances* sinnvoll ergänzt werden. Das Sonderprüfungsrecht überlagert dabei die Überwachungskompetenz des Aufsichtsrates, damit, falls dieser seiner Aufgabe nicht gerecht wird, die Vorstandstätigkeit dennoch einer effizienten Kontrolle unterzogen werden kann.[8]

An dieser Stelle ist noch auf einen bedeutsamen Zusammenhang hinzuweisen. Die Durchführung einer Sonderprüfung dient – wie schon angesprochen[9] – hauptsächlich zur Vorbereitung der Geltendmachung von Ersatzansprüchen gegen die Verwaltungsmitglieder. Die diesbezügliche Kompetenzabgrenzung weist im Aktienrecht deutliche Parallelen zur Sonderprüfungsbefugnis auf. Denn – selbst nach erfolgter Sonderprüfung – ist auch für die Geltendmachung von Ersatzansprüchen gegen Vorstandsmitglieder gem. § 112 AktG grundsätzlich der Aufsichtsrat zuständig.[10] Hierzu ist er in aller Regel sogar verpflichtet.[11] Aber auch bezüglich dieser Aufgabe kann es zu einer Durchbrechung der Zuständigkeitsverteilung kommen. Denn wiederum vermag die Hauptversammlung die Kompetenz des Aufsichtsrats zu überlagern, indem sie ihn durch einen Beschluss nach § 147 Abs. 1 AktG dazu verpflichtet, bestimmte Ersatzansprüche gegen den Vorstand geltend zu machen, oder sogar dem Aufsichtsrat durch Bestellung besonderer Vertreter i. S. v. § 147 Abs. 2 AktG die Vertretungsmacht gegenüber dem Vorstand entzieht.[12] Die §§ 142 und 147 AktG weisen demnach

---

6 Zum Ganzen *Jänig*, S. 206 f.; *Bungert/Rothfuchs*, DB 2011, 1677; *Bork* in Hommelhoff, Hdb Corporate Governance, S. 744; *Bezzenberger* in Großkomm AktG, § 142 Rn. 6; *Spindler* in K. Schmidt/Lutter, AktG, § 142 Rn. 1.

7 *Seibt*, WM 2004, 2137; *U. H. Schneider*, AG 2008, 305; *Spindler* in K. Schmidt/Lutter, AktG, § 142 Rn. 1; *Bezzenberger* in Großkomm AktG, § 142 Rn. 6.

8 *Jänig*, S. 207; *Haager* in Ball/Haager, S. 22.

9 Oben S. 23 f.

10 Statt aller *K. Schmidt*, GesellschR, S. 822; *Krieger/Sailer-Coceani* in K. Schmidt/Lutter, AktG, § 93 Rn. 35.

11 BGHZ 135, 244, 251 ff. – „ARAG/Garmenbeck".

12 *Seibt*, WM 2004, 2137. Zu den Parallelen zwischen § 142 und §§ 147 f. AktG vgl. auch *Hüffer*, ZHR 174 (2010), 642 ff.; *Butzke*, Rn. M 3. Die Ausführungen gelten entsprechend für Ersatzansprüche gegen Aufsichtsratsmitglieder, die grundsätzlich vom Vorstand geltend zu machen sind.

eine ähnliche Stoßrichtung auf. Eine Sonderprüfung kann dabei dem Vorgehen nach § 147 AktG als Handlungsoption vorgeschaltet werden.[13]

Die Betrachtung wird sich nun wieder der Sonderprüfung selbst zuwenden. Diese kann einerseits von der Hauptversammlung (Hauptversammlungsrevision), andererseits auch gerichtlich auf Antrag einer Aktionärsminderheit angeordnet werden (Gerichtsrevision).

II. Sonderprüfungsrecht als Hauptversammlungskompetenz

Vorrangig ist die Hauptversammlung berufen, über die Bestellung von Sonderprüfern zu entscheiden.[14] Nach § 142 Abs. 1 Satz 1 AktG kann sie zur Prüfung von Vorgängen bei der Gründung oder der Geschäftsführung, namentlich auch bei Maßnahmen der Kapitalbeschaffung und Kapitalherabsetzung, Sonderprüfer bestellen. Gem. § 142 Abs. 1 Satz 1 AktG beschließt die Hauptversammlung darüber mit einfacher Stimmenmehrheit i. S. d. § 133 Abs. 1 AktG.[15] Als Kontrollinstrument für die Kapitalmehrheit der Aktionäre hilft die Sonderprüfung dabei, in Fällen, in denen wie geschildert die aktienrechtliche Kompetenzverteilung versagt, einen (vertikalen) Prinzipal-Agenten-Konflikt[16] zu überwinden.

Nach ganz herrschender Auffassung hat die Beschlussfassung i. S. d. § 142 Abs. 1 Satz 1 AktG zwingend zwei untrennbar zusammengehörende Beschlussgegenstände zu beinhalten. Die Anordnung der Sonderprüfung zu einer bestimmten Fragestellung muss zugleich mit der namentlichen Bezeichnung des ausgewählten Sonderprüfers einhergehen.[17]

Als taugliche Prüfungsgegenstände, zu deren Untersuchung eine aktienrechtliche Sonderprüfung beschlossen werden kann, kommen nach § 142 Abs. 1 Satz 1 AktG nur „Vorgänge bei der Gründung oder der Geschäftsführung“ in Frage. Die Beschränkung der Prüfungskompetenz auf bestimmte Vorgänge bedeutet, dass der Beschluss in zeitlicher und sachlicher Hinsicht näher individua-

---

13 *Hirschmann* in Hölters, § 142 Rn. 3.; *Hüffer*, ZHR 174 (2010), 642, 675.

14 *Habersack* in FS Wiedemann, S. 889; *Hüffer*, ZHR 174 (2010), 642, 646, 652; *Trölitzsch/Gunßer*, AG 2008, 833; *Wilsing/Neumann*, DB 2006, 31.

15 *Hüffer*, AktG, § 142 Rn. 9; *Mock* in Spindler/Stilz, § 142 Rn. 72; *Kronstein/Zöllner* in KölnKomm AktG, § 142 Rn. 17; *Spindler* in K. Schmidt/Lutter, AktG, § 142 Rn. 24; *Langenbucher*, S. 112, 185; *von Rechenberg*, S. 39 f.

16 Zu dieser Problematik bereits oben S. 22.

17 *Wilsing/von der Linden* in Heidel, § 142 AktG Rn. 18; *Adler/Düring/Schmaltz*, §§ 142-146 AktG Rn. 12; *Schröer* in MünchKomm AktG, § 142 Rn. 34; *Kirschner*, S. 51 f.; a. A. *Haager* in Ball/Haager, S. 45.

lisierte Teilakte der Gründung oder Geschäftsführung genau zu bezeichnen hat.[18] Unzulässig wäre demnach etwa die Einleitung einer Sonderprüfung, mit der die gesamte Geschäftsführung während eines bestimmten Zeitabschnitts[19] oder die vom Vorstand verfolgte Geschäftspolitik schlechthin[20] untersucht werden soll. Zwar dürfen die zu prüfenden Vorgänge durchaus mehraktig und äußerst komplex sein. Auch kommt der Hauptversammlung bei der Festlegung des Prüfungsthemas ein weiter Spielraum zu.[21] Ein zeitlich oder sachlich zu unbestimmter Prüfungsgegenstand würde aber der Außerordentlichkeit der Sonderprüfung nicht mehr gerecht werden. Es kommt vor, dass Sonderprüfungen gleichzeitig zu zahlreichen, sehr unterschiedlichen Prüfungsgegenständen beantragt werden, die für sich betrachtet jeweils ausreichend bestimmt, aber zusammen genommen auf eine zu unspezifizierte Überprüfung der gesamten Geschäftsführung ausgelegt sind. Da durch derartig kumulierte Sonderprüfungsanträge die gebotene Außerordentlichkeit der Sonderprüfung unterlaufen werden könnte, kann sich die Unzulässigkeit des Prüfungsgegenstands auch aus einer Zusammenschau verschiedener Sonderprüfungsverlangen ergeben.[22] Ein breitflächiges Eindringen der Hauptversammlung in den Kompetenzbereich der Verwaltung erschiene vielmehr als unverhältnismäßige Durchbrechung der aktienrechtlichen *checks and balances*.[23] Das Bestimmtheitserfordernis des § 142 AktG lässt sich demzufolge mit der Organisationsverfassung der Aktiengesellschaft erklären.

Bei Beschlussfassungen über Sonderprüfungen sieht § 142 Abs. 1 Satz 2 AktG ein spezielles Stimmverbot für an der Gesellschaft beteiligte Vorstands- und Aufsichtsratsmitglieder vor, das die allgemeine Bestimmung des § 136

---

18 LG München I, AG 2008, 720; *Kirschner*, S. 32; *Jänig*, Wpg 2005, 761; *Spindler* in K. Schmidt/Lutter, AktG, § 142 Rn. 8; *Fleischer* in Küting/Weber, § 142 AktG Rn. 65; ähnlich *Bordt*, S. 52; zur gegenständlichen Beschränkung auf bestimmte Vorgänge bereits KG, OLGZ 3, 84; KG, OLGZ 9, 263; RGZ 146, 385, 393 f.

19 RGZ 146, 385, 393 f.; OLG Hamburg, ZIP 2011, 1209, 1211 f.; *Bordt*, S. 53; WP-Handbuch, Bd. II, Rn. B 5; *Balthasar/Hamelmann*, WM 2010, 589, 592; *Hüffer*, ZHR 174 (2010), 642, 654; *Kronstein/Zöllner* in KölnKomm AktG, § 142 Rn. 12; *Bezzenberger* in Großkomm AktG, § 142 Rn. 12.

20 *Kirschner*, S. 32; *Haager* in Ball/Haager, S. 25; *Saage*, S. 14; *Spindler* in K. Schmidt/Lutter, AktG, § 142 Rn. 14.

21 LG München I, AG 2008, 720; *Habersack* in FS Wiedemann, S. 898; *Müller-Michaels/Wingerter*, AG 2010, 903, 904; *Wilsing/von der Linden* in Heidel, § 142 AktG Rn. 9; *Mock* in Spindler/Stilz, § 142 Rn. 39; *von Rechenberg*, S. 40; zu Auflockerungen des Bestimmtheitsgrundsatzes in Einzelfällen vgl. *Jänig*, Wpg 2005, 761, 762 f.; zu weitgehend *Haager* in Ball/Haager, S. 25.

22 OLG Hamburg, ZIP 2011, 1209, 1213 f.

23 *Jänig*, S. 206 f.; ähnlich *Spindler* in K. Schmidt/Lutter, AktG, § 142 Rn. 8.

AktG deutlich verschärft. Es kann allerdings nur dann zum Tragen kommen, sofern über einen Sonderprüfungsantrag zu einem i. S. d. § 142 Abs. 1 Satz 1 AktG tauglichen Gegenstand abgestimmt wird.[24] Wie dort wird mit dem Stimmrechtsausschluss bezweckt, die Beschlussfassung, die sich typischerweise am Gesellschaftsinteresse zu orientieren hat, weitgehend von Sonderinteressen freizuhalten.[25] § 142 Abs. 1 Satz 2 AktG setzt voraus, dass sich die Sonderprüfung auf Vorgänge erstrecken soll, die mit der Entlastung eines Verwaltungsmitgliedes oder der Einleitung eines Rechtsstreits zwischen der Aktiengesellschaft und einem Verwaltungsmitglied zusammenhängen. Das Stimmverbot wird weit ausgelegt, sodass jeder irgendwie denkbare, auch recht lose oder nur mittelbare Zusammenhang mit den sonderprüfungsrelevanten Vorgängen zum Ausschluss vom Stimmrecht genügen soll.[26] Da sich Sonderprüfungen regelmäßig mit dem Gebaren von Vorstand oder Aufsichtsrat befassen und insofern bei der Prüferbestellung der Gedanke an eine spätere Schadensersatzklage fast immer eine Rolle spielt, wird bei einem Sonderprüfungsbeschluss in aller Regel das Stimmverbot des § 142 Abs. 1 Satz 2 AktG eingreifen.[27] Wie schon der Wortlaut dieser Vorschrift zum Ausdruck bringt, sind bei der Verwicklung auch nur eines Verwaltungsmitgliedes in den zu prüfenden Vorgang automatisch die übrigen Mitglieder beider Verwaltungsorgane sämtlich vom Stimmrecht ausgeschlossen.[28] Dadurch wird der Vermutung Rechnung getragen, dass nicht nur innerhalb des jeweiligen Kollegialorgans, sondern auch zwischen Vorstand und Aufsichtsrat,

---

24 OLG Hamburg, ZIP 2011, 1209, 1211.

25 Zum Ganzen *Hüffer*, AktG, § 142 Rn. 13; *Fleischer* in Küting/Weber, § 142 AktG Rn. 87; *Mock* in Spindler/Stilz, § 142 Rn. 81 f.; zu den generellen Zwecken von Stimmverboten differenzierend *Flume* I 2, S. 219; vgl. dazu noch unten S. 200 ff.

26 RGZ 142, 123, 132, 139; *Bordt*, S. 64; *Spindler* in K. Schmidt/Lutter, AktG, § 142 Rn. 31; *Holzborn/Jänig* in HeidelbKomm AktG, § 142 Rn. 10; *Fleischer* in Küting/Weber, § 142 AktG Rn. 94; kritisch zur Wortwahl des Gesetzgebers *Zöllner*, Stimmrechtsschranken, S. 222 f.

27 Diese Einschätzung findet sich auch bei *Kirschner*, S. 57 f.; *Fleischer* in Küting/Weber, § 142 AktG Rn. 95; *Bezzenberger* in Großkomm AktG, § 142 Rn. 33.

28 So die ganz h. M., z. B. *Zöllner*, Stimmrechtsschranken, S. 224; *Schröer* in MünchKomm AktG, § 142 Rn. 37; *Kronstein/Zöllner* in KölnKomm AktG, § 142 Rn. 22; *Bork* in Hommelhoff, Hdb Corporate Governance, S. 750; rechtspolitische Kritik daran bei *Bordt*, S. 76 f.; trotz des klaren Wortlauts a. A. (nur Mitglieder des jeweiligen Organs erfasst) bei *Haager* in Ball/Haager, S. 46; dem Wortlaut nach („oder") ebenso *Mock* in Spindler/Stilz, § 142 Rn. 81, der aber Vertreter der h. M. als Beleg anführt.

die als die „Verwaltung" der Aktiengesellschaft eine Einheit bilden, üblicherweise eine gewisse Gruppensolidarität besteht.[29]

Darüber hinaus ist zwar grundsätzlich § 136 AktG anwendbar. Der Tatbestand der Norm erfasst aber nicht Beschlüsse über die Einsetzung einer Sonderprüfung. In Anbetracht des § 142 Abs. 1 Satz 2 AktG besteht somit bei einem Sonderprüfungsbeschluss nie ein Stimmverbot für einen Aktionär ohne Mitgliedschaft in einem Verwaltungsorgan, auch wenn beispielsweise dessen geschäftliche Beziehungen zur Gesellschaft zum Gegenstand der Sonderprüfung gemacht werden oder von ihm aufgrund einer hohen Beteiligung beherrschender Einfluss auf den Verband und seine Organe ausgeübt wird. In derartigen Fällen muss gleichwohl nicht über eine analoge Anwendung des § 136 AktG nachgedacht werden, da das Aktienrecht zugunsten der übrigen – auch in geringerem Umfang beteiligten – Aktionäre insofern mit § 142 Abs. 2 AktG einen speziellen Schutzmechanismus bereithält.[30]

III. Befugnisse einer Aktionärsminderheit in Bezug auf Sonderprüfungen

Hat die Hauptversammlung einen Antrag auf Bestellung von Sonderprüfern abgelehnt, so hat das zuständige Gericht unter den Voraussetzungen des § 142 Abs. 2 AktG Sonderprüfer zu bestellen, wenn dies von Aktionären beantragt wird, deren Beteiligung bei Antragstellung zusammen ein Prozent des Grundkapitals der Gesellschaft ausmacht oder einen anteiligen Betrag am Grundkapital von 100.000 Euro erreicht.

Diese Antragsbefugnis soll im Interesse einer Aktionärsminderheit dazu beitragen, einen in der Aktiengesellschaft bestehenden – horizontalen – Prinzipal-Agenten-Konflikt zu bewältigen.[31] Die Aktionärsmajorität könnte nämlich geneigt sein, eine Sonderprüfung aufgrund sachfremder Erwägungen zu verhindern, wenn sie zum Beispiel aus dem in Frage stehenden Verhalten eigene Vor-

---

29 Begr. RegE zum AktG 1965, abgedr. bei *Kropff*, S. 207; *Kirschner*, S. 58 f.; *Spindler* in K. Schmidt/Lutter, AktG, § 142 Rn. 28; *Bezzenberger* in Großkomm AktG, § 142 Rn. 31; *Hirschmann* in Hölters, § 142 Rn. 23.

30 Statt vieler BGHZ 36, 296, 313 – „HEW" m. Anm. *Hengeler*, AG, 1962, 119; OLG Hamburg, NZG 2002, 244, 246; *Langenbucher*, S. 112; *Wilsing/von der Linden* in Heidel, § 142 AktG Rn. 20; *Fleischer* in Küting/Weber, § 142 AktG Rn. 91; a. A. LG Frankfurt am Main, AG 2005, 545, 547; *Kronstein/Zöllner* in KölnKomm AktG, § 142 Rn. 25; dagegen z. B. *Hüffer*, ZHR 174 (2010), 642, 648 f.; vermittelnd OLG Frankfurt am Main, DB 2006, 438, 439 f. – „Telekom/T-Online".

31 Dies wurde bereits ausgeführt: vgl. oben S. 25.

teile zieht oder gezogen hat. Sofern berechtigte Gründe vorliegen, soll deshalb über § 142 Abs. 2 AktG das Anliegen einer Aktionärsminderheit, bestimmte Vorgänge durch externe Prüfer untersuchen zu lassen, selbst gegen die Stimmenmehrheit in der Hauptversammlung durchsetzbar sein.[32] Eine solche sog. Minderheitsenquête erfüllt wie die Hauptversammlungsrevision in aller Regel die Funktion, Haftungsklagen gegen Organmitglieder oder andere Personen vorzubereiten. Denn auch eine Aktionärsminderheit vermag es, nach erfolgreich bestrittenem Klagezulassungsverfahren i. S. d. § 148 AktG die Ersatzansprüche der Aktiengesellschaft im eigenen Namen selbst geltend zu machen.[33] Ohne das Antragsrecht nach § 142 Abs. 2 AktG wäre die Minderheit, der ansonsten nur das Auskunftsrecht des § 131 AktG als Informationsmittel zur Verfügung steht, selten imstande, die zur Durchsetzung dieser Ansprüche benötigten Tatsachen beizubringen. So wird das Potenzial der Befugnis aus § 148 AktG durch das Institut der Gerichtsrevision drastisch gesteigert.[34]

Weil der Gesetzgeber diesen Zusammenhang zwischen Sonderprüfungsrecht und den Erfolgsaussichten einer sog. Aktionärsklage ebenfalls anerkannte, wurden durch das UMAG die Schwellenwerte in § 142 Abs. 2 und Abs. 4 AktG an das Quorum des gleichzeitig gänzlich neu gefassten § 148 Abs. 1 AktG angeglichen.[35] Mit der Harmonisierung der Voraussetzungen dieser beiden Rechtsinstitute folgte die Legislative den zahlreichen dahingehenden Forderungen der Forschung.[36] Für das Sonderprüfungsrecht einer Minderheit ging mit der Angleichung eine ganz erhebliche Absenkung der Schwellenwerte einher: das relative Quorum wurde von zehn auf ein Prozent des Grundkapitals, das absolute Quorum von einem Betrag von einer Million auf 100.000 Euro herabgesetzt.[37] Zudem erleichtert das neu geschaffene Aktionärsforum i. S. d. § 127a AktG ein koordiniertes Vorgehen der Aktionäre, mithin auch die Stimmrechtsbündelung

---

32 *Seibt*, WM 2004, 2137; *Bezzenberger* in Großkomm AktG, § 142 Rn. 46; ihm folgend *Kirschner*, S. 66; gleichsinnig schon *Obermüller*, BB 1962, 546.

33 Dazu exemplarisch *Spindler*, NZG 2005, 865, 866 ff. m. w. N.

34 *Spindler*, NZG 2010, 281; *Lochner* in Heidel, § 147 AktG Rn. 1; *Bork* in Hommelhoff, Hdb Corporate Governance, S. 745; zu den Nachteilen des § 131 AktG gegenüber der Sonderprüfung vgl. etwa *Jänig*, S. 29.

35 Begr. des RegE zum UMAG, BT-Drucks. 15/5092, S. 18 f.; vgl. dazu außerdem u. a. *Kirschner*, S. 15; *Mock* in Spindler/Stilz, § 142 Rn. 15; *Fleischer*, NJW 2005, 3525, 3527; *Kolb*, DZWIR 2006, 50, 52; *Trölitzsch/Gunßer*, AG 2008, 833, 838; *Hüffer*, ZHR 174 (2010), 642, 651.

36 Vgl. nur *Baums*, Verh. des 63. DJT 2000, Bd. I, S. F 256; dementsprechender Beschluss des 63. DJT, ebda., Bd. II/1, S. O 82; sich diesem anschließend die Empfehlung der Regierungskommission *Corporate Governance*, BT-Drucks. 14/7515, S. 75 f.

37 Präzise zur Berechnung *Bezzenberger* in Großkomm AktG, § 142 Rn. 47, wenngleich noch zu den bis zum Inkrafttreten des UMAG gültigen Quoren.

für die gemeinsame Wahrnehmung des Minderheitsrechts aus § 142 Abs. 2 AktG.[38] Die meisten Stimmen im Schrifttum begrüßen diese Neuerungen, durch die nach ihrer Meinung das minderheitsschützende Institut der Sonderprüfung als Gerichtsrevision eine deutliche Effektuierung erfahren habe.[39]

Auch wenn mittlerweile die Hürde für ein Minderheitsbegehren nur noch bei einem Prozent der Aktien – in Gesellschaften mit sehr hohem Grundkapital wegen des absoluten Quorums auch deutlich darunter – liegt, so stellt das Antragsrecht gleichwohl immer noch ein echtes Minderheitsrecht im technischen Sinne[40] dar, das nicht jedem einzelnen Aktionär zusteht – und das aus gutem Grund. Das Erreichen der erforderlichen Mindestbeteiligungshöhe indiziert nämlich ein gewisses unternehmerisches Interesse der antragstellenden Aktionäre, bei dessen Vorliegen die Einräumung der Sonderprüfungskompetenz als angemessener empfunden wird, als wenn der die Revision begehrende Aktionär bloß reine Anlageinteressen verfolgt.[41]

Die Aktionärsminderheit kann eine Sonderprüfung nicht eigenständig veranlassen. Vielmehr sind die Sonderprüfer auf Antrag der Aktionäre gerichtlich zu bestellen. Zuständig für die Entscheidung über den Antrag ist seit Inkrafttreten des UMAG gem. § 142 Abs. 5 Sätze 2 und 3 AktG das Landgericht, in dessen Bezirk die Aktiengesellschaft ihren Sitz hat. Es entscheidet die Kammer für Handelssachen, falls eine solche bei dem zuständigen Gericht gebildet wurde.[42] Auf das gerichtliche Verfahren sind gem. § 142 Abs. 8 AktG die Bestimmungen des FamFG ergänzend anzuwenden, wobei der Antrag in einem sog. echten Streitverfahren der Freiwilligen Gerichtsbarkeit zu verhandeln ist, bei dem sich die Verfahrensbeteiligten als Gegner in einem kontradiktorischen Privatrechtsstreit gegenüberstehen.[43]

Damit das Gericht dem Antrag auf Prüferbestellung stattgeben kann, müssen die speziellen materiellen Voraussetzungen vorliegen, die § 142 Abs. 2 AktG

---

38 *Kirschner*, S. 70 f.; *Wilsing/Ogorek*, GWR 2009, 75, 76; *Kolb*, DZWIR 2006, 50, 52; *Hirschmann* in Hölters, § 142 Rn. 38.

39 Kritisch hingegen z. B. *Hüffer*, ZHR 174 (2010), 642, 650 f.

40 Vgl. dazu Nachweise auf S. 26 (Fn. 97).

41 Zum Ganzen *Kirschner*, S. 67 f.; *Seibt*, WM 2004, 2137, 2139.

42 Auch diese verfahrensrechtlichen Neuerungen sollten zur Harmonisierung von §§ 142 ff. und §§ 147, 148 AktG beitragen. Vgl. *Kirschner*, BB 2005, 1865, 1866; *ders.*, S. 91 f.; *Jänig*, BB 2005, 949, 952; *Spindler* in K. Schmidt/Lutter, AktG, § 142 Rn. 60.

43 *Jänig*, S. 300 f.; *Bezzenberger* in Großkomm AktG, § 142 Rn. 64; zu den Details des Verfahrens vgl. nur *Fleischer* in Küting/Weber, § 142 AktG Rn. 133 ff. m. w. N.; zu den echten Streitsachen des FamFG im Allgemeinen *Bumiller* in Bumiller/Harders, § 1 Rn. 12 f.

aufstellt. Zunächst lässt sich der Vorschrift entnehmen, dass die Hauptversammlung einen ordnungsgemäß beantragten Beschluss auf Bestellung von Sonderprüfern zu demselben Thema abgelehnt haben muss, das von den gerichtlich zu bestellenden Prüfern untersucht werden soll. Aus diesem Erfordernis ergibt sich der angesprochene Vorrang der Hauptversammlungskompetenz aus § 142 Abs. 1 AktG und umgekehrt die Subsidiarität eines gerichtlichen Eingreifens in die gesellschaftsrechtliche Zuständigkeitsordnung.[44] Dadurch soll den Aktionären und der Verwaltung die Gelegenheit geboten werden, ihre Standpunkte zur erstrebten Sonderprüfung zunächst gesellschaftsintern auszutauschen und doch noch zu einer einvernehmlichen Lösung zu gelangen.[45] Legt man ein teleologisches Verständnis des Subsidiaritätserfordernisses zugrunde, so ist dieses auch gewahrt, wenn die Hauptversammlung einen ursprünglich gefassten Beschluss später wieder aufhebt[46] oder wenn es trotz ordnungsgemäßen Beschlussantrags aus anderen Gründen nicht zur verbindlichen Anordnung der Prüferbestellung kommt. Auch dann hat die Hauptversammlung die bestehende Möglichkeit, selbst Sonderprüfer zu bestellen, letztendlich nicht genutzt.[47] Die Antragsteller vor Gericht müssen nicht mit denjenigen in der Hauptversammlung identisch sein. Ob die Initiatoren überhaupt an ihr teilgenommen haben, ist ebenfalls unerheblich.[48]

Die tauglichen Gegenstände, die einer Sonderprüfung unterzogen werden dürfen, sind für § 142 Abs. 1 und Abs. 2 AktG grundsätzlich einheitlich zu bestimmen.[49] Wegen des Vorrangs der Prüferbestellung nach Absatz 1 bildet der Gegenstand des in der Hauptversammlung abgelehnten Antrags inhaltlich aber den äußeren Rahmen des Minderheitsantrags bei Gericht.[50] Zudem enthält § 142 Abs. 2 Satz 1 AktG zusätzliche Beschränkungen für die Wahl des Prüfungsthe-

---

44 *Mock* in Spindler/Stilz, § 142 Rn. 117; *Trölitzsch/Gunßer*, AG 2008, 833, 834 f.; *Kirschner*, S. 78; *Bordt*, S. 78.; in rechtspolitischer Hinsicht kritisch *Jänig*, S. 248 ff.; vgl. auch OLG München, AG 2008, 33, 35.

45 *Fleischer* in Küting/Weber, § 142 AktG Rn. 105.

46 Konkret dazu OLG Düsseldorf, ZIP 2010, 28, 29 – „IKB"; so schon RGZ 143, 401, 410; vgl. im Übrigen statt aller *Spindler*, NZG 2010, 281, 282; *Wilsing/von der Linden* in Heidel, § 142 AktG Rn. 25.

47 *Schröer* in MünchKomm AktG, § 142 Rn. 64; *Mock* in Spindler/Stilz, § 142 Rn. 117; *Hüffer*, AktG, § 142 Rn. 18; *Spindler* in K. Schmidt/Lutter, AktG, § 142 Rn. 48; *Butzke*, Rn. M 14; *Müller-Michaels/Wingerter*, AG 2010, 903, 905; *Kirschner*, S. 79 f.

48 Exemplarisch RG, JW 1903, 244; *Kronstein/Zöllner* in KölnKomm AktG, § 142 Rn. 28; *Jänig*, EWiR § 142 AktG 1/12, S. 370.

49 KG, ZIP 2012, 672, 673; *Habersack* in FS Wiedemann, S. 898; *Müller-Michaels/Wingerter*, AG 2010, 903, 906; *Hirschmann* in Hölters, § 142 Rn. 34; *Hüffer*, AktG, § 142 Rn. 19; *Fleischer* in Küting/Weber, § 142 AktG Rn. 106.

50 *Jänig*, S. 288; *Bezzenberger* in Großkomm AktG, § 142 Rn. 56.

mas in zeitlicher und sachlicher Hinsicht, hauptsächlich um dadurch einer missbräuchlichen Antragstellung vorzubeugen.[51] Wenn die Untersuchung von Vorgängen bei der Geschäftsführung beantragt wird, dürfen diese nicht länger als fünf Jahre zurückliegen – vom Zeitpunkt des ablehnenden Hauptversammlungsbeschlusses an gerechnet. Bei börsennotierten Gesellschaften beträgt diese Frist gem. § 142 Abs. 2 Satz 1 Hs. 2 AktG sogar zehn Jahre. Die heute gültige Fristlänge hat der Gesetzgeber mit der speziellen Verjährungsfrist für Ersatzansprüche der Aktiengesellschaft gegen Mitglieder der Verwaltungsorgane gem. § 93 Abs. 6 AktG abgestimmt.[52]

Außerdem verlangt § 142 Abs. 2 Satz 1 AktG, dass dem Antrag nur stattzugeben ist, wenn Tatsachen vorliegen, die den Verdacht rechtfertigen, dass bei dem Vorgang Unredlichkeiten oder grobe Verletzungen des Gesetzes oder der Satzung[53] vorgekommen sind. Das bedeutet, dass die Antragsteller substantiiert Tatsachen vortragen müssen, die mit gewisser Wahrscheinlichkeit auf ein entsprechendes Fehlverhalten schließen lassen. Diesbezüglich ist erforderlich, dass sich auf Seiten des Gerichts aufgrund des Beteiligtenvortrags und der gegebenenfalls nach § 26 FamFG gebotenen ergänzenden Amtsermittlung ein hinreichender Tatverdacht bildet. An die Überzeugung des Gerichts zum Vorliegen solcher Tatsachen sind hohe Anforderungen zu stellen, wenngleich die Frage, ob tatsächlich Pflichtverletzungen erfolgt sind, erst mithilfe der Sonderprüfung zu verifizieren ist.[54]

Gem. § 38 Abs. 1 Satz 1 FamFG entscheidet das Gericht durch Beschluss. Wie nach herrschender Meinung die Hauptversammlung im Rahmen der Beschlussfassung gem. § 142 Abs. 1 AktG muss auch das Gericht einerseits den beantragten Prüfungsgegenstand in seinem Beschluss konkret umschreiben und andererseits den Sonderprüfer namentlich festlegen.[55]

---

51 Ähnlich *Bungert/Rothfuchs*, DB 2011, 1677.

52 Begr. RegE zum AktG 1965, abgedr. bei *Kropff*, S. 207; zum Ganzen vgl. auch *Haager* in Ball/Haager, S. 38 f.; *Hüffer*, ZHR 174 (2010), 642, 654; *Spindler* in K. Schmidt/Lutter, AktG, § 142 Rn. 50 f.; *Holzborn/Jänig* in HeidelbKomm AktG, § 142 Rn. 14.

53 Zu diesen Begrifflichkeiten, inkl. dem Meinungsstand dazu, sehr gründlich *Jänig*, S. 274 ff. m. w. N.; vgl. zudem *Hüffer*, ZHR 174 (2010), 642, 654 f.

54 Zum Ganzen OLG Stuttgart, AG 2010, 717, 718; OLG München, AG 2010, 840, 841; OLG Frankfurt am Main, DB 2011, 1626, 1627 – „Commerzbank/Dresdner Bank"; *Spindler*, NZG 2010, 281, 282; *Mock* in Spindler/Stilz, § 142 Rn. 128; *Schröer* in MünchKomm AktG, § 142 Rn. 66, 69; *Bezzenberger* in Großkomm AktG, § 142 Rn. 61 f.; kritisch dazu *Holzborn/Jänig* in HeidelbKomm AktG, § 142 Rn. 15a.

55 *Jänig*, BB 2005, 949, 953; *Bork* in Hommelhoff, Hdb Corporate Governance, S. 754.

Wie gezeigt genießt die Sonderprüferbestellung durch die Hauptversammlung zu ein und demselben Thema immer Vorrang vor der gerichtlichen Bestellung. Deshalb wäre es denkbar, dass eine taktisch agierende Aktionärsmehrheit einem ihr unliebsamen Sonderprüfungsantrag zwar zustimmt, um das Recht aus § 142 Abs. 2 AktG auszuhebeln, dafür aber Personen zu Sonderprüfern bestellt, die der Majorität gewogen sind. Damit sich eine solche Situation verhindern lässt, sieht § 142 Abs. 4 AktG ein weiteres Minderheitsrecht vor, das innerhalb von zwei Wochen nach der entsprechenden Hauptversammlung ausgeübt werden kann.[56] Dieselbe Aktionärsminorität wie im Fall des § 142 Abs. 2 AktG kann bei Gericht gem. § 142 Abs. 4 Satz 1 AktG die Bestellung anderer Sonderprüfer beantragen, wenn dies aus einem in der Person des von der Hauptversammlung ausgewählten Prüfers liegenden Grundes geboten erscheint, weil dieser zum Beispiel ungeeignet, befangen oder aus anderen Gründen unzuverlässig ist.

IV. Sonderprüfer und Prüfungsverfahren im Überblick

Die Vorschriften der §§ 143 bis 146 AktG enthalten Bestimmungen zu den Anforderungen an die Person des Sonderprüfers, zu der Rechtsbeziehung zwischen dem Sonderprüfer und der zu prüfenden Gesellschaft sowie zum Ablauf des Sonderprüfungsverfahrens. Sie gelten sowohl für die durch Hauptversammlungsbeschluss als auch für die im gerichtlichen Antragsverfahren eingeleiteten Sonderprüfungen.[57]

1. Eignungskriterien und Bestellverbote

§ 143 AktG sieht vor, dass eine Person, damit sie zum Sonderprüfer bestellt werden darf, einerseits gewisse Eignungsvoraussetzungen zu erfüllen hat (Absatz 1) und dass die Bestellung der Person zum Sonderprüfer andererseits ausgeschlossen ist, sofern aufgrund bestimmter Umstände ihre Befangenheit zu befürchten ist (Absatz 2).

---

[56] Dazu *Mock* in Spindler/Stilz, § 142 Rn. 3, 157 ff.; *Adler/Düring/Schmaltz*, §§ 142-146 AktG Rn. 18; *Zwissler* in Wachter, § 142 Rn. 22 f.; *Fleischer* in Küting/Weber, § 142 AktG Rn. 138 ff.

[57] Statt aller *Jänig*, S. 342; *Haager* in Ball/Haager, S. 87.

Die fachlichen Eignungskriterien des § 143 Abs. 1 AktG sollen eine besonders sachkundige Durchführung der Sonderprüfung sicherstellen.[58] Die Vorschrift bestimmt, dass der Sonderprüfer in der Regel auf dem Gebiet der Buchführung ausgebildet und genügend erfahren sein soll. Anders als die Jahresabschlussprüfung oder die bilanzrechtliche Sonderprüfung ist die allgemeine Sonderprüfung allerdings nicht als Vorbehaltsprüfung für Wirtschaftsprüfer (und vereidigte Buchprüfer) konzipiert.[59] Wenn zur Untersuchung des betreffenden Sonderprüfungsthemas ausnahmsweise andere Kenntnisse benötigt werden, ist – so lässt es sich § 143 Abs. 1 AktG entnehmen – die Eignung des Prüfers danach zu beurteilen, ob er über das jeweilige Spezialwissen verfügt. So mag für die Bearbeitung des Prüfungsauftrags etwa eine besondere rechtliche, technische oder betriebswirtschaftliche Expertise des Sonderprüfers vonnöten sein.[60]

Die durch § 143 Abs. 2 AktG angeordneten Bestellverbote dienen demgegenüber dazu, die Unabhängigkeit und Unparteilichkeit des Sonderprüfers zu gewährleisten.[61] Die Vorschrift trifft jedoch keine speziell auf Sonderprüfer bezogenen Regelungen, sondern verweist dynamisch auf die Bestimmungen der §§ 319 Abs. 2 und 3, 319a Abs. 1, 319b HGB, welche ihrerseits die Bestellung bestimmter Personen bzw. Prüfungsgesellschaften zu Abschlussprüfern untersagen. § 319 Abs. 3 HGB normiert einen Katalog spezieller Ausschlussgründe. Diese betreffen jeweils Konstellationen, in denen eine typische Gefahrenlage für die Unbefangenheit des Sonderprüfers gegeben ist. Erfüllt eine Person eines der Katalogkriterien, wird ihre Befangenheit unwiderleglich vermutet.[62] Die an konkrete Tatbestandsmerkmale anknüpfenden Bestellverbote werden durch § 319 Abs. 2 HGB ergänzt, der eine Generalklausel enthält, wonach jeder von der Bestellung zum Prüfer ausgeschlossen ist, in dessen Person Umstände vorliegen, die die Besorgnis der Befangenheit begründen.

---

58 *Haager* in Ball/Haager, S. 87; *Schröer* in MünchKomm AktG, § 143 Rn. 2.

59 *Schedlbauer*, S. 146; *Jänig*, S. 342 f.; *Kirschner*, S. 100; *Fleischer* in Küting/Weber, § 143 AktG Rn. 2.

60 Vgl. zum Ganzen *Jänig*, S. 343 f.; *M. G. Jansen*, Sonderprüfung, S. 62 f.; *Mock* in Spindler/Stilz, § 143 Rn. 6 f.; *Kronstein/Zöllner* in KölnKomm AktG, § 143 Rn. 2; *Fleischer* in Küting/Weber, § 143 AktG Rn. 4 f.

61 *Kirschner*, S. 100; *Bezzenberger* in Großkomm AktG, § 143 Rn. 11; *Schröer* in MünchKomm AktG, § 143 Rn. 2; *Spindler* in K. Schmidt/Lutter, AktG, § 142 Rn. 10.

62 Begr. des RegE zum Bilanzrechtsreformgesetz (vom 4. 12. 2004), BT-Drucks. 15/3419, S. 36 f.; *Ebke* in MünchKomm HGB, § 319 Rn. 3, 45; *Mock* in Spindler/Stilz, § 143 Rn. 20; *Haager* in Ball/Haager, S. 78; zu den einzelnen Ausschlussgründen eingehend z. B. *Wiedmann* in Ebenroth/Boujong/Joost/Strohn, § 319 Rn. 10 ff.

Die Hauptversammlung oder das bestellende Gericht muss also das von § 143 AktG entworfene „Anforderungsprofil“ bei der Auswahl des Sonderprüfers berücksichtigen.

2. Grundzüge des Rechtsverhältnisses zwischen Sonderprüfer und Gesellschaft

Hat die Hauptversammlung die Bestellung vorgenommen, so ist im Anschluss an die Beschlussfassung der Aktionäre zusätzlich noch der Abschluss eines Vertrages zwischen dem im Beschluss festgelegten Sonderprüfer und der Gesellschaft erforderlich.[63] Auch im Falle einer Gerichtsrevision ist der Bestellvorgang erst mit der Annahmeerklärung des Sonderprüfers beendet. Ob insofern das Gericht als Vertreter der Gesellschaft den Vertrag mit dem Sonderprüfer abschließt[64] oder ob im Gerichtsbeschluss ein privatrechtsgestaltender Akt eigener Art zu erblicken ist, der zusammen mit der Annahme durch den Sonderprüfer zwischen ihm und der Gesellschaft lediglich ein vertragsähnliches Rechtsverhältnis zustande kommen lässt,[65] kann dahinstehen. Auch eine bloß quasivertragliche Beziehung würde nämlich die gleichen Rechtswirkungen wie das bei der Hauptversammlungsrevision obligatorische Vertragsverhältnis entfalten.[66]

Neben den Regelungen eines solchen Sonderprüfungsvertrages wird die Pflichtenstellung des Sonderprüfers gegenüber der zu prüfenden Gesellschaft entscheidend durch den über § 144 AktG anwendbaren § 323 HGB geprägt, dem Modellcharakter für alle gesetzlich vorgesehenen Prüfungen des Kapitalgesellschaftsrechts zukommt.[67] § 323 HGB i. V. m. § 144 AktG verpflichtet den Sonderprüfer vor allem zur unparteiischen und gewissenhaften Prüfung sowie zur Verschwiegenheit. Außerdem sieht § 323 Abs. 1, 2 und 4 HGB einen speziellen Schadensersatzanspruch der zu prüfenden Gesellschaft bei Verletzung der Prüferpflichten vor, der sich nicht nur gegen den Sonderprüfer selbst, sondern auch unmittelbar gegen dessen Prüfungsgehilfen richtet, die gesamtschuldnerisch mit

---

63 Statt aller *Kirschner*, S. 119 ff.; *Hirschmann* in Hölters, § 142 Rn. 28; *Schröer* in MünchKomm AktG, § 142 Rn. 43; *Mock* in Spindler/Stilz, § 142 Rn. 67, 96; *Spindler* in K. Schmidt/Lutter, AktG, § 142 Rn. 34.

64 So *Haager* in Ball/Haager, S. 76; *Kronstein/Zöllner* in KölnKomm AktG, § 142 Rn. 34; offenbar auch *Schröer* in MünchKomm AktG, § 142 Rn. 74 (Fn. 127).

65 So *Kirschner*, S. 122; *Hüffer*, AktG, § 142 Rn. 32; *Bezzenberger* in Großkomm AktG, § 142 Rn. 69.

66 *Bezzenberger* in Großkomm AktG, § 142 Rn. 69; *Kirschner*, S. 122.

67 Zu Letzterem *Fleischer* in Küting/Weber, § 144 AktG Rn. 1.

dem Sonderprüfer haften müssen. Außerdem bietet die Norm einem verbundenen Unternehmen der zu prüfenden Gesellschaft eine eigene Anspruchsgrundlage gegen die verpflichteten Prüfungspersonen. Der Ersatzanspruch ist zwar vertraglich unabdingbar, dafür aber der Höhe nach beschränkt.

Unabhängig davon, ob der Sonderprüfer nach § 142 Abs. 1 oder Abs. 2 AktG bestellt wurde, ist die Gesellschaft ihm im Gegenzug für die zu erbringende Prüfungstätigkeit zur Entrichtung einer Vergütung und zur Erstattung von Auslagen verpflichtet. Für die Hauptversammlungsrevision folgt dies aus dem Sonderprüfungsvertrag, für die Gerichtsrevision jedenfalls aus § 146 Satz 1 AktG, der der Gesellschaft zugleich die Kosten des gerichtlichen Bestellungsverfahrens auferlegt.[68]

3. Rechte des Sonderprüfers und Ablauf des Prüfungsverfahrens

Auch § 145 AktG trifft Regelungen zu den Rechtsbeziehungen zwischen dem Sonderprüfer und der zu prüfenden Gesellschaft sowie deren Organen. Durch die Norm werden gleichzeitig dem vom Sonderprüfer durchzuführenden Prüfungsverfahren wesentliche rechtliche Grundkonturen verliehen. § 145 Abs. 1 bis 3 AktG stattet den Sonderprüfer mit bestimmten Prüfungs- und Auskunftsrechten gegenüber den Organen der Aktiengesellschaft aus. Diese sollen ihm weitgehend ungehinderte Zugriffsmöglichkeiten auf die Erkenntnisquellen innerhalb der zu prüfenden Gesellschaft und der gesamten Unternehmensgruppe verschaffen.[69] Der Sonderprüfer ist zur effizienten Durchführung der Enquête nämlich darauf angewiesen, alle erheblichen Informationen zum Prüfungssachverhalt zu erhalten, um diesen auftragsgemäß aufklären zu können.[70]

Gem. § 145 Abs. 1 AktG steht es dem Sonderprüfer zu, die „Bücher und Schriften" der Gesellschaft und deren Vermögensgegenstände zu prüfen. Absätze 2 und 3 des § 145 AktG räumen ihm zudem das Recht ein, von den Vorstands- und Aufsichtsratsmitgliedern der zu prüfenden Gesellschaft ebenso wie von den Leitungsorganen verbundener Unternehmen „Aufklärungen und Nachweise" zu verlangen. Während § 145 Abs. 1 AktG das Einsichts- und Besichtigungsrecht einschränkungslos gewährt, sind die Organmitglieder nach § 145 Abs. 2 und 3 AktG nur insoweit zur Auskunft verpflichtet, als es für eine sorg

---

68 *Jänig*, BB 2005, 949, 954; *Fleischer* in Küting/Weber, § 146 AktG Rn. 4 f.,12; *Hirschmann* in Hölters, § 146 Rn. 2, 4; *Kirschner*, S. 140 ff.

69 *Schröer* in MünchKomm AktG, § 145 Rn. 3.

70 *Hirschmann* in Hölters, § 145 Rn. 1; *Spindler* in K. Schmidt/Lutter, AktG, § 145 Rn. 1; *Hüffer*, AktG, § 145 Rn. 1.

fältige Untersuchung der zu prüfenden Vorgänge notwendig ist. Das Einsichtsrecht muss konsequenterweise allumfassend sein, damit der Sonderprüfer in die Lage versetzt wird, sich das für die Bearbeitung des Prüfungsauftrags benötigte Hintergrundwissen anhand der Gesellschaftsunterlagen auf unkomplizierte Weise anzueignen.[71] Diesem Bedürfnis hat der Gesetzgeber durch die einschränkungslose Gewährung des Prüfungsrechts in § 145 Abs. 1 AktG Rechnung getragen. Allerdings bürdet auch das einschränkende Tatbestandsmerkmal, das bei der Ausübung des Auskunftsrechts nach § 145 Abs. 2 AktG zu beachten ist, dem Sonderprüfer nicht etwa die volle Beweislast für die Notwendigkeit des Aufklärungsverlangens auf. Vielmehr ist die Vorschrift dahingehend auszulegen, dass der Sonderprüfer, wenn sich der Denkzusammenhang zwischen dem Auskunftsbegehren und dem Gegenstand der Sonderprüfung nicht von selbst erschließt, nur gehalten ist, die Erforderlichkeit der Information zu plausibilisieren.[72] Es wird für eine zuverlässige Ermittlung der Prüfungsergebnisse ohnehin regelmäßig ergiebiger sein, wenn der Sonderprüfer sich die erforderlichen Informationen hauptsächlich über das Einsichtsrecht verschafft, als wenn er Auskünfte bei den Verwaltungsmitgliedern einholt, da diese häufig subjektiv gefärbt sind.[73] Mit dieser Überlegung lässt sich verdeutlichen, warum die Sonderprüfung im Gesetz in erster Linie als Buchprüfung konzipiert ist[74] und von der Befugnis aus § 145 Abs. 2 AktG vornehmlich ergänzend Gebrauch gemacht wird.

Wenn der Sonderprüfer seine Ermittlungen abgeschlossen hat, muss er gem. § 145 Abs. 6 Satz 1 AktG einen schriftlichen Bericht zu den Ergebnissen der Sonderprüfung verfassen.[75] Dieser ist entsprechend § 145 Abs. 6 Satz 3 AktG nicht nur dem Vorstand vorzulegen, sondern wenigstens zeitgleich beim Handelsregister am Sitz der Gesellschaft einzureichen. Dort kann der Bericht aufgrund von § 9 HGB von jedermann eingesehen werden, ohne dass ein berechtig-

---

71 *Bork* in Hommelhoff, Hdb Corporate Governance, S. 756; *Mock* in Spindler/Stilz, § 145 Rn. 11; vgl. auch *Jänig*, S. 358.

72 Allg. Meinung: *Kirschner*, S. 232; *Jänig*, S. 360; *Hüffer*, ZHR 174 (2010), 642, 670; *Bungert/Rothfuchs*, DB 2011, 1677, 1678; *Kronstein/Zöllner* in KölnKomm AktG, § 145 Rn. 9; *Adler/Düring/Schmaltz*, §§ 142-146 AktG Rn. 33; *Bezzenberger* in Großkomm AktG, § 145 Rn. 19.

73 *Kirschner*, S. 227; *Fleischer* in Küting/Weber, § 145 AktG Rn. 11.

74 *Hüffer*, ZHR 174 (2010), 642, 668.

75 Zu Inhalt und Umfang des Sonderprüfungsberichtes im Allgemeinen statt vieler *König*, passim; *Adler/Forster*, Wpg 1957, 357 ff.; *Jänig*, S. 392 ff.; *Schröer* in MünchKomm AktG, § 145 Rn. 26 ff.; *Spindler* in K. Schmidt/Lutter, AktG, § 145 Rn. 22 f.; *Bezzenberger* in Großkomm AktG, § 145 Rn. 30 ff.

tes Interesse an seinem Inhalt nachgewiesen werden müsste.[76] Den Aktionären selbst wird aber noch auf andere Weise Kenntnis vom Prüfungsresultat verschafft. Sie haben gem. § 145 Abs. 6 Satz 4 AktG einen Anspruch auf die kostenlose Erteilung einer Abschrift unmittelbar gegen die Gesellschaft. Zudem ist nach Satz 5 derselben Vorschrift der Sonderprüfungsbericht auf die Tagesordnung der nächsten Hauptversammlung zu setzen.

Trotz der umfassenden Publizität des Prüfungsberichts ist der Sonderprüfer grundsätzlich nicht daran gehindert, darin auch Tatsachen darzulegen, deren Bekanntwerden für die Gesellschaft nachteilig sein könnte, was § 145 Abs. 6 Satz 2 AktG klarstellt. Es ist schließlich gerade die Funktion der Sonderprüfung, die Aktionäre über Missstände innerhalb der Gesellschaft aufzuklären.[77] Einzig, wenn der Offenlegung bestimmter Umstände in dem Bericht überwiegende Belange der Gesellschaft entgegenstehen, kann seit dem Inkrafttreten des UMAG auf Antrag des Vorstands gerichtlich angeordnet werden, dass die betreffenden Tatsachen nicht in den Bericht aufgenommen werden dürfen, § 145 Abs. 4 AktG. Voraussetzung dafür ist allerdings, dass dies zur Darlegung von Unredlichkeiten und groben Pflichtverletzungen nicht unerlässlich ist.[78] Wegen der insofern hohen Anforderungen haben solche „Schutzanträge“ nur in wenigen Ausnahmefällen Erfolg.[79]

V. Praktische Bedeutung der aktienrechtlichen Sonderprüfung

In der Vergangenheit ist von der aktienrechtlichen Sonderprüfung relativ selten Gebrauch gemacht worden.[80] So sind etwa von *Jänig*[81] im Rahmen einer Mono-

---

[76] *Kirschner*, S. 307 f.; *Spindler* in K. Schmidt/Lutter, AktG, § 145 Rn. 32; *Fleischer* in Küting/Weber, § 145 AktG Rn. 42; anders (berechtigtes Interesse erforderlich) *Jänig*, S. 398.

[77] Vgl. in diesem Zusammenhang nur *Bezzenberger* in Großkomm AktG, § 145 Rn. 33; *Spindler* in K. Schmidt/Lutter, AktG, § 145 Rn. 25; vgl. allgemein oben S. 21 und ff. m. N.

[78] Zum sog. „Schutzantrag“ eingehend *Wilsing/von der Linden/Ogorek*, NZG 2010, 729 ff. m. w. N.; *Kirschner*, S. 316 ff.

[79] Ähnlich *Haager* in Ball/Haager, S. 105; *Wilsing/Neumann*, DB 2006, 31, 34; *Mock* in Spindler/Stilz, § 145 Rn. 47.

[80] *Fleischer* in Küting/Weber, § 142 AktG Rn. 10; *Bezzenberger* in Großkomm AktG, § 142 Rn. 9; *Adler/Düring/Schmaltz*, §§ 142-146 AktG Rn. 3; *Wilsing/von der Linden* in Heidel, § 142 AktG Rn. 7; *Habersack* in FS Wiedemann, S. 890; so schon früher bspw. *von Gleichenstein*, BB 1956, 761.

[81] S. 436 ff. (übersichtlich in Tabellenform aufbereitet).

graphie Angaben zu 45 Sonderprüfungsverlangen zusammengestellt worden, die er für den Zeitraum von 1990 bis 2004 den einschlägigen Fachzeitschriften sowie der Tagespresse entnommen hat. Dabei berücksichtigte er selbst diejenigen Fälle, in denen die Durchführung der Sonderprüfung von Aktionären ohne Erfolg beantragt wurde. Freilich kann insofern kein Anspruch auf Vollständigkeit erhoben werden.[82] Zwar soll das Institut der Sonderprüfung nach dem Willen des Gesetzgebers, der sich angesichts der aktienrechtlichen Kompetenzverteilung offenbart, nur in Ausnahmesituationen zur Anwendung gelangen.[83] Dass aber in den Fachmedien über den betreffenden Zeitraum hinweg bundesweit von gerade einmal durchschnittlich drei Sonderprüfungsanträgen pro Jahr berichtet worden ist, vermag gleichwohl darauf hinzudeuten, dass selbst unter Berücksichtigung des Ausnahmecharakters von Sonderprüfungen die Aktionäre diese Befugnis früher kaum nutzten. Von den über hundert Jahren zwischen der Einführung der Sonderprüfung 1884 und 1990 ganz zu schweigen: gerichtliche Entscheidungen zu Sonderprüfungen sind in der ferneren Vergangenheit nämlich nur ganz vereinzelt veröffentlicht worden.

Als eine Ursache für diesen Befund wird ausgemacht, dass der vom Sonderprüfer erstellte Bericht gem. § 145 Abs. 6 Satz 3 AktG zwingend an der Publizität des Handelsregisters teilnimmt.[84] Dies wird vielfach dazu führen, dass Aktionäre aus Sorge um das Gesellschaftswohl auf die Durchführung einer Sonderprüfung verzichten, auch obwohl sie sich eigentlich von ihr eine effektivere Kontrolle einzelner Vorgänge der Geschäftsführung versprächen. Weil wegen der Publizität des Sonderprüfungsberichts Gesellschaftsinterna für außen stehende Dritte frei verfügbar werden, müssen Anteilseigner nämlich fürchten, dass die Prüfungsdurchführung den Verband derart schädigen könnte, dass die hervorgerufenen Nachteile nicht durch die Vorteile einer besseren Verwaltungsüberwachung aufgewogen werden. In der Praxis haben deswegen in der Vergangenheit informelle, vom Vorstand bzw. vom Aufsichtsrat veranlasste Sonderprüfungen wesentlich häufiger stattgefunden als formell beschlossene Hauptversammlungsrevisionen. Für gesetzlich nicht geregelte Prüfungen gilt die Publizitätspflicht nicht. Außerdem sind sie in mancher Hinsicht schneller und flexibler einsetzbar als die durch die Vorschriften der §§ 142 ff. AktG streng vorgeprägte Sonderprüfungskompetenz der Aktionäre.[85]

---

[82] So ausdrücklich *Jänig*, S. 436.

[83] Dazu sinngemäß oben S. 30 f.

[84] *Habersack* in FS Wiedemann, S. 890; *von Rechenberg*, S. 40 f.; *Fleischer*, RIW 2000, 809, 810; *Schröer* in MünchKomm AktG, § 142 Rn. 10; *Spindler* in K. Schmidt/Lutter, AktG, § 142 Rn. 7.

[85] Zum Ganzen *Schröer* in MünchKomm AktG, § 142 Rn. 11; *Kirschner*, S. 49.

Früher sind außerdem viele Sonderprüfungsbegehren dadurch verhindert worden, dass das Minderheitsrecht aus § 142 Abs. 2 AktG nur Aktionären zustand, deren Beteiligung am Grundkapital sich zusammen auf mindestens zehn Prozent belaufen musste. In Publikumsgesellschaften stellte dies unzweifelhaft eine vergleichsweise hohe Hürde dar.[86] Seit mit dem UMAG die erforderlichen Beteiligungsquoten in § 142 Abs. 2 und 4 AktG um neunzig Prozent herabgesenkt wurden,[87] ist in der Rechtswissenschaft mit einer beträchtlichen Zunahme der Sonderprüfungsanträge gerechnet worden.[88] Einzelne Autoren prophezeiten sogar, die Sonderprüfung werde sich aufgrund der Reform zu einem „Standardinstrument" der Informations- und Beweismittelbeschaffung entwickeln.[89] In der Tat verzeichnet das Schrifttum bereits einen stetigen, spürbaren Anstieg der Zahl der Sonderprüfungsanträge seit dem Inkrafttreten des UMAG im November 2005.[90] Dieser Befund untermauert die nahe liegende Vermutung, dass Minderheitsaktionäre die Gerichtsrevision nach § 142 Abs. 2 AktG wesentlich dringender benötigen, als die Aktionärsmehrheit auf die Hauptversammlungsrevision angewiesen ist. Mehrheitsaktionäre können ohnehin in großem Maße Einfluss auf die Verwaltungsorgane der Gesellschaft nehmen. Demzufolge liegt der besondere Wert des Rechtsinstituts der Sonderprüfung darin, dass es auch von einer qualifizierten Aktionärsminderheit eingesetzt werden kann. Vor allem wird mit der Sonderprüfung solchen Minderheitsaktionären eine interessante Kontrollmöglichkeit geboten, bei denen es sich um institutionelle Anleger mit geringerer Beteiligung handelt – man mag sie als „kleine Großaktionäre" bezeichnen.[91]

Zuletzt war die Rede davon, durch den Ausbruch der weltweiten Finanz- und Wirtschaftskrise im Jahr 2007 habe die Sonderprüfung als Instrument zur

---

86 In diesem Sinne z. B. *Bezzenberger* in Großkomm AktG, § 142 Rn. 9; *Fleischer*, RIW 2000, 809, 810.

87 Dazu bereits oben S. 36.

88 So insgesamt *Wilsing/Neumann*, DB 2006, 31, 32; *Spindler* in K. Schmidt/Lutter, AktG, § 142 Rn. 38; vgl. auch *Duve/Balsak*, BB 2006, 1345 ff., der in diesem Zusammenhang die neuen Einflussmöglichkeiten von institutionellen Investoren und Großanlegern herausstellt.

89 *Jänig*, Wpg 2005, 961; *Haager* in Ball/Haager, S. 18 f.

90 *Kirschner*, S. 2; *Bungert/Rothfuchs*, DB 2011, 1677; *Balthasar/Hamelmann*, WM 2010, 589, 592; *Spindler*, NZG 2010, 281; *Müller-Michaels/Wingerter*, AG 2010, 903, *Hüffer*, ZHR 174 (2010), 642, 657; *Zwissler* in Wachter, § 142 Rn. 1; *Wilsing/von der Linden* in Heidel, § 142 AktG Rn. 8, die allerdings darauf hinweisen, dass die Zahl der letztlich durchgeführten Sonderprüfungen immer noch nicht besonders hoch ist.

91 So *S. H. Schneider*, ZHR 170 (2006), 90, 91 f., der den Bedeutungszuwachs der Sonderprüfung insofern auch mit einem Wandel in der Eigentümerstruktur deutscher Großunternehmen erklären möchte.

Aufarbeitung von Missständen und Fehlentwicklungen abermals einen massiven Bedeutungszuwachs erfahren.[92] Das prominenteste Beispiel für eine Sonderprüfung, die anlässlich der Finanzmarktkrise angestrengt wurde, bildet zweifelsohne die Prüferbestellung bei der *IKB Deutsche Industriebank AG.*[93] Als Beleg dafür, dass Sonderprüfungen mittlerweile weitaus häufiger eingesetzt werden als noch vor einigen Jahren, mögen auch die vergleichsweise zahlreichen, in Fachzeitschriften veröffentlichten Rechtsmittelentscheidungen deutscher Obergerichte gewertet werden, die allein im Jahr 2010 zu Fragen der aktienrechtlichen Sonderprüfung ergangen sind.[94]

---

92 *Wilsing/von der Linden/Ogorek*, NZG 2010, 729, 730; *Müller-Michaels/Wingerter*, AG 2010, 903.

93 Vgl. dazu OLG Düsseldorf, Beschl. vom 9. 12. 2009 (I-6 W 45/09), ZIP 2010, 28 ff. – „IKB", und die Anm. dazu von *Mutter/Quinke*, EWiR § 142 AktG 1/10, S. 171 f.; letztinstanzlich BGH, Beschl. vom 1. 3. 2010 (II ZB 1/10), NZG 2010, 347 ff. – „IKB".

94 Exemplarisch OLG Düsseldorf, Urt. vom 15. 1. 2010 (I-17 U 6/09), WM 2010, 709 ff.; OLG Köln, Beschl. vom 22. 2. 2010 (18 W 1/10), ZIP 2010, 1799 ff.; OLG München, Beschl. vom 25. 3. 2010 (31 Wx 144/09), AG 2010, 598 ff.; OLG München, Beschl. vom 11. 5. 2010 (31 Wx 14/10), Der Konzern 2010, 319 f.; OLG Stuttgart, Beschl. vom 15. 6. 2010 (8 W 391/08), AG 2010, 717 ff.; OLG München, Beschl. vom 30. 8. 2010 (31 Wx 24/10), AG 2010, 840 ff.; OLG Hamm, Urt. vom 1. 9. 2010 (I-8 U 118/09), AG 2011, 90 ff.; OLG Brandenburg, Urt. vom 10. 11. 2010 (7 U 164/09), AG 2011, 418 f.; OLG Hamburg, Urt. vom 23. 12. 2010 (11 U 185/09) ZIP 2011, 1209 ff.

3. Kapitel: Grundlagen zu Kontrolle und Sonderprüfung im GmbH-Recht

I. Überwachung der Geschäftsführung im GmbH-Recht

Die Sonderprüfung ist vorstehend bereits als Instrument der verbandsinternen Geschäftsführungskontrolle charakterisiert worden.[1] Bei einem entsprechend weiten Begriffsverständnis kann sie zu den gesellschaftsinternen „Informationsrechten" gezählt werden; jedenfalls ist die Sonderprüfung eine Maßnahme, die zum Zwecke der Informationsbeschaffung ergriffen wird.[2] Da das GmbH-Gesetz keine eigenen Vorschriften zu Sonderprüfungen enthält, sind für die Entwicklung der rechtlichen Rahmenbedingungen eines solchen Rechtsinstituts bei der GmbH neben den soeben behandelten §§ 142 ff. AktG die allgemeinen Grundsätze zur Überwachung und zu den Informationsrechten heranzuziehen, die das GmbH-Recht vorhält.

Um die Dogmatik einer GmbH-Sonderprüfung fundiert ergründen zu können, sollen die damit zusammenhängenden Rechtsfragen vor dem Hintergrund der Organisationsverfassung einer GmbH untersucht werden. Deshalb wird im Folgenden zunächst allgemein das Konzept des positiven GmbH-Rechts beleuchtet, das der Überwachung der Geschäftsführer zugrunde liegt. Die so gewonnenen Erkenntnisse dienen der rechtlichen Analyse der Sonderprüfung im Rahmen dieser Arbeit als Basis.

---

1 So oben S. 17 ff.; vgl. zum GmbH-Recht statt aller bspw. *Leinekugel*, GmbHR 2008, 632; *Bea/Scheurer*, DB 1995, 1289, 1290.

2 Sie als „Informationsrecht" bezeichnend *Becker*, S. 673; *Bopp*, S. 5; *Fleischer*, RIW 2000, 809, 810; *Jänig*, S. 201 f.; für „Informationsinstrument" statt vieler *Peters/Dechow*, GmbHR 2007, 236, 237 und bezogen auf das Aktienrecht *Spindler* in K. Schmidt/Lutter, AktG, § 142 Rn. 1; vgl. auch *Wohlleben*, S. 127 f.: Sonderprüfung keine eigene *Art* der Information; die Informationsfunktion wurde hier bereits hervorgehoben: S. 21 ff.

1. Organisationsverfassung: Kompetenzen und Kontrollfunktionen in der GmbH

a) Allgemeine Kompetenzverteilung unter den Organen entsprechend der GmbH-rechtlichen Organisationsverfassung

Eine GmbH muss nach der gesetzlichen Konzeption, sofern sie nicht mitbestimmungsrechtlichen Vorgaben zu genügen hat, nur über zwei zwingend erforderliche Organe verfügen. Der Geschäftsführer ist das zur Geschäftsführung und zur Vertretung der Gesellschaft berufene Handlungsorgan, während es sich bei der Gesamtheit der Gesellschafter bzw. der Gesellschafterversammlung[3] um das zweite notwendige Organ der GmbH handelt, durch das sich die Willensbildung bei der Gesellschaft vollzieht.[4]

Im Übrigen lässt sich das Innenverhältnis einer GmbH – im Gegensatz zur satzungsstrengen Verfassung der Aktiengesellschaft – durch den Gesellschaftsvertrag größtenteils frei ausgestalten, § 45 Abs. 1 GmbHG.[5] Die Satzungsautonomie ermöglicht es den Gesellschaftern, Kompetenzen an sich zu ziehen, die nach dispositiver gesetzlicher Zuständigkeitsverteilung von den Geschäftsführern wahrzunehmen wären. Die Satzung kann in den weiten Grenzen, die das zwingende Recht zieht, aber auch Kompetenzen der Gesellschafter anderen Organen zuweisen und zu diesem Zweck sogar zusätzliche Organe schaffen, etwa einen fakultativen Aufsichtsrat i. S. d. § 52 GmbHG oder einen sog. Beirat.[6]

---

3 Nach e. A. handelt es sich bei der Gesellschafterversammlung nur um das regelmäßige Beschlussverfahren der Gesellschafter, die in ihrer Gesamtheit das Willensbildungsorgan darstellten: so schon *Feine*, S. 503 f.; *K. Schmidt*, GesellschR, S. 1094; *ders.* in Scholz, § 45 Rn. 5; *Bayer* in Lutter/Hommelhoff, GmbHG, § 45 Rn. 2; *Koppensteiner* in Rowedder/Schmidt-Leithoff, § 45 Rn. 3. Die a. A. sieht zwar die Gesellschafterversammlung selbst als Organ an. Wegen § 48 Abs. 2 GmbHG habe aber daneben auch die Gesellschaftergesamtheit Organqualität: RGZ 169, 65, 80 f.; *Hüffer* in FS 100 Jahre GmbHG, S. 526 ff.; *ders.* in Ulmer/Habersack/Winter, § 45 Rn. 6; *Zöllner* in Baumbach/Hueck, § 45 Rn. 4; ähnlich auch BGH, WM 2006, 810, 811 f. Das Problem ist vorwiegend terminologischer Natur. Da die Gesellschafter ihre Rechte i. d. R. in einer Versammlung wahrnehmen, werden unabhängig von der Frage der Organeigenschaft im Folgenden beide Begriffe verwendet.

4 *K. Schmidt*, GesellschR, S. 1068, 1070 ff., 1094 ff.; *Windbichler*, S. 235; *U. H. Schneider* in Scholz, § 35 Rn. 3, 10 f.; *Marsch-Barner/Diekmann* in MünchHdb GesR III, § 41 Rn. 1 ff.

5 Beispielhaft *Raiser/Veil*, S. 441; *Hirte*, KapGesellschR, Rn. 3.230; *Saenger*, GesellschR, Rn. 771; *K. Schmidt*, GesellschR, S. 1095; *Immenga*, S. 91 f.; *Wicke*, MittBayNot 2011, 23, 24; *Fleischer* in MünchKomm GmbHG, Einl. Rn. 21 ff.

6 *Wolff* in MünchHdb GesR III, § 36 Rn. 4, § 37 Rn. 63 ff.; *Koppensteiner* in Rowedder/Schmidt-Leithoff, § 46 Rn. 6 ff.; *Römermann* in Michalski, § 45 Rn. 37 f.; *Rai-*

Dass sich ihre innere Verbandsverfassung derart flexibel regeln lässt, bildet eines der für die GmbH charakteristischen Strukturmerkmale. Die Gestaltungsfreiheit der Gesellschafter hinsichtlich ihrer Satzung hat dazu geführt, dass die GmbH als Rechtsform enorm zahlreiche Realtypen hervorbringen konnte. Jede Gesellschaft soll über ihren Gesellschaftsvertrag diejenige Organisationsstruktur erhalten können, die ihrer tatsächlichen Erscheinungsform am ehesten gerecht wird.[7] Das Außenverhältnis der Gesellschaft zu anderen Rechtssubjekten ist dagegen zum Schutz des Rechtsverkehrs weitgehend der Gesellschafterdisposition entzogen. Insbesondere ist gem. § 37 Abs. 2 GmbHG die organschaftliche Vertretungsmacht der Geschäftsführer im Verhältnis zu Dritten unbeschränkbar.[8]

Trifft der Gesellschaftsvertrag keine abweichenden Bestimmungen, so gilt die vom Gesetz vorgesehene Kompetenzverteilung zwischen dem Geschäftsführer und der Gesellschafterversammlung. Nach dem Konzept des GmbH-Gesetzes sind die Geschäftsführer grundsätzlich umfassend befugt, die Geschäfte der Gesellschaft zu führen.[9] Das beinhaltet alle für die Erreichung des Gesellschaftszweckes erforderlichen und zweckmäßigen Maßnahmen und Entscheidungen, sofern sie nicht die Grundlagen des Verbandes oder die Gesellschafterrechte betreffen.[10] Ein paar spezielle Einzelkompetenzen, die prinzipiell auch der Geschäftsführung zuzuordnen sind, weist das Gesetz aber ausdrücklich der Gesellschafterversammlung zu. Diese positiven Regelungen zu den Gesellschafterkompetenzen, die sich unter anderem im Katalog des § 46 GmbHG[11] finden, legen in negativer Hinsicht fest, für welche verbleibenden Gegenstände der Geschäftsführung primär die Geschäftsführer zuständig sind.[12]

Allerdings leiten diese auch in ihrem eigenen Kompetenzbereich den Verband nicht etwa wie der Vorstand einer Aktiengesellschaft i. S. d. § 76 Abs. 1

---

ser/Veil, S. 441; *Wiedemann* I, S. 335 f.; ausführlich *Feine*, S. 505 f.; zu den zusätzlichen fakultativen Organtypen z. B. *Spindler/Kepper*, DStR 2005, 1738 ff.

7 *Hüffer* in Ulmer/Habersack/Winter, § 45 Rn. 1 f.; *Römermann* in Michalski, § 45 Rn. 3; *Fleischer* in MünchKomm GmbHG, Einl. Rn. 278; *Oppenländer* in Oppenländer/Trölitzsch, § 3 Rn. 13; *Wicke*, MittBayNot 2011, 23, 24; vgl. auch *Limbach*, S. 87 ff. und passim; *K. Schmidt*, GesellschR, S. 992 f.; *Hommelhoff*, in: System der Kapitalgesellschaften, S. 32 f., 48 f.

8 Statt aller *Hüffer* in Ulmer/Habersack/Winter, § 45 Rn. 1; *Schindler* in Ziemons/Jaeger, § 46 Rn. 5; *Immenga*, S. 92 f.

9 Statt aller BGHZ 133, 370, 376 f.; *Grunewald*, GesellschR, S. 355 f.

10 So z. B. *Trölitzsch* in Oppenländer/Trölitzsch, § 16 Rn. 1; *Windbichler*, S. 69.

11 Z. B. § 46 Nr. 1, 7 GmbHG, aber auch etwa § 318 Abs. 1 S. 1 HGB.

12 *Zöllner* in Baumbach/Hueck, § 46 Rn. 2 ff., 89; *Römermann* in Michalski, § 46 Rn. 3 ff.; *Bergjan* in Saenger/Inhester, § 46 Rn. 2; *Wolff* in MünchHdb GesR III, § 37 Rn. 50 ff.; *Marsch-Barner/Diekmann*, ebda., § 44 Rn. 53; *Immenga*, S. 91.

AktG unabhängig und in eigener Verantwortung.[13] Selbst wenn der Gesellschaftsvertrag ihnen keine Kompetenzen nimmt, ist die Geschäftsführungsbefugnis der Geschäftsführer nämlich dadurch weitgehenden Beschränkungen unterworfen, dass den Gesellschaftern ihnen gegenüber ein aus § 37 Abs. 1 Fall 2 GmbHG und den Grundstrukturen der GmbH herzuleitendes umfassendes Weisungsrecht zusteht.[14] Abgesehen von der Ein-Personen-GmbH werden solche Weisungen durch einen Beschluss der Gesellschafter erteilt, der unter Beachtung der allgemeinen Verfahrens- und Formvorschriften regelmäßig in der Gesellschafterversammlung gefasst werden muss, sofern die Satzung nichts anderes bestimmt.[15] Den derart geäußerten Geboten oder Verboten haben die Geschäftsführer Folge zu leisten. Inhaltlich können die Weisungen von allgemeinen Richtlinien zur Unternehmenspolitik bis hin zu sehr detaillierten Einzelweisungen reichen, die sogar das Tagesgeschäft der Gesellschaft betreffen dürfen.[16] Auch die Weisungsabhängigkeit entfaltet aber nur im Innenverhältnis Wirkungen. Außer der das Außenverhältnis betreffenden unbeschränkbaren Vertretungsbefugnis[17] und verschiedener „Offizialpflichten" der Geschäftsführer, die diesen im öffentlichen Interesse zwingend zugewiesen sind, dürfen die Weisungen sich auf den gesamten Tätigkeitsbereich des Handlungsorgans beziehen. Deshalb können sich die Geschäftsführer nach ganz überwiegender Auffassung nicht etwa auf einen ihnen zukommenden originär weisungsfreien Mindestbereich eigenverantwortlicher Geschäftsführung berufen.[18]

Indem sich in der GmbH somit auch die Willensbildung in Bezug auf die gesamte Geschäftsführung grundsätzlich bei den Gesellschaftern vollziehen

---

13 *Konzen*, NJW 1989, 2977, 2979; *Raiser/Veil*, S. 441; *U. H. Schneider* in Scholz, § 37 Rn. 30.

14 *Eisenhardt* in FS Pfeiffer, S. 840; *Boesebeck*, GmbHR 1960, 118 f.; *Mennicke*, NZG 2000, 622; *Paefgen* in Ulmer/Habersack/Winter, § 37 Rn. 18; *Zöllner/Noack* in Baumbach/Hueck, § 37 Rn. 20.

15 So die h. M.: *Ebert*, GmbHR 2003, 444; *Eisenhardt* in FS Pfeiffer, S. 839; *U. H. Schneider* in Scholz, § 37 Rn. 31; *Lenz* in Michalski, § 37 Rn. 16; dagegen vertritt etwa *Paefgen* in Ulmer/Habersack/Winter, § 37 Rn. 18, es genüge auch das formlose Einverständnis der Gesellschafter.

16 *Mennicke*, NZG 2000, 622; *Hommelhoff*, in: System der Kapitalgesellschaften, S. 41 f.; *U. H. Schneider* in Scholz, § 37 Rn. 30; *Eisenhardt* in FS Pfeiffer, S. 840.

17 Dazu statt aller *K. Schmidt*, GesellschR, S. 1075; *Eisenhardt* in FS Pfeiffer, S. 846.

18 OLG Düsseldorf, ZIP 1984, 1476, 1478; ausführlich *Eisenhardt* in FS Pfeiffer, S. 844 ff.; *Trölitzsch* in Oppenländer/Trölitzsch, § 16 Rn. 20; *U. H. Schneider* in Scholz, § 37 Rn. 38; *Saenger*, GesellschR, Rn. 776; *Mennicke*, NZG 2000, 622, 623; *Ebert*, GmbHR 2003, 444, 445; anders dagegen *Hommelhoff*, ZGR 7 (1978), 119, 129; *Immenga*, S. 93; *Schindler* in Ziemons/Jaeger, § 46 Rn. 5.

kann,[19] lässt sich davon sprechen, dass die Gesellschafterversammlung in den Angelegenheiten des Verbandes allzuständig ist.[20] Die Gesellschafter sind wegen ihrer Weisungsbefugnis in der Lage, die Interessen des Unternehmens selbst konkret zu definieren. Da in der Praxis insofern das unternehmerische Initiativ- und Entscheidungszentrum der GmbH trotz der Fremdorganschaft meist bei ihren Eigentümern verbleibt, lassen sich ihre häufigsten Erscheinungsformen unter dem Gesichtspunkt der Unternehmensordnung als Mitunternehmergemeinschaften in Abgrenzung zu den vor allem an der Kapitalbeteiligung orientierten Anlagegesellschaften charakterisieren.[21]

Wegen der bereits erläuterten Kompetenz-Kompetenz der Gesellschafter und der umfassenden Weisungsgebundenheit der Geschäftsführung nimmt die Gesellschafterversammlung in der GmbH-rechtlichen Verbandsverfassung die Stellung des obersten Gesellschaftsorgans ein.[22] Diese starke Rolle der Anteilseigner bildet den Hauptgrund dafür, dass sich die GmbH gerade als Tochtergesellschaft im faktischen Konzern großer Beliebtheit erfreut.[23]

b) Zuordnung und Kategorisierung von Kontrollfunktionen im Überblick

Auch die – für diese Arbeit interessierende – Zuweisung von Aufgaben zum Zwecke der Geschäftsführungskontrolle an bestimmte Organe unterliegt bei der GmbH der Gesellschafterdisposition. Sollte die Satzung aber in dieser Hinsicht keine entgegenstehenden Regelungen treffen, ist die Kontrollfunktion nicht wie im Aktienrecht einem speziell dafür vorgesehenen Organ zugewiesen. Stattdessen ist die Gesellschafterversammlung als höchste Instanz der Gesellschaft sehr weitreichend befugt, den oder die Geschäftsführer zu überwachen und zu prüfen, wie dies § 46 Nr. 6 GmbHG ausdrücklich bestimmt.[24] Ein solches Unterwor-

---

19 *Saenger*, GmbHR 1997, 112, 113.

20 Z. B. *Zöllner* in Baumbach/Hueck, § 46 Rn. 89; *Hüffer* in Ulmer/Habersack/Winter, § 46 Rn. 120; *Römermann* in Michalski, § 46 Rn. 3; *Ebert*, GmbHR 2003, 444, 445.

21 *Konzen*, NJW 1989, 2977, 2979; *Mennicke*, NZG 2000, 622, 623; vgl. dazu auch *Wiedemann* I, S. 296 f.

22 BGHZ 89, 48, 56; *Hommelhoff*, ZGR 7 (1978), 119, 121 f.; *ders.*, in: System der Kapitalgesellschaften, S. 42; *Wiedemann* in FS Lutter, S. 804; *Raiser/Veil*, S. 441; *Koppensteiner* in Rowedder/Schmidt-Leithoff, § 45 Rn. 3; *Jaeger* in Oppenländer/Trölitzsch, § 19 Rn. 1.

23 *K. Schmidt*, GesellschR, S. 1068 f.; *Kübler/Assmann*, S. 264; *Konzen*, NJW 1989, 2977, 2978; *Saenger* in Saenger/Inhester, Einführung Rn. 51.

24 Zum Ganzen *Bea/Scheurer*, DB 1995, 1289 f.; *K. Schmidt* in Scholz, § 46 Rn. 111 f.; *Liebscher* in MünchKomm GmbHG, § 46 Rn. 189; *Schindler* in Ziemons/Jaeger, § 46 Rn. 77; *Möhring* in FS Rittershausen, S. 366; auch ohne die Norm stünde den Gesell-

fensein des Handlungsorgans unter das Prüfungs- und Überwachungsrecht eines anderen Organs ist Konsequenz der fremdorganschaftlichen Organisationsverfassung der Kapitalgesellschaften.[25]

Weil die Gesellschafter – was schon angesprochen wurde – das Risiko, das von einem Fehlverhalten der Geschäftsführung ausgeht, als Anteilseigner letztlich zu tragen haben, erfolgt im GmbH-Recht die Aufsicht primär durch Kontrollrechte der Gesellschafter. Die vorrangige Kontrolle durch die Mitglieder ist insofern angemessen, als diese mit den Gegebenheiten der Gesellschaft in der Regel am besten vertraut sind und aus eigenem Interesse heraus handeln. Zudem ist die verbandsinterne Kontrolle besser mit der von Art. 9 Abs. 1 GG garantierten Vereinigungsfreiheit zu vereinbaren als etwa die theoretisch denkbare Aufsicht durch staatliche Behörden.[26]

Der Begriff der „Kontrolle" wird im Rahmen gesellschaftsrechtlicher Normen durch den Gesetzgeber, anders als von der Literatur, kaum verwendet.[27] Allerdings werden in zahlreichen Vorschriften Ausprägungen des Kontrollrechts der Gesellschafter angeordnet.[28] Anstelle von Kontrolle wird dann meist von „Überwachung" gesprochen – so auch in § 46 Nr. 6 GmbHG, der die für das GmbH-Recht wichtigste „Ausstrahlung" dieses Kontrollrechts enthält. Die genannten Begrifflichkeiten sind oben bereits untersucht und geklärt worden. Unter Kontrolle sollte jede dauernde Tätigkeit verstanden werden, die die Funktion erfüllt, Fehler zu ermitteln, zu vermeiden und zu bereinigen.[29] Traditionell bedeutet so verstandene Kontrolle vor allem retrospektive Tätigkeit im Sinne einer Endergebniskontrolle, die darauf gerichtet ist, Abweichungen zwischen Plan- und Vergleichsgrößen zu ermitteln und die somit von dem bereits erwähnten Soll-Ist-Vergleich bestimmt wird. Nach modernerer Erkenntnis gehören zudem auch unternehmerische Führungsfunktionen zu den Elementen der Geschäftsführungskontrolle. Bei dieser ergänzenden Ausprägung der Aufsicht handelt es sich dann um eine zukunftsorientierte sog. strategische oder unternehmerische Kontrolle.[30] Diese für die Kontrollaufgabe des aktienrechtlichen Aufsichtsrats

---

schaftern wegen ihrer Stellung ein allgemeines Überwachungsrecht zu, so *Meyer-Landrut* in Meyer-Landrut/Miller/Niehus, § 46 Rn. 2; *B. Schneider*, GmbHR 2008, 638.

25 So z. B. *Schmiegelt/Gerber* in BeckHdb GmbH, § 3 Rn. 102; vgl. dazu auch oben S. 18.

26 Zum Ganzen z. B. *Becker*, S. 39 ff., und oben S. 20.

27 Seit 2002 findet sich der Ausdruck aber etwa in der amtlichen Überschrift des § 716 BGB.

28 So etwa *Bechtle*, S. 5; s. dazu unten S. 58 ff.

29 Vgl. dazu bereits oben S. 17 sowie *Slingerland*, S. 50; *Bea/Scheurer*, DB 1995, 1289.

30 *Bea/Scheurer*, DB 1995, 1289, 1293 ff.; *Drygala* in K. Schmidt/Lutter, AktG, § 111 Rn. 4 f., 14 ff.; *U. H. Schneider* in Scholz, § 52 Rn. 91 ff.; vgl. dazu auch BGHZ 114,

anerkannte[31] umfassendere Sichtweise erhält bezogen auf die GmbH eine Bestätigung insbesondere durch ihre Organisationsverfassung und meist personalistische Realstruktur als Mitunternehmergesellschaft. Denn ihre Gesellschafter, denen die Überwachung der Verwaltung vorrangig zugeordnet wird, können mittels ihres Weisungsrechts das Unternehmen weitreichend aktiv führen und in dieser Hinsicht die Tätigkeit der Geschäftsführer auch vorwärts gewandt kontrollieren.[32] Häufige Kriterien der Kontrolle sind insbesondere die Rechtmäßigkeit, Ordnungsmäßigkeit, Zweckmäßigkeit und Wirtschaftlichkeit der Geschäftsführung.[33]

In erster Linie übt die Gesellschafterversammlung als ebenfalls oberstes Kontroll- und Überwachungsorgan die so verstandene Aufsicht über die Geschäftsführung aus.[34] Nicht nur, weil deren Willensbildung recht schwerfällig sein kann,[35] sind außer den Anteilseignern in ihrer Gesamtheit aber gleichfalls die einzelnen Gesellschafter selbst mit Kontrollbefugnissen ausgestattet. Die Überwachung durch Kollektivrechte der Gesellschaftergesamtheit, die man wegen des gem. § 47 Abs. 1 GmbHG geltenden Majoritätsprinzips auch als „Mehrheitskontrolle“ bezeichnen kann, bedarf der sinnvollen Ergänzung durch die „Individualkontrolle“, die von dem einzelnen Mitglied ausgeht. Denn trotz der für eine Gesellschaft charakteristischen gemeinsamen Zweckverfolgung durch die an ihr beteiligten Gesellschafter müssen sich die Aufklärungsinteressen eines bestimmten Mitglieds nicht unbedingt mit denen der Mitgliedergesamtheit decken, welche ihrerseits den Interessen der Kapitalmehrheit entsprechen.[36]

Zu den Kontrollkompetenzen der Gesellschafter zählen ganz unterschiedliche Kollektiv- und Individualrechte. Obgleich bei einer GmbH wegen der Weisungsabhängigkeit ihrer Verwaltung, anders als im Aktienrecht, die Anteilseigner auch Leitungsfunktionen erfüllen, hat der Geschäftsführer dennoch meist einen Informationsvorsprung gegenüber den Gesellschaftern, die nicht der Geschäftsführung angehören. Schließlich entscheidet er als Handlungsorgan in der

---

127, 129, bezogen auf den Aufsichtsrat einer AG; monographisch aus betriebswirtschaftlicher Sicht *Hasselberg*, passim.

31 BGHZ 114, 127, 129 f.; *Henze*, NJW, 1998, 3309 f.

32 Ähnlich *Hommelhoff*, ZIP 1983, 383, 385.

33 BGHZ 114, 127, 129 f.; *Raiser/Heermann* in Ulmer/Habersack/Winter, § 52 Rn. 87; *Henze*, NJW 1998, 3309, 3310.

34 *Römermann* in Michalski, § 46 Rn. 328; *Lutter*, ZGR 11 (1982), 1, 7; *Möhring* in FS Rittershausen, S. 366; ähnlich *Roth* in Roth/Altmeppen, § 46 Rn. 44.

35 Darauf besonders abhebend *Bea/Scheurer*, DB 1995, 1289, 1290 f.

36 Zum Ganzen *Bechtle*, S. 7 ff.; vgl. zu dieser Differenzierung *Becker*, S. 18 ff.; im Hinblick auf Informationsrechte *K. Schmidt*, in: Das neue GmbH-Recht, S. 90 ff.; *ders.*, Informationsrechte, S. 15 ff.

Praxis zumindest über das Tagesgeschäft der Gesellschaft und vertritt diese gegenüber Dritten.[37] Zur Überwindung dieses asymmetrischen Informationsstandes handelt es sich bei den wichtigsten Kontrollbefugnissen der Gesellschafter nahe liegender Weise um Informationsrechte,[38] wenngleich Kontrolle mehr als nur Information bedeutet.[39] Jedenfalls benötigt ein Organ stets ausreichende Informationen, um seiner Überwachungsaufgabe gerecht werden zu können. Gerade die Fehlerermittlung als gedanklich erster Schritt der Kontrolle beruht darauf, dass die Gesellschafter sich zunächst die für ihre weitere Überwachungsarbeit nötige Informationsbasis beschaffen. Von den Informationsrechten wird deswegen noch gesondert die Rede sein.[40]

Die Gesellschafter sind in der Lage die Geschäftsführung unmittelbar oder mittelbar zu kontrollieren. Dabei bedeutet unmittelbare Kontrolle, dass die Gesellschafter zum Zwecke der Kontrolle selbst tätig werden. Während entsprechend der Konzeption des GmbH-Gesetzes bei seinem Erlass 1892 sämtliche Kontrollrechte noch ausschließlich der Gesamtheit der Gesellschafter überantwortet wurden,[41] wird heute die unmittelbare Kontrolle sowohl durch Kollektiv- als auch durch Individualrechte ausgeübt. Von mittelbarer Kontrolle durch die Gesellschafter lässt sich hingegen sprechen, wenn diese einem anderen Organ oder dritten Personen Kontrollaufgaben zur eigenständigen Wahrnehmung übertragen, vor allem einem fakultativen Aufsichtsrat oder auch einem Sonderprüfer.[42] Sieht der Gesellschaftsvertrag kein Individualrecht auf Durchführung einer Sonderprüfung oder das Sonderrecht eines Mitglieds auf Bestellung eines Aufsichtsratsmitglieds vor, so ist nach dispositivem Gesetzesrecht nur die Gesellschaftergesamtheit zur Einrichtung der mittelbaren Geschäftsführungskontrolle berufen.[43]

---

37 Zum Prinzipal-Agenten-Konflikt bei der GmbH *Bea/Thissen*, DB 1997, 787, 789 f.; *Fleischer* in MünchKomm GmbHG, Einl. Rn. 275 f.; allgemein zu solchen Informationsnachteilen z. B. *Bunte*, S. 54.

38 *Bea/Scheurer*, DB 1995, 1289; *Wiedemann* I, S. 366; *K. Schmidt* in Scholz, § 46 Rn. 114; *Hüffer* in Ulmer/Habersack/Winter, § 46 Rn. 80, 82; *Slingerland*, S. 52, 143; ähnlich *Bopp*, S. 26 f.; *Wohlleben*, S. 26 ff.

39 So z. B. *Härer*, S. 72; vgl. dazu unten S. 59 ff.; dagegen setzt z. B. *Möhring* in FS Rittershausen, S. 357 ff., die Begriffe gleich. Umgekehrt müssen Informationsrechte auch nicht stets zu Kontrollzwecken eingesetzt werden.

40 S. 62 ff.

41 Vgl. nur Entwurfsbegründung GmbHG 1892, abgedr. bei Deutscher Handelstag (Hrsg.), S. 102 f. und unten S. 85.

42 *Ebenroth*, Kontrollrechte, S. 51 ff., 62 ff.; *ders.*, Geschäftsführerkontrolle, S. 9 ff., 13 ff.; *Wiedemann* I, S. 378 f.; so auch bereits OLG Kolmar, Recht 1911, Nr. 2992 = Reidnitz 1912, Nr. 29 zu § 46.

43 Statt vieler *Ebenroth*, Geschäftsführerkontrolle, S. 13. Dies wird noch zu zeigen sein.

Neben den Gesellschaftern können demzufolge auch einem anderen Organ, zum Beispiel einem Aufsichtsrat oder Beirat, Kontrollaufgaben auferlegt werden. Entsprechend der oben vorgestellten Terminologie[44] ließe sich diesbezüglich von verwaltungsinterner Kontrolle sprechen. Im Aktienrecht werden nämlich der Vorstand als Handlungsorgan und der Aufsichtsrat herkömmlicherweise unter dem Begriff „Verwaltung“ zusammengefasst.[45] Die Verwendung dieses Terminus kann bezogen auf das GmbH-Recht zumindest missverstanden werden, falls hierunter ein zusätzliches Aufsichtsorgan gefasst werden sollte, weil ein solches Organ jedenfalls nicht über das Maß der Gesellschafter hinaus für die Geschäftsführung zuständig ist, wie der Ausdruck „Verwaltung“ vermuten lassen könnte. So sollte besser von der Kontrolle durch ein spezielles Aufsichtsorgan gesprochen werden. Allein wenn mehrere Geschäftsführer bestellt sind und diese insofern als Teil ihrer Leitungsaufgabe dazu verpflichtet sind, sich wechselseitig zu überwachen, auch und gerade falls eine Ressortverteilung besteht,[46] erscheint es angemessen, dies als „verwaltungsinterne Kontrolle“ zu bezeichnen.

Im GmbH-Recht können außer den stets notwendigen Organen Geschäftsführer und Gesellschafterversammlung zwei Typen zusätzlicher Organe existieren. Zum einen sind die Gesellschafter kraft ihrer Satzungsautonomie in der Lage, spezielle Gesellschaftsorgane zu etablieren und ihnen Kompetenzen zuzuweisen. Häufig handelt es sich dabei um einen fakultativen Aufsichtsrat, auf den über den dispositiven § 52 GmbHG weitgehend die Normen für das entsprechende Aufsichtsorgan des Aktiengesetzes Anwendung finden.[47] Zum anderen kann das Mitbestimmungsrecht die Bildung eines obligatorischen Aufsichtsrates vorschreiben.[48] Zwar erfüllen sowohl ein fakultatives Organ als auch der obligatorische Aufsichtsrat Funktionen im Rahmen der Geschäftsführungskontrolle. Jedoch liegt mittelbare Kontrolle durch die Gesellschafter in Reinform nur bei der Tätigkeit eines fakultativen zusätzlichen Organs vor.

---

44 S. 19.

45 So z. B. bei BGHZ 129, 136, 159 – „Girmes“; *Mertens/Cahn* in KölnKomm AktG (3. A.), Vorb. § 76 Rn. 2; *Spindler* in MünchKomm AktG (3. A.), Vor § 76 Rn. 4; *Wiesner* in MünchHdb GesR IV, § 19 Rn. 1.

46 Dazu BGH, DStR 1994, 1092, 1093, *Trölitzsch* in Oppenländer/Trölitzsch, § 16 Rn. 13 ff.; *U. H. Schneider* in Scholz, § 43 Rn. 39.

47 Dazu z. B. *Heckschen* in Heckschen/Heidinger, § 4 Rn. 307 ff.; *Jaeger* in Oppenländer/Trölitzsch, § 20 Rn. 1, 5 ff.; zum Beirat bspw. *Müller/Wolff*, GmbHR 2003, 810; monographisch *Härer*, passim; s. dazu unten S. 72 ff.

48 Statt vieler vgl. *Lutter/Krieger*, Aufsichtsrat, Rn. 1095 ff.; *Raiser/Veil*, S. 502 ff.; s. dazu unten S. 74 f.

Im Folgenden (2.) soll zunächst für den Regelfall, dass nämlich die GmbH nur über die beiden zwingend notwendigen Gesellschaftsorgane verfügt, untersucht werden, welche einzelnen Befugnisse der dann allein zur Überwachung der Geschäftsführung berufenen Gesellschafter Kontrollfunktionen erfüllen. Besondere Berücksichtigung werden in diesem Zusammenhang die den Gesellschaftern zugewiesenen Informationsrechte erfahren. Im Anschluss (3.) ist zu analysieren, welche Veränderungen dieses Überwachungskonzept durch die Bildung weiterer Organe erfährt.

2. Kontrolle und Information in der gesetzestypischen GmbH

a) System der den Gesellschaftern zustehenden Kontrollbefugnisse

aa) Kontrolle durch Kollektivbefugnisse

Es wurde herausgearbeitet, dass in einer GmbH insbesondere die Gesellschafter als Gesamtheit befugt sind, die Geschäftsführer zu kontrollieren. § 46 Nr. 6 GmbHG stellt klar, dass ihnen zu diesem Zweck ein Prüfungs- und Überwachungsrecht eingeräumt wird. Der Inhalt dieser Kompetenz wird an anderer Stelle sogleich noch eingehend behandelt.[49] Die Vorschrift ist Ausdruck der Verantwortlichkeit und der hieraus folgenden Rechenschaftspflicht des Geschäftsführers gegenüber den Gesellschaftern, die ihm überhaupt erst die Organstellung einräumen.[50] § 46 Nr. 6 GmbHG betrifft die Geschäftsführungskontrolle durch die Gesellschafter in einem enger verstandenen Sinne.

Doch auch andere Befugnisse der Gesellschafter weisen bei einem weiten Begriffsverständnis Kontrollcharakter auf.[51] Kontrolle bedeutet schließlich, geschehene Fehler der Geschäftsführung nicht nur aufzuklären, sondern auch zu bereinigen und zukünftige Fehler zu vermeiden. Insofern können die Gesellschafterrechte, die Kontrollfunktionen erfüllen, in zwei Kategorien eingeteilt werden. Bei den Kompetenzen, die zum Zwecke der Sachverhaltsaufklärung der Fehlerermittlung dienen, handelt es sich um Informationsrechte.[52] Sie stellen die wichtigste Komponente der Geschäftsführungskontrolle dar, bieten aber den Gesellschaftern noch nicht die Möglichkeit, festgestellte Missstände zu korrigieren und befürchteten Entwicklungen vorzubeugen. Dies muss durch die Ausübung weiterer Gesellschafterbefugnisse geschehen, denen gleichfalls Kontrollcharak-

---

49 Unten S. 65 ff.

50 *Bechtle*, S. 106 f.; *Ebenroth*, ZGR 1 (1972), 427, 428; *Bunte*, S. 47.

51 Eine schöne Zusammenstellung findet sich bei *Bea/Scheurer*, DB 1995, 1289, 1290.

52 Vgl. Nachweise in Fn. 38.

ter zu bescheinigen ist.[53] Die Informationsbeschaffung bereitet diejenigen Maßnahmen vor, die zur Beseitigung von Fehlern ergriffen werden können.[54] Bei diesen Sanktionen handelt es sich um die zweite Komponente der Kontrolle. Die ihr zuzuordnenden Befugnisse werden in der Literatur uneinheitlich als Einwirkungsrechte,[55] Eingriffsrechte[56] oder – in Abgrenzung zu den Informationsrechten – auch als Kontrollrechte im eigentlichen Sinne[57] bezeichnet.

Die nicht bereits unter § 46 Nr. 6 GmbHG zu fassenden spezielleren Kontrollinstrumente der Gesellschaftergesamtheit gehören größtenteils der zweiten Kategorie an. Einige seien hier beispielhaft angesprochen. Zuerst ist in diesem Zusammenhang die Personalkompetenz der Gesellschafter zu nennen. Sie betrifft nicht nur die Bestellung der Geschäftsführer nach § 46 Nr. 5 GmbHG, sondern ebenfalls deren Abberufung und Entlastung. Durch Letztere billigen die Gesellschafter die Geschäftsführung, wodurch nach heute einhelliger Auffassung Ersatzansprüche aufgrund der den Mitgliedern erkennbaren Pflichtverletzungen der Geschäftsführer für die zurückliegende Entlastungsperiode präkludiert werden.[58] Darüber hinaus bildet die Entlastung einen Vertrauensbeweis für die Zukunft.[59] Die Befugnis, den Geschäftsführer i. S. d. § 38 Abs. 1 GmbHG jederzeit abberufen oder ihm seine Entlastung verweigern zu können, sowie ihr Recht, bei mutmaßlichen Pflichtverletzungen der Geschäftsführer nach § 46 Nr. 8 GmbHG darüber zu befinden, ob sie Ersatzansprüche gegen die Verwaltung geltend machen möchten, bieten den Gesellschaftern Sanktionsmittel, die als Bestandteile ihrer allgemeinen Aufsicht über die Geschäftsführung eng mit

---

53 Zum Ganzen *Bea/Scheurer*, DB 1995, 1289 f.; *A. Teichmann*, Gestaltungsfreiheit, S. 185; *Slingerland*, S. 52; *Bopp*, S. 26 f.

54 *Bopp*, S. 27; *Slingerland*, S. 52; so auch *Bunte*, S. 56 ff.

55 *Bea/Scheurer*, DB 1995, 1289 f. Dieser Begriff erscheint den anderen Vorschlägen gegenüber vorzugswürdig.

56 *Slingerland*, S. 52.

57 *Bopp*, S. 26 f.; ähnlich *Wiedemann* I, S. 374, allerdings bezogen auf das individuelle Kontrollrecht.

58 Statt vieler BGHZ 97, 382, 384 ff.; OLG Hamm, GmbHR 1992, 802, 803; *Nägele/Nestel*, BB 2000, 1253, 1254 f.; *Fichtelmann* in HeidelbKomm GmbH-R, § 46 GmbHG Rn. 53 f.; *Hüffer* in Ulmer/Habersack/Winter, § 46 Rn. 57 ff.; anders die Rechtslage bei der AG, vgl. § 120 Abs. 2 S. 2 AktG (keine Präklusionswirkung).

59 BGHZ 94, 324, 326; OLG Hamm, GmbHR 1992, 802, 803; *K. Schmidt* in Scholz, § 46 Rn. 89; *Hüffer* in Ulmer/Habersack/Winter, § 46 Rn. 61; *Bergjan* in Saenger/Inhester, § 46 Rn. 36; *Schwichtenberg*, GmbHR 2007, 400, 401; kritisch dagegen *Buchner*, GmbHR 1988, 9, 13.

§ 46 Nr. 6 GmbHG verknüpft sind und den Anteilseignern eine starke – auch bereits präventiv wirkende – Kontrollposition einräumen.[60]

Zur umfassenden Abhängigkeit der Verwaltung von den Gesellschaftern trägt außerdem deren oben[61] erläutertes Weisungsrecht bei. Es befähigt die Gesellschafter zu Eingriffen in sämtliche Bereiche der Geschäftsführung und bildet dadurch einen äußerst effektiven Kontrollmechanismus.[62] Die Bündelung von Weisungs- und Entlastungskompetenzen bei der Gesellschafterversammlung offenbart, dass dem GmbH-Recht nicht die besonders strenge Trennung von Macht und Kontrolle zugrunde liegt, die aus dem Aktienrecht bekannt ist. Im Vergleich hierzu ist deshalb auch der (vertikale) Prinzipal-Agenten-Konflikt zwischen Anteilseignern und Management bei der GmbH weniger ausgeprägt als bei der Aktiengesellschaft.[63]

Schließlich übt die Gesellschafterversammlung auch dadurch Kontrolltätigkeit aus, dass sie gem. § 46 Nr. 1 GmbHG über die Feststellung des Jahresabschlusses entscheidet, den sie wiederum ihrem Gewinnverwendungsbeschluss zugrunde legt.[64] Nach § 42a GmbHG haben die Geschäftsführer den Anteilseignern den von ihnen aufgestellten Abschluss vorzulegen. Die Gesellschafter haben so die Gelegenheit, ihn zu prüfen und sich von den Geschäftsführern gegebenenfalls ergänzend informieren zu lassen.[65] Mit der Feststellung erkennt die Gesellschafterversammlung die Richtigkeit des Jahresabschlusses für die Gesellschaft und ihre Mitglieder rechtsverbindlich an.[66] Es steht ihr dabei zu, den Abschluss im Rahmen der Grundsätze ordnungsgemäßer Bilanzierung beliebig

---

60 *Bea/Scheurer*, DB 1995, 1289, 1290; *K. Schmidt* in Scholz, § 46 Rn. 89; vgl. auch *Brandner* in FS Nirk, S. 78; *Wiedemann* in FS Lutter, S. 811; *A. Teichmann*, Gestaltungsfreiheit, S. 185; *Koppensteiner* in Rowedder/Schmidt-Leithoff, § 45 Rn. 14; *Liebscher* in MünchKomm GmbHG, § 46 Rn. 131; andere Einordnung bei *Slingerland*, S. 259 f., 293: erst Sanktionen nach erfolgter Aufsicht.

61 S. 52.

62 *Bea/Scheurer*, DB 1995, 1289, 1290; diese Einordnung findet sich auch bei *Slingerland*, S. 292.

63 *Bea/Thissen*, DB 1997, 787; *Koppensteiner* in Rowedder/Schmidt-Leithoff, § 45 Rn. 15; *Fleischer* in MünchKomm GmbHG, Einl. Rn. 275; *Hirte*, KapGesellschR, Rn. 1.29 ff.; *Windbichler*, S. 202.

64 *Bea/Scheurer*, DB 1995, 1289, 1290; *Hommelhoff*, ZIP 1983, 383, 385 f.; *Bunte*, S. 101 f.; *Meyer-Landrut* in Meyer-Landrut/Miller/Niehus, § 46 Rn. 9: „unternehmerische Mitentscheidung"; vgl. ebenfalls *Wiedemann* in FS Lutter, S. 811.

65 *Hüffer* in Ulmer/Habersack/Winter, § 46 Rn. 14.

66 *Bohl/Schamburg-Dickstein* in Küting/Weber, § 42a GmbHG Rn. 44; *Haas* in Baumbach/Hueck, § 42a Rn. 8 ff., 14.

umzugestalten.[67] Die Befugnis aus § 46 Nr. 1 GmbHG enthält daher neben der Informationsmöglichkeit auch eine Einwirkungskomponente.

bb) Kontrolle durch Individualrechte

Neben der Mehrheitskontrolle der Geschäftsführung durch Kollektivrechte der Gesellschaftergesamtheit können – wie bereits angesprochen – auch die einzelnen Gesellschafter die Verwaltung mittels Ausübung ihrer mitgliedschaftlichen Individualrechte überwachen. Die Individualkontrolle lässt sich herkömmlicherweise den Mitverwaltungsrechten der Mitglieder zuordnen, die von ihren Vermögensrechten zu unterscheiden sind.[68] *Wiedemann* erblickt hingegen in den Kontrollrechten eine eigene Kategorie von Mitgliedschaftsrechten, die selbständig neben den Verwaltungs- und Vermögensrechten stehe.[69]

Den individuellen Kontrollrechten unterfallen das Auskunfts- und Einsichtsrecht gem. § 51a GmbHG, die Befugnis, die Rechtmäßigkeit von Gesellschafterbeschlüssen mit der Nichtigkeits- oder Anfechtungsklage analog §§ 241 ff. AktG gerichtlich überprüfen zu lassen, sowie andere Gesellschafterklagerechte, insbesondere solche, die in Gestalt einer sog. *actio pro socio* ausgeübt werden.[70] Auf das Informationsrecht aus § 51a GmbHG wird hier sogleich eingegangen. Die Klagerechte jedes einzelnen Gesellschafters erfüllen insofern Kontrollfunktion, als dieser mit ihrer Hilfe verbindlich unmittelbar oder inzident feststellen lassen kann, ob die Gesellschaftsorgane die durch Gesetz und Satzung vorgegebenen Maßstäbe beachtet haben, ob also Soll- und Ist-Zustand übereinstimmen.[71] Zudem wird häufig auch dem Recht des Gesellschafters, sich aus dem Verband zu lösen, Kontrollrechtscharakter zugemessen. Zumindest bei Vorliegen eines wichtigen Grundes ist er nämlich in der Lage die Führung der Gesellschaft durch die legitime Androhung seines Austritts aus der GmbH, mit dem

---

67 BGH, BB 1985, 567; *Zöllner* in Baumbach/Hueck, § 46 Rn. 9; *Römermann* in Michalski, § 46 Rn. 37; *Jaeger* in Oppenländer/Trölitzsch, § 19 Rn. 2.

68 *Saenger*, Beteiligung Dritter im GesellschR, S. 15 f.; *Bechtle*, S. 24 ff.; *Schiessl* in MünchHdb GesR III, § 31 Rn. 3; *K. Schmidt*, GesellschR, S. 557 f.; *Raiser/Veil*, S. 64; vgl. auch BGHZ 25, 115, 122 f.

69 *Wiedemann* I, S. 366; ihm folgend *Koppensteiner* in Rowedder/Schmidt-Leithoff, § 45 Rn. 21; *Becker*, S. 17; ebenso *Bunte*, S. 50 ff.

70 Zum Ganzen *Wiedemann* I, S. 366, 373 ff.; *Kübler/Assmann*, S. 282 f.; vgl. auch *Hüffer* in Ulmer/Habersack/Winter, § 45 Rn. 8; zu deren Bedeutung für den Minderheitenschutz *Martens*, GmbHR 1984, 265, 266.

71 *Wiedemann* I, S. 373 f., 379 f.; *Raiser/Veil*, S. 382; grundlegend *Knobbe-Keuk* in FS Ballerstedt, S. 239 ff.; vgl. auch *Saenger*, GmbHR 1997, 112 ff.

wegen des dann bestehenden Abfindungsanspruchs ein Abfluss an Kapital verbunden wäre, zu disziplinieren.[72]

cc) Insbesondere: Informationsrechte der Gesellschafter

Wie schon hervorgehoben wurde, bilden die Informationsrechte den bedeutendsten Bestandteil der den Gesellschaftern zustehenden Kontrollbefugnisse. Weil es sich bei der zu untersuchenden Sonderprüfung ebenfalls um ein Informationsinstrument handelt, soll auch die Dogmatik der Informationsrechte kurz vorab behandelt werden. Gerade bei dieser Ausprägung von Gesellschafterrechten ist die Differenzierung zwischen Kollektiv- und Individualrechten angebracht.[73]

Das allgemeine kollektive Informationsrecht der GmbH-Gesellschafter wird in der Literatur meist auf die Überwachungskompetenz des § 46 Nr. 6 GmbHG als rechtliche Grundlage gestützt.[74] Es resultiert aus der Pflicht der Geschäftsführer, die Gesellschaftergesamtheit adäquat über die Verbandsangelegenheiten zu informieren, sodass es sich bei diesem Kollektivrecht um ein Korrelat der Organverantwortlichkeit der Geschäftsführer handelt. Die Pflicht zur Berichterstattung obläge dem Geschäftsführer auch ohne gesonderte Normierung, da ein allgemeiner, vor allem in § 666 BGB zum Ausdruck gelangender Rechtsgrundsatz besagt, dass derjenige, der fremde Angelegenheiten besorgt, dem Geschäftsherrn gegenüber zur Rechenschaft verpflichtet ist.[75] Als Geschäftsherrin ist deswegen auch die Gesellschaft selbst die formell Berechtigte des kollektiven Informationsrechts. Mit den Gesellschaftern benennt § 46 Nr. 6 GmbHG nur die zuständigen Informationsadressaten.[76] Weil gegenüber dem Verband selbst keine schutzwürdigen Geheimhaltungsinteressen bestehen können, reicht das In-

---

72 *Becker*, S. 17 f.; *Martens*, GmbHR 1984, 265, 266, 271 f.

73 Diese Unterscheidung wird in der Rechtsprechung inhaltlich erstmals getroffen durch RGZ 148, 278, 279; grundlegend *K. Schmidt*, in: Das neue GmbH-Recht, S. 90; *ders.*, Informationsrechte, S. 15 ff. (inzwischen „gesellschaftsrechtliches Allgemeingut“, S. 15); außerdem dazu BGHZ 135, 48, 54; *Wohlleben*, S. 2 f.; *Tietze*, S. 6 f.; *Saenger*, Beteiligung Dritter im GesellschR, S. 17; *ders.*, GesellschR, Rn. 161 ff.; *Becker*, S. 672; *Bopp*, S. 15 f.; *Lutter/Bayer* in Lutter/Hommelhoff, GmbHG, § 51a Rn. 1; *B. Schneider*, GmbHR 2008, 638 ff.; *Wilde*, ZGR 27 (1998), 423 f.

74 Z. B. *K. Schmidt*, Informationsrechte, S. 20; *Meier*, DStR 1997, 1894.

75 Zum Ganzen BGH, DStR 1993, 1752, 1753; *K. Schmidt*, Informationsrechte, S. 16 ff., 20; *Saenger*, Beteiligung Dritter im GesellschR, S. 16 f.; *Grunewald*, GesellschR, S. 380 mit 211; vgl. *Seiler* in MünchKomm BGB, § 666 Rn. 4.

76 *K. Schmidt*, Informationsrechte, S. 18; ihm folgend *Schiessl* in MünchHdb GesR III, § 33 Rn. 4; *Stodolkowitz*, ZHR 154 (1990), 1, 7 f.; vgl. auch *Saenger*, GesellschR, Rn. 162; anders (Gesellschafter als Organ berechtigt) etwa *Bopp*, S. 16; *Bork*, ZIP 1991, 137, 138 ff.

formationsrecht der Gesellschafter als Gesamtheit prinzipiell uneingeschränkt weit.[77]

Während also das kollektive Informationsrecht beim verpflichteten Geschäftsführer ansetzt, berechtigt der individuelle Informationsanspruch i. S. d. § 51a GmbHG als Korrelat der Mitgliedschaft in der Gesellschaft unmittelbar den einzelnen Gesellschafter im Sinne eines subjektiven Rechts.[78] Als Anspruchsgegnerin wird die Gesellschaft verpflichtet, auch wenn die Geschäftsführer den Anspruch für sie zu erfüllen haben.[79] Jeder Gesellschafter kann nach § 51a Abs. 1 GmbHG von den Geschäftsführern unverzügliche Auskunftserteilung über die Angelegenheiten der Gesellschaft und die Gestattung der Einsicht in deren Bücher und Schriften verlangen. Dabei besteht zwischen den beiden Ausprägungen Auskunft und Einsicht jedenfalls kein generelles Rangverhältnis.[80] Da die Rechtsausübung an keine Beteiligungshöhe gebunden ist, sondern jedem einzelnen Gesellschafter offen steht, beinhaltet § 51a GmbHG kein Minderheitsrecht im technischen Sinne, sondern ein mitgliedschaftliches Individualrecht. Gleichwohl entfaltet es im praktischen Rechtsleben Schutzwirkungen vor allem zugunsten der Gesellschafterminderheit, die durch das Informationsrecht eine von den Mehrheitsverhältnissen in der Gesellschafterversammlung unabhängige Kontrollbefugnis erhält.[81] Der Gesellschafter wird den Informationsanspruch regelmäßig als Hilfsrecht bei der Wahrnehmung anderer mitgliedschaftlicher Rechtspositionen, etwa seines Stimmrechts, nutzen.[82] Es muss jedoch betont werden, dass ungeachtet dieser Hilfsfunktion das Informationsrecht ein vollwertiges Mitgliedschaftsrecht – also ein selbständiges Hauptrecht – darstellt.[83]

Außer der Gesellschaftereigenschaft und der Beschränkung des Informationsgegenstands auf die Gesellschaftsangelegenheiten enthält § 51a GmbHG

---

77 Z. B. BGHZ 135, 48, 54; *Keßler*, GmbHR 2000, 71, 75; *Meyer-Landrut* in Meyer-Landrut/Miller/Niehus, § 46 Rn. 32.

78 Dazu grundlegend *K. Schmidt*, Informationsrechte, S. 21; allgemein *Wohlleben*, S. 44 ff.

79 *B. Schneider*, GmbHR 2008, 638; *Fichtelmann* in HeidelbKomm GmbH-R, § 51a GmbHG Rn. 6.

80 H. M. KG, GmbHR 1988, 221, 222; OLG Düsseldorf, GmbHR 1991, 18; *B. Schneider*, GmbHR 2008, 638, 639; *Karl*, DStR 1995, 940 f.; *Hüffer* in Ulmer/Habersack/Winter, § 51a Rn. 36 f.; *Lutter/Bayer* in Lutter/Hommelhoff, GmbHG, § 51a Rn. 7; *Tietze*, S. 56 f.; *Wohlleben*, S. 131 ff.; a. A. (Einsicht meist subsidiär) *Koppensteiner* in Rowedder/Schmidt-Leithoff, § 51a Rn. 12; *K. Schmidt*, in: Das neue GmbH-Recht, S. 101; *Grunewald*, ZHR 146 (1982), 211, 223.

81 Zum Ganzen *K. Schmidt* in FS 100 Jahre GmbHG, S. 566; *Martens*, GmbHR 1984, 265, 266, 270 f.; *Hüffer* in Ulmer/Habersack/Winter, § 51a Rn. 7.

82 Dazu bspw. *K. Schmidt*, Informationsrechte, S. 23 f.; *Wohlleben*, S. 50.

83 *Bunte*, S. 52; *K. Schmidt*, in: Das neue GmbH-Recht, S. 92.

keinerlei tatbestandliche Voraussetzungen.[84] Die Geschäftsführer können zwar die Erteilung der von einem einzelnen Mitglied verlangten Information gem. § 51a Abs. 2 GmbHG verweigern, jedoch nur für den eher seltenen Fall, dass objektiv zu besorgen ist, der Gesellschafter werde die angestrebten Kenntnisse zu gesellschaftsfremden Zwecken verwenden und dadurch der GmbH einen nicht unerheblichen Nachteil zufügen. Im Schrifttum wird diese weitreichende Gesetzesfassung teilweise wegen behaupteter Konturenlosigkeit als gesetzgeberisch missglückt kritisiert[85] und deswegen eine Begrenzung des Anspruchs gefordert, um einer befürchteten Lähmung der Verwaltung durch querulatorische Gesellschafter vorzubeugen. Allerdings stehen sowohl das vorgeschlagene ungeschriebene Tatbestandsmerkmal des „Informationsinteresses"[86] als auch die empfohlene Einschränkung des Informationsrechts anhand seiner Funktion, den übrigen Mitgliedschaftsrechten zu dienen,[87] im Widerspruch zu dem durch den eindeutigen Wortlaut und in den Materialien manifestierten Willen des Gesetzgebers,[88] dem GmbH-Gesellschafter ganz bewusst eine derart umfassende Befugnis einzuräumen.[89] Zudem hat sich § 51a GmbHG in der Praxis bewähren können. Die befürchtete Verschärfung des Querulantentums unter Gesellschaftern ist ausgeblieben, sodass die Kritik der Literatur auch der tatsächlichen Konfliktlage nicht gerecht wird.[90] Die Erfüllung des Gesellschafteranspruchs kann demzufolge über den Fall des § 51a Abs. 2 GmbHG hinaus nur in Fällen verweigert werden, in welchen die Geltendmachung mit der Treubindung des Gesellschafters unvereinbar oder schlicht rechtsmissbräuchlich wäre.[91]

Die kollektiven und individuellen Informationsrechte bestehen zwar völlig selbständig nebeneinander. Die „kollektive" Informationserteilung, etwa durch Berichte der Geschäftsführer, kann allerdings reflexartig eine Beschränkung der

---

84 *Von Bitter*, ZIP 1981, 825, 826; *Karl*, DStR 1995, 940, 941; *K. Schmidt*, GesellschR, S. 1040; *ders.*, Informationsrechte, S. 58.

85 *Mertens* in FS Werner, S. 557 f.; *K. Schmidt*, GesellschR, S. 1040.

86 Grundlegend *K. Schmidt*, in: Das neue GmbH-Recht, S. 99 ff.; *ders.*, Informationsrechte, S. 58 f.; *ders.*, GesellschR, S. 1040 f.; ähnlich *Zöllner* in Baumbach/Hueck, § 51a Rn. 27 ff.

87 So *Grunewald*, ZHR 146 (1982), 211, 217 ff.; mit ähnlichem Ansatz *Mertens* in FS Werner, S. 568 ff.

88 Vgl. die Begründung des Regierungsentwurfs: BT-Drucks. 8/1347, S. 44.

89 So die h. M., vgl. nur KG, GmbHR 1988, 221, 223; OLG Stuttgart, GmbHR 1983, 242, 243; *Lutter/Bayer* in Lutter/Hommelhoff, GmbHG, § 51a Rn. 2; *Hüffer* in Ulmer/Habersack/Winter, § 51a Rn. 56 ff.; *Roth* in Roth/Altmeppen, § 51a Rn. 7; *von Bitter*, ZIP 1981, 825, 829; *Lutter*, ZGR 11 (1982), 1, 4 f.; *Karl*, DStR 1995, 940, 941; *Becker*, S. 677 f., 694; *Tietze*, S. 18; *Wohlleben*, S. 75 ff.

90 *Gustavus*, GmbHR 1989, 181, 182.

91 Vgl. die Nachweise in Fn. 89.

Befugnisse des einzelnen Gesellschafters zur Folge haben, weil durch die Berichterstattung die individuellen Ansprüche auf Information ebenfalls wegen Erfüllung erlöschen.[92] Im Anschluss an diese kurze Darstellung der Informationsrechte soll im Folgenden die Kompetenz der Gesellschaftergesamtheit aus § 46 Nr. 6 GmbHG einer näheren Betrachtung unterzogen werden.

b) Kontrollrechte der Gesellschafter aus § 46 Nr. 6 GmbHG

aa) Dogmatische Einordnung und Ausformung der allgemeinen Kontrollbefugnis

§ 46 Nr. 6 GmbHG stattet die Gesellschafterversammlung mit einer allgemeinen Aufsichtsbefugnis aus, die sie ganz umfassend zur Kontrolle der Geschäftsführung berechtigt.[93] Diese Prüfungs- und Überwachungskompetenz bildet wie schon erwähnt den Grundtypus der kollektiven Kontrollrechte in der GmbH und ergibt sich aus der Stellung der Gesellschafter als oberstem Organ der Gesellschaft.[94] Sie resultiert nicht etwa aus der Weisungsabhängigkeit der Geschäftsführer. Denn auch das Weisungsrecht erfüllt zwar bei weitem Verständnis Kontrollfunktion, allerdings im Sinne eines zukunftsbezogenen Einwirkungsrechtes,[95] während Prüfung und Überwachung i. S. v. § 46 Nr. 6 GmbHG zu einem großen Teil auf vergangenheitsbezogene Fehlerermittlung gerichtet sind. Vor allem aber kommt im Weisungsrecht die Allzuständigkeit der Gesellschafterversammlung in Geschäftsführungsfragen zum Ausdruck. Die Führung der Geschäfte fällt jedoch zunächst in den eigenen Kompetenzbereich der Geschäftsführer. Demgegenüber handelt es sich bei dem allgemeinen Prüfungs- und Überwachungsrecht um eine alleinige, originäre Eigenzuständigkeit der Gesellschafterversammlung.[96] Daraus folgt unter anderem, dass die Aufsichtsbefugnis den Gesellschaftern selbst dadurch nicht genommen wird, dass der Gesellschaftsvertrag für die Geschäftsführer Weisungsfreiheit vorsieht.[97] Dennoch sind

---

[92] Z. B. eingehend *Lutter*, ZGR 11 (1982), 1, 5 ff.; *Grunewald*, ZHR 146 (1982), 211, 225 f.; *K. Schmidt*, GesellschR, S. 628; *Hüffer* in Ulmer/Habersack/Winter, § 46 Rn. 82, § 51a Rn. 8 f.; *Römermann* in Michalski, § 46 Rn. 327.

[93] Allgemein dazu *Fleischer*, GmbHR 2001, 45; *Brandner* in FS Nirk, S. 75; *Roth* in Roth/Altmeppen, § 46 Rn. 44; *Koppensteiner* in Rowedder/Schmidt-Leithoff, § 46 Rn. 33.

[94] Vgl. oben S. 53 f. und S. 58 f., jeweils m. N.

[95] In diesem Zusammenhang *Römermann* in Michalski, § 46 Rn. 331; im Übrigen vgl. oben S. 58 f., 60.

[96] *K. Schmidt* in Scholz, § 46 Rn. 111; ähnlich *Roth* in Roth/Altmeppen, § 46 Rn. 44.

[97] *Jaeger* in Oppenländer/Trölitzsch, § 19 Rn. 7; *Schmiegelt/Gerber* in BeckHdb GmbH, § 3 Rn. 100; so auch noch *Lutter/Hommelhoff*, GmbHG (16. A.), § 46 Rn. 18.

die Grenzen zwischen Aufsicht und Weisung fließend,[98] zumal die Gesellschafter auch im Rahmen der Zuständigkeit aus § 46 Nr. 6 GmbHG weisungsbefugt sind und sie die einzelnen Kontrollmaßnahmen gerade über ihr Weisungsrecht durchzusetzen vermögen.

Es ist den Gesellschaftern innerhalb weiter Grenzen überlassen, in welcher Art und Weise und mit welcher Intensität sie von der Aufsichtskompetenz Gebrauch machen. Eine Entscheidung darüber trifft die Gesellschafterversammlung per Mehrheitsbeschluss.[99] Erst dieser begründet das Recht der Gesellschaftergesamtheit, die angeordneten Maßnahmen zu ergreifen. Die anschließende Ausübung des Rechts selbst müsste grundsätzlich durch sämtliche Gesellschafter erfolgen, die aber auch Einzelne aus ihrer Mitte oder dritte Personen mit den Überwachungs- und Prüfungsaufgaben betrauen können.[100]

Bezüglich des „Wie" der Überwachung steht den Gesellschaftern demnach ein großer Entscheidungsspielraum zu. Anders als den Aufsichtsrat einer Kapitalgesellschaft soll nach fast einhelliger Auffassung im Schrifttum die Gesellschafterversammlung der GmbH generell keine Pflicht zur Überwachung der Geschäftsführer treffen,[101] sodass auch das „Ob" der Aufsicht in ihrem Ermessen läge. Richtig ist, dass die Gesellschafter keine Aufsichtspflicht trifft, deren fahrlässige Verletzung etwa mit einer Organhaftung sanktioniert werden könnte, wie dies gem. § 52 Abs. 1 GmbHG, §§ 111 Abs. 1, 116 i. V. m. § 93 AktG den Aufsichtsratsmitgliedern drohen kann. Schließlich steht den GmbH-Gesellschaftern als wirtschaftlichen Eigentümern das Überwachungsrecht in ihrem eigenen Interesse zu.[102] Die darüber hinausgehenden Fragen, die mit einer etwaigen Verpflichtung zur Überwachung zusammenhängen, lassen sich nicht in knapper Form klären. Inwiefern nämlich die Gesellschafter doch eine irgendwie

---

98 *Van Venrooy*, GmbHR 2005, 1243, 1245; *Hüffer* in Ulmer/Habersack/Winter, § 46 Rn. 80.

99 *Bunte*, S. 98; *Roth* in Roth/Altmeppen, § 46 Rn. 44, 46; *Schindler* in Ziemons/Jaeger, § 46 Rn. 79, 81; *Liebscher* in MünchKomm GmbHG, § 46 Rn. 195 f.; vgl. bereits Entwurfsbegründung GmbHG 1892, abgedr. bei Deutscher Handelstag (Hrsg.), S. 103.

100 Zum Ganzen *Liebscher* in MünchKomm GmbHG, § 46 Rn. 198; *Hüffer* in Ulmer/Habersack/Winter, § 46 Rn. 82; *Meyer-Landrut* in Meyer-Landrut/Miller/Niehus, § 46 Rn. 34; *Schindler* in Ziemons/Jaeger, § 46 Rn. 81.

101 BFH, BB 2007, 2103, 2105; *Roth* in Roth/Altmeppen, § 46 Rn. 46; *Römermann* in Michalski, § 46 Rn. 346; *Schindler* in Ziemons/Jaeger, § 46 Rn. 78; *Koppensteiner* in Rowedder/Schmidt-Leithoff, § 46 Rn. 34; *Schmiegelt/Gerber* in BeckHdb GmbH, § 3 Rn. 101; *Drenckhan*, GmbHR 2006, 1296, 1297; a. A. *Vogel*, S. 17; differenzierend *K. Schmidt* in Scholz, § 46 Rn. 113; vgl. auch BGH, NJW 1983, 1856 f.

102 So auch *Liebscher* in MünchKomm GmbHG, § 46 Rn. 194; *Fichtelmann* in HeidelbKomm GmbH-R, § 46 GmbHG Rn. 67; *Drenckhan*, GmbHR 2006, 1296 f.; missverständlich dazu BSG, GmbHR 1974, 38, 39.

geartete „Aufsichtsobliegenheit"[103] trifft, ist noch weitgehend ungeklärt und soll in diesem Überblick nicht weiter vertieft werden.

Es steht den Gesellschaftern jedenfalls prinzipiell frei, ob und wie sie die Geschäftsführung kontrollieren möchten. Die ihnen eingeräumte Befugnis ist so umfassend, dass sie alle Maßnahmen ergreifen dürfen, die geeigneterweise zur Geschäftsführerüberwachung beitragen können. Einschränkungen erfahren die Gesellschafter nur durch das allgemeine Beschlussmängelrecht i. S. d. §§ 241 ff. AktG analog. Vielfach wird postuliert, eine auf § 46 Nr. 6 GmbHG gestützte Maßnahme müsse aus Sicht der überwachten Geschäftsführer zudem verhältnismäßig sein.[104] Richtig ist zwar, dass eine unverhältnismäßig intensive Überwachung in Einzelfällen die Fehlerhaftigkeit des Beschlusses, auf den sich die Maßnahme stützt, begründen kann.[105] Wird der fehlerhafte Beschluss aber nicht wirksam angefochten, bleibt er für das Handlungsorgan gleichwohl bindend, es sei denn, ihm wäre die Ausführung schlicht verboten.[106] Allenfalls kann der durch unverhältnismäßige Maßnahmen betroffene Geschäftsführer dazu berechtigt sein, sein Amt niederzulegen und den Anstellungsvertrag fristlos zu kündigen. Zieht er keine derartigen Konsequenzen, muss er selbst dann – auch ständige – Kontrollmaßnahmen seitens der Gesellschafter hinnehmen, wenn ihm sein Anstellungsvertrag weite Freiräume bei der Gesellschaftsleitung zugesteht.[107]

bb) Skala der zur Verfügung stehenden Kontrollmittel

Die zur effektiven Überwachung der Geschäftsführer i. S. v. § 46 Nr. 6 GmbHG einsetzbaren Methoden sind vielfältig. Das Gesetz überlässt die Auswahl der Kontrollmittel den Gesellschaftern. Nur auf die geläufigsten soll hier überblickartig eingegangen werden.

Wie angesprochen kann auf die Befugnis des § 46 Nr. 6 GmbHG gestützt das uneingeschränkte kollektive Informationsrecht der Gesellschafter ausgeübt werden. So müssen die Geschäftsführer den Anteilseignern auf konkrete Anfra-

---

103 Eine Auseinandersetzung mit der Frage findet sich bei *K. Schmidt* in Scholz, § 46 Rn. 113; sehr speziell *van Venrooy*, GmbHR 2005, 1243, 1245 ff.; ablehnend *Römermann* in Michalski, § 46 Rn. 346 f.; *Liebscher* in MünchKomm GmbHG, § 46 Rn. 193 jeweils m. w. N.

104 So z. B. *Schmiegelt/Gerber* in BeckHdb GmbH, § 3 Rn. 98; *Zöllner* in Baumbach/Hueck, § 46 Rn. 50; *Fichtelmann* in HeidelbKomm GmbH-R, § 46 GmbHG Rn. 62; *Schindler* in Ziemons/Jaeger, § 46 Rn. 80.

105 Zu dieser Frage speziell bezogen auf Sonderprüfungen noch unten S. 288 ff. m. N.

106 Beispielhaft *K. Schmidt* in Scholz, § 46 Rn. 116, auch Rn. 118.

107 Zum Ganzen *Hüffer* in Ulmer/Habersack/Winter, § 46 Rn. 80; so schon *ders.* in Hachenburg, § 46 Rn. 77; *Römermann* in Michalski, § 46 Rn. 335; *Zöllner* in Baumbach/Hueck, § 46 Rn. 50; *Trölitzsch* in Oppenländer/Trölitzsch, § 16 Rn. 20; *Eisenhardt* in FS Pfeiffer, S. 846; a. A. *Liebscher* in MünchKomm GmbHG, § 46 Rn. 197.

gen hin umfassend Auskunft erteilen. Oft werden einzelne Informationen während der Gesellschafterversammlung eingeholt, um anstehende Beschlussgegenstände besser beurteilen zu können. Neben einer solchen Befragung dürfen die Gesellschafter in ihrer Gesamtheit zudem Einsicht in die Handelsbücher, die Korrespondenz und den gesamten übrigen Datenbestand der Gesellschaft – unabhängig von der äußeren Gestalt des Informationsmediums[108] – nehmen.[109] Die Geltendmachung des Kollektivrechts erfolgt, indem die Gesellschafter darüber Beschluss fassen und dem Geschäftsführer eine entsprechende Weisung erteilen. Eine solche auf § 46 Nr. 6 GmbHG gestützte Auskunft oder Einsichtnahme steht allerdings gleichfalls schon jedem einzelnen Gesellschafter gem. § 51a Abs. 1 GmbHG allein zu, der sein Mitgliedschaftsrecht unabhängig von Beschlüssen und Weisungen auszuüben vermag. Abgesehen davon, dass sich die Geschäftsführer aber gegenüber der Gesellschaftergesamtheit – anders als gegenüber dem einzelnen Mitglied – nicht auf ein irgendwie geartetes Auskunftsverweigerungsrecht berufen können,[110] reichen zudem die weiteren Maßnahmen, die das kollektive Kontrollrecht erlaubt, deutlich über die Möglichkeiten des Individualanspruchs hinaus.

So können die Gesellschafter zusätzlich zur Einsichtnahme in Dokumente sämtliche Vermögensgegenstände der GmbH, zum Beispiel Grundstücke, Warenlager oder Fertigungsanlagen, zu Prüfungszwecken in Augenschein nehmen und dazu gegebenenfalls betreten sowie etwa den Kassenbestand oder Wertgegenstände körperlich prüfen. Des Weiteren dürfen sie außer den Geschäftsführern auch angestellte Betriebsangehörige befragen oder im Rahmen der Überwachungstätigkeit betriebsfremde Sachverständige zu Rate ziehen.[111] Vor allem aber trifft den Geschäftsführer die spiegelbildlich aus der allgemeinen Aufsichtskompetenz der Gesellschafter i. S. v. § 46 Nr. 6 GmbHG herzuleitende Pflicht, dem „Kollektiv" der Mitglieder von sich aus – das heißt ohne ausdrück-

---

108 Sämtliche Aufzeichnungen, insb. auch elektronische Daten sind vom Informationsrecht erfasst. Vgl. gleichsinnig zum individuellen Einsichtsrecht nach § 51a Abs. 1 GmbHG *K. Schmidt* in Scholz, § 51a Rn. 25; *Römermann* in Michalski, § 51a Rn. 163, 166; *Tietze*, S. 52.

109 Zum Ganzen z. B. *Meyer-Landrut* in Meyer-Landrut/Miller/Niehus, § 46 Rn. 32, 35; *Wicke*, § 46 Rn. 17; *Liebscher* in MünchKomm GmbHG, § 46 Rn. 190; *Gehrlein/Witt*, S. 142; *Bea/Scheurer*, DB 1995, 1289, 1290; vgl. auch *Immenga*, BB 1977, 957, 960.

110 Vgl. dazu bereits Nachweise in Fn. 77. Zur Auskunftsverweigerung gegenüber einem Sonderprüfer unten S. 366 ff.

111 Zum Ganzen etwa *Hüffer* in Ulmer/Habersack/Winter, § 46 Rn. 80; *Römermann* in Michalski, § 46 Rn. 336; *Roth* in Roth/Altmeppen, § 46 Rn. 44; *Fichtelmann* in HeidelbKomm GmbH-R, § 46 GmbHG Rn. 62; *Gehrlein/Witt*, S. 142; *Fleischer*, GmbHR 2001, 45 f.

liches Begehren eines Gesellschafters – über Mitteilenswertes Bericht zu erstatten. Anders als nach § 51a GmbHG muss demnach stets vom Geschäftsführer selbst die Initiative zur rechtzeitigen Informierung der Gesellschafter ausgehen, wenn dazu wichtige Maßnahmen, Ereignisse oder Risiken einen hinreichenden Anlass bieten.[112] Er ist zum Ergreifen der Informationsinitiative insbesondere dann verpflichtet, wenn die Gesellschafter mit bestimmten Kenntnissen ausgestattet ihre gesetzlichen Kompetenzen sinnvoller wahrnehmen können.[113] Gerade im Hinblick auf den Gegenstand eines anstehenden Gesellschafterbeschlusses wird der Geschäftsführer seiner Berichtspflicht in der Weise entsprechen müssen, dass die Entscheidung der Anteilseigner angemessen vorbereitet wird.[114]

Lässt man spezielle Anlässe außer Betracht, besteht hingegen keine gesetzliche Pflicht der Geschäftsführer zur regelmäßigen Berichterstattung.[115] Satzung, Anstellungsvertrag, eine Geschäftsordnung und auch Weisungen der Gesellschafter vermögen jedoch das Handlungsorgan zu periodischer Berichterstattung zu verpflichten. So gestattet es die allgemeine Überwachungskompetenz den Gesellschaftern, in ihrer GmbH ein umfassendes Berichts- und Informationssystem zu etablieren. Sie können sich dabei am Vorbild des § 90 AktG orientieren.[116] Der Inhalt dieser Vorschrift, die die Informationspflichten des Vorstands gegenüber dem Aufsichtsrat einer Aktiengesellschaft regelt, würde – auf die GmbH übertragen – dem Informationsbedürfnis der Eigentümer in einer eher kapitalistisch strukturierten Gesellschaft vermutlich ebenso gerecht werden wie in einer Aktiengesellschaft. § 90 AktG sieht unter anderem einen jährlichen „Grundsatzbericht" zur generellen Unternehmenspolitik (Abs. 1 Satz 1 Nr. 1, Abs. 2 Nr. 1) und „Quartalsberichte" zur Lage der Gesellschaft (Abs. 1 Satz 1

112 *Liebscher* in MünchKomm GmbHG, § 46 Rn. 189; *K. Schmidt* in Scholz, § 46 Rn. 114, § 51a Rn. 18; *ders.*, Informationsrechte, S. 16 ff.; *Saenger*, Beteiligung Dritter im GesellschR, S. 16; *B. Schneider*, GmbHR 2008, 638, 639; *Meier*, DStR 1997, 1894; *Hommelhoff*, ZIP 1983, 383, 390; *Grunewald*, ZHR 146 (1982), 211, 225 f.

113 *Hommelhoff*, ZIP 1983, 383, 390.

114 *K. Schmidt* in Scholz, § 51a Rn. 4; *B. Schneider*, GmbHR 2008, 638, 639; eine andere dogmatische Verortung nimmt *Zöllner* in Baumbach/Hueck, § 51a Rn. 56, vor.

115 Statt vieler *Leinekugel* in Oppenländer/Trölitzsch, § 18 Rn. 47; anders *Hommelhoff*, ZIP 1983, 383, 390 ff.

116 Zum Ganzen *Lutter*, ZGR 11 (1982), 1, 8; *Tietze*, S. 7; *Schmiegelt/Gerber* in BeckHdb GmbH, § 3 Rn. 98; *Leinekugel* in Oppenländer/Trölitzsch, § 18 Rn. 46; *Jaeger*, ebda., § 19 Rn. 7; *K. Schmidt* in Scholz, § 51a Rn. 4; *Meyer-Landrut* in Meyer-Landrut/Miller/Niehus, § 46 Rn. 35; *Schindler* in Ziemons/Jaeger, § 46 Rn. 79; *Römermann* in Michalski, § 46 Rn. 333, 336; *Hüffer* in Ulmer/Habersack/Winter, § 46 Rn. 80; *Fleischer*, GmbHR 2001, 45.

Nr. 3, Abs. 2 Nr. 3) vor.[117] In personalistisch strukturierten Gesellschaften m. b. H. dürfte hingegen die Anordnung kürzerer Intervalle – etwa monatliche „Lageberichte" und mehrmalige „Grundsatzberichte" pro Jahr – angebracht sein, weil die Gesellschafter dieses Verbandstypus meist weitgehend unternehmerisch mitentscheiden möchten.[118]

Mit der Berichtspflicht vergleichbar[119] ist die Pflicht der Geschäftsführer, den Gesellschaftern bestimmte Fragen der Geschäftsführung zur Entscheidung vorzulegen. Der mit der Vorlagepflicht verbundene Zustimmungsvorbehalt der Gesellschafter hinsichtlich bestimmter Geschäftsführungsmaßnahmen reicht über die schlichte Entgegennahme von Berichten hinaus. Die Vorlage verschafft den Gesellschaftern nicht nur Informationen zu den betreffenden Vorgängen wie ein Bericht, sondern bietet ihnen die Möglichkeit, aktiv auf die bevorstehende Geschäftsführung Einfluss zu nehmen: Zustimmungsvorbehalte entspringen demnach einer Einwirkungsbefugnis der Gesellschafter zum Zwecke der zukunftsorientierten Verwaltungskontrolle.[120] Die Vorlagepflichten betreffen insofern auch den Grenzbereich zwischen Überwachung der Geschäftsführertätigkeit im weit verstandenen Sinne und aktiver Geschäftsführung durch die Gesellschafter selbst.

Die Gesellschafter können nach Art des § 111 Abs. 4 Satz 2 AktG ausdrücklich einen Katalog von Geschäften bestimmter Art oder eines bestimmten Umfangs festlegen, die der Geschäftsführer nicht vornehmen darf, ohne im Innenverhältnis die Zustimmung der Gesellschafterversammlung eingeholt zu haben. Eine solche Vorlagepflicht kann bereits im Gesellschaftsvertrag enthalten sein, wie aus § 45 Abs. 1 GmbHG folgt. Auf die Überwachungskompetenz des § 46 Nr. 6 GmbHG gestützt können die Gesellschafter aber auch ohne Aufnahme in die Satzung mit einfacher Mehrheit[121] Zustimmungsvorbehalte beschließen, die die Geschäftsführungsbefugnis des Geschäftsführers i. S. d. § 37 Abs. 1

117 Vgl. zur Berichtspflicht des Aufsichtsrates bei der AG z. B. *Wilde*, ZGR 27 (1998), 423, 427 ff.

118 So *Hommelhoff*, ZIP 1983, 383, 389; *Lutter*, ZGR 11 (1982), 1, 8.

119 So *K. Schmidt* in Scholz, § 51a Rn. 4; diesen Zusammenhang stellt auch *Hommelhoff*, ZIP 1983, 383, 390, her.

120 Zum Ganzen *Meyer-Landrut* in Meyer-Landrut/Miller/Niehus, § 46 Rn. 35; *Hüffer* in Ulmer/Habersack/Winter, § 46 Rn. 80; *Bayer* in Lutter/Hommelhoff, GmbHG, § 46 Rn. 30; *van Venrooy*, GmbHR 2005, 1243, 1245; vgl. auch *Schall*, S. 116, 121 f.; anders *Römermann* in Michalski, § 46 Rn. 337: nur vergangenheitsbezogene Überwachung falle unter § 46 Nr. 6 GmbHG, Zustimmungsvorbehalte folgten aus Allzuständigkeit.

121 So zum Grundsatz *Jaeger* in Oppenländer/Trölitzsch, § 19 Rn. 7. Enthält der Gesellschaftsvertrag bereits eine Liste von Vorlagepflichten, bedarf es eines satzungsändernden Beschlusses, wenn der Katalog abschließend sein soll: so *van Venrooy*, GmbHR 2005, 1243, 1244.

GmbHG beschränken.[122] Denn ein derartiger Beschluss enthält eine generelle Weisung, an die die Geschäftsführer ebenso wie an eine Einzelweisung gebunden sind.[123]

Von den auf § 46 Nr. 6 GmbHG gestützten Zustimmungsvorbehalten sind schließlich Situationen zu unterscheiden, in denen der Geschäftsführer, weil er der allgemeinen Aufsicht durch die Gesellschafter untersteht, sogar unaufgefordert verpflichtet sein kann, jenen bestimmte Fragen der Geschäftsführung zur Entscheidung vorzulegen.[124] Für Grundlagengeschäfte, die dem Kompetenzbereich der Geschäftsführer von vornherein entzogenen sind, sowie für Geschäfte, deren Inhalt über den satzungsmäßigen Unternehmensgegenstand hinausgeht, steht diese Pflicht außer Frage.[125] Aber auch aus Anlass anderer als dieser Geschäfte soll nach ganz überwiegender Auffassung die Verwaltung zur Vorlage verpflichtet sein, damit die Gesellschafter in der Lage sind, das ihnen zugestandene Weisungsrecht angemessen ausüben zu können. Die Einzelheiten sind noch nicht umfassend geklärt. Jedenfalls darf der Geschäftsführer Maßnahmen, die der von den Gesellschaftern festgelegten Geschäftspolitik widersprechen oder Geschäfte, bei denen mit deren Widerspruch zu rechnen ist, nicht ohne ihre Zustimmung einleiten.[126] Die ungeschriebene Vorlagepflicht soll nach überwiegender Auffassung außerdem bei Maßnahmen und Entscheidungen bestehen, die von so grundlegender Bedeutung sind oder einen solchen Ausnahmecharakter aufweisen, dass sie gem. § 49 Abs. 2 GmbHG die Einberufung der Gesellschafterversammlung durch die Geschäftsführer erforderlich machen. Diese Notwendigkeit besteht zumindest, wenn die Schwelle substanzieller Eingriffe in Gesellschafterrechte entsprechend der aktienrechtlichen „Holzmüller“- und „Gelatine“-Rechtsprechung[127] überschritten wird.[128]

---

122 Zum Ganzen *van Venrooy*, GmbHR 2005, 1243, 1244 f.; *Roth* in Roth/Altmeppen, § 46 Rn. 44; *Paefgen* in Ulmer/Habersack/Winter, § 37 Rn. 16, 18; *Schmiegelt/Gerber* in BeckHdb GmbH, § 3 Rn. 98; vgl. auch *Zitzmann*, S. 18; Beispiele für üblicherweise festgelegte Vorlagepflichten bei *Trölitzsch* in Oppenländer/Trölitzsch, § 16 Rn. 5.

123 *Trölitzsch* in Oppenländer/Trölitzsch, § 16 Rn. 3, 23; *U. H. Schneider* in Scholz, § 37 Rn. 30.

124 Zur ganzen Problematik *Paefgen* in Ulmer/Habersack/Winter, § 37 Rn. 6 ff.; *Zöllner/Noack* in Baumbach/Hueck, § 37 Rn. 7 ff.; monographisch *Zitzmann*, passim.

125 Vgl. nur *K. Schmidt*, GesellschR, S. 1069; *Eisenhardt* in FS Pfeiffer, S. 841.

126 BGH, NJW 1984, 1461, 1462; BGH, NJW 1991, 1681 f.; *Hommelhoff*, ZGR 7 (1978), 119, 124 f.; *Zöllner/Noack* in Baumbach/Hueck, § 37 Rn. 9 f.; *Paefgen* in Ulmer/Habersack/Winter, § 37 Rn. 8, 10; *U. H. Schneider* in Scholz, § 37 Rn. 14, 16; *Jaeger* in Oppenländer/Trölitzsch, § 19 Rn. 13 f.; noch weitergehend *Kleindiek* in Lutter/Hommelhoff, GmbHG, § 37 Rn. 7 ff.; differenzierter *Kort*, ZIP 1991, 1274, 1276; *Zitzmann*, S. 64 ff., 91 ff.

127 BGHZ 83, 122 ff. – „Holzmüller“; BGHZ 159, 30 ff. – „Gelatine“.

Neben den hier beschriebenen Kontrollmöglichkeiten sind die Gesellschafter einer GmbH schließlich auch in der Lage, als besondere „Maßregel zur Prüfung und Überwachung der Geschäftsführung" i. S. d. § 46 Nr. 6 GmbHG die Durchführung einer Sonderprüfung zu beschließen. Dies wird sogleich ausführlich zu erläutern sein.[129]

3. Modifizierung des Kontrollkonzeptes durch einen Aufsichtsrat

In der GmbH können Aufgaben im Bereich der Überwachung ferner durch zusätzliche Organe wahrgenommen werden. Als solche kommen – wie bereits angesprochen – einerseits Organe in Frage, deren Errichtung in das Belieben der Gesellschafter gestellt wird. Andererseits kann die Gesellschaft auch durch arbeitnehmermitbestimmungsrechtliche Vorschriften zur Schaffung eines (obligatorischen) Aufsichtsrats verpflichtet sein.

a) Fakultativer Aufsichtsrat oder Beirat

Die Gesellschafter einer GmbH dürfen aufgrund der ihnen zukommenden Satzungsautonomie durch den Gesellschaftsvertrag zusätzliche Organe instituieren. Außer dem in § 52 GmbHG ausdrücklich vorgesehenen fakultativen Aufsichtsrat lassen sich die unterschiedlichsten Organe mit in der Satzung prinzipiell frei bestimmbaren Kompetenzen etablieren.[130] Solche Gremien nennen sich häufig „Beirat" oder „Gesellschafterausschuss" – oder aber auch „Aufsichtsrat". Wie ein solches Gremium intern bezeichnet wird, ist rechtlich belanglos. Für die Abgrenzung eines Aufsichtsrates von anderen Typen fakultativer Organe, sind die dem Gremium zustehenden Befugnisse maßgeblich. Bei funktioneller Betrachtung müssen einem Aufsichtsrat im Rechtssinne zumindest auch bedeutsame Zuständigkeiten im Bereich der hier interessierenden Geschäftsführungskontrolle zugewiesen sein.[131] Diese Wertung bringt etwa die Vorschrift des § 111

---

128 Zum Ganzen BGH, NJW 1984, 1461, 1462; *Zitzmann*, S. 129 ff.; *Paefgen* in Ulmer/Habersack/Winter, § 37 Rn. 9; *Eisenhardt* in FS Pfeiffer, S. 842 ff.; vgl. auch *Hommelhoff*, ZGR 7 (1978), 119, 126 f.; insgesamt enger *Kort*, ZIP 1991, 1274, 1277 f.

129 Dazu unten S. 78 ff. m. N.

130 Statt aller *Müller/Wolff*, GmbHR 2003, 810; *Heckschen* in Heckschen/Heidinger, § 4 Rn. 307 f., 322; *U. H. Schneider* in Scholz, § 52 Rn. 1 ff.; *Koppensteiner* in Rowedder/Schmidt-Leithoff, § 45 Rn. 9; *K. Schmidt*, GesellschR, S. 1107 f., 1110.

131 In diesem Sinne die wohl h. M.: *Banspach/Nowak*, Der Konzern 2008, 195, 197; *Spindler/Kepper*, DStR 2005, 1738, 1741; *Raiser/Veil*, S. 499; *Lutter* in Lutter/Hommelhoff, GmbHG, § 52 Rn. 4, 109; *Jaeger* in Oppenländer/Trölitzsch, § 20 Rn. 3; etwas anders

Abs. 1 AktG zum Ausdruck, die den Aufsichtsrat als Überwachungsorgan charakterisiert und auf die der – allerdings dispositive – § 52 Abs. 1 GmbHG verweist. Insofern lässt sich die Untersuchung fakultativer Organe im Folgenden auf den zur Überwachung berufenen Aufsichtsrat beschränken.

Der genaue Inhalt der einem fakultativen Aufsichtsrat zustehenden Kontrollkompetenzen richtet sich zunächst nach den Bestimmungen des Gesellschaftsvertrages. Falls die Satzung keine dahingehenden Regelungen trifft, kommen dem Aufsichtsrat, ähnlich der Gesellschafterversammlung, umfangreiche Informations- und Kontrollrechte gem. § 52 Abs. 1 GmbHG i. V. m. §§ 90 Abs. 3 und 4, 111 Abs. 2 und 4 AktG zu. Um seiner Überwachungspflicht entsprechen zu können, darf er beispielsweise jederzeit Berichte der Geschäftsführer einfordern, Schriften der Gesellschaft einsehen und deren Vermögensgegenstände besichtigen sowie bestimmte Geschäftsführungsmaßnahmen unter den Vorbehalt seiner Zustimmung stellen.[132]

Durch die Einrichtung eines fakultativen Aufsichtsrates wird die gesetzliche Zuständigkeitsverteilung in der GmbH modifiziert. Die unmittelbaren Kontrollkompetenzen der Gesellschaftergesamtheit können neben denen des Aufsichtsrates bestehen bleiben oder von ihnen verdrängt werden.[133] Ob die Gesellschafter eine konkurrierende oder verdrängende Aufsichtsratszuständigkeit intendierten, ist im Wege der Auslegung des Gesellschaftsvertrags oder eines die Satzung ändernden Gesellschafterbeschlusses zu ermitteln.[134] Führt dies zu keinem eindeutigen Ergebnis, sollte mit der überwiegend vertretenen Auffassung davon ausgegangen werden, dass allein durch die Existenz eines Aufsichtsrates die Kontrollrechte der Gesellschafter keiner Beschränkung unterworfen sein sollen.[135] Von einem ihren Einfluss verkürzenden Verzicht auf Kompetenzen seitens der Gesellschafter kann nicht ohne entsprechende Anhaltspunkte ausgegan-

---

z. B. *Schmitz-Herscheidt/Coenen* in Saenger/Aderhold/Lenkaitis/Speckmann, § 6 Rn. 170; *Müller/Wolff*, NZG 2003, 751 ff.: Aufsichtsrat müsse Typus des § 52 GmbHG entsprechen, ansonsten Beirat; wiederum andere Terminologie bei *Rohleder*, S. 13.

132 Zum Ganzen *Raiser/Heermann* in Ulmer/Habersack/Winter, § 52 Rn. 19, 90 f.; *Jaeger* in Oppenländer/Trölitzsch, § 20 Rn. 24; vgl. auch *Hopt/Roth* in Großkomm AktG, § 111 Rn. 325 ff., 391 ff., 583 ff.

133 Dagegen *Roth* in Roth/Altmeppen, § 46 Rn. 48, der eine verdrängende Übertragung für unzulässig hält.

134 *Hüffer* in Ulmer/Habersack/Winter, § 45 Rn. 19; *K. Schmidt* in Scholz, § 45 Rn. 9.

135 *Slingerland*, S. 232 f.; *Meier*, DStR 1997, 1894; *Zöllner* in Baumbach/Hueck, § 46 Rn. 51; *Hüffer* in Ulmer/Habersack/Winter, § 46 Rn. 83; *Liebscher* in MünchKomm GmbHG, § 46 Rn. 205; *Mollenkopf* in Henssler/Strohn, § 46 GmbHG Rn. 33; *Roth* in Roth/Altmeppen, § 46 Rn. 47; a. A. *Koppensteiner* in Rowedder/Schmidt-Leithoff, § 46 Rn. 35.

gen werden.[136] Bei expliziter Verlagerung der Überwachungsbefugnisse auf den Aufsichtsrat verbleibt der Gesellschafterversammlung noch eine Rückfallkompetenz für den Fall der Funktions- oder Handlungsunfähigkeit des fakultativen Organs.[137] Inwieweit den Gesellschaftern darüber hinaus gewisse Kontrollkompetenzen zwingend verbleiben, ist in der Literatur sehr umstritten. In Bezug auf Sonderprüfungen wird diese Problematik noch eingehend beleuchtet werden.[138]

Im Übrigen ist – selbst bei verdrängender Zuständigkeitsverlagerung – ein Aufsichtsrat in das hierarchische System der GmbH eingebunden, innerhalb dessen die Gesellschafter unverändert die Stellung des obersten Organs innehaben. Ihnen kann deshalb auch durch den Gesellschaftsvertrag nicht das Recht genommen werden, ihrerseits die Wahrnehmung der dem Aufsichtsrat übertragenen Zuständigkeiten zu überwachen.[139] Das Unterworfensein des Aufsichtsrats unter die Kontrolle der Mitglieder belegt nur zu deutlich, dass durch ein fakultatives Überwachungsorgan die Aufsichtsbefugnis der Gesellschafter bezüglich der Geschäftsführer lediglich mediatisiert wird.

b) Aufsichtsrat der mitbestimmten GmbH

Eine GmbH kann kraft Mitbestimmungsrechts, insbesondere aufgrund des Drittelbeteiligungs- oder des Mitbestimmungsgesetzes, gesetzlich zur Bildung eines Aufsichtsrates verpflichtet sein. Diesem ist gem. § 1 Abs. 1 Satz 1 Nr. 3 DrittelbG und § 25 Abs. 1 Satz 1 Nr. 2 MitbestG zwingend die Aufgabe zugewiesen, die Geschäftsführer i. S. v. § 111 Abs. 1 AktG zu überwachen. Jedoch verlieren auch in der mitbestimmten GmbH trotz der Befugnisse, mit denen das Gesetz den Aufsichtsrat ausstattet, die Gesellschafter nicht ihren starken Einfluss auf die Geschäftsführung. Zwar überträgt das MitbestG dem paritätisch zu besetzenden Aufsichtsrat sogar die Kompetenz, den Geschäftsführer zu bestellen und abzuberufen. Abgesehen davon besteht die für die GmbH charakteristische Hierarchiestruktur aber selbst bei paritätischer Mitbestimmung fort. Außer ihrem umfassenden Weisungsrecht verbleibt den Gesellschaftern deswegen auch die

---

136 Allgemein seien konkurrierende Zuständigkeiten aber die Ausnahme, so *K. Schmidt* in Scholz, § 45 Rn. 9; *Thümmel*, DB 1995, 2461, 2462.

137 *K. Schmidt* in Scholz, § 45 Rn. 11; *U. H. Schneider*, ebda., § 52 Rn. 12; vgl. auch BGHZ 12, 337, 340.

138 Vgl. S. 312 ff.

139 Zum Ganzen *Koppensteiner* in Rowedder/Schmidt-Leithoff, § 45 Rn. 16; *K. Schmidt* in Scholz, § 46 Rn. 112; *Jaeger* in Oppenländer/Trölitzsch, § 19 Rn. 17, § 20 Rn. 2; *Härer*, S. 73 f.

Kontrollmacht aus § 46 Nr. 6 GmbHG – konkurrierend zum obligatorischen Aufsichtsrat.[140]

II. Zulässigkeit und Rechtsgrundlagen der Sonderprüfung im Recht der GmbH

1. Denkbare Erscheinungsformen GmbH-rechtlicher Sonderprüfungen

Stünde auch in einer GmbH das aus dem Aktienrecht bekannte Instrument der Sonderprüfung zur Verfügung, ließe sich das dargestellte differenzierte Konzept der GmbH-rechtlicher Kontrollmechanismen noch entsprechend ergänzen. In Rechtsprechung und Schrifttum wird – soweit ersichtlich – nicht bestritten, dass auch ohne explizite gesetzliche Normierung das GmbH-Recht die Durchführung einer Sonderprüfung erlaubt. Wie muss man sich nun eine GmbH-rechtliche Sonderprüfung vorstellen? Welche Ausprägungen kommen in Betracht?

Es gilt zu präzisieren, in welcher Form Sonderprüfungen bei einer GmbH in Erscheinung treten können. So sollten auch im GmbH-Recht unter einer Sonderprüfung nur diejenigen aperiodischen Revisionen verstanden werden, die aufgrund privatrechtlicher Veranlassung durch unternehmensexterne, unabhängige, sachverständige Prüfer vorgenommen werden. Differenzierungen lassen sich vor allem anhand zweier Kriterien treffen: (1) anhand der rechtlichen Herleitung der Befugnis zur Sonderprüfung und (2) anhand der Organe oder Rechtssubjekte, die eine Sonderprüfung einzuleiten vermögen.

Die Gesellschafter und die Gesellschaftsorgane leiten ihre innergesellschaftlichen Befugnisse in Angelegenheiten des Verbandes entweder aus dem Gesellschaftsvertrag oder aus dem Gesetz her (Kriterium 1). Satzungsbestimmungen genießen grundsätzlich Vorrang gegenüber dem dispositiven Gesetzesrecht.[141] Die Frage, ob und wie in der jeweiligen GmbH die Möglichkeit bestehen soll, eine Sonderprüfung anstrengen zu können, sowie deren konkrete Ausgestaltung

---

140 BGHZ 135, 48, 55 f.; *Koberski* in Wlotzke/Wißmann/Koberski/Kleinsorge, § 25 MitbestG Rn. 71; *Kleinsorge*, ebda., § 1 DrittelbG Rn. 26; *Bayer* in Lutter/Hommelhoff, GmbHG, § 46 Rn. 31; *Liebscher* in MünchKomm GmbHG, § 46 Rn. 191; *Lutter/Krieger*, Aufsichtsrat, Rn. 1114 f., 1120 f.; *Witte*, ZGR 27 (1998), 151, 160 f.; *Bea/Scheurer*, DB 1995, 1289, 1291 f.; monographisch zur Kompetenzabgrenzung in der mitbestimmten GmbH *Schall*, passim; a. A. *Vollmer*, ZGR 8 (1979), 135, 142 ff.

141 S. dazu bereits oben S. 50 f.; vgl. nur *A. Teichmann*, Gestaltungsfreiheit, S. 3.

lassen sich ebenfalls im Gesellschaftsvertrag regeln.[142] Die Satzung kann (auf Kriterium 2 abstellend) beispielsweise die Beschlusskompetenz zur Einleitung einer Sonderprüfung ausdrücklich der Gesellschafterversammlung zuweisen. Stattdessen oder zusätzlich dazu mag sie womöglich einer qualifizierten Minderheit von Gesellschaftern oder sogar jedem einzelnen Mitglied das Recht verleihen, eine Sonderprüfung zu veranlassen. Schließlich käme in Betracht, dass der Gesellschaftsvertrag die Einsetzung von Sonderprüfern einem weiteren Gesellschaftsorgan erlaubte. Dazu böte sich in erster Linie ein in der betreffenden Gesellschaft bestehender Aufsichtsrat an.

Die den Gesellschaftern kraft ihrer Satzungsautonomie in Bezug auf Sonderprüfungen zukommende Gestaltungsfreiheit sowie deren Grenzen werden noch einer gründlichen Analyse zu unterziehen sein.[143] Sollten allerdings die Gesellschafter die Sonderprüfung in der Satzung verankert haben, bildet innerhalb des erfassten Regelungsbereichs der Gesellschaftsvertrag selbst die Rechtsgrundlage für die dort ermöglichten Sonderprüfungsmaßnahmen.[144] Wegen der so im Wege detaillierter Vertragsgestaltung erzeugten Rechtsklarheit und -sicherheit werden im Zusammenhang mit einer auf den Gesellschaftsvertrag gestützten Sonderprüfung aber vergleichsweise wenige Rechtsfragen aufgeworfen.

Die vorliegende Untersuchung wird sich deshalb hauptsächlich auf die Sonderprüfungen konzentrieren, die sich nicht aus der Satzung herleiten lassen. Auch innerhalb dieser aus dem Gesetz abzuleitenden Kategorie von Sonderprüfungen sind deren denkbare Erscheinungsformen nach den in Frage kommenden Initiatoren der Prüfung zu systematisieren (Kriterium 2). Nach allgemeiner Auffassung sind zumindest die Gesellschafter in ihrer Gesamtheit als Organ befugt, über die Einsetzung einer Sonderprüfung durch Beschlussfassung zu entscheiden.[145] Ein solcher Beschluss bedarf ohne abweichende Satzungsgestaltung gem. § 47 Abs. 1, Abs. 2 GmbHG der einfachen Mehrheit aller abgegebenen Stimmen. Besteht über die grundsätzliche Zulässigkeit einer solchen „Mehrheitssonderprüfung" noch Einigkeit, so ist bereits unklar und umstritten, auf welche Rechtsgrundlage sie sich stützen lässt.[146]

In Ergänzung der Mehrheitsbefugnis zur Bestellung von Sonderprüfern wäre es vorstellbar, einer qualifizierten Gesellschafterminderheit oder gar jedem einzelnen Gesellschafter das Sonderprüfungsrecht einzuräumen. Ein Minderheits-

---

142 So bereits *Feine*, S. 507 f.; vgl. außerdem nur *Peters/Dechow*, GmbHR 2007, 236, 242; *K. Schmidt* in Scholz, § 46 Rn. 3; *Heckschen* in Heckschen/Heidinger, § 4 Rn. 115; *A. Teichmann*, in: GmbH-Reform, S. 87.

143 Vgl. dazu unten das 8. Kapitel, S. 310 ff.

144 Vgl. insofern in allgemeiner Hinsicht z. B. *Römermann* in Michalski, § 45 Rn. 13 f.

145 Statt aller *Fleischer*, GmbHR 2001, 45 m. w. N.; vgl. noch unten Fn. 152-157.

146 Hierzu sogleich die Ausführungen im nächsten Abschnitt.

recht auf Prüferbestellung, wie aus § 142 Abs. 2 AktG bekannt, oder ein entsprechendes Individualrecht sieht das geltende GmbH-Gesetz wie erwähnt nicht vor.[147] Dogmatisch ließe sich die „Minderheitssonderprüfung" im GmbH-Recht deswegen allenfalls im Wege der Analogie oder weiterer Methoden der Rechtsfortbildung herleiten.[148] Zu vergleichbaren praktischen Ergebnissen können aber auch andere Umstände beitragen. Es ist zum Beispiel daran zu denken, dass Gesellschafter bei der Beschlussfassung über die Sonderprüfung von ihrem Stimmrecht ausgeschlossen sein können, was den übrigen Gesellschaftern – auch solchen mit Minderheitsbeteiligungen – unter Umständen zum Abstimmungserfolg bei der Beschlussfassung verhilft.[149]

Besteht bei der GmbH ein obligatorischer Aufsichtsrat oder bestimmt der Gesellschaftsvertrag, ohne dessen Befugnisse konkret zu definieren, die Bildung eines fakultativen Aufsichtsrates, so kann dieser gestützt auf den kraft des Verweises in § 52 Abs. 1 GmbHG geltenden § 111 Abs. 2 Satz 2 Fall 2 AktG durch Beschluss die Durchführung einer Sonderprüfung herbeiführen.[150] Wie schon hervorgehoben wurde, ergeben sich hinsichtlich der von einem Aufsichtsorgan initiierten Sonderprüfung kaum GmbH-spezifische Besonderheiten, sodass ihr im Rahmen dieser Arbeit keine übermäßige Beachtung mehr geschenkt werden soll.[151]

Um zusammenzufassen: Im GmbH-Recht kann einerseits die aufgrund gesellschaftsvertraglicher Regelung von der aufgrund Gesetzes veranlassten Sonderprüfung unterschieden werden. Andererseits müssen bei der Untersuchung die von einer Gesellschaftermehrheit angestrengte von der durch eine Minderheit der Mitglieder eingeleiteten Prüfung getrennt werden.

---

147 Zu Reformbestrebungen der Vergangenheit vgl. unten S. 84 ff.

148 Ausführlich dazu unten S. 107 ff.

149 Ausführlich dazu unten das 6. Kapitel (S. 199 ff.), insb. S. 261 ff. und S. 271 ff.

150 Zum Aktienrecht vgl. z. B. *Hoffmann-Becking*, ZGR 40 (2011), 136 ff.; *Schröer* in MünchKomm AktG, § 142 Rn. 2; *Habersack*, ebda. (3. A.), § 111 Rn. 74 ff.; *Hopt/Roth* in Großkomm AktG, § 111 Rn. 423 ff.; *Adler/Düring/Schmaltz*, §§ 142-146 AktG Rn. 4; jüngere Beispiele für vom Aufsichtsrat einer GmbH veranlasste Sonderprüfungen: KG, Urt. vom 16. 6. 2011 (19 U 116/10), BeckRS 2011, 17866; ThürOLG, NZG 2010, 226 ff.; vgl. auch aus der Vergangenheit BGH, NJW 1997, 2055 ff.

151 Vgl. schon allgemein oben S. 13, 15 und außerdem unten S. 312 ff.

2. Dogmatische Herleitung der von der Gesellschaftergesamtheit veranlassten Sonderprüfung

a) Meinungsstand

Die Frage, wie sich die einhellig anerkannte Beschlusskompetenz der Gesellschafterversammlung zur Einleitung einer Sonderprüfung dogmatisch untermauern lässt, ist Gegenstand der rechtswissenschaftlichen Diskussion.

Weit überwiegend wird vertreten, die von den Gesellschaftern zu beschließende Sonderprüfung finde ihre kompetenzielle Ermächtigung allein und unmittelbar in § 46 Nr. 6 GmbHG.[152] Bei der Sonderprüfung handele es sich um eine besondere Ausformung der „Maßregeln zur Prüfung und Überwachung der Geschäftsführung“, die dieser Vorschrift zufolge der Gesellschafterbestimmung unterliegen. *Peters* und *Dechow*[153] schließen sich dieser Herleitung im Grundsatz an und möchten sie nur insofern variieren, als die Befugnis zur Bestellung von Sonderprüfern nicht nur in § 46 Nr. 6 GmbHG, sondern zudem in § 46 Nr. 8 GmbHG dogmatisch zu verorten sei. Mit § 46 Nr. 8 GmbHG, der die Zuständigkeit der Gesellschafter für die Geltendmachung von Ersatzansprüchen gegen die Geschäftsführer zum Gegenstand hat, werde nämlich hervorgehoben, dass die Erwägung, auf Grundlage des Prüfungsberichtes die Geschäftsführung in Anspruch zu nehmen, besonders häufig das Motiv für die Durchführung einer Sonderprüfung bilde.

Demgegenüber konstruiert eine andere Auffassung die Rechtsgrundlage der von der Gesellschafterversammlung eingeleiteten Sonderprüfung mit Hilfe einer Analogie zu § 142 Abs. 1 AktG.[154] Zwar charakterisieren auch deren Vertreter

---

152 So schon OLG Kolmar, Recht 1911, Nr. 2992 = Reidnitz 1912, Nr. 29 zu § 46; ebenso *Fleischer*, GmbHR 2001, 45, 46; *Leinekugel*, GmbHR 2008, 632, 633; *Skauradszun*, GmbHR 2012, 936; *Bea/Scheurer*, DB 1995, 1289, 1290; *Lehmann*, S. 72; *Kühn*, Minderheitsrechte, S. 72; *Feine*, S. 507; *Vogel*, S. 17; *Brandner* in FS Lutter, S. 324; *ders.* distanzierter in FS Nirk, S. 79 f.; *K. Schmidt* in Scholz, § 46 Rn. 116; *Meyer-Landrut* in Meyer-Landrut/Miller/Niehus, § 46 Rn. 34; *Koppensteiner* in Rowedder/Schmidt-Leithoff, § 46 Rn. 33; *Fichtelmann* in HeidelbKomm GmbH-R, § 46 GmbHG Rn. 62; *Masuch* in Bork/Schäfer, § 46 Rn. 24; *Römermann* in Michalski, § 46 Rn. 336; *Schindler* in Ziemons/Jaeger, § 46 Rn. 79; *Jaeger* in Oppenländer/Trölitzsch, § 19 Rn. 7; *Wolff* in MünchHdb GesR III, § 37 Rn. 31.

153 GmbHR 2007, 236, 237 f.: deren hier wiedergegebene Argumentation liest sich trotz vieler Worte recht vage. Ebenso, mit bloß pauschaler Begründung, *Kirschner*, S. 20.

154 *Mollenkopf* in Henssler/Strohn, § 46 GmbHG Rn. 31; *Heckschen* in Heckschen/Heidinger, § 4 Rn. 113; sie folgen *Zöllner* in Baumbach/Hueck (18. A.), § 46 Rn. 50, der diese Meinung in der aktuellen Auflage jedoch aufgegeben hat; jetzt allerdings *Bayer* in Lutter/Hommelhoff, GmbHG, § 46 Rn. 30, anders (mit der h. M.) noch die 16. Aufl., § 46 Rn. 17; außerdem für Analogie zu § 142 AktG *Gehrlein/Witt*, S. 142;

die Sonderprüfung als zulässige Prüfungs- und Überwachungsmaßnahme im Rahmen von § 46 Nr. 6 GmbHG. Dennoch müssten nach ihrer Ansicht die Gesellschafter zur fehlerfreien Einsetzung einer solchen Enquête zusätzlich die besonderen Voraussetzungen des § 142 Abs. 1 AktG beachten.[155] Wiederum andere Lösungsansätze gehen davon aus, bei der GmbH vollziehe sich die Einsetzung von Sonderprüfern „nach dem Vorbild", „nach Art" oder „ähnlich" der aktienrechtlichen Sonderprüfung i. S. d. §§ 142 ff. AktG.[156]

In einem der seltenen Urteile, die sich mit der Sonderprüfung in einer GmbH befassen, hat es das OLG Düsseldorf[157] offen gelassen, ob sich das Sonderprüfungsrecht der Gesellschafterversammlung unmittelbar aus § 46 Nr. 6 GmbHG oder nur durch analoge Anwendung des § 142 AktG herleiten lässt. Jedenfalls müsse sich der Beschluss über die Sonderprüfung an § 142 AktG messen lassen, wenn die Gesellschafter sich darin – wie in dem der Entscheidung zugrunde liegenden Fall – ausdrücklich auf diese Vorschrift stützten.

b) Stellungnahme

aa) Rechtsgrundlage der Sonderprüfung

Unter den Vertretern des Schrifttums besteht kein Zweifel daran, dass für den Fall, dass der Gesellschaftsvertrag keine Bestimmungen zur Sonderprüfung enthält, die Durchführung der Sonderprüfung zu den Instrumenten gehört, derer sich die Gesellschafter gem. § 46 Nr. 6 GmbHG bedienen können, um die Geschäftsführer zu überwachen. Streitig ist lediglich, ob dies auch unmittelbar die Rechtsgrundlage des Gesellschafterbeschlusses bildet oder ob insofern § 142 Abs. 1 AktG analog heranzuziehen ist. Diejenigen, die Letzteres bevorzugen, liefern für ihre Auffassung allerdings keine Begründung.

Was wären die Konsequenzen einer solchen Analogie? Während es § 46 Nr. 6 GmbHG, ohne konkrete Einschränkungen festzulegen, den Gesellschaftern gestattet, die Geschäftsführung zu überwachen, erlaubt § 142 Abs. 1 Satz 1 AktG die Bestellung von Sonderprüfern nur zur Untersuchung bestimmter

---

Bergjan in Saenger/Inhester, § 46 Rn. 40; *B. Schmidt* in Ensthaler/Füller/Schmidt, § 46 Rn. 29; *Roth* in Roth/Altmeppen, § 46 Rn. 44 („entsprechend § 142 AktG"); *Slingerland*, S. 232; ähnlich *Wolany*, S. 159.

155 So am deutlichsten bei *Heckschen* in Heckschen/Heidinger, § 4 Rn. 113, vgl. auch ebda., Fn. 173.

156 *Hüffer* in Ulmer/Habersack/Winter, § 46 Rn. 80; bereits *ders.* in Hachenburg, § 46 Rn. 77; *Liebscher* in MünchKomm GmbHG, § 46 Rn. 190; *Wicke*, § 46 Rn. 17; *Schmiegelt/Gerber* in BeckHdb GmbH, § 3 Rn. 98; MünchAnwaltsHdb, § 15 Rn. 12; *Eickhoff*, Rn. 14; so nun auch *Zöllner* in Baumbach/Hueck, § 46 Rn. 50.

157 Urt. vom 15. 2. 1991 (16 U 130/90), WM 1992, 14, 22.

„Vorgänge“ bei der Gründung oder Geschäftsführung.[158] Eine analog § 142 AktG veranlasste Sonderprüfung müsste also auch bei einer GmbH zwingend zeitlich und sachlich abgrenzbare Teilakte betreffen.[159] Für die Analogie zum Aktienrecht mag sprechen, dass nur dort die Sonderprüfung positiv-rechtlich geregelt ist und somit die Vorschriften des Aktiengesetzes gewissermaßen eine Leitbildfunktion erfüllen. Insofern prägen die §§ 142 ff. AktG die Vorstellung davon, worum es sich bei einer Sonderprüfung im Kapitalgesellschaftsrecht überhaupt handelt. Die Auslegung des Gesellschaftsvertrags einer GmbH, der Sonderprüfungen explizit vorsieht, wird deswegen häufig ergeben, dass die Prüfungen entsprechend dem aktienrechtlichen Vorbild ermöglicht werden sollten.

Für die dogmatische Herleitung der aufgrund Gesetzes eingeleiteten Sonderprüfung aus dem objektiven Recht kann es aber nicht auf etwaige Vorstellungen von Gesellschaftern ankommen. Obgleich eine Analogie grundsätzlich die normative Grundlage für Rechte und Pflichten bilden kann,[160] ist jeder Analogieschluss begründungsbedürftig, da durch ihn eine Abweichung vom Wortlaut des Gesetzes bewirkt wird.[161] Er ist nur zulässig, wenn die einschlägigen gesetzlichen Regelungen eine planwidrige Unvollständigkeit, also eine Gesetzeslücke, aufweisen und soweit der Regelungsgegenstand der analog anzuwendenden Vorschrift mit dem infrage stehenden Sachverhalt in der maßgeblichen Hinsicht wesentliche Gemeinsamkeiten zeigt.[162] Die den Gesellschaftern gem. § 46 Nr. 6 GmbHG eingeräumte Kontrollbefugnis ist – wie bereits dargelegt wurde[163] – gänzlich umfassend. Welcher Mittel sie sich zur Überwachung der Geschäftsführer bedienen, ist völlig in ihr Belieben gestellt. Die Gesellschafter können sich insofern auf § 46 Nr. 6 GmbHG gestützt auch für eine Sonderprüfung als spezielle Kontrollmaßnahme entscheiden, da diese sich als ein Instrument zur Prüfung und Überwachung der Geschäftsführung[164] zwanglos unter jene Vorschrift subsumieren lässt. Da die Kontrollzuständigkeiten der Gesellschafter wegen deren auch ansonsten dominierender Stellung im Kompetenzgefüge einer GmbH sehr weit auszulegen sind, ist es geboten, dass die Gesellschafter Prüfungshandlungen nicht nur selbst oder unter bloßer Hinzuziehung von Dritten vornehmen dürfen, sondern dass es ihnen frei steht, dritte Personen auch

---

158 Davon war hier bereits die Rede: vgl. oben S. 32 f. m. N.

159 Dafür z. B. *Heckschen* in Heckschen/Heidinger, § 4 Rn. 113, vgl. auch ebda., Fn. 173.

160 *Schmalz*, Rn. 375.

161 Statt vieler *Pawlowski*, Rn. 507.

162 So jüngst BGHZ, 183, 169, 177, Rn. 23; *Engisch*, S. 236 ff.; *Larenz*, Methodenlehre, S. 373, 381.

163 Oben S. 65 ff.

164 Zu dieser Charakterisierung der Sonderprüfung oben S. 17 ff.

mit der selbständigen Durchführung von Prüfungen zu betrauen.[165] Hinsichtlich der generellen Sonderprüfungskompetenz ist das GmbH-Gesetz somit schon nicht lückenhaft. Anders als § 142 Abs. 1 AktG schränkt es zwar die zulässigen Prüfungsgegenstände nicht durch besondere Anforderungen ein. Dies bedeutet aber gerade keine planwidrige Unvollständigkeit des GmbH-Rechts. Vielmehr würde der Handlungsspielraum der GmbH-Gesellschafter zu weit eingeengt, müsste man das Erfordernis aus § 142 Abs. 1 AktG, dass die Prüfung bestimmte „Vorgänge" betreffen muss, auf die GmbH übertragen.[166] Dies widerspräche dem Willen des historischen Gesetzgebers, der beabsichtigte, den Gesellschaftern bei der Bestimmung der Überwachungsmaßnahme „freie Hand" zu lassen.[167] Bestätigt wird diese Sichtweise durch die Gesetzessystematik. Die freie Wahl eines Sonderprüfungsgegenstandes steht nämlich im Einklang mit der aus der Stellung als oberstem Organ folgenden Allmacht der Gesellschafterversammlung. Soweit sich wie hier eine Rechtsfrage durch Gesetzesauslegung schon beantworten lässt, kann keine Regelungslücke bestehen.[168] Die Frage nach der Analogiefähigkeit von § 142 Abs. 1 Satz 1 AktG erübrigt sich daher.

Auch ließe sich die Vergleichbarkeit der Regelungsobjekte als weitere Analogievoraussetzung in Zweifel ziehen. Durch den Beschluss einer Sonderprüfung gem. § 142 AktG wird die gesetzliche Zuständigkeitsverteilung der Aktiengesellschaft durchbrochen.[169] Die Gesellschafterversammlung ist bei der GmbH hingegen sowieso das zur Aufsicht über die Geschäftsführung berufene Gesellschaftsorgan. Als Ausnahme von der regulären Organisationsverfassung erscheint es im Aktienrecht sogar geboten, die Sonderprüfung nur punktuell auf einzelne Vorgänge zu beschränken. Im GmbH-Recht besteht diese Notwendigkeit nicht. Das soll nicht heißen, dass aus allgemeinen GmbH-rechtlichen Erwägungen heraus, die tauglichen Gegenstände einer Sonderprüfung nicht einzugrenzen wären. Dies wird noch näher zu untersuchen sein.[170] Der vorgeschlagenen Totalrezeption des § 142 Abs. 1 AktG im GmbH-Recht muss jedoch die Gefolgschaft verweigert werden.

---

165 Wegen der besonderen Schärfe einer Sonderprüfung möchte *Brandner* in FS Nirk, S. 80, die Frage wenigstens breit erörtert wissen, liefert aber selbst keine Argumente gegen diese Sichtweise.

166 So etwa auch *Fleischer*, GmbHR 2001, 45, 46.

167 Entwurfsbegründung GmbHG 1892, abgedr. bei Deutscher Handelstag (Hrsg.), S. 103.

168 Dazu *Engisch*, S. 240.

169 Dazu oben S. 30 f. sowie bspw. *Butzke*, Rn. M 1; *Spindler* in K. Schmidt/Lutter, AktG, § 142 Rn. 1.

170 Vgl. unten 5. Kapitel, S. 134 ff.

Wenn im Schrifttum mitunter die Rede davon ist, dass bei der GmbH eine Sonderprüfung „nach dem Vorbild" der §§ 142 ff. AktG zulässig sei,[171] so mag dies gleichwohl zutreffen. Vermutlich möchte dieser Ansatz gerade die bereits erwähnte Leitbildfunktion[172] dieser Bestimmungen auch für andere Rechtsformen hervorheben. Zwar nicht die Anforderungen an den Beschluss über die Prüferbestellung, wohl aber die Verfahrensregeln zur Durchführung der Sonderprüfung selbst lassen sich in vorsichtiger Anlehnung an die aktienrechtlichen Vorschriften konstruieren.[173]

Hingegen kann es nicht überzeugen, die Rechtsgrundlage für Sonderprüfungen – wie von *Peters* und *Dechow* vertreten – ganz generell[174] um § 46 Nr. 8 GmbHG anzureichern. Diese Konstruktion würde den unzutreffenden Eindruck erwecken, eine Sonderprüfung müsse zwingend die Geltendmachung von Ersatzansprüchen vorbereiten. Mit der gleichen Berechtigung könnte man zum Beispiel auch die Personalkompetenz der Gesellschafter i. S. d. § 46 Nr. 5 GmbHG mit in die Rechtsgrundlage aufnehmen.

Demzufolge ist die Rechtsgrundlage für die von den Gesellschaftern eingeleitete Sonderprüfung zunächst allein und unmittelbar das allgemeine kollektive Kontrollrecht der Gesellschaftergesamtheit gem. § 46 Nr. 6 GmbHG, das sich wie erörtert als deren originäre Kompetenz von der ohnehin den Gesellschaftern zukommenden Allzuständigkeit abhebt.[175]

bb) Selbstbeschränkung der Gesellschafter durch einen auf § 142 AktG gestützten Beschluss?

Es bleibt noch die bereits erwähnte Rechtsauffassung des OLG Düsseldorf in dogmatischer Hinsicht zu beleuchten. Es führte in seiner Entscheidung vom 15. 2. 1991 aus, § 142 Abs. 1 AktG sei jedenfalls dann für die Rechtmäßigkeit eines Sonderprüfungsbeschlusses maßgeblich, wenn die Gesellschafter im Be-

---

171 So die in Fn. 156 Genannten.

172 Zu dieser Methode der Anwendung aktienrechtlicher Vorschriften im GmbH-Recht *Fleischer*, GmbHR 2008, 673, 677.

173 Zu Letzterem ähnlich *Fleischer*, GmbHR 2001, 45, 46. Darauf wird noch zurückzukommen sein: vgl. S. 345 f., 351 ff.

174 Vgl. jedoch speziell zur Sonderprüfungsfähigkeit des Verhaltens nicht geschäftsführender Gesellschafter unten S. 167 ff.

175 Eine fundierte Abgrenzung der Sonderprüfungskompetenz der Gesellschafter von ihrer ohnehin bestehenden Allzuständigkeit kann wegen des Sachzusammenhangs erst im Rahmen der Untersuchung tauglicher Prüfungsgegenstände erfolgen. Dazu unten S. 145 f., 151 ff.

schluss ausdrücklich Bezug auf diese Norm nähmen.[176] Stütze sich der Gesellschafterbeschluss auf § 142 AktG, dann dürfe sich das Thema der Sonderprüfung eben auch nur auf abgrenzbare Vorgänge und nicht beispielsweise auf die gesamte Geschäftsführungstätigkeit während eines längeren Zeitraumes beziehen. Ein Beschluss, der – wie in dem der gerichtlichen Entscheidung zugrunde liegenden Fall[177] – die gebotene Individualisierung von Vorgängen nicht vornehme, sei rechtswidrig und anfechtbar.

Diese Rechtsfolge ergäbe sich gewiss, wenn etwa der Gesellschaftsvertrag der Gesellschafterversammlung die Bestellung von Sonderprüfern nur entsprechend § 142 AktG gestatten würde. Besteht aber keine solche Satzungsbestimmung, so ist die maßgebliche Rechtsgrundlage wie gezeigt der umfassende § 46 Nr. 6 GmbHG. Beschränkungen des Prüfungsgegenstandes könnten allenfalls dem Gesellschafterbeschluss selbst entnommen werden, dessen Inhalt durch Auslegung zu ermitteln ist. Bei einem Gesellschafterbeschluss, im Wege dessen sich die interne Willensbildung eines Verbandes vollzieht, handelt es sich um ein – in der Regel mehrseitiges – Rechtsgeschäft eigener Art.[178] Die allgemeinen, für alle Rechtsgeschäfte geltenden Auslegungsregeln sind deswegen auch auf gesellschaftsrechtliche Beschlüsse anwendbar.[179]

Beschließen die Gesellschafter eine Sonderprüfung ausdrücklich analog oder entsprechend § 142 AktG und legen sie dabei einen Prüfungsgegenstand fest, der seinem Umfang nach über die Untersuchung einzelner Vorgänge hinausgeht, so erweist sich ein solcher Beschluss zunächst als widersprüchlich. Gemessen an den Voraussetzungen des § 142 Abs. 1 AktG wäre nämlich ein so weitreichender Beschluss immer fehlerhaft, obwohl § 46 Nr. 6 GmbHG die Individualisierung bestimmter Vorgänge überhaupt nicht nötig machen würde. Gem. § 133 BGB ist bei der Auslegung aller Rechtsgeschäfte aber nicht nur auf den verwendeten Wortlaut abzustellen, sondern das vernünftigerweise Gemeinte zu ergründen.[180] Wenn die Satzung sie nicht dazu verpflichtet und die Gesellschafter gleichwohl eine Sonderprüfung i. S. d. § 142 AktG beschließen, so wird

---

176 OLG Düsseldorf, Urt. vom 15. 2. 1991 (16 U 130/90), WM 1992, 14, 22. Dieser Meinung schließen sich z. B. an *Leinekugel*, GmbHR 2008, 632, 634; *Trölitzsch/Leinekugel*, Rn. 41.

177 OLG Düsseldorf a. a. O., S. 16.

178 *Enneccerus/Nipperdey*, AT 2, S. 911 f.; *Wolf/Neuner*, AT, S. 322 f.; *Wiedemann* I, S. 176 ff.; *K. Schmidt*, GesellschR, S. 434 ff.

179 Statt vieler BGH, WM 1976, 204, 206; OLG Köln, BB 1982, 579; *K. Schmidt* in Scholz, § 45 Rn. 24; *Meyer-Landrut* in Meyer-Landrut/Miller/Niehus, § 47 Rn. 2.

180 Allgemein dazu *Wolf/Neuner*, AT, S. 388 ff.; gerade bezogen auf die Beschlussauslegung: BGH, WM 1976, 204, 206; *Meyer-Landrut* in Meyer-Landrut/Miller/Niehus, § 47 Rn. 2.

ihre Entscheidung regelmäßig darauf beruhen, dass sie die aktienrechtlichen Regelungen wegen ihres höheren Detaillierungsgrades als passender empfinden. Anders als das GmbH-Recht beinhaltet das Aktiengesetz in §§ 143 bis 146 interessengerecht ausgeformte Regelungen dazu, wie eine einmal eingesetzte Sonderprüfung durchzuführen ist. Sofern die Gesellschafter einen nicht auf Vorgänge beschränkten Prüfungsgegenstand festlegen wollen, möchten sie aber offenbar gerade nicht auch die aus § 142 Abs. 1 AktG folgenden Anforderungen, nach denen das Gewollte nicht zu verwirklichen wäre, auf den Gesellschafterbeschluss angewandt wissen. Wenn ein Rechtsgeschäft mehrere Deutungen zulässt, sollte die Auslegung sich aber gerade auf die angestrebten Rechtsfolgen konzentrieren. Insofern muss der Inhalt eines Rechtsgeschäfts so interpretiert werden, dass sich ein der Interessenlage der handelnden Personen entsprechender Sinn ergibt.[181] Dem Umstand, auf welche Rechtsnorm sie sich dazu berufen wollen, darf jedenfalls nicht zu viel Gewicht beigemessen werden.

Nach dem Gesagten liegt es nahe, den scheinbar widersprüchlichen Beschluss so zu verstehen, dass es den Gesellschaftern gerade auf die Untersuchung des bezeichneten Gegenstandes ankommt, der nach § 46 Nr. 6 GmbHG auch sehr weit gefasst sein kann. Dass die Gesellschafter ihren Beschluss auf § 142 AktG stützen, lässt sich dahingehend würdigen, dass das Verfahren der Sonderprüfung nach den im Aktiengesetz vorgeschriebenen Regeln durchgeführt werden soll,[182] die auch Charakteristika einer Sonderprüfung „im Sinne des" oder „entsprechend § 142 AktG" sind. Dass der Beschluss selbst § 142 Abs. 1 AktG unterworfen wird, entspricht nicht dem Interesse der Gesellschafter, deren vorrangig angestrebte Rechtsfolge es ist, eine Sonderprüfung zu dem gewünschten Prüfungsthema zu veranlassen.

III. Geschichtliche Grundlagen der Sonderprüfung im GmbH-Recht

Weder enthält das aktuell geltende GmbH-Gesetz ausdrückliche Bestimmungen betreffend Sonderprüfungen, noch ist dies seit der Einführung der GmbH jemals der Fall gewesen. Gleichwohl ist von diesem Zeitpunkt an immer wieder auf ein Neues über die Normierung des Instituts der GmbH-rechtlichen Sonderprüfung gestritten worden.

---

181 Zum Ganzen *Flume* II, S. 316; *Enneccerus/Nipperdey*, AT 2, S. 1263; *Wolf/Neuner*, AT, S. 389 ff.; vgl. auch *Ellenberger* in Palandt, § 133 BGB Rn. 18.

182 Zu einer solchen Auslegung z. B. *Lehmann*, S. 72.

1. Entwicklungen seit dem Erlass des GmbH-Gesetzes bis zum Ausbruch des Zweiten Weltkriegs

Das Reichsjustizamt ging 1891 in der Begründung seines Entwurfes für ein GmbH-Gesetz, das ohne nennenswerte inhaltliche Änderungen am 20. April 1892 in Kraft trat, bereits davon aus, § 46 Nr. 6 GmbHG[183] ermögliche der Gesamtheit der Gesellschafter „die Anordnung außerordentlicher Revisionen durch besondere Delegirte [*sic*] oder Sachverständige".[184] Ebenso bestätigte schon das OLG Kolmar in der – soweit ersichtlich – ältesten veröffentlichten Entscheidung eines deutschen Gerichtes zu dieser Frage, die Gesellschafterversammlung dürfe Maßregeln zur Prüfung und Überwachung der Geschäftsführung auch „durch Vermittlung eines von ihr bestellten Rechnungsrevisors" treffen.[185] Das Kollektivrecht der Gesellschafter, Sonderprüfungen einzuleiten, wird somit offenbar anerkannt, seitdem die GmbH als Rechtsform existiert. Der Entwurfsbegründung kann man zudem entnehmen, dass sich wie hier vertreten[186] eine solche Mehrheitssonderprüfung unmittelbar aus § 46 Nr. 6 GmbHG ableiten lässt. Demgegenüber entschieden sich die Verfasser des Entwurfes ganz bewusst dagegen, jedem einzelnen Gesellschafter individuelle Kontrollrechte einzuräumen. So führte der Entwurf aus, ein solcher Rechtszustand wäre „mit einem geordneten Geschäftsgange nicht vereinbar".[187] Diese Befürchtung lässt sich dadurch erklären, dass dem Entwurf des Justizamtes die sich später als unzutreffend erweisende Erwartung zugrunde gelegen hatte, eine GmbH werde regelmäßig zahlreiche Mitglieder haben, also meist eine kapitalistische Realstruktur aufweisen und durch die Geltendmachung von Individualrechten könne insofern die Führung der Geschäfte in einer für ein Unternehmen schädlichen Weise behindert werden.[188]

Nachdem sich herausgestellt hatte, dass die Rechtsform der GmbH viel häufiger von einigen wenigen Gesellschaftern gewählt wurde, die sich gegenseitig kannten und oft sogar eng persönlich miteinander verbunden waren, setzte zu

---

183 Im Entwurf traf § 47 Nr. 5 dieselbe Regelung wie der seit 1892 unverändert geltende § 46 Nr. 6 GmbHG.

184 Entwurfsbegründung GmbHG 1892, abgedr. bei Deutscher Handelstag (Hrsg.), S. 102 f.

185 OLG Kolmar, Entscheidung vom 14. 7. 1911 (III U 34/11), Recht 1911, Nr. 2992 = Reidnitz 1912, Nr. 29 zu § 46.

186 Vgl. die obigen Ausführungen, S. 79 ff.

187 Vgl. Entwurfsbegründung GmbHG 1892, abgedr. bei Deutscher Handelstag (Hrsg.), S. 102; damit sollte den Gesellschaftern v. a. ein individuelles Auskunfts- und Einsichtsrecht versagt werden.

188 Kommt zum Ausdruck in der Entwurfsbegründung a. a. O.; vgl. dazu auch *Limbach*, S. 16, 110 ff.; *Immenga*, S. 67 f.; *Grunewald*, ZHR 146 (1982), 211, 212; *A. Teichmann*, in: GmbH-Reform, S. 82.

Beginn des 20. Jahrhunderts in der rechtswissenschaftlichen Literatur eine rege Diskussion zum Reformbedarf im GmbH-Recht ein. Es sollen hierzu einige wenige Beiträge hervorgehoben werden.

Bereits 1909 veröffentlichte *Hachenburg*[189] ein geschlossenes Konzept für eine Reform des GmbH-Gesetzes, das er entsprechend seinen Vorstellungen von den Anforderungen an personalistische Kapitalgesellschaften entwickelt hatte. In diesem Rahmen strebte er entgegen dem soeben skizzierten Plan des Gesetzgebers von 1892 an, die Rechtsstellung der einzelnen Gesellschafter zu stärken. Zu diesem Zweck wollte er in erster Linie jedem Mitglied ein individuelles Informationsrecht einräumen.[190] Daneben befürwortete er auch die Aufnahme eigener Bestimmungen über die Sonderprüfung.[191] Zum Vorbild nahm er sich das 1906 eingeführte österreichische GmbH-Gesetz,[192] das seinerseits die deutschen Regelungen zur aktienrechtlichen Sonderprüfung (damals §§ 266 f. HGB 1900) modifiziert übernommen hatte.

Außerdem beriet der 31. Deutsche Juristentag 1912 in Wien über die Frage, welche Bestimmungen des österreichischen GmbH-Gesetzes sich für die Aufnahme in ein noch zu vereinheitlichendes GmbH-Recht des Deutschen Reiches und Österreich eignen würden. In ihren Gutachten für die Verhandlungen des Juristentages traten sowohl *Neukamp*[193] als auch *von Pitreich*[194] unabhängig voneinander dafür ein, das für die österreichische GmbH schon bekannte Recht einer mindestens über zehn Prozent des Stammkapitals verfügenden Gesellschafterminderheit, Sonderprüfer zu bestellen, auf das deutsche GmbH-Gesetz zu übertragen. Anders als *Hachenburg* begründeten sie ihre Forderung damit, die GmbH ähnele gerade wegen ihrer kapitalistischen Konstruktion der Aktiengesellschaft. Die Gefahr einer Majorisierung des Verbandes und dem damit ver-

---

189 LZ 1909, Sp. 15 ff.

190 *Hachenburg*, LZ 1909, Sp. 15, 36. Ein solches Individualrecht auf Information war für Einzelfälle bei Vorliegen einer besonderen Sachlage von RG, JW 1898, 15, und von RGZ 49, 142, 149, anerkannt worden. Erst dadurch, dass 1954 der BGH (BGHZ 14, 53 ff.) – wenn auch immer noch nur bei Vorliegen besonderer Voraussetzungen und nur für die personalistische GmbH – den Gesellschaftern ein Auskunfts- und Einsichtsrecht zugestand, wurde der Durchbruch zur Entwicklung eines ordentlichen Individualrechts auf Information *praeter legem* eingeleitet. Vgl. zum Ganzen etwa *K. Schmidt* in FS 100 Jahre GmbHG, S. 568 ff.

191 *Hachenburg*, LZ 1909, Sp. 15, 36.

192 Gesetz vom 6. 3. 1906, RGBl. für die im Reichsrate vertretenen Königreiche und Länder, 19. Jg. (1906), S. 605-633.

193 Verh. des 31. DJT 1912, Bd. 2, S. 221, 231.

194 Verh. des 31. DJT 1912, Bd. 2, S. 314, 323.

bundenen Defizit an Kontrollmöglichkeiten der Minderheit seiner Mitglieder bestehe hier ebenso.[195]

In der Zeit der Weimarer Republik kam es zu keiner nennenswerten Debatte über Reformen im Recht der GmbH. Dies ist deshalb erstaunlich, weil gerade die Rechtsform GmbH während der Wirtschaftskrisen der 1920er Jahre erheblich an Ansehen und Vertrauen einbüßte. Offenbar konzentrierten sich aber die Vorbereitungen der jeweiligen Reichsregierung so stark auf die geplante Aktienrechtsreform, dass der GmbH kaum Beachtung geschenkt wurde.[196] Die wenigen wissenschaftlichen Arbeiten zum GmbH-Recht reichten inhaltlich meist nicht über den Diskussionsstand aus der Zeit vor dem zurückliegenden Ersten Weltkrieg hinaus.[197]

Erst nach dem Erlass des Aktiengesetzes von 1937 etablierte die Akademie für Deutsches Recht einen Ausschuss für GmbH-Recht. Dessen Vorarbeiten und Vorschläge[198] hatten den Entwurf zu einem neu gefassten GmbH-Gesetz,[199] den das Reichsjustizministerium im Sommer 1939 vorlegte, maßgebend mit beeinflusst.[200] In Anlehnung an die §§ 118 bis 121 AktG 1937[201] enthielt der Entwurf von 1939 einen eigenen Unterabschnitt (§§ 79 bis 83), der sogar mit der Bezeichnung „Sonderprüfung“ überschrieben wurde. Hervorzuheben ist § 79 Abs. 1 des Entwurfes, der nicht bloß ein Minderheitsrecht, sondern sogar ein Individualrecht eines jeden Gesellschafters vorsah, beim Registergericht die Bestellung von Sonderprüfern zu beantragen. Wegen des inzwischen ausgebrochenen Zweiten Weltkrieges wurde das Reformvorhaben ab November 1939 jedoch einstweilen nicht weiter verfolgt.[202]

---

195 *Von Pitreich*, Verh. des 31. DJT 1912, Bd. 2, S. 314, 323; ähnlich etwa auch *Fränkel*, S. 282.

196 Zum Ganzen *Schubert*, Entwurf GmbHG 1939, S. 29 ff.

197 Vgl. etwa *Feine*, S. 508 f., mit der Forderung nach einem Minderheitsrecht auf Bestellung von Sonderprüfern.

198 Vgl. die Vorschläge zu Informationsrechten einer zehnprozentigen Gesellschafterminderheit des Referenten *Ebbecke*, in: Bericht über die 5. Sitzung des Ausschusses für G.m.b.H.-Recht, S. 10, abgedr. bei *Schubert*, Akademie, Bd. II, S. 342.

199 Entwurf eines Gesetzes über Gesellschaften mit beschränkter Haftung, abgedr. bei *Schubert*, Entwurf GmbHG 1939, S. 94 ff.

200 So z. B. *Schubert*, Entwurf GmbHG 1939, S. 87 f.; *Barz*, GmbHR 1963, 124; *Fleischer* in MünchKomm GmbHG, Einl. Rn. 94.

201 Vgl. die Begr. des RegE, abgedr. bei *Schubert*, Entwurf GmbHG 1939, S. 178: „Die Einrichtung der Sonderprüfung hat sich im Aktienrecht in langer Übung gut bewährt. Es kann nicht verkannt werden, daß auch im Bereich der Gesellschaft mit beschränkter Haftung für sie ein Bedürfnis besteht.“

202 *Schubert*, Entwurf GmbHG 1939, S. 90.

2. Reformbestrebungen seit Bestehen der Bundesrepublik

Auch nach Kriegsende nahm der Gesetzgeber vorrangig zunächst eine erneute Reform des Aktienrechts in den Blick. Die breite Grundsatzdebatte um die so bezeichnete „große GmbH-Reform" entbrannte erst 1969 mit der Veröffentlichung des Referentenentwurfes für ein neues GmbH-Gesetz. Dieser lehnte sich in seiner Regelungsdichte und in seinem Perfektionismus – der Entwurf umfasste über dreihundert Paragraphen mit zumeist sehr detaillierten Bestimmungen – zwar wieder stark an das Aktienrecht an,[203] stellte aber im Wesentlichen eine erweiterte und überarbeitete Neufassung des Entwurfes von 1939 dar.[204] So glichen die §§ 85 bis 87 des Referentenentwurfes (RefE 1969) inhaltlich sehr stark den mit der Sonderprüfung befassten Vorschriften, die das Reichsjustizministerium 1939 entwickelt hatte. Nun unterschied man allerdings schärfer zwischen dem kollektiven Sonderprüfungsrecht der Gesellschaftergesamtheit und dem entsprechenden Individualrecht des einzelnen Gesellschafters. So erwähnte § 75 Abs. 3 Nr. 9 RefE 1969 die Prüferbestellung als besondere Maßnahme zur Prüfung und Überwachung der Geschäftsführer durch die Gesellschafterversammlung.[205] Demgegenüber betrafen die §§ 85 ff. RefE 1969 die von jedem Gesellschafter bei Vorliegen bestimmter Verdachtsmomente allein durchsetzbare Sonderprüfung, deren Kosten die Gesellschaft hätte tragen müssen. Diese Bestimmungen bezweckten einen effektiveren Schutz der Gesellschafterminderheit. Die Entscheidung der Referenten für ein Individual- statt für ein formelles Minderheitsrecht stand ihrer Meinung nach im Einklang mit der „allgemeinen Tendenz" des Entwurfes, die Ausübung bestimmter Rechte nicht von einer Mindestbeteilung am Stammkapital abhängig zu machen.[206] Während der einzelne Gesellschafter gem. § 85 Abs. 1 RefE 1969 eine Sonderprüfung nur bezüglich bestimmter „Vorgänge" bei der Geschäftsführung anstrengen können sollte, ging man davon aus, die „Mehrheitssonderprüfung" müsse sich bei der Festlegung des Prüfungsgegenstandes nicht derart beschränken.[207] Aus dem Referentenentwurf, der von der Literatur lebhaft diskutiert und kritisiert worden war, gingen die Regierungsentwürfe eines „Gesetzes über Gesellschaften mit be-

---

203 Die Ähnlichkeit zu den §§ 142 ff. AktG 1965 war unverkennbar.

204 Vgl. z. B. *Schubert*, Entwurf GmbHG 1939, S. 90 f.; *A. Teichmann*, in: GmbH-Reform, S. 86.

205 Begr. Referentenentwurf 1969, S. 220 bezeichnete die Sonderprüfung sogar als „wichtigstes Mittel einer Überwachung der Geschäftsführer".

206 Zum Ganzen Begr. Referentenentwurf 1969, S. 243.

207 Begr. Referentenentwurf 1969, S. 220, 243.

schränkter Haftung (GmbHG)" von 1971[208] und 1973[209] hervor. Beide Regierungsentwürfe sind in ihrem Wortlaut identisch und weichen inhaltlich nur marginal vom Referentenentwurf ab.[210] Der Entwurf musste nur deswegen erneut in den Bundestag eingebracht werden, weil dessen 6. Legislaturperiode 1972 durch vorgezogene Neuwahlen beendet worden war.

Im Schrifttum wurde die geplante Aufnahme eines Individualrechts auf Sonderprüfung in das GmbH-Gesetz stärker getadelt[211] denn gelobt.[212] Die Befugnis jedes Gesellschafters, bei Gericht eine Sonderprüfung zu beantragen, ermögliche ihm eine unangemessen starke und unter Umständen auch schädigende Einflussnahme auf die Geschäftsführung. Eine Sonderprüfung werde nämlich der Gesellschaftermehrheit und den Geschäftsführern wegen der zu erwartenden Beeinträchtigung des Geschäftsablaufs zumeist selbst dann unliebsam sein, wenn sie ihr Ergebnis eigentlich nicht zu fürchten bräuchten. Allein aufgrund der bloßen Existenz des Sonderprüfungsrechts, das die Handlungsoptionen des Gesellschafters erweitern werde, werde die Geschäftsführung womöglich schon zu Zugeständnissen bereit sein. Dadurch würde die Rechtsstellung des einzelnen Mitglieds in einer Weise aufgewertet, die oft völlig außer Verhältnis zu seiner Kapitalbeteiligung stünde. Es stehe zu befürchten, dass eine solch „scharfe Waffe" von Gesellschaftern missbräuchlich eingesetzt werden würde.[213] Zudem argumentierte man, die Sonderprüfung sei im GmbH-Recht überflüssig, weil dem Gesellschafter mit seinem Bucheinsichtsrecht bereits ein äquivalentes Informationsmittel zur Verfügung stehe.[214] Auch begegnete gerade die Ausgestaltung des Antragsrechts als Individualrecht einer besonderen Skepsis auf Seiten der Literatur. So plädierte etwa *Mertens*[215] dafür, den Minderheitenschutz besser

---

208 Regierungsentwurf von 1971, eingebracht in den Bundestag am 31. 1. 1972 als BT-Drucks. VI/3088.

209 Regierungsentwurf eingebracht in den Bundestag am 26. 2. 1973 als BT-Drucks. 7/253.

210 Die Paragraphenzählung variierte geringfügig: §§ 87-89 RegE 1971/73 entsprechen den §§ 85-87 RefE 1969.

211 Überwiegend kritisch z. B. *Mertens*, in: Probleme der GmbH-Reform, S. 96 ff.; *A. Teichmann*, in: GmbH-Reform, S. 86 f.; schon zuvor *Kühn*, Minderheitsrechte, S. 82 ff.; erst zum späteren RefE 1977 *Immenga*, BB 1977, 957, 961.

212 Diesem Aspekt gegenüber im Grundsatz aufgeschlossen *Ebenroth*, Kontrollrechte, S. 62 ff., 98 ff.; *M. G. Jansen*, Sonderprüfung, S. 112 ff.; *Lehmann*, S. 72 (Fn. 209); zuvor für ein Minderheitsrecht bereits *Barz*, GmbHR 1963, 124, 127; zum RefE 1977 später *Verhoeven*, WM 1977, 806, 812.

213 So zum Ganzen *Mertens*, in: Probleme der GmbH-Reform, S. 112 f., 107 f.; *Immenga*, BB 1977, 957, 961; vgl. auch *Kühn*, Minderheitsrechte, S. 83.

214 *A. Teichmann*, in: GmbH-Reform, S. 87; *Immenga*, BB 1977, 957, 961; *Kühn*, Minderheitsrechte, S. 83.

215 In: Probleme der GmbH-Reform, S. 113.

derart abzustufen, dass einer qualifizierten Minderheit eine intensivere Rechtsmacht als dem einzelnen Gesellschafter eingeräumt werde.

Auch die 7. Legislaturperiode des Bundestages verstrich, ohne dass das Parlament den Entwurf zum neu zu fassenden GmbH-Gesetz verabschiedete. Die sozialliberale Koalition maß zunächst anderen gesetzgeberischen Vorhaben zum Gesellschaftsrecht, so vor allem der Frage der Arbeitnehmermitbestimmung, größere Bedeutung zu.[216] Erst 1977 wurde ein weiterer Anlauf zur Reform der GmbH unternommen. Weil vielstimmig vor einer Überfrachtung des GmbH-Gesetzes durch die perfektionistischen Regulierungsbestrebungen der Entwürfe von 1971/73 gewarnt worden war[217] und da der Gesetzgeber ohnehin mittelfristig das Gesellschaftsrecht zu einem Unternehmensrecht fortzuentwickeln gedachte, hatte er sich vorerst vom ursprünglichen Plan einer umfassenden Gesamtreform des GmbH-Rechts verabschiedet. Der in den Bundestag eingebrachte neue Regierungsentwurf[218] war deswegen nicht mehr auf eine Neufassung des GmbH-Gesetzes gerichtet, sondern sollte es lediglich punktuell novellieren. Auf diese Weise wollte man nur einige dringende Änderungen und Ergänzungen am geltenden GmbH-Gesetz vornehmen.[219] Trotz eines wesentlich kleineren Reformumfanges hielt der Novellenentwurf an den Bestimmungen zum Individualantragsrecht des Gesellschafters auf Bestellung von Sonderprüfern fest: abgesehen von einzelnen redaktionellen Änderungen trafen die §§ 51c bis 51e des Regierungsentwurfs (RegE) 1977[220] dieselben Regelungen wie zuvor die §§ 87 bis 89 RegE 1971/73. Von der Normierung des Kollektivrechts auf Prüferbestellung sah der neue Entwurf ab, weil ein solches nach Ansicht seiner Verfasser auch ohne gesonderte Erwähnung bereits von § 46 Nr. 6 GmbHG gewährt werde.[221] Als die Novelle des GmbH-Rechts 1980 verabschiedet wurde und zum 1. Januar 1981 in Kraft trat,[222] waren allerdings die Vorschriften zur Sonderprüfung auf Drängen des Bundestags-Rechtsausschusses noch im letzten Moment ersatzlos gestrichen worden. Der Ausschuss bestritt das Bestehen eines dringenden Bedürfnisses für die Aufnahme des Sonderprüfungsrechts in das Gesetz. Das jedem

---

216 *Deutler*, GmbHR 1977, 73; *Ulmer* in Ulmer/Habersack/Winter, Einl. Rn. A 57.

217 Dazu vgl. Zusammenfassung bei *H. P. Westermann* in Scholz (11. A.), Einl. Rn. 46; *Fleischer*, GmbHR 2008, 673, 675 m. w. N.

218 BT-Drucks. 8/1347.

219 Zum Ganzen *Fleischer* in MünchKomm GmbHG, Einl. Rn. 107 f.; *Deutler*, GmbHR 1977, 73; *Immenga*, BB 1977, 957.

220 Eine eingehende Kommentierung dieser Vorschriften findet sich bei *K. Schmidt* in Scholz (6. A.), Anh. § 51 Rn. 66 ff.

221 Begr. RegE 1977, BT-Drucks. 8/1347, S. 46.

222 Gesetz vom 11. 7. 1980, BGBl. I, S. 836 ff.

Gesellschafter gem. § 51a GmbHG eingeräumte Auskunfts- und Einsichtsrecht genüge zur angemessenen Beschaffung von Informationen vollauf.[223]

Von da an verschwand die Sonderprüfung weitgehend aus der GmbH-rechtlichen Diskussion. Trotz entsprechender Vorschläge im Schrifttum[224] hat sich der Gesetzgeber auch bei Erlass des Gesetzes zur Modernisierung des GmbH-Rechts und zur Bekämpfung von Missbräuchen (MoMiG)[225] mit den Anregungen zur Aufnahme eines Minderheitsrechts auf Einsetzung von Sonderprüfern in das GmbH-Gesetz erst gar nicht auseinandergesetzt.[226]

IV. Exkurs: Die Sonderprüfung bei geschlossenen Kapitalgesellschaften ausländischer Rechtsordnungen sowie des Europarechts

1. Rechtsvergleichende Umschau

An dieser Stelle soll nur ein sehr kurzer Blick auf die Rechtslage in ausländischen Jurisdiktionen geworfen werden. Im Gegensatz zu Deutschland kennt das Gesetzesrecht einer Reihe anderer europäischer Staaten Bestimmungen, die das Institut der Minderheitssonderprüfung auch für die in der jeweiligen Rechtsordnung bestehende Rechtsform einer typischerweise „kleinen“, mit der deutschen GmbH wegen ihres geschlossenen Gesellschafterkreises vergleichbaren Kapitalgesellschaft vorsehen.

So wird im Recht der französischen *société à responsabilité limitée* auch der Gesellschafterminderheit die Befugnis eingeräumt, eine als *expertise de gestion* bezeichnete Revision zu veranlassen.[227] In England steht den Minderheitsgesellschaftern einer – der deutschen GmbH ähnelnden – *private limited company* ebenso wie denen einer *public company* das Recht zu, beim *Secretary of State* des *Department of Trade and Industry* die Bestellung von Prüfern für die Durch-

---

223 Vgl. den Bericht des Rechtsausschusses des Deutschen Bundestages, BT-Drucks. 8/3908, S. 76, auch abgedr. bei *Deutler*, GmbH-Novelle, S. 100.

224 Etwa *Peters/Dechow*, GmbHR 2007, 236, 239.

225 Gesetz vom 28. 10. 2008, BGBl. I, S. 2026 ff.

226 So *Kirschner*, S. 20; *K. Schmidt* in Scholz, § 46 Rn. 116; *Fichtelmann* in HeidelbKomm GmbH-R, § 51a GmbHG Rn. 2.

227 Art. L. 223-37 Code de Commerce; vgl. auch *Fleischer*, GmbHR 2001, 45, 51; *ders.*, RIW 2000, 809, 815.

führung sog. *company investigations* zu beantragen.[228] Im niederländischen Körperschaftsrecht ist das dort vorgesehene *recht van enquête* gleichfalls rechtsformübergreifend ausgestaltet und findet somit auch auf die einer GmbH entsprechende *besloten vennootschap* Anwendung.[229] In diesen drei Rechtsordnungen steht das Antragsrecht jeweils unter anderem[230] Anteilseignern zu, die allein oder gemeinsam mit Mitgesellschaftern über mindestens zehn Prozent der Kapitalanteile an der Gesellschaft verfügen. Ein solches Minderheitsrecht auf Durchführung einer Sonderprüfung in einer geschlossenen Kapitalgesellschaft existiert noch in einigen weiteren europäischen Staaten.[231]

Exemplarisch soll schließlich noch das mit dem deutschen Äquivalent eng verwandte GmbH-Recht Österreichs hervorgehoben werden. Einer ebenfalls zehnprozentigen Gesellschafterminderheit räumt § 45 des österreichischen GmbH-Gesetzes die Befugnis ein, bei Gericht die Bestellung sachverständiger Revisoren zur Prüfung des letzten Jahresabschlusses zu verlangen.[232] In den drei erstgenannten Rechtsordnungen können – demgegenüber weiterreichend – die Sonderprüfer mit der Untersuchung im Grundsatz beliebiger Geschäftsführungsvorfälle beauftragt werden.[233]

2. Sonderprüfungsrechte in den Vorschlägen für ein Statut der SPE

Die soeben skizzierte Rechtslage in den europäischen Einzelrechtsordnungen beeinflusste die Entwicklung des europäischen Gemeinschafts-, respektive Unionsrechts. Das seit Einführung der Europäischen Aktiengesellschaft – der SE – am intensivsten diskutierte Vorhaben der Europäischen Union auf dem Gebiet des Gesellschaftsrechts bildete unzweifelhaft die Verwirklichung der *Societas*

228 Sections 431 bis 441 Companies Act 1985, die nur unwesentlich durch den Companies Act 2006 ergänzt worden sind; vgl. auch *Jänig*, S. 164 ff.; *Fleischer*, GmbHR 2001, 45, 52.

229 Boek 2, Art. 344 bis 359 Burgerlijk Wetboek; vgl. dazu *Jänig*, S. 31 f.; *Fleischer*, GmbHR 2001, 45, 52.

230 Daneben steht in diesen Ländern auch bestimmten Behörden und Verbänden die Rechtsmacht zu, eine Sonderprüfung einzuleiten. Dazu *Jänig*, S. 32, 126 ff., 180 ff.; *ders.*, RIW 2000, 809, 815.

231 Vgl. dazu die – nicht mehr ganz aktuelle – tabellarische Zusammenstellung von *Boucourechliev/Hommelhoff*, S. 274 ff.

232 *Fleischer*, GmbHR 2001, 45, 51.

233 Vgl. *Jänig*, S. 178 ff.; *Fleischer*, GmbHR 2001, 45, 51; *ders.*, RIW 2000, 809, 815; *Peters/Dechow*, GmbHR 2007, 236, 239.

Privata Europaea (SPE), der Europäischen Privatgesellschaft (EPG).[234] Mit ihr möchte der europäische Gesetzgeber mittelfristig über den Erlass einer EU-Verordnung zusätzlich zur SE eine zweite supranationale Kapitalgesellschaft einführen, die im Hinblick auf ihre Struktur mit der GmbH deutschen Rechts vergleichbar sein wird.[235] Die neue Gesellschaftsform soll vor allem auf die Bedürfnisse kleiner und mittlerer Unternehmen zugeschnitten werden, um diesen insbesondere die Möglichkeit zu eröffnen, EU-weit ein Netz von Tochtergesellschaften in einheitlicher Rechtsform zu etablieren.[236] Die Diskussionen über die Schaffung einer solchen „Privatgesellschaft" europäischen Rechts begannen in den neunziger Jahren des vergangenen 20. Jahrhunderts.[237]

Die Wissenschaft und der europäische Gesetzgeber befassten sich während des Diskurses auch mit der Frage, ob das Statut der SPE Bestimmungen über ein Sonderprüfungsrecht der Gesellschafter enthalten solle, obwohl diesem Aspekt freilich kein übermäßig hoher Stellenwert beigemessen wurde. So fand sich in dem 1997 durch einen Arbeitskreis von Juristen aus verschiedenen Mitgliedstaaten veröffentlichten Verordnungsentwurf für eine Europäische Privatgesellschaft bereits ein erster Formulierungsvorschlag für eine Vorschrift zur Regelung der Sonderprüfung bei der EPG. Neben einem Einsichtsrecht in die wesentlichen Geschäftsunterlagen sollte jedem Gesellschafter ein allgemeiner Auskunftsanspruch zustehen, der von den Geschäftsleitern zu erfüllen gewesen wäre.[238] Das Sonderprüfungsrecht sollte damit in Zusammenhang stehen. Art. 31 des vorgeschlagenen EPG-Statuts lautete:

> „Die Geschäftsleiter müssen innerhalb eines Monats jede einen oder mehrere Geschäftsleitungsvorgänge betreffende Frage beantworten, die schriftlich von einem oder mehreren Gesellschaftern, die mindestens 10 % des Stammkapitals oder der Stimmrechte vertreten, oder von einer anderen durch die Satzung hierzu ermächtigten Person gestellt wurde. Bleibt die Frage ohne hinreichende Antwort und läßt die Situation eine Gefahr für das Wohl der Gesellschaft vermuten, so können der oder die Gesellschafter beim Vorsitzenden des zuständigen Gerichts die Bestellung eines

---

234 Der Begriff „Privatgesellschaft" lehnt sich an die englische und französische Rechtsbezeichnung für eine geschlossene Kapitalgesellschaft an. So etwa *Hommelhoff/Ch. Teichmann*, GmbHR 2008, 897.

235 Vgl. nur *Hommelhoff/Ch. Teichmann*, GmbHR 2008, 897; *Saenger*, GesellschR, Rn. 837; *Habighorst* in MünchHdb GesR III, § 76 Rn. 1, 5.

236 Vgl. auch *Hommelhoff/Ch. Teichmann*, GmbHR 2008, 897 f.; *Fleischer* in MünchKomm GmbHG, Einl. Rn. 270.

237 Vgl. nur die Darstellung von *Habighorst* in MünchHdb GesR III, § 76 Rn. 2 ff.

238 So von Art. 30 des Vorschlags für ein EPG-Statut vorgesehen; vgl. *Boucourechliev/Hommelhoff*, S. 309.

> oder mehrerer Sachverständiger beantragen, die über die fraglichen Geschäftsleitungsvorgänge Bericht zu erstatten haben."[239]

Das vorgeschlagene Sonderprüfungsrecht sollte demzufolge als Minderheitsrecht ausgestaltet werden, das ausschließlich gerichtlich geltend zu machen gewesen wäre. Zusätzlich zu einem vergeblichen Informationsverlangen forderte die Regelung das Vorliegen qualifizierter Umstände, nämlich dass eine Gefahr für das Wohl der Gesellschaft zu vermuten sei.

Es entwickelte sich eine breit angelegte Diskussion, die die Notwendigkeit der Schaffung sowie die Ausgestaltung eines möglichen SPE-Statuts thematisierte.[240] Unter anderem gestützt auf die Vorarbeiten der Literatur[241] unterbreitete schließlich die Europäische Kommission im Juni 2008 einen Vorschlag für den Erlass einer SPE-Verordnung,[242] der im März 2009 vom Europäischen Parlament gebilligt wurde.[243] In Art. 29 Abs. 2 des Verordnungsentwurfs, dessen Regelungsinhalt das Parlament unverändert ließ, wurde Folgendes vorgesehen:

> „Im Falle des Verdachts auf einen schwerwiegenden Verstoß gegen die Rechtsvorschriften oder die Satzung der SPE sind Anteilseigner, die 5 % der an die Anteile der SPE gebundenen Stimmrechte besitzen, berechtigt, das zuständige Gericht bzw. die zuständige Verwaltungsbehörde um die Bestellung eines unabhängigen Sachverständigen zu bitten, der Nachforschungen anstellt und den Anteilseignern über deren Ergebnisse berichtet. Der Sachverständige hat Zugang zu den Unterlagen und Aufzeichnungen der SPE und kann vom Leitungsorgan Informationen anfordern."

Auch der Kommissionsentwurf gewährte offenkundig einer qualifizierten Gesellschafterminderheit ein Recht auf Bestellung von Sonderprüfern. Ähnlich der deutschen aktienrechtlichen Bestimmung des § 142 Abs. 2 AktG sollte die Bestellung durch eine staatliche Instanz erfolgen und zur Voraussetzung haben, dass der Verdacht besteht, es hätten sich Pflichtverletzungen von gewisser

---

239 *Boucourechliev/Hommelhoff*, S. 309.

240 Nachweise dazu z. B. bei *Habighorst* in MünchHdb GesR III, § 76 Rn. 3.

241 So *Habighorst* in MünchHdb GesR III, § 76 Rn. 4.

242 Vorschlag für eine Verordnung des Rates über das Statut der Europäischen Privatgesellschaft, von der Kommission vorgelegt am 25. Juni 2008, KOM(2008) 396, abrufbar u. a. unter: http://eur-lex.europa.eu/LexUriServ/LexUriServ.do?uri=COM:2008:0396:FIN:DE:PDF (Stand: 15. 12. 2012). Eine prägnante Analyse dieses Entwurfes findet sich bspw. bei *Hommelhoff/Ch. Teichmann*, GmbHR 2008, 897 ff.

243 Legislative Entschließung des Europäischen Parlaments vom 10. März 2009 zu dem Vorschlag für eine Verordnung des Rates über das Statut der Europäischen Privatgesellschaft, P6_TA(2009)0094.

Schwere ereignet. In der Literatur ist dem Vorhaben, eine derartige Befugnis vorzusehen, allerdings kaum Aufmerksamkeit geschenkt worden.[244]

Um eine Einigung über das SPE-Statut zu befördern, unterbreitete der schwedische Ratsvorsitz für die Sitzung des Europäischen Rates am 3. und 4. Dezember 2009 einen Kompromissvorschlag.[245] Die Bestimmungen zur Einsetzung einer Sonderprüfung waren in diesem neuen Entwurf vollständig gestrichen worden (die übrigen Regelungen aus Art. 29 des Kommissionsentwurfs fanden sich nunmehr in Art. 30). Wegen zahlreicher Vorbehalte mancher Mitgliedstaaten – vor allem der Bundesrepublik Deutschland – konnte jedoch keine Einigung über das SPE-Statut erzielt werden. Eine unter dem schwedischen Vorsitz eingebrachte Entwurfsfassung, die im Frühjahr 2011 von der ungarischen Ratspräsidentschaft abermals leicht überarbeitet wurde,[246] bildete die letzte Diskussionsgrundlage, die allerdings keinerlei Regelungen mehr zu einem irgendwie gearteten Sonderprüfungsrecht enthielt. Da die Mitgliedstaaten noch in ganz prinzipiellen Fragen – wie etwa dem Eingreifen von Mitbestimmungsregeln oder dem Erfordernis eines Mindeststammkapitals – positionell weit auseinander lagen, spielte die demgegenüber sekundäre Frage, ob den SPE-Gesellschaftern eine Sonderprüfungsbefugnis einzuräumen sei, in den Beratungen gar keine Rolle mehr. Das Rechtsinstitut war kein Bestandteil der sog. „Verhandlungsmasse".

Insbesondere aufgrund der fortbestehenden Skepsis der deutschen Seite gegenüber dem Verordnungsvorschlag lehnte der Wettbewerbsrat der Europäischen Union am 30. Mai 2011 die Vorlage ab. Ein letzter Einigungsversuch scheiterte Ende Juni 2011.[247] Momentan ist nicht absehbar, wie lange es dauern wird, bis neue Verhandlungen unter den Mitgliedstaaten über die Einführung der SPE aufgenommen werden. Jedenfalls wird es in nächster Zeit nicht zur Etablierung eines unmittelbar europarechtlich angeordneten Sonderprüfungsrechts kommen.

---

244 Kritik daran findet sich etwa bei *Arbeitskreis Europäisches Unternehmensrecht*, NZG 2008, 897, 901, der hohe Kosten befürchtet, die der Gesellschaft durch ein derartiges Sonderprüfungsrecht drohen könnten.

245 Rat der Europäischen Union, Kompromissvorschlag zur Verordnung des Rates über die Europäische Privatgesellschaft vom 27. November 2009, 16115/09 ADD 1, DRS 71, SOC 711.

246 Rat der Europäischen Union, Überarbeiteter Kompromissvorschlag zur Verordnung des Rates über die Europäische Privatgesellschaft vom 23. Mai 2011, 10611/11, DRS 84, SOC 432.

247 Zum Ganzen *Ulrich*, GmbHR 2011, R241 f.

V. Abgrenzung der Sonderprüfung von anderen Prüfungsarten und dem individuellen Informationsrecht des GmbH-Gesellschafters

Das Institut der Sonderprüfung ließ sich im Rahmen dieser Arbeit bereits als spezielle Art der Prüfung sowie als Kontroll- und Informationsinstrument einordnen. Insofern ist es erforderlich, die Sonderprüfung von anderen Prüfungsformen und anderen Arten von Informationsrechten abzugrenzen. Teils sind entsprechende Überlegungen oben schon angerissen worden.[248] Um die Abgrenzung zu komplettieren, sollen die Gedanken an dieser Stelle fortgeführt werden.

1. Weitere Prüfungen des GmbH-Rechts

Außer der Sonderprüfung kennt das GmbH-Recht zwar noch weitere Formen von Prüfungen. Es existiert aber keine so ausgeprägte Vielfalt an Pflichtprüfungen, wie sie etwa aus dem Aktienrecht bekannt ist. Bei Gesellschaften m. b. H., bei denen es sich nicht um kleine Kapitalgesellschaften i. S. v. § 267 Abs. 1 HGB handelt, ist die wichtigste Pflichtprüfung die jährlich vorzunehmende Prüfung des Jahresabschlusses gem. §§ 316 ff. HGB. Abgesehen von ihr sieht das Gesetz für die GmbH nur ganz vereinzelt verpflichtende aperiodische Revisionen vor. Diese sind im Zusammenhang mit der Herausbildung einer Definition für den Begriff der Sonderprüfung in dieser Arbeit schon kurz thematisiert worden.[249] Zu ihnen zählen die Prüfung, die gem. § 57f GmbHG vor einer Kapitalerhöhung aus Gesellschaftsmitteln durchzuführen ist, sowie die Prüfungen im Zusammenhang mit Umwandlungsvorgängen nach dem Umwandlungsgesetz, sofern daran eine GmbH beteiligt ist.

Für die gesellschaftsrechtliche Analyse gestatten die Erkenntnisse über die Grundsätze, die für die übrigen GmbH-rechtlichen Prüfungen entwickelt wurden, aber kaum Rückschlüsse auf das Recht der Sonderprüfung bei einer GmbH. Die übrigen Revisionen erfüllen nämlich überwiegend andere Funktionen als die Sonderprüfung. Während Sonderprüfungen, die den Gesellschaftern fundierte Informationen vermitteln, vor allem dazu dienen, Letztere vor pflichtwidrigem und unredlichem Verhalten der Geschäftsführer zu schützen, werden diejenigen Prüfungen bei der GmbH, die verpflichtend durchzuführen sind, gerade auch im öffentlichen Interesse vorgenommen. So sollen die obligatorischen aperiodischen Prüfungen vor allem den Grundsatz der realen Kapitalaufbringung und dadurch die Seriosität von Kapitalerhöhungen und Umwandlungen sicherstellen.

---

248 Vgl. etwa S. 9 ff., 17 ff. sowie auch S. 58 ff.

249 Oben S. 11.

Diese Revisionen schützen insofern hauptsächlich die Gesellschaftsgläubiger.[250] Der Bestätigungsvermerk des Abschlussprüfers soll schließlich das Vertrauen des Rechtsverkehrs in die Richtigkeit der veröffentlichten Rechnungslegung einer Gesellschaft herstellen. Insofern wird die Prüfung des Jahresabschlusses auch gerade im öffentlichen Interesse vorgenommen.[251]

2. Gegenüberstellung von Sonderprüfung und individuellem Informationsrecht aus § 51a GmbHG

Auch das individuelle Informationsrecht des § 51a GmbHG ist schon an anderer Stelle kurz beleuchtet worden.[252] Nicht zuletzt wegen seiner sehr weit gezogenen Grenzen bietet es dem einzelnen Gesellschafter hinsichtlich der Gesichtspunkte Effektivität und Zuverlässigkeit die vermutlich wertvollste individuelle Informationsmöglichkeit zu den Angelegenheiten der Gesellschaft. Die von der Mitgliedermehrheit beschlossene Sonderprüfung gem. § 46 Nr. 6 GmbHG gehört zu den kollektiven Kontrollbefugnissen der GmbH-Gesellschafter und unterscheidet sich schon insofern vom Individualrecht i. S. d. § 51a GmbHG. Aber inwiefern könnte eine Sonderprüfungsbefugnis, die jedem Gesellschafter oder einer bestimmten Mitgliederminderheit gewährt würde, den Gesellschaftern besser nützen als das ebenfalls minderheitsschützende[253] Informationsrecht aus § 51a GmbHG? Gerade weil diese Vorschrift dem GmbH-Gesellschafter, anders als es einem Aktionär gestattet ist, sogar ein umfassendes Recht auf Einsicht in Geschäftsunterlagen zur Verfügung stellt, drängt sich die Frage auf, ob im GmbH-Recht neben dem individuellen Informationsrecht überhaupt Bedarf für eine „Minderheitssonderprüfung" besteht. Dies wurde wie erwähnt schon im Vorfeld der GmbH-Novelle von 1980, vielfach bestritten.[254] In welcher Hinsicht unterscheidet sich also das Auskunfts- und Einsichtsrecht vom Institut der Sonderprüfung?

Da die heute gültige Dogmatik des Verfahrens einer GmbH-rechtlichen Sonderprüfung im Rahmen dieser Arbeit erst noch hergeleitet und erläutert wird, müssen für den Vergleich mit § 51a GmbHG zunächst Vorstellungen von einem

---

250 Vgl. bereits oben S. 10 m. N

251 OLG Düsseldorf, WM 1996, 1777, 1779; *Ebke* in MünchKomm HGB, § 316 Rn. 28.

252 Oben S. 63 f.

253 Dazu oben S. 63 m. N.

254 So etwa der Bericht des Rechtsausschusses des Deutschen Bundestages, BT-Drucks. 8/3908, S. 76, auch abgedr. bei *Deutler*, GmbH-Novelle, S. 100; *A. Teichmann*, in: GmbH-Reform, S. 87; *Immenga*, BB 1977, 957, 961; *Kühn*, Minderheitsrechte, S. 83; vgl. oben S. 89 f.

Prüfungsverfahren zugrunde gelegt werden, die sich leitbildhaft an §§ 142 ff. AktG und den §§ 51c ff. des Regierungsentwurfes für ein GmbH-Gesetz von 1977 orientieren.

a) „Quasi-Sonderprüfung" im Wege der Zuhilfenahme eines Sachverständigen bei der Ausübung des Rechts aus § 51a GmbHG?

Sowohl durch Ausübung des Auskunfts- und Einsichtsrechts als auch mittels einer Sonderprüfung kann der Gesellschafter sich Informationen über die Gesellschaft beschaffen. Der Gesellschafter kann das Einsichtsrecht aus § 51a Abs. 1 GmbHG auch einsetzen, um die zuvor durch Auskünfte erhaltenen Angaben verifizieren zu können. Auf diese Art lässt sich das Mitgliedschaftsrecht ebenfalls zu Prüfungszwecken nutzen.[255] Bei der Kontrolle im Rahmen einer Sonderprüfung erfolgt die Information des Gesellschafters allerdings nur mittelbar über den Bericht, den der Sonderprüfer abschließend zu erstellen hat. Demgegenüber kann der Gesellschafter sich nach § 51a Abs. 1 GmbHG unmittelbar informieren, indem er sich persönlich Auskünfte vom Geschäftsführer erteilen lässt und selbst Einsicht in Dokumente der Gesellschaft nimmt.[256] Insofern könnte die Sonderprüfung für den Gesellschafter jedenfalls dann attraktiver als das Individualrecht des § 51a GmbHG sein, wenn ihn die persönliche Ausübung des Informationsrechts überfordern würde. Vielen Gesellschaftern wird dazu nämlich, vor allem im Hinblick auf die Wahrnehmung des Einsichtsrechts, die nötige Fachkunde oder – so gerade bei mittelgroßen und großen Gesellschaften – schlicht die Zeit fehlen.[257]

Jedoch könnte sich der Gesellschafter prinzipiell auch im Rahmen der Ausübung des Rechts aus § 51a GmbHG von sachverständigen Dritten unterstützen lassen. Die Beteiligung eines Sachverständigen ist dergestalt denkbar, dass der Gesellschafter ihn als Beistand mit rein beratender Funktion bei der Informationserlangung hinzuzieht oder ihn sogar dazu bevollmächtigt, das Informationsrecht des Mitglieds in dessen Namen als „Vertreter" eigenständig geltend zu machen.[258] Freilich würde es sich bei der zuletzt genannten Form der Unterstützung nicht um Stellvertretung i. S. d. §§ 164 ff. BGB handeln. Die Vorschriften finden nur auf die Abgabe und Entgegennahme von Willenserklärungen unmit-

---

[255] *B. Schneider*, GmbHR 2008, 638, 639; *Karl*, DStR 1995, 940, 941.

[256] Zur Unterscheidung von mittelbarer und unmittelbarer Kontrolle s. S. 56 f.

[257] Dazu *Verhoeven*, WM 1977, 806, 812; vgl. zu der Problematik zudem *Hirte* in FS Röhricht, S. 219; *Saenger*, NJW 1992, 348; ebenso schon *Feine*, S. 508, im Rahmen von Forderungen *de lege ferenda*.

[258] Dazu grundlegend *Saenger*, Beteiligung Dritter im GesellschR, S. 23 ff., 99 f.

telbare Anwendung.[259] Da jedoch die Stellvertretung im BGB umfassend als Vertretung im Willen und in der Erklärung ausgestaltet ist, lässt sich letztendlich nicht bezweifeln, dass im Grundsatz Dritte durch entsprechende Bevollmächtigung auch mit der Ausübung eines Rechts im fremden Namen betraut werden können, selbst wenn dies nicht mit der Ausübung einer Willenserklärung verbunden ist.[260]

Es stellt sich aber die Frage, in welchem Umfang dem Gesellschafter die Zuhilfenahme eines gesellschaftsfremden[261] Dritten bei der Ausübung seines individuellen Informationsrechtes gestattet ist. Die Zulässigkeit einer solchen Mitwirkung ist nicht unproblematisch, weil anders als ein Gesellschafter, den die gesellschaftsrechtliche Treuepflicht gegenüber dem Verband zur Verschwiegenheit in Gesellschaftsangelegenheiten verpflichtet, die zu Informationszwecken eingesetzte dritte Person die berechtigten Geheimhaltungsinteressen der Gesellschaft gefährden könnte.[262] Um zu gewährleisten, dass jeder Gesellschafter das für ihn wichtige Informationsrecht sinnvoll auszuüben vermag, sollen nach heute einhelliger Auffassung dennoch auch ohne Vorliegen besonderer Gründe im Rahmen von § 51a GmbHG sowohl die Hinzuziehung[263] eines Sachverständigen als auch dessen Bevollmächtigung zur eigenständigen Rechtsausübung[264] von der Gesellschaft zu akzeptieren sein. Es muss dann aber so weit wie möglich sichergestellt sein, dass die Hilfsperson keinen unbefugten Gebrauch von den erlangten Informationen machen wird.[265] Dazu soll es zumindest

259 Dazu *Schilken* in Staudinger, Vorbem zu §§ 164 ff BGB (2009) Rn. 16; *Schramm* in MünchKomm BGB, Vor § 164 Rn. 1.

260 *Saenger*, Beteiligung Dritter im GesellschR, S. 23; die übrigen Autoren setzen dies offenbar stillschweigend voraus.

261 Die Unterstützung durch einen Mitgesellschafter ist unter Beachtung der allgemein geltenden Voraussetzungen stets zulässig. Vgl. dazu *Tietze*, S. 20 ff., 24; *Römermann* in Michalski, § 51a Rn. 91; *K. Schmidt* in Scholz, § 51a Rn. 15.

262 *Tietze*, S. 19 f.

263 Allg. Auffassung: grundlegend BGHZ 25, 115, 123; BayObLG, BB 1991, 1589, 1590 (beide aber zur KG); *Tietze*, S. 19; *Saenger*, Beteiligung Dritter im GesellschR, S. 99 f.; *Lutter/Bayer* in Lutter/Hommelhoff, GmbHG, § 51a Rn. 4; *Rodewald* in GmbH-Hdb, Rn. I 1181; *Römermann* in Michalski, § 51a Rn. 103.

264 Ganz h. M., vgl. nur *Karl*, DStR 1995, 940, 942; *von Bitter*, ZIP 1981, 825, 829; *Römermann* in Michalski, § 51a Rn. 85 ff.; *Zöllner* in Baumbach/Hueck, § 51a Rn. 5. Die frühere Rspr., die lange Zeit das Informationsrecht als höchstpersönlich qualifizierte, ließ Vertretung nur in Sonderfällen zu, so etwa BGHZ 25, 115, 122 f.; schon differenzierter OLG Celle, WM 1983, 741, 743; zu dieser Entwicklung *Wohlleben*, S. 61 f., und *Hirte* in FS Röhricht, S. 222.

265 *Saenger*, Beteiligung Dritter im GesellschR, S. 99; *Karl*, DStR 1995, 940, 942; *Roth* in Roth/Altmeppen, § 51a Rn. 15.

genügen, wenn der Sachverständige von Rechts wegen zur Berufsverschwiegenheit verpflichtet ist.[266] Trifft dies auf den vom Gesellschafter ausgewählten Dritten nicht zu, muss dessen Diskretion in ebenso wirksamer Weise, etwa durch eine sanktionsbewehrte Geheimhaltungsverpflichtung, gewährleistet werden.[267] Ist in solch zulässiger Weise in den durch § 51a GmbHG vermittelten Informationsfluss ein gesellschaftsfremder Dritter einbezogen, so lässt sich dieser Form der Geschäftsführungskontrolle – nach dem soeben Gesagten – eine Ähnlichkeit zur Sonderprüfung kaum absprechen.

b) Verbleibende Vorteile des Sonderprüfungsrechts gegenüber § 51a GmbHG

Dennoch lassen sich zahlreiche Vorzüge identifizieren, die das Institut der Sonderprüfung dem einzelnen Gesellschafter sowie dem Gesamtverband im Vergleich zum Individualrecht des § 51a GmbHG zu bieten vermag.

Zunächst muss hervorgehoben werden, dass eine Sonderprüfung, wie bereits die Bezeichnung zu erkennen gibt, eine Prüfung von Sachverhalten beinhaltet, die eine schlichte Informationsvermittlung in quantitativer und qualitativer Hinsicht deutlich übersteigt. Die Tatsachenermittlung und -weitergabe durch den Prüfer bildet regelmäßig nur die erste Stufe einer umfassenden Prüfung, auf deren Grundlage der Prüfer die vertrauenswürdige Beurteilung des ermittelten Sachverhalts vornimmt.[268] Nun steht es dem einzelnen Gesellschafter selbstverständlich frei, eine Person, derer er sich bei der Ausübung des Rechts aus § 51a GmbHG bedient, im Rahmen des zwischen ihnen bestehenden Dienstvertrages, über den eigentlichen Gehalt des § 51a GmbHG hinausgehend, mit der sachkundigen Bewertung der durch Auskunft und Einsichtnahme gewonnenen Informationen zu betrauen. Ein solcher Sachverständiger stünde allerdings immer gewissermaßen im „Lager" des jeweiligen Gesellschafters. Der Sonderprüfer steht dagegen im Dienste der gesamten Gesellschaft. Ihr gegenüber ist er dazu verpflichtet, die Untersuchungen neutral und unparteiisch durchzuführen, wozu er

---

266 OLG Frankfurt am Main, NJW-RR 1994, 498, 499, und BB 1995, 1867, 1868; *K. Schmidt* in Scholz, § 51a Rn. 15, 27; *Koppensteiner* in Rowedder/Schmidt-Leithoff, § 51a Rn. 3; *Hüffer* in Ulmer/Habersack/Winter, § 51a Rn. 17; *Goerdeler* in FS Stimpel, S. 134 f. Weitergehend halten *Tietze*, S. 19 ff., 24, *Trölitzsch/Leinekugel*, Rn. 14, *Schiessl* in MünchHdB GesR III, § 33 Rn. 8, und offenbar auch *von Bitter*, ZIP 1981, 825, 828, dies sogar für eine notwendige Voraussetzung.

267 *Zöllner* in Baumbach/Hueck, § 51a Rn. 25; *Römermann* in Michalski, § 51a Rn. 93, 95 ff.; *Lutter/Bayer* in Lutter/Hommelhoff, GmbHG, § 51a Rn. 4; a. A. die zuletzt in voriger Fn. Genannten.

268 Vgl. S. 7 f.

im Rahmen seiner Bewertung belastende ebenso wie entlastende Aspekte objektiv zu würdigen hat.[269] Der Bericht des Sonderprüfers soll als gute Diskussionsbasis die Gesellschafterversammlung in die Lage versetzen, sachgerecht über zukünftige Maßnahmen, wie vor allem die Erhebung von Schadensersatzklagen, entscheiden zu können. In diesem Zusammenhang wird die Objektivität der Prüfung häufig bereits zur Beilegung von Streitigkeiten unter Mitgesellschaftern beitragen können, indem entweder einzelne von ihnen sich von den Ergebnissen des neutralen Prüfungsberichtes überzeugen lassen oder auf seiner Grundlage die Gesellschafter ihren Konflikt zumindest mit einem Kompromiss, etwa im Wege eines außergerichtlichen Vergleiches, beenden.[270] Sollte die Sonderprüfung keinen derartigen Mediationserfolg befördert haben, birgt die Neutralität des Prüfungsberichts für die Gesellschaft immer noch einen nicht zu vernachlässigenden Vorteil. Durch den Bericht wird nämlich der Sonderprüfer die Beteiligten oft erstmals zuverlässig und objektiv über von ihm identifizierte, die GmbH betreffende Missstände informieren. Deren Vorhandensein wird er zudem mit den – für die Prozessführung – unerlässlichen Beweisen belegen. So erledigt die Sonderprüfung für die Gesellschaft, die regelmäßig selbst in den folgenden Prozessen – etwa gegen den Geschäftsführer – aktivlegitimiert sein wird, bereits den Großteil der Arbeit, die für das Sammeln von Fakten und Beweisen aufgewendet werden muss, um eine Klage vorbereiten und ihre Erfolgschancen abschätzen zu können. Diese Funktionen, Streit zu vermeiden und Gerichtsprozesse für die GmbH angemessen vorzubereiten, vermag der Bericht eines Sachverständigen, der einen einzelnen Gesellschafter bei der Ausübung seines individuellen Informationsrechts unterstützt, nicht zu erfüllen, weil ein solcher Dritter naturgemäß nicht unparteiisch sein wird.

Der in der Praxis bedeutsamste Unterschied besteht aber sicher darin, dass die Kosten einer Sonderprüfung, wie dies unter anderem § 146 Satz 1 AktG[271] bestimmt, in aller Regel von der Gesellschaft und nicht, wie die mit der Ausübung des Rechts aus § 51a GmbHG verbundenen Kosten, von dem die Information begehrenden Gesellschafter selbst zu tragen sind. Dieser Aspekt ist gerade für einen finanziell schwächer situierten Gesellschafter von erheblicher Be-

---

269 Zum Ganzen *Fleischer*, GmbHR 2001, 45, 50; *Peters/Dechow*, GmbHR 2007, 236, 240; *Leinekugel*, GmbHR 2008, 632; vgl. auch *Trölitzsch/Leinekugel*, Rn. 34.

270 Vgl. abermals Nachweise in Fn. 269. Die Streit vermeidende Wirkung einer Sonderprüfung sollte also idealtypischerweise auf die Neutralität des Prüfers zurückzuführen sein. In der Praxis werden die Mitgesellschafter wohl aber häufig dadurch zum Einlenken bewegt, dass sie die Sonderprüfung als Maßnahme von besonderer Schärfe, von der sie starke Beeinträchtigungen für die Gesellschaft befürchten, abwenden wollen. In diesem Sinne z. B. *Leinekugel*, GmbHR 2008, 632.

271 Ebenso wie gem. § 51c Abs. 7 RegE GmbHG 1977.

deutung. Er wird, weil qualifizierte Sachverständige sehr teuer sein können, häufig vor der Beauftragung eines solchen Experten zurückschrecken, obwohl ihm in der Regel erst mit derartiger Unterstützung die sinnvolle Wahrnehmung seines Einsichtsrechts möglich ist.[272]

Zudem reichen Art und Umfang der Informationsmittel, die dem Sonderprüfer zur Untersuchung des Prüfungsgegenstandes zur Verfügung stehen, über das in § 51a GmbHG enthaltene Recht auf Auskunft und Einsichtnahme in die Gesellschaftsunterlagen hinaus. So darf der Sonderprüfer nach § 145 Abs. 1 AktG[273] zusätzlich zur Dokumenteneinsicht alle Vermögensgegenstände der Gesellschaft auch körperlich prüfen, das heißt zum Beispiel Grundstücke, Warenlager oder Produktionsanlagen betreten und in Augenschein nehmen. Der Kreis der dem Sonderprüfer auskunftspflichtigen Personen wird außerdem von § 145 Abs. 2 und 3 AktG[274] deutlich erweitert. Während § 51a GmbHG nur den Geschäftsführer verpflichtet, kann ein Sonderprüfer Auskünfte auch unmittelbar von den Aufsichtsratsmitgliedern und Angestellten der Gesellschaft sowie den Organmitgliedern aller mit ihr verbundenen Unternehmen einfordern.[275] Wie oben beschrieben besteht im Rahmen von § 51a GmbHG zwar kein generelles Rangverhältnis zwischen Auskunfts- und Einsichtsrecht.[276] Dennoch kann in vielen Einzelfällen die Auskunftserteilung als die aus Sicht der GmbH oft schonendere Ausprägung des Informationsrechts Vorrang vor der Einsichtnahme genießen.[277] Auch dieser Aspekt wird aus Sicht eines Minderheitsgesellschafters den Nutzen schmälern, den das Informationsrecht für die Geschäftsführungskontrolle mit sich bringen soll. Beim Erteilen von Auskünften kann der Geschäftsführer nämlich wesentlich besser steuern, welche Informationen der Anteilseigner erhalten soll. In solchen Fällen darf sich der Gesellschafter von der Durch-

---

272 *Fleischer*, GmbHR 2001, 45, 50; *Trölitzsch/Leinekugel*, Rn. 35; ebenso *Verhoeven*, WM 1977, 806, 812; *Peters/Dechow*, GmbHR 2007, 236, 241; *Leinekugel*, GmbHR 2008, 632.

273 Ebenso § 51e Abs. 1 RegE GmbHG 1977.

274 Ebenso § 51e Abs. 2 und 3 RegE GmbHG 1977.

275 Zu diesen Vorzügen der Sonderprüfung für das GmbH-Recht *Peters/Dechow*, GmbHR 2007, 236, 240 f.; *Fleischer*, GmbHR 2001, 45, 50; spiegelbildlich zu den demgegenüber eingeschränkten Informationsmitteln des § 51a GmbHG z. B. OLG Hamburg, GmbHR 2002, 913; *K. Schmidt* in Scholz, § 51a Rn. 17, 26.

276 Oben S. 63 m. N. Wäre das Einsichtsrecht – wie von der in Fn. 80 zitierten abw. Meinung vertreten – sogar subsidiär, böte die Sonderprüfung als Ersatz für das Einsichtsrecht dem Gesellschafter hier einen weiteren Vorteil.

277 ThürOLG, ZIP 2004, 2003 f.; *Wohlleben*, S. 131 ff.; *Lutter/Bayer* in Lutter/Hommelhoff, GmbHG, § 51a Rn. 7.

führung einer Sonderprüfung weniger gefilterte, mithin objektivere Informationen versprechen.[278]

Schließlich ist die Zuhilfenahme Dritter bei Ausübung des individuellen Informationsrechts nicht satzungsfest. § 51a Abs. 3 GmbHG wird dahingehend ausgelegt, dass sich das Verfahren der Informationserteilung im Gesellschaftsvertrag ausgestalten und modifizieren lässt, solange nur der materielle Gehalt des Mitgliedschaftsrechts unberührt bleibt.[279] Demzufolge ist es zulässig, die Hinzuziehung und Bevollmächtigung Sachverständiger bei Auskunft und Einsicht satzungsmäßig einzuschränken oder ganz abzubedingen, zumindest sofern dem Gesellschafter ein sachgemäßer Gebrauch seines Kontrollrechts nicht ausschließlich durch die Unterstützung des Dritten ermöglicht würde.[280] Sollte dagegen das Recht auf Bestellung von Sonderprüfern ganz oder zumindest teilweise satzungsfest sein, womit sich diese Untersuchung noch auseinandersetzen wird,[281] so würde dies Gesellschaftern entscheidend helfen, wenn sie externen Sachverstand einsetzen möchten, obgleich der Gesellschaftsvertrag ihnen dies bei der Ausübung des Informationsrechtes gem. § 51a GmbHG verwehrt.[282]

Zusammenfassend lässt sich festhalten: Nimmt ein Gesellschafter das individuelle Informationsrecht i. S. v. § 51a GmbHG unter Zuhilfenahme eines Sachverständigen wahr, so kann man zwar gewisse Parallelen zwischen einer solchen Rechtsausübung und dem Sonderprüfungsverfahren ausmachen. Jedoch kommt der von einer Gesellschafterminderheit veranlassten Sonderprüfung eindeutig eine eigenständige Bedeutung neben § 51a GmbHG zu. Die Sonderprüfung ist für die Gesellschafter vor allem deshalb attraktiv, weil sie auf Kosten der Gesellschaft erfolgt, nach Art und Umfang besonders variationsreiche Informationsmittel bietet und wegen des objektiven und neutralen Prüfers mediative Wirkung entfalten sowie Schadensersatzklagen der Gesellschaft fachgerecht vorbereiten kann. Zudem wird die Attraktivität des Rechtsinstituts noch dadurch gesteigert, dass die Hinzuziehung eines Dritten im Rahmen von § 51a GmbHG satzungsmäßig abdingbar ist.

---

278 *Peters/Dechow*, GmbHR 2007, 236, 240; ähnlich *Jänig*, S. 29, 201, zur AG.

279 OLG Hamm, ZIP 2000, 1013, 1014; BayObLG, WM 1988, 1789, 1790; *B. Schneider*, GmbHR 2008, 638, 642 f.; *Grunewald*, ZHR 146 (1982), 211, 224 f.; *Hüffer* in Ulmer/Habersack/Winter, § 51a Rn. 69 f.; *K. Schmidt* in Scholz, § 51a Rn. 51.

280 Ganz h. M., z. B. *Saenger*, Beteiligung Dritter im GesellschR, S. 101; *ders.*, NJW 1992, 348, 350; *von Bitter*, ZIP 1981, 825, 828, 830; *Römermann* in Michalski, § 51a Rn. 101, 103; vgl. auch BayObLG, WM 1988, 1789, 1791; *K. Schmidt*, Informationsrechte, S. 25.

281 Vgl. unten S. 310 ff.

282 Ähnlich *Peters/Dechow*, GmbHR 2007, 236, 241.

Teil B: Veranlassung und Gegenstand der GmbH-Sonderprüfung

Dass auch das GmbH-Recht das Rechtsinstitut der Sonderprüfung – zumindest das entsprechende Kollektivrecht der Gesellschafter auf Prüferbestellung – generell anerkennt, ist bereits erläutert worden.[1] Kann aber auch eine Gesellschafterminderheit Sonderprüfungen veranlassen? Nach welchen Kriterien bemisst sich, was Gegenstand einer Sonderprüfung sein darf? Welche weiteren – insbesondere verfahrensmäßigen – Anforderungen an die fehlerfreie Bestellung von Sonderprüfern muss das Initiativorgan beachten und welchen Schranken unterliegt die Prüferbestellung? Im folgenden Teil dieser Untersuchung, der die Einleitung einer GmbH-rechtlichen Sonderprüfung analysiert, sollen diese und die damit zusammenhängenden Fragen geklärt werden. Dazu soll vorwiegend die Rechtslage nach dem Gesetz untersucht werden, die jedenfalls dann Geltung beansprucht, wenn die Satzung zu Sonderprüfungen überhaupt keine Bestimmungen trifft (4. bis 7. Kapitel). Das 8. Kapitel behandelt schließlich die kautelarjuristischen Gestaltungsmöglichkeiten betreffend Sonderprüfungen.

1 Oben S. 76, 79 ff. m. N.

4. Kapitel: Sonderprüfungskompetenzen: Nur Kollektivbefugnis oder zudem Minderheitsrecht?

I. Rechtslage nach dem GmbH-Gesetz: Mehrheitsbeschluss erforderlich

Die Kompetenz des § 46 Nr. 6 GmbHG berechtigt nur die Gesellschafter in ihrer Gesamtheit, eine Sonderprüfung einzuleiten. Wie sämtliche speziellen „Maßregeln" zur Überwachung und Prüfung der Geschäftsführung hat die Einleitung einer Sonderprüfung durch einen Beschluss der Gesellschafter i. S. d. § 47 Abs. 1 GmbHG zu erfolgen.[1] Ein solcher ist gem. § 48 GmbHG regelmäßig in der Gesellschafterversammlung oder alternativ im schriftlichen Abstimmungsverfahren zu fassen.[2] Der Vorgabe des § 47 Abs. 1 GmbHG entsprechend entscheidet dabei die Mehrheit der nach Geschäftsanteilen abgegebenen Stimmen, wobei für die Stimmkraft eines Geschäftsanteils gem. § 47 Abs. 2 GmbHG die jeweilige Beteiligung des Gesellschafters am Stammkapital maßgeblich ist.[3] Demzufolge können die Gesellschafter eine auf § 46 Nr. 6 GmbHG gestützte Sonderprüfung nur durch einen Beschluss der Kapitalmehrheit herbeiführen. Ein Minderheits- oder Individualrecht, das auf Veranlassung einer Sonderprüfung gerichtet wäre, lässt sich ungeachtet früherer Vorhaben des Gesetzgebers aus dem geltenden GmbH-Gesetz nicht ableiten.[4]

---

1 Vgl. dazu bezogen auf die Befugnis aus § 46 Nr. 6 GmbHG oben S. 66 m. N.; konkret zur Sonderprüfung vgl. nur *Leinekugel*, GmbHR 2008, 632, 633; *Peters/Dechow*, GmbHR 2007, 236, 238; *Fleischer*, GmbHR 2001, 45, 47; *Brandner* in FS Nirk, S. 75.

2 Für Zwecke dieser Arbeit ist die Art der Beschlussfassung unerheblich. Im Folgenden soll von dem vom Gesetz angenommenen Regelfall ausgegangen werden, dass der Beschluss im Rahmen einer Gesellschafterversammlung gefasst wird.

3 Zum Beschlussverfahren insgesamt vgl. nur *K. Schmidt*, GesellschR, S. 1095 ff.; *Eickhoff*, Rn. 278 ff.

4 So ausdrücklich z. B. *Heckschen* in Heckschen/Heidinger, § 4 Rn. 114; *K. Schmidt* in Scholz, § 45 Rn. 1, § 46 Rn. 116, § 51a Rn. 4; *Fichtelmann* in HeidelbKomm GmbH-R, § 46 GmbHG Rn. 68.

II. Herleitung eines Minderheitsrechts in Analogie zum Aktienrecht?

Abgesehen davon, dass jeder Gesellschaftsvertrag ein Minderheits- oder Individualrecht vorsehen könnte,[5] ließe sich im Übrigen das Sonderprüfungsrecht zugunsten einer Gesellschafterminderheit allenfalls im Wege der Rechtsfortbildung konstruieren. Insbesondere erscheint es denkbar, dass bereits nach geltendem Recht den Gesellschaftern einer GmbH in Analogie zu § 142 Abs. 2 und 4 AktG entsprechende Minderheitsrechte zustehen. Ist das tatsächlich der Fall, dann müsste auf Antrag einer Gesellschafterminorität, die mit einer qualifizierten Beteiligungshöhe am Stammkapital ausgestattet ist, das Gericht nach vorheriger Ablehnung desselben Antrags durch die Gesellschafterversammlung Sonderprüfer zur Prüfung eines Vorgangs bei der Gründung oder eines nicht über fünf Jahre zurückliegenden Geschäftsführungsvorgangs bestellen, wenn Tatsachen den Verdacht rechtfertigten, dass bei dem Vorgang Unredlichkeiten oder grobe Gesetzes- oder Satzungsverstöße begangen wurden. Dieselbe Minderheit könnte vor Gericht die Ersetzung der von der Gesellschafterversammlung mit Mehrheitsbeschluss bestellten Sonderprüfer erstreiten, wenn Letztere i. S. d. § 142 Abs. 4 AktG für diese Aufgabe ungeeignet wären. Ob sich diese beiden aktienrechtlichen Minderheitsbefugnisse analog auf die GmbH übertragen lassen, ist Gegenstand der nachfolgenden Untersuchung.

1. Voraussetzungen der analogen Anwendung von Aktienrecht auf die GmbH

Damit Vorschriften des Aktiengesetzes analog auf die Gesellschaft mit beschränkter Haftung angewandt werden können, müssen die von der juristischen Methodenlehre entwickelten Voraussetzungen für einen solchen Analogieschluss vorliegen. Die Analogie ist eine Methode der gesetzesimmanenten Rechtsfortbildung, mit deren Hilfe sich Lücken im Gesetz schließen lassen.[6] Ein Analogieschluss erfolgt, indem die für einen bestimmten Tatbestand vom Gesetz vorgesehene Regel auf einen im Gesetz nicht geregelten, „ähnlichen“ Tatbestand übertragen wird.[7] Anlass und Rechtfertigung für jede Analogie bildet die Forderung der Gerechtigkeit, dass Gleichartiges auch gleich behandelt werden muss,

---

5 Vgl. dazu noch unten S. 324 ff.

6 *Engisch*, S. 247; *Pawlowski*, Rn. 453, 476 ff.

7 *Larenz*, Methodenlehre, S. 381.

da die Rechtsordnung sich nicht als widersprüchlich erweisen soll.[8] Wegen des Gleichbehandlungsgrundsatzes regeln und beherrschen daher die hinter einer Vorschrift stehenden Wertungen über den Analogieschluss mittelbar auch ähnlich gelagerte Fälle und Rechtsfragen.[9]

Allgemein ist anerkannt, dass Rechtsfortbildung durch analoge Anwendung von Rechtsnormen das Vorliegen einer Lücke, mithin eine planwidrige Unvollständigkeit[10] des positiven Rechts voraussetzt.[11] Insofern ist im GmbH-Recht die analoge Heranziehung einer aktienrechtlichen Bestimmung nur dann ein methodisch gangbarer Weg, wenn das GmbH-Gesetz eine solche Lücke aufweist, die sich durch den betreffenden Rechtssatz des Aktiengesetzes schließen lässt.[12] Es existieren verschiedene Arten von Lücken, zu deren Feststellung jeweils eigene Anforderungen erfüllt sein müssen. Die analoge Anwendung von Aktienrecht auf die GmbH wird regelmäßig für den Fall von Interesse sein, dass das Regelungsgefüge des GmbH-Gesetzes im Ganzen – und nicht etwa nur eine einzelne Norm – unvollständig ist. Diese Kategorie der Unvollständigkeit des positiven Rechts bezeichnet man als Regelungs- oder Wertungslücke.[13] Jedenfalls die hier interessierende Rechtsfrage, ob das aktienrechtliche Minderheitsrecht auf Veranlassung einer Sonderprüfung im Wege der Analogie auf die GmbH zu erstrecken ist, hängt davon ab, ob im GmbH-Gesetz eine solche Regelungslücke auszumachen ist. Zur Beantwortung dieser Frage gilt es deshalb zu untersuchen, inwiefern sich das Gesamtkonzept des GmbH-Gesetzes hinsichtlich des darin nicht vorgesehenen Minderheitsrechts als unvollständig erweist.

Die planwidrige Unvollständigkeit des Gesetzes lässt sich, wenn eine Regelungslücke in Frage steht, nur unter Rückgriff auf die dem Gesetz immanente Teleologie nachweisen. In der gesetzlichen Regelung klafft eine derartige Lücke, wenn sie an einen Sachverhalt, der in den für die gesetzliche Wertung maßgeblichen Merkmalen mit einem anderen durch eine Vorschrift geregelten Sachverhalt übereinstimmt, gleichwohl nicht dieselbe Rechtsfolge knüpft wie an den geregelten Tatbestand. Dies ist insbesondere der Fall, wenn das Gesetz den

---

8 *Canaris*, Lücken im Gesetz, S. 25, 71 ff.; *Zippelius*, S. 72 f.; *Larenz*, Methodenlehre, S. 381; *Engisch*, S. 249 f.; *Pawlowski*, Rn. 475.

9 *Engisch*, S. 253.

10 Diese Formulierung findet sich bei *Canaris*, Lücken im Gesetz, S. 16, 39; *Larenz*, Methodenlehre, S. 373; auch aufgegriffen von *Bydlinski*, S. 473.

11 BGHZ 183, 169, 177, Rn. 23; *Canaris*, Lücken im Gesetz, S. 25; *Larenz*, Methodenlehre, S. 370; *Pawlowski*, Rn. 461 ff.; *Bydlinski*, S. 473.

12 *Lehmann*, S. 3.

13 *Pawlowski*, Rn. 467 ff.; *Larenz*, Methodenlehre, S. 372; *Zippelius*, S. 65.

Sachverhalt überhaupt nicht erfasst.[14] Die Definition zeigt, dass sich eine Regelungs- oder Wertungslücke nur durch den Vergleich zweier Sachverhalte feststellen lässt, indem man nämlich den geregelten dem ungeregelten Tatbestand gegenüberzustellen hat. Der für den Analogieschluss nötigen Ähnlichkeit der Sachverhalte in ihren wesentlichen Beziehungen bedarf es demzufolge methodisch bereits zur Feststellung einer Regelungslücke und nicht erst zum Zwecke ihrer Ausfüllung mittels Analogie. Lückenfeststellung und Lückenausfüllung fallen hier somit zusammen.[15] Um die Ähnlichkeit der Tatbestände ermitteln zu können, müssen die im Gesetz angelegten Prinzipien, sprich die vom Gesetzgeber mit den maßgeblichen Bestimmungen verfolgten Grundgedanken, herausgearbeitet werden.[16] Zunächst sind dazu durch historische und teleologische Auslegung die Regelungsabsichten und Wertungen zu bestimmen, die der Vorschrift zu Grunde liegen, deren Analogiefähigkeit untersucht wird.[17] Sofern auf eine nicht geregelte Fallgruppe diese Prinzipien oder Wertungen ebenfalls zutreffen und kein Grund ersichtlich ist, der eine Ausnahme rechtfertigen würde, weisen beide Sachverhalte die erforderliche Ähnlichkeit auf, wodurch das Gesetz dann seine Regelungslücke offenbart.[18]

Der Gesetzgeber hat sich seit 1892 in Zurückhaltung im Hinblick auf den Erlass GmbH-rechtlicher Vorschriften geübt. Er verzichtete auf eine abschließende und erschöpfende Kodifikation der Rechtsmaterie zur GmbH und überließ die Lösung der GmbH-rechtlichen Regelungskonflikte lieber den Gesellschaftern, die kraft ihrer vertraglichen Gestaltungsfreiheit selbst diesbezüglich Vorsorge treffen können.[19] Das GmbH-Gesetz bleibt deswegen in vielerlei Hinsicht offen und ergänzungsbedürftig. Da es sich bei der GmbH nach der gesetzlichen Konzeption um eine Kapitalgesellschaft handelt, bietet es sich zwar an, nicht durch das GmbH-Gesetz geregelten Fragen in erster Linie mit Überlegungen zu begegnen, die auf das übrige Kapitalgesellschaftsrecht zurückgreifen.[20] Aller-

---

14 *Lehmann*, S. 7 f.; *Canaris*, Lücken im Gesetz, S. 34 ff.; ähnlich *Larenz*, Methodenlehre, S. 372 f.

15 Dazu grundlegend *Canaris*, Lücken im Gesetz, S. 71 ff.; *Larenz*, Methodenlehre, S. 401; *Zippelius*, S. 65 f.; *Bydlinski*, S. 474; vgl. auch *Lehmann*, S. 8 f.; anders *Engisch*, S. 247 (Fn. 26).

16 *Larenz*, Methodenlehre, S. 381 f.; *Engisch*, S. 250.

17 *Larenz*, Methodenlehre, S. 373.

18 *Larenz*, Methodenlehre, S. 381 f.

19 *Fleischer*, GmbHR 2008, 673 und 675; *ders.*, GmbHR 2008, 1121; ähnlich *Wicke*, MittBayNot 2011, 23, 24.

20 *Saenger* in Saenger/Inhester, Einführung Rn. 43; ähnlich *Hirte*, KapGesellschR, Rn. 1.18; ebenso noch *H. P. Westermann* in Scholz, Einl. Rn. 70; nunmehr etwas zurückhaltender *ders.* in Scholz (11. A.), Einl. Rn. 74.

dings verbietet es sich, solche Unvollständigkeiten schematisch durch die analoge Anwendung des Aktienrechts auszufüllen. Vielmehr bilden GmbH und Aktiengesellschaft zwei völlig eigenständige Erscheinungsformen von Kapitalgesellschaften, weswegen das für eine Analogie nötige Ähnlichkeitsurteil zu den beiden Rechtsformen nicht pauschal, sondern immer nur im Hinblick auf einzelne Rechtsfragen gefällt werden darf. In der Rechtswirklichkeit, die mittlerweile auch dem legislatorischen Leitbild entspricht,[21] dient die GmbH hauptsächlich als Organisationsform für kleine und mittlere Unternehmen mit begrenztem Kapitalbedarf und einer geringen Zahl von Gesellschaftern. Die Rechtsform der GmbH ist vielseitig einsetzbar, aber insbesondere auf die Realstruktur der personalistischen Tätigkeits- und Vermögensgemeinschaft, mithin der Mitunternehmergemeinschaft zugeschnitten.[22] Demgegenüber ist die Aktiengesellschaft als Publikumsgesellschaft konzipiert, an der im Sinne eines „Kapitalsammelbeckens" zumeist eine Vielzahl von Mitgliedern beteiligt ist, welche in der Regel reine Anlageinteressen verfolgen.[23] Deswegen muss – trotz vieler Parallelen in der Struktur dieser beiden kapitalgesellschaftlichen Rechtsformen – die lückenausfüllende Anwendung aktienrechtlicher Grundsätze im GmbH-Recht für jede Einzelfrage eigenständig und sorgfältig begründet werden.[24] Entsprechend den soeben zu Regelungslücken im Allgemeinen erarbeiteten Grundsätzen ist Analogievoraussetzung, dass die einer aktienrechtlichen Vorschrift zugrunde liegende Wertung in Verbindung mit dem Grundsatz der Gleichbehandlung die Ausdehnung des Geltungsbereichs dieser Bestimmung auf die GmbH fordert. Anfangs müssen folglich durch Auslegung die hinter der aktienrechtlichen Norm stehenden, vom Gesetzgeber getroffenen Wertungen und Zwecksetzungen festgestellt werden. Anschließend gilt es zu untersuchen, ob in der aktienrechtlichen Vorschrift ein Rechtsprinzip seinen Niederschlag gefunden hat, das gerade auch im GmbH-Recht Geltung beansprucht. Die Norm lässt sich davon ausgehend

---

21 Dazu *Fleischer*, GmbHR 2008, 1121, 1124: die GmbH-Novelle von 1980 und das MoMiG von 2008 hätten dieses Leitbild gefestigt und bestätigt. Zum gesetzgeberischen Leitbild von 1892 vgl. unten S. 126 f.

22 Zum Ganzen vgl. *Limbach*, S. 87 ff. und passim; *Immenga*, S. 69 ff.; *Fleischer*, GmbHR 2008, 1121, 1122; *Wicke*, MittBayNot 2011, 23, 24 f.; *Kübler/Assmann*, S. 262; *K. Schmidt*, GesellschR, S. 985; *Raiser/Veil*, S. 14; *Wiedemann* I, S. 297; *Schmitz-Herscheidt/Coenen* in Saenger/Aderhold/Lenkaitis/Speckmann, § 6 Rn. 1; *Grziwotz* in MünchHdb GesR III, § 1 Rn. 30 f.; vgl. auch *Hommelhoff*, in: System der Kapitalgesellschaften, S. 26 ff.

23 *Raiser/Veil*, S. 13 f.; *K. Schmidt* in K. Schmidt/Lutter, AktG, Einl. Rn. 2; *ders.*, GesellschR, S. 770 ff.; *Hirte*, KapGesellschR, Rn. 1.18; *Wiedemann* I, S. 297 f.

24 *Lehmann*, S. 2 f.; *Windbichler*, S. 202; *Wicke*, MittBayNot 2011, 23, 26; *Fleischer*, GmbHR 2008, 673, 674; *ders.* in MünchKomm GmbHG, Einl. Rn. 154; *Schäfer* in Bork/Schäfer, Einl. Rn. 32; ähnlich *Ulmer* in Ulmer/Habersack/Winter, Einl. Rn. A 27.

nur dann analog auf die GmbH anwenden, sofern in dem ihr zuzuordnenden Regelungsbereich des GmbH-Organisationsrechts die Interessenlage und deren Bewertung durch den Gesetzgeber die gleichen wie die im Aktienrecht sind und sie nicht etwa einer Eigenart der GmbH entspringen.[25]

Schließlich kann das Schweigen des GmbH-Gesetzes zu einer bestimmten Frage aber auch so zu deuten sein, dass der Gesetzgeber mittels einer abschließenden Regelung die vermisste Rechtsfolge gerade ausschließen wollte. Wenn das Nichtvorhandensein einer Bestimmung einem solchen Plan des GmbH-Gesetzgebers entspricht, was ebenfalls im Wege der Auslegung zu bestimmen ist, liegt keine Regelungslücke vor. Eine Analogie verbietet sich dann.[26]

2. Meinungsstand zur Analogiefähigkeit von § 142 Abs. 2 und 4 AktG im GmbH-Recht

Das methodische Fundament zur Übertragung aktienrechtlicher Regelungen auf die GmbH sollte mit dem soeben Dargestellten angelegt sein. So wendet sich die Untersuchung nun dem hier konkret interessierenden Problem zu, inwiefern sich die aktienrechtlichen Minderheitsrechte auf Bestellung von Sonderprüfern im Recht der GmbH analog anwenden lassen. Wie erläutert wurde,[27] setzt dies voraus, dass das Gefüge des GmbH-Gesetzes eine Regelungslücke aufweist, die sich durch einen Analogieschluss zu § 142 Abs. 2 und 4 AktG ausfüllen lässt. Einige Stimmen im Schrifttum haben sich zwar mit dieser Frage auseinandergesetzt. Die meisten Beiträge äußern sich jedoch nur pauschal oder zumindest sehr knapp. Eine fundierte Analyse der Problematik ist bis heute unterblieben. Dieser Befund lässt ein wenig erstaunen. Es wird einhellig anerkannt, dass wie im Aktienrecht – wenngleich nicht in Analogie dazu – auch in einer GmbH die Mitgliedermehrheit Sonderprüfungen einleiten kann, obwohl das Gesetz dies nicht ausdrücklich bestimmt. Daran anknüpfend drängt sich die Frage doch geradezu auf, ob nicht auch einer Minderheit der GmbH-Gesellschafter ein solches Enquêterecht bereits nach geltendem Recht zusteht – angesichts des Umstands, dass das Aktiengesetz den Aktionären eine solche Befugnis gewährt.

Nur ganz vereinzelt befürworteten Autoren in der Vergangenheit, im GmbH-Recht einen Analogieschluss zum Sonderprüfungsrecht einer Aktio-

---

25 Zum Ganzen *Lehmann*, S. 2 f., 11 f.; *Ulmer* in Ulmer/Habersack/Winter, Einl. Rn. A 27; vgl. allgemein abermals *Larenz*, Methodenlehre, S. 381 f.

26 *Lehmann*, S. 12; *Canaris*, Lücken im Gesetz, S. 44; *Engisch*, S. 241; *Larenz*, Methodenlehre, S. 373 f.

27 Vgl. dazu oben S. 107 ff.

närsminderheit zu ziehen.[28] In jüngerer Zeit vertritt dies in zitierfähigen Veröffentlichungen – soweit ersichtlich – niemand mehr. Vielmehr stößt die analoge Anwendung der in § 142 AktG oder seinen Vorgängerbestimmungen vorgesehenen Minderheitsrechte auf ausdrückliche Ablehnung in der Literatur.[29] Die übrigen Vertreter des Schrifttums, die GmbH-rechtliche Sonderprüfungen thematisieren, bringen dieselbe Haltung zum Ausdruck, indem sie unterstellen, nur die Gesellschaftergesamtheit könne eine Sonderprüfung veranlassen.[30]

Gegen die Analogiefähigkeit von § 142 Abs. 2 und 4 AktG werden hauptsächlich zwei Argumentationslinien vorgetragen. Zum einen stehe dem Analogieschluss der Wille des Gesetzgebers entgegen, zum anderen sei die GmbH hinsichtlich der Minderheitssonderprüfung nicht mit der Aktiengesellschaft vergleichbar. Bereits 1892 habe der GmbH-Gesetzgeber die Kontrolle der Geschäftsführer allein der Gesellschafterversammlung und nicht etwa den Gesellschaftern als Individual- oder Minderheitsrecht zuordnen wollen.[31] Zudem sei bei der Novellierung des GmbH-Gesetzes 1980 das zunächst ins Auge gefasste Vorhaben, ein Individualrecht auf Bestellung von Sonderprüfern zu etablieren, schlussendlich doch fallen gelassen worden.[32] Deswegen beruhe das Nichtvorhandensein des Minderheitsrechts im GmbH-Gesetz auf einer bewussten Entscheidung des Gesetzgebers. Die GmbH weise außerdem nicht die für einen Analogieschluss erforderliche strukturelle Ähnlichkeit mit der Aktiengesellschaft auf. § 142 Abs. 2 und 4 AktG stelle eine spezifisch aktienrechtliche Minderheitenschutznorm dar, deren detaillierte Regelungen nicht zu den rechtlich einfacheren Verhältnissen bei der GmbH passten.[33] Insbesondere bilde die aktienrechtliche Sonderprüfung einen Ersatz dafür, dass den Aktionären kein Einsichtsrecht in die Bücher und Schriften ihrer Gesellschaft zustehe. Im GmbH-Recht bestehe kein Anlass dazu, den einzelnen Gesellschafter neben seinem um-

---

[28] *Wolany*, S. 159; *W. Schmidt* in Hachenburg (6. A.), § 45 Anm. 55 und 55a; unklar *Ebenroth*, Kontrollrechte, S. 62 ff.: dieser äußert sich aber nach dem Erachten des Verf. bloß *de lege ferenda*.

[29] Vgl. in jüngerer Zeit *Fleischer*, GmbHR 2001, 45, 48; *ders.*, RIW 2000, 809, 815; *Peters/Dechow*, GmbHR 2007, 236, 239; *Kirschner*, S. 21; *Trölitzsch/Leinekugel*, Rn. 33; so früher schon *Kühn*, Minderheitsrechte, S. 71 f.; *ders.*, GmbHR 1965, 151, 153; *Lehmann*, S. 72 (Fn. 209); *K. Schmidt* in Scholz (6. A.), Anh. § 51 Rn. 64.

[30] Vgl. oben S. 78 f. (Fn. 152-157).

[31] *Fleischer*, GmbHR 2001, 45, 48; *Peters/Dechow*, GmbHR 2007, 236, 239; *Kühn*, Minderheitsrechte, S. 72; *ders.*, GmbHR 1965, 151, 153; *Lehmann*, S. 72 (Fn. 209); *M. G. Jansen*, Sonderprüfung, S. 104.

[32] *Fleischer*, GmbHR 2001, 45, 48; *Peters/Dechow*, GmbHR 2007, 236, 239; ebenso *Kirschner*, S. 21.

[33] *Lehmann*, S. 72 (Fn. 209); *Kühn*, Minderheitsrechte, S. 72, 84; dagegen *W. Schmidt* in Hachenburg (6. A.), § 45 Anm. 55a.

fassenden individuellen Auskunfts- und Einsichtsrecht gem. § 51a Abs. 1 GmbHG zusätzlich durch ein Minderheitsrecht auf Einsetzung von Sonderprüfern zu begünstigen.[34]

3. Stellungnahme: Analyse der Zulässigkeit eines solchen Analogieschlusses

Diese zunächst gerafft wiedergegebenen Argumente sollen nun auf ihre Stichhaltigkeit hin überprüft werden. Um festzustellen, ob das GmbH-Gesetz die für die Analogie erforderliche Regelungs- oder Wertungslücke enthält, lassen sich die im Abschnitt II. 1. dieses Kapitels erarbeiteten methodischen Maßgaben für die Übertragung von Aktienrecht auf die GmbH nutzbar machen.[35] Es muss demnach ergründet werden, ob das Gesamtkonzept des GmbH-Gesetzes insofern unvollständig ist, als dass es das Minderheitsrecht auf Prüferbestellung planwidrig nicht erfasst.

Dabei gilt es zwei Hauptfragen zu beantworten, auf deren Beantwortung auch die soeben zusammengefasste Argumentation der Literatur abzielt. Erstens: Die Regelungslücke des GmbH-Gesetzes kann nur dadurch nachgewiesen werden, dass sich die Ähnlichkeit derjenigen Prinzipien aufzeigen lässt, die den Regelungsbereich der Sonderprüfung sowohl im Aktien- als auch im GmbH-Recht beherrschen. Sind also die hinter dem aktienrechtlichen Minderheitsrecht des § 142 Abs. 2 AktG stehenden Regelungsabsichten und Wertungen vergleichbar mit dem Kontrollkonzept bei der GmbH, sodass eine rechtliche Gleichbehandlung geboten ist? – Dazu folgen sogleich Ausführungen unter a). Zweitens: Traf womöglich der GmbH-Gesetzgeber eine bewusste Entscheidung gegen die Minderheitssonderprüfung dergestalt, dass ihre Nichtberücksichtigung im GmbH-Gesetz als eine abschließende Regelung und somit nicht als Planwidrigkeit zu deuten ist? – Dazu später unter b).

a) Ähnlichkeit von Interessenlage und gesetzgeberischer Bewertung

aa) Analyse der hinter der Sonderprüfungsbefugnis stehenden Wertungen und Rechtsformvergleich

Bei Aktiengesellschaft und GmbH handelt es sich um Kapitalgesellschaften. In beiden Rechtsformen herrscht der Grundsatz der Fremdorganschaft. Da aber die

---

[34] *Kühn*, Minderheitsrechte, S. 72; so auch *Immenga*, BB 1977, 957, 961; *A. Teichmann*, in: GmbH-Reform, S. 87; *Roitzsch*, S. 161.

[35] Vgl. S. 107 ff.

jeweiligen Anteilseigner das unternehmerische Risiko zu tragen haben, sind sowohl Aktionäre als auch GmbH-Gesellschafter an einer effektiven Kontrolle der Geschäftsführung interessiert.[36] Diese Gemeinsamkeiten sind noch sehr prinzipieller Natur. Gleichwohl rechtfertigen sie es überhaupt erst, dass man für den Fall, in dem sich eine Lücke im Organisationsrecht einer Kapitalgesellschaft offenbart, erwägen mag, diese durch „Zuendedenken" eines gemeinsamen kapitalgesellschaftsrechtlichen Leitbildes zu schließen.[37] Allerdings unterscheiden sich die Strukturen der Verbandsverfassung von Aktiengesellschaft und GmbH sowie die darauf aufbauenden Kontrollkonzepte der beiden Gesellschaftsformen in entscheidenden Bereichen. Eine Analogie setzt aber gerade ein Ähnlichkeitsurteil voraus; sie ist nur in dem Maße statthaft, in dem die Ähnlichkeit vorhanden ist. Zeigen sich etwa in einem Regelungsbereich wesentliche Unterschiede zwischen beiden Rechtsformen, so kann dies die Rechtsfortbildung hindern und unter Umständen sogar einen Umkehrschluss nahe legen.[38] Insofern werden die folgenden Überlegungen zur Vergleichbarkeit der Interessenlagen bei GmbH und Aktiengesellschaft von den hinter §§ 142 ff. AktG stehenden Wertungen und der Funktion der Sonderprüfung innerhalb des aktienrechtlichen Systems der Kontrollmechanismen ausgehen.

Die Organisationsverfassung der Aktiengesellschaft ist durch die vom Gesetz angestrebte Machtbalance zwischen den drei notwendigen Gesellschaftsorganen Vorstand, Hauptversammlung und Aufsichtsrat dergestalt gekennzeichnet, dass keinem der Organe ein Vorrang oder ein rechtliches Übergewicht gegenüber den anderen eingeräumt wird. Durch die Einleitung einer Sonderprüfung wird die gesetzliche aktienrechtliche Zuständigkeitsverteilung durchbrochen. Den Aktionären wird durch §§ 142 ff. AktG insofern die außerordentliche Befugnis[39] eingeräumt, die Verwaltung zu kontrollieren – eine Aufgabe, die primär dem Aufsichtsrat zugeordnet ist.[40]

Dem GmbH-Organisationsrecht liegt dagegen ein hierarchischer Aufbau zugrunde. Als oberstes Organ der GmbH ist die Gesellschafterversammlung – anders als die Hauptversammlung einer Aktiengesellschaft – ohnehin mit umfassender Kontrollbefugnis ausgestattet.[41] Das Sonderprüfungsrecht der Gesellschafter muss demzufolge nicht die übliche Kompetenzverteilung in der GmbH

---

[36] Dazu bereits oben S. 18 und S. 53 ff.

[37] *H. P. Westermann* in Scholz, Einl. Rn. 70; vgl. auch *Saenger* in Saenger/Inhester, Einführung Rn. 43; *Wicke*, MittBayNot 2011, 23, 26.

[38] Vgl. nur *Engisch*, S. 250 f.

[39] Die Außerordentlichkeit der Aktionärskompetenz wird bspw. betont bei *Hüffer*, ZHR 174 (2010), 642, 646; *Bungert/Rothfuchs*, DB 2011, 1677.

[40] Zum Ganzen oben S. 30 f.

[41] Ausführlich dazu oben S. 50 ff.

durchbrechen. Bei ihr besteht wegen der insbesondere durch deren Weisungsrecht vermittelten Allmacht der Gesellschafter auch nicht der für die Aktiengesellschaft typische vertikale Prinzipal-Agenten-Konflikt.[42] Die beiden Kapitalgesellschaften weisen insofern einen wesentlichen Unterschied in ihrer Struktur auf. Dieser Befund erlaubt gleichwohl noch keine Rückschlüsse auf die Analogiefähigkeit des § 142 Abs. 2 und 4 AktG. Er stellt allenfalls die Vergleichbarkeit von Aktiengesellschaft und GmbH hinsichtlich einer durch die Mitgliedermehrheit eingeleiteten Sonderprüfung in Frage, weil die Gesellschaftergesamtheit bei der GmbH zusätzlich zu ihrem umfassenden ordentlichen kein außerordentliches Kontrollrecht mehr benötigt. Die diesbezügliche Verschiedenheit der Rechtsformen spricht nur dagegen, das Institut der Mehrheitssonderprüfung bei der GmbH durch Analogie zu § 142 Abs. 1 AktG herzuleiten, und dafür, wie hier ohnehin vertreten,[43] dieses kollektive Prüfungsrecht der allgemeinen Kompetenz des § 46 Nr. 6 GmbH zuzuordnen. Die Mehrheitssonderprüfung ist in der GmbH nämlich keine außerordentliche Befugnis, auch wenn ihr regelmäßig ein gewisser Ausnahmecharakter innewohnen wird.

Bezüglich der gesetzlichen Wertungen, die die in § 142 AktG enthaltenen Minderheitsrechte auf Bestellung von Sonderprüfern betreffen, bestehen hingegen durchaus Parallelen zwischen Aktien- und GmbH-Recht. Während im Aktienrecht das kollektive Sonderprüfungsrecht in erster Linie dann zum Einsatz gelangen wird, wenn der Aufsichtsrat seiner Überwachungsaufgabe – vermeintlich – nicht gerecht geworden ist,[44] dient das entsprechende Minderheitsrecht vor allem der Bewältigung eines horizontalen Prinzipal-Agenten-Konfliktes.[45] Ein solcher entsteht, wenn sich – vermittelt durch die Stimmenmehrheit in der Anteilseignerversammlung – in der Gesellschaft die stabile Mehrheitsherrschaft eines Gesellschafters oder einer Gesellschaftergruppe etabliert.[46] Den Gefahren entgegenzuwirken, die der Kapitalminderheit durch das Unterworfensein unter den Mehrheitswillen drohen, ist Aufgabe des gesellschaftsrechtlichen Minder-

---

42 *Bea/Thissen*, DB 1997, 787; *Koppensteiner* in Rowedder/Schmidt-Leithoff, § 45 Rn. 15; *Hirte*, KapGesellschR, Rn. 1.29 ff.; *Windbichler*, S. 202; zu dieser Frage vgl. auch oben S. 22 und S. 60.

43 Vgl. oben S. 79 ff.

44 *M. G. Jansen*, Sonderprüfung, S. 15; *Mock* in Spindler/Stilz, § 142 Rn. 1; *Bezzenberger* in Großkomm AktG, § 142 Rn. 6; *Decher*, ebda., § 131 Rn. 12; *Fleischer* in Küting/Weber, § 142 AktG Rn. 12.

45 Zu dieser Funktion des § 142 Abs. 2, Abs. 4 AktG vgl. bereits oben S. 35 m. N.

46 *Hirte*, KapGesellschR, Rn. 1.32; vgl. dazu auch bereits oben S. 25.

heitenschutzes,[47] zu dessen Bestandteilen auch Minderheitsrechte im formellen Sinne – wie jene aus § 142 AktG – zählen.[48] Die Majorisierung eines Verbandes hat für den Minderheitsgesellschafter bei GmbH und Aktiengesellschaft durchaus vergleichbare Konsequenzen. Wenigstens mittelbar sind die Vertreter der Kapitalmehrheit jeweils in der Lage, allein über die Besetzung der Gesellschaftsorgane zu entscheiden und zudem Einfluss auf die laufenden Geschäfte der Gesellschaft zu nehmen.[49] Zudem verfügen aufgrund ihres Einflusses auf die Verwaltung die Mehrheitsgesellschafter regelmäßig über einen Informationsvorsprung gegenüber der Minderheit bezüglich der Gesellschaftsangelegenheiten. Damit die Majorität nicht aus illoyalem Verhalten ungerechtfertigte Vorteile ziehen kann,[50] wird effektiver Schutz der Gesellschafterminorität vor allem durch Beseitigung dieser Informationsasymmetrie vermittelt.

Nur das Aktienrecht stellt aber zu diesem Zweck einer Aktionärsminderheit, die über eine einprozentige Beteiligung am Grundkapital verfügt, das Minderheitsrecht auf Bestellung von Sonderprüfern zur Verfügung. Herrscht im GmbH-Recht etwa eine andersartige Interessenlage? Die Kontrolle der Geschäftsführung erfolgt bei Aktiengesellschaft und GmbH in erster Linie durch die Gesellschaftermehrheit. Bei der GmbH üben die Gesellschafter die Kontrolle unmittelbar gem. § 46 Nr. 6 GmbHG aus. Bei der Aktiengesellschaft findet sie mittelbar über den Aufsichtsrat statt, der wegen der Mehrheitswahl – zumindest auf Anteilseignerseite – sogar ausschließlich mit Vertretern der Aktienmehrheit besetzt sein kann.[51] § 142 Abs. 2 AktG trägt mit der Gewährung des Minderheitsrechts gerade dem Umstand Rechnung, dass die primär zur Einleitung einer Sonderprüfung berufene Aktionärsmehrheit häufig nicht ehrlich an der Aufdeckung von Missständen in der von ihr getragenen und vor allem ihrer Kontrolle unterliegenden Geschäftsleitung interessiert ist;[52] dies liegt vor allem dann nahe, wenn der Mehrheitsaktionär selbst Mitglied eines Gesellschaftsorgans ist. Die Sonderprüfung ist deswegen gerade für die Minderheit als außerordentliches Angriffs-

---

47 Allgemein zur Dogmatik des gesellschaftsrechtlichen Minderheitenschutzes *Wiedemann* I, S. 417 ff., 437 ff.; *K. Schmidt*, GesellschR, S. 466 ff.; monographisch *Roitzsch*, passim.

48 Zur Einordnung von § 142 Abs. 2, Abs. 4 AktG als Minderheitsrechte im formellen, technischen Sinne oben S. 37; zu deren Bedeutung für den Minderheitenschutz *Wiedemann* I, S. 419 f.; *K. Schmidt*, GesellschR, S. 469.

49 Zur GmbH anschaulich *Vorwerk/Wimmers*, GmbHR 1998, 717.

50 Zu denkbaren Einzelfällen des Mehrheitsmissbrauchs vgl. nur *Wiedemann* I, S. 437 ff.

51 Dazu *Raiser/Veil*, S. 163 f.; *Saage*, S. 8; *M. G. Jansen*, Sonderprüfung, S. 15; *Habersack* in MünchKomm AktG (3. A.), § 101 Rn. 8; *Spindler* in Spindler/Stilz, § 101 Rn. 16, 34, 43; vgl. auch *Ebenroth*, Geschäftsführerkontrolle, S. 14 f.

52 *Haager* in Ball/Haager, S. 21; *Habersack* in FS Wiedemann, S. 889.

mittel besonders wertvoll, um die Geschäftsführung effektiv kontrollieren zu können.[53] Im GmbH-Recht ist die Interessenlage sehr ähnlich. Auch hier wäre dem Informationsbedürfnis der Minderheit mit einem Sonderprüfungsrecht besonders stark gedient.

bb) Vergleich der Schutzbedürftigkeit von Minderheitsgesellschaftern bei Aktiengesellschaft und GmbH

Mehrere Gründe sprechen dafür, dass die Mitgliederminderheit in einer GmbH sogar eines stärkeren Schutzes bedarf als diejenige in einer Aktiengesellschaft. Die Gesellschafter einer GmbH sind wegen der auch vom Gesetz intendierten regelmäßig personalistischen Verbandsstruktur viel häufiger gleichzeitig Mitglieder der Geschäftsführung.[54] Jedenfalls ermöglicht das unmittelbare Weisungsrecht i. S. d. § 37 Abs. 1 Fall 2 GmbHG der Mitgliedermehrheit in der GmbH eine intensivere und vielfältigere Einflussnahme auf die Geschäftsleitung, als dies in der Aktiengesellschaft möglich ist.[55] Sie wird vom Vorstand nämlich i. S. v. § 76 Abs. 1 AktG eigenverantwortlich geleitet.[56] Das heißt, der Mehrheitsgesellschafter einer GmbH kann die Geschicke der Gesellschaft unmittelbarer lenken und die Geschäftsführung somit stärker prägen als die Aktionärsmehrheit und das, ohne dabei – wie ein Geschäftsführer – der Gesellschaft gegenüber verantwortlich und strikt auf das Unternehmensinteresse verpflichtet zu sein.[57]

Außerdem kann sich ein GmbH-Minderheitsgesellschafter, wenn er mit der Art der Unternehmensführung nicht einverstanden ist oder sich über sie nur unzureichend informiert fühlt, in den meisten Fällen nur deutlich schwerer der Mehrheitsherrschaft entziehen als ein Minderheitsaktionär. Denn Letzterer ist regelmäßig in der Lage, seine Anteile unkompliziert und zu einem zuverlässig ermittelten Preis über die Börse zu veräußern, sofern die Aktien der Gesellschaft am Kapitalmarkt gehandelt werden.[58] Für GmbH-Geschäftsanteile besteht dagegen kein derartiger freier Markt, wodurch dem Gesellschafter die Lösung von

---

53 So etwa *Fleischer* in Küting/Weber, § 142 AktG Rn. 2.

54 *Hirte*, KapGesellschR, Rn. 3.3; *Raiser/Veil*, S. 441.

55 *Vorwerk/Wimmers*, GmbHR 1998, 717, 718; *Fleischer* in MünchKomm GmbHG, Einl. Rn. 276.

56 Zur Gesellschafterversammlung als „Initiativ- und Entscheidungszentrum“ vgl. oben S. 52 f. m. N. und insgesamt S. 51 ff.

57 So auch *Martens*, GmbHR 1984, 265.

58 *S. H. Schneider*, ZHR 170 (2006), 90, 91, führt die geringe Bedeutung der aktienrechtlichen Sonderprüfung in der Vergangenheit v. a. auch darauf zurück, dass die von einem solchen Enquêterecht profitierenden „kleinen Großaktionäre“ in Konfliktsituationen tendenziell dazu neigen, ihre Beteiligung zu veräußern.

der GmbH – der *exit* – erheblich erschwert wird.[59] Besonders diese faktische Vermögensbindung, die in der Praxis durch Vinkulierungsklauseln im Gesellschaftsvertrag i. S. v. § 15 Abs. 5 GmbHG häufig zu einer rechtlichen Vermögensbindung verstärkt wird,[60] verlangt nach einem stärkeren Schutz für den GmbH-Minderheitsgesellschafter, für den sich die Gesellschaft, an der er beteiligt ist, insofern zu einem „Gefängnis"[61] entwickeln kann.

Ferner ist die Kontrolle der Geschäftsführung, die im Falle der Majorisierung des Verbandes gerade auch als ein Korrektiv funktionieren sollte, in einer Aktiengesellschaft – jedenfalls nach der rechtlichen Konzeption – effektiver ausgestaltet als in einer GmbH. Die Überwachungsaufgabe wird durch den Aufsichtsrat als weisungsfreies Kontrollorgan geradezu institutionalisiert.[62] Anders als die Gesellschafterversammlung der GmbH[63] ist der Aufsichtsrat gem. § 111 Abs. 1 AktG rechtlich dazu verpflichtet, diese Befugnis im Interesse der Gesellschaft – also zugunsten aller Aktionäre – und dauerhaft wahrzunehmen, wenn auch im Umfang abhängig von der wirtschaftlichen Lage des Unternehmens.[64] Zwar haben spektakuläre Praxisbeispiele vor allem aus Großunternehmen gewisse Schwächen der Aufsichtsratsverfassung gerade in Kontrollfragen offenbart, deren Behebung ein wichtiges Anliegen der vor einiger Zeit aufgekommenen *Corporate-Governance*-Diskussion ist.[65] Jedoch interessieren für den Vergleich mit dem Kontrollkonzept bei der GmbH nur die gesetzgeberischen Wer-

---

59 *Immenga*, S. 132 f., 301; *Roth*, in: System der Kapitalgesellschaften, S. 17 f.; *Martens*, GmbHR 1984, 265, 266; *Vorwerk/Wimmers*, GmbHR 1998, 717, 718; ähnlich auch *Mertens*, in: Probleme der GmbH-Reform, S. 108 f.; vgl. zur Immobilität des Geschäftsanteils auch *Raiser/Veil*, S. 414; *Seibt* in Scholz (11. A.), § 15 Rn. 5 ff.

60 *Immenga*, S. 133; *Limbach*, S. 70; zur Vinkulierung vgl. statt aller etwa *Jasper* in MünchHdb GesR III, § 24 Rn. 178 ff.; *Bayer* in Lutter/Hommelhoff, GmbHG, § 15 Rn. 57 ff.; *Rowedder/Bergmann* in Rowedder/Schmidt-Leithoff, § 15 Rn. 161 ff.

61 Diese anschauliche Metapher bemüht *Immenga*, S. 301.

62 Vgl. ähnlich *Raiser*, ZHR 153 (1989), 1, 8 f.

63 Dazu oben S. 66 m. N.; ähnlicher Vergleich – wenn auch zur Frage, ob § 148 Abs. 1 AktG im GmbH-Recht analog gilt – bei *Krieger*, in: GesellschR in der Diskussion, S. 122 f.

64 *Lutter/Krieger*, Aufsichtsrat, Rn. 61 ff., 86 ff.; *Habersack* in MünchKomm AktG (3. A.), § 111 Rn. 18, 44 ff.; *Drygala* in K. Schmidt/Lutter, AktG, § 111 Rn. 6 ff., 22 ff.; *Spindler* in Spindler/Stilz, § 111 Rn. 25 f.; kritisch dazu, ob die Aufsichtsratsverfassung die Kontrollinteressen der Aktionärsminderheit in angemessener Weise zufrieden zu stellen vermag, *Becker*, S. 693.

65 Dazu jeweils m. w. N. im Überblick *Hirte*, KapGesellschR, Rn. 3.154; ausführlich *Lutter*, ZHR 159 (1995), 287 ff.; aus betriebswirtschaftlicher Sicht *Theisen*, AG 1995, 193 ff., insb. 198 f.; *von Werder* in Hommelhoff, Hdb Corporate Governance, S. 3 ff.; zur Entwicklung seit dem KonTraG *Hommelhoff/Mattheus*, AG 1998, 249 ff.

tungen, weniger der rechtstatsächliche Befund. Den Wertungen zufolge ist das System der Geschäftsführungskontrolle durch das Element des obligatorischen Aufsichtsrats nach dem Aktiengesetz von mehr Zuverlässigkeit und Unabhängigkeit geprägt als bei der GmbH. Dieses aktienrechtliche Konzept wird außerdem ergänzt um das Element der Marktkontrolle über Publizitätspflichten und den Börsenkurs.[66]

Alle diese Erwägungen zeigen, dass die Bewertung der Interessenlage, die dem aktienrechtlichen Minderheitsrecht auf Einleitung einer Sonderprüfung vorausgeht, sogar in gesteigertem Maße auf die GmbH zutrifft. Der Kontrollbedarf gerade von nicht an der Geschäftsführung beteiligten – außenstehenden – Mitgliedern ist in der GmbH drängender als in der Aktiengesellschaft, weil sie bei dieser der Mehrheitsherrschaft weitergehender als bei jener ausgeliefert sind. So kann man geneigt sein, die entsprechende, durch Analogie ausfüllbare Regelungslücke des GmbH-Gesetzes im Wege eines sog. *argumentum a minore ad maius*, das heißt eines „Erst-recht-Schlusses“,[67] zu begründen.

cc) Würdigung der Bedeutung des individuellen Informationsrechts gem. § 51a GmbHG

Jedem einzelnen Gesellschafter steht allerdings nach geltendem Recht schon das individuelle, ordentliche Informationsrecht aus § 51a GmbHG zu, das ebenfalls objektiv bezweckt, insbesondere außenstehenden Minderheitsgesellschaftern eine adäquate Überwachungsmöglichkeit einzuräumen.[68] Wie bereits angerissen wurde, wird deswegen von den Analogiegegnern in der Literatur[69] vorgebracht, die Interessenlage des Minderheitsgesellschafters einer GmbH unterscheide sich insofern stark von der einer Aktionärsminorität. Der Anspruch aus § 51a GmbHG unterliegt in der Tat inhaltlich keinen Einschränkungen, sodass man zu dem Urteil gelangen mag, die GmbH-Gesellschafterminderheit benötige nicht zusätzlich zum individuellen Informationsrecht noch ein Minderheitsrecht auf Sonderprüferbestellung. Dann ließe sich eine Wertungslücke des GmbH-Gesetzes kaum mehr aufzeigen.

Diese Untersuchung hat an anderer Stelle allerdings schon die Vorzüge des Sonderprüfungsrechts gegenüber dem schlichten Recht auf Information aus § 51a GmbHG verdeutlicht:[70] So reichen die Prüferbefugnisse nach § 145 Abs. 1 bis 3 AktG erheblich über Auskünfte seitens des Geschäftsführungsor-

---

[66] *Immenga*, S. 133. Allgemein zur Kontrolle durch Märkte bereits oben S. 20 m. N.

[67] Zu dieser Methode *Zippelius*, S. 68 f.; *Larenz*, Methodenlehre, S. 389 ff.; *Canaris*, Lücken im Gesetz, S. 78 ff.; *Schmalz*, Rn. 182.

[68] Vgl. dazu oben S. 63 f.

[69] Vgl. die Nachweise in Fn. 29.

[70] Vgl. oben S. 100 ff.

gans und Einsichtnahmen in die Bücher und Schriften der Gesellschaft hinaus. Die Ausübung des Rechts aus § 51a GmbHG unter Zuhilfenahme eines Sachverständigen belastet den Gesellschafter vor allem bei komplexen Prüfungsgegenständen finanziell empfindlich, während die Sonderprüferkosten stets von der Gesellschaft zu tragen sind, was § 146 Satz 1 AktG für die Gerichtsrevision ausdrücklich bestimmt. Außerdem bezweckt die Sonderprüfung neben der bloßen Informationsvermittlung meist auch eine objektive sachverständige Beurteilung der relevanten Vorgänge und vermag wegen der Neutralität des Sonderprüfers Konflikte vermittelnd zu beeinflussen und diese unter Umständen sogar einem Kompromiss zuzuführen.

Es ließe sich gegen die Vergleichbarkeit der Interessenlagen allenfalls noch argumentieren, der gesamte Minderheitenschutz sei eben bei Aktiengesellschaft und GmbH völlig andersartig konzipiert mit der Folge, dass die gesetzliche Bewertung der Kontrollbefugnisse einer Minderheit bei beiden Rechtsformen sehr unterschiedlich ausgefallen sei.[71] Jedem Aktionär steht nämlich gem. § 131 AktG ein Auskunftsrecht nur in der Hauptversammlung und ausschließlich zu Fragen zu, die einen Gegenstand der Tagesordnung betreffen.[72] Dafür, dass man – im Gegensatz zu § 51a GmbHG – dem einzelnen Aktionär nur ein dermaßen eingeschränktes Informationsrecht gewährt,[73] bietet die Sonderprüfungsbefugnis Aktionären, die das Minderheitsquorum erreichen, einen Ausgleich, durch den sich das Auskunftsrecht schlagkräftig ergänzen lässt.[74] Vordergründig scheint es, als stünden insofern hinter den aktien- und GmbH-rechtlichen Informationsbefugnissen der Verbandsmitglieder verschiedene gesetzgeberische Konzepte und Wertungen. Man könnte meinen, der GmbH-Gesetzgeber habe versucht,

---

71 *Lehmann*, S. 72 (Fn. 209): § 142 Abs. 2 AktG als „spezifisch aktienrechtliche Minderheitenschutznorm".

72 Vgl. dazu statt vieler *Ebenroth*, Auskunftsrecht des Aktionärs, passim; *K. Schmidt*, GesellschR, S. 842 ff. m. w. N.; zur Einordnung in das System aktienrechtlicher Informationsrechte *Groß*, AG 1997, 97 ff.; *Wilde*, ZGR 27 (1998), 423, 440 ff.

73 Zu diesem Vergleich *Hirte*, KapGesellschR, Rn. 4.38; *K. Schmidt*, GesellschR, S. 626; *Immenga*, S. 297 ff.; *Tietze*, S. 3 ff.; *Witte*, ZGR 27 (1998), 151, 158. Nach BayObLG, AG 1996, 180, 181, dient nämlich § 131 AktG nur der angemessenen Ausübung der Mitgliedschaftsrechte in der Hauptversammlung; ebenso *Hüffer*, AktG, § 131 Rn. 1; *Groß*, AG 1997, 97, 100; dazu und zu den Beschränkungen des Auskunftsrechts vgl. z. B. *Decher* in GroßKomm AktG, § 131 Rn. 7 ff.; dagegen kritisch und auch für gemeinnützigen Bezug des Auskunftsrechts i. S. e. „Wächteramtes" für den Verband *Becker*, S. 391 f., 671, 673.

74 *Fleischer* in Küting/Weber, § 142 AktG Rn. 2; *Haager* in Ball/Haager, S. 22; *Ebenroth*, Auskunftsrecht des Aktionärs, S. 133 ff.; ähnlich *Roitzsch*, S. 160 f.; *Kubis* in MünchKomm AktG, § 131 Rn. 155; *Spindler* in K. Schmidt/Lutter, AktG, § 131 Rn. 118; *Zöllner* in KölnKomm AktG, § 131 Rn. 104.

den Informationsbedürfnissen des Minderheitsgesellschafters ausschließlich durch die Schaffung eines sehr weit gefassten individuellen Informationsrechts gerecht zu werden. Demgegenüber sei die Installation des Sonderprüfungsrechts zugunsten der Aktionärsminderheit dem Umstand geschuldet, dass der einzelne Aktionär sich Informationen nur mit Hilfe seines zeitlich, örtlich und thematisch eng begrenzten Auskunftsrechts verschaffen könne. Eine derart unterschiedliche Struktur der Rechtsformen in diesem Regelungsbereich – so ließe sich denken – mag es rechtfertigen, dass eine einprozentige Minderheit der Aktionäre mit ihrem Sonderprüfungsrecht punktuell über effektivere Kontrollbefugnisse als ein GmbH-Gesellschafter verfügt.

Doch eine solche Argumentation greift zu kurz. Dass die Ausübung des ordentlichen Auskunftsrechts des Aktionärs i. S. d. § 131 AktG auf die Hauptversammlung beschränkt ist und zudem inhaltlichen Schranken unterliegt, lässt sich in erster Linie damit begründen, dass die ständige Überwachung der Geschäftsleitung in der Aktiengesellschaft eben dem Aufsichtsrat überantwortet ist.[75] Diesem stehen seinerseits gem. §§ 90 und 111 Abs. 2 AktG sehr umfangreiche Informationsbefugnisse zur Kontrolle des Vorstands zu, die ungefähr denen des Sonderprüfers aus § 145 AktG entsprechen. Sollten diese ordentlichen Überwachungsmechanismen innerhalb der Aktiengesellschaft versagen, eröffnet § 142 Abs. 2 AktG Minderheitsaktionären die Möglichkeit, die Verwaltung einer effektiven außerordentlichen Kontrolle zu unterziehen.[76]

Ein solches außerordentliches Kontrollrecht fehlt außenstehenden GmbH-Gesellschaftern, obwohl das GmbH-Recht zum Zwecke der Verwaltungskontrolle anders als das Aktienrecht auch besonders auf die gemeinnützige Funktion vertraut, die der Ausübung von Informationsrechten durch das einzelne Mitglied innewohnt. Wenigstens reflexartig soll durch die Wahrnehmung seiner Kontrollbefugnis auch der Gesamtverband als Kollektiv profitieren.[77] Zwar ist das Individualrecht der Gesellschafter zur ordentlichen Geschäftsführerkontrolle schon sehr weitreichend. Dies kann es trotzdem nicht rechtfertigen, der Gesellschafterminorität die Sonderprüfung als außerordentliches Kontrollmittel vorzuenthalten. Denn in der Aktiengesellschaft stünden der Minderheit dann – wenn auch nur teilweise – intensivere Überwachungsoptionen zu als in der GmbH. In Letzterer ist die Kontrolle aber gerade Aufgabe der Gesellschafter. Im GmbH-Recht muss der Minderheitenschutz zudem tendenziell stärker ausgeprägt sein,[78]

---

75 *Wohlleben*, S. 21, 32, 67 f., 152; *K. Schmidt*, Informationsrechte, S. 49; *Wilde*, ZGR 27 (1998), 423, 425.

76 Ähnlich *Haager* in Ball/Haager, S. 22; *Jänig*, S. 244; *ders.*, BB 2005, 949.

77 *Wohlleben*, S. 32 f.; *Tietze*, S. 6; vgl. auch *Bunte*, S. 56 ff.

78 So schon *Hachenburg*, LZ 1909, Sp. 15, 24; *Immenga*, S. 132 ff.; *Wiedemann* I, S. 407; *Bunte*, S. 98; ähnlich *Martens*, GmbHR 1984, 265 f.

weil die Beziehungen der Gesellschafter untereinander und zu ihrem Verband bei einer GmbH regelmäßig wesentlich enger als bei einer Aktiengesellschaft sind. Dies verleiht der typischen GmbH gerade den Charakter einer personalistischen Kapitalgesellschaft. Jeder ihrer Gesellschafter möchte in der Regel, anders als ein Aktionär, am unternehmerischen Handeln beteiligt werden. Dies ist aber gefährdet, wenn von vornherein in der Gesellschaft eine feste Abstimmungsmehrheit besteht oder sich diese erst im Laufe der Zeit etabliert. Es besteht dann seitens der außenstehenden Gesellschafter ein erhöhtes Bedürfnis nach Kontrolle der herrschenden Mitgliedermajorität.

Die hinter dem Minderheitsrecht aus § 142 Abs. 2 AktG auf Sonderprüferbestellung stehenden gesetzlichen Wertungen treffen demzufolge – wie oben[79] erläutert – erst recht auf die GmbH zu. Dies gebieten die gegenüber der Aktiengesellschaft gesteigerten Einflussmöglichkeiten der Mehrheit auf die Geschäfte der Gesellschaft bei gleichzeitig schlechteren Lösungsmöglichkeiten eines außenstehenden Gesellschafters. Die prinzipiell bestehende Option, über die gesellschaftsvertragliche Gestaltungsfreiheit satzungsmäßig einen angemessenen Minderheitenschutz zu installieren, kann dafür anders als gesetzliche Befugnisse keinen genügenden Ausgleich bieten. Auch der Schutz durch die Satzung unterliegt nämlich der Disposition einer – wenn auch qualifizierten – Mehrheit. Unentziehbare Veto- oder sonstige Kontrollrechte zugunsten einer Minderheit werden häufig nicht in den Vertrag aufgenommen, weil es den betroffenen Gesellschaftern an juristischen Kenntnissen mangelt oder sie sich in den Verhandlungen – nicht zuletzt wegen ihrer geringeren Beteiligungshöhe – mit einer entsprechenden Forderung nicht durchzusetzen vermögen.[80]

Die bisherige Analyse zeigt, dass Aktiengesellschaft und GmbH in den Regelungsbereichen, denen das Sonderprüfungsrecht zuzuordnen ist, wesentliche Gemeinsamkeiten hinsichtlich der zugrunde liegenden Wertungen und Interessenlagen aufweisen. Es böte sich sogar an, die Wertungen des § 142 Abs. 2 und 4 AktG auf das GmbH-Recht im Wege eines *argumentum a minore ad maius* zu übertragen. Mit diesem Befund ist die erste notwendige Voraussetzung erfüllt, um § 142 Abs. 2 und 4 AktG analog auf die GmbH anwenden zu können.

dd) Konkretisierung und Zusammenfassung der Überlegungen

Damit ist zunächst nur gesagt, dass die Sachverhalte generell eine Ähnlichkeit aufweisen, jedoch noch nicht, wie weit diese reicht. Wie wäre also, ließe sich die Analogie rechtfertigen, die Minderheitssonderprüfung im GmbH-Recht ausgestaltet? Im Grundsatz wären sämtliche in den Vorschriften der §§ 142 ff.

---

79 Vgl. Passage bb), S. 117 ff.

80 Zum Ganzen *Immenga*, S. 133 f.; *Roth*, in: System der Kapitalgesellschaften, S. 18.

AktG enthaltenen Anordnungen auf die GmbH sowie ihre Gesellschafter und Organe entsprechend zu übertragen. Da aber jede Regelungslücke methodologisch möglichst sachgerecht ausgefüllt werden soll, mag es geboten sein, bei der Fortbildung des GmbH-Rechts auf Zwischenlösungen verglichen mit einer vollständigen Analogie zum Aktiengesetz zurückzugreifen. Trotz der generellen Ähnlichkeit der Regelungsbereiche kann aber die andersartige empirische Realstruktur der GmbH in Bezug auf einzelne Aspekte eine abweichende rechtliche Behandlung gebieten.[81]

So steht etwa nach § 142 Abs. 2 und 4 AktG das Antragsrecht Aktionären zu, die gemeinsam relativ zu einem Prozent oder absolut mit einem Nennbetrag i. H. v. 100.000 Euro am Grundkapital der Gesellschaft beteiligt sind. Ein solches Quorum, das Minderheitsrechten im formellen Sinne inhärent ist, verlangt für die Rechtsausübung stets die Überschreitung einer gewissen Erheblichkeitsschwelle. Den Gesellschaftern wird damit eine gegenüber Individualrechten abgeschwächte Befugnis eingeräumt, wodurch der rechtsmissbräuchlichen Wahrnehmung dieser Rechtsposition entgegengewirkt werden soll.[82] Die Absenkung des Minderheitsquorums durch das UMAG hat es Aktionären zwar deutlich erleichtert, eine Sonderprüfung einzuleiten.[83] Bei den für das Aktienrecht typischen großen Publikumsgesellschaften steht diese Befugnis dennoch nur einem Aktionär mit einer nicht völlig unerheblichen Beteiligung oder einem Zusammenschluss nicht weniger Kleinaktionäre zu. Für die GmbH wäre eine solche Schwelle dagegen viel zu niedrig angesetzt. Jüngeren Schätzungen zufolge haben überhaupt nur weniger als dreißig Prozent aller GmbH mehr als zwei Gesellschafter.[84] Es werden allenfalls ganz vereinzelt GmbH existieren, an denen ein einzelner Gesellschafter mit einem Geschäftsanteil von weniger als einem Prozent des Stammkapitals beteiligt ist, sodass das Ein-Prozent-Quorum dem GmbH-Gesellschafter faktisch ein Individualrecht auf Sonderprüfung verleihen würde. Dies widerspräche aber der *ratio legis* des § 142 Abs. 2 und 4 AktG, der dafür eine gewisse Beteiligungshöhe des Antragstellers zur Voraussetzung ma-

---

81 *Fleischer*, GmbHR 2008, 673, 678.

82 *Becker*, S. 23; vgl. auch *Kühn*, Minderheitsrechte, S. 54 f.; *A. Teichmann*, in: GmbH-Reform, S. 62; *Wiedemann* I, S. 419, der daraus folgert, sachlich diene ein solches Minderheitsrecht deshalb nicht dem Minderheitenschutz, sondern begünstige gerade die Mehrheitsmacht. Ebenso *Kühn*, GmbHR 1965, 132, 136.

83 Vgl. oben S. 36 f., 47.

84 So *Fleischer*, GmbHR 2008, 673, 674; vgl. etwa die rechtstatsächlichen Untersuchungen auf lokaler Ebene von *Kornblum/Hampf/Naß*, GmbHR 2000, 1240, 1245, 1249 f., und *Kornblum*, GmbHR 1997, 630, 634, 638.

chen wollte. Insofern bietet es sich an, allenfalls eine Teilanalogie[85] zur aktienrechtlichen Minderheitssonderprüfung zu ziehen. Das erforderliche Minderheitsquorum lässt sich unter Rückgriff auf allgemeine Grundsätze des GmbH-Rechts ermitteln. Die Schwelle für die Ausübung der geregelten GmbH-rechtlichen Minderheitsrechte legen die §§ 50, 61 und 66 Abs. 2 GmbHG einheitlich mit zehn Prozent des Stammkapitals fest.[86] Auch diese Hürde wird zwar von den allermeisten GmbH-Gesellschaftern mühelos überwunden.[87] Einen gewissen Filtereffekt entfaltet sie dennoch. Das Quorum entspricht für die GmbH noch am ehesten der Schwelle des § 142 Abs. 2 und 4 AktG für die Aktiengesellschaft. Demzufolge sollte das Antragsrecht analog § 142 Abs. 2 und 4 AktG in Anlehnung an §§ 50, 61 und 66 Abs. 2 GmbHG[88] nur Gesellschaftern einer GmbH zustehen, die mit mindestens zehn Prozent am Stammkapital beteiligt sind. Neben dieser immer noch leicht zu nehmenden Hürde ist es nicht nur nicht nötig, sondern vielmehr abwegig, zusätzlich noch das auf sehr große Publikumsgesellschaften abzielende absolute Quorum einer 100.000-Euro-Beteiligung am Stammkapital zu übertragen. Eine Minderheit, die zu weniger als zehn Prozent am Stammkapital beteiligt ist, wird diese Schwelle in kaum einer Gesellschaft erreichen, da die meisten Gesellschaften m. b. H. sowieso nur über das Mindeststammkapital von 25.000 Euro verfügen.[89] Abgesehen von dieser Modifikation des Antragsquorums ließen sich die übrigen Voraussetzungen des § 142 Abs. 2 und 4 AktG analog auf die GmbH übertragen, insbesondere die wegen der Außerordentlichkeit der Sonderprüfung gebotenen Anforderungen an das Vorliegen entsprechender Verdachtstatsachen. Auch könnten die Verfahrensvorschriften der §§ 143 bis 146 AktG nahezu vollständig Anwendung finden. Nur im Hinblick auf die strengen Publizitätspflichten des Aktienrechts erscheint auch bezüglich des Verfahrens insofern die Beschränkung auf eine Teilanalogie angebracht.[90]

---

85 Zu dieser Figur bezogen auf das Kapitalgesellschaftsrecht *Fleischer*, GmbHR 2008, 673, 676.

86 *Becker*, S. 23.

87 So auch *Krieger*, in: GesellschR in der Diskussion, S. 123; deswegen den Minderheitsrechten bei der GmbH gegenüber kritisch *Kühn*, Minderheitsrechte, S. 57; *ders.*, GmbHR 1965, 132, 137.

88 Diese Wertung findet sich, allerdings *de lege ferenda*, auch bei *Fleischer*, GmbHR 2001, 45, 53.

89 Exemplarisch dazu *Kornblum/Hampf/Naß*, GmbHR 2000, 1240, 1244, 1249; *Kornblum*, GmbHR 1997, 630, 634, 638; vgl. auch *Grziwotz* in MünchHdb GesR III, § 1 Rn. 29; *Michalski* in Michalski, Syst. Darst. 1 Rn. 175 f.; *Windbichler*, S. 204.

90 Vgl. zur Publizitätspflicht, wenn auch in anderem Zusammenhang, noch unten S. 376.

Demzufolge lässt sich zusammenfassend festhalten: Die Interessenlage und die gesetzgeberischen Wertungen, die den Regelungsbereichen zugrunde liegen, denen sich die Minderheitssonderprüfung zuordnen lässt, verfügen über die nötige Ähnlichkeit für eine analoge Anwendung des § 142 Abs. 2 und 4 AktG auf die GmbH.

b) Maßgeblicher entgegenstehender Plan des historischen Gesetzgebers?

Trotz der zwischen den beiden Rechtsbereichen bestehenden Gemeinsamkeiten ist im Anschluss an diesen Befund schließlich der Frage nachzugehen, ob und inwiefern der Gesetzgeber eventuell durch abschließende Regelungen den Weg einer Analogie zu § 142 Abs. 2 und 4 AktG im GmbH-Recht verschlossen hat. Insoweit ist das Schweigen des Gesetzgebers zu der von einer Gesellschafterminderheit veranlassten Sonderprüfung ausgehend von einer – in erster Linie historischen – Auslegung des Gesetzes zu deuten.[91]

Diese hat vorliegend bei zwei Zeitpunkten anzusetzen, die für die Frage nach der Planwidrigkeit der fehlenden Regelung von Bedeutung sind. Der Gesetzgeber könnte sich schon bei Erlass des GmbH-Gesetzes 1892, ansonsten auch bei dessen umfassender Novellierung im Jahr 1980 bewusst gegen die Aufnahme einer Minderheitssonderprüfung in das positive GmbH-Recht entschieden haben. Ob der Analogiefähigkeit des § 142 Abs. 2 und 4 AktG der Gesetzgeberwille entgegensteht, bedarf der näheren Untersuchung.

aa) Erlass des GmbH-Gesetzes 1892

Wie an anderer Stelle bereits ausgeführt[92] wies das GmbH-Gesetz bei seinem Inkrafttreten 1892 die Überwachung der Geschäftsführer der Gesellschaftergesamtheit zu.[93] Es ist vielfach vertreten worden, insofern habe der Gesetzgeber die Geschäftsführungskontrolle als Regelungsproblem erkannt und mit § 46 Nr. 6 GmbHG dazu eine abschließende Bestimmung erlassen, weswegen noch heute ein Analogieschluss im Bereich der Kontrollrechte ausgeschlossen sei.[94]

Es ist bereits zweifelhaft, ob diese Sichtweise tatsächlich dem damaligen „Willen des Gesetzgebers" entspricht. Bei der Auslegung nach der Entstehungsgeschichte sind prinzipiell die Grundabsichten und Vorstellungen zu berücksich-

---

[91] *Lehmann*, S. 12; *Bydlinski*, S. 475; *Canaris*, Lücken im Gesetz, S. 32 ff.; *Larenz*, Methodenlehre, S. 370, 373 f.

[92] S. 85.

[93] Vgl. abermals Entwurfsbegründung GmbHG 1892, abgedr. bei Deutscher Handelstag (Hrsg.), S. 102 f.

[94] So v. a. *Kühn*, GmbHR 1965, 151, 153; vgl. auch die anderen in Fn. 31 Genannten.

tigen, die in den Beratungen der gesetzgebenden Körperschaften widerspruchslos zum Ausdruck gebracht wurden. Bezüglich konkreter Vorstellungen von einer Norm liefern aber gerade auch Begründungen, mit denen ein Gesetzesentwurf versehen wurde, Anhaltpunkte für den Gesetzgeberwillen.[95] Die Verfasser des 1891 angefertigten Entwurfs zum GmbH-Gesetz begründeten § 46 Nr. 6 GmbHG wie folgt:

> „Das Recht zur Kontrole der Geschäftsführung und die hierzu nöthige Befugniß zur jederzeitigen Revision der Bücher, Schriften und Bestände der Gesellschaft kann im Gesetz nicht den einzelnen Gesellschaftern als solchen eingeräumt werden. Ein solcher Rechtszustand wäre mit einem geordneten Geschäftsgange nicht vereinbar, falls es sich nicht um Gesellschaften mit ganz geringer Mitgliederzahl handelt. [... Es] soll dagegen nach dem Entwurf die Gesammtheit der Gesellschafter über die Ausübung der Aufsicht zu befinden haben.“[96]

Diese Formulierung wendet sich entschieden nur gegen die Gewährung eines ständigen[97] Informationsrechts an jeden einzelnen Gesellschafter. Die Verfasser haben offenbar keine Individualrechte zum Zwecke der *ordentlichen* Geschäftsführungskontrolle schaffen wollen, sondern dazu ausschließlich auf Kollektivbefugnisse vertraut. Eine Bestätigung dafür findet sich in dem kontrastierenden Vergleich mit dem individuellen Kontrollrecht des OHG-Gesellschafters auf Grundlage des damaligen Art. 105 ADHGB, der in der Entwurfsbegründung angestellt wurde.[98] Zu denkbaren *außerordentlichen* Kontrollmaßnahmen durch Gesellschafterrechte für spezielle Fälle, in denen sich bestimmte Verdachtsmomente verdichten, verliert die Entwurfsbegründung kein Wort, obwohl ein solches Rechtsinstitut den Verfassern in Gestalt des Art. 222a ADHGB bekannt war.[99] Außerordentliche Kontrollmaßnahmen vermögen zwar die Verwaltung ebenfalls zu stören. Allerdings dürfen sie nur unter speziellen Voraussetzungen ergriffen werden, sodass der Geschäftsgang durch sie keinen regelmäßigen Beeinträchtigungen ausgesetzt ist. Eine eindeutige Entscheidung gegen das Sonderprüfungsrecht einer Gesellschafterminderheit lässt sich der Begründung des Entwurfes demzufolge nicht entnehmen. Dass das GmbH-Gesetz insgesamt nur einen unvollkommenen Minderheitenschutz entwarf,[100] dürfte sogar eher gegen eine abschließende Regelung sprechen.

---

[95] BVerfGE 54, 277, 297 f.; BGHZ 46, 74, 79 ff.; *Larenz*, Methodenlehre, S. 329; *Bydlinski*, S. 449.

[96] Entwurfsbegründung GmbHG 1892, abgedr. bei Deutscher Handelstag (Hrsg.), S. 102 f.

[97] „jederzeitigen“.

[98] Entwurfsbegründung GmbHG 1892, abgedr. bei Deutscher Handelstag (Hrsg.), S. 102.

[99] Dazu oben S. 15.

[100] *K. Schmidt*, GesellschR, S. 467.

Die Frage kann aber dahinstehen. Unabhängig davon, ob man sich der subjektiven oder der heute herrschenden objektiven Auslegungstheorie anschließen möchte,[101] besteht Einigkeit darüber, dass wegen eines Wandels tatsächlicher Umstände, der Weltanschauungen oder rechtlicher Wertungen die Entstehungsgeschichte von insofern gealterten Gesetzen an Bedeutung verliert. Die historische Auslegung muss sich daran orientieren.[102] Auf diese Weise können sog. „sekundäre" oder „nachträgliche" Regelungslücken entstehen.[103] Es war hier bereits davon die Rede, dass die empirische Realstruktur der GmbH schon von ihrer Einführung an nicht den Erwartungen des Gesetzgebers entsprach, der sich vorstellte die neue Rechtsform werde hauptsächlich – wenn auch flexible – Publikumsgesellschaften hervorbringen.[104] Wegen dieser Fehleinschätzung und gerade angesichts des Umstandes, dass die GmbH eine Neuschöpfung war, deren Entwicklung nicht zuverlässig vorhergesagt werden konnte, handelt es sich bei dem ursprünglichen Text von 1892 um gealtertes Gesetzesrecht. Seiner amtlichen Begründung darf keine zu große Beachtung mehr geschenkt werden.[105] Nur aus diesem Grund ließ sich auch durch Fortbildung des GmbH-Rechts allmählich ein ordentliches individuelles Informationsrecht herausbilden, das allgemein anerkannt war, lange bevor der Gesetzgeber diese Entwicklung durch die Einfügung der §§ 51a f. GmbHG nachvollzog.[106] Dass ein solches Auskunftsrecht dem Willen der Entwurfsverfasser sicherlich stärker widersprach als das Sonderprüfungsrecht einer Minderheit, lässt sich nicht leugnen.[107] Interessanterweise war die Rechtsprechung in diesem Prozess der Rechtsfortbildung schon sehr früh bereit, dem einzelnen Gesellschafter ein außerordentliches unmittelbares Informationsrecht einzuräumen.[108] Aus diesem ging erst in der Nachkriegszeit das ordentliche Auskunftsrecht hervor.[109] Diese Überlegungen bestätigen und veranschaulichen, dass einer analogen Anwendung von § 142 Abs. 2 und 4

---

101 Eindeutig der objektiven Theorie folgend etwa *Engisch*, S. 161 ff.; *Bydlinski*, S. 434 ff.; der subjektiven Theorie zuzuordnen z. B. *Wank*, S. 30, 32 f.; *Enneccerus/Nipperdey*, AT 1, S. 324 ff.

102 *Wank*, S. 31 ff.; *Engisch*, S. 163 f.; vgl. auch *Bydlinski*, S. 451 ff.; ähnlich auch BGHZ 46, 74, 82 ff.

103 *Engisch*, S. 245 f.; *Larenz*, Methodenlehre, S. 379; *Pawlowski*, Rn. 470.

104 Oben S. 85 ff.

105 So auch *Schmidt-Leithoff* in Rowedder/Schmidt-Leithoff, Einl. Rn. 47; *Michalski* in Michalski, Syst. Darst. 1 Rn. 166; allgemein zur von vornherein falschen Einschätzung der Normsituation *Larenz*, Methodenlehre, S. 329.

106 Vgl. dazu grundlegend BGHZ 14, 53 ff., und den anschaulichen Abriss zu den Entwicklungen des Informationsrechts bei *K. Schmidt* in FS 100 Jahre GmbHG, S. 559 ff.

107 So auch *K. Schmidt* in Scholz (6. A.), Anh. § 51 Rn. 64.

108 RG, JW 1898, 15; RGZ 49, 142, 149.

109 *K. Schmidt* in FS 100 Jahre GmbHG, S. 571 f.

AktG die Absichten des Gesetzgebers von 1891/92 nicht entgegenstehen können.

bb) Novellierung des GmbH-Gesetzes 1980

Im Rahmen der historischen Auslegung des GmbH-Gesetzes entfaltet hingegen der Gesetzgeberwille, der die GmbH-Reform von 1980 prägte, viel größeres Gewicht, weil es sich bei der Novelle anders als bei der Ursprungsfassung um ein auch heute noch zeitnahes Gesetz handelt.[110] Wie ist es nun zu werten, dass das Minderheitsrecht auf Bestellung von Sonderprüfern im Regierungsentwurf 1977 noch vorgesehen war und schließlich doch nicht ins Gesetz aufgenommen wurde? Weil der Gesetzgeber mit der Novelle im Gegensatz zu vergangenen Plänen nur noch einen begrenzten Reformzweck verfolgte, kann das Schweigen des Gesetzes in der Fassung von 1980/81 zu irgendeinem Regelungsbereich weiterhin nicht automatisch dahingehend verstanden werden, dass es an einer Regelungslücke fehle.[111] Zwar enthält der novellierte Gesetzestext keine Aussage zur Sonderprüfung; die Materialien hüllen sich zu diesem Rechtsinstitut aber gerade nicht in Schweigen.

Der Begründung des Regierungsentwurfs zufolge bestand Bedarf dafür, dem einzelnen Gesellschafter ein Sonderprüfungsrecht einzuräumen, wie es § 51c RegE 1977 noch vorsah.[112] In der später vom Bundestag beschlossenen Fassung war diese Vorschrift nicht mehr enthalten. Das Parlament hatte sich dem Bericht seines bei dieser Vorlage federführenden Rechtsausschusses angeschlossen, der die ersatzlose Streichung wie folgt begründete:

> „Für die Einführung gesetzlicher Vorschriften über die Sonderprüfung sieht der Rechtsausschuß kein dringendes Bedürfnis. Die Gesellschafter können sich über das in den §§ 51a und 51b geregelte Auskunfts- und Einsichtsrecht alle für sie erforderlichen Informationen beschaffen und sich dabei [...] der Mitwirkung von Sachverständigen bedienen, so daß zusätzliche Regelungen über die Sonderprüfung nicht erforderlich sind [...].“[113]

Indem der Bundestag sich dieser Auffassung anschloss, hat der Gesetzgeber insgesamt diese Begründung in seinen Willen aufgenommen. Aber wie ist sie zu verstehen? Noch der Regierungsentwurf stellte fest, der Entwurf lehne sich an § 142 AktG an. „Weitgehend“ sei zuvor die Auffassung vertreten worden, dass

---

110 *Schmidt-Leithoff* in Rowedder/Schmidt-Leithoff, Einl. Rn. 47; *Michalski* in Michalski, Syst. Darst. 1 Rn. 166; vgl. auch allgemein BVerfGE 54, 277, 298; *Wank*, S. 32 f.

111 *Ulmer* in Ulmer/Habersack/Winter, Einl. Rn. A 60; vgl. zur Entstehung der Novelle zudem oben S. 88 ff.

112 Begr. RegE 1977, BT-Drucks. 8/1347, S. 46.

113 Bericht des Rechtsausschusses des Deutschen Bundestages, BT-Drucks. 8/3908, S. 76; auch abgedr. bei *Deutler*, GmbH-Novelle, S. 100.

diese Bestimmung auf die GmbH analog angewendet werden könne.[114] Davon ausgehend ließe sich annehmen, der Rechtsausschuss wollte mit der Streichung nur die Kreierung einer neuen speziell GmbH-rechtlichen Vorschrift verhindern, ein durch Rechtsfortbildung gewonnenes Sonderprüfungsrecht der Mitgliederminderheit damit aber nicht ausschließen.[115] Dafür mag auch sprechen, dass der Rechtsausschuss offenbar bestrebt war, die Knappheit und Übersichtlichkeit des GmbH-Gesetzes beizubehalten und dazu auf die Festschreibung von in Rechtsprechung und Literatur entwickelten Rechtsgrundsätzen zu verzichten.[116] Möglicherweise war also die Ablehnung der §§ 51c ff. RegE 1977 nur als Entscheidung gegen das Individualrecht auf Sonderprüfung, nicht aber gegen ein entsprechendes Minderheitsrecht zu deuten und als Kritik daran zu verstehen, dass der Entwurf, die Sonderprüfung nicht nur auf Vorgänge der letzten fünf Jahre beschränken wollte.

Dennoch sprechen die besseren Argumente dafür, dass der Gesetzgeber durch die Nichtaufnahme der Sonderprüfung in die Novelle eine abschließende Regelung hat treffen wollen. So hält der Ausschuss in seinem Bericht zwar bloß „Regelungen“ über die Sonderprüfung für „nicht erforderlich“. Dies begründet er aber nicht damit, das Rechtsinstitut könne ohnehin schon aus dem Aktienrecht übertragen werden, sondern er knüpft diese Folgerung an die Unterstellung, dass die Sonderprüfung zusätzlich zu §§ 51a f. GmbHG nicht benötigt werde.[117] Ein noch deutlicherer Beleg für den abschließenden Charakter der Novellierung bezüglich der Sonderprüfung findet sich im allgemeinen Teil des Ausschussberichtes. Der Rechtsausschuss habe Zurückhaltung geübt, sofern die Übertragung aktienrechtlicher Regelungen auf die GmbH in Frage gestanden habe. Wörtlich heißt es weiter:

> „Denn die Regelungen des Aktiengesetzes sind auf die Bedürfnisse einer Kapitalgesellschaft mit meist einer Vielzahl von anonymen Aktionären zugeschnitten und daher nicht ohne weiteres für die Gesellschaft mit beschränkter Haftung mit in der Regel wenigen, nicht selten persönlich verbundenen Gesellschaftern geeignet. [... Der Rechtsausschuss] hält es daher nicht für wünschenswert die strukturellen Unter-

---

114 Begr. RegE 1977, BT-Drucks. 8/1347, S. 46; so schon wortgleich Begr. Referentenentwurf 1969, S. 243; diese Annahme der Entwurfsverfasser („weitgehend wird vertreten“) lässt sich so allerdings nicht verifizieren.

115 Dafür, die Übertragung von Aktienrecht auf die GmbH auch künftig dem Rechtsanwender zu überlassen, hatte zuvor bspw. *Mertens*, in: Probleme der GmbH-Reform, S. 120 f., plädiert.

116 Vgl. Bericht des Rechtsausschusses des Deutschen Bundestages, BT-Drucks. 8/3908, S. 66 f.; auch abgedr. bei *Deutler*, GmbH-Novelle, S. 14.

117 Vgl. Fn. 113 zum vorstehenden wörtlichen Zitat; zur Zweifelhaftigkeit dieser Annahme vgl. bereits oben S. 100 ff. und 119 ff.

schiede zwischen beiden Gesellschaften zu verwischen. Vorschriften aus dem Aktiengesetz werden daher nur übernommen, wenn aufgrund einer gleichgearteten Interessenlage in beiden Gesellschaften auch eine gleichgeartete Regelung gerechtfertigt erscheint."[118]

Wie dieses Zitat zum Ausdruck bringt, hat der Rechtsausschuss Entwurfsvorschriften, die sich an Vorbildern im Aktiengesetz orientierten, stets dann gestrichen, wenn er wegen struktureller Unterschiede der beiden Rechtsformen die Übernahme aktienrechtlicher Rechtsinstitute oder Wertungen für unangebracht hielt. Auch wenn die Analyse im Rahmen dieser Untersuchung zu einem anderen Ergebnis gelangt ist,[119] muss der Rechtsausschuss offenbar davon ausgegangen sein, die Gewährung eines Sonderprüfungsrechts an die Minderheitsgesellschafter passe nicht nur wegen der Existenz von § 51a GmbHG, sondern vor allem auch wegen ihrer meist personalistischen Struktur nicht zur GmbH. Auf Grundlage seiner Erwägungen muss davon ausgegangen werden, dass der Rechtsausschuss das Sonderprüfungsrecht minderheitlich beteiligter Gesellschafter für die GmbH schlechthin ablehnte. Seine Argumente, die Bestandteile des Gesetzgeberwillens geworden sind, sprechen nämlich nicht etwa nur gegen eine Kodifizierung der Befugnis im GmbH-Gesetz, sondern ebenso gegen deren Herleitung im Wege der Analogie.

Der Gesetzgeber intendierte 1980 demnach, eine abschließende Regelung gegen die Gerichtsrevision im GmbH-Recht zu treffen. Gleichwohl muss wiederum geprüft werden, ob in der Zeit seit der GmbH-Novelle erneut eine nachträgliche Regelungslücke entstanden ist. Der Gesetzgeber versagte aber der GmbH die Sonderprüfung gerade unter Zugrundelegung korrekter Vorstellungen von ihrer empirischen Realstruktur. Ihm waren damals alle Umstände bewusst, die es – nach der hier vertretenen Auffassung – gebieten, auch im GmbH-Recht einer Minderheit die Prüferbestellung zu gestatten. Entscheidende tatsächliche Veränderungen in den maßgeblichen Verhältnissen haben bezogen auf die GmbH in den letzten dreißig Jahren nicht stattgefunden.

Ein Wandel in allgemeinen gesellschaftsrechtlichen Anschauungen könnte allerdings durch die breit geführte *Corporate-Governance*-Diskussion eingetreten sein. Durch sie sind perspektivenreiche Untersuchungen zu den Problemen überkommener Organisationsstrukturen und Kontrollmechanismen hinsichtlich ihrer Effizienz angestoßen worden. Mit solchen Fragen beschäftigte sich neben

---

118 Bericht des Rechtsausschusses des Deutschen Bundestages, BT-Drucks. 8/3908, S. 67; auch abgedr. bei *Deutler*, GmbH-Novelle, S. 14 f.; bereits ähnlich skeptisch zur Übernahme aktienrechtlicher Regelungen die Stellungnahme des Bundesrates, BR-Drucks. 404/77, S. 2, ebenfalls abgedr. bei *Deutler*, GmbH-Novelle, S. 11 f.; vgl. zum Ganzen auch *Fleischer*, GmbHR 2008, 673, 675.

119 Zur Vergleichbarkeit der Interessenlagen s. oben S. 113 ff., insb. S. 122 ff.

der Betriebswirtschaftslehre aus der juristischen Perspektive heraus allerdings in erster Linie die Aktienrechtswissenschaft. Auch durch derartige Impulse befördert vollzog sich mit dem UMAG, das die Minderheitssonderprüfung als Kontrollinstrument deutlich aufwertete, zudem ein positiv-rechtlicher Wandel. Die durch die *Corporate-Governance*-Debatte angestoßene Entwicklung ist aber wenig greifbar und sie gibt nur eine grundsätzliche Tendenz wieder, wonach verstärktes Interesse daran besteht, die unternehmensinterne Kontrolle zu effektuieren. Das gilt zwar auch für die Rechtsform der GmbH, ist aber kein klar zu verortendes und deswegen überhaupt kein hinreichendes Argument dafür, dass die Bindungswirkung der demokratisch legitimierten Gesetzgeberentscheidung von 1980 gegen die Minderheitsbefugnis nunmehr entfallen wäre.

Ein entscheidender „Wandel in den Anschauungen" hätte womöglich mit der Einführung der SPE verbunden sein können, sofern deren Anteilseignern, wie noch vom ursprünglichen Verordnungsvorschlag der Kommission vorgesehen,[120] tatsächlich ein Minderheitsrecht auf Sonderprüfung neben dem allgemeinen Informationsrecht eines jeden Gesellschafters zugestanden worden wäre. Dadurch wäre das Normumfeld des GmbH-Gesetzes schließlich dann doch entscheidend verändert worden. Eine Situation wäre entstanden, die der Novellengesetzgeber nicht hätte vorhersehen können, sodass die damalige Gesetzgeberentscheidung die Rechtsfortbildung nicht mehr hätte hindern müssen.[121] Es wäre nämlich kaum zu rechtfertigen, wenn nur bei einer von dann zwei in Deutschland wählbaren „kleinen" Kapitalgesellschaftstypen ein Minderheitsrecht auf Sonderprüfung vorgesehen wäre, obwohl in beiden Rechtsformen ein ähnlich weitreichendes individuelles Informationsrecht bestünde. Die SPE-Verordnung ist noch im Vorschlagsstadium gescheitert.[122] Der Zeitpunkt, zu dem möglicherweise erneute Verhandlungen aufgenommen werden, ist derzeit völlig ungewiss. Dadurch, dass die letzten Kompromissvorschläge für das SPE-Statut aus den Jahren 2009 und 2011 keine Vorschrift zum Sonderprüfungsrecht mehr beinhalteten, ist zudem die Wahrscheinlichkeit sehr gering, dass eine in der Zukunft irgendwann vielleicht einmal verabschiedete SPE-Verordnung eine solche Befugnis wieder enthalten wird.[123]

Demzufolge verbleibt es bei dem vorstehend erarbeiteten Ergebnis, dass der Wille des GmbH-Gesetzgebers von 1980 einer analogen Anwendung von § 142 Abs. 2 und 4 AktG entgegensteht.

---

120 Vgl. dazu oben S. 93 ff.

121 Zu einem solchen Einfluss des EU-Rechts *H. P. Westermann* in Scholz, Einl. Rn. 69.

122 Nach *H. P. Westermann* in Scholz, Einl. Rn. 69, könnten sogar Wertungen aus erst im Entwurf vorliegendem EU-Recht auf das Recht der GmbH übertragen werden.

123 Vgl. dazu schon oben S. 95.

III. Fazit: Einführung des Minderheitsrechts *de lege ferenda* wünschenswert

Im Ergebnis ist festzuhalten, dass sich auch durch analoge Anwendung der entsprechenden aktienrechtlichen Vorschriften kein Minderheitsrecht von GmbH-Gesellschaftern auf Einsetzung einer Sonderprüfung herleiten lässt. Das Regelungsgefüge des GmbH-Gesetzes weist wegen der erläuterten bewussten Entscheidung des Novellengesetzgebers von 1980 keine Wertungslücke auf, die sich durch Analogie zu § 142 Abs. 2 und 4 AktG ausfüllen ließe. Es bleibt jedoch die Entwicklung der nächsten Jahre abzuwarten. Das Gesellschaftsrecht ist einem steten Wandel unterworfen. Wie angerissen wurde, könnte sich eine Veränderung im Normumfeld des GmbH-Gesetzes theoretisch durch Inkrafttreten einer neu konzipierten SPE-Verordnung vollziehen. Räumte diese – wider Erwarten – doch einer Gesellschafterminderheit ein Sonderprüfungsrecht ein, stünde wegen der dadurch stark geänderten Verhältnisse der Gesetzgeberwille von 1980 einer Analogie zu § 142 AktG oder etwa auch zur SPE-Verordnung wahrscheinlich nicht mehr entgegen. Aktuell lässt sich ein solches Minderheitsrecht für die GmbH aber nicht durch gesetzesimmanente Rechtsfortbildung begründen. Eine gesetzesübersteigende, freie Rechtsfortbildung *contra* oder *extra legem*[124] kommt für die vorliegende Frage ersichtlich nicht in Betracht.

Jedoch hat die vergleichende Untersuchung zu Interessenlagen, Wertungen und Strukturen, die den Kontrollkonzepten der Kapitalgesellschaften zugrunde liegen, ergeben, dass es – verglichen mit dem Aktienrecht – im Recht der GmbH mindestens ebenso angebracht wäre, eine qualifizierte Mitgliederminderheit mit dem Sonderprüfungsrecht auszustatten.[125] Die zahlreichen Vorzüge der Sonderprüfung gegenüber anderen Informationsinstrumenten sowie ihr praktischer Nutzen sind bereits an anderer Stelle herausgearbeitet worden.[126] Vor diesem Hintergrund wird deutlich, dass insofern das GmbH-Gesetz, wenn schon keine Regelungslücke im Sinne der Methodenlehre, so doch eine „rechtspolitische Lücke“ offenbart. Diese lässt sich nur *de lege ferenda* durch den Gesetzgeber schließen. Im Unterschied zum Individualrecht des § 51a GmbHG böte es sich an, das Sonderprüfungsrecht nur einer zehnprozentigen[127] Gesellschafterminderheit zu gewähren. Auf diese Weise ließe sich die Intensität der den Gesellschaftern zukommenden Rechtsmacht anhand ihrer Beteiligungshöhe angemessen

124 Dazu *Larenz*, Methodenlehre, S. 366 ff., 413 ff.; *Engisch*, S. 271 ff.
125 Oben S. 117 ff.
126 Oben S. 100 ff.
127 Zur Herleitung dieser Zehn-Prozent-Schwelle vgl. oben S. 122 ff.

abstufen.[128] Denn es konnte bereits nachgewiesen werden, dass das Sonderprüfungsrecht in mehrfacher Hinsicht das individuelle Informationsrecht an Reichweite übertrifft und somit nicht unbedingt jedem ganz gering beteiligten Gesellschafter allein zustehen sollte. Entsprechende Vorschläge an den Gesetzgeber wurden im Schrifttum bereits mehrfach unterbreitet,[129] freilich ohne sich bisher durchsetzen zu können.

128 Ein ähnlicher Gedanke findet sich bei *Mertens*, in: Probleme der GmbH-Reform, S. 113. Dies wurde oben bereits angesprochen: vgl. S. 89 f.

129 Z. B. *Fleischer*, GmbHR 2001, 45, 49 f., 53; *ders.* in Küting/Weber, § 142 AktG Rn. 64; *Peters/Dechow*, GmbHR 2007, 236, 239 ff.; sogar für Individualrecht *Ebenroth*, Kontrollrechte, S. 62 ff.

5. Kapitel: Zulässiger Inhalt des Sonderprüfungsbeschlusses

Die Einleitung der GmbH-rechtlichen Sonderprüfung erfolgt nach dem bereits Gesagten, indem die Gesellschafter einen entsprechenden Beschluss fassen. Es gilt insofern zu erörtern, welche inhaltlichen Anforderungen das GmbH-Recht an einen solchen Sonderprüfungsbeschluss stellt, aber auch welche Freiräume und Möglichkeiten das Recht den GmbH-Gesellschaftern im Hinblick auf den Gegenstand der Beschlussfassung zubilligt. – Aber was ist eigentlich gemeint, wenn vom „Inhalt" eines (Sonderprüfungs-) Beschlusses gesprochen wird? Es ist zunächst festzuhalten, dass das Ergebnis der kollektiven Willensbildung im Wege eines Beschlusses immer nur in der kollektiven Bejahung oder Ablehnung eines Beschlussantrages bestehen kann. Die Aussage eines Gesellschafterbeschlusses ergibt sich demnach stets aus der Kombination von vorausgegangenem Beschlussantrag und dem Beschlussergebnis, bei dem es sich – wie hier verstanden – entweder um ein „ja" oder ein „nein" zu dem jeweiligen Antrag handelt.[1] Insofern determiniert der Inhalt eines jeden Antrags, der in der Gesellschafterversammlung zur Abstimmung gestellt wird, bereits den in Betracht kommenden Sachgehalt des zu fassenden Beschlusses.[2] Dieser Abschnitt trifft somit im Rahmen der Analyse zulässiger Inhalte des Sonderprüfungsbeschlusses mittelbar ebenfalls Aussagen zu den inhaltlichen Möglichkeiten eines Sonderprüfungsantrags.

Vor der Durchführung einer Sonderprüfung sind zwei inhaltliche Festlegungen zu treffen. Es muss zum einen über den Prüfungsgegenstand befunden werden. Damit ist gemeint, dass die Gesellschafter zu bestimmen haben, welche Fragestellung oder welches Thema im Rahmen der Sonderprüfung untersucht werden soll. Zum anderen muss mindestens eine bestimmte Person mit den Aufgaben des Sonderprüfers betraut werden.

Eine Sonderprüfung kann schon der Sache nach nicht schlechthin, das heißt isoliert von ihrem Thema, angeordnet werden, sondern sie muss sich immer mit einer konkreten Fragestellung befassen. Jedenfalls die Festlegung des Prüfungsgegenstandes hat folglich zwingend in dem durch § 46 Nr. 6 GmbHG gebotenen Beschluss der Gesellschafter zu erfolgen.[3] Ob der Sonderprüfungsbeschluss stets

---

1 *Zöllner* in FS Lutter, S. 822 f.; vgl. auch *ders.*, Stimmrechtsschranken, S. 12 f.

2 *Casper* in FS Hüffer, S. 114.

3 Zur Erforderlichkeit eines Beschlusses bei Maßnahmen nach 46 Nr. 6 GmbHG vgl. bereits oben S. 66; dazu ferner *Koppensteiner* in Rowedder/Schmidt-Leithoff, § 46 Rn. 34; *Jaeger* in Oppenländer/Trölitzsch, § 19 Rn. 7; *Leinekugel*, GmbHR 2008, 632, 633; außerdem die in Kapitel 3, Fn. 99 Genannten. Im Aktienrecht kann der Prüfungsgegen-

auch den Sonderprüfer bestimmen muss, wird demgegenüber – jedenfalls in der Aktienrechtswissenschaft – kontrovers diskutiert. Den tauglichen Gegenständen einer Sonderprüfung wird sich die Arbeit sogleich zuwenden (I.). Auch auf die Möglichkeiten, das Prüfungsthema nachträglich zu verändern, soll kurz eingegangen werden (II.). Die Frage, ob die Gesellschafterversammlung neben dem Prüfungsgegenstand auch eigens über die Person des Sonderprüfers zu befinden hat und ob diese Auswahl immer gleichzeitig mit der Themenfestlegung erfolgen muss, ist ebenfalls im Rahmen dieses Abschnitts zu untersuchen (III.). Auf die einzelnen Eignungskriterien, die ein Sonderprüfer erfüllen muss, und auf die mit dessen Auswahl zusammenhängenden konkreten inhaltlichen Fragen wird dagegen erst im 9. Kapitel zurückzukommen sein.[4]

I. Taugliche Gegenstände einer GmbH-Sonderprüfung

1. „Tauglichkeit" des Prüfungsgegenstandes als rechtliche Kategorie

Zu welchen Themen soll die Gesellschafterversammlung nun eine Sonderprüfung einleiten können? Mit welchen Problemstellungen darf sie den oder die Sonderprüfer befassen? Die Antwort auf diese Fragen hat die „tauglichen" – oder „zulässigen" – Gegenstände der GmbH-rechtlichen Sonderprüfung zu benennen. Die Tauglichkeit einer Thematik für eine Sonderprüfung bedeutet, dass diese generell diejenigen positiven materiellen Anforderungen erfüllt, die das GmbH-Recht an den Gegenstand des Sonderprüfungsbeschlusses der Gesellschafter – und somit bereits an den des vorgelagerten Beschlussantrags – stellt.

Im Aktienrecht ist die Beschreibung der zulässigen Gegenstände einer Sonderprüfung von immenser Bedeutung und weckte – anders als im GmbH-Recht – immer wieder das Interesse der Rechtswissenschaft.[5] Das ist darauf zurückzuführen, dass die Hauptversammlung nur über enumerativ begrenzte Kompetenzen verfügt und die Aktionäre vor dem Hintergrund der aktienrechtlichen Zuständigkeitsordnung auch nur ausnahmsweise, wenn nämlich bestimmte Voraussetzungen erfüllt sind, zur Kontrolle der Verwaltung berufen sein sollen. Entscheidungen über Geschäftsführungsfragen dürfen sie allenfalls nach Maßgabe

stand ebenfalls nur durch Hauptversammlungsbeschluss festgelegt werden: beispielhaft dazu *Spindler* in K. Schmidt/Lutter, AktG, § 142 Rn. 26.

4 Unten S. 329 ff.

5 Vgl. insb. die ausführlichen Untersuchungen von *Jänig*, S. 201-244; *ders.*, Wpg 2005, 761 ff.; *Kirschner*, S. 23-46; *Habersack* in FS Wiedemann, S. 897-904, jeweils m. w. N.

des § 119 Abs. 2 AktG treffen.[6] Die aktienrechtliche Literatur bezeichnet einen Prüfungsgegenstand als „untauglich“, wenn er nicht den speziellen Anforderungen des § 142 Abs. 1 Satz 1 AktG genügt. Der Sonderprüfungsbeschluss der Hauptversammlung zu einem in diesem Sinne untauglichen Gegenstand ist nach den Grundsätzen des Beschlussmängelrechts materiell, das heißt aus inhaltlichen Gründen, fehlerhaft, nach überwiegender Auffassung sogar nichtig.[7]

Den GmbH-Gesellschaftern stehen hingegen nicht nur bestimmte einzelne Befugnisse zu, sondern – weit über ihre Aufsichtskompetenz hinausgehend – sind sie als Mitglieder des obersten Verbandsorgans insgesamt allzuständig.[8] So wird es wenig Sachverhalte geben, zu denen die Gesellschafter schlechthin keine Prüfung durch sachverständige Personen beschließen könnten. Jedoch lassen sich bei weitem nicht alle diese Prüfungen als Sonderprüfungen bezeichnen. Deshalb muss die Sonderprüfung in diesem Kapitel aus GmbH-rechtlicher Perspektive auch terminologisch eine weitere Schärfung erfahren. Ein bestimmter Prüfungsgegenstand erweist sich nach dem soeben skizzierten Verständnis folglich immer dann als „untauglich“ für eine Sonderprüfung, wenn der Beschluss entweder – wie im Aktienrecht – schon allein wegen der Wahl des Themas fehlerhaft wäre oder aber auch wenn die Prüfung einer derartigen Fragestellung zumindest begrifflich keine Sonderprüfung mehr darstellen würde. Mit der Kategorie des „untauglichen“ Prüfungsgegenstandes sind folglich im GmbH-Recht weniger scharf umrissene Rechtsfolgen verbunden als im Aktienrecht. Vielmehr fallen diese einerseits differenzierter aus, sind andererseits aber auch von geringerer Bedeutung für die Praxis. Im Folgenden wird zunächst eine vertiefende Begriffspräzisierung in Bezug auf die Sonderprüfung im GmbH-Recht vorzunehmen sein, die die Grundlage für die anschließende fundierte Systematisierung und Fallgruppenbildung hinsichtlich tauglicher Prüfungsgegenstände bereiten soll.

Die Tauglichkeit eines Prüfungsgegenstandes besagt nur, dass die Untersuchung dieses Themas mit einer Sonderprüfung *prinzipiell* möglich ist. Der Beschluss kann aus vielerlei Gründen dennoch eine materielle Fehlerhaftigkeit aufweisen, vor allem wenn er im Einzelfall gegen allgemeine oder besondere Beschlussschranken verstößt. Darunter fallen etwa Beschlüsse, die auf treuwid-

---

6 Zum Ganzen schon oben S. 30 f. und 14, jeweils m. N.

7 So, mit der Begründung, die Kompetenzverteilung gehöre zum Wesen der AG i. S. v. § 241 Nr. 3 AktG, *Schröer* in MünchKomm AktG, § 142 Rn. 51; *Spindler* in K. Schmidt/Lutter, AktG, § 142 Rn. 33; *Bezzenberger* in Großkomm AktG, § 142 Rn. 36; *Mock* in Spindler/Stilz, § 142 Rn. 88; abweichend z. B. noch *Hefermehl* in Geßler/Hefermehl/Eckardt/Kropff, § 142 Rn. 4; zu den Fehlerfolgen im GmbH-Recht vgl. auch unten S. 277 ff.

8 S. 50 ff.

riger, insbesondere rechtsmissbräuchlicher Stimmabgabe beruhen. Die Grenzen zwischen positiven materiellen Voraussetzungen und den inhaltlichen Schranken eines Beschlusses verlaufen allerdings fließend. Gerade, wenn im Folgenden spezielle Fallgruppen von Prüfungsgegenständen beleuchtet werden, kann auf die Berücksichtigung von Beschlussschranken bereits in diesem Zusammenhang häufig nicht verzichtet werden.[9]

2. Ausgangspunkt: Prüfung und Überwachung der Geschäftsführung

a) Begriff der „Geschäftsführung" i. S. v. § 46 Nr. 6 GmbHG

Wie hier vertreten bildet die Sonderprüfung ein Kontrollinstrument, das die Gesellschafter als spezielle „Maßregel zur Prüfung und Überwachung der Geschäftsführung" i. S. v. § 46 Nr. 6 GmbHG einzusetzen vermögen. Die Analyse der in Betracht kommenden Gegenstände einer GmbH-Sonderprüfung muss ihren Ausgangspunkt am Wortlaut dieser Norm nehmen. Die (Sonder-) Prüfungskompetenz steht den Gesellschaftern bezogen auf die „Geschäftsführung" zu. Dieser Begriff kann sowohl institutionell als auch funktionell verstanden werden;[10] beide Wortbedeutungen hängen dabei allerdings eng miteinander zusammen. In institutioneller Hinsicht wird „Geschäftsführung" von der Literatur gelegentlich als ein Synonym für sämtliche Geschäftsführer der Gesellschaft in ihrer Gesamtheit verwendet, mithin für das Geschäftsführungsgremium der GmbH.[11] Insofern sprechen viele Autoren davon, § 46 Nr. 6 GmbHG regele die Überwachung der *Geschäftsführer*.[12] Die hauptsächliche Aufgabe der Geschäftsführer besteht – wie sich indirekt aus § 37 Abs. 1 GmbHG und aus ihrer Bezeichnung als „Geschäftsführer" ergibt – darin, die Geschäfte der Gesellschaft zu führen,[13] das heißt in der *Geschäftsführung* im funktionellen Sinne. Dabei

---

9 Vgl. zu den Schranken des Sonderprüfungsbeschlusses im Allgemeinen erst unten S. 276 ff.

10 Ähnliche Differenzierung z. B. bei *U. H. Schneider*, AG 2008, 305, 306.

11 Vgl. nur *Wiedemann* I, S. 341.

12 Z. B. *Hüffer* in Ulmer/Habersack/Winter, § 46 Rn. 80; *Bayer* in Lutter/Hommelhoff, GmbHG, § 46 Rn. 30; *Fichtelmann* in HeidelbKomm GmbH-R, § 46 GmbHG Rn. 62.

13 *Hirte*, KapGesellschR, Rn. 3.42; *Marsch-Barner/Diekmann* in MünchHdb GesR III, § 44 Rn. 51.

handelt es sich um die technische Bedeutung dieses Wortes in der Gesellschaftsrechtswissenschaft.[14]

Unzweifelhaft lässt sich insofern im Einklang mit § 46 Nr. 6 GmbHG jedenfalls die Führung der Geschäfte durch den oder die Geschäftsführer zum Gegenstand einer Sonderprüfung machen. Zur „Geschäftsführung“ als Aufgabenfeld[15] gehört jede tatsächliche oder rechtsgeschäftliche Tätigkeit, die für die Gesellschaft vorgenommen wird.[16] Geschäftsführung muss zudem nach herkömmlichem Verständnis auf die Verwirklichung des Gesellschaftszwecks gerichtet sein. In diesem Sinne ist sie von den sog. Grundlagengeschäften sowie von Maßnahmen, die Rechte der Gesellschafter betreffen, abzugrenzen.[17] Ob sich das Verhalten des Geschäftsführers noch im Rahmen des Gesellschaftszwecks bewegt, darf jedoch für das Bestehen der auf diese Tätigkeit bezogenen Überwachungsbefugnis nach Sinn und Zweck des § 46 Nr. 6 GmbHG keine Rolle spielen. Wenn sich nämlich die Tätigkeit des Geschäftsführers in einem Einzelfall schon gar nicht mehr als Geschäftsführung im Sinne der zu § 37 Abs. 1 GmbHG entwickelten Definition darstellt, wird regelmäßig ein Fehlverhalten des Handlungsorgans vorliegen, das sich gerade durch Überwachungsmaßnahmen i. S. d. § 46 Nr. 6 GmbHG aufklären lassen muss. Das Kontrollbedürfnis der Gesellschafter ist in solchen Fällen im Regelfall sogar größer, als wenn eine Geschäftsführungsmaßnahme bloß den konkreten Umfang der Geschäftsführungsbefugnis des Geschäftsführers überschreitet, der sich aus den diesbezüglichen Vorgaben der Gesellschafterversammlung im Innenverhältnis ergibt.[18]

Bei teleologischer Auslegung des § 46 Nr. 6 GmbHG muss deswegen der Begriff der „Geschäftsführung“ in dieser Norm in einem noch weiteren Sinne als nach der herkömmlichen Lesart verstanden werden.[19] So erfasst die Sonder-

---

14 Diese technische, funktionelle Bedeutung weist der Begriff „Geschäftsführung“ auch in den übrigen Normen des GmbH-Gesetzes auf, in denen er verwendet wird: §§ 6 Abs. 4, 38 Abs. 2 S. 2 und 46 Nr. 8 GmbHG.

15 Im Folgenden soll der Begriff „Geschäftsführung“ in diesem technischen Sinne verstanden werden.

16 *Flume* I 2, S. 357; *Grunewald*, GesellschR, S. 24; *Saenger*, GesellschR, Rn. 143.

17 *Saenger*, GesellschR, Rn. 143, 145; *Windbichler*, S. 69; *Hirte*, KapGesellschR, Rn. 3.44; *Trölitzsch* in Oppenländer/Trölitzsch, § 16 Rn. 1; *Zöllner/Noack* in Baumbach/Hueck, § 37 Rn. 2; *Altmeppen* in Roth/Altmeppen, § 37 Rn. 19; vgl. auch *Slingerland*, S. 53.

18 Zum Begriff der Geschäftsführungsbefugnis des Geschäftsführers *Lenz* in Michalski, § 37 Rn. 4; *Koppensteiner* in Rowedder/Schmidt-Leithoff, § 37 Rn. 5. Von den vielfältigen Einschränkungen, denen die Geschäftsführungsbefugnis unterliegen kann, war hier bereits die Rede: vgl. S. 50 f.

19 Ähnlich *Hüffer* in Ulmer/Habersack/Winter, § 46 Rn. 96, wenngleich zu § 46 Nr. 8 GmbHG.

prüfungsbefugnis der GmbH-Gesellschafter sämtliche Maßnahmen und mithin das gesamte Tätigkeitsfeld des Geschäftsführers in Angelegenheiten der Gesellschaft.[20] Diese Erkenntnis entspricht übrigens in etwa der gängigen Interpretation des Ausdrucks „Geschäftsführung" in § 142 Abs. 1 AktG.[21] Demzufolge kann jedes Tun oder Unterlassen des Geschäftsführers im Rahmen seiner Verantwortung für die Gesellschaft einer Sonderprüfung unterzogen werden – ganz gleich, ob es sich um außenwirksame Maßnahmen oder bloß um solche rein gesellschaftsinterner Natur handelt. Häufig wird die Untersuchung von Leitungsentscheidungen der Geschäftsführer und der von ihnen entwickelten Unternehmensstrategie im Vordergrund der Revision stehen. Ebenso sind aber alle Maßnahmen des Tagesgeschäfts prüfungsfähig.[22] Die Bandbreite prüfungsfähiger Sachverhalte ist demnach sehr groß. So kann es sich bei dem Prüfungsgegenstand zum Beispiel um das Exportgeschäft der Gesellschaft in ein bestimmtes Land, die Anwendung neuer Technologien im Unternehmen oder um Vorgänge bei der Errichtung einer bestimmten Industrieanlage handeln.

Klassischerweise sollen mit einer Sonderprüfung Missstände, die die Geschäftsführung betreffen, aufgedeckt werden. Deswegen werden als Prüfungsgegenstände in erster Linie Sachverhalte ausgewählt werden, die mit vermuteten Sorgfaltspflichtverletzungen eines Geschäftsführers im Zusammenhang stehen.[23] Dazu zählen zunächst Verstöße des Geschäftsführers gegen Gesetzesvorschriften wie bilanz-, kartell- oder steuerrechtliche Zuwiderhandlungen.[24] Des Weiteren kann bei Anhaltspunkten für die Nichtbeachtung des Gesellschaftsvertrags, einer von den Gesellschaftern beschlossenen Geschäftsordnung sowie von Weisungen i. S. v. § 37 Abs. 1 GmbHG eine Sonderprüfung eingeleitet werden. Darunter fallen beispielsweise die Missachtung von Zustimmungsvorbehalten, mangelhafte Information der Gesellschafter, Maßnahmen außerhalb des Gesellschaftszwecks bzw. des Unternehmensgegenstandes sowie – wie gerade ange-

20 Ähnlich *Meyer-Landrut* in Meyer-Landrut/Miller/Niehus, § 46 Rn. 34.

21 Dazu KG, ZIP 2012, 672, 673; OLG Hamburg, ZIP 2011, 1209, 1211; OLG Düsseldorf, ZIP 2010, 28, 29 – „IKB"; AG Ingolstadt, AG 2002, 110 – „Net logistics AG"; *Habersack* in FS Wiedemann, S. 899; *Jänig*, S. 214; *M. G. Jansen*, Sonderprüfung, S. 22; *Hüffer*, AktG, § 142 Rn. 4; *Wilsing/von der Linden* in Heidel, § 142 AktG Rn. 11; *Spindler* in K. Schmidt/Lutter, AktG, § 142 Rn. 14.

22 Zum Ganzen, wenn auch bezogen auf die AG, *Jänig*, Wpg 2005, 761, 764; *Habersack* in FS Wiedemann, S. 899; Systematisierung der Geschäftsführerpflichten bei *U. H. Schneider* in Scholz, § 43 Rn. 46 ff.

23 Zur AG in diesem Sinne *Jänig*, S. 215 f.; *ders.*, Wpg 2005, 761, 765; *Langenbucher*, S. 112; *Fleischer* in Küting/Weber, § 142 AktG Rn. 69.

24 Zu dieser sog. Legalitätspflicht des Geschäftsführers allgemein BGHZ 133, 370, 375; *Zöllner/Noack* in Baumbach/Hueck, § 43 Rn. 17; *Koppensteiner* in Rowedder/Schmidt-Leithoff, § 43 Rn. 10.

sprochen – die Überschreitung der Geschäftsführungsbefugnis in konkreten Situationen. Außerdem sind die Geschäftsführer zur ordnungsgemäßen Unternehmensleitung verpflichtet.[25] In diesem Zusammenhang lassen sich etwa – um Beispiele zu nennen – Versäumnisse des Geschäftsführers bei der Organisation des Unternehmens einschließlich der Aufgabendelegation und der Einrichtung von Überwachungsmechanismen, eine unzureichende Finanzierung der Gesellschaft und der Abschluss von Verträgen mit für die Gesellschaft ungünstigen Konditionen oder überhöhten Risiken untersuchen. Schließlich eignet sich die Sonderprüfung auch besonders zur Verifizierung des Verdachts, dass der Geschäftsführer die ihm gegenüber der Gesellschaft obliegenden Treuepflichten verletzt haben könnte. In diese Kategorie von Pflichtverletzungen gehören zum Beispiel die rechtswidrige Aneignung von Geschäftschancen der GmbH durch den Geschäftsführer und die pflichtwidrige Entgegennahme von Zuwendungen Dritter, sog. „Schmiergeldern".[26] Diese Kategorie betrifft zwar meist keine Geschäftsführungsmaßnahmen im eng verstandenen funktionellen Sinne, weil gar kein Handeln *für* die Gesellschaft vorliegt. Da der Geschäftsführer im Rahmen von § 43 GmbHG aber jeden Treuepflichtverstoß zu verantworten hat, muss die Kontrollbefugnis nach Sinn und Zweck derartiges einschließen, sodass solche Sachverhalte „Angelegenheiten der Gesellschaft" sind.

Die angeführten Beispiele veranschaulichen jedenfalls, dass die Menge der tauglichen Sonderprüfungsgegenstände eine außerordentlich große inhaltliche Bandbreite aufweist.

b) Schärfere Konturierung des Inhalts der Prüfungsbefugnis

aa) Äußerer Rahmen: „Angelegenheiten der Gesellschaft"

Solange sich die Sonderprüfung auf die „Geschäftsführung" i. S. d. § 46 Nr. 6 GmbHG beziehen soll, kann also die Gesellschafterversammlung als „Herrin" über Gegenstand und Umfang der Sonderprüfung praktisch frei über das Prüfungsthema disponieren.[27] Auf einzelne problematische Fragen zum Prüfungsgegenstand wird später noch gesondert einzugehen sein.[28] Zuvor muss aber die Reichweite der tauglichen Prüfungsgegenstände noch in allgemeiner Hinsicht

---

[25] *Raiser/Veil*, S. 463; *Haas/Ziemons* in Michalski, § 43 Rn. 64 ff.; jeweils mit Beispielen und m. w. N.

[26] Zu Treuepflichtverletzungen als Prüfungsgegenstand im Aktienrecht *Jänig*, S. 216; *Spindler* in K. Schmidt/Lutter, AktG, § 142 Rn. 14; vgl. auch *Ball* in Ball/Haager, S. 146.

[27] *Fleischer* in Küting/Weber, § 142 AktG Rn. 154; *ders.*, GmbHR 2001, 45, 47; *Leinekugel*, GmbHR 2008, 632, 634.

[28] Vgl. sogleich unten S. 151 ff. und 178 ff.

eine Schärfung erfahren. Von dem soeben herausgebildeten Begriff der Geschäftsführung werden jedenfalls solche Sachverhalte nicht erfasst, die keine Angelegenheiten der Gesellschaft betreffen, mithin keinen Sachbezug zur GmbH aufweisen.[29] Insofern stecken die „Angelegenheiten der Gesellschaft“ den äußeren Rahmen dessen ab, was sich als Gegenstand einer Sonderprüfung eignet. Ebenfalls mit diesem Terminus grenzt das Gesetz die zulässigen Gegenstände eines Informationsbegehrens gem. § 51a GmbHG ein,[30] sodass bei den wissenschaftlichen Erkenntnissen zu diesem Merkmal Anleihen für die Konturenbildung im Bereich tauglicher Sonderprüfungsthemen genommen werden können.

So ist zum Beispiel ein Geschehen, das sich im reinen Privatbereich des Geschäftsführers abspielt, sicherlich nicht nach § 46 Nr. 6 GmbHG prüfungsfähig.[31] Dies gilt etwa auch, wenn aus Interesse an dessen Finanzkraft die Gesellschafter private Fehlspekulationen des Geschäftsführers an der Börse zulasten seines eigenen Vermögens untersucht wissen wollten. Ein solches Verhalten weist keinen sachlichen Bezug zu den Gesellschaftsangelegenheiten auf.[32] Erst recht können keine Sachverhalte, bei denen sich noch nicht einmal ein irgendwie gearteter personeller Gesellschaftsbezug erkennen lässt, einen gem. § 46 Nr. 6 GmbHG tauglichen Gegenstand bilden. Zu denken wäre beispielsweise an Situationen, in denen die Gesellschafter den „Sonderprüfer“ mit einer allgemeinen Marktuntersuchung in einem bestimmten Wirtschaftssektor oder mit der Erforschung naturwissenschaftlicher oder technischer Phänomene beauftragen möchten. Wie andere ganz allgemeine ökonomische sowie auch technische oder rechtliche Aufgabenstellungen betrifft eine solche Frage in keiner Weise die Gesellschaft.

bb) Sonderprüfungsbefugnis im Verhältnis zur Allzuständigkeit der Gesellschafter

Könnten dann aber nicht die Gesellschafter – wie bereits angedeutet – kraft ihrer Allzuständigkeit beschlussmängelfrei entscheiden, einen „Prüfer“ mit Untersuchungen wie den eben beschriebenen zu betrauen, die sich nicht i. S. v. § 46

---

[29] Vgl. *K. Schmidt* in Scholz (6. A.), Anh. § 51 Rn. 63: „Vorgänge in der Gesellschaft“.

[30] Zu diesem Merkmal *K. Schmidt* in Scholz, § 51a Rn. 19; *Hüffer* in Ulmer/Habersack/Winter, § 51a Rn. 21 f.; *Römermann* in Michalski, § 51a Rn. 25 ff.; *Schiessl* in MünchHdb GesR III, § 33 Rn. 10; *Wohlleben*, S. 99 ff.; *Ebenroth*, Kontrollrechte, S. 54 f., 77.

[31] So zum individuellen Informationsrecht z. B. *Grunewald*, ZHR 146 (1982), 211, 214 f.; *Tietze*, S. 9 f.; großzügiger *Römermann* in Michalski, § 51a Rn. 27 ff.

[32] Eine exakte Abgrenzung zwischen Geschäftsführung und dem Privatbereich der Geschäftsführer hat hier noch zu erfolgen, vgl. S. 178 f.

Nr. 6 GmbHG auf Angelegenheiten der Gesellschaft beziehen würden? Die hier angestellten Überlegungen zu den tauglichen Prüfungsgegenständen würden insofern womöglich nur geringen praktischen Nutzen aufweisen.

Zunächst ist festzustellen, dass die Gesellschafter gestützt auf ihre Allzuständigkeit tatsächlich in der Lage sind, die Beauftragung irgendeiner Person mit der Prüfung jeder beliebigen Frage zu beschließen. Deswegen spielt in praktischer Hinsicht im GmbH-Recht die Festlegung der für eine Sonderprüfung tauglichen Gegenstände zugegebenermaßen eine weniger wichtige Rolle als im Aktienrecht, was die nur äußerst knappen wissenschaftlichen Äußerungen[33] zu dieser Frage erklären mag. Gleichwohl ergeben sich Unterschiede von tatsächlicher Natur sowie in den Rechtsfolgen je nachdem, ob der Beschluss einer Prüfung aufgrund der Allzuständigkeit oder der gegenständlich beschränkten Aufsichtskompetenz der Gesellschaftergesamtheit ergeht. Denn bei Letzterer handelt es sich um eine primäre Zuständigkeit der Gesellschafter. Alle anderen Entscheidungen, die keine solche Kontrollmaßnahme der Gesellschafter darstellen, aber eine Prüfung veranlassen, sind dem Bereich der Geschäftsführungsmaßnahmen zuzuordnen, den das Gesetz grundsätzlich dem Geschäftsführer überantwortet.[34] Die gerade beispielhaft angesprochenen Prüfungsfragen, die sich nicht auf Angelegenheiten der Gesellschaft beziehen, lassen sich schon aus eben diesem Grund nicht unter das Merkmal „Prüfung der Geschäftsführung“ subsumieren. Bei der Beauftragung eines Sachverständigen mit der Bearbeitung solcher Fragen handelt es sich nicht um Kontrolle der Geschäftsführung, sondern um das Ergreifen einer Geschäftsführungsmaßnahme selbst.

Eine solche dürfen die allzuständigen Gesellschafter zwar beschließen, sie sind aber insofern nur für die Willensbildung, nicht auch für die Ausführung der beschlossenen Maßnahme zuständig.[35] Vielmehr haben sie den Geschäftsführern gem. § 37 Abs. 1 Fall 2 GmbHG die Weisung zu erteilen, einen Sachverständigen mit dem beschlossenen Auftrag zu betrauen. Die Geschäftsführer könnten solche Prüfungen, die sich als Geschäftsführungsmaßnahmen darstellen, darüber hinaus sogar aus eigener Initiative heraus, also ohne zuvor einen Gesellschafterbeschluss einzuholen, wirksam in Auftrag geben. Wenn hingegen eine Prüfung von den Gesellschaftern in Wahrnehmung ihrer Kontrollbefugnis beschlossen wird, sind die hierfür primär zuständigen Gesellschafter auch zur Ausführung des Beschlusses berufen. Diese Befugnis beinhaltet abweichend von § 35 Abs. 1 Satz 1 GmbHG ausnahmsweise auch die entsprechende organschaftliche Vertretungsmacht der Anteilseigner für den Abschluss erforderlicher Rechtsgeschäfte

---

33 Vgl. insb. *Fleischer*, GmbHR 2001, 45, 47; *Leinekugel*, GmbHR 2008, 632, 634.

34 Dazu schon oben S. 51 f. m. N.

35 *K. Schmidt* in Scholz, § 46 Rn. 1.

mit Dritten, um eine die Kontrolle schwächende Einflussnahme seitens der Geschäftsführer ausschließen zu können.[36] Hierin liegt der entscheidende Unterschied in den rechtlichen Konsequenzen zwischen einem Prüfungsbeschluss kraft Allzuständigkeit und dem Sonderprüfungsbeschluss als spezieller Kontrollmaßnahme der Gesellschafter. Entscheidende Bedeutung wird die Differenzierung[37] zudem für die Untersuchung gegebenenfalls bei der Beschlussfassung bestehender Stimmverbote erlangen.[38] Aber schon rein terminologisch handelt es sich bei dem Beschluss einer Prüfung, die bloß eine Geschäftsführungsmaßnahme darstellen wird, nicht um die Veranlassung einer „Sonderprüfung". Denn diese soll als Mittel der Geschäftsführungsüberwachung auf Fehlerermittlung, –vermeidung, oder –bereinigung gerichtet sein.[39] Untersuchungen durch Sachverständige, deren Beauftragung eine Geschäftsführungsmaßnahme darstellt, sind nicht nur aufgrund des mit ihr einhergehenden geringeren Konfliktpotenzials zwischen Gesellschaftern und Geschäftsleitung von nur untergeordnetem wissenschaftlichen Interesse. Zudem gibt es in dogmatischer Hinsicht bezüglich solcher Prüfungen kaum Besonderheiten gegenüber anderen von der Gesellschafterversammlung beschlossenen Geschäftsführungsmaßnahmen zu beachten. Die Rechtmäßigkeit von Beschlüssen der oben[40] skizzierten Art richtet sich nach dem allgemeinen Beschlussmängelrecht. Inhaltlich kann der Beschluss solcher Prüfungen etwa fehlerhaft sein, wenn die Mehrheitsherrschaft sich wegen des Beschlusses dem Vorwurf eines Treuepflichtverstoßes ausgesetzt sieht[41] oder wenn die beschlossene Prüfung nicht mehr mit dem Unternehmensgegenstand oder dem Gesellschaftszweck in Einklang steht.[42]

---

36 Statt aller vgl. *Schmiegelt/Gerber* in BeckHdb GmbH, § 3 Rn. 98; *Hüffer* in Ulmer/Habersack/Winter, § 46 Rn. 82; *Liebscher* in MünchKomm GmbHG, § 46 Rn. 198; *Meyer-Landrut* in Meyer-Landrut/Miller/Niehus, § 46 Rn. 34; *Römermann* in Michalski, § 46 Rn. 339; dazu unten noch ausführlich, vgl. S. 331 f.

37 Zur Unterscheidung von Geschäftsführungsmaßnahmen und anderen Einzelmaßnahmen der Gesellschafter, zu denen der Beschluss einer Sonderprüfung zu rechnen ist, vgl. auch *Zöllner*, Stimmrechtsschranken, S. 14 f.

38 Dazu ausführlich unten S. 199 ff.; vgl. insb. S. 232 f.

39 Oben S. 17 m. N. (insb. dort Fn. 53).

40 S. 141 ff.

41 Z. B., wenn durch die Prüfung Gesellschaftsressourcen in unvertretbarer Weise verschwendet würden. Den (Mehrheits-) Gesellschaftern kann es zuzumuten sein, sich über bestimmte Tatsachen anderweitig zu informieren, so etwa über die privaten Tätigkeiten des Geschäftsführers und zu allgemeinen technischen oder wirtschaftlichen Fragen, deren Klärung für das Unternehmen der GmbH keinen Nutzen brächte. Ähnlich in vergleichbarem Zusammenhang *Fleischer* in Küting/Weber, § 142 AktG Rn. 80.

42 Vgl. zu derartigen inhaltlichen Mängeln insgesamt bspw. *K. Schmidt* in Scholz, § 45 Rn. 107, 115; *Römermann* in Michalski, Anh. § 47 Rn. 331 ff., 358 ff.

cc) *Erfordernis eines dem Prüfungssachverhalt denkbar zugrunde liegenden Verhaltens des Geschäftsführers*

Im Folgenden sind die Anforderungen an den Gegenstand einer Sonderprüfung in einem weiteren Punkt zu präzisieren: Dem Prüfungsthema muss ein zumindest irgendwie denkbares Verhalten einer der Gesellschafterkontrolle unterworfenen Person zugrunde liegen können. In erster Linie wird insofern auf ein mögliches Verhalten des Geschäftsführers als des verantwortlichen Organs abzustellen sein.

Als Kontrollinstrument i. S. d. § 46 Nr. 6 GmbHG bezieht sich die Sonderprüfung auf die „Geschäftsführung“. Dieser Begriff mag personell und sachlich sehr weit verstanden werden. Immer umreißt er jedoch den Verantwortungs- und Tätigkeitsbereich zuständiger Personen, jedenfalls den der Geschäftsführer.[43] Schon diese Deutung bringt zum Ausdruck, dass der Bezugspunkt der Überwachung stets mit einem möglichen Verhalten der „Verantwortlichen“ im Zusammenhang stehen muss, weil der Geschäftsführer sich nur für sein Handeln oder Unterlassen „verantworten“ kann. Auch können „Fehler“, deren Ermittlung, Vermeidung und Bereinigung der Zweck jeder Überwachungsmaßnahme ist, bei der Geschäftsführung schon der Wortbedeutung nach nur aus einem Verhalten von Personen resultieren. Die Auslegung des Geschäftsführungsbegriffes ebenso wie die Einordnung der Sonderprüfung als ein Instrument der unternehmensinternen Kontrolle verlangen es demzufolge, eine Untersuchung nur dann als Sonderprüfung zu begreifen, wenn sie einen Sachverhalt zum Gegenstand haben soll, dem zumindest möglicherweise ein Verhalten, also irgendein Tun oder Unterlassen, der zu kontrollierenden Personen in Angelegenheiten der Gesellschaft zugrunde liegt. Dieses zusätzliche Kriterium schließt als taugliche Sonderprüfungsgegenstände Themen aus, die zwar Angelegenheiten der Gesellschaft betreffen, in deren Zusammenhang aber kein Verhalten der Geschäftsführer auch nur in Frage steht.

Des Weiteren erklärt sich die hier vertretene Einschränkung der Sonderprüfungsbefugnis, wenn man die Rechtsfolgen eines Beschlusses über die Vornahme von Aufsichtsmaßnahmen betrachtet. Der Grund dafür, dass in Ausübung ihrer Kontrolltätigkeit die Gesellschafter selbst die GmbH vertreten, besteht darin, dass sich die Geschäftsführer als diejenigen, die der Kontrolle unterworfen sind, bei der Ausführung eines solchen Gesellschafterbeschlusses zu stark von persönlichen Eigeninteressen leiten lassen könnten.[44] Ein solcher Interessenkonflikt sollte aber dann nicht bestehen, wenn die beschlossene Prüfungstätigkeit auch mittelbar überhaupt kein (Fehl-) Verhalten des Geschäftsführers behandeln

---

[43] Das entspricht der hier erarbeiteten Definition, vgl. oben S. 137 ff.

[44] *Römermann* in Michalski, § 46 Rn. 339.

kann. Im Interesse der Rechtssicherheit im rechtsgeschäftlichen Verkehr muss die Rechtsmacht, die Gesellschaft vertreten zu können, möglichst klar jeweils einem Organ zugeordnet werden können.[45] Die Notwendigkeit eines dem Sachverhalt denkbar zugrunde liegenden Verhaltens liefert ein eindeutiges Abgrenzungskriterium, das dem soeben angesprochenen Gebot gerecht wird. Immer, wenn dieses Kriterium nicht erfüllt ist, liegt schon gar keine Kontrolltätigkeit der Gesellschafter i. S. d. § 46 Nr. 6 GmbHG vor. Demzufolge kommen als Gegenstände einer Sonderprüfung folgende Prüfungsaufträge zum Beispiel nicht in Betracht: die Ermittlung des Wertes einzelner oder sämtlicher GmbH-Geschäftsanteile, die Frage, ob eine Industrieanlage in Folge eines Brandes nunmehr baufällig ist, oder die isolierte Untersuchung der wirtschaftlichen Lage eines wichtigen Kunden oder Lieferanten der GmbH. Beim letzten Beispiel ist wiederum anders zu entscheiden, wenn die Frage im Zusammenhang mit einer konkreten Entscheidung des Geschäftsführers, etwa einer Auftragsvergabe, steht.[46]

Dagegen würde es sich bei solchen Fragen sehr wohl um „Angelegenheiten der Gesellschaft" und deswegen um einen tauglichen Informationsgegenstand gem. § 51a GmbHG handeln.[47] Jedoch nicht nur das individuelle Auskunftsrecht des einzelnen Gesellschafters, sondern auch das kollektive Informationsrecht der Gesellschaftergesamtheit und die entsprechenden Berichtspflichten des Geschäftsführers umfassen alles, was der Geschäftsführer in Gesellschaftsangelegenheiten weiß oder worüber er sich Kenntnisse zu beschaffen vermag. Dies widerspricht aber nicht dem soeben gewonnenen Ergebnis dieser Untersuchung, wonach der Umfang der Sonderprüfungsbefugnis demgegenüber etwas stärker eingeschränkt werden muss. Wie nämlich schon gezeigt werden konnte, resultiert die unbeschränkte Rechenschafts-, Berichts- und Informationspflicht des Geschäftsführers gegenüber der Gesamtheit der Gesellschafter gar nicht allein aus § 46 Nr. 6 GmbHG, sondern schon aus seiner umfassenden Verantwortlichkeit gegenüber der Gesellschaft als Geschäftsherrin i. S. v. § 666 BGB.[48] Das allgemeine kollektive Informationsrecht bildet zwar auch eine der im Rahmen von § 46 Nr. 6 GmbHG ergreifbaren Maßnahmen und wird besonders häufig zu Kontrollzwecken eingesetzt, seine Ausübung setzt aber eine solche Zweckset-

---

45 Ebenso *Gach/Pfüller*, GmbHR 1998, 64, 65, 66; vgl. auch BGH, WM 1990, 630 f.; zur AG BGH, WM 1989, 637, 638.

46 Vgl. außerdem OLG Hamburg, ZIP 2011, 1209, 1212 f., zu Sachverhalten, die im Aktienrecht mangels den Vorgängen zugrunde liegender Geschäftsführungsmaßnahmen nicht sonderprüfungsfähig sein sollen: z. B. Höhe von Verlusten im Warenbestand.

47 Zu ähnlichen Beispielen vgl. etwa *Wohlleben*, S. 99 f.; *Tietze*, S. 9; *Hüffer* in Ulmer/Habersack/Winter, § 51a Rn. 22.

48 Vgl. oben S. 62 m. N.

zung gerade nicht voraus.[49] So schulden die Geschäftsführer der Gesellschafterversammlung als dem dafür zuständigen Organ die Informationserteilung über alle Angelegenheiten, zu denen sie in ihrer Funktion als Geschäftsführer Kenntnisse erlangt haben oder sich zumindest beschaffen können, auch wenn dem interessierenden Sachverhalt kein Verhalten der verantwortlichen Personen zugrunde liegt. Sollten die Gesellschafter zu der letztgenannten Fallgruppe aber eine Prüfung durch sachverständige Dritte anordnen, so handelt es sich dabei wiederum allenfalls um eine Entscheidung in Geschäftsführungsfragen, deren Ausführung gem. § 37 Abs. 1 und 2 GmbHG den Geschäftsführern obliegt.

dd) Zusammenfassung

Weil die Gesellschafter einer GmbH als das oberste Organ umfassende Entscheidungsbefugnisse innehaben, können sie anders als die Aktionäre einer Aktiengesellschaft, grundsätzlich im Beschlusswege Prüfungen durch gesellschaftsexterne Prüfer zu jedem beliebigen Thema anordnen, ohne besondere Voraussetzungen beachten zu müssen.[50] Dabei werden ihnen nur durch das allgemeine Beschlussmängelrecht Grenzen gesetzt. Insofern existiert keine spezielle inhaltliche Anforderung an den Prüfungsgegenstand, deren Missachtung stets die Fehlerhaftigkeit des Prüfungsbeschlusses zur Folge hätte.

Allerdings handelt es sich bei einer von der Gesellschafterversammlung angeordneten Prüfung nur dann auch um eine Sonderprüfung, wenn der zu prüfende Sachverhalt Angelegenheiten der Gesellschaft betrifft und ihm ein wenigstens irgendwie denkbares Verhalten einer der Gesellschafterkontrolle unterworfenen Personen zugrunde liegen könnte. Erfüllt der Prüfungsgegenstand diese Voraussetzungen, handelt es sich um einen „tauglichen" Gegenstand einer von den Gesellschaftern veranlassten Sonderprüfung. Nur in diesen Fällen ist die Prüferbestellung Ausdruck einer Eigenkompetenz der Gesellschafter, eines wesentlichen Charakteristikums der als Kontrollinstrument einzuordnenden Sonderprüfungsbefugnis. In allen anderen Fällen beschließen die Gesellschafter mit der Anordnung einer Prüfung durch Dritte lediglich über eine von den Geschäftsführern auszuführende Geschäftsführungsmaßnahme.

3. Zulässige Prüfungsmaßstäbe

Möglicherweise unterliegt jedoch der Prüfungsmaßstab, den die Sonderprüfer bei der Untersuchung des Prüfungsgegenstandes anzulegen haben, gewissen Einschränkungen. Wie die gesamte Festlegung des Gegenstands der Sonderprü-

---

[49] Überwachung und Information lassen sich nicht gleichsetzen. Vgl. *Härer*, S. 72.

[50] Zu dem gleichen Schluss gelangen *Peters/Dechow*, GmbHR 2007, 236, 238.

fung sollte sich auch der Maßstab, der der Prüfung zugrunde zu legen sein soll, in erster Linie dem Gesellschafterbeschluss entnehmen lassen.[51] Den geringsten Grad an Intensität weist eine Prüfung auf, wenn der Sonderprüfer lediglich mit verständiger Sachverhaltsaufklärung betraut wird. Soll er sich darüber hinaus auch mit der sachkundigen Würdigung der festgestellten Tatsachen befassen, so könnte eine solche Beurteilung sich ihrerseits am Maßstab sowohl der Rechtmäßigkeit als auch der Zweckmäßigkeit der Geschäftsführung orientieren. Welchen dieser Maßstäbe dürfen die GmbH-Gesellschafter zulässigerweise bestimmen, wenn sie über den Gegenstand der Sonderprüfung beschließen?

Zu § 142 AktG wird vereinzelt vertreten, die Einleitung einer Sonderprüfung sei ausschließlich zur Aufhellung eines Sachverhaltes in tatsächlicher Hinsicht zulässig.[52] Im Übrigen wird einhellig angenommen, dem Sonderprüfer dürfe mit dem Prüfungsauftrag auch eine rechtliche Bewertung der zu prüfenden Geschehnisse aufgegeben werden. Wie sich schon aus dem Wortlaut des § 142 Abs. 2 Satz 1 AktG ergebe, sei es häufig die Aufgabe einer Sonderprüfung, den Verdacht von Pflichtverletzungen durch Organmitglieder zu verifizieren. Dazu müsse der Sonderprüfer aber notwendigerweise den Sachverhalt unter die Rechtsnorm subsumieren, die die Anforderungen an das pflichtgemäße Verhalten eines Gesellschaftsorgans in der betreffenden Situation beschreibe.[53] Die Argumentation überzeugt. Sie steht im Einklang damit, dass eine Prüfung definitionsgemäß einen Soll-Ist-Vergleich, mithin eine Beurteilung des Sachverhalts beinhaltet.[54] Hingegen vermag der Standpunkt der Gegenauffassung, nur Gerichte seien berufen, Rechtsfragen verbindlich zu entscheiden,[55] nicht einzuleuchten. Denn selbst die Tatsachenfeststellung in Zivilstreitigkeiten wird verbindlich letztlich nur von den Gerichten vorgenommen, wenngleich diese dabei an die sog. Verhandlungsmaxime gebunden sind. Das ist auch bei zuvor durchgeführter Sonderprüfung nicht anders. Überwiegend wird schließlich vertreten,

---

51 So zur AG *Adler/Forster*, Wpg 1957, 357, 358; *Kirschner*, S. 33; *Bezzenberger* in Großkomm AktG, § 145 Rn. 31; *Schröer* in MünchKomm AktG, § 142 Rn. 7.

52 *U. H. Schneider*, AG 2008, 305, 306; *Bungert/Rothfuchs*, DB 2011, 1677; ähnlich *Müller-Michaels/Wingerter*, AG 2010, 903, 904; vgl. auch jüngst OLG Frankfurt am Main, DB 2011, 1626, 1631 – „Commerzbank/Dresdner Bank".

53 Zum Ganzen ausführlich *Kirschner*, S. 33 ff.; vgl. auch *Jänig*, S. 395 f.; *Schedlbauer*, S. 152; *Adler/Forster*, Wpg 1957, 357, 358; *Schröer* in MünchKomm AktG, § 145 Rn. 28; *Adler/Düring/Schmaltz*, §§ 142-146 AktG Rn. 37, 42; nach KG, ZIP 2012, 672, 674, soll die rechtliche Bewertung von Tatsachen dem Sonderprüfer aber nicht isoliert, sondern nur zusätzlich zur verständigen Ermittlung des Sachverhalts aufgegeben werden dürfen; dazu zustimmende Anm. *Jänig*, EWiR § 142 AktG 1/12, S. 369 f.

54 Dazu oben S. 7 f.

55 So *Müller-Michaels/Wingerter*, AG 2010, 903, 904; *Bungert/Rothfuchs*, DB 2011, 1677.

zumindest sei es den Aktionären schon aufgrund der innergesellschaftlichen Kompetenzverteilung in der Aktiengesellschaft verwehrt, mittels einer Sonderprüfung das Vorstandshandeln auf seine Zweckmäßigkeit hin überprüfen zu lassen.[56]

Demgegenüber muss es GmbH-Gesellschaftern gestattet sein, mittels einer Sonderprüfung Geschäftsführungsmaßnahmen auch einer uneingeschränkten Zweckmäßigkeitskontrolle zu unterziehen. Das bedeutet, dass unternehmerische Ermessensentscheidungen der Geschäftsführer nicht nur auf ihre Pflichtwidrigkeit i. S. d. § 43 Abs. 1 GmbHG – das heißt ihre Rechtswidrigkeit – hin untersucht werden dürfen. Vielmehr können die Gesellschafter darüber hinaus eine Sonderprüfung auch zu der Frage beschließen, ob die Verwaltung bei der Entscheidung für eine bestimmte Maßnahme entsprechend den Erkenntnissen und Normen insbesondere der Betriebswirtschaftslehre, aber auch anderer Erkenntnisquellen die theoretisch optimale, das heißt die ökonomisch sinnvollste, Verhaltensweise ausgewählt hat.[57] Begründen lässt sich diese Erkenntnis mit den Grundsätzen der GmbH-rechtlichen Organisationsverfassung. Da im Aktienrecht gem. § 76 Abs. 1 AktG ausschließlich der Vorstand zur unternehmerischen Führung der Gesellschaft berechtigt ist, mag es dort geboten sein, die Aktionäre auf eine bloße Rechtmäßigkeitskontrolle der Verwaltung zu beschränken.[58] Dem Geschäftsführer einer GmbH obliegen zwar ebenfalls unternehmerische Führungsfunktionen,[59] allerdings nur, solange die Gesellschafter bestimmte unternehmerische Entscheidungen nicht generell oder im Einzelfall an sich gezogen haben.[60] Mangels abweichender Satzungsregelung muss die Festlegung der Unternehmenspolitik sogar primär durch die Gesellschafterversammlung erfolgen.[61] Dadurch, dass die Gesellschafter selbst unternehmerische Zweckmäßigkeitserwägungen anstellen müssen und mit ihren Ermessensentscheidungen die Unternehmensführung durch die Geschäftsführer überlagern können, besteht kein Grund, ihnen die Zweckmäßigkeitskontrolle der Geschäftsführung zu versagen. Dem Gesetz sind insofern ebenfalls keine Einschränkungen zu entneh-

---

56 H. M. OLG München, AG 2008, 33, 35; *Balthasar/Hamelmann*, WM 2010, 589, 592; *Trölitzsch/Gunßer*, AG 2008, 833, 835; *Seibt*, WM 2004, 2137, 2140; *Fleischer* in Küting/Weber, § 142 AktG Rn. 3; *Kirschner*, S. 34 (Fn. 142); a. A. *König*, S. 36 ff., 42; *Jänig*, S. 395 (Fn. 2345); so offenbar auch *Hüffer*, ZHR 174 (2010), 642, 663.

57 Zu diesem Verständnis von einer Zweckmäßigkeitskontrolle *König*, S. 37 f.

58 So argumentieren v. a. *Trölitzsch/Gunßer*, AG 2008, 833, 835.

59 Vgl. nur *Marsch-Barner/Diekmann* in MünchHdb GesR III, § 44 Rn. 52; *Ziemons* in Oppenländer/Trölitzsch, § 22 Rn. 6.

60 S. oben S. 51 ff.; vgl. auch *Konzen*, NJW 1989, 2977, 2978.

61 Vgl. nur BGH, NJW 1984, 1461, 1462; ebenso die übrigen in Fn. 126 (S. 71) Genannten.

men. Die Ergebnisse einer Sonderprüfung sollen ebenso wie die übrigen Kontrollmaßnahmen aus § 46 Nr. 6 GmbHG die Gesellschafter zu einer angemessenen Entscheidung über die Wahrnehmung ihrer weiteren Befugnisse befähigen. Trifft der Geschäftsführer eine unzweckmäßige Ermessensentscheidung, die aber die Grenzen des unternehmerisch Vertretbaren noch nicht überschreitet, so macht er sich zwar nicht gem. § 43 Abs. 2 GmbHG schadensersatzpflichtig.[62] Die Gesellschafter können die durch die Sonderprüfung gewonnenen Erkenntnisse zur etwaigen Unzweckmäßigkeit vergangener Geschäftsführermaßnahmen aber nicht nur bei der Geltendmachung von Ersatzansprüchen, sondern zum Beispiel ebenso bei der Entscheidung über zukünftig an den Geschäftsführer zu erteilende Weisungen – auch in Form eines generellen Zustimmungsvorbehaltes – verwerten.

Begründet durch die Stellung der Gesellschafter als weisungsbefugtes oberstes Gesellschaftsorgan unterliegen die Geschäftsführer nach § 46 Nr. 6 GmbHG nicht nur der Rechtsaufsicht, sondern auch der uneingeschränkten „Fachaufsicht“[63] durch die Anteilseigner. Die GmbH-Sonderprüfung darf deswegen nicht nur als Rechtmäßigkeits-, sondern auch als reine Zweckmäßigkeitsprüfung ausgestaltet sein.[64] Ebenso gut dürfen die Gesellschafter gleichwohl auch eine Sonderprüfung beschließen, die nur zur Klärung von Tatsachen beitragen soll. Schließlich liegt die Festlegung des Prüfungsumfangs ganz bei ihnen. Sofern die Gesellschafter zum Maßstab der Sonderprüfung gar keine ausdrücklichen Anordnungen treffen, hat der Sonderprüfer während des Prüfungsprozesses zu eruieren, ob es erforderlich ist, über die Zusammenstellung der relevanten Tatsachen hinaus auch zu Recht- oder Zweckmäßigkeit des in Frage stehenden Vorgangs Stellung zu beziehen. Letztlich kommt es darauf an, ob derartige Prüfungsergebnisse von den Gesellschaftern benötigt werden, um den zu prüfenden Sachverhalt angemessen beurteilen zu können.

62 *Kleindiek* in Lutter/Hommelhoff, GmbHG, § 43 Rn. 23 ff.; *Zöllner/Noack* in Baumbach/Hueck, § 43 Rn. 22 ff.; *Ziemons* in Oppenländer/Trölitzsch, § 22 Rn. 44 ff.; vgl. auch BGHZ 135, 244, 253 f. – „ARAG/Garmenbeck“. Dies wird von der im Aktienrecht vorherrschenden Meinung als weiteres Argument gegen Zweckmäßigkeitsprüfungen i. R. v. § 142 AktG benannt: vgl. *Kirschner*, S. 34 (Fn. 142); *Trölitzsch/Gunßer*, AG 2008, 833, 835; *Balthasar/Hamelmann*, WM 2010, 589, 592 f.

63 Die terminologische Anleihe beim Verwaltungsrecht ist in diesem Zusammenhang auch zu finden bei *Becker*, S. 41.

64 Diese Auffassung vertreten – ohne Begründung – offenbar auch *Trölitzsch/Leinekugel*, Rn. 41; *Fleischer*, GmbHR 2001, 45, 47; *Leinekugel*, GmbHR 2008, 632, 634.

4. Bestimmtheitsanforderungen an den Prüfungsgegenstand

Der Gegenstand einer GmbH-rechtlichen Sonderprüfung muss nicht verpflichtend von den Gesellschaftern auf einen in zeitlicher und sachlicher Hinsicht abgrenzbaren Sachverhalt beschränkt werden.[65] Während § 142 Abs. 1 AktG nur bestimmte „Vorgänge" bei der Gründung oder Geschäftsführung für sonderprüfungsfähig erklärt, was sich hier abermals mit den Besonderheiten der aktienrechtlichen Kompetenzverteilung erklären ließ,[66] enthält § 46 Nr. 6 GmbHG kein derartiges Bestimmheitserfordernis. Die Anforderungen des Aktiengesetzes sind auch nicht auf die Sonderprüfungsbefugnis des GmbH-Rechts zu übertragen,[67] da die Kontrollbefugnis der Gesellschafter vom Gesetzgeber bewusst sehr weit gefasst worden ist und die umfassende Kontrolle der Geschäftsführer zudem die GmbH-rechtliche Kompetenzordnung korrekt abbildet. Es steht den GmbH-Gesellschaftern demnach auch zu, beispielsweise die gesamte Tätigkeit eines Geschäftsführers „im Allgemeinen" oder die gesamte Geschäftsführung innerhalb eines längeren Zeitabschnitts einer Sonderprüfung zu unterziehen. Ebenso können alle Maßnahmen der „Unternehmensleitung" untersucht werden.[68] Dennoch werden die Anteilseigner die Sonderprüfung meist auf speziell ausgewählte Geschäftsführungsvorgänge, denen ihr besonderes Interesse gilt, beschränken wollen, was zweifelsohne genauso zulässig ist.[69]

Im Übrigen unterliegt die Beschlussfassung über die Einleitung einer Sonderprüfung nur dem Bestimmtheitsgebot der allgemeinen Rechtsgeschäftslehre, das in Ermangelung eines abweichenden gesellschaftsrechtlichen Konzeptes auch für Gesellschafterbeschlüsse Geltung beansprucht.[70] Es fehlt an der zumindest erforderlichen *Bestimmbarkeit* des Beschlussinhalts, sofern der Beschluss keine sinnvolle, in sich geschlossene und verständliche Regelung enthält oder diese nicht wenigstens durch objektive Auslegung anhand von Umständen er-

65 Ganz h. M., z. B. *Fleischer*, GmbHR 2001, 45, 47; *Peters/Dechow*, GmbHR 2007, 236, 238; *Leinekugel*, GmbHR 2008, 632, 634; *Meyer-Landrut* in Meyer-Landrut/Miller/Niehus, § 46 Rn. 34; auch schon Begr. RegE GmbHG 1977, BT-Drucks. 8/1347, S. 46; a. A. (§ 142 Abs. 1 AktG analog) bspw. *Heckschen* in Heckschen/Heidinger, § 4 Rn. 113; s. dazu auch schon oben S. 79 ff.

66 Oben S. 32 f.

67 Die Frage ist hier bereits erörtert worden: vgl. oben S. 79 ff.

68 Zum Ganzen *Brandner* in FS Nirk, S. 75; *ders.* in FS Lutter, S. 324; *Fleischer*, GmbHR 2001, 45, 47; *K. Schmidt* in Scholz (6. A.), Anh. § 51 Rn. 63.

69 *Meyer-Landrut* in Meyer-Landrut/Miller/Niehus, § 46 Rn. 34; *Römermann* in Michalski, § 46 Rn. 333.

70 *Emde*, ZIP 2000, 59, 60; zur (eingeschränkten) Anwendbarkeit allgemeiner Vorschriften über Rechtsgeschäfte auf Beschlüsse vgl. *K. Schmidt*, GesellschR, S. 436.

mittelt werden kann, die außerhalb der Aussage des Beschlusses liegen.[71] Es wird nur selten vorkommen, dass ein Sonderprüfungsbeschluss wegen Unbestimmbarkeit seines Inhalts einen untauglichen Gegenstand festlegt und insofern fehlerhaft ist.[72] Zu denken ist allenfalls an Fälle, in denen die Gesellschafter schlechthin bloß „eine Sonderprüfung" oder „eine Sonderprüfung der Gesellschaft" anordnen, also in Wirklichkeit gar keinen Gegenstand bestimmen, oder in denen schlicht völlig unverständliche Festlegungen getroffen werden. Dieses allgemeine Bestimmbarkeitsgebot verlangt aber nur eine sachliche Eingrenzung des Prüfungsgegenstandes auf geringster Stufe – vielmehr bloß eine „eindeutige Benennung" desselben – und keinesfalls eine zeitliche Präzisierung. In Einzelfällen mag die Festlegung uferlos weitreichender Prüfungsgegenstände aber durchaus gegen das allgemeine Beschlussmängelrecht verstoßen.[73]

5. Reichweite der Sonderprüfungsbefugnis in personeller Hinsicht

Die grundsätzlichen Fragen zu den tauglichen Gegenständen einer Sonderprüfung sind vorstehend behandelt worden. Im nächsten Schritt soll systematisiert entfaltet werden, welche Personen konkret der Kontrolle durch eine GmbH-Sonderprüfung unterliegen können.

a) Geschäftsführer in besonderen Konstellationen

In der bisherigen Betrachtung wurde hauptsächlich das sonderprüfungsfähige Verhalten der GmbH-Geschäftsführer thematisiert. Einige Spezialfälle der Geschäftsführerkontrolle sind aber noch gesondert in den Blick zu nehmen.

aa) Ehemalige Geschäftsführer

Gelangen Geschäftsführer in den Verdacht, gegenüber der Gesellschaft Pflichtwidrigkeiten begangen zu haben, werden die Gesellschafter sie möglicherweise schon allein aufgrund dieses Verdachtes gem. § 38 Abs. 1 GmbHG abberufen. Oder es können vergangene Sachverhalte das Interesse der Gesellschafter wecken, obwohl die damals verantwortlichen Geschäftsführer inzwischen aus anderem Grund nicht mehr im Amt sind. Auch der Sonderprüfungsbeschluss zu einem Sachverhalt, für den ausschließlich zum Prüfungszeitpunkt ehemalige Geschäftsführer verantwortlich sein können, bildet eine zulässige Grundlage für

---

71 *Emde*, ZIP 2000, 59, 60 f.; zur Bestimmbarkeitsvoraussetzung bezogen auf einen Vertragsschluss vgl. statt vieler *Bork* in Staudinger, § 145 BGB (2010) Rn. 17.

72 *Emde*, ZIP 2000, 59, 62 ff., hält solche Beschlüsse lediglich für anfechtbar.

73 Dazu unten mehr: S. 295 f.

eine Prüfung der Geschäftsführung i. S. v. § 46 Nr. 6 GmbHG. Denn das in dieser Vorschrift vorgesehene Kontrollrecht bezieht sich auf alle Geschäftsführungsmaßnahmen der Vergangenheit. Dies ist an sich einleuchtend;[74] erschöpft sich doch das Informations- und Kontrollinteresse der Gesellschafter nicht in der Aufklärung von Maßnahmen der noch im Amt befindlichen Geschäftsführer. Die früheren Organwalter unterliegen weiterhin nach § 43 Abs. 2 GmbHG der Haftung für die ihnen aus ihrer Amtszeit vorwerfbaren Pflichtverletzungen. Kontrollmaßnahmen wie die Sonderprüfung sollen gerade dabei helfen, einen solchen Haftungsprozess vorzubereiten. Zudem können Erkenntnisse zu Missständen der Vergangenheit bei der künftigen Geschäftsführung oder der Organisation des Unternehmens Berücksichtigung finden. Es ist zu betonen, dass die Einleitung einer Prüfung zum Verhalten ehemaliger Geschäftsführer keine von den Gesellschaftern zu beschließende Geschäftsführungsmaßnahme bildet, sondern bei Vorliegen der oben[75] erarbeiteten allgemeinen Voraussetzungen von der Sonderprüfungsbefugnis als Primärzuständigkeit der Gesellschafter umfasst wird. Auch ein solcher Beschluss lässt sich auf § 46 Nr. 6 GmbHG stützen. Den Gesellschaftern, nicht den verbliebenen Geschäftsführern, steht demnach auch die grundsätzliche Vertretungsmacht zu, um die Gesellschaft bei der Ausführung des Beschlusses verpflichten zu können. Dieses Ergebnis lässt sich durch einen systematischen Vergleich mit der Ausübung anderer Gesellschafterbefugnisse mit Kontrollcharakter verifizieren. Sowohl in (Schadensersatz-) Prozessen der Gesellschaft gegen frühere Geschäftsführer[76] als auch bei Rechtsgeschäften, die die Aufhebung des Anstellungsvertrages eines Geschäftsführers erst nach dessen Abberufung als Organ betreffen,[77] ist in erster Linie die Gesellschaftergesamtheit befugt, die GmbH zu vertreten bzw. besondere Vertreter zu bestellen. Dies lässt sich damit erklären, dass bei derartigen Maßnahmen genau wie bei der

---

74 Auch die enger gefasste Sonderprüfungsbefugnis der Aktionäre erstreckt sich auf das Verhalten früherer Organmitglieder. Vgl. etwa jüngst LG Dortmund, NZG 2009, 1111 (LS); *Bordt*, S. 66; *Wilsing/von der Linden* in Heidel, § 142 AktG Rn. 20; *Bork* in Hommelhoff, Hdb Corporate Governance, S. 750.

75 S. 137 ff.

76 Dazu grundlegend BGHZ 28, 355, 357 f.; BGHZ 116, 353, 355; *Gehrlein/Witt*, S. 144; *Bayer* in Lutter/Hommelhoff, GmbHG, § 46 Rn. 42; *K. Schmidt* in Scholz, § 46 Rn. 167; *Hüffer* in Ulmer/Habersack/Winter, § 46 Rn. 105; *Schindler* in Ziemons/Jaeger, § 46 Rn. 95; a. A. *Roth* in Roth/Altmeppen, § 46 Rn. 57; weitergehend (Vertretung oder Vertreterbestellung zwingend durch die Gesellschafter) *Krieger*, in: GesellschR in der Diskussion, S. 123 f.

77 Dazu z. B. *Gach/Pfüller*, GmbHR 1998, 64; *Zöllner* in Baumbach/Hueck, § 46 Rn. 38; *Römermann* in Michalski, § 46 Rn. 253; entsprechend zur AG BGHZ 103, 213, 214 f.; OLG Düsseldorf, NZG 2004, 478, 479 f.; differenzierend OLG Köln, GmbHR 1993, 734, 736.

Sonderprüferbestellung die Wahrung der Gesellschaftsbelange jedenfalls abstrakt durch potenziell sachfremde Erwägungen gefährdet wäre, würde die Gesellschaft durch die aktuellen Geschäftsführer vertreten. Denn im Amt verbliebene Geschäftsführer, die ihre Funktion schon gleichzeitig mit dem ausgeschiedenen inne gehabt oder auch nur in einer Übergangsphase noch vertrauensvoll zusammengearbeitet haben, sind nicht unbefangen. Neu bestellte Geschäftsführer könnten zumindest in der Zukunft ebenfalls von dem maßgeblichen oder einem ähnlichen Sachverhalt betroffen sein, sodass eine Interessenkollision in solchen Fällen niemals völlig auszuschließen, sondern vielmehr latent vorhanden ist.[78] Da sich demzufolge die Kontrollbefugnis der Gesellschafter als Eigenzuständigkeit auch auf ehemalige Geschäftsführer erstreckt, ist deren Verhalten somit ebenso umfassend sonderprüfungsfähig wie das der gegenwärtigen.

bb) Weisungsfreiheit sowie Sonderrecht zur Geschäftsführung

Weil die Kontrollkompetenz den Gesellschaftern unabhängig von ihrem Weisungsrecht als Eigenzuständigkeit zugewiesen ist, darf eine Sonderprüfung auch das Verhalten eines von Weisungen freigestellten Geschäftsführers zum Gegenstand haben.[79] Allerdings muss im Hinblick auf die in Betracht kommenden Prüfungsmaßstäbe, die die Gesellschafter bei der Fassung des Sonderprüfungsbeschlusses bestimmen dürfen, nach der rechtlichen Grundlage der Weisungsfreiheit differenziert werden. Die bloß im Anstellungsvertrag vorgesehene Freistellung des Geschäftsführers von Weisungen wirkt nur schuldrechtlich zwischen ihm und der Gesellschaft und ist für den Umfang verbandsrechtlicher Kompetenzen mithin unbeachtlich. Um die Befugnis der Gesellschafter aus § 37 Abs. 1 GmbHG wirksam auszuschließen, muss die Weisungsfreiheit des Geschäftsführers im Gesellschaftsvertrag angeordnet werden. Eine solche Gestaltung vermittelt dem Handlungsorgan der GmbH ähnlich autonome Befugnisse bei der Geschäftsführung und der Leitung der Gesellschaft, wie sie dem Vorstand einer Aktiengesellschaft durch § 76 Abs. 1 AktG verliehen sind.[80] Es könnte daher in Betracht kommen, in einer solchen Situation das Sonderprüfungsrecht der Gesellschafter entsprechend der überwiegenden Auffassung zu § 142 AktG[81] auf eine reine Rechtmäßigkeitskontrolle zu reduzieren. Anders als im Aktienrecht

---

78 *Gach/Pfüller*, GmbHR 1998, 64, 65; *Bayer* in Lutter/Hommelhoff, GmbHG, § 46 Rn. 42.

79 Sinngleich zur Kontrollbefugnis der Gesellschafter im Allgemeinen *Jaeger* in Oppenländer/Trölitzsch, § 19 Rn. 7; *Schmiegelt/Gerber* in BeckHdb GmbH, § 3 Rn. 100; *Hüffer* in Ulmer/Habersack/Winter, § 46 Rn. 83; *Roth* in Roth/Altmeppen, § 46 Rn. 44.

80 Zum Ganzen *Paefgen* in Ulmer/Habersack/Winter, § 37 Rn. 23; *Koppensteiner* in Rowedder/Schmidt-Leithoff, § 37 Rn. 27 f.

81 Oben S. 147 f. m. N.

lässt sich die Weisungsfreiheit der Geschäftsführer aber von den Gesellschaftern jederzeit beseitigen, wenngleich nur mit qualifizierter Mehrheit im Wege der Satzungsänderung. Die Fassung des satzungsändernden Beschlusses sowie die weiterhin mögliche Abberufung des Geschäftsführers von seinem Amte dürfen theoretisch grundlos erfolgen. Diese Maßnahmen ließen sich demnach auch ergreifen, wenn die Gesellschafter das Geschäftsführerhandeln lediglich für unzweckmäßig hielten. Insofern besteht in solchen Fällen kein Anlass, den Anteilseignern die Veranlassung einer Zweckmäßigkeitskontrolle im Rahmen der Sonderprüfung nicht zu gestatten.

Jedoch kann der Gesellschaftsvertrag einem Gesellschafter auch das Sonderrecht einräumen, das Amt eines Geschäftsführers zu bekleiden.[82] Damit geht üblicherweise einher, dass er bei seiner Tätigkeit von Weisungen freigestellt ist. Ausgenommen sind nur Fragen der Unternehmenspolitik und außergewöhnliche Geschäfte, die sich ohnehin nicht mehr als Geschäftsführung im Rahmen des Gesellschaftszwecks bezeichnen lassen.[83] Ein solches Sonderrecht kann dem betroffenen Gesellschafter ohne seine gem. § 35 BGB analog erforderliche Zustimmung nur durch Satzungsänderung bei Vorliegen eines wichtigen Grundes entzogen werden.[84] Ein solcher Grund setzt stets ein rechtlich relevantes Verhalten des Sonderrechtsinhabers im Sinne einer (groben) Pflichtverletzung voraus. Somit erschiene es verfehlt, die Weisungsfreiheit des Gesellschafter-Geschäftsführers dadurch qualitativ zu schmälern, dass man jede seiner Entscheidungen im Wege einer Sonderprüfung auf die geringste Unzweckmäßigkeit hin untersuchen lassen könnte. Ist einem Gesellschafter die weisungsfreie Geschäftsführung als Sonderrecht überantwortet, darf eine Sonderprüfung nur auf Sachverhaltsaufklärung und Rechtmäßigkeitskontrolle gerichtet sein. Eine Bewertung nach Zweckmäßigkeitsgesichtspunkten durch den Sonderprüfer wäre für die Gesellschaft ohne Nutzen. Insofern ließe sich der Sonderprüfungsbeschluss wegen Treuepflichtverstoßes anfechten.

cc) Weitere Sonderfälle

Keine Besonderheiten im Zusammenhang mit dem Gegenstand einer Sonderprüfung ergeben sich im Hinblick auf den *Arbeitsdirektor i. S. d. § 33 MitbestG*, der

---

[82] Zur Zulässigkeit einer solchen Regelung RGZ 170, 358, 366 ff.; *Raiser/Veil*, S. 377; *Waldenberger*, GmbHR 1997, 49; *Riemenschneider/Freitag* in MünchHdb GesR III, § 5 Rn. 20; Zulässigkeit unterstellt von BGH, WM 1962, 201 f.; BGH, WM 1989, 250, 251 ff.

[83] *Immenga*, S. 96 ff.; *U. H. Schneider* in Scholz, § 37 Rn. 54.

[84] RGZ 170, 358, 368; BGH, WM 1962, 201 f.; *Waldenberger*, GmbHR 1997, 49, 54; *Immenga*, S. 99; *Raiser* in Ulmer/Habersack/Winter, § 14 Rn. 26, 31 f.; *Zöllner/Noack* in Baumbach/Hueck, § 38 Rn. 8, 10.

in einer mitbestimmten GmbH als Mitglied der Geschäftsführung wenigstens für den Kernbereich personeller und sozialer Angelegenheiten zuständig sein muss. Er unterliegt den Gesellschafterweisungen und ihrer vollumfänglichen Kontrolle nach § 46 Nr. 6 GmbHG ebenso wie die anderen Geschäftsführer. Einzig darf er innerhalb der Geschäftsführung nicht diskriminiert werden.[85]

Wird die GmbH in anderer Weise als durch Eröffnung eines Insolvenzverfahrens aufgelöst, werden die Geschäfte der abzuwickelnden Gesellschaft von den sog. *Liquidatoren* geführt.[86] Bei ihnen handelt es sich gem. § 66 Abs. 1 GmbHG um die bisherigen Geschäftsführer, wenn nicht andere Personen von den Gesellschaftern bestellt werden. Die Liquidatoren üben die Geschäftsführungstätigkeit für die abzuwickelnde Gesellschaft aus, wobei lediglich ihre Geschäftsführungsbefugnis im Vergleich zur werbenden Gesellschaft eingeschränkt sein mag. Aus diesem Grund unterliegen die Liquidatoren kraft des Verweises in § 69 Abs. 1 GmbHG ebenfalls der Gesellschafterkontrolle nach § 46 Nr. 6 GmbHG,[87] sodass mit ihrem Verhalten im Zusammenhang stehende Sachverhalte umfassend sonderprüfungsfähig sind.[88]

b) Mitarbeiter der Gesellschaft

Im Hinblick auf das Verhalten von Angestellten der Gesellschaft ist zu konstatieren, dass deren Auswahl, Führung und Überwachung ebenso wie die Delegation von Aufgaben an die Mitarbeiter Geschäftsführungsmaßnahmen des Geschäftsführers bilden, die sich daher problemlos zum Gegenstand einer Sonderprüfung machen lassen.[89] Ist aber ebenfalls die Tätigkeit eines Angestellten selbst unmittelbar sonderprüfungsfähig?[90] Sofern sie in Angelegenheiten der Gesellschaft tätig werden, könnte es sich bei einem weiten – materiellen – Begriffsverständnis um „Geschäftsführung" handeln. Davon soll schließlich der gesamte Verantwortungsbereich des Geschäftsführers erfasst sein. Dass der aber

---

85 BGHZ 89, 48, 57, 59; *Schall*, S. 86 ff.; *Trölitzsch* in Oppenländer/Trölitzsch, § 16 Rn. 19; *Koberski* in Wlotzke/Wißmann/Koberski/Kleinsorge, § 33 MitbestG Rn. 31 ff., 36, 39 ff.

86 *Haas* in Baumbach/Hueck, § 66 Rn. 4, § 70 Rn. 3 ff.

87 BGH, NJW 2004, 365, 366.

88 Entsprechend zu den Abwicklern bei einer AG *Jänig*, S. 240; *Mock* in Spindler/Stilz, § 142 Rn. 63; *Bezzenberger* in Großkomm AktG, § 142 Rn. 11.

89 Vgl. gleichsam zur AG *Schröer* in MünchKomm AktG, § 142 Rn. 18; *Bezzenberger* in Großkomm AktG, § 142 Rn. 11; *Kirschner*, S. 24 f.; *Jänig*, Wpg 2005, 761, 764.

90 Im Aktienrecht h. M. dafür, vgl. z. B. *Kirschner*, S. 24; *Schröer* in MünchKomm AktG, § 142 Rn. 18; *Spindler* in K. Schmidt/Lutter, AktG, § 142 Rn. 14; a. A. (allenfalls mittelbar) *Haager* in Ball/Haager, S. 29 f.; *Wilsing/von der Linden* in Heidel, § 142 AktG Rn. 11.

viele Aufgaben nicht selbst wahrnimmt, sondern an Mitarbeiter delegiert, ist selbst in kleineren Gesellschaften allein wegen des Umfangs der zu erledigenden Arbeit gar nicht anders zu bewerkstelligen und insofern unter ökonomischen Gesichtspunkten selbstverständlich geboten. Im Zuge dessen darf dennoch nicht die Kontrollbefugnis der Gesellschafter verkürzt werden, die – solange die Delegation an Arbeitnehmer unterbleibt – die gesamte Geschäftsführungstätigkeit für die Gesellschaft überwachen dürften. Somit ist sämtliches Verhalten der bei der GmbH beschäftigten Angestellten dem Bereich der „Geschäftsführung" i. S. d. § 46 Nr. 6 GmbHG zuzurechnen.[91] Diesen Erwägungen steht nicht entgegen, dass sich der Geschäftsführer im Rahmen von § 43 Abs. 2 GmbHG das Verschulden eines Mitarbeiters nicht (zum Beispiel gem. § 278 BGB) zurechnen lassen muss.[92] Falls nämlich das Verhalten eines Angestellten untersucht wird, lässt sich niemals von vornherein ausschließen, dass dem Geschäftsführer insofern eine eigene Pflichtverletzung vorgeworfen werden mag oder dass in diesem Zusammenhang eine Entscheidung des Geschäftsführers irgendeine, wenn auch nur untergeordnete Rolle gespielt haben könnte. Die Gesellschafter könnten dann beispielsweise mit der Erteilung von Weisungen an den Geschäftsführer oder auch mit der Geltendmachung von Ersatzansprüchen ihm gegenüber reagieren. Demzufolge dürfen die Gesellschafter in Ausübung ihres Kontrollrechts aus § 46 Nr. 6 GmbHG eine voll umfängliche Sonderprüfung auch unmittelbar bezogen auf die Tätigkeit einzelner Arbeitnehmer der Gesellschaft beschließen. Ob es sich um einen leitenden Angestellten oder einen anderen Betriebsangehörigen handelt, ist in diesem Zusammenhang unerheblich,[93] weil sich eben nicht nur Maßnahmen mit Leitungscharakter der Geschäftsführung zuordnen lassen.[94] Überträgt der Geschäftsführer Aufgaben an gesellschaftsexterne Dritte, gilt das soeben hergeleitete Ergebnis entsprechend.[95]

---

91 So auch *Ebenroth*, Kontrollrechte, S. 98; *ders.*, Geschäftsführerkontrolle, S. 44; ähnlich *Kirschner*, S. 24.

92 *Haas/Ziemons* in Michalski, § 43 Rn. 175; *Zöllner/Noack* in Baumbach/Hueck, § 43 Rn. 28; *Fleischer* in MünchKomm GmbHG, § 43 Rn. 257; *Marsch-Barner/Diekmann* in MünchHdb GesR III, § 46 Rn. 8.

93 Zur AG heute ganz h. M., vgl. bspw. *Habersack* in FS Wiedemann, S. 899; *Jänig*, S. 215 m. w. N.; früher noch a. A. *Kronstein/Zöllner* in KölnKomm AktG, § 142 Rn. 8; *Schedlbauer*, S. 143; ähnlich zum Aufsichtsrat einer GmbH *Raiser/Heermann* in Ulmer/Habersack/Winter, § 52 Rn. 86.

94 Dazu schon oben S. 138 f.

95 Statt vieler *Jänig*, Wpg 2005, 761, 764, zur AG.

c) Aufsichtsrats- und Beiratsmitglieder

Die GmbH-Gesellschafter sind umfassend zur Kontrolle der „Geschäftsführung" berufen. Der Begriff der Geschäftsführung grenzt deswegen die tauglichen Gegenstände der Sonderprüfung bei einer GmbH ein. In institutioneller Hinsicht ist der Geschäftsführer das Geschäftsführungsorgan der GmbH.[96] Es gilt im Folgenden zu klären, inwieweit sich das Verhalten der Mitglieder anderer Gesellschaftsorgane einer Sonderprüfung unterziehen lässt.

Das Aktienrecht knüpft nach § 142 Abs. 1 AktG zur Bestimmung der zulässigen Sonderprüfungsgegenstände ebenfalls an die „Geschäftsführung" an. Gleichwohl besteht in der Literatur schon lange Einigkeit darüber, dass, obwohl der Aufsichtsrat nicht das Geschäftsführungsorgan der Aktiengesellschaft ist,[97] auch sein Handeln den Gegenstand einer aktienrechtlichen Sonderprüfung bilden kann. In der Rechtsprechung[98] zeichnet sich die Übernahme dieser Auffassung ab. In welchem Umfang sich die Aufsichtsratstätigkeit als prüfungsfähig erweist, ist unter den Vertretern des Schrifttums bisher noch nicht eindeutig geklärt worden. Unbestritten bleibt lediglich, dass die Überwachung des Vorstands durch den Aufsichtsrat i. S. d. § 111 Abs. 1 AktG und seine Mitwirkung an zustimmungsbedürftigen Geschäften gem. § 111 Abs. 4 Satz 2 AktG einer Sonderprüfung zugänglich sind.[99] Nach ganz überwiegender Meinung[100] erfasst darüber hinaus die Sonderprüfungsbefugnis der Aktionäre die gesamte Tätigkeit des Aufsichtsrates, die einen Bezug zur Geschäftsführung durch den Vorstand aufweist. Darunter lassen sich etwa Auswahl, Bestellung und Anstellung von Vorstandsmitgliedern (§ 85 AktG) sowie die Festsetzung ihrer Bezüge (§ 87 AktG) oder die Prüfung des Jahresabschlusses nach § 171 AktG fassen. Dies wird vornehmlich mit einer großzügigen Auslegung des in § 142 AktG verwendeten Geschäftsführungsbegriffs begründet, dem neben seiner institutionellen zugleich eine funktionelle Bedeutung zugeschrieben wird. Insbesondere korporationsrechtliche Tätigkeiten des Aufsichtsrates, wie zum Beispiel die Leitung der

---

96 Statt aller *Raiser/Veil*, S. 442.

97 Dies im Hinblick auf die Prüfungstauglichkeit problematisierend *Jänig*, S. 218 f.: „rechtssystematische Zweifel".

98 OLG Düsseldorf, ZIP 2010, 28, 29 – „IKB"; AG Ingolstadt, AG 2002, 110 f. – „Net logistics AG".

99 *M. G. Jansen*, Sonderprüfung, S. 29, hält allein das Verhalten des Aufsichtsrates in diesen Aufgabenbereichen für sonderprüfungstauglich. Vgl. auch OLG Düsseldorf, ZIP 2010, 28, 29 – „IKB"; *Adler/Düring/Schmaltz*, §§ 142-146 AktG Rn. 6.

100 Grundlegend *Kronstein/Zöllner* in KölnKomm AktG, § 142 Rn. 9; ihnen folgend z. B. *Kirschner*, S. 27 f.; *Schröer* in MünchKomm AktG, § 142 Rn. 20; *Hirschmann* in Hölters, § 142 Rn. 14; *Liebscher* in Henssler/Strohn, § 142 AktG Rn. 4; *Mock* in Spindler/Stilz, § 142 Rn. 47 (insofern widersprüchlich Rn. 52); *Hüffer*, AktG, § 142 Rn. 5.

Hauptversammlung, seien davon noch ausgenommen. Von Einigen wird schließlich vertreten, der Ausdruck „Geschäftsführung" müsse entsprechend dem Zweck der Sonderprüfung, Fehlverhalten der Organmitglieder aufzudecken, noch extensiver verstanden werden. Eine Sonderprüfung müsse das gesamte Tätigkeitsfeld des Aufsichtsrates, beispielsweise auch vermutete Treuepflichtverstöße ohne Bezug zum Vorstandshandeln oder Verletzungen der Verschwiegenheitspflicht betreffen können.[101]

Für das GmbH-Recht empfiehlt es sich, hinsichtlich der Sonderprüfungsfähigkeit des Verhaltens zusätzlicher Gesellschaftsorgane anhand der Art des jeweiligen Gremiums, jedenfalls zwischen fakultativen und obligatorischen Organen zu unterscheiden.

aa) Mitglieder eines fakultativen zusätzlichen Gesellschaftsorgans

Die durch den Gesellschaftsvertrag errichteten – fakultativen – Gesellschaftsorgane[102] lassen sich in den unterschiedlichsten Erscheinungsformen antreffen.[103] Häufig hat ein von den Gesellschaftern in der Satzung vorgesehener Beirat lediglich die Funktion, die Geschäftsführung zu beraten. Mitunter räumen die Gesellschafter einem solchen Organ darüber hinaus auch ein Weisungsrecht zu sämtlichen oder einzelnen Fragen der Geschäftsführung ein.[104] Es bedürfte in solchen Fällen noch nicht einmal einer extensiven Auslegung des § 46 Nr. 6 GmbHG, um das Kontrollrecht der Gesellschafter auf den Beirat zu erstrecken. Weisungen und Beratung haben direkten Einfluss auf die Tätigkeit der Geschäftsführer und gehören in materieller Hinsicht – mögen sie auch bloß mittelbar wirken – eindeutig zum Bereich der Geschäftsführung. Es schadet nicht, sollte der Gesetzgeber bei Erlass des § 46 Nr. 6 GmbHG nur die Geschäftsführer im Blick gehabt haben,[105] wenn nach Sinn und Zweck der Vorschrift jede Art der Geschäftsführung von der Aufsicht durch die Gesellschafter erfasst werden soll. Dass häufig sogar der Beirat seinerseits wie ein Geschäftsführer den Weisungen der Gesellschafter unterliegt,[106] belegt zusätzlich noch die Abhängigkeit dieses Organs von den Anteilseignern und offenbart, dass für die Kontrolle eines

---

101 Sehr überzeugend *Jänig*, S. 222; ebenso *Haager* in Ball/Haager, S. 26, 30 f.; vgl. auch AG Ingolstadt, AG 2002, 110 – „Net logistics AG"; *U. H. Schneider*, AG 2008, 305, 307.

102 Allgemein zu ihnen oben S. 72 ff.

103 Vgl. den Überblick bei *Rohleder*, S. 7 ff.

104 Zur Zulässigkeit dessen etwa *A. Teichmann*, Gestaltungsfreiheit, S. 182; *Konzen*, NJW 1989, 2977, 2979 ff.; *Thümmel*, DB 1995, 2461.

105 Uneindeutig Entwurfsbegründung GmbHG 1892, abgedr. bei Deutscher Handelstag (Hrsg.), S. 102 f.

106 *Rohleder*, S. 154 ff.

Beirates durch die Gesellschafter ein vergleichbares Bedürfnis wie für die Geschäftsführerkontrolle besteht.

Handelt es sich bei dem fakultativen Gesellschaftsorgan um einen Aufsichtsrat, so muss dieser, um seiner Kontrollaufgabe gerecht zu werden, weitgehend weisungsfrei agieren können.[107] Wie aber schon erläutert wurde, hängt der Umfang der Kontrollkompetenzen, mit denen die Gesellschafter ausgestattet sind, nicht von ihren Weisungsbefugnissen ab.[108] Es ist zudem bereits hervorgehoben worden,[109] dass den Gesellschaftern wegen ihrer Stellung im Kompetenzgefüge der Gesellschaft die Aufsicht jedenfalls über die Wahrnehmung der dem Aufsichtsrat übertragenen Überwachungsaufgaben zusteht, zumindest wenn dessen Zuständigkeit die Gesellschafterkompetenz verdrängen soll.[110] Bestehen bezogen auf die Geschäftsführer konkurrierende Überwachungszuständigkeiten von Gesellschafterversammlung und fakultativem Aufsichtsrat, müssen die Gesellschafter erst recht den Aufsichtsrat kontrollieren dürfen.[111] Denn sie werden die von ihnen selbst vorzunehmende Überwachung der Geschäftsführer von der Effizienz der Geschäftsführerkontrolle durch den Aufsichtsrat abhängig machen wollen. Diese Aufsichtsbefugnis bezüglich der Überwachungstätigkeit des Aufsichtsrates fällt den Gesellschaftern kraft Gesetzes und nicht nur bei Vorliegen entsprechender Bestimmungen im Gesellschaftsvertrag zu. Von der Kontrolle durch die Gesellschafter müssen wiederum erst recht Situationen erfasst werden, die mit der Wahrnehmung eines Zustimmungsvorbehaltes i. S. v. § 52 Abs. 1 GmbHG i. V. m. § 111 Abs. 4 Satz 2 AktG durch den Aufsichtsrat zusammenhängen. Wie der Beirat über sein Weisungsrecht kann der Aufsichtsrat so nämlich an der Geschäftsführung der Gesellschaft mitwirken und sie in seinem Sinne beeinflussen.[112]

Die vorstehenden Überlegungen lassen sich noch stärker verallgemeinern. Auch ohne Weisungsunterworfenheit ist ein Aufsichtsrat ebenso wie ein Beirat

---

107 H. M., vgl. *Banspach/Nowak*, Der Konzern 2008, 195, 198; *Rohleder*, S. 155; *B. Schmidt* in Ensthaler/Füller/Schmidt, § 52 Rn. 15; *Raiser/Heermann* in Ulmer/Habersack/Winter, § 52 Rn. 145 ff.; offenbar anders *Schindler* in Ziemons/Jaeger, § 46 Rn. 82.

108 Dazu oben S. 65 m. N.

109 Oben S. 74.

110 *Härer*, S. 73 f.; *Rohleder*, S. 169; *Jaeger* in Oppenländer/Trölitzsch, § 19 Rn. 17; *Koppensteiner* in Rowedder/Schmidt-Leithoff, § 15 Rn. 16; *K. Schmidt* in Scholz, § 46 Rn. 112; ähnlich *A. Teichmann*, Gestaltungsfreiheit, S. 186; *Bea/Scheurer*, DB 1995, 1289, 1294.

111 Ebenso *Härer*, S. 111 f.

112 Zur Einordnung des Zustimmungsvorbehalts als Geschäftsführung im materiellen Sinne *Marsch-Barner/Diekmann* in MünchHdb GesR III, § 44 Rn. 63; *Banspach/Nowak*, Der Konzern 2008, 195, 203.

in die hierarchische Organisation der GmbH eingebunden, für die die Stellung der Gesellschafterversammlung als oberstes Organ charakteristisch ist. Die Existenz aller fakultativen Organe der GmbH lässt sich auf einen entsprechenden Entschluss der Gesellschafter zurückführen, den sie jederzeit durch Satzungsänderung zu revidieren vermögen.[113] Zudem können dem Aufsichtsrat oder Beirat nur Aufgaben zugewiesen werden, die die Anteilseigner zumindest potenziell an sich ziehen könnten. Demzufolge sind sämtliche Kompetenzen eines zusätzlichen Organs nur von den Gesellschaftern abgeleitet.[114] Die Gesellschafterunterworfenheit von Aufsichtsrat und Beirat sowie ihre bloß derivativen Kompetenzen sprechen dafür, die Sonderprüfungsbefugnis der Gesellschafterversammlung auf das gesamte Verhalten der Aufsichtsrats- oder Beiratsmitglieder zu erstrecken. Eine Beschränkung auf Geschäftsführungs- und Überwachungsmaßnahmen stünde letztendlich im Widerspruch zur Verfassung der GmbH. Für diese Sichtweise streitet zudem dieselbe Begründung, die von der entsprechend großzügigen Auffassung zum Aktienrecht angeführt wird, welche ebenfalls die ganze Aufsichtsratstätigkeit als sonderprüfungsfähig einstuft:[115] Die Sonderprüfung soll Fehlverhalten und Missstände aufdecken. Dieser Aufgabe wird sie nur gerecht, wenn sie sich auf den gesamten Tätigkeitsbereich auch eines zusätzlichen Gesellschaftsorgans bezieht. Schließlich haften die Organmitglieder gem. § 52 Abs. 1 GmbHG i. V. m. §§ 116, 93 Abs. 2 AktG[116] für jedes pflichtwidrige Verhalten, zum Beispiel auch für Treuepflichtverletzungen. Über die Geltendmachung dieses Anspruchs sollen nach praktisch einhelliger Meinung in Analogie zu § 46 Nr. 8 Fall 1 GmbHG verbindlich nur die Gesellschafter entscheiden können.[117] Um eine sinnvolle Entscheidung treffen zu können, muss es ihnen zuvor frei stehen, Aufsichtsrat oder Beirat umfänglich im Rahmen einer Sonderprüfung zu kontrollieren. Steht ihnen nämlich ein Einwirkungsrecht mit Kontrollcharakter zu, so mag es nahe liegen, dass dieser Befugnis ein Kontrollrecht im eigentlichen Sinne vorgelagert ist. Der Beschluss einer solchen Sonderprüfung, die ein zusätzliches Organ der GmbH betrifft, ist von den Anteilseignern

---

113 *Großfeld/Brondics*, AG 1987, 293, 294; *Rohleder*, S. 151 ff.; *U. H. Schneider* in Scholz, § 52 Rn. 2, 81.

114 Vgl. *Härer*, S. 37; *Großfeld/Brondics*, AG 1987, 293, 296.

115 Vgl. soeben oben S. 158.

116 Dies ist die Anspruchsgrundlage für Schadensersatzforderungen der Gesellschaft gegen Aufsichtsratsmitglieder. Beiratsmitglieder haften in (Gesamt-)Analogie zu § 43 Abs. 2 GmbHG und § 52 Abs. 1 GmbHG i. V. m. §§ 116, 93 Abs. 2 AktG.

117 *K. Schmidt* in Scholz, § 46 Rn. 146; *Bergjan* in Saenger/Inhester, § 46 Rn. 48; *Römermann* in Michalski, § 46 Rn. 414; *Schindler* in Ziemons/Jaeger, § 46 Rn. 96; *Wicke*, § 46 Rn. 19; einschränkend *Großfeld/Brondics*, AG 1987, 293, 306 f.; a. A. noch *Meyer-Landrut* in Meyer-Landrut/Miller/Niehus, § 46 Rn. 47.

selbst auszuführen. Einem Geschäftsführer darf nämlich nicht die organschaftliche Vertretungsmacht bei der Überwachung derjenigen Organe zustehen, von denen er sich selbst kontrollieren bzw. anweisen lassen muss.[118] Insofern lässt sich die Annahme dieser Kompetenz dogmatisch konsequent durch eine extensive Auslegung des § 46 Nr. 6 GmbHG abstützen. Eine Analogie ist nicht erforderlich. Die Kontroll- und Sonderprüfungskompetenzen hinsichtlich des fakultativen Organs lassen sich nämlich unmittelbar aus der hierarchischen Organisationsverfassung der GmbH herleiten, die in § 46 Nr. 6 GmbHG gleichfalls zum Ausdruck gelangt. Auch jedes Tätigwerden eines fakultativen Organs in Angelegenheiten der GmbH ist demzufolge als „Geschäftsführung" i. S. d. § 46 Nr. 6 GmbHG zu qualifizieren.

Anders als im Aktienrecht unterliegen die Gesellschafter bei der Beschlussfassung keinen inhaltlichen Einschränkungen, sodass sie mit einer Sonderprüfung das Handeln der Mitglieder eines fakultativen Organs sogar auf seine Zweckmäßigkeit hin überprüfen lassen dürfen. Die Gesellschafterversammlung kann beispielsweise auch Konsequenzen aus der Erkenntnis ziehen, dass eine Entscheidung des fakultativen Organs lediglich unzweckmäßig gewesen ist. Für einen weisungsabhängigen Beirat versteht sich das von selbst. Aber auch den Mitgliedern eines fakultativen Aufsichtsrates können die ihnen zugewiesenen Kompetenzen immerhin ohne Vorliegen eines bestimmten Grundes jederzeit per Satzungsänderung entzogen werden. Zudem können die Gesellschafter auf die Erteilung oder Verweigerung der Zustimmung durch den Aufsichtsrat gem. § 52 Abs. 1 GmbHG i. V. m. § 111 Abs. 4 Satz 2 AktG mit eigenen Weisungen an die Geschäftsführer reagieren, die für diese sodann anstelle der Entscheidung des Aufsichtsrates verbindlich sind.[119] In diesem Zusammenhang können die Gesellschafter ebenfalls an der Zweckmäßigkeit des Aufsichtsratshandelns interessiert sein.

---

118 Ähnlicher Gedanke bei *Wolff* in MünchHdb GesR III, § 37 Rn. 48. Ob den Gesellschaftern auch für Prozesse gegen Beirats- oder Aufsichtsratsmitglieder die Befugnis zustehen soll, besondere Vertreter zu bestellen, ist hingegen umstritten: dafür *K. Schmidt* in Scholz, § 46 Rn. 170; *Zöllner* in Baumbach/Hueck, § 46 Rn. 65; dagegen *Roth* in Roth/Altmeppen, § 46 Rn. 57; *Koppensteiner* in Rowedder/Schmidt-Leithoff, § 52 Rn. 17.

119 Allg. Meinung, vgl. *Zöllner/Noack* in Baumbach/Hueck, § 52 Rn. 124; *Raiser/Heermann* in Ulmer/Habersack/Winter, § 52 Rn. 112; *Deilmann*, BB 2004, 2253, 2254 ff.; *Großfeld/Brondics*, AG 1987, 293, 298; nach e. A. muss der Beschluss zumindest mit ¾-Mehrheit gefasst werden, so z. B. OLG Koblenz, GmbHR 1991, 264, 267; *Banspach/Nowak*, Der Konzern 2008, 195, 203.

bb) Mitglieder eines obligatorischen Aufsichtsrates

Der Bestand und die Kompetenzen des kraft Mitbestimmungsrechts obligatorischen Aufsichtsrats hängen dagegen nicht vom Willen der Gesellschafter ab. Vielmehr sind ihm unter anderem die Überwachung der Geschäftsführung (§ 111 Abs. 1 AktG), die Zustimmung zu bestimmten Geschäften (§ 111 Abs. 4 Satz 2 AktG) und die Vertretung der Gesellschaft gegenüber den Geschäftsführern (§ 112 AktG) unentziehbar zugewiesen. Dies folgt aus § 1 Abs. 1 Nr. 3 Hs. 1 DrittelbG und § 25 Abs. 1 Satz 1 Nr. 2 MitbestG. Dem paritätisch mitbestimmten Aufsichtsrat obliegen zudem gem. § 31 Abs. 1 Satz 1 MitbestG i. V. m. § 84 AktG Bestellung und Abberufung der Geschäftsführer. Bei diesen Kompetenzen handelt es sich um eigene, nicht von den Gesellschaftern abgeleitete Kompetenzen des Aufsichtsorgans.[120] Im GmbH-Recht unterscheidet sich demnach der mitbestimmte Aufsichtsrat von demjenigen einer mitbestimmungsfreien Gesellschaft dadurch, dass er über originäre und nicht bloß über derivative Zuständigkeiten verfügt. Nur vor diesem Hintergrund ist die separate Untersuchung der Sonderprüfungsfähigkeit zu rechtfertigen. Die Gesellschafterversammlung bleibt zwar auch in der mitbestimmten GmbH aufgrund ihres Weisungsrechts gegenüber den Geschäftsführern das oberste Organ in der hierarchischen Struktur der GmbH.[121] Der obligatorische Aufsichtsrat ist den Gesellschaftern aber nicht derart untergeordnet wie ein fakultatives Gesellschaftsorgan.

Die Rechtsstellung des obligatorischen mitbestimmten Organs ähnelt insofern stärker derjenigen des Aufsichtsrates in einer Aktiengesellschaft, dessen Kompetenzen wegen § 23 Abs. 5 AktG ebenfalls zwingend gesetzlich festgelegt sind. Obwohl das Aktiengesetz eine „Gewaltenteilung" unter den Organen im Hinblick auf deren Kompetenzen vorsieht, ist in der Aktienrechtswissenschaft anerkannt, dass sich auch die Amtsführung des Aufsichtsrates mit einer Sonderprüfung untersuchen lässt.[122] Dabei wird einhellig nicht danach differenziert, ob der Aufsichtsrat der Arbeitnehmermitbestimmung unterliegt oder nicht. Auch das Verhalten der Arbeitnehmervertreter im Aufsichtsrat einer Aktiengesellschaft sei vielmehr ebenso sonderprüfungsfähig wie das der Mitglieder, die von den Anteilseignern gewählt worden seien. Schließlich treffe beide Gruppen von Aufsichtsratsmitgliedern gesellschaftsrechtlich dieselben Pflichten.[123]

---

120 *Deilmann*, BB 2004, 2253.

121 Davon war hier bereits die Rede. Vgl. oben S. 74.

122 Vgl. die Nachweise in Fn. 98-101.

123 Zum Ganzen *M. G. Jansen*, Sonderprüfung, S. 31 f.; allgemein dazu z. B. *Zöllner/Noack* in Baumbach/Hueck, § 52 Rn. 213.

Inwieweit lassen sich also die Mitglieder des obligatorischen GmbH-Aufsichtsrates überprüfen? Problemlos können die Gesellschafter den Geschäftsführer anweisen, einen entsprechenden Prüfungsauftrag zu erteilen, sodass eine Geschäftsführungsmaßnahme vorläge. Außerdem kann die Aufsichtsratstätigkeit jedenfalls *mittelbar* Gegenstand einer Sonderprüfung i. S. v. § 46 Nr. 6 GmbHG sein, wenn sie von einem Sachverhalt umfasst wird, dem ein Verhalten des Geschäftsführers in den Gesellschaftsangelegenheiten zugrunde liegt. Die Mitglieder eines obligatorischen Aufsichtsrates sind aber umfassend der Pflichtenbindung und der Haftung gem. § 116 Satz 1 i. V. m. § 93 AktG unterworfen. Die Entscheidung über die Geltendmachung solcher Ersatzansprüche soll wie gezeigt analog § 46 Nr. 8 Fall 1 GmbHG den Gesellschaftern selbst zustehen,[124] ebenso wie die Entlastung des Aufsichtsrates.[125] Dies ist gerade in Anbetracht der Tatsache sinnvoll, dass im Falle von Verfehlungen der Geschäftsführung häufig auch den Aufsichtsratsmitgliedern Pflichtverletzungen vorzuwerfen sind. Dies spricht insgesamt dafür, den Gesellschaftern als Eigenzuständigkeit auch ein Recht zur *unmittelbaren* Kontrolle eines obligatorischen Aufsichtsrats zuzugestehen, wovon die Befugnis zur Einleitung einer Sonderprüfung umfasst ist. Denn ein hinreichender Informationsstand ist zur angemessenen Ausübung der anderen Gesellschafterkompetenzen unbedingt erforderlich. Wie zum Aktienrecht lässt sich ferner damit argumentieren, dass die Gesellschafter wenigstens einen Teil der Aufsichtsratsmitglieder selbst bestellen und unter bestimmten Voraussetzungen abberufen können. So besteht gleichsam eine unmittelbare Beziehung zwischen Gesellschaftern und Aufsichtsrat. Bei der paritätisch mitbestimmten GmbH können die Gesellschafter unzweifelhaft die Geschäftsführer gem. § 46 Nr. 6 GmbHG überwachen,[126] obwohl ihnen die Bestellkompetenz aufgrund von § 31 MitbestG genommen ist.[127] Vor diesem Hintergrund ist erst recht das Organ, dessen Mitglieder – jedenfalls zur Hälfte – unmittelbar von den Gesellschaftern selbst bestellt werden, deren unmittelbarer Kontrolle zu unterstellen.

Demzufolge lässt sich gut begründen, dass die Gesellschafter auch in der mitbestimmten GmbH eine Sonderprüfung unmittelbar zur Untersuchung des gesamten Verhaltens der Aufsichtsratsmitglieder einleiten können. Wiederum handelt es sich um eine Eigenzuständigkeit der Anteilseigner. Ihnen steht die Vertretungsmacht für die Ausführung des Prüfungsbeschlusses zu.

---

124 Möglicherweise steht ihnen im Prozess sogar die Vertretungsmacht für die GmbH zu: vgl. Nachweise in Fn. 117.

125 *U. H. Schneider* in Scholz, § 52 Rn. 525.

126 Vgl. oben S. 74 m. N.

127 So bezogen auf die AG *Jänig*, S. 219 f.

Die Kompetenz ergibt sich aus einer Gesamtschau der übrigen Eigenzuständigkeiten, über die die Gesellschafter in Bezug auf den Aufsichtsrat verfügen. Sie lässt sich bei weitem Normverständnis ebenfalls noch unter § 46 Nr. 6 GmbHG fassen. Diese Zuständigkeitsnorm würde demzufolge den Gesellschaftern das Sonderprüfungsrecht hinsichtlich aller „Verwaltungsorgane" einräumen. Ebenso soll der Begriff der „Geschäftsführung" bei § 142 Abs. 1 AktG ausgelegt werden. Doch muss auch im GmbH-Recht dem Umstand angemessen Rechnung getragen werden, dass einem obligatorischen Aufsichtsrat seine Kompetenzen unentziehbar als eigene zugewiesen sind. Im parallel gelagerten Aktienrecht schützt § 142 Abs. 1 AktG die übrigen Gesellschaftsorgane vor zu weitreichenden Sonderprüfungen mit Hilfe des strengeren Bestimmtheitserfordernisses.[128] Damit die Eigenheiten der Kompetenzverteilung in einer mitbestimmten GmbH angemessen berücksichtigt werden, sollen die Gesellschafter entsprechend dem Rechtsgedanken des § 142 AktG darauf beschränkt sein, nur bestimmte Vorgänge der Aufsichtsratstätigkeit zum Gegenstand einer Sonderprüfung machen zu können. Ein Beschluss, der eine uferlos weite Überprüfung zum Beispiel der gesamten Amtsführung des Aufsichtsrates veranlassen wollte, wäre wegen Verstoßes gegen die zwingende Kompetenzverteilung in der mitbestimmten GmbH fehlerhaft.[129]

Insofern dürfen die Gesellschafter zwar auch ausschließlich das Verhalten der Mitglieder eines obligatorischen Aufsichtsrates einer Sonderprüfung unterziehen, sind dabei jedoch auf die punktuelle Kontrolle von Einzelfällen verwiesen. Innerhalb dieser Grenzen sollen die Sonderprüfer aber sogar mit der Beurteilung der Zweckmäßigkeit des Aufsichtsratshandelns befasst werden können. Denn die Gesellschafter dürfen auch in der mitbestimmten GmbH die Kontrollmaßnahmen des Aufsichtsrats durch eigene Überwachungstätigkeit bezüglich der Geschäftsführer ergänzen.[130] Zudem können die Anteilseigner eine Entscheidung des mitbestimmten Aufsichtsrates über die Erteilung der Zustimmung zu einer Geschäftsführungsmaßnahme gem. § 111 Abs. 4 Satz 2 AktG in ihrem Sinne korrigieren, indem sie das ihnen verbliebene Weisungsrecht in entsprechender Weise ausüben.[131] In solchen Situationen prävaliert folglich weiterhin

---

[128] Dazu oben S. 32 f. m. N.

[129] Vgl. zur Folge eines Verstoßes gegen diesen Bestimmtheitsgrundsatz bezogen auf die AG *Schröer* in MünchKomm AktG § 142 Rn. 51; *Bezzenberger* in Großkomm AktG, § 142 Rn. 36 (jeweils für Nichtigkeit unter Berufung auf § 241 Nr. 3 AktG).

[130] Vgl. dazu oben S. 74. Ebenso zum fakultativen Aufsichtsrat vgl. oben S. 73 f.

[131] Für Beschluss mit einfacher Mehrheit *Deilmann*, BB 2004, 2253, 2255 ff.; *Lutter/Krieger*, Aufsichtsrat, Rn. 1120; *Giedinghagen* in Michalski, § 52 Rn. 233; *Altmeppen* in Roth/Altmeppen, § 52 Rn. 55; für Erfordernis einer ¾-Mehrheit z. B. *Schall*, S. 123 ff.

der Wille der Gesellschafter. Weil diese die Aufsichtsratsentscheidung ohne weiteres auch aufgrund von Zweckmäßigkeitserwägungen korrigieren oder ergänzen können, muss eine Sonderprüfung zu entsprechenden Maßnahmen auch deren Zweckmäßigkeit begutachten dürfen, um die Gesellschafterentscheidungen sachgemäß vorbereiten zu können.

d) Gesellschaftergesamtheit

Die bisherige Untersuchung ist der Frage nachgegangen, inwiefern das Verhalten der verschiedenen Organe einer GmbH und ihrer jeweiligen Mitglieder einer Sonderprüfung unterzogen werden kann. Einzig das oberste Gesellschaftsorgan blieb bisher von der Betrachtung ausgenommen. Die Gesellschafterversammlung bzw. die Gesamtheit der Gesellschafter vermag als Entscheidungsgremium der Anteilseigner vorwiegend im Wege der Beschlussfassung zu handeln. Lassen sich Gesellschafterbeschlüsse aber mittels einer Sonderprüfung untersuchen? Immerhin entscheiden die Gesellschafter in weitem Umfange auch über Fragen der Geschäftsführung, die doch gerade den Gegenstand der Kontrolle i. S. d. § 46 Nr. 6 GmbHG bilden.

Gleichwohl ist die Gesellschaftergesamtheit keiner Aufsicht durch sich selbst unterworfen, schon allein da sich im Rechtssinne kein Organ selbst zu kontrollieren vermag.[132] Dazu muss stets eine andere Instanz berufen sein. Es steht jedoch keinem anderen Organ zu, Entscheidungen der Gesellschafterversammlung zu überwachen.[133] Bei ihr handelt es sich um das oberste Organ der Gesellschaft, das sich nur aus geborenen Organmitgliedern zusammensetzt.[134] Deswegen trifft sie ebenso wenig wie die Gesellschafter als ihre „Mitglieder" irgendeine Art von Organverantwortlichkeit oder gar Organhaftung im gesellschaftsrechtlichen Sinne.[135] Nur jemand, der fremdbezogen Geschäfte besorgt oder gar fremdbezogen Macht ausübt, ist pflichtgebunden und rechenschaftspflichtig. Als Organ der wirtschaftlichen Eigentümer bildet die Gesellschafterversammlung aber selbst den Willen der GmbH, der von den anderen Gesellschaftsorganen zu respektieren ist. Sie besorgt keine fremden Geschäfte, sondern ist funktionell betrachtet selbst Prinzipal.[136] Dem gesetzlichen Konzept entsprechend werden Beschlüsse der Gesellschafter nur durch das einzelne Mit-

---

[132] *Großfeld/Brondics*, AG 1987, 293, 298.

[133] *Raiser/Heermann* in Ulmer/Habersack/Winter, § 52 Rn. 86; *U. H. Schneider* in Scholz, § 52 Rn. 88; *Zöllner/Noack* in Baumbach/Hueck, § 52 Rn. 242; anders für den Aufsichtsrat *Duden* in FS Fischer, S. 97 ff.

[134] *K. Schmidt*, GesellschR, S. 415.

[135] Dies hat etwa *Ziemons*, S. 57 ff., überzeugend nachgewiesen.

[136] Vgl. *Ziemons*, S. 64 ff.

glied, das Anfechtungs-, Nichtigkeits- oder Feststellungsklage erheben kann, auf ihre Rechtmäßigkeit hin überprüft. Die Gesellschafter als Rechtssubjekte erfüllen auf diese Weise die Funktion der Kontrollinstanz hinsichtlich der Gesellschaftergesamtheit.[137] Die Ausübung dieses Individualrechts lässt sich mit Hilfe des individuellen Informationsrechts eines jeden Gesellschafters i. S. d. § 51a GmbHG vorbereiten. Das Kollektivrecht der Gesellschafter aus § 46 Nr. 6 GmbHG ermöglicht dagegen keine Sonderprüfung, die ausschließlich die Gesellschafterversammlung betrifft. Diese Sichtweise erfährt eine Bestätigung durch die aktienrechtliche Literatur. Abgesehen von *Bezzenberger*[138] wird im Schrifttum einhellig befunden, dass der korporationsrechtliche Akt des Hauptversammlungsbeschlusses nicht einer Sonderprüfung unterzogen werden könne, gerade weil das Organ Hauptversammlung niemals der Aktiengesellschaft zum Schadensersatz verpflichtet sei.[139]

Allenfalls mittelbar können Sonderprüfer Gesellschafterbeschlüsse bei ihrer Auftragserfüllung berücksichtigen, etwa wenn das zu untersuchende Geschäftsführerverhalten auf einer Weisung der Anteilseigner beruhte.[140] Anders formuliert sollen jedenfalls die dem Beschluss vor- und nachgelagerten Tätigkeiten des Geschäftsführers – oder die eines anderen Organs – einer Sonderprüfung fähig sein.[141] Das eine Gesellschafterweisung ausführende Verhalten der Geschäftsführer spiegelt die Entscheidung der Gesellschafter wider. Das betrifft allerdings nur den Inhalt des Gesellschafterbeschlusses, der auf diese Weise mittelbar mit der Sonderprüfung untersucht werden kann. Als nicht sonderprüfungsfähig erweisen sich demgegenüber Fragen nach der Verfahrensfehlerhaftigkeit eines Beschlusses. Möchte sich die Gesellschafterversammlung einer weiterreichenden – unmittelbaren – „Selbstkontrolle“ durch externe Prüfer unterziehen, so darf sie selbstverständlich den Geschäftsführer dahingehend anweisen, Prüfer zu beauftragen. Es steht ihr aber keine derartige Sonderprüfungskompetenz als Eigenbefugnis zu. Die isolierte Überprüfung eines Gesellschafterbeschlusses durch externe Prüfer ist zudem in der Regel nicht sonderlich nützlich, ist es doch für die Erhebung einer Anfechtungsklage praktisch immer schon zu spät, wenn die Sonderprüfer ihren Bericht erstellt haben.[142]

---

137 Vgl. nur *Wiedemann* I, S. 366; dazu auch bereits oben S. 61 f.

138 In Großkomm AktG, § 142 Rn. 14; ihm folgend *Zwissler* in Wachter, § 142 Rn. 5. Eine Begründung für diese Ansicht bleiben sie schuldig.

139 *Schröer* in MünchKomm AktG, § 142 Rn. 21; *Spindler* in K. Schmidt/Lutter, AktG, § 142 Rn. 17; *Kirschner*, S. 26 f.; *Jänig*, S. 236 f.; *ders.*, Wpg 2005, 761, 769.

140 Dazu ausführlicher unten S. 179 f.

141 Zur AG ähnlich *Jänig*, S. 237; ihm folgend *Spindler* in K. Schmidt/Lutter, AktG, § 142 Rn. 17.

142 *Jänig*, S. 237.

e) Einzelne Gesellschafter

Von dem Organ Gesellschafterversammlung zu unterscheiden sind die einzelnen Gesellschafter als die Mitglieder der GmbH. Während *Peters* und *Dechow*[143] unterstellen, das Verhalten von Gesellschaftern, die nicht zugleich Geschäftsführer sind, ließe sich unmittelbar zum Gegenstand einer Sonderprüfung machen, hält *Leinekugel*[144] anscheinend nur eine mittelbare Überprüfung des Gesellschafterhandelns für zulässig. So habe sich die Sonderprüfung stets formal gegen die Geschäftsführung zu richten. Über diesen Umweg könnten dann aber zum Beispiel die Rechtsbeziehungen zwischen GmbH und bestimmten Mitgesellschaftern von den Sonderprüfern beleuchtet werden. Dass jedenfalls das mit der Geschäftsführung im Zusammenhang stehende Gebaren eines Gesellschafters tauglicher Gegenstand einer Sonderprüfung ist, ergibt sich auch aus den Grundsätzen des hier vertretenen Konzeptes.[145] Denn allen Geschäftsbeziehungen eines Gesellschafters zur GmbH muss notwendigerweise ein – sogar rechtsgeschäftliches – Verhalten eines Geschäftsführers oder eines Mitarbeiters in Angelegenheiten der Gesellschaft zugrunde liegen. So können beispielsweise Bevorzugungen einzelner Gesellschafter durch das Management – etwa durch verdeckte Vermögensverlagerungen beim Abschluss von Austauschverträgen – sowie Leistungen an ein Mitglied, die gegen § 30 Abs. 1 GmbHG verstoßen, von einer Sonderprüfung erfasst werden.

Es bleibt zu klären, ob das Verhalten der Gesellschafter darüber hinaus unmittelbar sonderprüfungsfähig ist. Dies ist vor allem erforderlich, um einen Sachverhalt zu erfassen, an dem kein Geschäftsführer beteiligt ist, obgleich ihm das Handeln eines Gesellschafters zugrunde liegt, das die Angelegenheiten der Gesellschaft betrifft. Die Frage lässt sich nicht leicht beantworten. Zunächst ist zu konstatieren, dass die Mitglieder eines Verbandes als solche nicht wie Gesellschaftsorgane einer institutionalisierten Aufsicht unterworfen sind.[146] Die Gesellschafter sind bei wirtschaftlicher Betrachtung vielmehr die Eigentümer des Gesellschaftsvermögens und die Inhaber eines von der Gesellschaft betriebenen Unternehmens. Wie schon mit Bezug zur Gesellschafterversammlung aufgezeigt werden konnte, üben die Mitglieder eines Verbandes somit die Funktion eines Prinzipals aus. Aus dem durch sie gebildeten Willen ergibt sich der Wille des Verbandes. Als dauerhafte Einrichtung soll die gesellschaftsrechtliche Kontrolle aber vor allem ein Auseinanderfallen von Eigentum und Leitungsmacht inner-

---

143 GmbHR 2007, 236, 238.

144 GmbHR 2008, 632; ebenso *Trölitzsch/Leinekugel*, Rn. 33.

145 Vgl. zu dessen Aussagen oben S. 137 ff., 144 ff.; ähnlich *Bergjan* in Saenger/Inhester, § 46 Rn. 40.

146 Dazu insofern klarstellend *Spindler/Kepper*, DStR 2005, 1738, 1740.

halb des Verbandes kompensieren.[147] Daraus lässt sich schließen, dass die Gesellschafter als Prinzipale jedenfalls keiner institutionalisierten, ständigen Überwachung durch ein anderes Gesellschaftsorgan unterliegen – auch nicht, wenn diese Aufgabe von der Gesellschafterversammlung wahrgenommen würde.

Im Gegensatz zur Gesellschafterversammlung als Organ sind dem einzelnen Gesellschafter allerdings Verhaltenspflichten gegenüber der Gesellschaft auferlegt, aus deren Verletzung ihr vor allem Schadensersatz- und Unterlassungsansprüche erwachsen können. Dabei handelt es sich jedoch nicht um Formen organschaftlicher Haftung. Der Pflichtenkanon des Gesellschafters gegenüber der GmbH folgt vielmehr aus seiner im übernommenen Geschäftsanteil verkörperten Mitgliedschaft, die eine Sonderrechtsbeziehung zum Verband begründet.[148] Auch wenn Sonderprüfungen nicht ausschließlich der Vorbereitung von Haftungsklagen zu dienen bestimmt sind, drängt sich wegen des in der Praxis häufigen Zusammenhangs dennoch die Frage auf, inwiefern die Beachtung von Verhaltenspflichten durch den Gesellschafter tauglicher Gegenstand einer Sonderprüfung sein kann. Die Gesellschafter unterliegen zwar keiner allgemeinen Aufsicht. Damit die Gesellschaft sich aber in der Lage befindet, ihre Rechte wegen Pflichtverletzungen eines Gesellschafters geltend zu machen, muss ihr zuvor das relevante Verhalten des Mitgliedes in tatsächlicher Hinsicht zur Kenntnis gelangen. Nach der allgemeinen GmbH-rechtlichen Kompetenz- und Pflichtenordnung würde es i. S. d. §§ 35, 37 GmbHG grundsätzlich den Geschäftsführern obliegen, einen eventuell die Gesellschafterhaftung auslösenden Sachverhalt aufzuklären. Zu entsprechenden Maßnahmen können die Gesellschafter Weisungen erteilen. Möchten die Gesellschafter aber selbst Sonderprüfer bestellen, so muss ihnen dazu eine entsprechende Primärzuständigkeit zugeordnet sein. Eine solche Befugnis muss sich entweder noch § 46 Nr. 6 GmbHG entnehmen lassen oder sie steht der Gesellschafterversammlung als Annexkompetenz zu § 46 Nr. 8 GmbHG zu.

aa) Reichweite von § 46 Nr. 6 GmbHG

Die Eigenzuständigkeit der Gesellschafter gem. § 46 Nr. 6 GmbHG reicht nur so weit, als eine „Prüfung der Geschäftsführung" vorgenommen werden soll. Ob die Sonderprüfungsbefugnis neben dem Gebaren der Geschäftsführer, anderer gekorener Organmitglieder und der Mitarbeiter unmittelbar auch ein Verhalten einzelner Verbandsmitglieder erfassen kann, muss sich durch systematische und teleologische Auslegung des § 46 Nr. 6 GmbHG ergründen lassen. In demselben Paragraphen verwendet das Gesetz den Begriff „Geschäftsführung" ein zweites

---

[147] Oben S. 17 f.

[148] Grundlegend *K. Schmidt*, GesellschR, S. 549, 552 ff.; *Lutter*, AcP 180 (1980), 84, 97 f.; vgl. auch *Schiessl* in MünchHdb GesR III, § 31 Rn. 1.

Mal. Nach § 46 Nr. 8 Fall 1 GmbHG unterliegt „die Geltendmachung von Ersatzansprüchen, welche der Gesellschaft aus der Gründung oder Geschäftsführung gegen Geschäftsführer oder Gesellschafter zustehen“, der Bestimmung der Gesellschafter. „Geschäftsführung“ hat man in diesem Zusammenhang offensichtlich funktionell zu verstehen, denn das Gesetz lässt nach der Art der Formulierung erkennen, dass „Geschäftsführung“ auch durch die Gesellschafter erfolgen kann[149] und dass sie dafür Verantwortung zu tragen haben.

Bei insofern erforderlicher materieller Betrachtung nimmt ein Gesellschafter dann Aufgaben der Geschäftsführung wahr, wenn er beeinflussend auf das Geschäftsführerhandeln einwirkt. Dies kann einerseits förmlich durch Ausübung seines Stimmrechts bei der Fassung eines Weisungsbeschlusses geschehen. In Fällen gefestigter Mehrheitsverhältnisse – vor allem innerhalb eines sog. faktischen Konzerns – vermögen ein oder mehrere Mitglieder andererseits in rein tatsächlicher Weise Einfluss auf den Geschäftsführer zu nehmen, weil dieser durch die jederzeitige Abberufungsmöglichkeit gem. § 38 Abs. 1 GmbHG von den Mehrheitsgesellschaftern abhängig ist und deren Ansinnen deshalb häufig Folge leisten wird.[150] Sowohl bei der Stimmrechtsausübung als auch bei der faktischen Beeinflussung des Geschäftsführungsorgans ist der Gesellschafter durch die ihn wegen seiner Mitgliedschaft in der GmbH treffende Treuepflicht gebunden. Sie verpflichtet jeden Gesellschafter dazu, derartige Einflussnahmen auf die Geschäftsführung am Gesellschaftsinteresse auszurichten,[151] jedenfalls aber Maßnahmen, die wahrscheinlich zu einer Schädigung der Gesellschaft führen werden, zu unterlassen. Über die allgemeinen deliktsrechtlichen Tatbestände hinausgehend kann sich der Gesellschafter wegen derartiger Verletzungen der Treuepflicht gegenüber der Gesellschaft – und übrigens auch den Mitgesellschaftern – schadensersatzpflichtig machen, wenn der Verstoß schuldhaft erfolgte.[152] Anerkanntermaßen handelt es sich dabei um Ersatzansprüche gegen Ge-

---

149 *Römermann* in Michalski, § 46 Rn. 421.

150 Zum Ganzen *Immenga*, S. 277 ff.; *Martens*, GmbHR 1984, 265, 267; vgl. dazu auch BGHZ 65, 15, 19 f. – „ITT“.

151 Faktische Einflussnahmen sollten besser ganz unterbleiben. Insbesondere steht es dem Mehrheitsgesellschafter in Ermangelung eines Beherrschungsvertrages bzw. einer entsprechenden Satzungsbestimmung nicht zu, dem Geschäftsführer unmittelbar ohne Fassung eines Gesellschafterbeschlusses Weisungen zu erteilen. Vgl. dazu z. B. *Konzen*, NJW 1989, 2977, 2979.

152 BGHZ 65, 15, 19 ff. – „ITT“; sehr ausführlich *Ziemons*, S. 75 ff.; *M. Winter*, S. 83 ff.; *Immenga*, S. 261 ff., 275 ff.; *Martens*, GmbHR 1984, 265, 267 f.; *Merkt* in MünchKomm GmbHG, § 13 Rn. 142, 196 ff.; *Hueck/Fastrich* in Baumbach/Hueck, § 13 Rn. 21, 23 ff., 30; *Pentz* in Rowedder/Schmidt-Leithoff, § 13 Rn. 35 ff., 48 f., 57, 82, 84.

sellschafter aus der „Geschäftsführung“ i. S. d. § 46 Nr. 8 Fall 1 GmbHG.[153] Nach dem Wortlaut des § 46 Nr. 6 GmbHG bildet die „Geschäftsführung“ gleichfalls den Gegenstand der Überwachungskompetenz der Gesellschafterversammlung. Möglicherweise ist der Begriff einheitlich auszulegen. Der Gesetzgeber hätte ansonsten in § 46 Nr. 6 GmbHG auch die „Geschäftsführer“ als Prüfungsobjekt festlegen können, die in § 46 Nr. 8 GmbHG schließlich gesondert benannt werden. Es ließe sich zwar auch anführen, die ausdrückliche Erwähnung der Gesellschafter in Nr. 8 könne den Gegenschluss nahe legen, deren Handeln solle von Nr. 6 gerade nicht mit umfasst werden. Andererseits scheint das Gesetz in § 46 GmbHG den Begriff insgesamt funktionell verwenden zu wollen. Sollte Nr. 6 sich ausschließlich auf die Geschäftsführer beziehen, hätte dies gerade in Abgrenzung zur Nr. 8 mit der Formulierung „Geschäftsführung durch die Geschäftsführer“ klargestellt werden können. Die Systematik spricht demnach dafür, § 46 Nr. 6 GmbHG umfassend materiell zu verstehen. Das Verhalten einzelner Gesellschafter dürfte demzufolge im Hinblick auf etwaige Pflichtverletzungen auch unmittelbar einer Sonderprüfung unterzogen werden, sofern es nur materiell eine „Geschäftsführungsmaßnahme“ darstellt.

bb) Reichweite von § 46 Nr. 8 Fall 1 GmbHG

Damit wäre jedoch vorerst nur eine eng begrenzte Fallgruppe potenzieller Pflichtverletzungen eines Mitgliedes von der Sonderprüfungskompetenz der Gesellschafterversammlung erfasst. Selbst wenn man wie hier von einem weiten, funktionellen Begriffsverständnis ausgeht, liegen viele denkbare Formen von Fehlverhalten auf Seiten eines Gesellschafters außerhalb des Bereichs „Geschäftsführung“ i. S. v. § 46 Nr. 6 GmbHG. So kommt eine Haftung wegen Verletzung der mitgliedschaftlichen Treuepflicht oder konkurrierender deliktsrechtlicher Verhaltensnormen zudem in Betracht, wenn ein Gesellschafter durch sein Tun beispielsweise den Ruf und das Ansehen der Gesellschaft schädigt, gegen ein satzungsmäßiges Wettbewerbsverbot verstößt oder Kenntnisse, die er als Mitglied der GmbH über diese erlangt hat, zu deren Nachteil missbraucht, etwa deren Geschäftschancen widerrechtlich ausnutzt.[154]

Möglicherweise verfügen die Gesellschafter aber schlussendlich doch über eine Eigenkompetenz, die es ihnen umfassender, als sich bisher nachweisen ließ, ermöglicht, das Verhalten eines ihrer Mitgesellschafter auch unmittelbar mit ei-

---

153 *Ziemons*, S. 172; *Römermann* in Michalski, § 46 Rn. 424; *Hüffer* in Ulmer/Habersack/Winter, § 46 Rn. 94, 96; *K. Schmidt* in Scholz, § 46 Rn. 147; *Zöllner* in Baumbach/Hueck, § 46 Rn. 58.

154 Zu diesen und weiteren Beispielen für Treuepflichtverletzungen *Schiessl* in MünchHdb GesR III, § 32 Rn. 16; *Bayer* in Lutter/Hommelhoff, GmbHG, § 14 Rn. 20 ff.; vgl. auch *Lutter*, AcP 180 (1980), 84, 116.

ner Sonderprüfung untersuchen zu lassen. Es bedarf der Analyse, ob sich die Befugnis, Sonderprüfer bestellen zu dürfen, als Annexkompetenz[155] aus der Primärzuständigkeit[156] der Gesellschafter gem. § 46 Nr. 8 GmbHG ableiten lässt.

Ebenso wie § 46 Nr. 6 GmbHG betrifft auch § 46 Nr. 8 GmbHG das kompetenzielle Verhältnis von Gesellschafterversammlung und Geschäftsführern zueinander.[157] § 46 Nr. 8 Fall 1 GmbHG überantwortet den Gesellschaftern die originäre Zuständigkeit für die Geltendmachung von „Ersatzansprüchen" der Gesellschaft unter anderem gegen (Mit-) Gesellschafter. Das beinhaltet in erster Linie die Entscheidungsbefugnis, ob ein bestehender Anspruch überhaupt durchgesetzt werden soll.[158] Diese Kompetenz wird den Gesellschaftern aus verschiedenen Gründen zugewiesen. Zum einen werden durch die Erhebung einer Schadensersatzklage der GmbH gegen einen der eigenen Gesellschafter mitunter Unternehmensinterna offen gelegt, wodurch Ansehen, Konkurrenzfähigkeit und Kredit des Verbandes in Mitleidenschaft gezogen werden können.[159] Zum anderen ist zu erwarten, dass die Anspruchsdurchsetzung die Binnenstrukturen der GmbH, insbesondere das Vertrauensverhältnis unter den Gesellschaftern sowie zwischen dem Anspruchsgegner und den Geschäftsführern, erheblich belasten wird, obwohl gerade der Erfolg personalistischer Gesellschaften meist stark von der verständnisvollen Zusammenarbeit der Beteiligten abhängt.[160] In Ansehung dieser Konfliktlage soll allein das oberste Gesellschaftsorgan dazu berufen sein, Vor- und Nachteile sowie Chancen und Risiken der Anspruchsverfolgung gegeneinander abzuwägen. Es erschiene unpassend, dürfte ein Geschäftsführer über das Ergreifen rechtlicher Schritte gegen ein ihm übergeordnetes Organmitglied befinden.[161] Angesichts von Sinn und Zweck des § 46 Nr. 8 Fall 1 GmbHG ist die Vorschrift weit auszulegen, sodass sie die Geltendmachung sämtlicher

---

155 Ausführlich zur Bedeutung und zu den Anwendungsfällen dieser Rechtsfigur im Kapitalgesellschaftsrecht *Fleischer/Wedemann*, GmbHR 2010, 449 ff.

156 Zu dieser Qualität der Kompetenz *Hüffer* in Ulmer/Habersack/Winter, § 46 Rn. 90; *Martens*, GmbHR 1984, 265, 271.

157 *Raiser*, ZHR 153 (1989), 1, 21; *Gehrlein*, ZIP 1993, 1525, 1528.

158 Vgl. nur *Zöllner* in Baumbach/Hueck, § 46 Rn. 57.

159 BGHZ 28, 355, 357; BGH, NJW-RR 2004, 1408, 1410; *Gehrlein/Witt*, S. 144; *ders.*, ZIP 1993, 1525, 1528; *Raiser*, ZHR 153 (1989), 1, 21; *Lindacher*, ZGR 16 (1987), 121, 122; *Krieger*, in: GesellschR in der Diskussion, S. 112; *Römermann* in Michalski, § 46 Rn. 390; *B. Schmidt* in Ensthaler/Füller/Schmidt, § 46 Rn. 36.

160 OLG Nürnberg, GmbHR 1959, 10, 12; *Raiser*, ZHR 153 (1989), 1, 21; *Krieger*, in: GesellschR in der Diskussion, S. 112; *Römermann* in Michalski, § 46 Rn. 391; *Masuch* in Bork/Schäfer, § 46 Rn. 27; *Bayer* in Lutter/Hommelhoff, GmbHG, § 46 Rn. 35; *Koppensteiner* in Rowedder/Schmidt-Leithoff, § 46 Rn. 39.

161 Dazu *Wolff* in MünchHdb GesR III, § 37 Rn. 18.

Ersatzansprüche wegen Pflichtverletzung aus dem Mitgliedschaftsverhältnis und nicht nur solche „aus der Geschäftsführung" erfasst.

Mit diesen Wertungen ist die Interessen- und Gefahrenlage, die bei der Entscheidung über die Bestellung von Sonderprüfern berücksichtigt werden muss, teilweise vergleichbar. Zwar droht bei Durchführung einer GmbH-rechtlichen Sonderprüfung grundsätzlich nicht, dass Informationen zu den inneren Gesellschaftsverhältnissen der Öffentlichkeit zur Kenntnis gelangen.[162] Jedoch ist durch Einleitung einer Sonderprüfung, die das Verhalten eines Gesellschafters betrifft, eine Belastung der innergesellschaftlichen Beziehungen ebenso vorprogrammiert wie durch die entsprechende Entscheidung über die Verfolgung von Ersatzansprüchen. Allein schon dieser Befund mag ein Argument dafür liefern, in § 46 Nr. 8 Fall 1 GmbHG eine korrespondierende Sonderprüfungsbefugnis hineinzulesen, zumal die Prüferbestellung – orientiert man sich am aktienrechtlich geprägten Leitbild dieses Rechtsinstituts – als Vorbereitungsmaßnahme für die Durchsetzung von Ersatzansprüchen konzipiert ist. Dies legt den Gedanken nahe, die Gesellschafterkompetenz des § 46 Nr. 8 Fall 1 GmbHG im Wege teleologischer Auslegung[163] auf die präparatorische Sonderprüfung auszudehnen. Wird die Reichweite einer ausdrücklich zugewiesenen Kompetenz nach deren Sinn und Zweck auf Vorbereitungs- und Durchführungsmaßnahmen erstreckt, so lässt sich in terminologischer Anlehnung an das Verfassungsrecht[164] von Annexkompetenzen sprechen.[165]

Für eine aus § 46 Nr. 8 Fall 1 GmbHG herzuleitende Annexkompetenz der Gesellschafter auf Bestellung von Sonderprüfern sprechen zudem die Parallelen zu einer anderen Gesellschafterbefugnis – nämlich dem Recht auf Bestellung eines besonderen Vertreters. Dabei handelt es sich um die Kompetenz, einer Person zur Führung eines Prozesses für die Gesellschaft organschaftliche Vertretungsmacht einzuräumen und insoweit den Geschäftsführern die Vertretungs-

162 Schließlich unterliegt der Prüfungsbericht keiner Registerpublizität. Vgl. dazu noch unten S. 376 m. N.

163 Auch die Argumentationsfigur der „Annexkompetenz" bedarf in jedem Fall der Herleitung im Wege anerkannter Mittel der Methodenlehre, v. a. der Auslegung oder Analogie. Dazu *Fleischer/Wedemann*, GmbHR 2010, 449, 456.

164 Vgl. zur staatsrechtlichen Begriffsbildung BVerfGE 3, 407, 433 (erstmalige Verwendung des Begriffs „Annex" durch das BVerfG); BVerfGE 8, 143, 149 f.; BVerfGE 77, 288, 299; *Kloepfer*, S. 726 f.; *Bleckmann*, Rn. 1025 ff.; *Stein/Frank*, S. 120; zu den diesbezüglichen dogmatischen Anleihen des Gesellschaftsrechts beim Verfassungsrecht *Fleischer/Wedemann*, GmbHR 2010, 449, 452 ff.

165 *Fleischer/Wedemann*, GmbHR 2010, 449, 455; *Gach/Pfüller*, GmbHR 1998, 64.

befugnis zu entziehen.[166] Die Bestellung besonderer Vertreter soll über die schlichte organschaftliche Handlungsfähigkeit des Verbandes hinaus zudem eine möglichst unvoreingenommene Vertretung der Gesellschaft im Prozess gewährleisten.[167] Den aus etwaigen Loyalitätskonflikten auf Seiten der Geschäftsführer resultierenden abstrakten Gefahren für deren Unbefangenheit wirkt die Bestellung von Sondervertretern entgegen, damit die Interessen der Gesellschaft unabhängig und mit dem gebotenen Nachdruck verfolgt werden können.[168] Allerdings ergibt sich nur für Prozesse der Gesellschaft gegen einen Geschäftsführer die Befugnis der Gesellschafter zur Bestellung besonderer Vertreter eindeutig aus dem Gesetz, namentlich aus § 46 Nr. 8 Fall 2 GmbHG. Aber auch in Prozessen gegen Gesellschafter, die nicht zugleich Geschäftsführer sind, kann von den Geschäftsführern wegen der regelmäßig engen Zusammenarbeit meist keine völlig unbefangene Vertretung der Gesellschaft erwartet werden.[169] Ganz überwiegend wird deswegen die Bestellung von Sondervertretern der Gesellschafterversammlung auch in Prozessen gegen Mitgesellschafter zugestanden, zumindest wenn sie der Durchsetzung von Ersatzansprüchen dienen. Von einigen wird eine derartige Kompetenz durch einen Analogieschluss zu § 46 Nr. 8 Fall 2 GmbHG hergeleitet.[170] Nach anderer Auffassung gestattet das Gesetz den Gesellschaftern mit § 46 Nr. 8 Fall 1 GmbHG, über alle Fragen, die mit Ersatzansprüchen im Zusammenhang stehen, umfassend zu bestimmen. Deswegen solle aus jener Vorschrift die Annexkompetenz folgen, besondere Vertreter für die Geltendmachung von Ersatzansprüchen gegen Mitgesellschafter zu bestellen.[171] Dieser Ansatz überzeugt. Hingegen ist die analoge Heranziehung von § 46 Nr. 8 Fall 2

166 *K. Schmidt* in Scholz, § 46 Rn. 163 f., 172 f.; *Skauradszun*, GmbHR 2012, 936, 937; *Gach/Pfüller*, GmbHR 1998, 64, 66, 69 f.; zur AG sehr anschaulich *Verhoeven*, ZIP 2008, 245 ff.; vgl. auch *Kling*, ZGR 38 (2009), 190, 212.

167 BGHZ 116, 353, 355; *K. Schmidt* in Scholz, § 46 Rn. 163; *Hüffer* in Ulmer/Habersack/Winter, § 46 Rn. 103; *B. Schmidt* in Ensthaler/Füller/Schmidt, § 46 Rn. 41.

168 BGHZ 116, 353, 357; *Lindacher*, ZGR 16 (1987), 121, 122; *Römermann* in Michalski, § 46 Rn. 467.

169 So z. B. *Lindacher*, ZGR 16 (1987), 121, 123.

170 *Lindacher*, ZGR 16 (1987), 121, 123; *K. Schmidt* in Scholz, § 46 Rn. 170; *Roth* in Roth/Altmeppen, § 46 Rn. 57; *Bayer* in Lutter/Hommelhoff, GmbHG, § 46 Rn. 44; offen gelassen von BGHZ 116, 353, 355: jedenfalls sei Vertreterbestellung zulässig, wenn der nicht geschäftsführende Gesellschafter wegen derselben Pflichtverletzung wie der Geschäftsführer in Anspruch genommen wird. Ebenso schon BGHZ 97, 28, 35; zustimmend *K. Schmidt*, NJW 1986, 2018, 2019; *Fichtelmann* in HeidelbKomm GmbH-R, § 46 GmbHG Rn. 100; dagegen *Schindler* in Ziemons/Jaeger, § 46 Rn. 107.

171 Dazu insgesamt *Zöllner* in Baumbach/Hueck, § 46 Rn. 65; *Römermann* in Michalski, § 46 Rn. 487; *Hüffer* in Ulmer/Habersack/Winter, § 46 Rn. 106.

GmbHG methodisch weniger ratsam, erwähnt doch das GmbH-Gesetz die Gesellschafter als Anspruchsgegner nur in § 46 Nr. 8 Fall 1 GmbHG, nicht hingegen in Fall 2 derselben Ziffer. Offenbar liegt der Differenzierung eine bewusste Entscheidung des Gesetzgebers zugrunde.[172] Hingegen steht einer weiten effektuierenden Auslegung[173] der Kompetenz des § 46 Nr. 8 Fall 1 GmbHG nichts im Wege. Der *Telos* dieser Vorschrift gebietet es sogar, die mit der Geltendmachung von Ersatzansprüchen verknüpften Entscheidungen den Gesellschaftern gleichfalls als Eigenkompetenz zuzuweisen.

Wenn den Gesellschaftern demzufolge bezüglich § 46 Nr. 8 Fall 1 GmbHG die Annexkompetenz zusteht, besondere Vertreter einzusetzen, so sollten sie gleichfalls als Annex zu dieser Vorschrift befugt sein, Sonderprüfer zu bestellen, um einen Sachverhalt, der etwaigen Ersatzansprüchen gegen Mitgesellschafter zugrunde liegt, aufzuklären. Schließlich hängt diese Maßnahme ebenfalls mit der Geltendmachung von Ersatzansprüchen zusammen.[174] Außerdem ergänzen die Aufgaben des Sonderprüfers und die des besonderen Vertreters einander.[175] Es handelt sich um Personen, die zur Bewältigung von Konflikten in der Gesellschaft jeweils möglichst unabhängig und ausschließlich im Interesse der Gesellschaft tätig werden sollen. Während der Beschluss einer Sonderprüfung noch eine prozessvorbereitende Maßnahme bildet, betrifft die Bestellung von Sondervertretern schon den Vorgang der Prozessführung selbst. Idealtypischerweise muss der Sonderprüfer die Informationen beschaffen, die der besondere Vertreter im Anschluss zu verwerten hat.[176] Insofern wäre es unverständlich, stünde die Sonderprüferbestellung den Gesellschaftern nicht als Primärbefugnis zu. Beide Beschlussgegenstände sind demzufolge wegen ihres Charakters als Vorbereitungs- bzw. Durchführungsmaßnahme im Rang von Annexkompetenzen dem Entscheidungsrecht über die Geltendmachung von Ersatzansprüchen zuzurechnen.

Auch und gerade die Haftung eines Gesellschafters wegen treuwidriger Einflussnahme auf die Geschäftsführertätigkeit lässt sich unter § 46 Nr. 8 Fall 1 GmbHG subsumieren.[177] Daher ist es aus Gründen einer stimmigen Rechtsan-

---

172 Der Aufsichtsrat wird demgegenüber im gesamten § 46 Nr. 8 GmbH nicht erwähnt. Die Argumentation von oben, S. 159 ff., lässt sich demzufolge aufrechterhalten.

173 Vgl. dazu aus methodischer Sicht *Fleischer/Wedemann*, GmbHR 2010, 449, 455.

174 Das Postulat der in Fn. 171 Genannten würde dann auch für die Bestellung von Sonderprüfern gelten.

175 Vgl. OLG München, ZIP 2008, 73, 76 – „HypoVereinsbank/UniCredit“; *Hüffer*, ZHR 174 (2010), 642, 645 ff.; noch großzügiger *Verhoeven*, ZIP 2008, 245, 247; vgl. auch *Kling*, ZGR 38 (2009), 190, 216 f.

176 OLG München, ZIP 2008, 73, 76 – „HypoVereinsbank/UniCredit“.

177 Vgl. oben S. 169 f. und die Nachweise in Fn. 153.

wendung sinnvoll, jede Sonderprüfung, die sich ausschließlich unmittelbar auf das Gesellschafterverhalten beziehen soll, in dieser Rechtsgrundlage zu verorten und nicht für eine einzelne Fallgruppe auf § 46 Nr. 6 GmbHG zurückzugreifen. Damit ist keine Einschränkung des Prüfungsumfangs verbunden. Denn im Gegensatz zur sehr umfassenden Sonderprüfungsbefugnis zum Gebaren gekorener Organmitglieder und der Mitarbeiter der Gesellschaft, die der Aufsicht durch die Gesellschafterversammlung unterworfen sind, darf die Sonderprüfung bezogen auf einzelne Gesellschafter ohnehin nur als Maßnahme zur Untersuchung in Betracht kommender Pflichtverletzungen eingesetzt werden.[178]

Tauglicher Gegenstand einer solchen Sonderprüfung ist deswegen nur ein Sachverhalt, aufgrund dessen eine Haftung des Gesellschafters wenigstens potenziell denkbar ist. Das ist bereits der Fall, wenn das Bestehen von Ersatzansprüchen der Gesellschaft nicht von vornherein ausgeschlossen werden kann. Als logische Konsequenz dessen ist wie bei § 142 AktG der Prüfungsgegenstand auf bestimmte abgrenzbare Vorgänge zu beschränken. Dies ist für die Entscheidung über die Anspruchsverfolgung nach § 46 Nr. 8 Fall 1 GmbHG schon entsprechend anerkannt: Der Gesellschafterbeschluss muss die Angelegenheit, die dem Fehlverhalten zugrunde liegen soll, hinreichend genau umreißen,[179] wenngleich der Lebenssachverhalt nicht in allen Einzelheiten beschrieben werden muss.[180] Zudem darf das Gesellschafterverhalten keiner Zweckmäßigkeitskontrolle durch den Sonderprüfer unterworfen sein. Schlussendlich sind gem. § 46 Nr. 8 GmbHG nur Sachverhalte unmittelbar prüfungsfähig, die „Ersatzansprüche" im Sinne dieser Vorschrift zu begründen vermögen. Im Hinblick auf den bereits erläuterten Normzweck ist das Merkmal zwar weit zu verstehen.[181] Es umfasst sämtliche Schadensersatz- und Unterlassungsansprüche, die aus dem Gesellschaftsverhältnis herrühren und deswegen einen organisationsrechtlichen Charakter aufweisen, sowie andere Anspruchsarten, die mit solchen Ansprüchen konkurrieren.[182] Allerdings ist eine Forderung gegen den Gesellschafter nicht als

---

178 Dies wurde oben bereits herausgearbeitet. Vgl. S. 168.

179 OLG Düsseldorf, GmbHR 1995, 232; *Krieger*, in: GesellschR in der Diskussion, S. 113 f.; *Fichtelmann* in HeidelbKomm GmbH-R, § 46 GmbHG Rn. 83; *K. Schmidt* in Scholz, § 46 Rn. 156; *Bayer* in Lutter/Hommelhoff, GmbHG, § 46 Rn. 39.

180 ThürOLG, NZG 2001, 86, 87; *Krieger*, in: GesellschR in der Diskussion, S. 114; *Zöllner* in Baumbach/Hueck, § 46 Rn. 62.

181 So z. B. *Wolff* in MünchHdb GesR III, § 37 Rn. 19; *Römermann* in Michalski, § 46 Rn. 415.

182 *K. Schmidt* in Scholz, § 46 Rn. 147; *Bayer* in Lutter/Hommelhoff, GmbHG, § 46 Rn. 36; *Römermann* in Michalski, § 46 Rn. 422 ff.; als konkurrierende Ansprüche kommen bspw. solche, die auf Erlösherausgabe gem. §§ 687 Abs. 2, 681 S. 2, 667 BGB gerichtet sind, in Betracht.

„Ersatzanspruch" der GmbH i. S. v. § 46 Nr. 8 Fall 1 GmbHG zu qualifizieren, wenn das Mitglied dem Verband dabei wie ein beliebiger Dritter, insbesondere als Vertragspartner, gegenübersteht.[183] Sollen also zum Beispiel vertragliche Beziehungen der GmbH zum Gesellschafter überprüft werden, ist zu differenzieren. Die Frage, ob der Vertragsschluss zu marktüblichen Konditionen erfolgte, ist sonderprüfungsfähig, weil bei ihrer Verneinung eine haftungsbewehrte Treuepflichtverletzung des Mitgliedes nicht auszuschließen ist. Hingegen sind Situationen, in denen dem Gesellschafter bloß vertragliche Leistungsstörungen vorgeworfen werden könnten, nicht von einer auf § 46 Nr. 8 Fall 1 GmbHG gestützten Sonderprüfung zu erfassen. Sofern nicht einzig das Verhalten des Gesellschafters untersucht werden soll, sind solche Sachverhalte aber mittelbar im Rahmen einer Revision gem. § 46 Nr. 6 GmbHG prüfungsfähig. Ebenso ist ohnehin die Geschäftsbeziehung als Ganze einer mittelbaren Prüfung zugänglich.

cc) Zwischenergebnis

Demzufolge bleibt die oben[184] gewonnene Erkenntnis zutreffend: im Grundsatz bildet allein § 46 Nr. 6 GmbHG die Rechtsgrundlage, die den GmbH-Gesellschaftern die Sonderprüfungskompetenz als Eigenkompetenz zuweist. Nur wenn ein Sachverhalt untersucht werden soll, der ausschließlich das Verhalten eines nicht geschäftsführenden Gesellschafters betrifft, so lässt sich die Befugnis der Gesellschafter, Sonderprüfer zu bestellen, ausnahmsweise auf eine Annexkompetenz zu § 46 Nr. 8 Fall 1 GmbHG stützen. Da an den Gegenstand einer solchen Sonderprüfung höhere Anforderungen zu stellen sind, kann es im Einzelfall für den die Enquête initiierenden Gesellschafter einfacher und deswegen sinnvoll sein, das Verhalten eines Mitgesellschafters mittelbar untersuchen zu lassen, indem formal eine Sonderprüfung im Hinblick auf die Geschäftsführung beschlossen wird. Als Rechtsgrundlagen einer Sonderprüfung bei der GmbH kommen entgegen der oben skizzierten Ansicht[185] § 46 Nr. 6 und Nr. 8 GmbHG nicht grundsätzlich, aber in zahlreichen Fällen kumulativ in Betracht.

f) Gesellschaftsfremde dritte Personen

Demgegenüber ist das Verhalten gesellschaftsfremder Dritter, das einen Bezug zur GmbH aufweist, mit einer Sonderprüfung ausschließlich mittelbar prüfungsfähig. Im Übrigen vermögen die Gesellschafter eine Überprüfung Dritter durch

---

[183] BGH, NJW 2001, 223; OLG Brandenburg, GmbHR 1998, 599 f.; *Roth* in Roth/Altmeppen, § 46 Rn. 62; *Masuch* in Bork/Schäfer, § 46 Rn. 31; *Wicke*, § 46 Rn. 19.

[184] S. 79 ff.

[185] *Peters/Dechow*, GmbHR 2007, 236, 237 f.; *Kirschner*, S. 20; vgl. dazu oben S. 78, 82.

externe Prüfer nur als von den Geschäftsführern vorzunehmende Geschäftsführungsmaßnahme gem. § 37 Abs. 1 GmbHG zu beschließen.

g) Zusammenfassung

Im Grundsatz unterliegt das gesamte Verhalten der Geschäftsführer in Angelegenheiten der Gesellschaft der vollumfänglichen Kontrolle durch eine seitens der Gesellschafter gem. § 46 Nr. 6 GmbHG veranlasste Sonderprüfung. Dies trifft nicht nur auf gegenwärtige, sondern auch auf frühere Geschäftsführer einer GmbH zu. Einzig die Überprüfung eines Geschäftsführers, dem die Bekleidung dieser Organfunktion gesellschaftsvertraglich als Sonderrecht i. S. v. § 35 BGB eingeräumt und der bei ihrer Wahrnehmung von Weisungen freigestellt ist, darf nicht als Zweckmäßigkeits-, sondern allenfalls als Rechtmäßigkeitskontrolle ausgestaltet werden.

Demgegenüber bestehen keine Besonderheiten für Sonderprüfungen zur Kontrolle von Liquidatoren, Mitarbeitern der Gesellschaft und Mitgliedern eines fakultativen zusätzlichen Gesellschaftsorgans. Ihr Verhalten ist unmittelbar und vollumfänglich sonderprüfungsfähig. Eine Sonderprüfung, die speziell das Verhalten von Mitgliedern eines obligatorischen Aufsichtsrats untersuchen soll, muss hingegen auf einzelne sachlich und zeitlich abgrenzbare Vorgänge gegenständlich beschränkt werden. Der Prüfungsmaßstab ist allerdings auch bei einer solchen Revision frei wählbar.

Den Gesellschaftern steht außerdem die an § 46 Nr. 8 Fall 1 GmbHG anknüpfende Annexkompetenz zu, das Verhalten eines einzelnen Mitgesellschafters, der keinem der Gesellschaftsorgane als gekorenes Mitglied angehört, unmittelbar einer Sonderprüfung zu unterziehen. Da die Verbandsmitglieder selbst keiner allgemeinen Aufsicht durch die Gesellschafterversammlung unterstellt sind, darf die Enquête ausschließlich zur Untersuchung einzelner Vorgänge nach Art des § 142 Abs. 1 AktG veranlasst werden. Ein solcher Sachverhalt muss so gelagert sein, dass ihm eine aus dem Gesellschaftsverhältnis herrührende Pflichtverletzung des zu überprüfenden Gesellschafters zugrunde liegen kann, mithin eine solche nicht von vornherein auszuschließen ist. Zudem darf das Verhalten einzelner Gesellschafter unmittelbar nur einer Rechtmäßigkeitskontrolle unterzogen werden.

Im Übrigen lässt sich das Gebaren von Mitgesellschaftern aber mittelbar zum Gegenstand einer Sonderprüfung machen. Ebenso sind auch Beschlüsse der Gesellschafterversammlung sowie das Verhalten gesellschaftsfremder dritter Personen mittelbar sonderprüfungsfähig.

6. In sachlicher Hinsicht erörterungsbedürftige Prüfungsgegenstände

a) Angelegenheiten aus dem Privatbereich des Überprüften

Eine Grenze für mögliche Sonderprüfungsgegenstände wird durch den reinen Privatbereich einer mit der Sonderprüfung kontrollierten Person gezogen. Das private Handeln unterliegt nicht der Kontrolle durch die Gesellschafter, weil es nicht die Angelegenheiten der Gesellschaft betrifft.[186] Wenn die Gesellschafter die Veranlassung einer derartigen Prüfung statt auf ihre Kontrollkompetenz auf die ihnen zukommende Allzuständigkeit stützen, wird der entsprechende Beschluss regelmäßig – etwa wegen pflichtwidriger Vergeudung von Gesellschaftsressourcen[187] – fehlerhaft sein, sollten nicht sämtliche Gesellschafter zustimmen.

In einigen Situationen mag das Verhalten einer Person einen Bezug zu ihrem Privatbereich aufweisen, obwohl dieses private Handeln zugleich in mittelbarem Zusammenhang zur Gesellschaft steht. In überzeugender Weise hat *Jänig*[188] ein Kriterium hergeleitet, mit dem sich der reine Privatbereich von den Gesellschaftsangelegenheiten abgrenzen lässt: Solange eine Person bei ihrem Handeln einer (gesellschafts-) rechtlich vermittelten Verhaltenspflicht gegenüber der Gesellschaft unterliegt, wie vor allem der Treuepflicht, muss der Sachverhalt trotz „privater" Facetten der Tätigkeit tauglicher Gegenstand einer Sonderprüfung sein können. Das Verhalten der zu überwachenden Person bezieht sich dann letztendlich doch auf die Gesellschaftsangelegenheiten. Dieser Gedanke lässt sich vollständig auf die GmbH übertragen.[189] In solchen Konstellationen muss allerdings hinsichtlich eines Gesellschafters, der zugleich gekorenes Organmitglied ist, genau untersucht werden, ob die relevante Verhaltenspflicht aus dem Organverhältnis resultiert oder ob sie die Person als „bloßen" Mitgesellschafter trifft. Im zweiten Fall müssten zusätzlich die oben[190] entwickelten, besonderen Voraussetzungen zur Kontrolle einzelner Gesellschafter erfüllt sein. Die Frage, ob eine Person als Gesellschafter oder als gekorenes Organmitglied agiert, kann zudem für das Eingreifen eines Stimmverbotes von Bedeutung sein.[191] In derartigen Konstellationen eröffnet aber allein schon die Möglichkeit, dass die Person während des infrage stehenden Verhaltens der Pflichtenbindung

---

186 Dazu oben S. 140 f.

187 Zu diesem Aspekt vgl. etwa *Kronstein/Zöllner* in KölnKomm AktG, § 142 Rn. 15.

188 S. 217; Wpg 2005, 761, 765 f.

189 Vgl. ähnliche Abgrenzung i. R. v. § 51a GmbHG bei *Tietze*, S. 12 f.; *Grunewald*, ZHR 146 (1982), 211, 214 f.

190 S. 176, 167 ff.

191 Vgl. unten S. 238 ff.

eines GmbH-Geschäftsführers unterlag, die weiterreichende Sonderprüfungsbefugnis nach § 46 Nr. 6 GmbHG.

b) Maßnahmen im Zusammenhang mit einem Gesellschafterbeschluss

Viele Maßnahmen der Geschäftsführer beruhen auf einem Beschluss der Gesellschafterversammlung. Dabei kann es sich sowohl um die Befolgung einer – einzelfallbezogenen oder generellen – Weisung i. S. d. § 37 Abs. 1 GmbHG als auch um die Umsetzung einer Grundlagenentscheidung handeln. Solche Geschäftsführungsmaßnahmen sind mit einer Sonderprüfung uneingeschränkt überprüfbar.[192] Zweifel an der vollen Überprüfbarkeit mögen sich allein daraus ergeben, dass der Geschäftsführer im Umkehrschluss zu § 43 Abs. 3 Satz 3 GmbHG von der organschaftlichen Haftung grundsätzlich befreit wird, sofern er aufgrund bindender Weisung eines anderen Gesellschaftsorgans gehandelt hat.[193] Denn zur Befolgung solcher Weisungen ist der Geschäftsführer verpflichtet.[194] In solchen Fällen ließe sich argumentieren, letztlich würde doch nur der Gesellschafterbeschluss selbst überprüft. Da wie hier vertreten eine isolierte Überprüfung des Beschlusses nicht von den Gesellschaftern selbst eingeleitet werden kann,[195] hätte sich die veranlasste Sonderprüfung auf das Stimmverhalten der einzelnen Gesellschafter zu beziehen.[196] Eine solche Revision unterläge aber zumindest den soeben erarbeiteten inhaltlichen Einschränkungen. Insbesondere wäre eine Zweckmäßigkeitsprüfung ausgeschlossen.

Diese Bedenken greifen gleichwohl zu kurz. Erstens können die Geschäftsführer trotz verbindlicher Weisung haftbar gemacht werden, wenn etwa gerade deren korrekte Befolgung infrage steht oder das Handlungsorgan die Gesellschafterentscheidung – zum Beispiel wegen mangelnder Informationen – nicht ausreichend vorbereitet hat.[197] Zweitens muss eine Sonderprüfung zu Geschäftsführungsvorgängen eben nicht zwingend im Hinblick auf die Verfolgung von Ersatzansprüchen beschlossen werden. Gerade weil die Gesellschafter umfas-

---

192 Ebenso für das Aktienrecht *Kirschner*, S. 26; *Spindler* in K. Schmidt/Lutter, AktG, § 142 Rn. 17; *Schröer* in MünchKomm AktG, § 142 Rn. 21.

193 BGHZ 142, 92, 95; BGHZ 122, 333, 336; *Boesebeck*, GmbHR 1960, 118, 120; *Mennicke*, NZG 2000, 622, 624; *Ebert*, GmbHR 2003, 444, 447 f.; *Immenga*, S. 278 f.; *Zöllner/Noack* in Baumbach/Hueck, § 43 Rn. 33.

194 Dazu oben S. 52 m. N.

195 Oben S. 165 f.

196 Deren Verhalten ist insoweit sonderprüfungsfähig. Vgl. oben S. 169.

197 *Ebert*, GmbHR 2003, 444, 448; *Haas/Ziemons* in Michalski, § 43 Rn. 183a f.; zur Sonderprüfung bei der AG ebenso *Kirschner*, S. 26.

send über die Geschäftsführung befinden dürfen, müssen sie befugt sein, auch eine von ihnen selbst angeordnete Geschäftsführungsmaßnahme sogar unter dem Aspekt der Zweckmäßigkeit nachträglich kontrollieren zu lassen. Aus den Ergebnissen einer solchen Sonderprüfung mögen die Anteilseigner wertvolle Erkenntnisse für ihre künftigen Entscheidungen ziehen.

c) Kapitalmaßnahmen

Auch Kapitalerhöhungen und -herabsetzungen können als Ganzes zum Gegenstand einer Sonderprüfung gemacht werden. Ebenso ist es selbstverständlich zulässig, nur einzelne Aspekte einer Kapitalmaßnahme durch die Durchführung einer Sonderprüfung aufzuhellen. Insofern gelten keine Besonderheiten gegenüber den bisher gewonnenen Erkenntnissen. Den Anlass, Kapitalveränderungen dennoch separat anzusprechen, bildet vor allem der Umstand, dass sie in der aktienrechtlichen Bestimmung des § 142 Abs. 1 AktG ausdrücklich Erwähnung finden.

Der wichtigste Teilakt einer Kapitalmaßnahme, die Beschlussfassung der Gesellschafter,[198] ist wie auch im Allgemeinen nicht isoliert sonderprüfungsfähig.[199] Gleichwohl können die Entschließungen der Gesellschafterversammlung, die die Maßnahme determinieren, mittelbar von den Sonderprüfern untersucht werden.[200] Das geschieht, indem diese die Ausführungs- und Umfeldtätigkeit der Geschäftsführung, die auf die Realisierung der Kapitalmaßnahme gerichtet ist, der eingehenden Prüfung unterziehen.[201] So kann mit der Sonderprüfung beispielsweise untersucht werden, ob die im Zuge einer Kapitalerhöhung an den Geschäftsführer geleistete Sacheinlage im Hinblick auf den neuen Geschäftsanteil wertmäßig angemessen ist, wodurch mittelbar die Festsetzung der geschuldeten Sacheinlage im Kapitalerhöhungsbeschluss überprüft wird. Auch die Ausnutzung eines genehmigten Kapitals durch die Geschäftsführer i. S. v. § 55a GmbHG ist als Geschäftsführungsmaßnahme sonderprüfungsfähig.[202]

---

198 Aufgrund von §§ 55 ff., 58 ff. jeweils i. V. m. § 53 GmbHG.

199 Dazu oben S. 165 f. Anders für Sonderprüfungsfähigkeit auch des Beschlusses *Fleischer* in Küting/Weber, § 142 AktG Rn. 73; *Bezzenberger* in Großkomm AktG, § 142 Rn. 17 (beide zur AG). Die h. M. zum Aktienrecht behandelt den Hauptversammlungsbeschluss i. R. e. Kapitalmaßnahme ebenso wie alle anderen Beschlüsse der Aktionäre. So z. B. *Kirschner*, S. 26; *Jänig*, S. 238 m. w. N.

200 Vgl. oben S. 166.

201 *Jänig*, S. 238; *ders.*, Wpg 2005, 761, 770; *Hirschmann* in Hölters, § 142 Rn. 17; *Hüffer*, AktG, § 142 Rn. 7; *Mock* in Spindler/Stilz, § 142 Rn. 53; *Bork* in Hommelhoff, Hdb Corporate Governance, S. 746.

202 Zur AG vgl. gleichsinnig *Holzborn/Jänig* in HeidelbKomm AktG, § 142 Rn. 7.

Eine weiterführende Erkenntnis zu Sonderprüfungen bezüglich Kapitalmaßnahmen gewinnt man durch Auslegung des § 142 Abs. 1 AktG. Ausweislich des Satzes 1 dieser Vorschrift kommen als taugliche Gegenstände einer Sonderprüfung Vorgänge bei der Geschäftsführung, „namentlich auch bei Maßnahmen der Kapitalbeschaffung und Kapitalherabsetzung“, in Frage. Der Wortlaut der Norm („namentlich“) ist dahingehend zu verstehen, dass der Gesetzgeber selbst einen durchaus komplexen Sachverhalt wie eine Kapitalmaßnahme noch als hinreichend bestimmten prüfungsfähigen „Vorgang“ i. S. d. § 142 Abs. 1 AktG erachtet.[203] In bestimmten Konstellationen muss auch bei der GmbH-rechtlichen Sonderprüfung der Prüfungsauftrag auf bestimmte konkrete „Vorgänge“ beschränkt werden.[204] In solchen Fällen kann die Gewissheit, dass eine Kapitalmaßnahme als Prüfungsgegenstand den Anforderungen an die sachliche und zeitliche Präzisierung des zu prüfenden Sachverhalts (noch) genügt, als Auslegungshilfe und Vergleichsmaßstab nützlich sein.

d) Gründung der Gesellschaft

Nach § 142 Abs. 1 AktG darf sich eine von der Hauptversammlung beschlossene Sonderprüfung auf Vorgänge bei der Gründung oder der Geschäftsführung beziehen. Bei einer GmbH bezieht sich die Eigenkompetenz der Gesellschafter zur Bestellung von Sonderprüfern hingegen gem. § 46 Nr. 6 GmbHG ausschließlich auf die Geschäftsführung. Dieser Befund wirft die Frage auf, inwiefern Sachverhalte einer Sonderprüfung unterzogen werden können, die der Gründungsphase der GmbH zuzuordnen sind. Diese umfasst den gesamten Zeitraum von der Errichtung der Gesellschaft durch Abschluss des notariell beurkundeten Vertrages bis zur wirksamen Eintragung der Gesellschaft in das Handelsregister, während dessen eine sog. Vorgesellschaft besteht.[205] Hinsichtlich dieses Stadiums könnten für die Gesellschafter beispielsweise die Werthaltigkeit von Sacheinlagen, die einem einzelnen Gesellschafter eingeräumten Sonderrechte sowie Gründerlohn und Gründungskosten von besonderem Interesse sein.[206]

---

[203] So die h. M.: *Habersack* in FS Wiedemann, S. 898; *Kronstein/Zöllner* in KölnKomm AktG, § 142 Rn. 14; *Schröer* in MünchKomm AktG, § 142 Rn. 22; *Hüffer*, AktG, § 142 Rn. 7; WP-Handbuch, Bd. II, Rn. B 7; a. A. *Jänig*, S. 239 f. (mit gut nachvollziehbarer Wortlautargumentation); ihm folgend *Spindler* in K. Schmidt/Lutter, AktG, § 142 Rn. 20.

[204] Dazu oben S. 164 und S. 175 f.; vgl. auch noch unten S. 253 ff. und S. 294 ff.

[205] Vgl. dazu grundlegend *K. Schmidt*, GesellschR, S. 1016 ff. m. w. N.; *Hueck/Fastrich* in Baumbach/Hueck, § 1 Rn. 2; *Schmidt-Leithoff* in Rowedder/Schmidt-Leithoff, § 11 Rn. 4; *Ulmer* in Ulmer/Habersack/Winter, § 11 Rn. 5 f.

[206] So zur AG *Jänig*, Wpg 2005, 761, 763; *ders.*, BB 2005, 949, 950.

Zur „Geschäftsführung" i. S. d. § 46 Nr. 6 GmbHG zählt das gesamte Verhalten der Geschäftsführer sowie der Mitglieder eines zusätzlichen Gesellschaftsorgans in Angelegenheiten der Gesellschaft. Nun nimmt eine Gesellschaft häufig aber bereits vor der Eintragung in das Handelsregister ihre Geschäftstätigkeit auf. In solchen Fällen handeln Geschäftsführer und Aufsichtsrat bereits während der Gründungsphase für den errichteten Verband. Die besonderen Gründungsaufgaben wie die Prüfung der Werthaltigkeit von Sacheinlagen oder die Anmeldung der Gesellschaft zum Handelsregister obliegen den Geschäftsführern ohnehin – unabhängig von der Geschäftsaufnahme der Gesellschaft. Sowohl solche obligatorischen Gründungsmaßnahmen als auch die „gewöhnliche" Geschäftstätigkeit vor Eintragung lassen sich zwanglos unter den Geschäftsführungsbegriff subsumieren. Demzufolge ist auch jeder Sachverhalt, der in der Gründungsphase liegt, vollumfänglich nach § 46 Nr. 6 GmbHG sonderprüfungsfähig, wenn ihm – wie allgemein erforderlich[207] – ein wenigstens irgendwie denkbares Verhalten einer der Gesellschafterkontrolle unterworfenen Personen zugrunde liegen könnte.

Mit paralleler Argumentation lässt sich nachweisen, dass für die Kontrolle der Verwaltungsorgane einer Aktiengesellschaft dem Merkmal „Vorgänge bei der Gründung" i. S. d. § 142 Abs. 1 AktG keine eigenständige Bedeutung zukommt.[208] Deshalb wurden die Gesellschaftsgründer, deren Tätigkeit keine „Geschäftsführung" darstellt, von der aktienrechtlichen Literatur als exklusive Zielsubjekte der Sonderprüfung von Gründungsvorgängen ausgemacht.[209] Bei den Gründern handelt es sich um ehemalige oder noch gegenwärtige Gesellschafter. Soll ausschließlich deren Verhalten mit einer Sonderprüfung untersucht werden, hat sich im Recht der GmbH, wie nachgewiesen wurde, der Gesellschafterbeschluss auf die aus § 46 Nr. 8 Fall 1 GmbHG folgende Annexkompetenz zu stützen.[210] Von dieser Norm werden aber ausdrücklich auch Ersatzansprüche aus der Gründung erfasst. Darunter fallen insbesondere Ansprüche gegen die Gründer aus § 9a GmbHG und aus der sog. Unterbilanzhaftung.[211]

Somit ergeben sich für Sonderprüfungen hinsichtlich des Gründungsstadiums keine Besonderheiten gegenüber den allgemein erarbeiteten Grundsätzen.

---

207 Vgl. oben S. 144 ff.

208 Vgl. bezogen auf die AG zum Ganzen *Jänig*, S. 211 ff.; *Holzborn/Jänig* in Heidelb-Komm AktG, § 142 Rn. 5; *Hüffer*, AktG, § 142 Rn. 3; *Fleischer* in Küting/Weber, § 142 AktG Rn. 67.

209 *Jänig*, S. 213 f.; ihm folgend *Spindler* in K. Schmidt/Lutter, AktG, § 142 Rn. 13; vgl. auch *Haager* in Ball/Haager, S. 27 f.

210 Dazu oben S. 168 ff.

211 *Römermann* in Michalski, § 46 Rn. 418, 424; *Koppensteiner* in Rowedder/Schmidt-Leithoff, § 46 Rn. 42.

Anders als im Aktienrecht[212] ist grundsätzlich keine Beschränkung des Prüfungsgegenstands auf besondere Vorgänge nötig. Durch den Beschluss einer inhaltlich uneingeschränkten Prüfung zur Gründungsphase der Gesellschaft könnten die Gesellschafter freiwillig eine Sonderprüfung veranlassen, die weitgehend der Gründungsprüfung entspräche, die i. S. v. § 33 AktG zwingend vor Anmeldung einer Aktiengesellschaft zum Handelsregister vorzunehmen ist.

e) Zukunftsbezogene Geschäftsführungskontrolle

Meist werden die Gesellschafter mit einer Sonderprüfung vergangene Vorfälle aufklären wollen. Es ist aber bereits dargelegt worden, dass der Funktionsbereich der Kontrolle in einem gesellschaftsrechtlich organisierten Unternehmen nach modernem Verständnis auch zukunftsorientierte Überwachung umfasst.[213] Die Autoren, die sich mit dieser Frage überhaupt auseinandersetzen, vertreten sämtlich, dass sich eine GmbH-rechtliche Sonderprüfung auch auf die Recht- oder Zweckmäßigkeit bislang nur geplanter Geschäftsführungsmaßnahmen beziehen kann. § 46 Nr. 6 GmbH sei aus teleologischen Gründen extensiv auszulegen, sodass er auch präventive Kontrollmaßnahmen ermögliche.[214] Diese These gilt es zu verifizieren.

Für sie streitet zuvorderst, dass die Gesellschafter in der Auswahl von Überwachungsmaßnahmen nahezu uneingeschränkt frei sind und die Geschäftsführer keine berechtigten Geheimhaltungsinteressen gegenüber der Gesamtheit der Gesellschafter geltend machen können. Kontrolle bedeutet, Fehler zu ermitteln, zu vermeiden und zu bereinigen. Von dieser weitgehenden Definition ausgehend wurde oben[215] zum Beispiel auch das Weisungsrecht der GmbH-Gesellschafter als zukunftsbezogenes Einwirkungsrecht mit Kontrolleigenschaften charakterisiert, weil sich durch seine Ausübung Fehler bereinigen und sogar im Vorfeld vermeiden lassen. Diese Erkenntnis spricht auch dafür, dass die der Fehlerermittlung dienende Sonderprüfungsbefugnis aus § 46 Nr. 6 GmbHG auf zukünftige Sachverhalte zu erstrecken ist, damit sich potenzielle Fehler der zukünftigen Geschäftsführung frühzeitig identifizieren lassen. Eine weitere Bestä-

---

212 Dazu KG, OLGZ 9, 263; WP-Handbuch, Bd. II, Rn. B 6; *Kronstein/Zöllner* in Köln-Komm AktG, § 142 Rn. 7; *Bezzenberger* in Großkomm AktG, § 142 Rn. 17; *Wilsing/von der Linden* in Heidel, § 142 AktG Rn. 10.

213 Vgl. oben S. 54 f. Die Betriebswirtschaftslehre bezeichnet diese Managementfunktion als strategische oder unternehmerische Kontrolle: dazu eingehend *Hasselberg*, S. 47 ff., 55 ff.; bezogen auf die GmbH *Bea/Scheurer*, DB 1995, 1289, 1293 ff.

214 *Fleischer*, GmbHR 2001, 45, 47; *Leinekugel*, GmbHR 2008, 632, 634; *Trölitzsch/Leinekugel*, Rn. 41; vgl. auch *Peters/Dechow*, GmbHR 2007, 236, 238.

215 S. 60.

tigung erfährt diese Annahme dadurch, dass sich die zukunftsorientierte Befugnis der Gesellschafter, bestimmte Maßnahmen der Geschäftsführer unter den Vorbehalt ihrer Zustimmung zu stellen, anerkanntermaßen aus § 46 Nr. 6 GmbHG herleiten lässt.[216] Dies verdeutlicht, dass die auf diese Vorschrift gestützten Kontrollmaßnahmen keinesfalls nur in retrospektiver Weise eingesetzt werden können. Schließlich bietet sich im Hinblick auf die Kontrollkompetenzen bei der Aktiengesellschaft ein *argumentum a fortiori* an, um die oben aufgestellte These zu stützen. Der Aufsichtsrat als aktienrechtliches Überwachungsorgan ist nämlich bei der Wahrnehmung seiner Aufgaben i. S. d. § 111 Abs. 1 AktG nach gängigem Rechtsverständnis gehalten, den Vorstand auch vorwärts gewandt und somit präventiv zu kontrollieren, indem er das Leitungsorgan vor allem bezüglich geplanter Vorhaben zu beraten hat.[217] Wenn aber die „Überwachung der Geschäftsführung" durch den Aufsichtsrat schon die strategische oder unternehmerische Kontrolle des Vorstands beinhaltet, so muss diese von der „Überwachung der Geschäftsführung"[218] durch GmbH-Gesellschafter erst recht erfasst sein. Denn verglichen mit dem Aufsichtsrat einer Aktiengesellschaft erfüllt die Gesellschafterversammlung einer GmbH weitaus umfassendere unternehmerische Führungsfunktionen. Zwecks Vorbereitung ihrer Entscheidungen zur künftigen Geschäftsführung[219] benötigt sie noch dringender vorwärts gewandte Kontrollbefugnisse als ein Aufsichtsrat.

Zwar dürfen Aktionäre eine Sonderprüfung nur zu abgeschlossenen Vorgängen oder zu solchen veranlassen, die zumindest schon begonnen haben. Eine zukunftsbezogene Enquête bleibt ihnen verschlossen.[220] Daraus ergeben sich jedoch keine Zweifel an der Zulässigkeit einer auf zukünftige Sachverhalte bezogenen Sonderprüfung im GmbH-Recht, weil die Beschränkung der Aktionärsrechte mit aktienrechtlichen Besonderheiten zusammenhängt. Schon der Wortlaut der speziell aktienrechtlichen Kompetenznorm des § 142 Abs. 2 Satz 1 AktG lässt erkennen, dass die zu prüfenden Vorgänge in der Vergangenheit liegen müssen („vorgekommen sind"). Die Bestimmung lässt sich damit erklären, dass die Aktionäre mit dem Beschluss einer Sonderprüfung, die eine erst in Pla-

---

216 Dazu oben S. 70 f. m. N.

217 BGHZ 114, 127, 129 f.; *Henze*, NJW, 1998, 3309 f.; *Spindler* in Spindler/Stilz, § 111 Rn. 10; *Drygala* in K. Schmidt/Lutter, AktG, § 111 Rn. 4 f., 18 f.

218 § 46 Nr. 6 GmbHG spricht ebenso wie § 111 Abs. 1 AktG von der „Überwachung der Geschäftsführung".

219 Diesen Zusammenhang hebt auch *Fleischer*, GmbHR 2001, 45, 47, hervor.

220 So die ganz einhellige Auffassung: vgl. statt aller *Haager* in Ball/Haager, S. 37; *Schröer* in MünchKomm AktG, § 142 Rn. 25; *Bezzenberger* in Großkomm AktG, § 142 Rn. 19; einzig anders BGHZ 36, 296, 315 – „HEW" m. abl. Anm. *Hengeler*, AG 1962, 119, 121.

nung befindliche oder bloß erwartete zukünftige Maßnahme beträfe, in den Kernbereich der Unternehmensexekutive vordringen würden, was der Kompetenzordnung einer Aktiengesellschaft widerspräche.[221] Die Organisationsverfassung der GmbH gestaltet sich demgegenüber gänzlich anders: die Geschäftsführer können sich nicht auf einen Mindestbereich eigenverantwortlicher Geschäftsführung berufen.[222]

Demzufolge dürfen die Gesellschafter einer GmbH gem. § 46 Nr. 6 GmbHG in der Tat eine Sonderprüfung zur Untersuchung der Recht- oder Zweckmäßigkeit zukünftiger Geschäftsführungsmaßnahmen beschließen. Die GmbH-rechtliche Sonderprüfung bildet demnach auch einen Bestandteil der sog. strategischen oder unternehmerischen Überwachung. Einzig eine Sonderprüfung, die bloß das Verhalten eines Gesellschafters zum Gegenstand hat, muss zwingend vergangenheitsbezogen sein, da sie nur zulässig ist, um einen die Gesellschafterhaftung begründenden und damit zwingend jedenfalls schon begonnenen Sachverhalt aufzuklären.

f) Jahresabschluss

Bei Zugrundelegung der oben[223] erarbeiteten allgemeinen Aussagen zur Tauglichkeit von Sonderprüfungsgegenständen lassen sich der Jahresabschluss sowie ein gegebenenfalls zu erstellender Konzernabschluss ebenfalls aufgrund von § 46 Nr. 6 GmbHG einer Sonderprüfung unterziehen. Da nämlich die Buchführung und die Erstellung des Abschlusses den Geschäftsführern in §§ 41 ff. GmbHG sogar als unabdingbare Offizialpflichten zugewiesen werden,[224] bildet auch der Jahresabschluss immer einen Sachverhalt, der vom Tätigwerden der Geschäftsführer in Angelegenheiten der Gesellschaft geprägt wird und somit generell als Gegenstand einer Sonderprüfung tauglich erscheint.

Zweifel an der Sonderprüfungsfähigkeit der Rechnungslegung in der GmbH mögen sich allenfalls deswegen ergeben, weil die Prüfung des Jahresabschlusses in Gestalt der §§ 316 ff. HGB ein eigenständiges Regelungsgefüge erfahren hat, das auch auf die GmbH unmittelbare Anwendung findet. Sollten diese Bestimmungen abschließend sein,[225] wäre zumindest die umfassende Kontrolle des Jah-

---

221 *Kirschner*, S. 35 f.; *Jänig*, S. 228; *Fleischer* in Küting/Weber, § 142 AktG Rn. 79.

222 Dazu oben S. 52 m. N.

223 S. 137 ff.

224 Dazu *Haas* in Baumbach/Hueck, § 41 Rn. 1, 9.

225 Dies wird in Bezug auf die AG vielfach vertreten. Vgl. z. B. *Fleischer* in Küting/Weber, § 142 AktG Rn. 26; *Bezzenberger* in Großkomm AktG, § 142 Rn. 16; *Hirschmann* in Hölters, § 142 Rn. 16; *Kirschner*, S. 43; zu dieser Begründung kritisch *Habersack* in FS Wiedemann, S. 900 f.

resabschlusses der speziellen Abschlussprüfung vorbehalten und diesbezüglich könnte eine Sonderprüfung nicht beschlussmängelfrei angeordnet werden. Gegen einen solchen Vorrang der §§ 316 ff. HGB spricht aber, dass die Gesellschafterversammlung von ihrer Überwachungsbefugnis aus § 46 Nr. 6 GmbHG praktisch jederzeit und nahezu ohne Einschränkungen Gebrauch machen kann. Wie jede andere Geschäftsführungsmaßnahme unterliegt auch die Erstellung des Jahresabschlusses[226] der vollumfänglichen Gesellschafterkontrolle. Dass es sich beim Jahresabschluss nicht um einen sachlich abgegrenzten Sachverhalt im Sinne eines einzelnen Geschäftsführungsvorganges handelt, weil er die Geschäftsführung eines ganzen Jahres widerspiegelt,[227] ist im Hinblick auf die Sonderprüfungstauglichkeit bei der GmbH unschädlich. Schließlich verlangt § 46 Nr. 6 GmbHG gerade keine gegenständliche Beschränkung des Prüfungsgegenstandes.

Die Mehrzahl der Gesellschaften m. b. H. dürfte zudem der Gruppe der „kleinen Kapitalgesellschaften" i. S. d. § 267 Abs. 1 HGB zuzurechnen sein. Deren Abschlüsse sind nach § 316 Abs. 1 HGB ohnehin von der Prüfungspflicht ausgenommen. Sofern bei einer „kleinen Kapitalgesellschaft" aber freiwillig eine Abschlussprüfung initiiert wird, ist anerkannt, dass Gegenstand, Art und Umfang einer solchen gesetzlich nicht verpflichtenden Prüfung sich nur dann nach §§ 316 ff. HGB richten, wenn der Gesellschaftssatzung oder dem Vertrag mit dem Prüfer nichts anderes zu entnehmen ist.[228] Die Vorschriften müssen nur dann beachtet worden sein, wenn der Prüfer seinen Bericht über die freiwillige Prüfung mit einem Bestätigungsvermerk i. S. d. § 322 HGB versehen soll. Wenn aber somit für freiwillige Abschlussprüfungen prinzipiell die in §§ 316 ff. HGB vorgesehenen Vorgaben zum Verfahren der gesetzlichen Jahresabschlussprüfung nicht verbindlich sind, so ist kein Grund ersichtlich, weshalb es nicht zulässig sein sollte, eine freiwillige Abschlussprüfung nach Art einer Sonderprüfung gestützt auf § 46 Nr. 6 GmbHG zu veranlassen. Demzufolge bildet der Jahresabschluss einer GmbH in seiner Gänze einen tauglichen Gegenstand für eine Sonderprüfung. Wird eine Prüfung des Jahresabschlusses als Sonderprüfung beschlossen, werden die Gesellschafter wiederum in Wahrnehmung ihrer Eigenkompetenz aus § 46 Nr. 6 GmbHG tätig. Entgegen § 318 Abs. 1 Satz 4 HGB

---

226 Zu deren Qualität als Geschäftsführungsmaßnahme AG Ingolstadt, AG 2002, 110 – „Net logistics AG"; *Kirschner*, S. 44; so schon *Bordt*, S. 58.

227 Auf diesen Aspekt stützt die überwiegende aktienrechtliche Literatur ihre Auffassung, der Jahresabschluss sei nicht sonderprüfungsfähig. So etwa *Habersack* in FS Wiedemann, S. 901, *Jänig*, S. 224; *Wilsing/von der Linden* in Heidel, § 142 AktG Rn. 15; *Spindler* in K. Schmidt/Lutter, AktG, § 142 Rn. 19.

228 *Ebke* in MünchKomm HGB, § 316 Rn. 12; *Wiedmann* in Ebenroth/Boujong/Joost/Strohn, § 316 Rn. 20.

steht mithin den Anteilseignern selbst und nicht den Geschäftsführern die gesetzliche Vertretungsmacht für den Vertragsschluss mit den Prüfern zu. Auch kommt beim Beschluss der freiwilligen Abschlussprüfung als Sonderprüfung das Eingreifen von Stimmverboten in Betracht. Diese Aspekte mögen Gesellschafter dazu bewegen, die Veranlassung der Abschlussprüfung nach Art der Einleitung einer Sonderprüfung zu betreiben.

In mittleren und großen Kapitalgesellschaften, in denen die Durchführung der Abschlussprüfung unter Beachtung der §§ 316 ff. HGB obligatorisch ist, ist es nicht von vornherein unzulässig, den gesamten Jahresabschluss zusätzlich einer Sonderprüfung zu unterziehen. Dies mag sich vor allem anbieten, wenn später massive Zweifel an der Korrektheit der durchgeführten Pflichtprüfung aufkommen. In den meisten übrigen Fällen dürfte der Beschluss einer solchen zusätzlichen Prüfung des gesamten Jahresabschlusses aber als überflüssige Maßnahme wegen Treuwidrigkeit fehlerhaft und anfechtbar sein.[229]

Bei einzelnen Posten des Jahresabschlusses handelt es sich wie bei dem Abschluss in Gänze um taugliche Gegenstände einer Sonderprüfung. Die nähere Überprüfung solcher einzelner Abschlussposten dürfte, selbst wenn sie im Anschluss an eine Pflichtprüfung angeordnet wird, in der Regel auch nicht mit Beschlussmängeln inhaltlicher Art behaftet sein. Vielmehr kann eine Sonderprüfung hinsichtlich einzelner Bilanzansätze und deren Bewertung gerade dann geboten sein, wenn die vollumfängliche Abschlussprüfung zuvor bereits Anzeichen für Unregelmäßigkeiten in der Buchführung ergeben hat.[230] Insofern ermöglicht § 46 Nr. 6 GmbHG zum Beispiel auch eine Sonderprüfung wegen unzulässiger Unterbewertung, wie sie für Aktiengesellschaften in § 258 AktG speziell vorgesehen wird. In diesem Zusammenhang muss allerdings die Sonderprüfung bezüglich bestimmter Posten des Abschlusses von bloßen Prüfungshandlungen innerhalb der umfassenden Pflichtabschlussprüfung abgegrenzt werden. Bei der Erteilung des Auftrags an die Abschlussprüfer kommt es nämlich häufig vor, dass diese darum gebeten werden, bestimmte Vorgänge mit gesteigerter Aufmerksamkeit zu durchleuchten, das heißt einzelne Prüffelder i. S. d. § 317 HGB besonders eingehend zu überprüfen. Überschreitet der Prüfungsauftrag den gesetzlichen Rahmen einer – insofern erweiterten – Abschlussprüfung nicht, so

---

229 Zu den Schranken eines Sonderprüfungsbeschlusses unten S. 276 ff.

230 Zur Sonderprüfungsfähigkeit einzelner Posten des Jahresabschlusses im Aktienrecht z. B. LG München I, Der Konzern 2011, 362 (LS); *Habersack* in FS Wiedemann, S. 901 ff.; *Kronstein/Zöllner* in KölnKomm AktG, § 142 Rn. 11; *Schröer* in MünchKomm AktG, § 142 Rn. 30; differenzierend *Haager* in Ball/Haager, S. 31.

ist der Abschlussprüfer noch nicht mit einer zusätzlichen Sonderprüfung einzelner Rechnungslegungsvorgänge betraut worden.[231]

g) Gruppensachverhalte

Möchten die Gesellschafter Sonderprüfer zur Untersuchung von Konzern- bzw. Gruppensachverhalten bestellen, so hängt die Zulässigkeit eines derartigen Prüfungsgegenstandes entscheidend davon ab, ob es sich bei dem zu untersuchenden Thema noch um „Angelegenheiten der Gesellschaft“[232] handelt, denen ein irgendwie denkbares Verhalten einer der Gesellschafterkontrolle unterworfenen Personen zugrunde liegen könnte.[233] Probleme ergeben sich daraus, dass die einzelnen Konzerngesellschaften trotz ihrer Gruppenzugehörigkeit eigenständige Rechtssubjekte bleiben. Wie bereits ausgeführt wurde,[234] muss aber der beschlossene Prüfungsauftrag immer einen sachlichen Bezug zu den Verantwortlichen derjenigen Gesellschaft aufweisen, die die Sonderprüfung veranlasst.

aa) Organ- oder Gesellschafterverhalten mit Bezug zu verbundenen Unternehmen

Wenn die Tätigkeit der Geschäftsführer – oder anderer Organmitglieder – für die GmbH einen Bezug zu einem mit der Gesellschaft verbundenen Unternehmen aufweist, so können die Gesellschafter der GmbH den Sachverhalt, auf den sich das Organverhalten bezieht, wie jede andere Geschäftsführungsmaßnahme durch Sonderprüfer untersuchen lassen. Dies ist im Grunde selbstverständlich, handelt es sich doch in diesen Fällen eindeutig um Angelegenheiten der GmbH selbst. Hat die Geschäftsführung mit dem Ergreifen einer bestimmten Maßnahme zum Beispiel die Weisung eines herrschenden Unternehmens befolgt, so kann das angewiesene Verhalten vollumfänglich einer Sonderprüfung unterzo-

---

231 Sinngleich zum Aktienrecht *Bezzenberger* in Großkomm AktG, § 142 Rn. 25; *Fleischer* in Küting/Weber, § 142 AktG Rn. 32; *Kronstein/Zöllner* in KölnKomm AktG, § 142 Rn. 5; *Adler/Düring/Schmaltz*, §§ 142-146 AktG Rn. 4; *M. G. Jansen*, Sonderprüfung, S. 19.

232 Derselbe Ansatz findet sich im überwiegenden Schrifttum zum Informationsrecht aus § 51a GmbHG in Bezug auf Konzernsachverhalte. Vgl. nur *Hüffer* in Ulmer/Habersack/Winter, § 51a Rn. 22 ff.; *Römermann* in Michalski, § 51a Rn. 39; *Tietze*, S. 13 ff.; *Kort*, ZGR 16 (1987), 46, 50.

233 Dies wurde oben, S. 142 f., 144 ff., als allgemeine Anforderung an den Gegenstand einer GmbH-rechtlichen Sonderprüfung herausgearbeitet.

234 Oben S. 144 ff.

gen werden,[235] wobei auf diese Weise mittelbar die Weisung des Mutterunternehmens überprüft wird. Dies ist hier bereits ausgeführt worden,[236] denn es handelt sich bei der beschriebenen Konstellation letztlich um den Fall, dass das Geschäftsführerhandeln durch eine Gesellschafterentscheidung determiniert wird. Ist umgekehrt die GmbH, bei der die Sonderprüfung veranlasst werden soll, selbst ein herrschendes Unternehmen, so ist die Weisungserteilung an Tochtergesellschaften, die aus Sicht der GmbH eine Geschäftsführungsmaßnahme darstellt, bereits nach allgemeinen Grundsätzen sonderprüfungsfähig. Alle „Konzernleitungsmaßnahmen" seitens der Gesellschaft werden demzufolge vom Sonderprüfungsrecht ihrer Anteilseigner aus § 46 Nr. 6 GmbHG erfasst.[237] Gleichfalls kommen Überwachungsmaßnahmen des Aufsichtsrats der herrschenden GmbH als Gegenstand einer Sonderprüfung auch insoweit in Betracht, als sie sich auf Vorgänge in einer Tochtergesellschaft beziehen.[238]

Die Sonderprüfer können zudem auch bestellt werden, um umfassend einzelne oder die gesamten Beziehungen der GmbH zu einem oder mehreren mit ihr verbundenen Unternehmen zu untersuchen – unabhängig davon, ob es sich dabei um Mutter- oder Tochtergesellschaften handelt.[239] Die Verbindungen zu anderen Konzerngesellschaften sind sonderprüfungsfähige Sachverhalte, weil ihnen zwangsläufig ein Verhalten der Geschäftsleitung der zu prüfenden Gesellschaft zugrunde liegen muss. Dies ermöglicht es etwa, Liefer- oder Kreditbeziehungen zwischen den verbundenen Unternehmen sowie Konzernverrechnungspreise oder Aspekte der Konzernorganisation einer Sonderprüfung zu unterziehen.[240] Da Sonderprüfungen im GmbH-Recht nicht auf einzelne Vorgänge zu

---

235 Ebenso für die Sonderprüfung bei der AG *Jänig*, S. 232; *Spindler* in K. Schmidt/Lutter, AktG, § 142 Rn. 18; *Bezzenberger* in Großkomm AktG, § 142 Rn. 15; vgl. auch OLG Düsseldorf, WM 2010, 709, 711.

236 Dazu oben S. 165 ff. und 179 f.

237 Zur AG vgl. *Mock* in Spindler/Stilz, § 142 Rn. 55; *Kronstein/Zöllner* in KölnKomm AktG, § 142 Rn. 8; *U. H. Schneider*, AG 2008, 305, 307 f.; zu § 315 AktG vgl. auch *Noack*, Wpg 1994, 225, 228.

238 So zur Sonderprüfung bei der AG *U. H. Schneider*, AG 2008, 305, 308; *Mock* in Spindler/Stilz, § 142 Rn. 55.

239 Ebenso zu § 51a GmbHG („Angelegenheiten der Gesellschaft") *Kort*, ZGR 16 (1987), 46, 52; *Hüffer* in Ulmer/Habersack/Winter, § 51a Rn. 25; *Koppensteiner* in Rowedder/Schmidt-Leithoff, § 51a Rn. 7; vgl. auch OLG Köln, WM 1986, 36, 39; gleichsinnig zur Sonderprüfung des Aktienrechts OLG Düsseldorf, WM 2010, 709, 711; *M. G. Jansen*, Sonderprüfung, S. 24 ff.; *Bordt*, S. 57; *Kirschner*, S. 42; *Holzborn/Jänig* in HeidelbKomm AktG, § 142 Rn. 4; *Schröer* in MünchKomm AktG, § 142 Rn. 19; *Fleischer* in Küting/Weber, § 142 AktG Rn. 71.

240 *U. H. Schneider*, AG 2008, 305, 308 (zur AG).

beschränken sind, dürfen sie sich auch umfassend mit einer Konzernbeziehung als Ganzer befassen.[241]

bb) Vorgänge innerhalb eines verbundenen Unternehmens

Demgegenüber ist es fraglich, inwiefern solche Sachverhalte prüfungsfähig sind, die sich ausschließlich innerhalb einer anderen Gesellschaft zugetragen haben, an der die GmbH oder die an der GmbH eine Beteiligung hält. Die zu prüfenden Vorgänge in der dergestalt „verbundenen"[242] Gesellschaft müssten sich dazu nämlich als Angelegenheiten der GmbH selbst qualifizieren lassen, wovon nicht ohne weiteres ausgegangen werden kann.[243] Für die Beurteilung der Frage, welche Anforderungen dazu zu erfüllen sind, kann auf entsprechende Erkenntnisse zu den individuellen Informationsrechten aus § 51a GmbHG und § 131 Abs. 1 AktG zurückgegriffen werden, weil deren Reichweite ebenfalls auf die „Angelegenheiten der Gesellschaft" beschränkt ist.[244]

(1) Interne Vorgänge bei einem abhängigen Unternehmen

Zunächst ist die Konstellation in den Blick zu nehmen, dass die GmbH herrschendes Unternehmen ist und Geschehnisse innerhalb einer abhängigen Gesellschaft mit der Sonderprüfung untersucht werden sollen. Beruhen die Maßnahmen des beherrschten Unternehmens auf einer konkreten oder generellen Weisung, die von der GmbH kraft ihrer Konzernleitungsmacht erteilt wurde, betreffen diese Maßnahmen innerhalb der Tochtergesellschaft einen Sachverhalt, dem ein Geschäftsführungshandeln seitens der Organe der GmbH als Muttergesellschaft zugrunde liegt. Somit sind schon nach den bisherigen Erkenntnissen die-

---

241 Zu demselben Ergebnis gelangt für die aktienrechtliche Sonderprüfung unter Hinweis auf § 315 AktG *Noack*, Wpg 1994, 225, 228: die Konzernbeziehungen bildeten einen einzelnen „Vorgang" i. S. d. § 142 Abs. 1 S. 1 AktG. Die h. M. zum Aktienrecht hält dagegen auch hinsichtlich Konzernbeziehungen die Beschränkung des Prüfungsauftrags auf bestimmte Vorgänge für geboten: so statt vieler *Spindler* in K. Schmidt/Lutter, AktG, § 142 Rn. 18.

242 Im Folgenden soll nur auf „verbundene Unternehmen" i. S. d. §§ 15 ff. AktG eingegangen werden. Auf andere Gesellschaften, an denen die GmbH nur eine Minderheitsbeteiligung hält, lassen sich die Ausführungen aber größtenteils übertragen. Zu § 51a GmbHG ebenso z. B. *Hüffer* in Ulmer/Habersack/Winter, § 51a Rn. 24.

243 Ähnlich zu § 142 AktG OLG Düsseldorf, WM 2010, 709, 711; *Schröer* in MünchKomm AktG, § 142 Rn. 19; *Spindler* in K. Schmidt/Lutter, AktG, § 142 Rn. 18; *Müller-Michaels/Wingerter*, AG 2010, 903, 905.

244 Zur Zulässigkeit eines derartigen methodischen Vorgehens vgl. auch *Jänig*, S. 233.

ser Arbeit solche Vorgänge innerhalb des beherrschten Unternehmens vollumfänglich sonderprüfungsfähig.[245]

Ob ein Geschehen innerhalb eines abhängigen Unternehmens, das nicht auf diese Weise von der herrschenden GmbH veranlasst worden ist, bei derselben gleichwohl einen sonderprüfungstauglichen Gegenstand bildet, bemisst sich – wie i. S. d. §§ 51a GmbHG, 131 Abs. 1 AktG – nach der objektiven Erheblichkeit der Maßnahme für die GmbH als Obergesellschaft. Die Angelegenheiten des abhängigen Unternehmens können dann als solche der herrschenden GmbH angesehen werden, wenn sie in ihrer Bedeutung und in ihren Auswirkungen auch für die Muttergesellschaft von objektiver Wichtigkeit sind.[246] Dies ist vor allem dann der Fall, wenn die Geschehnisse in der beherrschten Gesellschaft so bedeutungsvoll sind, dass sie zugleich die wirtschaftliche Lage der eigenen Gesellschaft oder deren Beziehung zu dem verbundenen Unternehmen beeinflussen.[247]

Diese Lösung trägt dem nicht zu vernachlässigenden Umstand Rechnung, dass es sich bei einem Tochterunternehmen eben um eine von der Konzernmutter rechtlich verselbständigte Gesellschaft handelt, in der eigene Kontrollmechanismen eingerichtet sind. Solange sich bestimmte Sachverhalte nicht spürbar auf der Ebene der Muttergesellschaft auswirken, handelt es sich dabei ausschließlich um Angelegenheiten der Tochtergesellschaft. Damit Vorgänge im GmbH-Recht sonderprüfungsfähig sind, kommt es außerdem darauf an, dass diesem Prüfungsgegenstand ein Verhalten von einer der Gesellschafterkontrolle unterworfenen Person wenigstens zugrunde liegen könnte. Haben die Geschäftsführer nicht aktiv bestimmte Weisungen an die Konzerntochter erteilt, so kann das erforderliche Verhalten nur darin bestehen, dass eine aus Recht- oder Zweckmäßigkeitsgesichtspunkten gebotene Einflussnahme auf das abhängige Unternehmen von den Geschäftsführern unterlassen wurde. Da es aber nicht zum Aufgabenbereich der Konzernleitung gehört, sich in jede unerhebliche Einzelmaß-

245 Vgl. dazu nur oben S. 179 f. Für das Aktienrecht wird darüber hinaus verlangt, dass das herrschende Unternehmen die wirtschaftlichen Konsequenzen der angewiesenen Maßnahme zu tragen hat, um dazu eine Sonderprüfung zu veranlassen. Vgl. nur OLG Düsseldorf, WM 2010, 709, 711; *Schröer* in MünchKomm AktG, § 142 Rn. 19.

246 Zum Ganzen OLG Köln, WM 1986, 36, 39; vgl. zum Vereinsrecht sinngleich BGHZ 152, 339, 345; außerdem *Kort*, ZGR 16 (1987), 46, 52 ff.; *Römermann* in Michalski, § 51a Rn. 39; *Zöllner* in Baumbach/Hueck, § 51a Rn. 12; i. E. ebenso *K. Schmidt* in Scholz, § 51a Rn. 20 (auf das Informationsinteresse abstellend); zu § 131 AktG vgl. in diesem Sinne schon Begr. RegE zum AktG 1965, abgedr. bei *Kropff*, S. 185 f.; *Ebenroth/Wilken*, BB 1993, 1818, 1819.

247 *Tietze*, S. 14 f.; *von Bitter*, GmbHR 1981, 825, 827; *Hüffer* in Ulmer/Habersack/Winter, § 51a Rn. 28; *Kort*, ZGR 16 (1987), 46, 61.

nahme des Leitungsorgans des Tochterunternehmens einzumischen, spricht auch dieser Gesichtspunkt dafür, dass eine gewisse Relevanz des Geschehens innerhalb der Konzerntochter für das Mutterunternehmen gegeben sein muss, damit es sich als sonderprüfungsfähig einstufen lässt.

Demzufolge sind Geschehnisse innerhalb abhängiger Unternehmen auf Ebene der herrschenden GmbH sonderprüfungsfähig, wenn sie bei ihr zu spürbaren, dass heißt nicht völlig zu vernachlässigenden Auswirkungen führen. Diese Anforderung sollte man allerdings tendenziell nicht zu hoch ansetzen. Nicht überzeugend ist dagegen die zum aktienrechtlichen Sonderprüfungsrecht[248] und zu den individuellen Informationsrechten des GmbH-Gesellschafters sowie des Aktionärs[249] vertretene Auffassung, wegen der „einheitlichen Leitung" des Konzerns seien sämtliche Angelegenheiten einer Tochtergesellschaft auch solche der Muttergesellschaft.

Auch ohne spürbare Auswirkungen auf die Konzernmutter können sich Maßnahmen innerhalb der Tochtergesellschaft ausnahmsweise auch dann als Angelegenheit des herrschenden Unternehmens darstellen, wenn die Konzernbeziehung besonders intensiv ist.[250] Dies mag zum Beispiel der Fall sein, wenn die Mitglieder der Geschäftsleitung bei der Mutter zugleich dem Leitungs- oder Aufsichtsorgan der Tochter angehören oder wenn das Tochterunternehmen nach Art einer unselbständigen Betriebsabteilung geführt wird. Die Intensität der Konzernbeziehung ist zudem im Vertragskonzern meist höher als im faktischen Konzern.[251]

(2) Interne Vorgänge bei einem herrschenden Unternehmen

Die Sonderprüfungsfähigkeit von Vorgängen, die sich nur innerhalb eines die GmbH beherrschenden Unternehmens ereignet haben, bei denen es sich also nicht um konkrete Einflussnahmen auf die abhängige GmbH handelt, ist demgegenüber nur unter noch engeren Voraussetzungen zuzugestehen. Bei einem herrschenden Unternehmen handelt es sich letztlich nur um einen Gesellschafter mit einer besonders hohen Beteiligungsquote. Die Angelegenheiten einzelner Gesellschafter – so auch die Angelegenheiten eines Mehrheitsgesellschafters, bei dem es sich um ein Mutterunternehmen handelt – sind grundsätzlich gerade kei-

---

248 *U. H. Schneider*, AG 2008, 305, 308; a. A. *Jänig*, S. 232 f.

249 Vgl. OLG Hamm, DB 1986, 580 (GmbH); *U. H. Schneider* in FS Lutter, S. 1195 f. (AG).

250 *Hüffer* in Ulmer/Habersack/Winter, § 51a Rn. 29; *Römermann* in Michalski, § 51a Rn. 39; *Jänig*, S. 232 f.

251 Zu Letzterem *Kort*, ZGR 16 (1987), 46, 56.

ne Angelegenheiten der Gesellschaft selbst.[252] Vielmehr sind die eigenen Angelegenheiten eines Gesellschafters – und seien es die eines herrschenden Unternehmens – zunächst dessen „Privatbereich" zuzuordnen. Insofern sind die oben[253] entwickelten Grundsätze anzuwenden, anhand derer die Privatsphäre der der Gesellschafterkontrolle unterliegenden Personen von der Verbandssphäre abzugrenzen ist. Als Konsequenz daraus ergibt sich, dass Vorgänge innerhalb einer Muttergesellschaft nur dann bei der Tochter-GmbH sonderprüfungsfähig sind, wenn im Hinblick auf diesen Sachverhalt die Mutter gesellschaftsrechtlich – vor allem konzernrechtlich – vermittelten Verhaltenspflichten gegenüber der Tochter unterliegt. In solchen Fällen werden nämlich im Ergebnis dann doch „Angelegenheiten der GmbH" überprüft. Die Sonderprüfungsbefugnis der Gesellschafter bezüglich solcher Geschehnisse, die sich innerhalb eines die GmbH beherrschenden Unternehmens zugetragen haben, sind wie jede Enquête, die isoliert das Verhalten eines einzelnen Mitgesellschafters thematisiert, als Annexkompetenz auf § 46 Nr. 8 Fall 1 GmbHG zu stützen. Es sind die dargestellten besonderen Anforderungen an den Prüfungsgegenstand[254] zu beachten.

II. Beendigung der Sonderprüfung und Änderung des Prüfungsgegenstandes

Es kann vorkommen, dass sich, erst nachdem der Sonderprüfer seine Arbeit aufgenommen hat, herausstellt, dass der Prüfungsauftrag ursprünglich zu weit oder zu eng gefasst, das heißt – *ex post* betrachtet – unzweckmäßig formuliert worden ist. Genauso ist aus verschiedensten Gründen vorstellbar, dass die Prüfungsinitiatoren das Interesse an der Durchführung der Sonderprüfung gänzlich verlieren.[255]

Der Gesellschaftergesamtheit steht zur Bewältigung einer derart veränderten Interessenlage zum einen die Befugnis zu, eine einmal beschlossene Sonderprüfung jederzeit vorzeitig zu beenden, ohne dass besondere Gründe vorliegen müssten. Dazu muss die Gesellschafterversammlung die Prüfungsanordnung durch Fassung eines Aufhebungsbeschlusses widerrufen.[256] Zum anderen kön-

---

[252] So zu § 51a GmbHG *K. Schmidt* in Scholz, § 51a Rn. 20; anders *Grunewald*, ZHR 146 (1982), 211, 235; *Zöllner* in Baumbach/Hueck, § 51a Rn. 12.

[253] S. 178 f.

[254] Dazu oben S. 175 f.

[255] Zu diesbezüglich denkbaren Motiven *Kirschner*, S. 181, 184.

[256] Zur Hauptversammlungsrevision im Aktienrecht sinngleich bereits RGZ 143, 401, 410; *Kirschner*, S. 184; *Fleischer* in Küting/Weber, § 142 AktG Rn. 151; *Mock* in Spindler/Stilz, § 142 Rn. 101.

nen die Gesellschafter den Prüfungsgegenstand im Beschlusswege auch abändern oder erweitern.[257] Diese Kompetenz ergibt sich auch ohne ausdrückliche Erwähnung aus § 46 Nr. 6 GmbHG, weil sich ein solcher Beschluss als *actus contrarius*[258] zur Einsetzung der Sonderprüfung darstellt, bei der es sich wiederum um eine besondere „Maßregel zur Prüfung und Überwachung der Geschäftsführung" handelt. Sofern nichts anderes bestimmt ist, ist nach allgemeinen Rechtsgrundsätzen ein *actus contrarius* durch dasjenige Organ vorzunehmen, das die Ursprungsmaßnahme getroffen hat.[259]

III. Zwingend doppelter Beschlussgegenstand?

In der Regel werden die Gesellschafter, wenn sie eine Sonderprüfung zur Aufklärung bestimmter Sachverhalte anordnen, zugleich den oder die Sonderprüfer festlegen, die mit den Untersuchungen beauftragt werden sollen. Auf diese Weise werden zwei Beschlussgegenstände in einem einheitlichen Beschluss zusammengefasst. Das wirft die Frage auf, inwiefern dieses Vorgehen rechtlich geboten ist. Müssen, erstens, die Gesellschafter, wenn sie die Einsetzung einer Sonderprüfung beschließen, zwingend selbst die Person des Sonderprüfers benennen oder dürfen sie diese Aufgabe delegieren? Ist es außerdem, zweitens, erforderlich, dass der Beschluss, der den Prüfer bestimmt, immer gleichzeitig mit der Anordnung der Sonderprüfung erfolgt?

Nach der zur aktienrechtlichen Sonderprüfung ganz vorherrschenden Meinung muss der Sonderprüfungsbeschluss zwingend die Entschließungen der Aktionäre miteinander verknüpfen, die einerseits die Prüfungsanordnung sowie andererseits die Festlegung der Sonderprüfer betreffen.[260] Die Hauptversammlung selbst sei gehalten, die Person des Sonderprüfers oder zumindest die Sozietät zu benennen, der der Prüfer angehören soll. Die Delegation dieses Auswahlrechts auf andere Personen und erst recht auf andere Gesellschaftsorgane sei unzuläs-

---

257 Zur AG *Schröer* in MünchKomm AktG, § 142 Rn. 16; *Mock* in Spindler/Stilz, § 142 Rn. 75; *Kirschner*, S. 181 f.

258 So zur Hauptversammlungskompetenz des Aktienrechts *Kirschner*, S. 165 und 181 ff.; *Fleischer* in Küting/Weber, § 142 AktG Rn. 150; *Liebscher* in Henssler/Strohn, § 142 AktG Rn. 10.

259 Zur Geltung von Stimmverboten bei einem derartigen Beschluss vgl. noch unten S. 243.

260 So bspw. *Jänig*, S. 324 f.; *Adler/Düring/Schmaltz*, §§ 142-146 AktG Rn. 12; *Wilsing/von der Linden* in Heidel, § 142 AktG Rn. 18; *Spindler* in K. Schmidt/Lutter, AktG, § 142 Rn. 25; *Bezzenberger* in Großkomm AktG, § 142 Rn. 27; *Mock* in Spindler/Stilz, § 142 Rn. 80; *Schröer* in MünchKomm AktG, § 142 Rn. 34; *Zwissler* in Wachter, § 142 Rn. 8; a. A. *Haager* in Ball/Haager, S. 45; vgl. ähnlich *von Gleichenstein*, BB 1956, 761, 762.

sig.[261] Das wird zutreffend damit begründet, schon der Wortlaut des § 142 Abs. 1 Satz 1 AktG lasse erkennen, dass die Einleitung einer Sonderprüfung bei der Aktiengesellschaft nur vorgenommen werden könne, *indem* die Aktionäre Sonderprüfer bestellten.[262] Dürfte etwa auch ein Verwaltungsorgan der Gesellschaft, das in den meisten Fällen selbst von der Sonderprüfung berührt werden wird, die Prüferauswahl treffen, so sei dies der Gewährleistung einer unparteiischen Prüfung nicht zuträglich.[263] Da insofern im Aktienrecht die genannten Beschlussgegenstände untrennbar zusammengehören, müssen beide Festlegungen zeitgleich in demselben Beschluss erfolgen.[264] Wird unter Missachtung dieser Regel von der Hauptversammlung etwa eine Sonderprüfung zur Klärung einer bestimmten Frage angeordnet, ohne schon sogleich einen Sonderprüfer zu bestimmen, ist der Beschluss unvollständig. Er kann wegen Verstoßes gegen die Bestimmungen des § 142 Abs. 1 AktG angefochten werden.[265]

Da die GmbH-rechtliche Sonderprüfung gar keine explizite gesetzliche Regelung erfahren hat, existiert auch keine Bestimmung, die etwa vorschriebe, dass GmbH-Gesellschafter selbst über die Person des Sonderprüfers befinden müssten und dass eine solche Festlegung mit der Anordnung der Enquête einherzugehen hätte. Das spricht dafür, dass nach allgemeinen GmbH-rechtlichen Grundsätzen die Gesellschafterversammlung als oberstes Verbandsorgan die Auswahl des Sonderprüfers auch zeitlich nach der Festlegung des Prüfungsthemas treffen und die Entscheidung ebenso delegieren darf.

Allerdings kann eine Sonderprüfung schon aus praktischen Gründen erst dann durchgeführt werden, wenn außer dem Prüfungsauftrag auch der Sonderprüfer feststeht. Weil die Bestimmung des Sonderprüfers ebenso wie der gesamte Sonderprüfungsbeschluss auf die Überwachungsbefugnis der Gesellschafter aus § 46 Nr. 6 GmbHG zu stützen ist, die jenen als Eigenkompetenz eingeräumt

---

261 *Kirschner*, S. 51 f.; *Fleischer* in Küting/Weber, § 142 AktG Rn. 83; *Hüffer*, AktG, § 142 Rn. 10; *Adler/Düring/Schmaltz*, §§ 142-146 AktG Rn. 12; *Kronstein/Zöllner* in KölnKomm AktG, § 142 Rn. 19; *Spindler* in K. Schmidt/Lutter, AktG, § 142 Rn. 26; *Bork* in Hommelhoff, Hdb Corporate Governance, S. 750; a. A. *Haager* in Ball/Haager, S. 45; *von Gleichenstein*, BB 1956, 761, 762.

262 *Bezzenberger* in Großkomm AktG, § 142 Rn. 29; *Fleischer* in Küting/Weber, § 142 AktG Rn. 83; dazu kritisch *Haager* in Ball/Haager, S. 45.

263 *Bork* in Hommelhoff, Hdb Corporate Governance, S. 750; *Mock* in Spindler/Stilz, § 142 Rn. 77; *Spindler* in K. Schmidt/Lutter, AktG, § 142 Rn. 26; *Fleischer* in Küting/Weber, § 142 AktG Rn. 83; *Hüffer*, AktG, § 142 Rn. 10.

264 So ausdrücklich *Mock* in Spindler/Stilz, § 142 Rn. 80; *Bezzenberger* in Großkomm AktG, § 142 Rn. 27; *Fleischer* in Küting/Weber, § 142 AktG Rn. 81; *Jänig*, S. 325; anders wiederum *Haager* in Ball/Haager, S. 45.

265 *Spindler* in K. Schmidt/Lutter, AktG, § 142 Rn. 25; *Schröer* in MünchKomm AktG, § 142 Rn. 34.

wird, ist die Prüferauswahl immer zunächst eine Angelegenheit der Gesellschafterversammlung. Solange diese nur einen bestimmten Prüfungsauftrag beschließt, ohne sich mit der Bestimmung des Sonderprüfers zu befassen, ist der Beschluss – vorerst – unausführbar. In solchen Fällen sind nicht etwa automatisch die Geschäftsführer berufen, die Prüfungsanordnung zu ergänzen, indem sie selbst die Person des Sonderprüfers festlegen. Zwar obliegt den Geschäftsführern regelmäßig der Vollzug eines Gesellschafterbeschlusses.[266] Es ist ihnen gleichwohl nicht gestattet, von sich aus eine unvollständige Entscheidung der Gesellschafter in deren originären Zuständigkeitsbereich zu komplettieren. Eine solche Befugnis lässt sich in aller Regel ebenfalls nicht im Wege der ergänzenden Auslegung des Sonderprüfungsbeschlusses herleiten, zumal gerade die Geschäftsführer im Hinblick auf den Prüfungsgegenstand meist nicht über die Neutralität verfügen, die für eine vernünftige Prüferauswahl geboten ist.

Damit der Sonderprüfungsbeschluss vollständig und ausführbar ist, müssen bei seiner Fassung die Gesellschafter folglich auch eine Entscheidung zur Person des Sonderprüfers treffen. Dazu können sie entweder selbst den Prüfer festlegen oder aber eine Person, ein Gremium oder eine Behörde benennen, die oder das das Bestimmungsrecht anstelle der Gesellschafterversammlung ausüben soll. Der Anerkennung einer solchen Delegationsbefugnis können keine Bedenken entgegenstehen, die darauf abheben, dass insbesondere die Geschäftsführer für die Prüferauswahl häufig nicht unvoreingenommen genug sind. In der Regel werden die Gesellschafter gerade deshalb die Bestimmung der Sonderprüfer nicht der Geschäftsführung überlassen. Tun sie es dennoch, handelt es sich um eine bewusste Entscheidung der Anteilseigner, die zu respektieren ist. Wenn das Benennungsrecht delegiert werden soll, so wird es sich eher anbieten, die Entscheidung einer unabhängigen Institution, zum Beispiel einer Industrie- und Handelskammer oder einer Wirtschaftsprüfer- bzw. Rechtsanwaltskammer, anzutragen.[267] Gerade wenn weniger erfahrene Gesellschafter einen Sonderprüfungsantrag betreiben, wird ihnen diese Option entgegenkommen. Die Gesellschafterversammlung muss aber somit zumindest mittelbar immer auch über die Person des Sonderprüfers befinden. Nimmt sie ihre Delegationsbefugnis wahr, so bestellt sie aufschiebend bedingt diejenige Person zum Sonderprüfer, die der Delegatar benennen wird.

Demzufolge ist auch in einer GmbH für die wirksame Einleitung einer Sonderprüfung stets erforderlich, dass ein doppelter Beschlussgegenstand zur Abstimmung gestellt wird. Sofern die Gesellschafter entweder über den Prüfungs-

---

266 *Zöllner* in Baumbach/Hueck, § 47 Rn. 9.

267 Ebenso *Leinekugel*, GmbHR 2008, 632, 633; *Heckschen* in Heckschen/Heidinger, § 4 Rn. 116.

auftrag oder über die Person des Sonderprüfers gar nicht befinden, ist der Beschluss unvollständig, insofern unausführbar und deswegen anfechtbar. Ein solcher Beschlussmangel lässt sich allerdings nach § 244 AktG analog durch einen ergänzenden Beschluss beheben. Selbst wenn es die Gesellschafter unterlassen haben, den Sonderprüfer zu benennen, kann in begründeten Einzelfällen einer Anfechtungsklage, die sich ausschließlich auf den Vorwurf der Unvollständigkeit des Beschlusses stützt, der Einwand treuwidriger Rechtsausübung i. S. v. § 242 BGB entgegengehalten werden. Dies kommt beispielsweise dann in Betracht, wenn sich die Gesellschafterversammlung gerade zum Zwecke der Festlegung eines Sonderprüfers zeitnah vertagt hat.

IV. Fazit: Kaum inhaltliche Einschränkungen der Sonderprüfungsbefugnis

Wenn sie eine Sonderprüfung einleiten möchten, haben die Gesellschafter einer GmbH einerseits über den Prüfungsgegenstand zu befinden und andererseits eine Festlegung im Hinblick auf die Auswahl des Sonderprüfers zu treffen. Die Entscheidung über die Person des Sonderprüfers darf die Gesellschafterversammlung allerdings delegieren.

Im Gegensatz zu den verhältnismäßig strengen Vorgaben zum Inhalt eines aktienrechtlichen Sonderprüfungsbeschlusses, die § 142 Abs. 1 AktG aufstellt, schränkt das GmbH-Recht die denkbare Bandbreite der in Betracht kommenden Gegenstände einer Sonderprüfung kaum ein. Zwar setzt § 46 Nr. 6 GmbHG voraus, dass dem zu überprüfenden Sachverhalt das Verhalten einer der Gesellschafterkontrolle unterworfenen Person zugrunde liegen kann und dass es sich dabei um Angelegenheiten der Gesellschaft handelt. Der Prüfungssachverhalt muss gleichwohl nicht in sachlicher oder zeitlicher Hinsicht abgrenzbar sein. Im Grundsatz dürfen sämtliche Maßnahmen der der Gesellschafterkontrolle unterliegenden Personen einer vollen Recht- und Zweckmäßigkeitskontrolle unterzogen werden. Einschränkungen sind nur dann zu machen, wenn das Verhalten von Geschäftsführern, denen die weisungsfreie Geschäftsführung in der Satzung als Sonderrecht zugewiesen wird, von Mitgliedern eines obligatorischen Aufsichtsrats oder von Gesellschaftern, die keinem Gesellschaftsorgan als gekorenes Mitglied angehören, mit einer Sonderprüfung untersucht werden soll.

Dieser Befund passt prinzipiell zu der starken Stellung der Gesellschafter in einer GmbH. Den Personen, die jeweils berufen sind, den Gesellschafterwillen zu bilden, wird mit dem allgemeinen Überwachungsrecht aus § 46 Nr. 6 GmbHG, das das Sonderprüfungsrecht beinhaltet, eine sehr weit reichende Rechtsposition verliehen. Prinzipiell wird diese Rechtsmacht in die Hände der

Gesellschaftergesamtheit gelegt. Inwiefern einzelne Gesellschafter, die unter Umständen nur über eine geringe Beteiligung an der GmbH verfügen, sich die weitreichende Sonderprüfungsbefugnis zunutze machen können, wird unter anderem im folgenden Kapitel thematisiert werden.

Auch kraft ihrer Allzuständigkeit in Geschäftsführungsfragen können die Gesellschafter einer GmbH die Geschicke der Gesellschaft in sehr umfassender Weise beeinflussen, indem sie von ihrem Weisungsrecht Gebrauch machen, das ihnen gegenüber den Geschäftsführern zusteht. Nur scheinbar handelt es sich um eine rein dogmatische Spitzfindigkeit, die Sonderprüfung als Kontrollmaßnahme nur der echten Eigenkompetenz der Gesellschafter i. S. v. § 46 Nr. 6 GmbHG zuzuordnen und diese von der umfassenden gesellschafterlichen Allzuständigkeit abzugrenzen. Dass die Sonderprüfungskompetenz der Anteilseigner im GmbH-Recht aus dem kollektiven Kontrollrecht der Gesellschaftergesamtheit und nicht aus deren Allzuständigkeit herzuleiten ist, ist aber für zwei wichtige rechtliche Konsequenzen von entscheidender Bedeutung. Einerseits steht nur bei Maßnahmen, die sich auf § 46 Nr. 6 GmbHG stützen lassen, den Gesellschaftern – und nicht den Geschäftsführern – die gesetzliche Vertretungsmacht zur Ausführung des jeweiligen Beschlusses zu. Noch wichtiger ist, dass andererseits das Eingreifen eines für den Nutzen des Sonderprüfungsrechts besonders bedeutsamen Stimmverbots nur im Zusammenhang mit einem Beschluss gem. § 46 Nr. 6 GmbHG in Betracht zu ziehen ist.

6. Kapitel: Beschlussverfahren

Das Verfahren, das in einer GmbH zur ordnungsgemäßen Fassung eines Gesellschafterbeschlusses einzuhalten ist, unterliegt den Bestimmungen der §§ 47 ff. GmbHG. Im Folgenden werden diejenigen rechtlichen Aspekte näher beleuchtet, die für das Beschlussverfahren der Gesellschafterversammlung bei der Einleitung einer Sonderprüfung besondere Relevanz aufweisen. Eine hervorzuhebende praktische Bedeutung kommt in diesem Zusammenhang der Frage zu, inwiefern einzelne Gesellschafter bei dem Beschluss über die Durchführung einer Sonderprüfung von ihrem Stimmrecht ausgeschlossen sind. Dogmatische Grundlagen, Voraussetzungen und Reichweite solcher Stimmverbote sollen deshalb zuerst erörtert werden (I.). Unter Berücksichtigung der so gewonnenen Erkenntnisse sind anschließend die verbleibenden Rechtsfragen zu untersuchen, die spezifisch mit dem Verfahren zur Fassung eines Sonderprüfungsbeschlusses verbunden sind. Dabei hat sich die Analyse an dem typischen Ablauf eines Beschlussverfahrens zu orientieren (II.).

I. Stimmverbote bei dem Beschluss der Sonderprüfung

Unter besonderen Voraussetzungen, die an spezifische Konfliktlagen anknüpfen, kann bei einer Beschlussfassung der Gesellschafterversammlung einem an sich stimmberechtigten Gesellschafter die Beteiligung an der Abstimmung versagt sein. Zumindest für sämtliche körperschaftlich strukturierte Gesellschaftsformen sieht das Gesetz ausdrücklich sog. Stimmverbote vor, die auch als Stimmrechtsausschlüsse bezeichnet werden. Hinter diesen Bestimmungen stehen einheitliche, allgemeine Prinzipien des Verbandsrechts, die auf dem Gedanken beruhen, befangenen Gesellschaftern das Stimmrecht zu verwehren.[1] Mit dieser Erkenntnis lässt sich unter anderem die weitgehend rechtsformneutrale Auslegung der einzelnen Stimmverbotstatbestände begründen.[2] Trotz vieler Gemeinsamkeiten hat der Gesetzgeber die Stimmverbote dennoch in Teilen rechtsformspezifisch verschieden ausgestaltet.[3]

---

1 So insb. *K. Schmidt*, GesellschR, S. 609 ff.; so auch *Braunfels*, MittRhNotK 1994, 233, 234.

2 *Swatzina*, S. 63 ff. Die Existenz übergeordneter Verbandsrechtsprinzipien rechtfertigt zudem bspw. die Übertragung von Stimmverboten in das Personengesellschaftsrecht. Vgl. dazu *Braunfels*, MittRhNotK 1994, 233, 234.

3 Die Entwicklung wird ausführlich nachgezeichnet bei *Swatzina*, S. 28 ff.

Die im Vergleich der Rechtsformen umfassendste Regelung, die als einzige noch die vier „klassischen“ allgemeinen Stimmverbote des Gesellschaftsrechts enthält, findet sich im GmbH-Recht:[4] nach der seit 1892 unverändert geltenden Bestimmung des § 47 Abs. 4 GmbHG hat ein Gesellschafter kein Stimmrecht, wenn er durch die Beschlussfassung entlastet oder von einer Verbindlichkeit befreit werden soll (Satz 1) sowie wenn die Beschlussfassung die Vornahme eines Rechtsgeschäfts oder die Einleitung oder Erledigung eines Rechtsstreites ihm gegenüber betrifft (Satz 2). Allerdings schließt das GmbH-Gesetz nicht explizit solche Gesellschafter vom Stimmrecht aus, die von Prüfungs- oder Überwachungsmaßnahmen i. S. d. § 46 Nr. 6 GmbHG, wie etwa einer Sonderprüfung, betroffen werden. Demgegenüber kennt das Aktienrecht, dessen allgemeine Stimmverbotstatbestände in § 136 AktG teilweise enger als die des GmbH-Rechts gefasst sind, ein spezielles Stimmverbot, das bei der Bestellung von Sonderprüfern beachtet werden muss. Gem. § 142 Abs. 1 Satz 2 AktG sind sämtliche Verwaltungsmitglieder von der Beschlussfassung ausgeschlossen, wenn sich die Sonderprüfung auf Vorgänge erstreckt, die mit der Entlastung wenigstens eines Verwaltungsmitglieds oder mit der Einleitung eines Rechtsstreits diesem gegenüber zusammenhängen.[5]

Dieser erste positiv-rechtliche Befund verlangt nach einer Klärung der Frage, unter welchen Voraussetzungen ein GmbH-Gesellschafter beim Beschluss über die Durchführung einer Sonderprüfung vom Stimmrecht ausgeschlossen ist. Der Analyse dieses Problemfeldes wird sich die Untersuchung sogleich zuwenden.[6] Zuvor sollen aber kurz die wichtigsten Aspekte der allgemeinen Dogmatik gesellschaftsrechtlicher Stimmverbote erschlossen werden, um auf dieser Grundlage die mit einem Sonderprüfungsbeschluss verbundenen Spezialfragen angemessener erläutern zu können.

1. Grundlagen

a) Zweck, Rechtsnatur und Wirkungsweise von Stimmverboten

Jeder Stimmverbotstatbestand soll Interessenkonflikte zwischen stimmberechtigten Gesellschaftern und der Gesellschaft entscheiden – zugunsten der Gesellschaft.

Der Wille eines jeden Verbandes – so auch der GmbH – wird gebildet, indem seine Mitglieder Beschlüsse fassen.[7] Bei der Mitwirkung an solchen Gesell-

---

4 *Swatzina*, S. 1; vgl. auch *Drescher* in MünchKomm GmbHG, § 47 Rn. 131.

5 Vgl. dazu bereits oben S. 33 ff.

6 Unten S. 205 ff. und S. 226 ff.

7 Statt aller grundlegend *Wiedemann* I, S. 176 ff.; *K. Schmidt*, GesellschR, S. 434 ff.

schafterbeschlüssen ist jedes stimmberechtigte Verbandsmitglied in seinem Abstimmungsverhalten grundsätzlich frei.[8] Zwar sollen und werden sich die Gesellschafter schon wegen ihrer Kapitalbeteiligung an der Gesellschaft bei der Ausübung des Stimmrechts regelmäßig vom Verbandsinteresse leiten lassen.[9] Gleichwohl verfolgen sie bei der Stimmabgabe naturgemäß auch eigene Interessen.[10] Weil die Anteilseigner durch die gemeinsame Verfolgung des vereinbarten Gesellschaftszwecks eine gewisse Verbundenheit untereinander aufweisen, lässt sich aber in der Regel unterstellen, dass die Verbandsinteressen und die Eigeninteressen der einzelnen Mitglieder im Wesentlichen übereinstimmen oder doch jedenfalls eine Synthese bilden.[11] Diese Grundannahme schafft überhaupt erst die Legitimation dafür, den Willen einer Gesellschaft durch Mehrheitsentscheidung ihrer Gesellschafter zu gewinnen.[12] Insofern erblickt *Karsten Schmidt*[13] im Einfluss der Verbandsinteressen auf die Stimmabgabe des einzelnen Gesellschafters eine „Richtigkeitsgewähr“ für die innergesellschaftliche Willensbildung in Gestalt eines Mehrheitsbeschlusses.

Befindet sich jedoch ein Gesellschafter bei der Beschlussfassung unter dem Einfluss erheblicher, dem Verbandsinteresse gegenläufiger Sonderinteressen, besteht die Gefahr, dass er bei seiner Stimmabgabe diesen Eigeninteressen wesentlich stärker Rechnung trägt als dem Verbandsinteresse und Letzteres möglicherweise vollkommen unberücksichtigt lässt.[14] Der Gesellschafter ist dann befangen. Durch seine Teilnahme an der Beschlussfassung verliert die Mehrheitsentscheidung unter Umständen ihre Legitimation.[15] Vor dem Hintergrund dieser Problematik lässt sich der Normzweck von Stimmverboten erklären. Sie sollen verbandsfremde Sonderinteressen einzelner Gesellschafter von der schädlichen Einwirkung auf die Willensbildung in der Gesellschaft fernhalten, um den

---

8 BGHZ 14, 25, 37 f.; *Priester* in FS Rowedder, S. 382; speziell zur GmbH vgl. nur *Bacher*, GmbHR 2001, 133, 136; *Peters/Strothmann* in FS Meilicke, S. 514; *Bayer* in Lutter/Hommelhoff, GmbHG, § 47 Rn. 12; *Wolff* in MünchHdb GesR III, § 38 Rn. 36.

9 RGZ 107, 202, 204; *Eickhoff*, Rn. 176; *Hüffer* in Ulmer/Habersack/Winter, § 47 Rn. 122.

10 BGHZ 14, 25, 38; *Flume* I 2, S. 209, 219; *Immenga/Werner*, GmbHR 1976, 53, 55; allgemein dazu *Wiedemann* in FS Lutter, S. 804.

11 *Flume* I 2, S. 209; *Immenga/Werner*, GmbHR 1976, 53, 55; *Römermann* in Michalski, § 47 Rn. 87; *K. Schmidt* in Scholz, § 47 Rn. 100.

12 *Wolff* in MünchHdb GesR III, § 38 Rn. 35; *Roth* in Roth/Altmeppen, § 47 Rn. 55; vgl. auch *Flume* I 2, S. 209.

13 GesellschR, S. 450 ff.; ebenso *Braunfels*, MittRhNotK 1994, 233; *Schindler* in Ziemons/Jaeger, § 47 Rn. 104.

14 *Zöllner*, Stimmrechtsschranken, S. 158; *ders.* in Baumbach/Hueck, § 47 Rn. 76; *Hillmann* in Henssler/Strohn, § 47 GmbHG Rn. 49.

15 *Eickhoff*, Rn. 176; vgl. auch *K. Schmidt* in Scholz, § 47 Rn. 100.

Verband vor Benachteiligungen zu bewahren, die bei einem solchen Interessenwiderstreit drohen.[16] Inhaltlich gleichsinnig wird dazu teilweise formuliert, Stimmverbote trügen zur „Richtigkeitsgewähr" der verbandsinternen Willensbildung bei.[17]

Zu diesem Zweck schließen Stimmverbote den von Sonderinteressen beeinflussten Gesellschafter von seinem Stimmrecht aus. Jeder Stimmrechtsausschluss wird an die Erfüllung fester, tatbestandlich abstrakt umschriebener Voraussetzungen geknüpft.[18] Sämtliche Stimmverbotstatbestände erfassen dabei Situationen, in denen der betroffene Gesellschafter, dürfte er sein Stimmrecht ausüben, sich bei der Abstimmung typischerweise von einem dem Gesellschaftsinteresse gegenläufigen Eigeninteresse leiten ließe.[19] Bei Erfüllung der Voraussetzungen eines Stimmverbots ist der jeweilige Gesellschafter von der Ausübung seines Stimmrechts schlechthin ausgeschlossen, unabhängig davon, wie der Gesellschafter im Einzelfall abzustimmen gedenkt und ob sich seine Stimmabgabe für die Gesellschaft tatsächlich nachteilig auswirken würde. Unter Umständen kann sogar eine für die Gesellschaft vorteilhafte und somit eigentlich in ihrem Interesse liegende Stimmabgabe verhindert werden.[20] Stimmverbote werden folglich durch vertypte Befangenheitstatbestände angeordnet, die jeweils an eine bloß abstrakte Gefährdung der Verbandsinteressen anknüpfen und bereits dadurch präventive Wirkung entfalten.[21]

---

16 So schon RGZ 107, 202, 204 f.; vgl. BGHZ 68, 107, 109; OLG Hamburg, DB 2000, 314, 315; *Flume* I 2, S. 219; *Swatzina*, S. 8 f.; *Zöllner* in Baumbach/Hueck, § 47 Rn. 76; *Koppensteiner* in Rowedder/Schmidt-Leithoff, § 47 Rn. 50 f.; *Immenga/Werner*, GmbHR 1976, 53, 54 f.; *Siegmund*, BB 1981, 1674; *Braunfels*, MittRhNotK 1994, 233. *Peters/Strothmann* in FS Meilicke, S. 513 f., vertreten hingegen, geschützt werden sollten die Mitgesellschafter.

17 *K. Schmidt*, GesellschR, S. 608; *ders.* in Scholz, § 47 Rn. 100; zustimmend *Römermann* in Michalski, § 47 Rn. 87; *Casper* in Bork/Schäfer, § 47 Rn. 42; *Groß*, GmbHR 1994, 596, 601; ebenso *Schwichtenberg*, GmbHR 2007, 400, 401; diese Einordnung ablehnend *Swatzina*, S. 6.

18 *Hüffer* in Ulmer/Habersack/Winter, § 47 Rn. 195.

19 *Swatzina*, S. 17; *H. P. Westermann* in FS Raisch, S. 314; zum GmbH-Recht *Lohr*, NZG 2002, 551; *Eickhoff*, Rn. 176; *Wolff* in MünchHdb GesR III, § 38 Rn. 37.

20 *Bremer*, GmbHR 1999, 651; *Bacher*, GmbHR 2001, 133, 134; *Lohr*, NZG 2002, 551, 552; *Peters/Strothmann* in FS Meilicke, S. 516; *Zöllner* in Baumbach/Hueck, § 47 Rn. 76; *Römermann* in Michalski, § 47 Rn. 76; vgl. dazu jüngst OLG Hamm, GWR 2010, 526 f.

21 Vgl. z. B. *Braunfels*, MittRhNotK 1994, 233.

b) Stimmverbote und bewegliche Stimmrechtsschranken

Wegen ihrer generellen Geltung werden die Stimmverbote in der Literatur[22] als sog. starre Stimmrechtsschranken charakterisiert. Das Eingreifen einer solchen Schranke ist anhand griffiger Merkmale objektiv bestimmbar, weswegen die Stimmverbote als Komponente des Beschlussrechts eine vergleichsweise hohe Rechtssicherheit erzeugen.[23] Gleichwohl führt das enumerative Vorgehen, das der Gesetzgeber bei der Aufstellung von Stimmverboten anwendet, dazu, dass einige – unter Umständen schwerste – Fälle von Interessenkollisionen von der Kasuistik der Stimmrechtsausschlüsse unerfasst bleiben.[24] Deswegen werden die Stimmverbote durch bewegliche Stimmrechtsschranken ergänzt. Dabei handelt es sich um eine für die konkrete Beschlusssituation geltende inhaltliche Bindung der Stimmrechtsmacht, die insbesondere durch gesellschaftsrechtliche Verhaltensstandards wie die Treuepflicht und den Gleichbehandlungsgrundsatz, aber auch durch die allgemeinen zivilrechtlichen Generalklauseln ausgeformt wird.[25] Bewegliche Schranken untersagen dem Gesellschafter im Einzelfall, seine Stimme in einer bestimmten Weise abzugeben. Es ist ihm nicht etwa wie bei den Stimmverboten verwehrt, überhaupt durch Stimmabgabe an der Beschlussfassung mitzuwirken. Vielmehr kann nur eine von mehreren Möglichkeiten der Stimmabgabe desselben Gesellschafters inhaltlich fehlerhaft – etwa missbräuchlich oder sonst treuwidrig – sein.[26] Einerseits tragen Stimmverbote zur Entlastung einer derartigen Inhaltskontrolle von Gesellschafterbeschlüssen bei.[27] Andererseits können bewegliche Schranken die Gesellschaftsinteressen dort schützen helfen, wo Stimmverbote nicht weit genug reichen.[28] Schließlich gewährleistet gerade die Existenz beweglicher Stimmrechtsschranken, dass der von ei-

---

22 Grundlegend zu dieser Begriffsbildung und zur Unterscheidung starrer von beweglichen Schranken *Zöllner*, Stimmrechtsschranken, S. 97, 101 ff., 287 ff.; zur Einordnung der Stimmverbote als starre Schranken *ders.*, ebda., S. 145 ff.; ihm folgend statt vieler *K. Schmidt*, GesellschR, S. 608; *Wolff* in MünchHdb GesR III, § 38 Rn. 74; *Groß*, GmbHR 1994, 596, 598; *Lohr*, NZG 2002, 551, 552.

23 *Swatzina*, S. 109; *Zöllner*, Stimmrechtsschranken, S. 159, 161.

24 *Zöllner*, Stimmrechtsschranken, S. 161 ff. (mit Beispielen); *Braunfels*, MittRhNotK 1994, 233, 234.

25 *Zöllner*, Stimmrechtsschranken, S. 287 ff.; *Swatzina*, S. 106; *Lohr*, NZG 2002, 551, 552; *Hüffer* in Ulmer/Habersack/Winter, § 47 Rn. 195; *K. Schmidt* in Scholz, § 47 Rn. 26, 99; *Casper* in Bork/Schäfer, § 47 Rn. 22.

26 *Römermann* in Michalski, § 47 Rn. 84; *Drescher* in MünchKomm GmbHG, § 47 Rn. 135; *Zöllner*, Stimmrechtsschranken, S. 288.

27 *K. Schmidt* in Scholz, § 47 Rn. 99; ähnlich *Priester* in FS Rowedder, S. 382; *H. P. Westermann* in FS Raisch, S. 312 f.

28 *Raiser/Veil*, S. 492; *Wolff* in MünchHdb GesR III, § 38 Rn. 36, 74.

nem Stimmverbot betroffene Gesellschafter bei der Beschlussfassung nicht der Willkür der übrigen Gesellschafter ausgesetzt ist, indem durch die inhaltliche Kontrolle des Beschlusses auch seine Interessen gewahrt bleiben.[29] Demzufolge besteht ein ausdifferenzierter funktionaler Zusammenhang zwischen Stimmverboten und den beweglichen Stimmrechtsschranken.[30]

c) Zum Fokus dieser Untersuchung vor dem Hintergrund der allgemeinen Lehren zu den Stimmverboten und den beweglichen Schranken des Stimmrechts

Beim Beschluss über die Einsetzung einer Sonderprüfung stehen typischerweise diejenigen Gesellschafter, deren Verhalten zum Gegenstand der Untersuchungen gemacht werden soll, unter dem Einfluss erheblicher Eigeninteressen. Wenn ein Mitglied nämlich befürchten muss, dass durch die Prüfung Tatsachen aufgedeckt werden, aufgrund derer es mit rechtlichen Konsequenzen zu rechnen hat, wird es regelmäßig die Prüferbestellung verhindern wollen, mag diese auch noch so sehr im Interesse der Gesellschaft liegen. Insofern trifft der Normzweck der Stimmverbote, einer abstrakten Konfliktlage zwischen den Interessen eines einzelnen Gesellschafters und denen der Gesellschaft entgegenzuwirken, auch auf Situationen zu, in denen über eine Sonderprüfung befunden wird. So wird ganz verbreitet angenommen, dass einzelne Gesellschafter bei der Fassung eines solchen Sonderprüfungsbeschlusses von ihrem Stimmrecht ausgeschlossen sein können.[31]

Da Stimmverbote den Betroffenen die Mitwirkung an der Beschlussfassung generell untersagen, sollen sie hier als Teilaspekt des Beschlussverfahrens behandelt werden. Bei dem Beschluss über die Einsetzung von Sonderprüfern dürfte der starre Stimmrechtsausschluss wie erwähnt ganz überwiegend diejenigen Gesellschafter treffen, die typischerweise der Sonderprüfung ablehnend gegenüberstehen, wenngleich es für die Erfüllung des Stimmverbotstatbestandes auf die beabsichtigte Art der Stimmabgabe freilich nicht ankommt.[32] Demge-

---

29 *K. Schmidt* in Scholz, § 47 Rn. 99; zustimmend etwa *Peters/Strothmann* in FS Meilicke, S. 515; *Römermann* in Michalski, § 47 Rn. 86; vgl. auch *M. Winter*, S. 186; *Martens*, GmbHR 1984, 265, 267.

30 *H. P. Westermann* in FS Raisch, S. 312; *Hüffer* in Ulmer/Habersack/Winter, § 47 Rn. 122; *Koppensteiner* in Rowedder/Schmidt-Leithoff, § 47 Rn. 51; vgl. dazu auch BGH, WM 1977, 361, 362 f.; kritisch insoweit *Drescher* in MünchKomm GmbHG, § 47 Rn. 135.

31 Dazu im Einzelnen unten S. 205 ff. m. N.

32 Bemerkenswert deswegen die gegenteilige und insofern systemwidrige, jüngst getroffene Entscheidung des LG Dortmund, Urt. vom 25. 6. 2009 (18 O 14/09), NZG 2009,

genüber kann die inhaltliche Kontrolle der Stimmrechtsausübung sowohl einer die Sonderprüfung ablehnenden als auch der dafür eintretenden Stimmabgabe Grenzen setzen. Ist ein Minderheitsgesellschafter etwa mit seinem Antrag auf Einsetzung einer Sonderprüfung in der Abstimmung unterlegen, vermag er analog § 243 Abs. 1 AktG den ablehnenden Beschluss anzufechten, sofern dieser beispielsweise auf der treuwidrigen Stimmrechtsausübung eines oder mehrerer seiner Mitgesellschafter beruht.[33] Insofern gelten die allgemeinen Bestimmungen; es ergeben sich keine Besonderheiten. Auf die Treuwidrigkeit der Ablehnung, eine Sonderprüfung durchzuführen, wird es indes selten ankommen,[34] da – wie noch zu zeigen sein wird – die problematischen Fälle zumeist schon von einem Stimmverbot erfasst werden.

Die beweglichen Schranken werden sich dagegen viel häufiger in umgekehrter Richtung auswirken und einer Stimmabgabe entgegenstehen, die die Sonderprüfung befürwortet. Wie soeben angesprochen[35] muss vor allem auch die Stimmabgabe derjenigen Gesellschafter einer strengen Inhaltskontrolle unterzogen werden, deren Stimmrechtsmacht nach dem Stimmrechtsausschluss eines befangenen Gesellschafters zur Abstimmungsmehrheit erstarkt ist, um die berechtigten Interessen des Ausgeschlossenen angemessen zu wahren. Da dieser Wirkungsweise der beweglichen Stimmrechtsschranken im Zusammenhang mit der Sonderprüfung die weitaus größte Bedeutung zukommen dürfte, sollen sie nicht schon innerhalb dieses Abschnitts zum Beschlussverfahren, sondern erst im Rahmen der Schranken des Sonderprüfungsbeschlusses insgesamt erörtert werden.[36]

2. Herleitung der Stimmverbote bei einem Sonderprüfungsbeschluss

a) Überblick zum Meinungsstand

In der Rechtsprechung ist bisher – soweit ersichtlich – noch nicht thematisiert worden, auf der Grundlage welcher Rechtsnorm, geschweige denn unter welchen konkreten Voraussetzungen ein GmbH-Gesellschafter beim Gesellschafterbeschluss über die Durchführung einer Sonderprüfung einem Stimmverbot

---

1111 (LS), zu § 142 Abs. 1 S. 2 AktG; inzwischen aufgehoben durch OLG Hamm, Urt. vom 1. 9. 2010 (I-8 U 118/09), AG 2011, 90 ff. = GWR 2010, 526 f. m. Anm. *Soudry*.

33 Vgl. zur AG *Fleischer* in Küting/Weber, § 142 AktG Rn. 92.

34 So auch für die AG *Schröer* in MünchKomm AktG, § 142 Rn. 39.

35 S. 203 f.

36 Unten S. 276 ff.

unterliegt. Eine Entscheidung des OLG Düsseldorf[37] offenbart lediglich, dass der erkennende Senat davon ausging, dass in einer zweigliedrigen GmbH mit paritätischen Beteiligungsverhältnissen der eine Gesellschafter über eine Sonderprüfung, die sich mit dem Verhalten des anderen Gesellschafters befassen soll, grundsätzlich allein zu beschließen vermag. Dies erlaubt die Schlussfolgerung, dass das Gericht das Eingreifen eines Stimmverbots zulasten des von der Sonderprüfung betroffenen Mitgesellschafters unterstellte. Auf welche Rechtsgrundlage ein solcher Stimmrechtsausschluss nach Meinung des Senats zu stützen ist, lässt sich dem Urteil leider nicht entnehmen.

Das rechtswissenschaftliche Schrifttum hat, wie schon mehrfach erwähnt, der GmbH-rechtlichen Sonderprüfung insgesamt bisher nur geringe Aufmerksamkeit geschenkt. Allerdings gelangen nahezu sämtliche Autoren in der Literatur, die sich mit dem Eingreifen von Stimmverboten bei der Fassung eines Sonderprüfungsbeschlusses auseinandersetzen, zu dem Ergebnis, dass bei einer derartigen Beschlussfassung Gesellschaftern die Wahrnehmung ihres Stimmrechts verwehrt sein kann, insbesondere denen, die das Amt eines Geschäftsführers bekleiden. Dies ist wegen der abstrakten Befangenheit, der betroffene Gesellschafter – wie soeben dargelegt – in derartigen Situationen ausgesetzt sind, durchaus nahe liegend. Schon bei der Frage, aus welcher Norm sich ein solcher Stimmrechtsausschluss herleiten lässt, werden jedoch divergierende Ansichten vertreten.

Einer älteren Auffassung im Schrifttum zufolge lässt sich das Stimmverbot des § 142 Abs. 1 Satz 2 AktG im Wege eines Analogieschlusses auf die GmbH übertragen.[38] Die heute herrschende Auffassung entscheidet sich hingegen für eine autonom GmbH-rechtliche Lösung. Überwiegend wird innerhalb dieses Ansatzes vertreten, die in Betracht kommenden Stimmrechtsausschlüsse bei der Fassung eines Sonderprüfungsbeschlusses leiteten sich aus dem allgemeinen Stimmverbotstatbestand des § 47 Abs. 4 GmbHG ab. Da Prüfungsmaßnahmen von der Vorschrift nicht ausdrücklich erwähnt würden, müsse § 47 Abs. 4 GmbHG aber über seinen Wortlaut hinaus extensiv ausgelegt oder – anders ausgedrückt – teleologisch erweitert werden.[39] Andere Stimmen innerhalb der herr-

---

37 Urt. vom 15. 2. 1991 (16 U 130/90), WM 1992, 14, 22. Die Entscheidung wurde oben, S. 82 ff., bereits in anderer Hinsicht analysiert.

38 So *Zöllner*, Stimmrechtsschranken, S. 220 f. (Fn. 44); *Lehmann*, S. 72 f.; in jüngerer Zeit diesbezüglich unentschlossen *Fleischer*, GmbHR 2001, 45, 47.

39 So ausdrücklich *Peters/Dechow*, GmbHR 2007, 236, 238; *Fleischer*, GmbHR 2001, 45, 47; *M. G. Jansen*, Sonderprüfung, S. 109; *Roth* in Roth/Altmeppen, § 46 Rn. 45; *H. P. Westermann* in FS Raisch, S. 313 (Fn. 20); ebenso auf § 47 Abs. 4 GmbHG abstellend *Brandner* in FS Lutter, S. 324; *ders.* in FS Nirk, S. 75; *Heckschen* in Heckschen/Heidinger, § 4 Rn. 114; *K. Schmidt* in Scholz, § 46 Rn. 117; ähnlich („sinngemä-

schenden Auffassung erblicken die Rechtsgrundlage des Stimmverbots für einen vom Sonderprüfungsbeschluss betroffenen GmbH-Gesellschafter in dem allgemeinen Verbot, als „Richter in eigener Sache" zu entscheiden.[40]

b) Stellungnahme

aa) Analogie zu § 142 Abs. 1 Satz 2 AktG oder autonom GmbH-rechtliche Lösung?

Aus der analogen Anwendung von § 142 Abs. 1 Satz 2 AktG auf die GmbH ergäbe sich folgende Konsequenz: Wenn der beantragte Prüfungsgegenstand sich auf Vorgänge erstrecken sollte, die mit der Entlastung auch nur eines Geschäftsführers oder eines Mitglieds eines gegebenenfalls in der Gesellschaft existierenden Aufsichtsrats oder der Einleitung eines Rechtsstreits zwischen einem solchen Organmitglied und der GmbH zusammenhingen, wären automatisch sämtliche Gesellschafter-Geschäftsführer und sämtliche Aufsichtsratsmitglieder, die zugleich Gesellschafter sind, von der Stimmabgabe in der Gesellschafterversammlung ausgeschlossen.

Aktienrechtliche Normen lassen sich nur unter den in dieser Untersuchung bereits herausgearbeiteten Analogievoraussetzungen auf GmbH-rechtliche Sachverhalte übertragen.[41] So wird in der Literatur angeführt, im GmbH-Recht bestehe eine vergleichbare Interessenlage wie bei der Aktiengesellschaft, die den Analogieschluss zu § 142 Abs. 1 Satz 2 AktG rechtfertige. Der Sinn und Zweck des automatischen, gremienbezogenen Stimmverbots, der darin besteht, der zu vermutenden Gruppensolidarität aller Organmitglieder Rechnung zu tragen,[42] treffe auch auf die GmbH zu. Bei ihr sei sogar in aller Regel die persönliche Verbundenheit innerhalb der Geschäftsleitung noch ausgeprägter als bei der Aktiengesellschaft.[43] Im Übrigen argumentieren die Autoren, die eine Analogie zum Aktienrecht befürworten, hauptsächlich methodologisch. Weil vom Gesetz nirgends ein Stimmverbot im Zusammenhang mit Überwachungsmaßnahmen bei der GmbH vorgesehen sei, lasse sich auch § 47 Abs. 4 GmbHG auf einen Sonderprüfungsbeschluss allenfalls analog anwenden. Es bestehe demzufolge eine Regelungslücke, zu deren Ausfüllung prinzipiell zwei verschiedene Analo-

---

ße Heranziehung") *U. H. Schneider*, ZHR 150 (1986), 609, 613; dagegen sehr eng *Meyer-Landrut* in Meyer-Landrut/Miller/Niehus, § 46 Rn. 32.

40 *Leinekugel*, GmbHR 2008, 632, 633; *Trölitzsch/Leinekugel*, Rn. 36; so nur für bestimmte Fälle *Braunfels*, MittRhNotK 1994, 233, 240.

41 Vgl. dazu oben S. 107 ff.

42 Dazu schon oben S. 35 m. N.

43 So *Fleischer*, GmbHR 2001, 45, 47, der aber aus methodischen Gründen an der Analogiefähigkeit der Vorschrift zweifelt.

gieschlüsse bereitstünden. Die Analogie zu § 142 Abs. 1 Satz 2 AktG verdiene dabei den Vorzug, zumal die klassischen Stimmverbote, die für die GmbH in § 47 Abs. 4 GmbHG normiert sind, nur begrenzt analogiefähig seien.[44] Habe man die Wahl zwischen der entsprechenden Anwendung verschiedener Vorschriften, so sei zudem der jeweils sachnächste der in Frage kommenden Rechtssätze anzuwenden, erst recht wenn alle diese Normen sich auf dasselbe Prinzip zurückführen ließen. Letzteres trifft in der Tat auf die Stimmverbote zu.[45] Die speziellere und – bezogen auf Sonderprüfungen – auch „sachnähere" Vorschrift sei aber insofern § 142 Abs. 1 Satz 2 AktG. Während man diese inhaltlich ohne weiteres auf die GmbH anwenden könne, erfordere eine Analogie zum genereller gefassten § 47 Abs. 4 GmbHG zunächst einen Induktionsschluss auf einen noch allgemeineren Obersatz, aus dem erst anschließend die auf Sonderprüfungsbeschlüsse konkret anwendbare Norm gewonnen werden könne.[46]

Diese Argumentation hält jedoch einer kritischen Analyse letztendlich nicht stand. Im Ergebnis lässt sich widerlegen, dass den Anforderungen an eine analoge Anwendung von § 142 Abs. 1 Satz 2 AktG auf die GmbH genüge getan ist. Zwar ist zunächst klarzustellen, dass die analoge Anwendung des aktienrechtlichen Stimmverbotes anders als die Übertragung der aktienrechtlichen Minderheitssonderprüfung[47] nicht durch einen der Rechtsfortbildung entgegenstehenden Willen des Gesetzgebers ausgeschlossen wird. Im Entwurf zu der Novelle des GmbH-Gesetzes von 1980 erfuhr nämlich die Mehrheitssonderprüfung überhaupt keine ausdrückliche Regelung. Demnach hat sich der Novellengesetzgeber, als er die Bestimmungen zur Sonderprüfung aus dem Novellenentwurf herausstrich, auch nicht gegen ein entsprechendes Stimmverbot entschieden, das schließlich systematisch der Kollektivbefugnis zuzurechnen gewesen wäre. Die Analogie hat jedoch aus anderen Gründen außer Betracht zu bleiben.

(1) Vergleich der Interessenlagen sowie deren gesetzgeberischer Bewertung bei Aktiengesellschaft und GmbH

Unterstellt, im Hinblick auf die Geltung von Stimmverboten bei der Fassung eines Sonderprüfungsbeschlusses wiese das positive GmbH-Recht tatsächlich eine Lücke auf, müssten die dem aktienrechtlichen Stimmrechtsausschluss zugrunde liegende Interessenlage und deren gesetzgeberische Bewertung mit denen des GmbH-Organisationsrechts vergleichbar sein, um die Lücke durch Ana-

---

44 So *Zöllner*, Stimmrechtsschranken, S. 221 (Fn. 44), der allerdings die Entscheidung zwischen § 47 Abs. 4 GmbHG und § 142 Abs. 1 S. 2 AktG als „praktisch belanglos" einstuft. Diese Einschätzung ist unzutreffend, wie sogleich gezeigt werden wird.

45 Dazu oben S. 199 m. N.

46 *Lehmann*, S. 73.

47 Dazu eingehend oben S. 128 ff.

logie zu § 142 Abs. 1 Satz 2 AktG schließen zu können.[48] Unterzieht man GmbH und Aktiengesellschaft einem Strukturvergleich, so zeigt sich, dass § 142 Abs. 1 Satz 2 AktG für das GmbH-Recht einerseits zu weit, andererseits nicht weit genug reicht.

(a) Erstreckung des Stimmverbots auf sämtliche Organmitglieder

Ein Stimmverbot, das automatisch sämtliche Verwaltungsmitglieder trifft, passt nicht zu der Interessenlage, die sich aus der typischen Realstruktur einer GmbH ergibt: es *reicht* insofern *zu weit*. Denjenigen Aktionären, die einem Verwaltungsorgan angehören, unterstellt § 142 Abs. 1 Satz 2 AktG, sich typischerweise bei dem Beschluss über die Einsetzung einer Sonderprüfung den anderen Mitgliedern der Verwaltung gegenüber solidarisch zu verhalten.[49] Dies lässt sich gerade mit der gesetzestypischen Realstruktur der Aktiengesellschaft erklären. Da sie als Kapitalsammelbecken konzipiert ist, gehört in der Regel allenfalls ein kleiner Teil der maßgeblich beteiligten Aktionäre einem der Verwaltungsorgane an. Oftmals wird der Vorstand, gelegentlich auch der Aufsichtsrat, entsprechend dem Grundsatz der Fremdorganschaft sogar hauptsächlich mit Personen besetzt sein, die vor der Bestellung nicht oder nur in geringem Umfang an der Gesellschaft beteiligt waren.[50] Dass viele Vorstandsmitglieder als Manager schließlich doch in geringem Umfang Aktien erwerben, entspricht nach verbreiteter Auffassung einer guten *Corporate Governance*, die dem mehrfach angesprochenen Prinzipal-Agenten-Konflikt zwischen den Anteilseignern und der Verwaltung vorbeugen soll.[51] Die Beteiligung erfolgt insofern nur *wegen* der Organzugehörigkeit. Der Vorstand, in dem also typischerweise nur ein geringer Teil der Aktionäre vertreten ist, hat die Gesellschaft darüber hinaus gem. § 76 Abs. 1 AktG eigenverantwortlich zu leiten. Die geringe Beteiligungsquote der Organmitglieder an der Gesellschaft sowie die unabhängige Leitungsbefugnis des Vorstands führen dazu, dass die Verwaltung einer Aktiengesellschaft in gewisser Weise von den wirtschaftlichen Eigentümern der Gesellschaft verselbständigt agieren wird. Dies wiederum mag die von § 142 Abs. 1 Satz 2 AktG vermutete Gruppensolidarität erklären.

Diese Wertung lässt sich auf die GmbH nicht übertragen. Leitbild des GmbH-Rechts ist der Realtyp der personalistischen Mitunternehmergemein-

---

48 Vgl. oben S. 108 f. m. N.

49 Vgl. nur Begr. RegE zum AktG 1965, abgedr. bei *Kropff*, S. 207; außerdem oben S. 35.

50 *Hoffmann-Becking* in MünchHdb GesR IV, § 2 Rn. 6.

51 So z. B. *Langenbucher*, S. 7, 37.

schaft[52] – zumindest solange man abhängige Konzerngesellschaften von der Betrachtung ausnimmt. Bei einem Großteil der Gesellschaften m. b. H. sind die meisten oder alle Gesellschafter auch gleichzeitig Geschäftsführer.[53] Somit ist die Quote derjenigen GmbH-Gesellschafter, die als Geschäftsführer dem Leitungsorgan des Verbandes angehören, wesentlich höher als in einer dem gesetzgeberischen Leitbild entsprechenden Aktiengesellschaft. Bei der GmbH können schließlich ohnehin die Mitglieder über das Weisungsrecht der Gesellschafterversammlung i. S. v. § 37 Abs. 1 GmbHG auf die Leitung der Gesellschaft Einfluss nehmen. Die Geschäftsführer verselbständigen sich als Organ deswegen nicht in demselben Maße gegenüber den Anteilseignern, wie dies auf den Vorstand im Sinne des Aktiengesetzes zutrifft.[54] Das liegt insofern daran, dass vertikale „Agenturprobleme" die Aktiengesellschaft in viel höherem Maße betreffen als die GmbH.[55] Je stärker sich die Verwaltung aber von den Anteilseignern verselbständigt, desto ausgeprägter dürfte auch die Gruppensolidarität innerhalb der Verwaltungsorgane ausfallen, die Normzweck eines gremienbezogenen Stimmverbots ist.

Es lässt sich zudem schon bezogen auf die Aktiengesellschaft kritisieren, dass durch den pauschalen Ausschluss aller Verwaltungsmitglieder von der Abstimmung selbst solchen Aktionären die Stimmabgabe verwehrt sein kann, deren Beteiligung an den zu prüfenden Vorgängen gar nicht in Betracht zu ziehen ist.[56] Weil in der für das Aktienrecht realtypischen Kapitalanlagegesellschaft die Verwaltungsmitglieder aber allenfalls über einen geringen Stimmenanteil in der Hauptversammlung verfügen, erscheint diese Konsequenz einer direkten Anwendung des § 142 Abs. 1 Satz 2 AktG aus Gründen der Rechtssicherheit hinnehmbar. Im GmbH-Recht wäre hingegen eine solche Rechtsfolge für die nicht seltenen Fälle, in denen nur bestimmten einzelnen Geschäftsführern Pflichtverletzungen vorgeworfen werden, geradezu sinnwidrig. So würde das Zustandekommen der für die Einsetzung einer Sonderprüfung benötigten Stimmenmehrheit oftmals gerade dadurch vereitelt, dass auch die an den Vorgängen unbeteiligten Gesellschafter-Geschäftsführer vom Stimmrecht ausgeschlossen wären, obgleich sie die Prüfung ebenfalls befürworteten. Man stelle sich die folgende

---

52 Zum Ganzen vgl. *Limbach*, S. 87 ff. und passim; *Immenga*, S. 69 ff.; *Fleischer*, GmbHR 2008, 1121, 1122; *Kübler/Assmann*, S. 262; *K. Schmidt*, GesellschR, S. 985; *Raiser/Veil*, S. 14; *Wiedemann* I, S. 297; vgl. auch bereits oben S. 53 und 55.

53 *Limbach*, S. 58 ff.; *Saenger* in Saenger/Inhester, Einführung Rn. 27; *Fleischer* in MünchKomm GmbHG, Einl. Rn. 203 m. w. N.

54 Vgl. dazu die Gegenüberstellung bei *Hommelhoff*, in: System der Kapitalgesellschaften, S. 41 ff.

55 Dazu oben S. 60 m. N.

56 So etwa *Bordt*, S. 66 f.

Situation vor: Nachdem ein (Gesellschafter-) Geschäftsführer wegen vermuteter Unregelmäßigkeiten von seinem Amt abberufen wurde, dürfte beim Beschluss über die Einleitung einer Sonderprüfung hinsichtlich der fraglichen Vorgänge gerade auch ein diesbezüglich unbescholtener Mitgesellschafter, der zum neuen Geschäftsführer bestellt worden ist, analog § 142 Abs. 1 Satz 2 AktG nicht mitstimmen. Dies würde ungeachtet des Umstands gelten, dass es gerade eine der Aufgaben des neuen Geschäftsführers ist, ein etwaiges Fehlverhalten seines Vorgängers aufzudecken. Wenn – wie in vielen Gesellschaften m. b. H.[57] – schließlich sämtliche Gesellschafter in der Geschäftsführung vertreten sind, würden bei Befangenheit nur eines Gesellschafters gleich alle anderen vom Stimmrechtsausschluss erfasst. In einem solchen Fall, in dem alle Gesellschafter gleichmäßig von demselben Ausschlusstatbestand betroffen sind, greift das Stimmverbot nach ganz überwiegender Auffassung aber überhaupt nicht, damit die Willensbildung in der Gesellschaft nicht vollständig unterbunden werden kann.[58] Auch derjenige Gesellschafter, dessen Verhalten zum Gegenstand der Sonderprüfung gemacht werden soll, dürfte dann schlussendlich doch mitstimmen und würde durch die Analogie zu § 142 Abs. 1 Satz 2 AktG letztlich begünstigt.

Die Bedeutung solcher Sachverhalte mag für das Aktienrecht als eher gering einzustufen sein. Wegen der andersartigen Realstruktur der GmbH würde die analoge Anwendung von § 142 Abs. 1 Satz 2 AktG dagegen in einer Vielzahl von Fällen zu derartigen, dem Regelungszweck des Stimmverbotes zuwiderlaufenden Ergebnissen führen.[59] Demgegenüber führt § 47 Abs. 4 GmbHG zu einer deutlich individualisierteren Verhängung von Stimmrechtsausschlüssen. Er bezieht sich jeweils nur auf den einzelnen befangenen Gesellschafter. Seine Anwendung ermöglicht ein differenziertes Eingreifen von Stimmverboten, das den Wertungen des GmbH-Rechts stärker gerecht wird. Insgesamt lässt sich somit die These *Fleischers*[60] widerlegen, der Normzweck des § 142 Abs. 1 Satz 2 AktG treffe auf die GmbH (mindestens) ebenso zu wie auf die Aktiengesellschaft. Zwar ist die persönliche Verbundenheit unter den Mitgliedern einer idealtypischen GmbH intensiver als unter Aktionären, die häufig reine Anlageinte-

---

57 So *Limbach*, S. 59; *Kornblum/Hampf/Naß*, GmbHR 2000, 1240, 1245; *Fleischer* in MünchKomm GmbHG, Einl. Rn. 203.

58 *Swatzina*, S. 66; *Braunfels*, MittRhNotK 1994, 233, 240; *Wicke*, § 47 Rn. 14; zur AG *Spindler* in K. Schmidt/Lutter, AktG, § 136 Rn. 7; *Hüffer*, AktG, § 136 Rn. 5; a. A. *Casper* in FS Hüffer, S. 121 ff.; vgl. zu stimmlosen Beschlüssen insgesamt *Casper* a. a. O., S. 111 ff.

59 Zur größeren Bedeutung der Stimmverbote bei der GmbH gegenüber der AG *Raiser/Veil*, S. 488.

60 A. a. O. (oben Fn. 43).

ressen verfolgen. Eine solche Verbundenheit ist aber innerhalb der Geschäftsleitung einer GmbH – entgegen *Fleischer* – nicht zwingend ausgeprägter als unter den Vorstandsmitgliedern einer Aktiengesellschaft, da der Vorstand viel unabhängiger von den Mitgliedern agiert, als dies den GmbH-Geschäftsführern möglich ist. Vielmehr ist der Interessengleichlauf innerhalb des Vorstands regelmäßig stärker ausgeprägt als in der Geschäftsleitung einer GmbH, deren Geschäftsführer häufig zugleich die Interessen eines Gesellschafters verfolgen. Auch das von *Fleischer* bemühte *argumentum a fortiori* vermag demzufolge nicht zu überzeugen.

(b) Beschränkung des Stimmverbots auf Organmitglieder

§ 47 Abs. 4 GmbHG kann außerdem in bestimmten Fällen zu angemessenen Lösungen verhelfen, in denen entsprechend den GmbH-rechtlichen Wertungen das Stimmverbot in Analogie zu § 142 Abs. 1 Satz 2 AktG *nicht weit genug reichen würde*. Der spezielle aktienrechtliche Verbotstatbestand schließt nämlich nur gekorene Organmitglieder von der Stimmabgabe aus.[61] Wäre § 142 Abs. 1 Satz 2 AktG analog auf die GmbH anzuwenden, erfasste er Geschäftsführer und Aufsichtsratsmitglieder, in entsprechender Anwendung konsequenterweise auch die Mitglieder eines weiteren – fakultativen – Gesellschaftsorgans, insbesondere die eines Beirats. Gesellschafter, die keinem der Verwaltungsorgane angehören, träfe das Stimmverbot dagegen unter keinen Umständen.[62] Die gesetzgeberischen Wertungen, die hinter dieser Regelung stehen, weisen starke Unterschiede zu der bei einer realtypischen GmbH erwartbaren Interessenlage auf.

Sonderprüfungen, die sich unter anderem auf das Verhalten eines nicht in der Verwaltung vertretenen Verbandsmitgliedes beziehen, dürften vor allem zwei Arten von Konstellationen betreffen: Einflussnahmen des Gesellschafters auf die Geschäftsführung der Gesellschaft einerseits und Rechtsgeschäfte zwischen dem Gesellschafter und der Gesellschaft andererseits. Während außerhalb des Vertragskonzerns ein Aktionär dem Vorstand keinerlei unmittelbar verbindliche Vorgaben hinsichtlich der Geschäftsführung machen kann (§ 76 Abs. 1 AktG), ist der GmbH-Geschäftsführer umfassend den Weisungen der Gesellschafterversammlung unterworfen (§ 37 Abs. 1 GmbHG). Der Mehrheitsgesellschafter oder eine Gesellschaftergruppe, die die Kapitalmehrheit an der Gesellschaft auf sich vereinigt, kann in einer GmbH auf diese Weise unabhängig von den Minderheitsgesellschaftern über die Geschäftsführung der Gesellschaft bestimmen. Dass derartige Einflussmöglichkeiten den Aktionären – jedenfalls der aktienrechtlichen Konzeption nach – verwehrt sind, mag einen Grund dafür lie-

---

61 *Peters/Dechow*, GmbHR 2007, 236, 238.

62 Vgl. oben S. 35 m. N.

fern, dass der Stimmrechtsausschluss des § 142 Abs. 1 Satz 2 AktG keine Aktionäre trifft, die nicht den Verwaltungsorganen angehören. Im GmbH-Recht dürfte nach dem soeben Gesagten dagegen Bedarf dafür bestehen, in bestimmten Situationen auch Gesellschafter, die nicht zugleich einem Gesellschaftsorgan angehören, von der Stimmabgabe auszuschließen, insbesondere wenn über eine Sonderprüfung Beschluss gefasst werden soll, die sich auf die Beeinflussung der Geschäftsleitung durch einen Anteilseigner bezieht. Denn auch bei einer solchen Beschlussfassung stünde der von der Sonderprüfung betroffene Gesellschafter unter dem Einfluss massiver, dem Verbandsinteresse gegenläufiger Sonderinteressen. Weil der Umfang, in dem die Mitglieder über die Geschäftsführung bestimmen können, zwischen Aktiengesellschaft und GmbH erheblich divergiert, stellt sich die diesbezügliche Interessenlage bei den zwei Rechtsformen sehr unterschiedlich dar. Dass demgegenüber die Gefahren, die dem Verband aus Rechtsgeschäften mit einem Gesellschafter drohen können, bei beiden Kapitalgesellschaften durchaus vergleichbar sind, führt zu keiner anderen Bewertung.

In den soeben skizzierten Konstellationen weist das Aktienrecht im Ergebnis doch keine Schutzlücke dadurch auf, dass ein nicht an der Verwaltung beteiligter Aktionär aufgrund der Konzeption des § 142 Abs. 1 Satz 2 AktG beim Sonderprüfungsbeschluss stets mitstimmen darf. Dass das Recht nie Aktionäre, die nicht gleichzeitig Mitglieder der Verwaltung sind, einem Stimmverbot unterwirft, lässt sich nämlich ganz allgemein mit dem in § 142 AktG enthaltenen Regelungsgefüge erklären. Den bloß minderheitlich beteiligten Aktionären verbleibt schließlich das Minderheitsrecht auf Bestellung von Sonderprüfern, zumindest soweit sie über eine Beteiligung verfügen, die das sehr geringe Quorum des § 142 Abs. 2 AktG erfüllt.[63] Auf diesem Weg lässt sich in den meisten Situationen das Verhalten eines Mitaktionärs auch dann einer Sonderprüfung unterziehen, wenn dieser nicht von dem speziellen Stimmverbot betroffen wird. Ohne die Existenz der Minderheitsenquête müsste man sich gegebenenfalls auch im Aktienrecht Gedanken über eine erweiternde Auslegung des § 136 Abs. 1 AktG machen.[64] Da ein Minderheitsrecht, wie es aus dem Aktienrecht bekannt ist, den GmbH-Gesellschaftern *de lege lata* nicht zusteht,[65] reicht der Stimmrechtsausschluss des § 142 Abs. 1 Satz 2 AktG in Anbetracht der Interessenlage, die den

[63] Die ergänzende Funktion des § 142 Abs. 2 AktG für Fälle, in denen § 142 Abs. 1 S. 2 AktG nicht weit genug reicht, wird ebenfalls hervorgehoben von OLG Frankfurt am Main, DB 2006, 438, 439 f. – „Telekom/T-Online"; *Kirschner*, S. 62; *Fleischer* in Küting/Weber, § 142 AktG Rn. 91; *Schröer* in MünchKomm AktG, § 142 Rn. 39.

[64] Gleichsinnig OLG Frankfurt am Main, DB 2006, 438, 439 f. – „Telekom/T-Online"; ablehnend *Kirschner*, S. 63 f.

[65] Dies ließ sich oben nachweisen, vgl. S. 113 ff.

gesetzgeberischen Wertungen des GmbH-Rechts zugrunde liegt, in der dargelegten Hinsicht nicht weit genug.

(c) Zwischenergebnis

Demzufolge lässt sich festhalten, dass ein Analogieschluss auf § 142 Abs. 1 Satz 2 AktG im GmbH-Recht schon angesichts mangelnder Vergleichbarkeit von Wertungen und Interessen, die die beiden Regelungsbereiche beherrschen, ausscheidet.

(2) Methodologische Stimmigkeiten

Es lässt sich – auf die bisherigen Erkenntnisse aufbauend – zudem methodologisch begründen, warum die genuin GmbH-rechtliche Herleitung des Stimmverbotstatbestandes, der auf einen Sonderprüfungsbeschluss bei einer GmbH anzuwenden ist, gegenüber einer Analogie zu § 142 Abs. 1 Satz 2 AktG den Vorzug verdient. Insofern wird der in der Literatur herrschende Ansatz,[66] der eine erweiternde Auslegung von § 47 Abs. 4 GmbHG befürwortet, in den Mittelpunkt der nachfolgenden Betrachtungen rücken.

Streng genommen lägen die Voraussetzungen für eine analoge Anwendung von § 142 Abs. 1 Satz 2 AktG im GmbH-Recht schon nicht vor, wenn die Geltung eines Stimmverbotes beim Beschluss über die Bestellung von Sonderprüfern einer ausdehnenden Auslegung des § 47 Abs. 4 GmbHG entnommen werden könnte. Bei konsequenter Zugrundelegung der rechtswissenschaftlichen Methodenlehre bewegt sich eine solche teleologische Extension nämlich noch im Rahmen der Gesetzesauslegung.[67] Bei der Analogie handelt es sich hingegen um eine Methode der Rechtsfortbildung, die nur zur Ausfüllung planwidriger Regelungslücken herangezogen werden darf. Ergibt die Auslegung von § 47 Abs. 4 GmbHG, dass unter bestimmten Voraussetzungen Gesellschafter bei Prüfungs- und Überwachungsmaßnahmen von ihrem Stimmrecht ausgeschlossen sind, so wäre das GmbH-Recht in dieser Hinsicht schon gar nicht lückenhaft und § 142 Abs. 1 Satz 2 AktG mithin nicht analogiefähig.[68]

Der Anwendung der beiden juristischen Arbeitsmittel, der erweiternden Auslegung und der Analogie, ist allerdings gemein, dass der Normanwender in gewisser Weise vom Wortlaut des Gesetzes abweichen möchte.[69] Weil insofern erweiternde bzw. ausdehnende Auslegung und Analogie fließend ineinander übergehen,[70] bereitet die Grenzziehung zwischen diesen Methoden des juristi-

---

66 Vgl. die in Fn. 39 genannten Vertreter des Schrifttums.

67 Vgl. etwa *Larenz*, Methodenlehre, S. 354.

68 Zum Vorrang der ausdehnenden Auslegung gegenüber der Analogie *Schmalz*, Rn. 377.

69 *Pawlowski*, Rn. 507.

70 *Schmalz*, Rn. 378.

schen Denkens häufig Schwierigkeiten. Bei unbefangener Betrachtung des bloßen Wortlauts von § 47 Abs. 4 GmbHG lässt sich ein Beschluss über Prüfungsmaßnahmen i. S. d. § 46 Nr. 6 GmbHG wie schon angemerkt nicht ohne weiteres unter einen der allgemeinen Stimmverbotstatbestände des GmbH-Rechts subsumieren. Erforderlich ist vielmehr ein erhöhter Begründungsaufwand, der aber sowohl für die extensive Auslegung als auch für die Analogie charakteristisch ist.[71]

Solange sich ein Normanwender bei der Rechtsgewinnung in den Grenzen des „Wortsinnes" einer Vorschrift bewegt und allenfalls an diese Grenzen heranstößt, praktiziert er noch eine (unter Umständen auch extensive) Auslegung des Gesetzes. Möchte er diesen Randbereich der Interpretation überschreiten, innerhalb dessen die betreffende Vorschrift noch unmittelbare Anwendung findet, so muss er sich eines Analogieschlusses bedienen.[72] Die Befürworter der Analogie zu § 142 Abs. 1 Satz 2 AktG gehen in Anbetracht des Wortlauts von § 47 Abs. 4 GmbHG davon aus, auch diese Vorschrift könne allenfalls analog auf den Sonderprüfungsbeschluss angewandt werden.[73] Selbst wenn dem so wäre,[74] so eignete sich das aktienrechtliche Stimmverbot entgegen *Lehmann*[75] gleichwohl nicht besser zur Lückenausfüllung als das aus § 47 Abs. 4 GmbHG. Zwar bezieht sich die Vorschrift des § 142 Abs. 1 Satz 2 AktG speziell auf Sonderprüfungen. Weil die in ihr enthaltene Regelung aber der Interessenlage des GmbH-Rechts wie gezeigt nicht gerecht wird,[76] kann gewiss nicht davon gesprochen werden, die Vorschrift enthalte die gegenüber § 47 Abs. 4 GmbHG „sachnähere" Vorschrift. Die an gesetzgeberischen Wertungen orientierte Interessenlage muss schließlich auch für das Kriterium der „Sachnähe" entscheidend sein. Ferner ist § 142 Abs. 1 Satz 2 AktG unpräzise formuliert, sofern er auf das „Zusammenhängen" der zu prüfenden Vorgänge mit Entlastungsbeschlüssen oder mit der Einleitung eines Rechtsstreits abstellt. Denn die meisten Sonderprüfungen sollen zuerst einmal Klarheit über etwaige Pflichtverletzungen schaffen, die Ansprüche gegen Organmitglieder begründen mögen. Von einem „Zusammenhang" zu Entlastungsbeschlüssen oder gar zu einem irgendwann in der Zukunft liegenden Rechtsstreit lässt sich in solchen Fällen ebenfalls nur bei ent-

---

71 *Pawlowski*, Rn. 507.

72 *Engisch*, S. 148, 174; *Larenz*, Methodenlehre, S. 354; *Wank*, S. 44.

73 *Zöllner*, Stimmrechtsschranken, S. 221 (Fn. 44); *Lehmann*, S. 73.

74 Hier wird im Ergebnis von der Zulässigkeit der ausdehnenden Auslegung des § 47 Abs. 4 GmbHG ausgegangen. Eine ausführliche Klärung dieser Frage erfolgt sogleich unten S. 216 ff.

75 S. 73; vgl. dazu oben S. 207 f.

76 Vgl. vorstehend S. 208 ff.

sprechend ausdehnender Interpretation des Gesetzestexts sprechen.[77] Demzufolge ist in methodischer Hinsicht die analoge Anwendung von § 142 Abs. 1 Satz 2 AktG auf die GmbH nicht etwa „sauberer“ am Gesetzeswortlaut ausgerichtet als die erweiternde Auslegung von § 47 Abs. 4 GmbHG.

(3) Zusammenfassung

Das Stimmverbot des § 142 Abs. 1 Satz 2 AktG ist nicht analog auf den Gesellschafterbeschluss in einer GmbH anzuwenden, durch den über die Einleitung einer Sonderprüfung entschieden werden soll. Weder finden die gesetzgeberischen Wertungen, von denen dieser speziell aktienrechtliche Stimmrechtsausschluss beherrscht wird, in der GmbH-rechtlichen Interessenlage ein *Pendant*, noch überzeugen die für eine Analogie in der Literatur angeführten methodologischen Argumente. Vielmehr ist die Geltung von Stimmverboten für einen GmbH-rechtlichen Sonderprüfungsbeschluss autonom aus dem GmbH-Recht heraus zu begründen. In erster Linie kommt insofern eine teleologische Extension von § 47 Abs. 4 GmbHG in Betracht.

bb) Zulässigkeit der erweiternden Auslegung des § 47 Abs. 4 GmbHG

Es bleibt zu untersuchen, ob § 47 Abs. 4 GmbHG aber überhaupt einer extensiven Auslegung fähig ist, sodass ihm ein Stimmverbot bei dem Beschluss einer Sonderprüfung entnommen werden könnte. Bei der Einleitung einer Sonderprüfung handelt es sich nicht unmittelbar um eine Entlastung, die Befreiung von einer Verbindlichkeit, die Vornahme eines Rechtsgeschäfts mit einem Gesellschafter oder die Einleitung bzw. Erledigung eines Rechtsstreits gegenüber einem Verbandsmitglied. Nur für diese Fälle schließt § 47 Abs. 4 GmbHG bestimmte Gesellschafter ausdrücklich von der Ausübung ihres Stimmrechts aus. Der feste Katalog von Stimmverboten bestätigt abermals, dass das Gesellschaftsrecht keinen generellen Stimmrechtsausschluss für jegliche Art von Interessenkonflikten kennt.[78] Die kasuistische Gesetzgebungstechnik trägt dem grundlegenden Bedürfnis nach Rechtssicherheit und Berechenbarkeit einer Be-

---

77 Dies sieht auch *Zöllner*, Stimmrechtsschranken, S. 223 f., so. Entsprechend weit fällt das Verständnis von § 142 Abs. 1 S. 2 AktG in Rechtsprechung und Wissenschaft aus: vgl. oben S. 34 m. N.

78 Ganz h. M., vgl. BGHZ 56, 47, 53; BGHZ 97, 28, 33; OLG Hamburg, GmbHR 1992, 43, 45; *Zöllner*, Stimmrechtsschranken, S. 161; *Trölitzsch/Leinekugel*, Rn. 357; *Bremer*, GmbHR 1999, 651; *Römermann* in Michalski, § 47 Rn. 81; *Wicke*, § 47 Rn. 13; *B. Schmidt* in Ensthaler/Füller/Schmidt, § 47 Rn. 25; noch strenger *Drescher* in MünchKomm GmbHG, § 47 Rn. 133 f.

urteilung der Wirksamkeit von Gesellschafterbeschlüssen Rechnung.[79] Zudem sollen Stimmverbote vor allem auch deswegen klar umgrenzt sein, weil mit ihrem Eingreifen die mitgliedschaftlichen Teilhaberechte des einzelnen Gesellschafters starken Einschränkungen unterworfen werden.[80]

Anhand dieses Befundes lässt sich verdeutlichen, dass der Gesetzgeber Gesellschaftern ihr Stimmrecht nur in – so weit als möglich – fest umrissenen Konstellationen versagen möchte. Durch ausdehnende Auslegung darf § 47 Abs. 4 GmbHG deswegen sicherlich nicht zu einer Stimmverbotsgeneralklausel für alle Fälle potenzieller Interessenkollisionen umqualifiziert werden.[81] Auch darf die teleologische Extension der Vorschrift keine in prinzipieller Hinsicht gänzlich neuen Stimmverbote kreieren. Dennoch ist § 47 Abs. 4 GmbHG keineswegs generell „eng" zu interpretieren, sondern die Norm ist ihrem Schutzzweck entsprechend auszulegen.[82] Nur so lässt sich die für Stimmverbote maßgebliche Prämisse der Rechtssicherheit mit dem gegenläufigen Gebot der Einzelfallgerechtigkeit in angemessenem Maße austarieren. Die Ansatzpunkte für eine erweiternde Auslegung der Norm sind im Folgenden auszuloten.

(1) Der Vorschrift zugrunde liegende Prinzipien

Die Kasuistik von § 47 Abs. 4 GmbHG spiegelt die hinter dieser Norm stehenden Leitgedanken nur unvollständig wider. Der Umstand, dass eine Vorschrift einem bestimmten allgemeineren Prinzip entspringt, spricht aber tendenziell für die Zulässigkeit einer erweiternden Auslegung des Rechtssatzes, wenn die aus der Normextension folgenden Ergebnisse dem übergeordneten Grundgedanken besser gerecht würden.[83] Den Stimmverboten des GmbH-Rechts wohnen wenigstens zwei Grundprinzipien inne. Einerseits darf, wenn Beschlüsse über Insichgeschäfte oder Insichprozesse zwischen der Gesellschaft und ihren Mitgliedern gefasst werden, ein an solchen *beteiligter* Gesellschafter nicht mitstimmen. Andererseits ist ein Gesellschafter von der Stimmabgabe ausgeschlossen, sofern er von dem Beschluss derart *betroffen* wird, dass er im Falle der Mitwirkung an dessen Fassung gewissermaßen als „Richter in eigener Sache" entscheiden wür-

---

79 BGHZ 68, 107, 109; BGHZ 97, 28, 33; *Zöllner*, Stimmrechtsschranken, S. 264; *K. Schmidt*, GesellschR, S. 608; *Fichtelmann* in HeidelbKomm GmbH-R, § 47 GmbHG Rn. 33.

80 *K. Schmidt*, GesellschR, S. 608; *Römermann* in Michalski, § 47 Rn. 81; ähnlich BGHZ 97, 28, 33; *Schindler* in Ziemons/Jaeger, § 47 Rn. 106.

81 *Lohr*, NZG 2002, 551, 552; *Fischer/Gerber* in BeckHdb GmbH, § 4 Rn. 94.

82 *K. Schmidt* in Scholz, § 47 Rn. 101; *Zöllner* in Baumbach/Hueck, § 47 Rn. 76.

83 *Schmalz*, Rn. 257.

de.[84] *Swatzina*[85] hat überzeugend nachgewiesen, dass in vielen praktischen Ausprägungen der Stimmverbote beide Grundgedanken zugleich berührt sein können.[86] Während es in einigen Konstellationen sogar geboten sein kann, die teilweise zu umfassenden Tatbestände, denen in erster Linie das Verbot des Insichgeschäfts zugrunde liegt, teleologisch zu reduzieren,[87] gelangt das zweite Grundprinzip, das Verbot des „Richtens in eigener Sache", in § 47 Abs. 4 GmbHG nur unvollkommen zum Ausdruck.[88] In Bezug auf diejenigen Stimmverbotstatbestände, die auf diesem Leitgedanken aufbauen, kommt im Grundsatz folglich eine erweiternde Auslegung in Betracht.

Das Verbot, „Richter in eigener Sache" zu sein, knüpft an die typische Befangenheit eines Gesellschafters an, die aus dem eigenen Betroffensein von einem Beschluss der Gesellschafterversammlung resultiert.[89] In diese Kategorie fallen alle Beschlüsse, die eine (Miss-)Billigung des Verhaltens eines Gesellschafters beinhalten bzw. die das Ergreifen von Sanktionen gegenüber einem Gesellschafter zum Gegenstand haben.[90] Eindeutige Anwendungsfälle des „Richtens in eigener Sache" bilden Entscheidungen der Gesellschafter über die Entlastung eines Mitgesellschafters[91] sowie über die innergesellschaftliche Rechtsverfolgung gegenüber einem solchen.[92] Die von derartigen Beschlüssen

---

84 Zum Ganzen *K. Schmidt* in Scholz, § 47 Rn. 102; *Bayer* in Lutter/Hommelhoff, GmbHG, § 47 Rn. 28; *Swatzina*, S. 17 ff.; *Raiser/Veil*, S. 488; *K. Schmidt*, NJW 1986, 2018, 2019; *Bacher*, GmbHR 2001, 133, 134; zum Verbot des „Richtens in eigener Sache" vgl. auch bereits RGZ 146, 385, 391; BGHZ 97, 28, 33; kritisch zu dieser Kategorisierung der Stimmverbotstatbestände *Peters/Strothmann* in FS Meilicke, S. 515.

85 S. 22 ff.; vgl. auch *Drescher* in MünchKomm GmbHG, § 47 Rn. 130.

86 Dies trifft v. a. auf die Tatbestände des § 47 Abs. 4 S. 1 Fall 2 und S. 2 Fall 2 GmbHG zu.

87 So insb. für sog. „sozialrechtliche Rechtsgeschäfte" bzw. gesellschaftsbezogene „Innengeschäfte" BGHZ 51, 209, 215 f.; BGH, NJW 1991, 172, 173; *van Look*, NJW 1991, 152; *Swatzina*, S. 13 ff.; *Vogel*, S. 79 f.; *Casper* in Bork/Schäfer, § 47 Rn. 55 ff.

88 OLG Düsseldorf, GmbHR 2000, 1050, 1052; *Flume* I 2, S. 222 f.; *K. Schmidt* in Scholz, § 47 Rn. 132.

89 *Römermann* in Michalski, § 47 Rn. 85.

90 BGHZ 97, 28, 33; OLG Düsseldorf, GmbHR 2000, 1050, 1052; OLG Düsseldorf, GmbHR 1996, 689, 692; *Swatzina*, S. 21 f.; vgl. auch *Wiedemann* I, S. 421 f.

91 Vgl. z. B. BGHZ 9, 157, 178, BGHZ 97, 28, 33; OLG Frankfurt am Main, NZG 1999, 767, 768; *Siegmund*, BB 1981, 1674, 1676; *Braunfels*, MittRhNotK 1994, 233, 234; *Schwichtenberg*, GmbHR 2007, 400, 401; *Hüffer* in Ulmer/Habersack/Winter, § 47 Rn. 144; vgl. auch *Flume* I 2, S. 221.

92 H. M. *Braunfels*, MittRhNotK 1994, 233; *Swatzina*, S. 24 f. (sauber differenzierend); *Flume* I 2, S. 223; *K. Schmidt* in Scholz, § 47 Rn. 132; so offenbar auch OLG Düsseldorf, GmbHR 2000, 1050, 1052; kritisch zu dieser Einordnung etwa *Römermann* in Michalski, § 47 Rn. 291; *Hüffer* in Ulmer/Habersack/Winter, § 47 Rn. 157.

betroffenen Gesellschafter werden gem. § 47 Abs. 4 Satz 1 Fall 1 bzw. Satz 2 Fall 2 GmbHG ausdrücklich mit einem Stimmrechtsausschluss belegt. Gleichwohl existieren weitere Beschlussthemen, bei denen sich das eigene Betroffensein einzelner Gesellschafter in ähnlicher Weise auszuwirken vermag wie in den beiden vom Gesetz explizit erfassten Konstellationen.

So wird mit dem Ergreifen von Prüfungs- und Überwachungsmaßnahmen – zum Beispiel mit dem Beschluss einer Sonderprüfung – regelmäßig bekundet, dass die Gesellschaftergesamtheit in Bezug auf bestimmte Geschehnisse Misstrauen oder sogar einen konkreten Verdacht gegen die verantwortlichen Personen hegt. Sofern zuvor schon Einzelheiten zu den zu prüfenden Vorgängen aufgedeckt worden sind, die durch einen Sonderprüfer nur noch gründlich aufgeklärt werden sollen, kann über den Sonderprüfungsbeschluss bereits die Missbilligung des bekannt gewordenen Verhaltens der in die Vorgänge involvierten Organmitglieder oder Gesellschafter artikuliert werden. Die Sonderprüfung lässt sich insofern als eigenständige Sanktion einordnen, die sich gerade gegen bestimmte Personen richten kann. Freilich wird sie darüber hinaus in aller Regel als Maßnahme eingesetzt, mit der bisher weitgehend unbekannte Sachverhalte derart aufgehellt werden sollen, dass das konkrete Ausmaß eines vermuteten Fehlverhaltens bestimmter Personen offen gelegt wird. Insofern bildet die Sonderprüfung meist nur eine Vorstufe, mithilfe derer sich die informationelle Grundlage für das Ergreifen weiterer „einwirkender" Sanktionen[93] bereiten lässt, die über die bloße Sachverhaltsaufklärung hinausreichen. Die Befangenheit, die dem betroffenen Gesellschafter bei dem Beschluss über diejenige Sanktion zu attestieren ist, die als Konsequenz aus dem Ergebnis einer Sonderprüfung ergriffen wird, etwa die Erhebung einer Schadensersatzklage, besteht – vorgelagert – auch schon bei der Prüferbestellung. Der Gesellschafter wird nämlich geneigt sein, bereits die Aufklärung seines Fehlverhaltens zu verhindern, wenn er die Sanktionen fürchtet, die sich mutmaßlich an die Durchführung der Sonderprüfung anschließen werden.

Da mit jeder Prüferbestellung bereits eine gewisse Skepsis oder sogar schon eine vorläufige Einschätzung der Gesellschafter bezogen auf den Gegenstand der Sonderprüfung zum Ausdruck gebracht wird, stellt der entsprechende Beschluss außerdem bereits die erste Stufe eines Werturteils[94] über das mit den Vorgängen zusammenhängende Verhalten der Verantwortlichen dar. Diejenigen Gesellschafter, die von einer solchen Maßnahme betroffen sind, erfahren schon

93 Zu diesen im Allgemeinen bereits oben S. 58 f.

94 Nach *van Look*, NJW 1991, 152, ist eine Maßnahme immer dann ein Fall des „Richtens in eigener Sache", wenn sie ein „Werturteil" über das Verhalten oder die Person eines Mitglieds enthält.

durch die Fassung des Sonderprüfungsbeschlusses in gewisser Weise einen Akt der Missbilligung, selbst wenn zuvor noch keine konkreten Verfehlungen verlässlich in Erfahrung zu bringen waren. Insofern sind die dergestalt angegangenen Mitglieder immer befangen und würden bei der Abstimmung als „Richter in eigener Sache“ entscheiden.[95] Das allgemeine Prinzip, die Stimmabgabe in solchen Konstellationen zu unterbinden, das wie angesprochen den Stimmverboten des § 47 Abs. 4 Satz 1 Fall 1 und Satz 2 Fall 2 GmbHG – jedenfalls in deren gängigen Ausprägungen – innewohnt, würde demzufolge ebenfalls auf die Entscheidung über die Einleitung einer Sonderprüfung passen. Dies spricht grundsätzlich dafür, § 47 Abs. 4 GmbHG auch auf einen solchen Gesellschafterbeschluss anzuwenden.

(2) Auslegung der relevanten Tatbestände des § 47 Abs. 4 GmbHG und die Grenzen ihres möglichen Wortsinns

Nachdem sich darlegen ließ, dass § 47 Abs. 4 GmbHG generell einer ausdehnenden Auslegung fähig ist und somit auch der Beschluss einer Sonderprüfung prinzipiell von ihm erfasst werden könnte, sind die diesem Zwischenergebnis innewohnenden Annahmen *in concreto* anhand der einzelnen Stimmverbotstatbestände zu untersuchen. Bezüge zu denjenigen Varianten des § 47 Abs. 4 GmbHG, denen der Gedanke des Insichgeschäftsverbots zugrunde liegt (vor allem Satz 2 Fall 1[96]), weist ein Sonderprüfungsbeschluss nicht auf, da für die wirksame Einsetzung einer Sonderprüfung gegenüber den zu überwachenden Personen kein Rechtsgeschäft vorgenommen werden muss.[97] Anknüpfungspunkte für eine Anwendung der Vorschrift über ihren schlichten Wortlaut hinaus bilden nach dem bisher Gesagten in erster Linie die Stimmverbote bei Entlastungen und bei der Einleitung oder Erledigung eines Rechtsstreites mit einem Gesellschafter, weil in ihnen der Grundgedanke zum Ausdruck gelangt, dass kein Gesellschafter bei der Fassung eines Beschlusses als „Richter in eigener Sache“ entscheiden darf. Um im Wege ausdehnender Auslegung auch einen Sonderprüfungsbeschluss diesen Stimmrechtsbeschränkungen unterwerfen zu können, darf ein solches Verständnis von § 47 Abs. 4 GmbHG die Grenzen des Wortsinns der beiden Tatbestände noch nicht überschreiten.[98] Anderenfalls müssten zusätzlich die Voraussetzungen einer Analogie vorliegen. Im Folgenden ist deswegen eine Auslegung der Tatbestände vorzunehmen.

---

95 So ausdrücklich z. B. *Leinekugel*, GmbHR 2008, 632, 633; *K. Schmidt* in Scholz, § 46 Rn. 117, § 47 Rn. 131.

96 Zu dieser Einordnung vgl. etwa *Braunfels*, MittRhNotK 1994, 233.

97 *K. Schmidt* in Scholz, § 46 Rn. 117.

98 Dazu bereits oben S. 214 ff.

(a) § 47 Abs. 4 Satz 2 Fall 2 GmbHG

§ 47 Abs. 4 Satz 2 Fall 2 GmbHG spricht eine Beschlussfassung an, die die „Einleitung oder Erledigung eines Rechtsstreites gegenüber einem Gesellschafter betrifft". Der Begriff des „Betreffens" ist offen und lässt sich auf sehr vielschichtige Weise ausfüllen. Deswegen ist allgemein anerkannt, dass auch einen Rechtsstreit lediglich vorbereitende Maßnahmen von der Vorschrift erfasst werden.[99] Solche Vorfeldaktionen „betreffen" schließlich schon den künftigen Rechtsstreit, wenngleich nur mittelbar. Dem Vorbereitungsstadium ließe sich aufgrund seines präparatorischen Charakters[100] auch das Instrument der Sonderprüfung zuordnen,[101] dessen be- oder entlastenden Ergebnisse bei der Entscheidung darüber, ob die Gesellschaft einen Rechtsstreit mit der überprüften Person anstrengen soll, praktisch immer von Bedeutung sind.

Einzig wird in der Literatur uneinheitlich beurteilt, wie der Terminus „Rechtsstreit" auszulegen ist. Es wird diskutiert, ob auch Beschlüsse über die außergerichtliche Anspruchsgeltendmachung einschließlich diesbezüglicher Vorfeldmaßnahmen vom Stimmverbot umfasst werden. Teilweise wird angenommen, nur die prozessuale Anspruchsgeltendmachung lasse sich unter Satz 2 Fall 2 des § 47 Abs. 4 GmbHG subsumieren, außergerichtliche Auseinandersetzungen fielen allenfalls unter Satz 2 Fall 1.[102] Überzeugender ist demgegenüber die mehrheitlich vertretene Auffassung, die das Stimmverbot auf Beschlüsse über sämtliche vorprozessualen Maßnahmen erstrecken möchte.[103] Das Ausmaß der Interessenkollision bei der außergerichtlichen Geltendmachung und deren Vorbereitung ist nämlich mit der Situation bei Einleitung eines Zivilprozesses durchaus vergleichbar, zumal Letzterem fast immer ein vorprozessualer „Rechtsstreit" vorausgeht. Die außergerichtliche Auseinandersetzung ist in ge-

---

99 Vgl. nur BGH, NJW 1991, 172, 173; *Hüffer* in Ulmer/Habersack/Winter, § 47 Rn. 158; *K. Schmidt* in Scholz, § 47 Rn. 129; *Casper* in Bork/Schäfer, § 47 Rn. 53; *Eickhoff*, Rn. 197; *Immenga/Werner*, GmbHR 1976, 53, 56 f.

100 Dazu ausführlich oben S. 23 ff.

101 So offenbar auch *K. Schmidt* in Scholz, § 47 Rn. 129.

102 *Lohr*, NZG 2002, 551, 556; *Swatzina*, S. 60 f.; *Meyer-Landrut* in Meyer-Landrut/Miller/Niehus, § 47 Rn. 53; *K. Schmidt* in Scholz, § 47 Rn. 129.

103 *Zöllner*, Stimmrechtsschranken, S. 215 f.; *Raiser/Veil*, S. 489; *Hüffer* in Ulmer/Habersack/Winter, § 47 Rn. 158; *Schindler* in Ziemons/Jaeger, § 47 Rn. 122; *Koppensteiner* in Rowedder/Schmidt-Leithoff, § 47 Rn. 75; *Hillmann* in Henssler/Strohn, § 47 GmbHG Rn. 78; *Bergjan* in Saenger/Inhester, § 47 Rn. 30; *Wolff* in MünchHdb GesR III, § 38 Rn. 50; *Braunfels*, MittRhNotK 1994, 233, 239; *Bremer*, GmbHR 1999, 651, 652; i. E. genauso BGHZ 97, 28, 33 f.; letztlich offen gelassen von BGH, NJW 1991, 172, 173 f.

wisser Weise der „Normalfall“,[104] was sich nicht zuletzt mit der in § 93 ZPO angeordneten Kostenfolge belegen lässt. Sinn und Zweck von § 47 Abs. 4 Satz 2 Fall 2 GmbHG streiten mithin für die überwiegende Auffassung, die die Vorschrift auf jede Art der Rechtsverfolgung gegenüber einem Mitgesellschafter anwenden möchte. Dies gilt auch für die Auslegung der Norm anhand der Gesetzessystematik. In § 46 Nr. 8 Fall 2 GmbHG spricht das Gesetz nämlich von der Vertretung der Gesellschaft in „Prozessen“, die sie gegen die Geschäftsführer zu führen hat. Wenn der Gesetzgeber unter dem Begriff „Rechtsstreit“ nur die prozessuale Rechtsverfolgung verstanden haben sollte, hätte er sich in § 47 Abs. 4 Satz 2 Fall 2 GmbHG derselben Wortwahl bedienen können. Den Gesellschaftern wird außerdem gem. § 46 Nr. 8 Fall 1 GmbHG auch die Kompetenz zugewiesen, über die außergerichtliche Geltendmachung zumindest von „Ersatzansprüchen“ gegen Mitgesellschafter zu entscheiden. In Anbetracht dieser Umstände widerspräche ein enges, auf die prozessuale Rechtsverfolgung beschränktes Verständnis des in § 47 Abs. 4 GmbHG niedergelegten Stimmverbots den Grundprinzipien, auf denen diese Vorschrift gründet, insbesondere dem Verbot des „Richtens in eigener Sache“. Selbst wenn der Gesetzgeber ursprünglich unter „Rechtsstreit“ nur die Prozessführung selbst verstanden haben sollte, so hat sich dies im Wortlaut des § 47 Abs. 4 GmbHG nicht eindeutig niedergeschlagen. Bei weitem, teleologischen Verständnis des Begriffs „Rechtsstreit“ lässt sich auch die außergerichtliche Anspruchsverfolgung zwanglos darunter subsumieren. Entgegen der erstgenannten, abweichenden Auffassung kann es sich bei der Geltendmachung von Rechten dagegen nicht – jedenfalls in der Regel nicht – um ein „Rechtsgeschäft“ i. S. v. § 47 Abs. 4 Satz 2 Fall 1 GmbHG handeln, weil ein Rechtsgeschäft ein Tatbestand ist, der mindestens eine Willenserklärung beinhaltet.[105] Das mit der Rechtsverfolgung verbundene Zahlungsverlangen ist aber nicht auf das Setzen einer Rechtsfolge gerichtet und stellt mithin keine Willenserklärung dar.[106] Das Argument der Gegenauffassung, bei der außerprozessualen Rechtsverfolgung handele es sich um die Vornahme eines „Rechtsgeschäfts“ i. S. d. § 47 Abs. 4 Satz 2 Fall 1 GmbHG, ist folglich so nicht haltbar. Eine Anwendung dieses Stimmverbotstatbestandes ist insofern nicht möglich.

Demzufolge ist § 47 Abs. 4 Satz 2 Fall 2 GmbHG einer extensiven Auslegung dergestalt fähig, dass darunter auch ein Sonderprüfungsbeschluss zu sub-

---

104 So auch *Zöllner*, Stimmrechtsschranken, S. 215.

105 Dazu *Flume* II, S. 25 ff.; *Wolf/Neuner*, AT, S. 311 f.

106 Dagegen handelt es sich bei Mahnung oder Fristsetzung um rechtsgeschäftsähnliche Handlungen, die durchaus § 47 Abs. 4 S. 2 Fall 1 GmbHG zugeordnet werden könnten; deswegen differenzierend *Römermann* in Michalski, § 47 Rn. 302.

sumieren ist, wenn die Prüfungsergebnisse für die Entscheidung über die – prozessuale *und* außergerichtliche – Anspruchsverfolgung gegen einen Mitgesellschafter verwertet werden könnten. Durch eine derartige Auslegung werden die Grenzen des Wortsinnes dieses Stimmverbotstatbestandes nicht überschritten.

(b) § 47 Abs. 4 Satz 1 Fall 1 GmbHG

Außerdem ist der Tatbestand des § 47 Abs. 4 Satz 1 Fall 1 GmbHG besonders gut für eine erweiternde Auslegung geeignet, sofern zumindest einer der Gesellschafter ohne das Stimmverbot an einem Beschluss als „Richter in eigener Sache" beteiligt wäre. Die Vorschrift bezieht sich auf einen Gesellschafter, der durch die Beschlussfassung entlastet werden soll. Der Begriff „Entlastung" findet im Übrigen noch in § 46 Nr. 5 GmbHG Verwendung. Dort wird ihm die technische Bedeutung zugemessen, die mit diesem Terminus im Gesellschaftsrecht herkömmlicherweise verbunden wird. In einem so verstandenen engeren, klassischen Sinne versteht man unter Entlastung – wie oben[107] bereits angerissen wurde – eine einseitige organschaftliche Erklärung, durch die ein Personenverband die Amtsführung seitens seiner Verwaltungsorgane billigt.[108] Bei der GmbH hat die Erteilung der – üblicherweise jährlich vorzunehmenden – Entlastung i. S. d. § 46 Nr. 5 GmbHG zur Folge, dass Sanktionen oder Ersatzansprüche wegen fehlerhafter Geschäftsführung innerhalb des Entlastungszeitraumes gegen die Entlasteten ausgeschlossen sind. Diese Präklusionswirkung erfasst alle Maßnahmen, die sich auf Tatsachen stützen, welche aufgrund der von der Verwaltung abgelegten Rechenschaft zumindest erkennbar gewesen sind.[109]

Nach einhelliger Auffassung ist der Begriff der „Entlastung" jedoch im Hinblick auf § 47 Abs. 4 Satz 1 Fall 1 GmbHG nicht ausschließlich technisch zu deuten. Auf das klassische Verständnis aufbauend ist als „Entlastung" im Sinne diese Vorschrift vielmehr jeder Beschluss der Gesellschafter zu verstehen, mit dem über eine Billigung oder Missbilligung der Tätigkeit von Organmitgliedern befunden wird.[110] Legt man den Stimmverbotstatbestand dergestalt weit aus, so ist die Entlastung nicht nur ein bestimmter Anwendungsfall, bei dem die Gefahr des „Richtens in eigener Sache" besteht. Vielmehr erfasst § 47 Abs. 4 Satz 1

---

107 S. 59.

108 Vgl. nur BGHZ 94, 324, 326; *K. Schmidt*, GesellschR, S. 428; *Priester* in FS Rowedder, S. 370.

109 Zum Ganzen BGHZ 94, 324, 326; BGHZ 97, 382, 384; *Priester* in FS Rowedder, S. 371 f.; *Buchner*, GmbHR 1988, 9, 14.

110 BGHZ 97, 28, 33; *Fischer/Gerber* in BeckHdb GmbH, § 4 Rn. 98; *Wälzholz* in GmbH-Hdb, Rn. I 1580; *Bayer* in Lutter/Hommelhoff, GmbHG, § 47 Rn. 38; *Römermann* in Michalski, § 47 Rn. 175; *Bergjan* in Saenger/Inhester, § 47 Rn. 26; *Zöllner* in Baumbach/Hueck, § 47 Rn. 77; ähnlich *Vogel*, S. 75.

Fall 1 GmbHG insofern selbst bereits die wichtigsten Bereiche dieses allgemeinen Prinzips. Es wurde bereits ausgeführt, dass regelmäßig allein der Beschluss einer Sonderprüfung schon eine gewisse Skepsis der Verbandsmitglieder in Bezug auf die Pflichterfüllung der überprüften Personen zum Ausdruck bringt. Dies wird die betroffene Person bereits als Missbilligung ihrer Tätigkeit verstehen, wenngleich das Prüfungsergebnis noch gar nicht feststeht.[111] Diese Auslegung von „Entlastung" nähert sich zwar den Grenzen des möglichen Wortsinnes von § 47 Abs. 4 Satz 1 Fall 1 GmbHG an. Die Nichterteilung einer Entlastung im klassischen Sinne lässt sich aber schon als Missbilligung des betreffenden Organmitglieds qualifizieren, die Erteilung als Billigung. Wird durch eine andere Maßnahme wenigstens mittelbar Billigung oder Missbilligung artikuliert, so lässt sich untechnisch gleichfalls von Entlastung oder Nichtentlastung sprechen. Im Ergebnis reicht die weite Auslegung deswegen noch nicht über die denkbar äußerste Wortbedeutung von „Entlastung" hinaus. Demzufolge bietet die teleologisch-extensive Auslegung des § 47 Abs. 4 Satz 1 Fall 1 GmbHG eine dogmatisch fundierte Anknüpfungsmöglichkeit zur Gewinnung von Stimmverboten für Beschlüsse, bei denen die Fallgruppe des „Richtens in eigener Sache" einschlägig ist[112] – wie etwa bei einem Sonderprüfungsbeschluss. Denn das „Richten in eigener Sache" ist jedenfalls gegeben, wenn der Beschluss eine Tätigkeit billigt oder missbilligt.[113]

(3) Zusammenfassung

Zusammenfassend lässt sich festhalten, dass die Tragweite des § 47 Abs. 4 GmbHG weiterreicht, als es sich aus dem Wortlaut dieser Vorschrift erahnen lässt.[114] Dies ließ sich sowohl anhand einer Analyse der hinter der Stimmverbotsnorm liegenden allgemeinen Prinzipien als auch anhand einer konkreten Auseinandersetzung mit den einschlägigen Tatbeständen des § 47 Abs. 4 GmbH verdeutlichen. Der hier interessierende Stimmrechtsausschluss bei der Beschlussfassung über die Einsetzung einer Sonderprüfung lässt sich im Wege ausdehnender Interpretation aus § 47 Abs. 4 Satz 1 Fall 1 und Satz 2 Fall 2 GmbHG herleiten.

Allerdings knüpft das Gesetz, um Orientierungslosigkeit zu verhindern und Rechtssicherheit zu gewährleisten, den Ausschluss vom Stimmrecht stets an das Vorliegen konkreter Voraussetzungen. Deswegen darf die teleologische Extension der Stimmverbotstatbestände für den Fall des Sonderprüfungsbeschlusses

---

[111] Vgl. oben S. 26.

[112] So insb. BGHZ 97, 28, 33; *Swatzina*, S. 21.

[113] Vgl. oben S. 218.

[114] Vgl. dazu abermals BGHZ 97, 28, 33; *K. Schmidt* in Scholz, § 47 Rn. 101; *Bergjan* in Saenger/Inhester, § 47 Rn. 21.

nur insoweit vorgenommen werden, als es gelingt, dafür formalisierte Regeln mit hinreichendem Eindeutigkeitsgrad aufzustellen.[115] Die Anforderungen an einen solchen speziellen Stimmrechtsausschluss sind im weiteren Gang der Untersuchung zu entwickeln.[116]

cc) Vorzugswürdigkeit allgemeiner Prinzipien als Rechtsgrundlage?

Es bleibt schließlich noch eine offene Frage bezüglich der Herleitung des Stimmverbotes zu klären. Ein Teil des Schrifttums[117] vertritt wie schon angesprochen, das Stimmverbot bei Fassung eines Sonderprüfungsbeschlusses lasse sich unmittelbar aus dem allgemeinen Verbot, als „Richter in eigener Sache“ zu entscheiden, herleiten.[118] Für diesen Ansatz streitet, dass dieser hergebrachte Grundsatz sowohl § 142 Abs. 1 Satz 2 AktG zugrunde liegt,[119] als auch in den Fällen des § 47 Abs. 4 GmbHG zum Ausdruck gelangt. Eine derartige Herleitung des Stimmrechtsausschlusses aus allgemeinen Prinzipien bietet aber keine Vorteile gegenüber der teleologischen Erweiterung von § 47 Abs. 4 GmbHG, deren Zulässigkeit soeben dargelegt werden konnte – im Gegenteil. Wird das Stimmverbot durch extensive Auslegung des GmbH-Gesetzes gewonnen, so lassen sich die von Rechtsprechung und Wissenschaft zu den normierten Stimmrechtsausschlüssen herausgeprägten Voraussetzungen und Grundsätze methodisch überzeugender auf den Sonderprüfungsbeschluss übertragen. Ein allgemeiner Grundsatz enthält dagegen keinen hinreichend subsumtionsfähigen Inhalt und vermag nicht sämtliche Normanwendungsprobleme vollständig zu lösen.[120] Es erscheint deswegen stimmiger, lediglich bei der Auslegung von § 47 Abs. 4 Satz 1 Fall 1, Satz 2 Fall 2 GmbHG zu berücksichtigen, dass diese Stimmverbote größtenteils auf dem Verbot des „Richtens in eigener Sache“ beruhen. Bei dieser Rechtsfigur handelt es sich nämlich nicht etwa um einen Fall des außergesetzlichen Stimmrechtsausschlusses, sondern sie bildet bloß einen Bestandteil verschiedener Stimmverbote, der im Gesetz nur unvollkommen zum Ausdruck gelangt ist.[121] Bevor auf allgemeine – überpositive – Rechtsgrundsätze

---

115 Allgemein zur weiten Auslegung der Stimmverbote in § 47 Abs. 4 GmbHG *Koppensteiner* in Rowedder/Schmidt-Leithoff, § 47 Rn. 52.

116 Dazu sogleich S. 226 ff.

117 *Leinekugel*, GmbHR 2008, 632, 633; *Trölitzsch/Leinekugel*, Rn. 36; *Braunfels*, MittRhNotK 1994, 233, 240; für die Ableitung von Stimmverboten aus diesem allgemeinen Verbot offenbar auch *Flume* I 2, S. 223.

118 Eine solche Tendenz ist für andere Prüfungsgegenstände in der Rechtsprechung ebenfalls erkennbar: vgl. z. B. ThürOLG, GmbHR 2002, 115, 116; OLG Düsseldorf, GmbHR 2000, 1050, 1052.

119 Vgl. dazu nur RGZ 146, 385, 391; *Bordt*, S. 66; *Semler* in FS Zöllner, S. 560.

120 *Priester* in FS Rowedder, S. 385; *Hüffer* in Ulmer/Habersack/Winter, § 47 Rn. 124.

121 *K. Schmidt* in Scholz, § 47 Rn. 132; vgl. auch OLG Hamburg, GmbHR 1992, 43, 45.

rekurriert wird, hat die Anwendung positiv-rechtlicher Bestimmungen selbstverständlich Vorrang.[122] Es verbleibt insofern bei dem im vorigen Abschnitt (2) gefundenen Ergebnis: die Herleitung eines Stimmverbotes, das bei dem Beschluss einer Sonderprüfung eingreift, ist im GmbH-Recht aus teleologischer Extension des § 47 Abs. 4 GmbHG heraus zu entwickeln.

3. Konkretisierung von Voraussetzungen und Reichweite des Stimmverbotstatbestandes

Nachdem diese Untersuchung nachgewiesen hat, dass bei einem GmbH-rechtlichen Sonderprüfungsbeschluss prinzipiell Stimmverbote eingreifen können, die sich durch teleologisch-extensive Auslegung aus § 47 Abs. 4 Satz 1 Fall 1 und Satz 2 Fall 2 GmbHG herleiten lassen, gilt es nun, Voraussetzungen und Grenzen solcher Stimmrechtsausschlüsse näher auszuformen.

a) Tatbestandliche Voraussetzungen

aa) Meinungsstand

Es gibt innerhalb des autonom GmbH-rechtlichen Lösungsansatzes zahlreiche unterschiedliche Auffassungen dazu, unter welchen konkreten Voraussetzungen ein Gesellschafter bei der Stimmabgabe im Rahmen der Beschlussfassung über eine Sonderprüfung einem Stimmverbot unterliegt. Die Bandbreite der Vorschläge ist groß. Teilweise beleuchten die Ansätze aber nur einzelne Aspekte und führen die Problematik keiner umfassenden Lösung zu. Zudem versieht keiner der Autoren seine Auffassung mit einer gänzlich zufrieden stellenden Begründung. Die im Schrifttum vertretenen Auffassungen lassen sich grob in fünf Gruppen einteilen.

(1) Den am weitesten reichenden Lösungsansatz vertritt eine Literaturmeinung, der zufolge jeder Gesellschafter-Geschäftsführer pauschal bei der Beschlussfassung über die Einleitung einer auf § 46 Nr. 6 GmbHG gestützten Sonderprüfung von seinem Stimmrecht ausgeschlossen sein soll.[123] Schließlich sei jede derartige Prüfung abstrakt geeignet, rechtlich relevante Tatsachen zum

---

122 Vgl. in diesem Zusammenhang *Fleischer*, GmbHR 2008, 673, 677 f.

123 So *Zöllner* in Baumbach/Hueck, § 46 Rn. 50; *Roth* in Roth/Altmeppen, § 47 Rn. 69; *Fichtelmann* in HeidelbKomm GmbH-R, § 46 GmbHG Rn. 63; *Mollenkopf* in Henssler/Strohn, § 46 GmbHG Rn. 32; *Trölitzsch/Leinekugel*, Rn. 36; umgekehrt noch *Kallmeyer* in GmbH-Hdb (Stand: bis März 2011), Rn. I 1448: „Gesellschafter, deren Tätigkeit […] geprüft werden soll, können mitstimmen.“ Mit dieser Aussage wollte er sich vermutlich nur gegen die Pauschalität der vorstehend zitierten Auffassung wenden.

Nachteil eines Geschäftsführers zutage zu fördern, argumentieren Vertreter dieser Strömung.[124]

(2) Ein anderer Ansatz möchte nur diejenigen Gesellschafter-Geschäftsführer vom Stimmrecht ausschließen, die von einer Prüfungsmaßnahme zumindest „mitbetroffen" sind,[125] wenn mithin die Sonderprüfung jedenfalls auch der Überprüfung ihres Verhaltens dienen soll.[126] In ähnlicher Weise formulieren wiederum andere Autoren, es seien alle Gesellschafter ausgeschlossen, „gegen die" sich die Sonderprüfung richte.[127]

(3) Die meisten Stimmen im Schrifttum konstruieren den Anwendungsbereich des Stimmverbots in Hinblick auf den Gegenstand der angestrebten Sonderprüfung dagegen enger. So darf nach dem Verständnis einiger Autoren ein Gesellschafter-Geschäftsführer sein Stimmrecht dann nicht ausüben, wenn über eine Sonderprüfung wegen vermuteter, ihm vorgeworfener Pflichtverletzungen abgestimmt wird.[128] Von anderen wird vertreten, damit bei der Prüferbestellung ein Stimmverbot Geltung erlange, müsse die Sonderprüfung zum Vorfeldstadium einer Maßnahme gehören, bei deren Beschluss der betreffende Gesellschafter gem. § 47 Abs. 4 GmbHG mit dem Ausschluss von der Abstimmung belegt würde. So sollen einem Stimmrechtsausschluss nur diejenigen Mitglieder unterliegen, deren Entlastung vom Prüfungsergebnis abhängt oder gegen die aufgrund des Befundes ein Schadensersatzanspruch in Betracht kommt.[129] Ein weiterer Teil dieser Gruppe in der Literatur versagt die Stimmabgabe bei der Fassung des Sonderprüfungsbeschlusses einem Gesellschafter, sofern die Enquête Tatsachen

---

124 *Roth* in Roth/Altmeppen, § 47 Rn. 69.

125 *Römermann* in Michalski, § 46 Rn. 332; *Liebscher* in MünchKomm GmbHG, § 46 Rn. 196; ähnlich *Schindler* in Ziemons/Jaeger, § 46 Rn. 81.

126 *Leinekugel*, GmbHR 2008, 632, 633; *K. Schmidt* in Scholz, § 46 Rn. 117, § 47 Rn. 142; *Heckschen* in Heckschen/Heidinger, § 4 Rn. 114; ähnlich *Bergjan* in Saenger/Inhester, § 46 Rn. 41.

127 *Raiser/Veil*, S. 489; *Braunfels*, MittRhNotK 1994, 233, 240; ähnlich *Casper* in Bork/Schäfer, § 47 Rn. 58; vgl. auch *U. H. Schneider*, ZHR 150 (1986), 609, 613, der eine „Billigung oder Missbilligung der Geschäftsführung" durch die Sonderprüfung verlangt.

128 *Fleischer*, GmbHR 2001, 45, 47; *Peters/Dechow*, GmbHR 2007, 236, 238.

129 *Roth* in Roth/Altmeppen, § 46 Rn. 45; *Braunfels*, MittRhNotK 1994, 233, 240: jedenfalls dann; sinngleich *Liebscher* in MünchKomm GmbHG, § 46 Rn. 196; zumindest im Hinblick auf die Vorbereitung eines Rechtsstreites ebenso *Koppensteiner* in Rowedder/Schmidt-Leithoff, § 47 Rn. 78; vgl. auch *Brandner* in FS Nirk, S. 75; *ders.* in FS Lutter, S. 324, der aber i. E. den Tatbestand noch enger fassen möchte: dazu sogleich unter (4).

aufdecken soll, die Ansprüche gegen ihn begründen würden.[130] Mit anderen Worten: Ein Stimmverbot gilt für jeden, dessen Inanspruchnahme durch die Gesellschaft aufgrund des Prüfungsberichtes in Betracht kommen kann.[131]

(4) Auch *Brandner* macht in einem Festschriftbeitrag[132] zunächst Ansatz (3) zum Ausgangspunkt seiner Überlegungen. Er möchte das Eingreifen des Stimmverbotes bei einer Sonderprüfung aber anhand derjenigen Voraussetzungen einschränken, von deren Vorliegen gem. § 142 Abs. 2 AktG[133] die Ausübung des Sonderprüfungsrechts durch eine Aktionärsminderheit abhängt. So soll einem Gesellschafter nur dann kein Stimmrecht zustehen, wenn konkrete qualifizierte Verdachtsgründe dahingehend bestehen, dass bei dem zu prüfenden Vorgang Unredlichkeiten oder grobe Verletzungen des Gesetzes oder des Gesellschafts- oder Anstellungsvertrages vorgekommen sind und der betreffende Gesellschafter dafür die Verantwortung trägt.[134]

(5) Meyer-Landrut[135] konstruiert den Stimmverbotstatbestand schließlich ähnlich eng. Weil Prüfungsmaßnahmen i. S. d. § 46 Nr. 6 GmbHG grundsätzlich nur von § 47 Abs. 4 GmbHG nicht ohne weiteres erfasste Ermittlungstätigkeiten beinhalteten, soll nach seinem Dafürhalten ein Gesellschafter allenfalls dann vom Stimmrecht ausgeschlossen sein, wenn die Sonderprüfung eindeutig mit dem Ziel beschlossen wird, Ersatzansprüche geltend zu machen.

bb) Stellungnahme

Um die tatbestandlichen Voraussetzungen des bei Sonderprüfungsbeschlüssen eingreifenden Stimmverbots herausbilden zu können, müssen die teleologisch zu erweiternden Stimmrechtsausschlüsse aus § 47 Abs. 4 GmbHG genauer in den Blick genommen werden. Die dahinter stehenden Prinzipien sind in die Analyse einzubeziehen. Den Ausgangspunkt soll dabei eine Auseinandersetzung mit den von der Literatur unterbreiteten Vorschlägen bilden.

(1) Kritische Würdigung der Vorschläge aus dem Schrifttum

Die vorgestellten Ansätze variieren darin, wie weitreichend sie den Anwendungsbereich des Stimmrechtsausschlusses fassen wollen. Die Extrema vermögen nicht zu überzeugen. Nach dem sehr weiten Ansatz (1) ist nur erforderlich,

---

130 *Hüffer* in Ulmer/Habersack/Winter, § 46 Rn. 81; so schon *ders.* in Hachenburg, § 46 Rn. 78.

131 So *Leinekugel*, GmbHR 2008, 632, 633 (bezogen auf die Gesellschafter, die nicht Mitglied der Geschäftsführung sind); ebenso *Trölitzsch/Leinekugel*, Rn. 36.

132 *Brandner* in FS Nirk, S. 75 ff.

133 § 51c RefE GmbHG 1977 sollte für das GmbH-Recht eine vergleichbare Bestimmung etablieren.

134 *Brandner* in FS Nirk, S. 82.

135 In Meyer-Landrut/Miller/Niehus, § 46 Rn. 32, vgl. auch § 47 Rn. 52 f.

dass überhaupt die Einleitung einer Sonderprüfung beschlossen wird. Unabhängig vom Prüfungsgegenstand unterlägen sämtliche Gesellschafter-Geschäftsführer einem Stimmverbot. Zum einen bestehen gegen diese Auffassung dieselben Bedenken, die sich oben[136] schon gegen die Übertragung des pauschalen, gremienbezogenen Stimmverbots aus § 142 Abs. 1 Satz 2 AktG auf die GmbH anführen ließen. Zum anderen lässt sich eine solche Rechtsfolge definitiv nicht aus § 47 Abs. 4 GmbHG ableiten. Die einzelnen Tatbestände dieser Vorschrift schließen ihrem Wortlaut nach immer nur diejenigen von der Abstimmung aus, die an den betreffenden Maßnahmen beteiligt oder von ihnen betroffen sind. § 47 Abs. 4 GmbHG nimmt insofern – anders als § 142 Abs. 1 Satz 2 AktG – eine individualisierende Betrachtung der stimmberechtigten Gesellschafter vor.[137] Auch der Gegenstand der Sonderprüfung darf sich schließlich allein auf das Verhalten eines von mehreren Geschäftsführern oder auf das Gebaren von Aufsichtsrats- oder Beiratsmitgliedern bzw. von nicht geschäftsführenden Gesellschaftern beziehen. In derartigen Konstellationen schließt § 47 Abs. 4 GmbHG einen nicht von der Prüfung betroffenen Geschäftsführer auch nicht von seinem Stimmrecht aus, denn die persönliche Betroffenheit eines Organmitgliedes färbt nicht automatisch auf die übrigen Organpersonen ab.[138] Bei Sonderprüfungen, die ausschließlich das Verhalten eines nicht geschäftsführenden Gesellschafters betreffen, ist es noch fernliegender das Betroffensein der Geschäftsführer pauschal zu unterstellen. Ansatz (1) ist mithin wegen seiner § 47 Abs. 4 GmbHG widersprechenden Pauschalität abzulehnen.

Der von *Meyer-Landrut* entworfene Ansatz (5) ist hingegen zu eng gefasst. Nimmt man das von ihm aufgestellte Kriterium ernst, dann wäre das Eingreifen des Stimmrechtsauschlusses von der subjektiven Motivationslage der Gesellschafter abhängig, die die Sonderprüfung beantragen. Nach *Meyer-Landrut* müssten diese Mitglieder nämlich die Einleitung der Sonderprüfung mit dem Ziel betreiben, Ersatzansprüche gegen den von der Prüfung Betroffenen geltend zu machen. Wie seine Argumentation zeigt,[139] dürfte der Zweck der Prüferbestellung sich dann nicht darauf beschränken, dass zunächst ergebnisoffen ermittelt werden soll, ob überhaupt irgendwelche Ansprüche bestehen. Dass das Stimmverbot vielmehr nur verhängt werden soll, wenn vor dem Sonderprüfungsbeschluss bereits die definitive Entscheidung der Gesellschafter gefallen ist, Ersatzansprüche gegen einen Mitgesellschafter geltend zu machen, lässt sich schwerlich mit einer (erweiternden) Auslegung von § 47 Abs. 4 GmbHG be-

136 S. 209 ff.

137 Davon war schon die Rede. Vgl. oben S. 211.

138 So zur Einzelentlastung *Römermann* in Michalski, § 47 Rn. 187.

139 Vgl. insb. *Meyer-Landrut* in Meyer-Landrut/Miller/Niehus, § 47 Rn. 53.

gründen. Erstens scheint der Ansatz sich ausschließlich an § 47 Abs. 4 Satz 2 Fall 2 GmbHG zu orientieren, obwohl das Stimmverbot bei Sonderprüfungen wie gezeigt auch eingreift, wenn schon die Prüferbestellung selbst als Missbilligungskundgabe i. S. v. § 47 Abs. 4 Satz 1 Fall 1 GmbHG gegenüber einem Gesellschafter verstanden werden kann.[140] Zweitens lässt sich eine Sonderprüfung doch gerade auch dann als Vorbereitung der künftigen Rechtsverfolgung einordnen, wenn eine Entscheidung über die Anspruchsgeltendmachung noch nicht getroffen wurde. Vielmehr sollen Prüfungsmaßnahmen i. S. d. § 46 Nr. 6 GmbHG die Gesellschafter überhaupt erst in die Lage versetzen, eine derartige Entscheidung sachgerecht treffen zu können. Es wäre insofern widersinnig, wenn das Stimmverbot bei einem Prüfungsbeschluss schon von einer positiven Entscheidung für die Anspruchsverfolgung abhinge.

Auch dem von *Brandner* propagierten Ansatz (4) kann letztendlich nicht gefolgt werden. Gegen ihn bestehen vor allem Zweifel in methodischer Hinsicht.[141] Sofern *Brandner* statuiert, ein Stimmverbot dürfe erst unter der Voraussetzung eingreifen, dass Verdachtsgründe dahingehend bestünden, es seien Unredlichkeiten oder grobe Gesetzes- oder Satzungsverletzungen begangen worden, greift er für das GmbH-Recht auf Tatbestandsmerkmale des § 142 Abs. 2 AktG zurück. Diese Bestimmung betrifft aber das Minderheitsrecht auf Bestellung von Sonderprüfern, das dem GmbH-Recht gerade unbekannt ist. Die analoge Anwendung der Vorschrift auf die GmbH ist wie gezeigt nicht statthaft.[142] Im Recht der GmbH existiert nur eine Kollektivbefugnis der Gesellschafterversammlung zur Einsetzung einer Sonderprüfung, die der Hauptversammlungskompetenz aus § 142 Abs. 1 AktG entspricht. Abgesehen davon, dass die Analogiefähigkeit dieses Absatzes – auch im Hinblick auf das dort vorgesehene spezielle Stimmverbot – ebenfalls zu verneinen ist,[143] macht die Regelung die wirksame Veranlassung einer Mehrheitssonderprüfung nicht vom Vorliegen besonderer Verdachtsgründe abhängig. Das Bestehen eines bestimmten Verdachtes als Erfordernis für das Eingreifen des Stimmverbotes beim Beschluss einer GmbH-Sonderprüfung muss sich demzufolge – wenn überhaupt – aus dem GmbH-Recht selbst herleiten lassen.[144] Eine Beschränkung speziell auf „Unredlichkeiten" und „grobe" Pflichtverletzungen lässt sich außer durch Anlehnung an die Terminologie des § 142 Abs. 2 AktG, die für die Beurteilung des GmbH-

---

140 Dazu bereits oben S. 219 f.

141 Ähnlich kritisch *Fleischer*, GmbHR 2001, 45, 47.

142 Vgl. oben S. 113 ff.

143 Zu § 142 Abs. 1 S. 1 AktG als Kompetenznorm für das Sonderprüfungsrecht vgl. oben S. 79 ff.; zur Analogiefähigkeit von § 142 Abs. 1 S. 2 AktG vgl. oben S. 207 ff.

144 Zum Bestehen dieses Erfordernisses vgl. noch unten S. 235 ff.

rechtlichen Stimmrechtsausschlusses gerade nicht maßgeblich sein darf, aber nicht stichhaltig begründen.

Es verbleiben die Ansätze (2) und (3). Auch die von diesen beiden Literaturströmungen aufgestellten Anforderungen unterscheiden sich voneinander. Zumindest scheint es vordergründig so. Während Ansatz (2) schon einen Gesellschafter mit einem Stimmverbot belegt, wenn die Sonderprüfung zumindest auch der Überprüfung von dessen Verhalten dient, setzen die von Ansatz (3) aufgestellten Voraussetzungen tendenziell etwas höher an. Die Autoren, die Letzterem zuzurechnen sind, schließen einen Gesellschafter erst dann von seinem Stimmrecht aus, wenn die Sonderprüfung etwaige Pflichtverletzungen dieses Mitglieds verifizieren soll oder wenn die Prüfungsergebnisse Relevanz für seine Entlastung oder für einen gegen ihn zu führenden Prozess besitzen.

Beide Ansätze erscheinen insofern überzeugend, als sie für jeden einzelnen Gesellschafter den Ausschluss vom Stimmrecht an ein jeweils eigenes „Betroffensein“ von der zu beschließenden Sonderprüfung knüpfen. Eine solche Anforderung lässt sich nämlich einerseits den Tatbeständen des § 47 Abs. 4 Satz 1 Fall 1 und Satz 2 Fall 2 GmbHG entnehmen. Andererseits entspricht dies generell dem Wesen von Stimmverboten, die sich dem Verbot des „Richtens in eigener Sache“ zuordnen lassen. Auch dürften die praktischen Auswirkungen der Ansätze (2) und (3) nicht enorm voneinander abweichen. Im Grunde kann selten von vornherein ausgeschlossen werden, dass dem Verhalten einer mit der Sonderprüfung zu kontrollierenden Person eine Pflichtverletzung anhaftet. Ob die verantwortlichen Personen ihren Pflichten gegenüber der Gesellschaft nachgekommen sind, soll ja gerade erst von den Sonderprüfern geklärt werden – bzw. sie sollen die dazu benötigten Tatsachen zusammentragen. Schließlich ist die auf § 46 Nr. 6 GmbHG gestützte Sonderprüfung ein Kontrollmittel, das der Ermittlung von Fehlern im Wege eines Soll-Ist-Vergleiches dient. Insofern wird Ansatz (2) durch die Formulierung einiger dem Ansatz (3) zuzurechnenden Autoren[145] im Wesentlichen bloß konkretisiert: Bei der Überprüfung des Verhaltens eines Gesellschafters i. S. v. Ansatz (2) kommt praktisch immer in Betracht – wie innerhalb von Ansatz (3) teilweise gefordert –, dass der Soll-Ist-Vergleich anspruchsbegründende Pflichtverletzungen aufdeckt. Selbst wenn der Sonderprüfer sich einer eigenen Bewertung enthalten und nur verständige Sachverhaltsaufklärung erbringen soll, so lässt sich nicht verhindern, dass die Gesellschafter selbst von den durch die Prüfung ermittelten Tatsachen auf eine Pflichtverletzung ihres Mitgesellschafters schließen und deswegen entsprechende Konsequenzen ziehen.

145 So v. a. *Leinekugel*, GmbHR 2008, 632, 633; *Hüffer* in Ulmer/Habersack/Winter, § 46 Rn. 81; so schon *ders.* in Hachenburg, § 46 Rn. 78.

Allenfalls kann man die Kriterien („vermutete, einem Gesellschafter vorgeworfene Pflichtverletzungen") mancher Vertreter[146] des Ansatzes (3) dahingehend interpretieren, dass das Stimmverbot erst ausgelöst werden soll, wenn ein bestimmter Vorwurf oder Verdacht gegen den Mitgesellschafter bei der Antragstellung substantiiert vorgetragen worden ist. An die bisher angestellten Überlegungen anknüpfend soll im Folgenden zu den Voraussetzungen des Stimmverbots Stellung bezogen werden.

(2) Eigene Bestimmung des maßgeblichen Kriteriums für den Stimmrechtsausschluss

(a) Betroffensein durch den Gegenstand der Sonderprüfung

Welche Gesellschafter bei der Fassung eines Sonderprüfungsbeschlusses vom Stimmrecht ausgeschlossen sind, hängt entscheidend von dem Gegenstand der angestrebten Sonderprüfung ab, der durch den der Abstimmung zugrunde liegenden Beschlussantrag festgelegt wird. Dies wird zwar von keinem der Autoren besonders hervorgehoben. Abgesehen von den Vertretern des oben erörterten Ansatzes (1) scheint dieser Erkenntnis jedoch zugleich niemand widersprechen zu wollen. Identifiziert man richtigerweise den Prüfungsgegenstand als maßgeblichen Ansatzpunkt für die Beurteilung, ob ein Gesellschafter bei dem Sonderprüfungsbeschluss von der Abstimmung ausgeschlossen ist, ist der erste Schritt zur Herausprägung eines abstrakt gefassten Stimmverbotstatbestandes getan.

(aa) „Tauglichkeit" des Prüfungsgegenstands

In diesem Zusammenhang ist zunächst herauszustellen, dass ein Stimmverbot nur dann eingreifen kann, wenn der Antrag, über den die Gesellschafter zu beschließen haben, eine Fragestellung beinhaltet, die überhaupt als tauglicher Gegenstand einer Sonderprüfung in Betracht kommt. Sofern zum Beispiel das zu prüfende Verhalten keine Angelegenheiten der Gesellschaft beträfe,[147] ein Beschluss der Gesellschafterversammlung insgesamt auf seine Fehlerhaftigkeit hin untersucht werden sollte[148] oder sich der Beschlussantrag zur Prüfung des Verhaltens eines keinem Organ angehörenden Gesellschafters nicht auf bestimmte abgrenzbare Vorgänge beschränkte,[149] dürfte demzufolge auch ein Gesellschafter mitstimmen, auf den sich der „Prüfungsbeschluss" bezöge. In solchen Konstellationen stellt nämlich die von den Gesellschaftern beschlossene Prüfung wie gezeigt nicht etwa die Vornahme einer in ihre Eigenkompetenz fallende Über-

---

146 *Fleischer*, GmbHR 2001, 45, 47; *Peters/Dechow*, GmbHR 2007, 236, 238.
147 Dazu oben S. 140 f.
148 Dazu oben S. 165 f., 179 f.
149 Dazu oben S. 175 f.

wachungsmaßnahme dar. Vielmehr handelt es sich schlicht um einen Akt der Geschäftsführung, über den die Verbandsmitglieder nur kraft ihrer Allzuständigkeit befinden können. Möchten die Gesellschafter über eine Geschäftsführungsmaßnahme entscheiden, so müssen sie im Beschlusswege eine Weisung an die Geschäftsführer erteilen.[150] Ein Weisungsbeschluss, der über Fragen der Geschäftsführung befindet, ist als unternehmerische Ermessensentscheidung aber immer in die Hände *aller* Gesellschafter gelegt. Deswegen ist auch ein von der Geschäftsführungsmaßnahme selbst betroffenes Mitglied – insbesondere der Geschäftsführer, der die Weisung zu befolgen hat – keineswegs von der Beteiligung an der Abstimmung ausgeschlossen. Bei Geschäftsführungsmaßnahmen sind vielmehr stets alle Gesellschafter stimmberechtigt,[151] außer wenn es sich bei einer solchen Maßnahme um ein Rechtsgeschäft i. S. v. § 47 Abs. 4 Satz 1 Fall 2 oder Satz 2 Fall 1 GmbHG handeln sollte.[152]

(bb) Feststellbarkeit der „Betroffenheit" durch Auslegung des Beschlussantrags

Erst wenn – unter Zugrundelegung der soeben angestellten Überlegungen – der beantragte Untersuchungsgegenstand überhaupt einer Sonderprüfung fähig ist, stellt sich sodann die Frage, wie das Prüfungsthema beschaffen sein muss, damit die Beschlussfassung ein Stimmverbot auslöst. Aus § 47 Abs. 4 Satz 1 Fall 1 und Satz 2 Fall 2 GmbHG ergibt sich jeweils, dass ein Gesellschafter, um dem Stimmrechtsausschluss zu unterliegen, von der zu beschließenden Maßnahme selbst „betroffen" sein muss.[153] Überträgt man diese Aussage in ausdehnender Interpretation der beiden Tatbestände auf den Beschluss einer Sonderprüfung, trifft das Stimmverbot in der Tat – um die Wortwahl von *Raiser* und *Veil* sowie *Braunfels* aufzugreifen[154] – denjenigen Gesellschafter, „gegen den" sich die Enquête ihrem Gegenstand nach „richtet". Damit ist jedoch nicht mehr als ein zusätzliches Schlagwort gefunden. Unter welchen Voraussetzungen „richtet sich" eine Sonderprüfung denn „gegen" eines der Verbandsmitglieder?

Um einen Gesellschafter von seinem Stimmrecht auszuschließen, ist es richtigerweise erforderlich, dass die Sonderprüfung zumindest auch dessen Verhalten untersuchen soll. Dies entspricht der Aussage des oben behandelten Ansatzes (2).

---

150 Vgl. oben S. 52 m. N.

151 Zum Ganzen BGH, WM 1976, 204, 205; *K. Schmidt* in Scholz, § 47 Rn. 135, 147; *Fischer/Gerber* in BeckHdb GmbH, § 4 Rn. 97; *Lohr*, NZG 2002, 551, 555 (Fn. 64); ähnlich *Roth* in Roth/Altmeppen, § 47 Rn. 68.

152 Zu dieser Einschränkung ausdrücklich *K. Schmidt* in Scholz, § 46 Rn. 117.

153 Dies wurde bereits erörtert. Vgl. oben S. 228 f.

154 *Raiser/Veil*, S. 489; *Braunfels*, MittRhNotK 1994, 233, 240.

Ob die Sonderprüfung dazu dient, das Verhalten bestimmter Gesellschafter zu überprüfen, ist wiederum nur anhand des beantragten Prüfungsgegenstandes zu ermitteln. Dazu muss dem Beschlussantrag durch Auslegung i. S. d. §§ 133, 157 BGB entnommen werden können, dass zumindest auch die Beteiligung des betreffenden Gesellschafters in Bezug auf den zu prüfenden Sachverhalt von den Sonderprüfern untersucht werden soll. Innerhalb des weiten Rahmens zulässiger Prüfungsgegenstände sind die Gesellschafter in der Wahl des Prüfungsthemas völlig frei,[155] sodass auch der zeitlich dem Beschluss vorausgehende Beschlussantrag beliebig weit oder eng gefasst sein kann. Eindeutig ist ein Gesellschafter von der zu beschließenden Sonderprüfung dann „betroffen", wenn der Beschlussantrag ausdrücklich auf ihn Bezug nimmt, ihn insbesondere namentlich benennt. Wenn die Sonderprüfung also untersuchen soll, inwiefern etwa Gesellschafter-Geschäftsführer X bei der Tätigung einer bestimmten Investition für die Gesellschaft seine Geschäftsführungsbefugnis überschritten oder eine ungünstige, für die GmbH unrentable Entscheidung getroffen hat, so darf X bei der Fassung des Prüfungsbeschlusses nicht mitstimmen.

Des Weiteren erfasst das Stimmverbot, ohne dass im Beschlussantrag ausdrücklich Personen erwähnt sein müssten, diejenigen Gesellschafter, deren Involvierung in den Prüfungssachverhalt aus Sicht eines objektiven Dritten in Person der beschließenden Gesellschafter offenkundig ist. Dann ergibt nämlich zumindest die objektive Auslegung des Beschlussantrages (§ 157 BGB), dass das Verhalten eines Mitgesellschafters überprüft werden soll. Sollen beispielsweise die Umstände, die den Abschluss eines Bauunternehmervertrages über die Errichtung eines bestimmten Gebäudes begleitet haben, einer Sonderprüfung unterzogen werden, so ist automatisch derjenige Gesellschafter-Geschäftsführer, der mit der Betreuung dieses Projektes allein befasst war, vom Stimmrecht ausgeschlossen. Handelt es sich auch bei dem Bauunternehmer um einen Mitgesellschafter, so ist er gleichfalls an dem zu prüfenden Vorgang beteiligt und unterliegt als Betroffener dem Stimmverbot, auch wenn er keinem Verwaltungsorgan der GmbH angehören sollte.[156]

In gewissem Maße hat es der Antragsteller somit in der Hand, das Stimmrecht eines Mitgesellschafters durch geschickte Formulierung des Beschlussantrages auszuschalten.[157] Möchte der antragstellende Gesellschafter eine Sonderprüfung einleiten, die sich gerade „gegen" einen bestimmten Mitgesellschafter „richten" soll, ist es ratsam, diesen im Beschlussantrag ausdrücklich zu erwäh-

---

155 Vgl. dazu oben S. 197 f.

156 Zur Entlastung gleichsinnig *Römermann* in Michalski, § 47 Rn. 189; *Hüffer* in Ulmer/Habersack/Winter, § 47 Rn. 145.

157 Ebenso *Leinekugel*, GmbHR 2008, 632, 633.

nen oder die Prüfung gar auf die Untersuchung des Verhaltens dieses Mitgliedes zu beschränken. Denn sollte der Prüfungsgegenstand nur sachlich umschrieben sein, so besteht das Risiko, dass hinsichtlich einzelner Gesellschafter unklar bleibt, ob sie in den Prüfungssachverhalt involviert sind. Solche Gesellschafter dürfen im Zweifel mitstimmen. Beim Stimmrecht handelt es sich nämlich um ein besonders wichtiges Verwaltungsrecht, das aus der Mitgliedschaft des Gesellschafters in der GmbH resultiert.[158] Die Mitgliedschaft ist ein absolutes subjektives Recht[159] und genießt über Art. 14 Abs. 1 GG sogar verfassungsrechtlichen Schutz.[160] Da ein Stimmrechtsausschluss tief in die Mitgliedschaftsrechte des Gesellschafters eingreift, müssen sich Unklarheiten, die im Hinblick auf das Eingreifen eines Stimmverbotes bestehen, zugunsten des Abstimmenden auswirken.

Soll die Sonderprüfung gerade klären helfen, ob ein bestimmter Gesellschafter überhaupt Einfluss auf bestimmte Vorgänge genommen hat, ob mithin ein Verhalten dieses Mitglieds für den interessierenden Sachverhalt in irgendeiner Weise eine Rolle gespielt hat, so muss dies im Beschlussantrag klar zum Ausdruck kommen, damit der Stimmrechtsausschluss eingreift. Nur dann führt auch die Überprüfung des „Ob“ einer Beteiligung an den Prüfungsvorgängen zu einem Stimmverbot zulasten des „Betroffenen“. Wie weit sich das Stimmverbot in persönlicher Hinsicht erstreckt, soll im Fortgang dieser Untersuchung noch präzisiert und vertieft werden.[161]

(b) Konkreter Vorwurf oder Vorliegen bestimmter Verdachtstatsachen erforderlich?

Es bleibt schließlich klärungsbedürftig, inwiefern das Kriterium, dass – wie soeben erarbeitet – mit einer Sonderprüfung zumindest auch das Verhalten eines Gesellschafters untersucht werden muss, um das derart „betroffene“ Mitglied beim Sonderprüfungsbeschluss einem Stimmverbot zu unterwerfen, nicht nur erforderlich, sondern auch *genügend* ist. Reicht es stets aus, dass der Sonderprüfungsantrag wenigstens darauf abzielt, die Beteiligung eines Gesellschafters an den Prüfungsvorgängen aufzuhellen, damit dieser bei der Abstimmung von seinem Stimmrecht ausgeschlossen ist? Zur Beantwortung dieser Frage soll eine dem Ansatz (3) zu entnehmende Deutungsmöglichkeit auf ihre Trägfähigkeit hin untersucht werden. Verschiedene Autoren lassen sich so verstehen, dass ein Stimmverbot erst dann eingreife, wenn bei Antragstellung ein bestimmter Vorwurf oder Verdacht gegen den Mitgesellschafter substantiiert vorgetragen wer-

---

158 *K. Schmidt*, GesellschR, S. 604, 1038; *Römermann* in Michalski, § 47 Rn. 43 f.

159 *K. Schmidt*, GesellschR, S. 549 f.

160 Vgl. nur BVerfGE 50, 290, 342 ff.; *Wiedemann* I, S. 700 ff.

161 Dazu unten S. 245 ff.

de, oder sogar erst dann, wenn entsprechende Verdachtstatsachen glaubhaft gemacht würden.[162]

(aa) Auslegung der anwendbaren Stimmverbotstatbestände

Für eine derartige Sichtweise mag ein rechtssystematischer Befund streiten. Es ist, damit das Stimmverbot wegen Einleitung eines Rechtsstreites i. S. d. § 47 Abs. 4 Satz 2 Fall 2 GmbHG Wirkung entfaltet, zwar nicht erforderlich, dass der Prozess, über den die Gesellschafter befinden sollen, Aussicht auf Erfolg hat.[163] Noch weniger kann verlangt werden, dass bei objektiver Betrachtung der antragstellende Gesellschafter sachlich im Recht ist.[164] Ob die Anschuldigungen zu Recht erhoben werden, ist schließlich erst im herbeizuführenden Schadensersatzprozess zu klären. Es soll aber für das Eingreifen von § 47 Abs. 4 Satz 2 Fall 2 GmbHG nötig sein, dass der Beschlussantrag im Einzelnen umreißt, welche anspruchsbegründende Pflichtverletzung und welcher Tatbeitrag dem zu Verklagenden vorgeworfen werden. Der Antragsteller muss wenigstens nachvollziehbar darlegen, aufgrund welcher tatsächlichen Umstände eine Haftung des betreffenden Gesellschafters ernsthaft in Betracht zu ziehen ist.[165]

Da eine Sonderprüfung im Regelfall die Gesellschafter in die Lage versetzen soll, eine sachgerechte Entscheidung darüber fällen zu können, ob und inwiefern sie Ansprüche der Gesellschaft gegen einen Mitgesellschafter verfolgen wollen, lässt die Prüfungseinleitung sich als Vorfeldmaßnahme eines Beschlusses i. S. v. § 47 Abs. 4 Satz 2 Fall 2 GmbHG begreifen. Insofern lässt sich das Stimmverbot beim Beschluss einer Sonderprüfung unter anderem durch teleologische Extension dieser Bestimmung gewinnen. Davon war schon verschiedentlich die Rede.[166] Insofern sind die Erkenntnisse zu den Anforderungen, die erfüllt sein müssen, um das Stimmverbot aus § 47 Abs. 4 Satz 2 Fall 2 GmbHG auszulösen, auf den Sonderprüfungsbeschluss zu übertragen. Damit bei der Bestellung von Sonderprüfern einem Gesellschafter das Stimmrecht verwehrt würde, wäre es demnach zwar keinesfalls erforderlich, dass bereits Verfehlungen dieses Mitgliedes

---

162 So offenbar vertreten von *Peters/Dechow*, GmbHR 2007, 236, 238, und *Fleischer*, GmbHR 2001, 45, 47, der zumindest den „Vorwurf" von Pflichtverletzungen verlangt. Vgl. dazu oben S. 227.

163 BGHZ 97, 28, 36; OLG München, NJW-RR 1993, 1507, 1510; *Lohr*, NZG 2002, 551, 556; *K. Schmidt* in Scholz, § 47 Rn. 131; *Bergjan* in Saenger/Inhester, § 47 Rn. 30.

164 *Roth* in Roth/Altmeppen, § 47 Rn. 73.

165 BGHZ 97, 28, 36; diesem folgend OLG Düsseldorf, GmbHR 1996, 689, 692; *Eickhoff*, Rn. 193.

166 Vgl. insb. oben S. 216 ff.

feststünden.[167] Wenn dies schon für den Beschluss der Anspruchsgeltendmachung nicht verlangt wird, erschiene eine solche Voraussetzung für eine Maßnahme, die wie die Sonderprüfung zunächst die Sachverhaltsaufklärung fördern soll, erst recht widersinnig. Wenn man die soeben skizzierten Grundsätze zu § 47 Abs. 4 Satz 2 Fall 2 GmbHG konsequent überträgt, so müsste der Antrag auf Beschluss einer Sonderprüfung aber anhand vorzutragender Tatsachen substantiiert und nachvollziehbar darlegen, dass zumindest ein erster Verdacht besteht, der Mitgesellschafter habe sich Pflichtverletzungen zuschulden kommen lassen. Einer Glaubhaftmachung bedürfte es allerdings nicht. Zudem müsste der Vortrag eines einzelnen derartigen Aspektes bereits genügen, um eine umfassende Prüfung der relevanten Vorgänge unter Ausschluss des „Betroffenen" beschließen zu können. Der Situation vor dem Beschluss einer informationellen Vorbereitungsmaßnahme wie einer Sonderprüfung ist nämlich immanent, dass die Antragsteller die Pflichtverletzungen des Mitgliedes noch nicht „im Einzelnen" umreißen können. Dazu soll die Durchführung der Kontrollmaßnahme die Gesellschafter überhaupt erst befähigen.

Die erweiternde Auslegung *nur* des § 47 Abs. 4 Satz 2 Fall 2 GmbHG ergibt demzufolge, dass es, um einen Stimmrechtsausschluss beim Prüfungsbeschluss auszulösen, nicht ausreicht, wenn die Enquête mit dem Verhalten eines an der Abstimmung beteiligten Gesellschafters befasst werden soll. Darüber hinaus müssen nachvollziehbar Verdachtstatsachen im Hinblick auf eine Pflichtverletzung dieses Mitgesellschafters vorgetragen werden.

Die Argumentation darf jedoch nicht verkennen, dass wie oben gezeigt[168] der Stimmrechtsausschluss der von einer Sonderprüfung betroffenen Gesellschafter sich nicht nur auf den Tatbestand des § 47 Abs. 4 Satz 2 Fall 2 GmbHG, sondern auch auf Satz 1 Fall 1 derselben Vorschrift stützen lässt. Es ließ sich zudem bereits darlegen, dass der Beschluss einer Sonderprüfung zu dem Verhalten eines Gesellschafters allein aufgrund des dadurch geäußerten Misstrauens schon als erster Akt der Missbilligung seiner Tätigkeit einzuordnen ist, selbst wenn noch keine den Gesellschafter diskreditierenden Verdachtstatsachen offenbar geworden sind.[169]

Auch im Falle eines klassischen Entlastungsbeschlusses i. S. d. § 46 Nr. 5 GmbHG kann die Befangenheit des Gesellschafters, über den befunden wird, nur schlechthin konstatiert werden. Es müssen keinerlei Verdachtsmomente gegen das zu entlastende Organmitglied im Raum stehen, um es von der Abstim-

---

167 Ebenso *Leinekugel*, GmbHR 2008, 632, 633: das Stimmverbot greife „unabhängig davon, ob sich der […] Gesellschafter tatsächlich etwas hat zu Schulden kommen lassen".

168 Vgl. insb. S. 223 f.

169 Vgl. oben S. 219 f.

mung auszuschließen.[170] Zudem kann die Entlastung nicht nur unter Verweis auf Pflichtverletzungen, die man dem Organmitglied vorwirft, versagt werden. Die Gesellschafterversammlung einer GmbH urteilt im Rahmen der Entlastung nämlich nicht nur anhand des Maßstabes von § 43 Abs. 1 GmbHG, sondern zum Beispiel auch darüber, ob die Verwaltung ihre unternehmerischen Entscheidungen zweckmäßig getroffen hat.[171] Überträgt man im Wege extensiver Auslegung des § 47 Abs. 4 Satz 1 Fall 1 GmbHG diese Erkenntnisse auf die Sonderprüfung, zeigt sich folgendes Ergebnis: Derjenige, der eine Sonderprüfung beantragt, muss keine Verdachtstatsachen vortragen, die eine Pflichtverletzung auf Seiten eines Organmitgliedes möglich erscheinen lassen, um dieses einem Stimmverbot zu unterwerfen, da sich dem Stimmverbotstatbestand für Entlastungsbeschlüsse eine derartige Voraussetzung nicht entnehmen lässt.

(bb) Differenzierung nach jeweiliger Organmitgliedschaft des betroffenen Gesellschafters

Die Auslegung von § 47 Abs. 4 Satz 1 Fall 1 und Satz 2 Fall 2 GmbHG gelangt hinsichtlich der Frage, welche Voraussetzungen an den Sonderprüfungsantrag zu stellen sind, damit ein Gesellschafter einem Stimmrechtsausschluss unterliegt, zu unterschiedlichen Ergebnissen. Die entsprechenden Kriterien für ein Stimmverbot bei der Fassung eines Sonderprüfungsbeschlusses lassen sich aber alternativ durch extensive Interpretation des einen oder des anderen Stimmverbotstatbestandes herausbilden. Es müssen nicht etwa jeweils die strengsten Voraussetzungen erfüllt sein. Vielmehr unterscheiden sich die beiden Tatbestände in Voraussetzungen und Reichweite. Während § 47 Abs. 4 Satz 1 Fall 1 GmbHG geringere Voraussetzungen aufstellt als Satz 2 Fall 2 derselben Vorschrift, reicht § 47 Abs. 4 Satz 2 Fall 2 GmbHG aber in personeller Hinsicht weiter, wie noch zu zeigen sein wird.[172]

Insofern ist es generell für das Eingreifen eines Stimmverbotes bei Einleitung einer Sonderprüfung keine notwendige Voraussetzung, dass der Vorwurf oder der Verdacht von Pflichtverletzungen durch den Antragsteller dargelegt wird. Ebenso wenig wie bei der Entlastung ist bei der Beschlussfassung über eine Sonderprüfung die Kategorie potenzieller Pflichtverletzungen das wichtigste oder gar das einzige Kriterium, das die Gesellschafter im Rahmen ihrer Entscheidung berücksichtigen dürfen. Ist aber, auch ohne dass verdächtige Umstände vorliegen, der betroffene Gesellschafter bei einer Entscheidung über seine Entlastung nicht stimmberechtigt, so darf für den Sonderprüfungsbeschluss

[170] Vgl. z. B. *Zöllner*, Stimmrechtsschranken, S. 197.

[171] BGHZ 94, 324, 326 f.; *Priester* in FS Rowedder, S. 370; *Zöllner* in Baumbach/Hueck, § 46 Rn. 43.

[172] Vgl. sogleich unten S. 239 ff.

nichts anderes gelten. Mit diesem wird nämlich gleichfalls über die für eine Entlastungssituation typische Frage von Missbilligung oder Billigung der Organtätigkeit befunden. Für die geringeren Anforderungen an das Stimmverbot spricht auch, dass im Voraus praktisch niemals sicher ausgeschlossen werden kann, dass die Sonderprüfung Pflichtverletzungen oder wenigstens unzweckmäßiges Handeln des Überprüften aufdecken wird. Sollte dies doch ausnahmsweise einmal der Fall sein, so erscheint es vor dem Hintergrund der Gesetzessystematik stimmiger, dieses Problem auf der Ebene des Beschlussmängelrechts zu lösen. Denn der unter Ausschluss eines Gesellschafters gefasste Beschluss unterliegt selbstverständlich der Inhaltskontrolle – den beweglichen Schranken des Stimmrechts. Besteht keinerlei Anlass für die beschlossene Sonderprüfung, etwa weil der Sachverhalt bereits vor Einleitung der Enquête vollständig geklärt wurde, ist es nicht unwahrscheinlich, dass der Sonderprüfungsbeschluss sich, zum Beispiel wegen Rechtsmissbräuchlichkeit oder Treuwidrigkeit, als fehlerhaft erweist. Darauf wird noch zurückzukommen sein.[173]

Das soeben herausgearbeitete Konzept, nach dem ein Gesellschafter beim Beschluss einer Sonderprüfung schon dann nicht mitstimmen darf, wenn die Sonderprüfung zumindest auch die Untersuchung seines Verhaltens umfassen soll, unabhängig davon, ob ein konkreter Verdacht gegen ihn gehegt wird, bringt gleichwohl nur den Grundsatz zum Ausdruck. In einer Hinsicht muss stärker differenziert werden. Das weite, grundsätzliche Konzept, das den Stimmrechtsausschluss bereits an jedes den Prüfungsgegenstand betreffende Verhalten knüpft, kann Geltung nur für einen Gesellschafter beanspruchen, bei dem es sich um ein gekorenes Mitglied eines Gesellschaftsorgans oder um einen Mitarbeiter der Gesellschaft handelt. Auf die übrigen Gesellschafter ist ein engerer, allein aus § 47 Abs. 4 Satz 2 Fall 2 GmbHG zu entwickelnder Stimmverbotstatbestand anwendbar, dem zufolge zumindest ein erster Verdacht von Pflichtverletzungen durch das betreffende Mitglied vom Antragsteller nachvollziehbar darzulegen ist. Diese Differenzierung lässt sich mit den jeweils anwendbaren Stimmverbotstatbeständen und mit der Herleitung der jeweiligen Sonderprüfungskompetenz erklären.

Das gesellschaftsrechtliche Rechtsinstitut der Entlastung bezieht sich nämlich nur auf die gekorenen Mitglieder von Organen der GmbH.[174] Mit ihr bringen die Anteilseigner die Billigung der organschaftlichen Tätigkeit hinsichtlich

---

[173] Unten S. 276 ff., insb. S. 288 ff.; zum durch bewegliche Schranken vermittelten Schutz vgl. bereits oben S. 203 f.

[174] So *K. Schmidt*, GesellschR, S. 428 f.; vgl. auch *Wicke*, § 47 Rn. 17; *Römermann* in Michalski, § 46 Rn. 257, § 47 Rn. 178; *Buchner*, GmbHR 1988, 9, 11; *Priester* in FS Rowedder, S. 370 und ff.

eines bestimmten Zeitraums zum Ausdruck. Den Gesellschaftern steht aber keine Entlastungskompetenz bezüglich ihrer Mitgesellschafter zu. Konsequenterweise kann § 47 Abs. 4 Satz 1 Fall 1 GmbHG ebenfalls kein Stimmverbot im Zusammenhang mit der Einleitung einer Sonderprüfung entnommen werden, das sich auf einen Gesellschafter bezöge, der keinem Verbandsorgan angehört, – auch nicht mit Mitteln der erweiternden Auslegung. Denn die Entscheidung über die Überprüfung des Gebarens solcher Gesellschafter vermag einem Entlastungsbeschluss schon insofern nicht zu ähneln, als diese Mitglieder überhaupt nicht der Entlastungskompetenz der Gesellschaftergesamtheit unterworfen sind. Der persönliche Anwendungsbereich eines Stimmverbots sollte auch im Falle der teleologischen Extension des Tatbestands, die nur dessen sachliche Reichweite betrifft, nicht ausgeweitet werden.

Die Richtigkeit dieser differenzierenden Sichtweise lässt sich außerdem mit dem Aufzeigen einer rechtsdogmatischen Parallele belegen. Wie für die Entlastungskompetenz ist auch für die allgemeine Aufsichtskompetenz der Gesellschafter das einseitige Unterworfensein der Gesellschaftsorgane charakteristisch. Insofern sind diese Befugnisse vergleichbar. Der einzelne Gesellschafter unterliegt als wirtschaftlicher Eigentümer der Gesellschaft nicht der allgemeinen Aufsicht durch die Gesellschaftergesamtheit.[175] Wie im Rahmen dieser Untersuchung bereits ausgeführt wurde, lässt sich deswegen auch die Sonderprüfungsbefugnis der Gesellschafterversammlung allein auf § 46 Nr. 8 Fall 1 GmbHG und gerade nicht auf § 46 Nr. 6 GmbHG stützen, sofern ausschließlich einzelne Mitgesellschafter kontrolliert werden sollen, die keinem Verwaltungsorgan angehören.[176] Wenn den Gesellschaftern die Bestellung von Sonderprüfern in solchen Fällen einzig als Annexkompetenz zu der Zuständigkeit, Ersatzansprüche der Gesellschaft gegen Mitgesellschafter geltend zu machen, zugestanden wird, ist es folgerichtig, auch den entsprechenden Stimmverbotstatbestand nur § 47 Abs. 4 Satz 2 Fall 2 GmbHG zu entnehmen. Sonderprüfungen, die *allein* zur Kontrolle nicht geschäftsführender Gesellschafter eingeleitet werden, weisen nämlich wegen der Verortung in § 46 Nr. 8 Fall 1 GmbHG – wie hier vertreten – nur dann einen tauglichen Prüfungsgegenstand auf, wenn das Bestehen von Ersatzansprüchen der Gesellschaft nicht von vornherein ausgeschlossen werden kann.[177]

Der Gegenstand einer Enquête, die neben dem Verhalten von Organmitgliedern *auch* das Verhalten solcher Gesellschafter betrifft, muss hingegen zwar keine besonderen Anforderungen erfüllen, um die Sonderprüfung auf die Eigen-

175 So schon oben S. 167 f.
176 Vgl. zum Ganzen oben S. 167 ff., insb. S. 170 ff.
177 Dies wurde oben, S. 170 ff., ausführlich hergeleitet.

kompetenz der Gesellschafterversammlung i. S. d. § 46 Nr. 6 GmbHG stützen zu können. Eine Sonderprüfung löst bei einem Gesellschafter ohne Organmitgliedschaft aber in Anbetracht sämtlicher Prüfungsgegenstände nur dann ein Stimmverbot aus, wenn sie eine Maßnahme darstellt, die bezogen auf dieses Mitglied im Vorfeld der Anspruchsgeltendmachung oder einer anderweitigen Sanktionierung von Pflichtverletzungen aus dem Gesellschaftsverhältnis[178] ergriffen wird. Damit die Sonderprüfung eine solche Vorbereitungsmaßnahme darstellt, ist, wie oben[179] entwickelt wurde, gemäß dem erweiternd auszulegenden § 47 Abs. 4 Satz 2 Fall 2 GmbHG vom Antragsteller substantiiert und nachvollziehbar anhand von Tatsachen ein Anfangsverdacht bezüglich Verfehlungen, die das Gesellschaftsverhältnis berühren, darzulegen.

Auch sofern man das Augenmerk erneut auf den weitgreifenden Stimmverbotstatbestand lenkt, dem die Gesellschafter unterliegen, die zugleich Organmitglieder sind, lässt sich die Stimmigkeit einer differenzierten Lösung der Problematik aufzeigen. Ein umfassender Stimmrechtsausschluss solcher Anteilseigner trägt mit zur Effizienz der GmbH-rechtlichen Überwachungsmechanismen bei. Die Aufgabe der Geschäftsführungskontrolle wird in der GmbH institutionell von den Gesellschaftern selbst wahrgenommen. Anders als in einer Aktiengesellschaft, deren Vorstand der Kontrolle durch den Aufsichtsrat unterworfen ist, der gem. § 105 Abs. 1 AktG zwingend mit anderen Organwaltern besetzt werden muss als das Leitungsorgan, verfügen Gesellschafter-Geschäftsführer einer GmbH in vielen Fällen zugleich über die Stimmenmehrheit in der zur Aufsicht berufenen Gesellschafterversammlung. Solche Mehrheitsgesellschafter wären insofern zur Überwachung ihrer eigenen Tätigkeit berufen. Ebenso, wie feststeht, dass sich kein Organmitglied selbst entlasten können soll,[180] sollte es auch nicht über die Überwachung seiner eigenen Tätigkeit befinden dürfen. Dies fordert nicht nur das Verbot des „Richtens in eigener Sache", sondern auch das diesem verwandte Prinzip der Trennung von Verwaltung und Kontrolle.[181] So wird durch ein weit gefasstes Stimmverbot die Kontrolle eines Gesellschafter-Geschäftsführers dessen Mitgesellschaftern überantwortet. Diesen werden bei der Beschlussfassung zu Maßnahmen gem. § 46 Nr. 6 GmbHG Grenzen vor allem durch die beweglichen Stimmrechtsschranken gesetzt.[182] Auch bei weit gefasstem Stimmverbot wird die Prüfung der Frage, ob überhaupt ein begründeter

---

178 Dazu lässt sich z. B. noch der Ausschluss aus der Gesellschaft zählen.

179 S. 235 ff.

180 Vgl. nur BGHZ 43, 261, 264; *A. Teichmann*, Gestaltungsfreiheit, S. 183; *Koppensteiner* in Rowedder/Schmidt-Leithoff, § 46 Rn. 28.

181 Dazu *A. Teichmann*, WuB II C. § 47 GmbHG 1.89, S. 1318, 1319; vgl. auch *ders.*, Gestaltungsfreiheit, S. 178 f., 182 ff.

182 Dazu noch unten S. 276 ff.

Kontrollanlass besteht, der die Einleitung einer Sonderprüfung rechtfertigt, somit nicht gänzlich obsolet. Dieser Umstand ist nur nicht bereits Voraussetzung für das Eingreifen des Stimmverbotes, sondern wird im Ergebnis größtenteils in das Beschlussmängelrecht verlagert. Aus einer derartigen Lösung resultiert in erster Linie eine Abwälzung der Beweislast auf den mit der Sonderprüfung Kontrollierten.[183]

Gesellschafter, die Mitarbeiter der Gesellschaft sind, unterliegen unter denselben Voraussetzungen einem Stimmverbot wie Organmitglieder. Wenngleich Mitarbeiter – anders als Organwalter – nicht durch die Gesellschafter entlastet werden können,[184] so rechtfertigt es doch der Umstand, dass auch ihre Tätigkeit von der Überwachungsbefugnis i. S. d. § 46 Nr. 6 GmbHG umfasst wird, auf sie ebenfalls den weiten Stimmverbotstatbestand anzuwenden.

(3) Zusammenfassung

Auf den GmbH-Gesellschafterbeschluss über die Durchführung einer Sonderprüfung finden Stimmverbote Anwendung, die § 47 Abs. 4 Satz 1 Fall 1, Satz 2 Fall 2 GmbHG durch extensive Auslegung entnommen werden können. Ob ein Gesellschafter bei der Abstimmung von seinem Stimmrecht ausgeschlossen ist, hängt von dem beantragten Gegenstand der Enquête ab, über die Beschluss gefasst werden soll. Hinsichtlich der Voraussetzungen des Stimmverbotstatbestandes ist allerdings zu differenzieren.

Ein Gesellschafter, der gekorenes Mitglied eines Gesellschaftsorgans ist oder als Mitarbeiter bei der GmbH beschäftigt wird, ist schon von seinem Stimmrecht ausgeschlossen, sofern die Sonderprüfung zumindest auch dazu dient, sein Verhalten zu untersuchen, der Prüfungsgegenstand mithin auch ihn „betrifft". Um dies feststellen zu können, muss der Beschlussantrag eingehend ausgelegt werden.

Damit ein Gesellschafter, der weder gekorenes Organmitglied noch Mitarbeiter der Gesellschaft ist, dem Stimmverbot unterliegt, ist darüber hinaus eine zusätzliche Anforderung zu erfüllen. Der Ausschluss greift nur, wenn der Antragsteller im Zusammenhang mit dem Beschlussantrag, nachvollziehbar und substantiiert anhand von Tatsachen einen ersten Verdacht darlegen kann, dass der betreffende Gesellschafter aus dem Gesellschaftsverhältnis herrührende Pflichten verletzt hat.

---

183 Ähnlich *Zöllner*, Stimmrechtsschranken, S. 171; so auch *Swatzina*, S. 107 ff. Vgl. zu diesem Aspekt noch die Ausführungen unten S. 293 f., 307.

184 Vgl. dazu nur in Bezug auf Prokuristen *Hüffer* in Ulmer/Habersack/Winter, § 47 Rn. 143.

b) Konkrete Reichweite des Stimmverbotes

aa) Anwendungsbereich des Stimmverbotes in sachlicher und zeitlicher Hinsicht

Das Stimmverbot erfasst sowohl den Beschluss über die Anordnung einer Sonderprüfung zur Untersuchung eines bestimmten Gegenstandes als auch die Entscheidung über die Bestellung des Sonderprüfers.[185] Das gilt ebenfalls, wenn die Person des Sonderprüfers in zeitlicher Hinsicht erst später festgelegt wird. Die Befangenheit eines Gesellschafters erstreckt sich nämlich auch auf die Auswahl des Sonderprüfers. Der Betroffene wird regelmäßig bestrebt sein, einen ihm wohl gesinnten Prüfer zu bestellen, was dem Zweck der Sonderprüfung, eine unvoreingenommene Sachverhaltsaufklärung zu gewährleisten, zuwiderliefe.[186]

Bei der Beendigung der Sonderprüfung bzw. der Abberufung der bestellten Sonderprüfer sowie bei der Änderung des zunächst festgelegten Prüfungsgegenstandes durch Beschluss gelten dieselben Stimmverbote wie ursprünglich bei der Einleitung der Enquête und bei der Prüferbestellung.[187] Dies ergibt sich aus Sinn und Zweck der Stimmverbote. Der von seinem Stimmrecht ausgeschlossene Mehrheitsgesellschafter könnte sonst zwar die Sonderprüfung nicht von vornherein verhindern, ihre Einsetzung aber jederzeit zurücknehmen oder den Prüfungsauftrag nachträglich in seinem Sinne modifizieren. Außerdem spricht für diese Lösung, dass das Stimmverbot aus § 47 Abs. 4 Satz 2 Fall 2 GmbHG nicht allein die „Einleitung", sondern auch die „Erledigung" eines Rechtsstreites erfasst.[188] Eine nachträgliche Ergänzung des Prüfungsauftrages ist hingegen so zu behandeln, als ob eine Sonderprüfung isoliert zu dieser zusätzlichen Frage veranlasst würde. Bei der Fassung eines Beschlusses, der das ursprüngliche Prüfungsthema ausschließlich erweitert, müssen demzufolge nicht unbedingt dieselben Gesellschafter vom Stimmverbot betroffen sein, denen beim ersten Sonderprüfungsbeschluss die Stimmabgabe verwehrt war. Dies hängt allein vom Inhalt des entsprechenden ergänzenden Beschlussantrags ab.

---

185 Vgl. zur Unterscheidung dieser beiden durch Beschluss zu treffenden inhaltlichen Festlegungen bereits oben S. 134 und S. 194 ff.

186 Zum ähnlich begründbaren Stimmverbot bei der Bestellung eines besonderen Vertreters i. R. v. § 47 Abs. 4 S. 2 Fall 2 GmbHG vgl. BGHZ 97, 28, 34 f.; *Lohr*, NZG 2002, 551, 556.

187 Zur AG ebenso OLG Brandenburg, AG 2011, 418, 419; *Fleischer* in Küting/Weber, § 142 AktG Rn. 151; *Mock* in Spindler/Stilz, § 142 Rn. 104; *Kronstein/Zöllner* in KölnKomm AktG, § 142 Rn. 44; *Hüffer*, AktG, § 142 Rn. 34.

188 Zum Begriff der „Erledigung" i. S. d. § 47 Abs. 4 S. 2 GmbHG z. B. *Eickhoff*, Rn. 197.

Außerdem greift der Ausschluss vom Stimmrecht ebenfalls bei Beschlüssen, die die Einleitung einer Sonderprüfung lediglich vorbereiten sollen.[189]

Allgemein darf bei allen Stimmverboten ein Gesellschafter auch an solchen Beschlussfassungen nicht beteiligt werden, die sich auf die Entscheidung in der Sache präjudiziell auswirken können. Deswegen ist das Mitglied, das beim Sonderprüfungsbeschluss einem Stimmverbot unterliegt, auch bei einem Beschluss über die Vertagung der Sachentscheidung oder bei der Absetzung der Sonderprüfung von der Tagesordnung von der Abstimmung ausgeschlossen.[190]

Die bisherige Untersuchung hat gezeigt, dass die GmbH-rechtliche Sonderprüfung i. S. v. § 46 Nr. 6 GmbHG, anders als ihr auf § 142 Abs. 1 AktG gestütztes *Pendant*, auch zukünftige oder in Planung befindliche Geschäftsführungsmaßnahmen zum Gegenstand haben darf.[191] Jedoch unterliegt ein Gesellschafter niemals einem Stimmverbot bei der Fassung eines Beschlusses zu einer Sonderprüfung, die sich auf Sachverhalte bezieht, die erst in der Zukunft liegen,[192] weil nur bei der Entscheidung über eine nachträgliche Überwachungsmaßnahme die Gefahr des „Richtens in eigener Sache" bestehen kann. Dieses allgemeine Prinzip kommt in den Tatbeständen des § 47 Abs. 4 GmbHG zum Ausdruck, auf die der Stimmrechtsausschluss bei Sonderprüfungsbeschlüssen zu stützen ist und die ebenfalls rein vergangenheitsbezogen sind. Dass die Geltendmachung von Ansprüchen gegen Mitgesellschafter ausschließlich abgeschlossene Sachverhalte betreffen muss, liegt in der Natur der Sache. Ein Entlastungsbeschluss kann aber ebenfalls nur die nachträgliche Billigung der Tätigkeit von Organmitgliedern beinhalten. „Billigen" die Gesellschafter ein von den Geschäftsführern geplantes, zukünftiges Vorhaben, so bekundet dies das Einverständnis der Anteilseigner mit der avisierten Maßnahme und entfaltet dieselben Wirkungen wie eine Weisungserteilung i. S. d. § 37 Abs. 1 GmbHG.[193] Um eine „Entlastung" gem. § 47 Abs. 4 Satz 1 Fall 1 GmbHG handelt es sich nicht.[194]

---

[189] *K. Schmidt* in Scholz, § 47 Rn. 142.

[190] Dazu allgemein BGH, NJW 1973, 1039 f.; OLG Nürnberg, GmbHR 1971, 208; *Hüffer* in Ulmer/Habersack/Winter, § 47 Rn. 185; *B. Schmidt* in Ensthaler/Füller/Schmidt, § 47 Rn. 29; *Zöllner* in Baumbach/Hueck, § 47 Rn. 102; *Jaeger* in Oppenländer/Trölitzsch, § 19 Rn. 63.

[191] Dazu oben S. 183 ff. m. N.

[192] *Fichtelmann* in HeidelbKomm GmbH-R, § 46 GmbHG Rn. 63; *K. Schmidt* in Scholz, § 46 Rn. 117; *Drescher* in MünchKomm GmbHG, § 47 Rn. 139.

[193] Vgl. insgesamt BGH, WM 1976, 204, 205; *Hüffer* in Ulmer/Habersack/Winter, § 47 Rn. 143; *Römermann* in Michalski, § 47 Rn. 177; *Hillmann* in Henssler/Strohn, § 47 GmbHG Rn. 58; *Fischer/Gerber* in BeckHdb GmbH, § 4 Rn. 97.

[194] Ebenso wie die Entlastung schließen auch Gesellschafterweisungen die Haftung der Geschäftsführer wegen deren Tätigkeit nicht schlechthin aus. Vgl. dazu *Konzen*, NJW 1989, 2977, 2985; *Boesebeck*, GmbHR 1960, 118, 120. Nur wegen dieser Vergleichbar-

Der Sonderprüfungsbeschluss muss sich an diesen Tatbeständen messen lassen. Demzufolge können Stimmverbote nur bei vergangenheitsbezogenen Prüfungsgegenständen eingreifen.

Detaillierter lässt sich die sachliche und zeitliche Reichweite der Stimmverbote nicht präzisieren, ohne dabei Besonderheiten im Hinblick auf die Personen zu berücksichtigen, die von der Sonderprüfung „betroffen“ werden. Deswegen hat die weitere Konkretisierung der Stimmverbotstatbestände mittels Differenzierungen in personeller Hinsicht zu erfolgen.

bb) Personelle Erstreckung des Stimmverbotes

Es ist häufig nicht leicht zu bestimmen, welcher Gesellschafter aufgrund eigenen „Betroffenseins“ durch den Prüfungsgegenstand von der Stimmabgabe ausgeschlossen wird. Es gilt insofern, systematisiert darzustellen, auf welche Personen sich die Stimmverbote bei einem Sonderprüfungsbeschluss in den konkreten Situationen auswirken.

(1) Grundsätzliches zur Bestimmung des persönlichen Anwendungsbereichs für den Stimmrechtsausschluss

Individualisiert der Antragsteller den Prüfungsgegenstand, indem er (freiwillig) einen zeitlich und sachlich konkret abgrenzbaren Sachverhalt – nach Art eines „Vorgangs“ i. S. d. § 142 Abs. 1 AktG – festlegt, der der Sonderprüfung unterzogen werden soll, sind diejenigen Gesellschafter-Geschäftsführer vom Stimmrecht ausgeschlossen, deren Verantwortungsbereich die zu überprüfende Einzelmaßnahme zuzuordnen ist. War etwa ein Geschäftsführer allein mit der Planung und Durchführung eines bestimmten Projektes betraut oder obliegt eine bestimmte Aufgabe – etwa die Buchführung – entsprechend der internen Aufgabenverteilung nur einem bestimmten Geschäftsführer, so ist einzig dieser von der Wahrnehmung seines Stimmrechts ausgeschlossen, wenn das Projekt oder der Aufgabenbereich einer Sonderprüfung unterzogen werden soll. Völlig unerheblich ist, ob der Gesellschafter zur Zeit des Sonderprüfungsbeschlusses noch ein Geschäftsführeramt bekleidet. Sind mehrere Geschäftsführer mit dem Prüfungsvorgang befasst gewesen, so ist ihnen sämtlich die Stimmrechtsausübung verwehrt. Zudem sind die Mitglieder eines Beirats vom Stimmrecht ausgeschlossen, sofern die Maßnahme aufgrund einer Weisung oder mit Zustimmung dieses Organs vorgenommen worden ist. Entsprechendes gilt für die Aufsichtsratsmitglieder, wenn der Aufsichtsrat der Vornahme des Geschäftes zugestimmt hat. Liegt dem Sachverhalt das Verhalten eines nicht geschäftsführenden Gesellschafters zugrunde, so wird auch er vom Stimmrechtsausschluss erfasst, aller-

---

keit in den Wirkungen spricht *K. Schmidt* in Scholz, § 46 Rn. 115, von einer „vorgezogene[n] Entlastung“.

dings nur, sofern der Antragsteller im Hinblick auf dieses Mitglied substantiiert und nachvollziehbar die erforderlichen Verdachtstatsachen vorträgt.[195] In Betracht kommt insofern vor allem, dass der Gesellschafter im konkreten Fall Einfluss auf die Geschäftsführung ausgeübt hat oder dass es sich bei dem zu prüfenden Vorgang um ein Geschäft der Gesellschaft mit diesem Mitglied handelt.

Gerade in größeren Gesellschaften mit mehreren Geschäftsführern ist es üblich und sachgerecht, dass eine Geschäftsverteilung besteht, die jedem Geschäftsführer ein eigenes Ressort zuweist.[196] Dennoch verbleibt stets allen Geschäftsführern die Gesamtverantwortung für sämtliche Aufgaben und Pflichten des Geschäftsführerkollegiums – insbesondere für diejenigen, die das Gesetz zwingend allen Geschäftsführern zuweist.[197] Jeden einzelnen von ihnen trifft deswegen zumindest die Verantwortung, das Handeln der anderen angemessen zu überwachen, auch wenn diesen jeweils ein Ressort zur alleinigen Wahrnehmung überantwortet worden ist.[198] Insofern ließe sich argumentieren, dass praktisch jeder Prüfungssachverhalt unabhängig vom Gegenstand doch sämtliche Geschäftsführer betrifft, da die Prüfung hinsichtlich jedes Mitgliedes der Geschäftsführung zumindest ein etwaiges Versäumnis bei der Kontrolle seiner Kollegen thematisieren könnte.

Für die Erstreckung des Stimmverbotes ist es aber erforderlich, dass der den Ausschluss vom Stimmrecht rechtfertigende Sachverhalt im Hinblick auf alle Betroffenen bei wertender Betrachtung vergleichbar gelagert ist.[199] Ein reines Aufsichtsversäumnis kann einer Mitwirkung an bestimmten Vorgängen insofern nicht gleichgestellt werden, da sich die gebotene Aufsicht gerade auf die Geschäftsführung bezieht. Daher betreffen Geschäftsführung und Aufsicht unterschiedliche, einander nachgelagerte Ebenen. Mithin wiegt eine Pflichtverletzung bei der Geschäftsführung prinzipiell schwerer als Versäumnisse bei der Beaufsichtigung der Mitgeschäftsführer. Ansonsten wären an jedem Vorgang immer sämtliche Organmitglieder beteiligt, was dem individualisierenden Maßstab des § 47 Abs. 4 GmbHG wie gezeigt[200] widerspräche. Sollte der Beschlussantrag nicht ausdrücklich – unter Umständen sogar ausschließlich – Überwachungsver-

---

195 Vgl. oben S. 239 ff.

196 *Paefgen* in Ulmer/Habersack/Winter, § 35 Rn. 106.

197 Statt vieler BGHZ 133, 370, 376 ff.; BGH, GmbHR 1990, 298, 299; *U. H. Schneider* in Scholz, § 43 Rn. 35; *Haas/Ziemons* in Michalski, § 43 Rn. 153.

198 BGHZ 133, 370, 377 ff.; *Grunewald*, GesellschR, S. 357; *Klöhn* in Bork/Schäfer, § 43 Rn. 25 ff.; *Paefgen* in Ulmer/Habersack/Winter, § 35 Rn. 107, § 43 Rn. 26.

199 *Eickhoff*, Rn. 203.

200 Oben S. 209 ff.

säumnisse zum Gegenstand der Untersuchungen machen,[201] so dürfen die betreffenden Gesellschafter-Geschäftsführer mitstimmen, weil sie nicht in „gleichstufiger“ Weise an den zu prüfenden Vorgängen beteiligt waren.[202] Mit sinngleicher Argumentation lässt sich begründen, dass ohne dahingehenden Antrag nicht automatisch die Überwachungstätigkeit eines in der GmbH bestehenden Aufsichtsrates im Hinblick auf den zu untersuchenden Sachverhalt zum Gegenstand der Sonderprüfung erhoben wird. Aufsichtsratsmitglieder dürfen insofern an der Beschlussfassung in der Gesellschafterversammlung über eine Sonderprüfung, die sich auf die Geschäftsführung bezieht, grundsätzlich mitwirken.

Der Antragsteller kann aber durch entsprechende Formulierung des Beschlussantrages den Personenkreis, der bei der Abstimmung einem Stimmverbot unterliegt, erweitern oder einengen. Soll dem Antrag zufolge der Einfluss eines weiteren Organmitgliedes auf die zu prüfenden Vorgänge – dies können beispielsweise auch Überwachungsversäumnisse sein – untersucht werden, obwohl dessen Beteiligung daran nicht offensichtlich ist,[203] so wird dadurch der Kreis der von der Abstimmung ausgeschlossenen Personen ausgeweitet. Wie sich zeigen ließ, steht die Ausweitung der Prüfung auf weitere Personen im Grunde im freien Belieben des Antragstellers.[204] Inwiefern deswegen auch die Erstreckung des Stimmverbotes durch den Beschlussantrag steuerbar ist, gilt es sogleich zu untersuchen.

Wird dagegen nur die Untersuchung des Verhaltens eines bestimmten Organmitglieds oder Gesellschafters beantragt, obwohl andere Organpersonen oder Anteilseigner ebenfalls in die betreffenden Vorgänge involviert waren, so unterliegt unzweifelhaft der Benannte dem Stimmverbot. Auf diese Weise vermag der Beschlussantrag die persönliche Reichweite des Stimmverbotes unter Umständen auf die angegebene Person zu beschränken. Welche Personen in solchen Konstellationen außerdem vom Stimmrecht ausgeschlossen sind, kann erst im Folgenden unter Berücksichtigung weiterer Erkenntnisse bestimmt werden.[205]

Missbräuchlichen Sonderprüfungsanträgen, die sich den Einfluss des Prüfungsgegenstandes auf das Eingreifen des Stimmverbotes zunutze machen, ist in

---

201 Vgl. *Lohr,* NZG 2002, 551, 555, der für ein Eingreifen des Stimmverbotes in vergleichbaren Konstellationen, die Entlastungsbeschlüsse betreffen, plädiert.

202 Ebenso für Stimmverbote bei Ausschluss- und Entlastungsbeschlüssen, die sich auf bestimmte Einzelmaßnahmen beziehen BGH, GmbHR 2009, 1330, 1331; BGH, NJW-RR 2003, 895, 896; *Lohr*, NZG 2002, 551, 555; *Drescher* in MünchKomm GmbHG, § 47 Rn. 143; *Hüffer* in Ulmer/Habersack/Winter, § 47 Rn. 146; *B. Schmidt* in Ensthaler/Füller/Schmidt, § 47 Rn. 33.

203 Dazu im Grundsatz bereits oben S. 234.

204 Vgl. oben S. 234 f.

205 Vgl. unten S. 254 ff.

erster Linie mit der Anfechtung des Sonderprüfungsbeschlusses zu begegnen. Insofern schützen die beweglichen Stimmrechtsschranken den missbräuchlicherweise mit einer Sonderprüfung verfolgten Mitgesellschafter. Wenn insbesondere für das Bemühen, die Sonderprüfung auf einen weiteren Geschäftsführer zu erstrecken, kein anderer Anlass bestand, als dass dieser von der Abstimmung ausgeschlossen werden sollte, kann der Sonderprüfungsbeschluss treuwidrig sein.[206]

(2) Trennbarkeit von Beschlussgegenständen und Folgen für die Stimmverbotserstreckung

Einer willkürlich beliebigen Ausdehnung des Prüfungsgegenstandes durch den Beschlussantrag kann darüber hinaus in bestimmten Fällen schon auf der Ebene des Beschlussverfahrens selbst begegnet werden. Unter Umständen muss nämlich auf Antrag hin getrennt über voneinander trennbare Sonderprüfungsgegenstände abgestimmt werden. Durch Zusammenfassung und Trennung von Beschlussgegenständen können wegen der Wirkungsweise von Stimmverboten sachliche Verschiebungen im Kreis der Stimmberechtigten auftreten.[207]

(a) Vorgefundene Rechtslage zu den maßgeblichen Tatbeständen des § 47 Abs. 4 GmbHG

Auch in diesem Zusammenhang nützt der Analyse ein genauerer Blick auf die Beschlüsse, auf die sich § 47 Abs. 4 Satz 1 Fall 1 oder Satz 2 Fall 2 GmbHG bei engem Normverständnis bezieht, weil sie die Basis für die teleologische Extension dieser Tatbestände bilden.

Hat die Gesellschafterversammlung i. S. v. § 47 Abs. 4 Satz 2 Fall 2 GmbHG über die Geltendmachung von (Ersatz-) Ansprüchen gegenüber verschiedenen Personen zu befinden, wird die Beschlussfassung ohnehin meist für jeden Betroffenen gesondert erfolgen. Sollte im Einzelfall eine einheitliche Abstimmung (sog. Blockabstimmung) vorgesehen sein, hat jeder Gesellschafter das Recht, eine getrennte Beschlussfassung zu verlangen, es sei denn, ausnahmsweise bildeten nur mehrere Personen zusammen die richtige Gegenpartei.[208] Allerdings sind auch bei getrennter Beschlussfassung neben dem Betroffenen sämtliche Gesellschafter von ihrem Stimmrecht ausgeschlossen, denen substantiiert vorgeworfen wird, die Pflichtverletzung gemeinsam mit demjenigen begangen zu haben, der sich dem Anspruchsbegehren ausgesetzt sieht. Sie sind in demselben Maße befangen wie der vom Beschluss unmittelbar Betroffene, weil sie bei

206 Dazu unten S. 284.

207 *Lutter* in FS Odersky, S. 846.

208 *Zöllner*, Stimmrechtsschranken, S. 218; *Koppensteiner* in Rowedder/Schmidt-Leithoff, § 47 Rn. 76; *Lutter* in FS Odersky, S. 848.

der Abstimmung über den potenziellen Schädiger zugleich über ihr eigenes Fehlverhalten zu „richten" hätten.[209]

Die Rechtslage bei der Fassung eines Entlastungsbeschlusses gestaltet sich in Teilen ähnlich. Zwar ist die sog. Gesamtentlastung, bei der einheitlich über alle Organpersonen befunden wird, der praktische Regelfall.[210] Bei einer derartigen Beschlussfassung sind alle dem Organ zugehörigen Mitglieder von der Stimmabgabe ausgeschlossen.[211] Ebenso zulässig ist aber die Einzelentlastung.[212] *Lutter*[213] erblickt in ihr sogar den durch das Gesetz vorgegebenen Regelfall. Im Falle einer solchen Einzelentlastung wird prinzipiell bloß der betroffene Gesellschafter vom Stimmrechtsausschluss gem. § 47 Abs. 4 Satz 1 Fall 1 GmbHG erfasst,[214] da der Wortlaut dieser Norm nur den zu Entlastenden selbst anspricht. Ferner haben die einzelnen Geschäftsführer häufig ganz unterschiedliche Geschäftsbereiche zu betreuen, sodass Verfehlungen des einen nicht automatisch allen anderen zur Last gelegt werden können. Deswegen vermag auch die Gegenauffassung[215] nicht zu überzeugen, die selbst für den Fall einer Einzelentlastung sämtlichen Organmitgliedern die Stimmrechtsausübung verwehren möchte.

---

209 So grundlegend BGHZ 97, 28, 33 f.; zustimmend u. a. *Lindacher*, ZGR 16 (1987), 121, 124; *K. Schmidt*, NJW 1986, 2018, 2019; *Raiser/Veil*, S. 489; *Bayer* in Lutter/Hommelhoff, GmbHG, § 47 Rn. 42; nun auch *Zöllner* in Baumbach/Hueck, § 47 Rn. 93, der sogar schon zufälliges Zusammenwirken genügen lassen möchte; ganz ablehnend noch *ders.*, Stimmrechtsschranken, S. 219.

210 *Priester* in FS Rowedder, S. 373; *Hüffer* in Ulmer/Habersack/Winter, § 47 Rn. 146; *Römermann* in Michalski, § 47 Rn. 181; vgl. zur AG OLG München, DB 1995, 1020.

211 Statt aller BGHZ 108, 21, 25 f.; *K. Schmidt* in Scholz, § 47 Rn. 134 m. w. N.

212 Nach wohl h. M. hat sie generell – auch auf Antrag nur eines Gesellschafters – zu erfolgen. Vgl. dazu etwa *Priester* in FS Rowedder, S. 374; *Zöllner*, Stimmrechtsschranken, S. 199 ff.; *Hüffer* in Ulmer/Habersack/Winter, § 47 Rn. 146; nach a. A. soll die Einzelentlastung nur zulässig sein, wenn die Organmitglieder für die GmbH wesentliche Vorgänge in unterschiedlicher Weise zu verantworten haben: so v. a. *Römermann* in Michalski, § 47 Rn. 181; zur andersartigen Rechtslage bei der AG vgl. jüngst BGHZ 180, 9, 24 ff., Rn. 29 ff. – „Kirch/Deutsche Bank"; BGH, WM 2010, 848, 849.

213 In FS Odersky, S. 847.

214 H. M. BGH, WM 2009, 2085, 2088 (unter Klarstellung von BGHZ 108, 21, 25 f.); OLG München, DB 1995, 1020; *Hüffer* in Ulmer/Habersack/Winter, § 47 Rn. 146; *Meyer-Landrut* in Meyer-Landrut/Miller/Niehus, § 47 Rn. 42; *Wolff* in MünchHdb GesR III, § 38 Rn. 39; *Vogel*, S. 76; *Eickhoff*, Rn. 201; *Groß*, GmbHR 1994, 596, 600 f.; *Priester* in FS Rowedder, S. 373 f.; *Siegmund*, BB 1981, 1674, 1676; *Lohr*, NZG 2002, 551, 555.

215 *Braunfels*, MittRhNotK 1994, 233, 235; *Zöllner*, Stimmrechtsschranken, S. 201 ff.; *ders.* in Baumbach/Hueck, § 47 Rn. 77; *Fischer/Gerber* in BeckHdb GmbH, § 4 Rn. 97.

Vielmehr sind bei der Einzelentlastung eines Geschäftsführers andere Gesellschafter-Geschäftsführer von der Stimmabgabe nur dann ausgeschlossen, wenn die aufgrund von Tatsachenbehauptungen in der Gesellschafterversammlung darzulegende konkrete Möglichkeit besteht, dass die andere Organperson an dem tatsächlichen Vorgang mitgewirkt hat, der dem Gesellschafter, um dessen Entlastung es geht, als Pflichtverletzung vorgeworfen wird.[216] Vereinfacht ausgedrückt erstreckt sich das Stimmverbot auf weitere Mitglieder desselben Organs, sofern der Vorwurf gemeinsamer Pflichtverletzungen im Raume steht.[217] Nur in solchen Fällen liegt auch für die andere Organperson ein „Richten in eigener Sache" vor.[218] Dass insofern im Rahmen von § 43 Abs. 2 GmbHG eine gesamtschuldnerische Haftung der Beteiligten bestünde, wenn die Vorwürfe zuträfen, ist keine notwendige Voraussetzung für die Erstreckung des Stimmverbots.[219] Dieselben Kriterien müssen den Maßstab für die Beantwortung der sich anschließenden Frage bilden, inwiefern sich das Stimmverbot bei Entlastungsbeschlüssen „organübergreifend" auszuwirken vermag. Das heißt, bei der Entlastung von Geschäftsführern dürfen die Mitglieder des Aufsichtsrats oder eines Beirats grundsätzlich mitstimmen und umgekehrt. Eine Organperson unterliegt bei der Entlastung des Mitgliedes eines anderen Organs nur dann einem Stimmverbot, wenn die konkrete Möglichkeit besteht, dass sie an denjenigen Vorgängen während des Entlastungszeitraums mitgewirkt hat, die den Pflichtverletzungen zugrunde liegen, welche dem zu Entlastenden vorgeworfen werden.[220] Für diese Sichtweise lässt sich parallel zu den Erkenntnissen in Bezug auf die organinterne Erstreckung der Stimmverbote bei der Einzelentlastung ar-

---

216 BGH, WM 2009, 2085, 2088; *Hüffer* in Ulmer/Habersack/Winter, § 47 Rn. 146; *Römermann* in Michalski, § 47 Rn. 187; *Priester* in FS Rowedder, S. 374; noch stärker einschränkend *Groß*, GmbHR 1994, 596, 601.

217 Vgl. in diesem Sinne schon BGH, NJW-RR 2003, 895, 896; *K. Schmidt* in Scholz, § 47 Rn. 134; *Roth* in Roth/Altmeppen, § 46 Rn. 39; *Wolff* in MünchHdb GesR III, § 38 Rn. 39; *Eickhoff*, Rn. 201; *Lohr*, NZG 2002, 551, 555.

218 Ebenso BGH, WM 2009, 2085, 2088, und BGH, NJW-RR 2003, 895, 896, jeweils unter Bezugnahme auf BGHZ 97, 28, 34.

219 So aber früher noch *Immenga/Werner*, GmbHR 1976, 53, 56; *Siegmund*, BB 1981, 1674, 1676; *Meyer-Landrut* in Meyer-Landrut/Miller/Niehus, § 47 Rn. 42.

220 OLG München, NJW-RR 1993, 1507, 1509 f. (jedenfalls dann); LG Berlin, ZIP 2004, 73, 75; *Priester* in FS Rowedder, S. 376; *Wolff* in MünchHdb GesR III, § 38 Rn. 40; *Hüffer* in Ulmer/Habersack/Winter, § 47 Rn. 147; nach a. A. stets „organübergreifendes Stimmverbot": so z. B. *Zöllner* in Baumbach/Hueck, § 47 Rn. 78; *Römermann* in Michalski, § 47 Rn. 193, 195; *Jaeger* in Oppenländer/Trölitzsch, § 19 Rn. 59; komplett ablehnend *Groß*, GmbHR 1994, 596, 601.

gumentieren.[221] Die verschiedenen Organe nehmen unterschiedliche Verantwortungsbereiche wahr. Weder geht mit jeder Pflichtverletzung eines Geschäftsführers ein Kontrollversäumnis des Aufsichtsrats einher, noch sind automatisch alle Geschäftsführer verantwortlich, wenn Aufsichtsratsmitgliedern Verfehlungen vorgeworfen werden.[222] Zudem spricht abermals der Wortlaut des § 47 Abs. 4 GmbHG für eine individualisierende Betrachtung.

Ein keinem Gesellschaftsorgan als gekorenes Mitglied angehörender Gesellschafter soll schlussendlich noch nicht von der Abstimmung ausgeschlossen sein, sofern er bei einer periodenbezogenen Geschäftsführerentlastung innerhalb dieses Zeitraums irgendein Geschäft mit der Gesellschaft abgeschlossen hat, da die Entlastung und nicht das Rechtsgeschäft den Beschlussgegenstand bildet. Einem solchen Gesellschafter ist die Stimmabgabe nur dann verwehrt, sofern sich die Entlastung isoliert auf eine konkrete Maßnahme des Geschäftsführers bezieht, an der der Gesellschafter irgendwie mitbeteiligt war.[223]

(b) Abgeleitete Rechtslage betreffend Sonderprüfungsbeschlüsse

Die Erkenntnisse zu diesen beiden Arten von Beschlüssen können dabei helfen, das Recht der Stimmverbote bei Sonderprüfungsbeschlüssen zu präzisieren. Bei den Beschlüssen über Entlastung und Anspruchsverfolgung soll jeweils vermieden werden, Stimmrechtsausschlüsse dadurch unsachgemäß auszudehnen, dass über verschiedene Aspekte im Rahmen einer Blockabstimmung entschieden wird.[224] Sofern in Anbetracht dessen getrennte Beschlussfassungen stattfinden, unterliegt dem Stimmverbot gleichwohl nicht nur die Person, um deren Entlastung es geht oder gegen die Ansprüche geltend gemacht werden sollen. Es sind alle Gesellschafter vom Stimmrecht ausgeschlossen, die von diesem Beschluss „betroffen“ sind und somit als „Richter in eigener Sache“ entscheiden würden. Hinsichtlich des Stimmverbotes kommt es im Ergebnis somit nicht auf die formale Trennung der Beschlüsse, sondern allein darauf an, ob ein einheitlicher Sachzusammenhang vorliegt.[225] Diese Wertungen lassen sich zwar auf den mit solchen Entscheidungen „verwandten“ Sonderprüfungsbeschluss übertragen – allerdings nur in modifizierter Form.

---

221 Nach *Priester* in FS Rowedder, S. 376, ist nur eine solche parallele Lösung widerspruchsfrei.

222 Ebenso *Groß*, GmbHR 1994, 596, 601.

223 BGH, WM 1977, 361 f.; *Wolany*, S. 214; *K. Schmidt* in Scholz, § 47 Rn. 152; *Koppensteiner* in Rowedder/Schmidt-Leithoff, § 47 Rn. 66; *Siegmund*, BB 1981, 1674, 1676.

224 *K. Schmidt* in Scholz, § 47 Rn. 149, 153.

225 Vgl. dazu BGHZ 97, 28, 34; *Semler* in FS Zöllner, S. 562; *Lohr*, NZG 2002, 551, 555.

(aa) Trennbarkeit der Beschlussgegenstände aufgrund fehlenden Sachzusammenhangs

Sowohl auf eine Blockabstimmung über die Einleitung einer Sonderprüfung, die mehrere voneinander trennbare Prüfungsgegenstände zusammenfasst, als auch auf einzelne getrennte Beschlussfassungen zu verschiedenen Prüfungsthemen findet jeweils der oben entwickelte Stimmverbotstatbestand Anwendung.[226] Bei Blockabstimmungen ist jeder Gesellschafter, „gegen den" sich *auch nur einer* der Prüfungsgegenstände „richtet", von der Stimmabgabe ausgeschlossen; bei Einzelabstimmungen ist nur demjenigen das Stimmrecht verwehrt, „gegen den" sich das *jeweilige* Prüfungsthema „richtet". Damit die Geltung des Stimmverbots durch Zusammenlegung von Beschlussgegenständen nicht nach Belieben künstlich ausgeweitet werden kann, muss – entsprechend den obigen Ausführungen[227] – jedem Gesellschafter das Recht zugestanden werden, eine getrennte Abstimmung zu verlangen, wenn der Sonderprüfungsantrag mehr als nur ein einheitliches Prüfungsthema als Beschlussgegenstand aufweist.

Wie kann nun ermitteln werden, ob in einem Beschlussantrag mehrere Beschluss-, mithin Prüfungsgegenstände zusammengefasst werden, die sich wieder voneinander trennen ließen? Hinsichtlich dieser Frage besteht ein Unterschied zwischen der Einleitung einer Sonderprüfung auf der einen und der Entlastung sowie der Anspruchsverfolgung auf der anderen Seite. Die beiden letztgenannten – in § 47 Abs. 4 GmbHG explizit erwähnten – Beschlussgegenstände sind rein personenbezogen und schon teilbar, sobald über mehrere Personen zugleich beschlossen werden soll. In diesen Fällen funktioniert die Trennung zusammengefasster Beschlussgegenstände problemlos, indem über jede Person separat Beschluss gefasst wird. Das Vorgehen kann auf einen Sonderprüfungsbeschluss nicht ohne weiteres übertragen werden, da eine Sonderprüfung in erster Linie nicht personen-, sondern sachverhaltsbezogen beschlossen wird. Hat zum Beispiel der Gesellschafter A die Gesellschafter-Geschäftsführer X und Y in Verdacht, für die Gesellschaft eine unvertretbar riskante Investition getätigt zu haben, die das Gesellschaftsvermögen geschädigt haben könnte, so wird A die Durchführung einer Sonderprüfung regelmäßig zur Untersuchung der gesamten Investitionsmaßnahme beantragen, den Prüfungsgegenstand also sachlich umschreiben. Da jede „Prüfung", auch eine solche i. S. d. § 46 Nr. 6 GmbHG, der verständigen Beurteilung bestimmter *Sachverhalte* dienen soll,[228] wäre es unsachgemäß und geradezu sinnwidrig, wenn auf Verlangen von X oder Y getrennt über die Prüfung jeweils des Verhaltens von X und von Y abgestimmt

---

226 Dazu im Einzelnen S. 232 ff.

227 S. 248 f.

228 Zum so verstandenen Wesen einer Prüfung vgl. bereits oben S. 7 f.

werden müsste. Die umfassende Untersuchung der Gesamtgeschehnisse aus allen Perspektiven heraus liefert nämlich weitergehende Erkenntnisse als die separate Kontrolle jedes einzelnen Beteiligten, selbst wenn man diese durch denselben Prüfer durchführen lässt. Nach den soeben herausgearbeiteten Grundsätzen zu § 47 Abs. 4 GmbHG wären ohnehin, auch bei derart getrennten Beschlussfassungen, sowohl X als auch Y vom Stimmrecht ausgeschlossen, weil sich die Sonderprüfung gegen ihr gemeinsames Handeln richten würde.[229] Das ändert aber nichts daran, dass eine nach betroffenen Personen getrennte Abstimmung schon dem Charakter der Sonderprüfung als sachverhaltsbezogener Überwachungsmaßnahme widerspricht.

Das Kriterium, ob ein einheitlicher Sachzusammenhang vorliegt, anhand dessen sich bei Entlastungs- und Anspruchsverfolgungsbeschlüssen die personelle Erstreckung eines Stimmverbotes bemisst, sollte deswegen im Falle eines Sonderprüfungsbeschlusses schon bei der vorgelagerten Frage Berücksichtigung finden, ob der Beschlussgegenstand überhaupt teilbar ist. Auf diese Weise werden die zu § 47 Abs. 4 GmbHG entwickelten Grundgedanken dem Ergebnis nach weitgehend entsprechend für Sonderprüfungsbeschlüsse nutzbar gemacht, ohne dass deren Eigenheiten zu wenig gewürdigt würden. Das Erfordernis eines einheitlichen Sachzusammenhangs verlangt, dass sich die zu überprüfenden Geschehnisse zeitlich und sachlich näher individualisieren lassen. Das Kriterium kommt damit dem Begriff des „Vorgangs“ i. S. d. § 142 Abs. 1 AktG nahe.[230] Allerdings ist, damit von einem einheitlichen Sachzusammenhang ausgegangen werden kann, im GmbH-Recht sowohl an die zeitliche als auch an die sachliche Komponente ein weniger strenger Maßstab als im Aktienrecht anzulegen. Fasst aber der Beschlussantrag zur Entscheidung über die Einleitung einer GmbH-rechtlichen Sonderprüfung zwei völlig unterschiedliche Vorgänge zu einem Beschlussgegenstand zusammen, so handelt es sich in Wirklichkeit um zwei Prüfungssachverhalte. Auf Antrag irgendeines Gesellschafters muss eine getrennte Beschlussfassung – dann über zwei eigenständige Sonderprüfungen – stattfinden. Diese können selbstverständlich von demselben Prüfer durchgeführt werden. Möchte A also jeweils ein von X und ein anderes von Y betreutes Projekt von Sonderprüfern untersuchen lassen, so steht es den beiden Betroffenen frei, sofern A einen einheitlichen Beschlussantrag gestellt hat, getrennte Abstimmungen durchzusetzen, weil die Geschehnisse sachlich nicht zusammenhängen. Bei diesen separaten Beschlussfassungen ist der jeweils nicht betroffene Gesellschafter stimmberechtigt.

---

229 Oben S. 233 ff. und S. 245 ff.

230 Dazu oben S. 32 f.

(bb) *Personelle Erstreckung des Stimmverbots bei gegebenem Sachzusammenhang*

Innerhalb desselben Prüfungsthemas, das durch die Einheitlichkeit des Sachzusammenhangs gekennzeichnet wird, ist die personelle Reichweite des Stimmverbots anhand der Auslegung des Beschlussantrages und anhand der objektiven Begleitumstände zu ermitteln. Wird der Vorgang sachlich umschrieben, so sind diejenigen Gesellschafter, deren Involvierung in den Prüfungssachverhalt bei objektiver Betrachtung offenkundig ist, von ihrem Stimmrecht ausgeschlossen.[231] Werden im Beschlussantrag die zu Überprüfenden dagegen konkret persönlich benannt, so sind drei Konstellationen voneinander zu unterscheiden.

(α) Sollte der Antragsteller – erstens – die Überprüfung genau derjenigen Personen anstreben, die auch dann vom Stimmrecht ausgeschlossen wären, hätte er den Prüfungsgegenstand einfach der Sache nach festgelegt, so trifft das Stimmverbot genau diese Gesellschafter. Eine namentliche Benennung kann aber aus Gründen der Rechtssicherheit empfehlenswert sein.

(β) In der zweiten Konstellation umschreibt der Beschlussantrag den Prüfungsgegenstand demgegenüber zwar anhand sachlicher Kriterien, erfasst aber zusätzlich („insbesondere" oder „unter besonderer Berücksichtigung von") die Untersuchung des Verhaltens einer Person im Hinblick auf den Prüfungsvorgang, deren Involvierung bei objektiver Betrachtung nicht offenkundig ist. Beispielsweise kann der Antragsteller überprüfen lassen wollen, ob neben den ohnehin involvierten X und Y bestimmte Gesellschafter-Geschäftsführer, Beiratsmitglieder bzw. nicht geschäftsführende Gesellschafter die infrage stehenden Vorgänge überhaupt beeinflusst oder an ihnen mitgewirkt haben. Zu dieser Kategorie gehört es auch, wenn mit der Sonderprüfung zusätzlich zum Verhalten der Handelnden Überwachungsversäumnisse weiterer Geschäftsführer bzw. eines in der Gesellschaft gebildeten Aufsichtsrates untersucht werden sollen. Solche Fragen lassen sich unzweifelhaft mit einer Sonderprüfung klären. Die benannte Person unterliegt dabei – zusätzlich zu den offenkundig involvierten Personen – dem Stimmverbot. Jedoch steht die Kontrolle einer zusätzlich benannten Person nicht ohne weiteres in einem einheitlichen Sachzusammenhang zu den eigentlichen Prüfungsvorgängen. Wäre dem so, so könnte der Antragsteller, indem er verlangte, den Einfluss sämtlicher anderer Gesellschafter auf den Prüfungssachverhalt in die Sonderprüfung einzubeziehen, willkürlich alle Mitgesellschafter vom Stimmrecht ausschließen. An dieser Stelle können bei der Lösung dieses Problems wieder die Erkenntnisse zu Beschlüssen über Entlastung und Anspruchsverfolgung weiterhelfen. Das Merkmal, das dort für die personelle Reichweite der Stimmverbote maßgeblich ist, soll bei Sonderprüfungsbe-

---

231 Davon war schon ausführlich die Rede. Vgl. oben S. 234 f.

schlüssen wiederum schon bei der Frage der Teilbarkeit des Beschlussgegenstandes von Bedeutung sein. Wenn die Involvierung der benannten Person nicht offensichtlich ist, so liegt nur dann ein einheitlicher Prüfungsgegenstand vor, sofern sich aus Tatsachenbehauptungen des Antragstellers die konkrete Möglichkeit ergibt, dass diese Person an den Prüfungsvorgängen beteiligt war, und wenigstens der substantiierte Vorwurf gemeinsamer Pflichtverletzungen erhoben wird. Sollten diese Voraussetzungen nicht erfüllt sein, kann wiederum jeder Gesellschafter eine getrennte Beschlussfassung herbeiführen, bei der jeweils nur die betroffenen Anteilseigner vom Stimmrecht ausgeschlossen sind.

Die Beteiligung an den Vorgängen sowie die Pflichtverletzung können – insbesondere im Fall von Kontrollversäumnissen – auch in einem pflichtwidrigen Unterlassen bestehen. Der Vorwurf der gemeinsamen Pflichtverletzung muss sich auf eine der Personen beziehen, die offenkundig in den Sachverhalt involviert ist. Ansonsten wäre zwischen dem unterschiedlichen Verhalten der Beteiligten kein innerer Sachzusammenhang gegeben. Selbstverständlich ist – wie bei den unmittelbar in § 47 Abs. 4 GmbHG geregelten Fällen[232] – keineswegs erforderlich, dass tatsächlich Pflichtverletzungen begangen wurden.[233] Es genügt der auf konkrete Tatsachen gestützte Vorwurf gemeinschaftlicher Verfehlungen. Dass die vorgeworfenen Pflichtverletzungen eine gesamtschuldnerische Haftung begründen könnten, ist dagegen bei § 47 Abs. 4 GmbHG – wie oben erwähnt[234] – kein konstitutives Merkmal, um einen einheitlichen Sachzusammenhang anzunehmen.[235]

Diese Sichtweise ist kein Widerspruch dazu, dass grundsätzlich weder für die Einleitung einer Sonderprüfung selbst noch für das Eingreifen der Stimmverbote an sich der Verdacht von Pflichtverletzungen vorausgesetzt wird.[236] Die Sonderprüfung kann auch zu reinen Informationszwecken oder zur Zweckmäßigkeitskontrolle nutzbar gemacht werden.[237] Deswegen wird das Stimmverbot ohne weiteres bezüglich aller Gesellschafter ausgelöst, deren Beteiligung an den Vorgängen offenkundig ist. Sie sind „gleichstufig“ von dem Beschluss betroffen. Personen, hinsichtlich derer unklar ist, ob sie überhaupt einen Einfluss auf den Sachverhalt hatten, sind ebenso wie diejenigen, die nur im Hinblick auf ihr Überwachungsverhalten in die Prüfung einbezogen werden sollen, nicht „gleichstufig“ in die Vorgänge involviert. Wenn einzeln über Sonderprüfungen zu ihrem Verhalten abgestimmt wird, sind die Betroffenen aber auch jeweils ohne

232 Dazu oben S. 236 f. m. N.
233 *Leinekugel*, GmbHR 2008, 632, 633.
234 S. 250 m. N.
235 So aber *Fleischer*, GmbHR 2001, 45, 47; *Peters/Dechow*, GmbHR 2007, 236, 238.
236 Vgl. oben S. 197 f. und S. 238 ff.
237 Dazu oben S. 148 f.

weiteres vom Stimmrecht ausgeschlossen. Dabei bildet wiederum die Überwachungsaufgabe einen einheitlichen Sachzusammenhang, der es erlaubt, die überwachenden Mitglieder desselben Organs jeweils in einem Beschlussthema zusammenzufassen. Die zusätzlich im Beschlussantrag benannten Personen können mit denen, die offenkundig an den eigentlichen Vorgängen beteiligt waren, nur dann in einem einheitlichen Sachzusammenhang zusammengefasst werden, wenn sie von der Prüfung „gleichstufig“ betroffen werden. Dazu ist erforderlich, dass sich die Interessen der Überprüften nicht voneinander trennen lassen.[238] Sehen sie sich dem Vorwurf gemeinsamer Pflichtverletzungen ausgesetzt, so werden sie von der Prüfung „gleichstufig“ betroffen, weil ihre Interessen dann untrennbar miteinander verknüpft sind. Dieses zusätzliche Merkmal des Vorwurfs von Pflichtverletzungen ist demzufolge nur dazu erforderlich, einen einheitlichen, untrennbaren Prüfungsgegenstand zu begründen. Es verlangt nicht grundsätzlich für den Stimmrechtsausschluss den Verdacht von Pflichtverletzungen und entspricht somit den Erkenntnissen zu § 47 Abs. 4 Satz 1 Fall 1 GmbHG.

(γ) Die dritte Konstellation, die bei konkreter Benennung der zu Überprüfenden im Beschlussantrag in Frage kommt, betrifft schließlich Fälle, in denen der Antragsteller explizit nur das Verhalten bestimmter einzelner Personen im Hinblick auf einen bestimmten Sachverhalt der Sonderprüfung unterziehen möchte, obwohl in diesen Vorgang offenkundig noch weitere Personen involviert gewesen sind. Diese Konstellation dürfte eher selten anzutreffen sein. Ein derartiger Beschlussantrag, der nicht alle beteiligten Personen der Sonderprüfung unterstellen möchte, mag sich anbieten, wenn die Tatbeiträge der anderen schon weitgehend geklärt wurden, wenn unter Umständen über sie bereits gerichtlich entschieden worden ist. So kann der Prüfung ein engerer Fokus verpasst werden, der nicht nur dazu beiträgt, die Kosten der Enquête im Gesellschaftsinteresse gering zu halten, sondern der zudem möglicherweise erst die Fehlerfreiheit des Sonderprüfungsbeschlusses gewährleistet.[239]

Bezieht sich der Sonderprüfungsantrag ausschließlich auf das Verhalten bestimmter einzelner Personen, so wird der Prüfungsgegenstand dahingehend eingeengt. Der zu Überprüfende ist von der Abstimmung ausgeschlossen. Darüber hinaus unterliegt aber auch ein anderer Gesellschafter dem Stimmverbot, sofern sich aus substantiierten Tatsachenbehauptungen des Antragstellers die konkrete Möglichkeit ergibt, dass diese Person mit dem zu Überprüfenden gemeinsame Pflichtverletzungen begangen hat. Dies entspricht den oben skizzierten Erkennt-

---

238 Vgl. dazu *K. Schmidt* in Scholz, § 47 Rn. 152 a. E.

239 Zur eventuellen Fehlerhaftigkeit eines Sonderprüfungsbeschlusses, der Vorgänge betrifft, die bereits vollständig aufgeklärt sind, vgl. noch unten S. 296.

nissen zu § 47 Abs. 4 Satz 1 Fall 1 und Satz 2 Fall 2 GmbHG.[240] Wenn der Prüfungsantrag den Personenkreis, auf den sich die Sonderprüfung bezieht, nämlich ausdrücklich beschränkt, so sind von dem Beschluss eben nicht alle an den tatsächlichen Vorgängen beteiligten Gesellschafter, sondern nur diejenigen als „Richter in eigener Sache“ betroffen, deren Interessen sich von dem zu Überprüfenden nicht trennen lassen. Eine solche Interessenlage kann beim Vorwurf gemeinsamer Pflichtverletzungen angenommen werden.

(cc) Anwendung der Erkenntnisse auf periodenbezogene „Generalsonderprüfungen“

Die hier skizzierte Argumentation hat schließlich Auswirkungen auf Sonderprüfungen, die sich auf die gesamte Geschäftsführungstätigkeit einzelner Geschäftsführer oder die gesamte Tätigkeit der Geschäftsführer bezogen auf eine bestimmte Geschäftssparte oder innerhalb eines bestimmten längeren Zeitraums beziehen sollen.

Ein solcher Prüfungsgegenstand ist im GmbH-Recht wie gezeigt zulässig.[241] Da allgemein ein Gesellschafter dann einem Stimmverbot unterliegt, sobald die Sonderprüfung zumindest auch dazu dient, dessen Verhalten zu untersuchen,[242] sind auch bei dem Beschluss einer Enquête, die sich nicht auf einzelne Vorgänge beschränken soll, die betroffenen Gesellschafter sämtlich vom Stimmrecht ausgeschlossen. Bezieht sich der Beschlussantrag in dieser Weise auf das Verhalten mehrerer Gesellschafter, so liegt gleichwohl kein einheitlicher Sachzusammenhang vor, weil sich die zu überprüfenden Geschehnisse gerade nicht in zeitlicher und sachlicher Hinsicht genau genug individualisieren lassen. Vielmehr handelt es sich um eine periodenbezogene „Generalsonderprüfung“. Wie bei einer periodenbezogenen Gesamt- und Generalentlastung[243] muss der Gegenstand der Beschlussfassung aber auf Verlangen dergestalt sachgemäß aufgeteilt werden dürfen, dass über jeden Betroffenen einzeln abzustimmen ist. Dem Stimmverbot unterliegt in solchen Konstellationen ausnahmslos nur derjenige Gesellschafter, der mit der periodenbezogenen Sonderprüfung kontrolliert werden soll. Das Stimmverbot auf Personen zu erstrecken, denen vorgeworfen wird, gemeinsam mit dem zu Überprüfenden im Prüfungszeitraum Pflichtverletzungen begangen zu haben, kommt nicht in Betracht. Insofern besteht ein weiterer Unterschied zwischen Sonderprüfungs- und Entlastungsbeschlüssen.[244] Während nämlich der Gegenstand einer Sonderprüfung im Beschlussantrag frei bestimmt

---

240 Vgl. S. 248 f. m. N.

241 Dazu oben S. 150 f.

242 Vgl. oben S. 233 ff.

243 Zur diesbezüglichen Rechtslage oben S. 248 f. m. N.

244 Vgl. zur Entlastung oben S. 250 f. m. N.

werden darf, erfolgt die Entlastung grundsätzlich periodenbezogen. Da Letztere zudem eine Präklusionswirkung hinsichtlich Sanktionen gegen den Entlasteten entfaltet, ist es erforderlich, auch bei einem periodenbezogenen Beschluss andere Gesellschafter, denen gemeinsame Pflichtverletzungen mit dem Betroffenen vorgeworfen werden, vom Stimmrecht auszuschließen, da sich deren Interessen nicht voneinander trennen lassen. Bei einer Sonderprüfung, die das Ergreifen von Sanktionen nicht präkludiert, kann dem Antragsteller dagegen zugemutet werden, den Prüfungsgegenstand auf die Vorgänge zu beschränken, in deren Zusammenhang die gemeinsame Pflichtverletzung stattgefunden haben soll. Dann wäre der andere Gesellschafter ebenfalls ausgeschlossen. Der Solidarität zwischen den Organmitgliedern, die möglicherweise auch bei einem periodenbezogenen Prüfungsbeschluss besteht, kann insofern nur dann entgegengewirkt werden, indem im Einzelfall die Treuwidrigkeit des Stimmverhaltens des jeweiligen Organkollegen dargelegt wird.

(3) Allgemeine Grundsätze zur Zurechnung von Stimmverboten

Im Übrigen bestehen für einen Sonderprüfungsbeschluss hinsichtlich des personellen Anwendungsbereichs des Stimmverbotstatbestandes keine Besonderheiten. Es gelten die allgemein für sämtliche Stimmrechtsausschlüsse in Rechtsprechung und Rechtswissenschaft entwickelten Grundsätze. Praktisch bedeutsam ist dabei vor allem die Thematik, inwiefern das Stimmverbot, dem eine Person unterliegt, einer anderen zugerechnet werden kann, um die Tatbestände des § 47 Abs. 4 GmbHG effektiv gegen Umgehungsversuche abzusichern.

Ist ein Gesellschafter bei der Fassung eines Sonderprüfungsbeschlusses von der Abstimmung ausgeschlossen, so darf statt seiner zum Beispiel auch keine von ihm bevollmächtigte Person das Stimmrecht ausüben.[245] Umgekehrt darf der Vertreter eines Gesellschafters auch dann nicht mitstimmen, wenn von ihm selbst der oben herausgebildete Stimmverbotstatbestand verwirklicht wird.[246] Überträgt ein Gesellschafter seinen Geschäftsanteil (treuhänderisch) auf einen Dritten, um so das Stimmverbot zu umgehen, ist der Erwerber gleichfalls vom Stimmrecht ausgeschlossen, sofern die Abtretung in der Erwartung vorgenom-

---

245 Statt aller RGZ 142, 123, 132; OLG München, NJW-RR 1995, 297; *Immenga/Werner*, GmbHR 1976, 53, 55; *Schwichtenberg*, GmbHR 2007, 400, 401; *Meyer-Landrut* in Meyer-Landrut/Miller/Niehus, § 47 Rn. 34; *Koppensteiner* in Rowedder/Schmidt-Leithoff, § 47 Rn. 56.

246 Vgl. nur *K. Schmidt* in Scholz, § 47 Rn. 155; *Fischer/Gerber* in BeckHdb GmbH, § 4 Rn. 96; *Feine*, S. 527; *Lohr*, NZG 2002, 551, 552. Dies folgt auch unmittelbar aus § 47 Abs. 4 S. 1 GmbHG.

men wurde, der Zessionar werde im Interesse des Zedenten abstimmen.[247] Zudem existiert eine differenzierte Kasuistik, unter welchen Voraussetzungen einer juristischen Person, einer Personengesellschaft bzw. einer anderen Art der Gesamthandsgemeinschaft die Befangenheit ihrer Mitglieder oder der für sie handelnden Personen zuzurechnen ist und umgekehrt.[248] Diese Fragen sollen hier nicht weiter vertieft werden.

4. Rechtsfolgen verbotswidriger Stimmabgabe und prozessuale Aspekte

Ist ein Gesellschafter bei der Beschlussfassung über die Einleitung einer Sonderprüfung von einem Stimmverbot betroffen, so ist ihm die Teilnahme an der Abstimmung im Wege der Stimmrechtsausübung versagt. Es verbleiben ihm jedoch im Rahmen desselben Tagesordnungspunktes alle anderen Mitgliedschaftsrechte. Er darf an der Gesellschafterversammlung teilnehmen und sich an der Aussprache zum Für und Wider der Sonderprüfung beteiligen. Darüber hinaus kann er weiterhin sein Antrags- sowie sein – individuelles – Informationsrecht ausüben.[249]

Eine unter Verstoß gegen § 47 Abs. 4 GmbHG abgegebene Stimme ist nichtig,[250] mithin unwirksam[251] und bei der Ermittlung des Abstimmungsergebnisses nicht mitzuzählen. Wenn keine institutionalisierte Beschlussfeststellung durch einen Versammlungsleiter stattfindet, ist der Beschluss mit demjenigen Inhalt zustande gekommen, der bei Außerachtlassung der wegen § 47 Abs. 4 GmbHG

247 BGH, NJW 1976, 713 f.; BGH, GmbHR 2008, 1092, 1093; *Casper* in Bork/Schäfer, § 47 Rn. 46.

248 Gute Zusammenfassung bei *Römermann* in Michalski, § 47 Rn. 134, und *Braunfels*, MittRhNotK 1994, 233, 242 f., jeweils m. w. N.; *Eickhoff*, Rn. 207 ff.; zu Konzernsituationen *U. H. Schneider*, ZHR 150 (1986), 609, 615 ff.; vgl. auch BGHZ 116, 353, 358, und jüngst BGH, GmbHR 2009, 1330 f.

249 BGH, NJW 1971, 2225; OLG Naumburg, NZG 2000, 44, 46; *Swatzina*, S. 67; *U. Jansen*, Stimmrechtsausschluss, S. 184 f.; *Siegmund*, BB 1981, 1674, 1679; *Römermann* in Michalski, § 47 Rn. 170; *Fichtelmann* in HeidelbKomm GmbH-R, § 47 GmbHG Rn. 35.

250 Ebenso die h. M.: OLG Düsseldorf, GmbHR 2000, 1050, 1053; *Bremer*, GmbHR 1999, 651, 652; *Braunfels*, MittRhNotK 1994, 233, 245; *Bergjan* in Saenger/Inhester, § 47 Rn. 32; *Zöllner* in Baumbach/Hueck, § 47 Rn. 104; *Hüffer* in Ulmer/Habersack/Winter, § 47 Rn. 186; *U. Jansen*, Stimmrechtsausschluss, S. 161 ff.; *Eickhoff*, Rn. 217.

251 Die Unwirksamkeit wird von der Gegenauffassung nicht bestritten. Vgl. z. B. OLG Koblenz, NZG 2008, 280 (LS); *K. Schmidt* in Scholz, § 47 Rn. 175; *Lohr*, NZG 2002, 551, 559.

ungültigen Stimmen eine Mehrheit erlangt hat. Ein förmlich – durch einen Notar oder einen Versammlungsleiter – festgestellter Beschluss kommt zwar zunächst entsprechend dem festgestellten Ergebnis zustande, ist aber fehlerhaft,[252] wenn das Abstimmungsergebnis darauf beruht, dass fälschlich die Stimme eines von seinem Stimmrecht ausgeschlossenen Gesellschafters bei der Ergebnisermittlung mitberücksichtigt wurde.[253] Das Beschlussergebnis „beruht" dann auf der nichtigen Stimme, wenn es anders ausgefallen wäre, hätte man die Stimme nicht mitgezählt.

Ein unzutreffend festgestelltes Abstimmungsergebnis kann prozessual nur mit einer Anfechtungsklage analog §§ 243 ff. AktG gerügt werden. Damit allein ist aber dem Gesellschafter noch nicht gedient, der sich gegen die rechtswidrige Feststellung wendet, der Sonderprüfungsantrag sei abgelehnt worden, denn bei der Anfechtungsklage handelt es sich grundsätzlich um eine bloß kassatorische Klage. Mithilfe der erfolgreichen Anfechtung wird auch der negative – ablehnende – Beschluss nur rückwirkend beseitigt.[254] Um einen Beschlussantrag prozessual durchsetzen zu können, dessen Ablehnung zu Unrecht förmlich festgestellt wurde, darf der Anfechtungskläger seinen Antrag an das Gericht, den negativen Beschluss gem. § 248 Abs. 1 Satz 1 AktG für nichtig zu erklären, um den Antrag ergänzen, der richtigerweise zu verkündende – positive – Beschluss möge vom Gericht „festgestellt" werden.[255] Diese „positive Beschlussfeststellungsklage" ist Bestandteil des Anfechtungsprozesses. Das stattgebende Urteil entfaltet deswegen anders als eine allgemein auf § 256 ZPO gestützte Entscheidung in Analogie zu § 248 AktG Gestaltungswirkung.[256]

Wenn dagegen keine förmliche Beschlussfeststellung stattgefunden hat und der Sonderprüfungsbeschluss von vornherein ohne die nichtigen Stimmen wirk-

---

252 Allgemein zum Erfordernis und zu den Wirkungen einer förmlichen Beschlussfeststellung im GmbH-Recht z. B. *Zöllner* in FS Lutter S. 824 ff.; *K. Schmidt/Seibt* in Scholz, § 48 Rn. 52 f.

253 Vgl. nur OLG Brandenburg, NZG 2001, 129, 131; *U. Jansen*, Stimmrechtsausschluss, S. 282 ff.; *Siegmund*, BB 1981, 1674, 1679; *Lohr*, NZG 2002, 551, 559; *Bayer* in Lutter/Hommelhoff, GmbHG, § 47 Rn. 48.

254 *Windbichler*, S. 402 f.; *Emde*, ZIP 1998, 1475; *Raiser* in Ulmer/Habersack/Winter, Anh. § 47 Rn. 273.

255 BGHZ 97, 28, 30 ff.; BGHZ 88, 320, 329 f.; grundlegend *Zöllner*, Stimmrechtsschranken, S. 406 ff.; *K. Schmidt*, NJW 1986, 2018, 2019 ff.; *Braunfels*, MittRhNotK 1994, 233, 245; *Saenger*, GesellschR, Rn. 622; *Römermann* in Michalski, § 47 Rn. 311; zur AG BGHZ 76, 191, 197 ff.; speziell bezogen auf einen Sonderprüfungsbeschluss OLG Brandenburg, AG 2003, 328, 329.

256 BGHZ 76, 191, 199 (zur AG); BGHZ 97, 28, 30; *K. Schmidt*, AG 1980, 169, 170; *ders.*, NJW 1986, 2018, 2020; *Bauschatz*, NZG 2002, 317, 319; *Raiser* in Ulmer/Habersack/Winter, Anh. § 47 Rn. 275; *U. Jansen*, Stimmrechtsausschluss, S. 339.

sam zustande gekommen ist, wird ein Gesellschafter meist dennoch darauf angewiesen sein, dies gegenüber der Gesellschaft und den Mitgesellschaftern, die die Enquête ablehnen, prozessual geltend zu machen. Für diesen Fall ist die nicht fristgebundene allgemeine Feststellungsklage die statthafte Klageart.[257] Auch diese sollte wie eine Anfechtungsklage prinzipiell gegen die Gesellschaft gerichtet werden. Nur in begründeten Einzelfällen – insbesondere in zweigliedrigen Gesellschaften mag ausnahmsweise ein Feststellungsinteresse für eine Klage unmittelbar gegen einen Mitgesellschafter bestehen.[258]

Die verbotswidrige Stimmabgabe ist nicht nur für das Beschlussmängelrecht von Bedeutung. Ist die Stimmabgabe nicht durch ein Stimmrecht des abstimmenden Gesellschafters gedeckt, verletzt dieser durch die Beteiligung an der Abstimmung zudem eine Unterlassungspflicht aus dem mitgliedschaftlichen Rechtsverhältnis, das zwischen Gesellschafter und GmbH besteht. Infolge dessen kommt eine Haftung des Gesellschafters aus § 280 Abs. 1 BGB in Betracht.[259] Ordnet man die Stimmverbote des § 47 Abs. 4 GmbHG ferner als Tatbestände ein, die auch individuellen Vermögensschutz vermitteln sollen, so kann der Gesellschaft unter Umständen gleichfalls ein Schadensersatzanspruch wegen Schutzgesetzverletzung gem. § 823 Abs. 2 BGB gegen das verbotswidrig abstimmende Mitglied zustehen.[260]

5. Zusammenfassung und Zwischenfazit

Das GmbH-Recht enthält im Unterschied zum Aktienrecht keinen gesetzlich normierten Stimmverbotstatbestand, der die Einleitung einer Sonderprüfung betrifft. Jedoch lassen sich die Voraussetzungen für den Stimmrechtsausschluss bei Fassung eines Sonderprüfungsbeschlusses durch teleologische Extension des § 47 Abs. 4 Satz 1 Fall 1 und Satz 2 Fall 2 GmbHG gewinnen. Aus der Anwendung dieser Tatbestände, in denen das allgemeine Verbot, als „Richter in eigener

---

257 BGHZ 76, 154, 155 ff.; BGH, NJW 1996, 259; OLG Düsseldorf, GmbHR 1999, 1098, 1099; *Saenger*, GmbHR 1997, 112, 116 f.; *Lohr*, NZG 2002, 551, 560; *Casper* in FS Hüffer, S. 121 f.; *ders.* in Bork/Schäfer, § 47 Rn. 72; *Meyer-Landrut* in Meyer-Landrut/Miller/Niehus, § 47 Rn. 56.

258 *Zöllner* in Baumbach/Hueck, Anh § 47 Rn. 182, 183; *Raiser/Veil*, S. 497.

259 *Römermann* in Michalski, § 47 Rn. 314 ff.; *Roth* in Roth/Altmeppen, § 47 Rn. 88; *Hüffer* in Ulmer/Habersack/Winter, § 47 Rn. 187 f.; *K. Schmidt* in Scholz, § 47 Rn. 176; *B. Schmidt* in Ensthaler/Füller/Schmidt, § 47 Rn. 30; vgl. auch *U. Jansen*, Stimmrechtsausschluss, S. 382 ff.

260 Dafür *Saenger*, GesellschR, Rn. 785; *Zöllner* in Baumbach/Hueck, § 47 Rn. 105; *Braunfels*, MittRhNotK 1994, 233, 245; *Bremer*, GmbHR 1999, 651, 652; dagegen etwa *K. Schmidt* in Scholz, § 47 Rn. 176.

Sache“ zu entscheiden, zum Ausdruck gelangt, folgt, dass denjenigen Gesellschaftern die Stimmabgabe bei der Abstimmung über eine Sonderprüfung verwehrt ist, gegen die sich diese Maßnahme richtet. Der Gesellschafter ist von seinem Stimmrecht ausgeschlossen, sofern die Sonderprüfung zumindest auch der Untersuchung seines Verhaltens dienen soll, weil er insofern nicht unbefangen entscheiden könnte. Es ist aber grundsätzlich nicht nötig, dass vom Initiator der Sonderprüfung ein bestimmter Verdacht gegen die zu überprüfende Person artikuliert wird.

Diese allgemeine Regel trifft jedoch auf bestimmte Konstellationen nicht zu, in denen zusätzlich zu fordern ist, dass der Antragsteller durch die Behauptung von Tatsachen nachvollziehbar die konkrete Möglichkeit darlegt, dass der vom Stimmrecht auszuschließende Gesellschafter durch die Begehung einer Pflichtverletzung an den Prüfungsvorgängen beteiligt gewesen ist. Zum einen ist diese weitere Voraussetzung zwingend zu erfüllen, um einen Gesellschafter vom Stimmrecht auszuschließen, der weder als gekorenes Mitglied einem Gesellschaftsorgan angehört, noch als Mitarbeiter von der GmbH beschäftigt wird. Der Antragsteller muss dann in der Lage sein, zumindest einen tatsachenbasierten ersten Verdacht vorzutragen, dass der Mitgesellschafter eine aus dem Gesellschaftsverhältnis herrührende Pflicht verletzt hat. Zum anderen ist die strengere Voraussetzung auch dann zu beachten, wenn der Antragsteller anstrebt, das Verhalten mehrerer Personen überprüfen zu lassen, deren „gleichstufige“ Involvierung in den zu untersuchenden Sachverhalt bei objektiver Betrachtung im Zeitpunkt des Beschlusses nicht offensichtlich ist, oder wenn weiteren als den im Beschlussantrag ausdrücklich benannten Personen das Stimmrecht verwehrt werden soll. In solchen Fällen muss der Antragsteller durch seine Behauptungen die Möglichkeit artikulieren, dass die zusätzlich Betroffenen an den Prüfungsvorgängen mitbeteiligt waren, und den Vorwurf gemeinsamer Pflichtverletzungen erheben. Nur unter dieser Voraussetzung ist ein einheitlicher Prüfungsgegenstand gegeben, über den nicht getrennt Beschluss gefasst werden dürfte.

Schon die Erkenntnis, dass bei der Fassung eines Sonderprüfungsbeschlusses die Betroffenen überhaupt mit einem Stimmverbot belegt werden, ist für diese Untersuchung von großem Interesse. Aufgrund ihrer regelmäßig personalistischen Realstruktur sind in einer GmbH typischerweise oft einzelne Gesellschafter an der Geschäftsführung beteiligt.[261] Außerdem bestehen in der Regel vielfältigere Rechtsbeziehungen zwischen dem Verband und seinen Mitgliedern als etwa bei einer Aktiengesellschaft. Wird von den GmbH-Gesellschaftern Beschluss über die Einleitung einer Sonderprüfung gefasst, so werden wegen der starken Involvierung der Anteilseigner in die Angelegenheiten der GmbH häufig

[261] *Fleischer* in MünchKomm GmbHG, Einl. Rn. 203.

ein oder mehrere Gesellschafter einem Stimmverbot unterliegen. In Anbetracht dessen, dass an einer realtypischen GmbH nur einige wenige Gesellschafter beteiligt sind, wird es nicht selten dazu kommen, dass Mitglieder, deren Geschäftsanteile an sich bloß eine Minderheitsbeteiligung am Stammkapital verkörpern, beim Sonderprüfungsbeschluss zur Abstimmungsmehrheit erstarken.[262] Bei Zwei-Personen-Gesellschaften entscheidet der antragstellende Gesellschafter alleine, wenn Vorgänge, in die der Mitgesellschafter involviert ist, untersucht werden sollen. Bei einer Mehrpersonengesellschaft genügt die einfache Mehrheit der nicht vom Stimmverbot betroffenen Gesellschafter, um über die Abstimmungsmajorität zu verfügen.[263]

Sobald das Stimmverbot den oder die Mehrheitsgesellschafter betreffen sollte, darf die Minderheit demzufolge punktuell über die Geschicke der Gesellschaft befinden.[264] In einem Mehrheits-Minderheiten-Konflikt wie auch in der Zwei-Personen-GmbH mit paritätischer Beteiligung verursacht ein Stimmrechtsausschluss insofern ganz erhebliche Auswirkungen.[265] Die praktische Relevanz der Stimmverbote ist gerade für einen Sonderprüfungsbeschluss nicht zu unterschätzen. Immerhin hat es der Antragsteller bei der Formulierung des Beschlussantrags weitgehend in der Hand, Einfluss darauf zu nehmen, welche Gesellschafter vom Stimmrechtsausschluss betroffen werden.

Es lässt sich festhalten: Zwar kennt das GmbH-Recht kein formelles Minderheitsrecht auf Durchführung einer Sonderprüfung.[266] Ein mitunter sehr weitgehender Minderheitenschutz wird aber dann vermittelt, wenn bei einem Sonderprüfungsbeschluss der Mehrheitsgesellschafter einem Stimmrechtsausschluss unterliegt.[267] Aufgrund der für Gesellschaften m. b. H. charakteristischen persönlichen Beteiligung der Gesellschafter an der Geschäftsführung sollte es für die Minderheit häufig ein Leichtes sein, einen dem Sonderprüfungsantrag stattgebenden Gesellschafterbeschluss herbeizuführen.

---

262 *Brandner* in FS Nirk, S. 75; *ders.* in FS Lutter, S. 324; *Peters/Dechow*, GmbHR 2007, 236, 238; *Fleischer*, GmbHR 2001, 45, 51; *Heckschen* in Heckschen/Heidinger, § 4 Rn. 114.

263 *Leinekugel*, GmbHR 2008, 632, 633.

264 *Wiedemann* I, S. 421.

265 *Wiedemann* I, S. 421; vgl. insofern auch *Zöllner*, Stimmrechtsschranken, S. 171.

266 Dazu oben S. 113 ff.

267 Zur Einordnung der Stimmverbote als Instrumente des sachlichen Minderheitenschutzes *Wiedemann* I, S. 421 f.; *K. Schmidt*, GesellschR, S. 468; *Schwichtenberg*, GmbHR 2007, 400, 401; *Mertens*, in: Probleme der GmbH-Reform, S. 114 f.; vgl. auch BGH, NJW 1980, 1527, 1528.

II. Verfahrensmäßige Vorbereitung der Beschlussfassung

Die Beschlussfassung über die Einleitung einer Sonderprüfung unterliegt den allgemeinen Anforderungen an ein ordnungsgemäßes Beschlussverfahren i. S. d. §§ 47 ff. GmbHG, die für die Zwecke dieser Untersuchung keiner prinzipiellen Erörterung bedürfen. Aus diesen Vorschriften ergibt sich auch, in welcher Weise die Fassung eines Gesellschafterbeschlusses verfahrensmäßig vorzubereiten ist. Wie soeben dargelegt wurde, können ein oder mehrere Minderheitsgesellschafter vermittelt durch den Stimmrechtsausschluss anderer Mitglieder beim Sonderprüfungsbeschluss zur Abstimmungsmehrheit erstarken. Möchte eine solche Minderheit eine Sonderprüfung veranlassen, so ist nicht nur erforderlich, dass Mitgesellschafter mit einem Stimmverbot belegt werden. Darüber hinaus sind noch weitere rechtliche Aspekte des Beschlussverfahrens zu berücksichtigen, damit die Sonderprüfung beschlossen werden kann. Die folgende Analyse soll sich deswegen auf die Besonderheiten konzentrieren, die bei der Vorbereitung der Beschlussfassung über eine von der Gesellschafterminderheit angestrebte Sonderprüfung eine Rolle spielen.

1. Einberufung der Gesellschafterversammlung

Zunächst muss es überhaupt zu einer Gesellschafterversammlung kommen, damit ein Beschluss über die Einleitung einer Sonderprüfung gefasst werden kann. Eine solche Versammlung muss förmlich einberufen werden, außer sämtliche Gesellschafter treten spontan oder zumindest ohne förmliche Ladung i. S. v. § 51 Abs. 3 GmbHG zu einer sog. Vollversammlung zusammen.[268] Sofern die Satzung nicht ein anderes bestimmt, legt § 49 Abs. 1 GmbHG die Regelzuständigkeit zur Einberufung einer Gesellschafterversammlung – unabhängig von den jeweiligen Regelungen zu Geschäftsführung und Vertretung – in die Hände jedes einzelnen[269] Geschäftsführers. Dieser hat darüber nach pflichtgemäßem Ermessen zu entscheiden.[270] Einem Gesellschafter-Geschäftsführer, der die Durchführung einer Sonderprüfung beantragen möchte, bereitet es folglich keine Schwierigkeiten, die für die Fassung des Sonderprüfungsbeschlusses zuständige

---

268 *Wolff* in MünchHdb GesR III, § 39 Rn. 11; *Heckschen* in Heckschen/Heidinger, § 8 Rn. 21; *Zeilinger*, GmbHR 2001, 541, 542.

269 Dazu z. B. OLG Frankfurt am Main, GmbHR 1976, 110, 111; BayObLG, NZG 1999, 1063 f. m. Anm. *Sieger/Gätsch*; *Vogel*, S. 121 f.; *Masuch* in Bork/Schäfer, § 49 Rn. 2.

270 Zum Ganzen *Zeilinger*, GmbHR 2001, 541 f.; *K. Schmidt* in Scholz, § 49 Rn. 1 f., 4.

Gesellschafterversammlung einzuberufen. Auf seine Beteiligungshöhe kommt es dann gar nicht an.

Gesellschaftern, die kein Geschäftsführeramt bekleiden, steht keine primäre Einberufungskompetenz zu. Anteilseigner, deren Geschäftsanteile zusammen mindestens zehn Prozent des Stammkapitals entsprechen, sind nach § 50 Abs. 1 GmbHG allerdings in der Lage, von den Geschäftsführern die Einberufung der Gesellschafterversammlung zu verlangen. Bei dieser Befugnis handelt es sich wegen der erforderlichen Mindestbeteiligungsquote um ein Minderheitsrecht im technischen Sinne,[271] das sowohl von einem Gesellschafter allein als auch von einer Gruppe von Verbandsmitgliedern ausgeübt werden kann. § 50 Abs. 1 GmbHG vermittelt solchen Gesellschaftern einen gegen die Gesellschaft gerichteten[272] Anspruch, der mit der Äußerung des entsprechenden Verlangens entsteht und aufgrund dessen es den Geschäftsführern obliegt, innerhalb einer angemessenen Frist eine Gesellschafterversammlung einzuberufen.[273] Erst wenn die Geschäftsführung diesem Begehren gar nicht, nicht rechtzeitig oder nicht in vollem Umfang nachkommt, sind die Gesellschafter, die das Verlangen artikuliert haben, gem. § 50 Abs. 3 Satz 1 GmbHG selbst zur Einberufung der Gesellschafterversammlung befugt. Diese Kompetenz lässt sich als eine Art Selbsthilferecht charakterisieren.[274]

Um eine außerordentliche Gesellschafterversammlung herbeiführen zu können, in der speziell die Einleitung einer Sonderprüfung durchgesetzt werden soll, muss ein nicht geschäftsführender Gesellschafter demzufolge mit wenigstens zehn Prozent am Stammkapital der GmbH beteiligt sein.[275]

---

271 So die Terminologie bei *Wiedemann* I, S. 419 f., und *K. Schmidt*, GesellschR, S. 469; vgl. auch *Kühn*, Minderheitsrechte, S. 39, 59; *Schopp*, GmbHR 1976, 126; *Zöllner* in Baumbach/Hueck, § 50 Rn. 1.

272 Nach h. M. ist die Gesellschaft die Anspruchsgegnerin. Vgl. z. B. *Römermann* in Michalski, § 50 Rn. 26; *K. Schmidt/Seibt* in Scholz, § 50 Rn. 11. Nach a. A. richtet sich der Anspruch gegen die zur Einberufung berechtigten Personen (i. d. R. Geschäftsführer) selbst: so etwa *Meyer-Landrut* in Meyer-Landrut/Miller/Niehus, § 50 Rn. 3.

273 *K. Schmidt/Seibt* in Scholz, § 50 Rn. 10; *Hüffer* in Ulmer/Habersack/Winter, § 50 Rn. 13; *Kühn*, GmbHR 1965, 132, 133; *Vogel*, S. 126 ff.

274 Vgl. zum Ganzen auch *Schopp*, GmbHR 1976, 126, 128 f.; *Liebscher* in MünchKomm GmbHG, § 50 Rn. 47 ff.; *Hüffer* in Ulmer/Habersack/Winter, § 50 Rn. 18 f., 22; *Wolff* in MünchHdb GesR III, § 39 Rn. 16 f.; *Eickhoff*, Rn. 71.

275 Ähnlich *Peters/Dechow*, GmbHR 2007, 236, 238; *Leinekugel*, GmbHR 2008, 632, 633; *Heckschen* in Heckschen/Heidinger, § 4 Rn. 114.

2. Pflicht zur Ankündigung der Sonderprüfung als Gegenstand der Tagesordnung

Auch wenn von den Geschäftsführern ohnehin schon eine Gesellschafterversammlung einberufen worden ist, sind Gesellschafter, die nicht über die zehnprozentige Beteiligung am Stammkapital verfügen, nicht ohne weiteres in der Lage, eine Beschlussfassung über die Durchführung einer Sonderprüfung herbeizuführen. Damit über einen Gegenstand ordnungsgemäß Beschluss gefasst werden kann, muss dieser nämlich gem. § 51 Abs. 4 GmbHG mindestens drei Tage vor der Gesellschafterversammlung in der für die Einberufung vorgeschriebenen Weise – also grundsätzlich von einem der Geschäftsführer – den Gesellschaftern angekündigt worden sein. § 50 Abs. 2 GmbHG räumt wiederum nur einer Gesellschafterminderheit, die über Geschäftsanteile von wenigstens zehn Prozent des Stammkapitals verfügt, das Recht ein zu verlangen, dass in Bezug auf eine bereits anberaumte Gesellschafterversammlung die Tagesordnung um einen gewünschten Beschlussgegenstand ergänzt wird. Dieses Minderheitsrecht entspricht in dogmatischer Hinsicht der soeben erläuterten Befugnis aus § 50 Abs. 1 GmbHG und lässt sich gegebenenfalls wiederum mit dem Selbsthilferecht i. S. d. § 50 Abs. 3 GmbHG durchsetzen.[276]

Auch die Beschlussfassung über die Einleitung einer Sonderprüfung ist im Grundsatz notwendigerweise als eigener Tagesordnungspunkt anzukündigen.[277] Eine solche Ankündigung muss im Allgemeinen erkennen lassen, worüber beraten und Beschluss gefasst werden soll. So soll sichergestellt werden, dass die einzelnen Gesellschafter in die Lage versetzt werden, sich sinnvoll auf die Gesellschafterversammlung vorzubereiten.[278] Ein konkreter Beschlussantrag muss in der Ankündigung gleichwohl noch nicht enthalten sein.[279] Prinzipiell kann die Fassung eines Sonderprüfungsbeschlusses somit nur von Gesellschaftern initiiert werden, die das Beteiligungsquorum des § 50 Abs. 1, 2 GmbHG erfüllen. Aller-

---

276 Vgl. nur *Eickhoff*, Rn. 117; außerdem oben S. 265.

277 So zum Aktienrecht statt vieler OLG Düsseldorf, Urt. vom 5. 7. 2012 (I-6 U 69/11), BeckRS 2012, 22395; *Haager* in Ball/Haager, S. 40; *Spindler* in K. Schmidt/Lutter, AktG, § 142 Rn. 25; *Holzborn/Jänig* in HeidelbKomm AktG, § 142 Rn. 9; *Zwissler* in Wachter, § 142 Rn. 8; *Butzke*, Rn. M 5; vgl. zur Aufhebung eines Sonderprüfungsbeschlusses gleichsinnig OLG Brandenburg, AG 2011, 418, 419.

278 *Eickhoff*, Rn. 109; *Thelen*, GmbHR 1992, 796; *Hüffer* in Ulmer/Habersack/Winter, § 51 Rn. 22; *Bayer* in Lutter/Hommelhoff, GmbHG, § 51 Rn. 21; vgl. auch OLG München, GmbHR 1994, 259.

279 BGHZ 123, 15, 21; OLG Stuttgart, NZG 2000, 159 (dieser Gedanke kommt nur im 1. LS zum Ausdruck); *Trölitzsch/Leinekugel*, Rn. 296; *Zöllner* in Baumbach/Hueck, § 51 Rn. 24; zur AG ebenso *Butzke*, Rn. M 5.

dings stellt dies wegen der meist personalistischen Struktur von Gesellschaften m. b. H. nur für wenige GmbH-Gesellschafter ein Hindernis dar.[280]

Solchen Verbandsmitgliedern verbleibt schließlich – wie jedem einzelnen Gesellschafter – nur die Möglichkeit, mittels eines „Gegenantrags“ zu einem Beschlussgegenstand, der zuvor ordnungsgemäß angekündigt wurde, die Beschlussfassung über die Durchführung einer Sonderprüfung zu erzwingen. Bei dem Antragsrecht der Mitglieder in der Gesellschafterversammlung handelt es sich nämlich als Ausfluss des Teilnahmerechts um ein Individualrecht eines jeden Gesellschafters.[281] Da nur der Gegenstand des Beschlusses, nicht aber der konkrete Beschlussantrag selbst im Voraus angekündigt zu werden braucht, kann jeder Gesellschafter die Einsetzung einer Sonderprüfung beantragen, soweit der Beschluss darüber von einem korrekt angekündigten Tagesordnungspunkt noch gedeckt ist.[282] Dazu muss die Enquête zu diesem Gegenstand der Tagesordnung in einem unmittelbaren sachlichen Zusammenhang stehen, aufgrund dessen ein sachkundiger Gesellschafter mit dem Sonderprüfungsantrag eines Mitgesellschafters zu rechnen hat.[283]

So soll ein Gesellschafter etwa im Rahmen des Tagesordnungspunktes, unter dem die Beratung und der Beschluss über die Erteilung der Entlastung von Organmitgliedern angekündigt worden ist, Beschlussfassung über die Durchführung einer Sonderprüfung zu jedem Bereich der Geschäftsführung verlangen können, sofern der zu prüfende Sachverhalt in den Entlastungszeitraum hineinfällt.[284] Da dieser sich regelmäßig mit dem letzten Geschäftsjahr vor der Beschlussfassung deckt, kann die derart per „Gegenantrag“ initiierte Sonderprüfung sich auf sämtliche Vorgänge innerhalb jener Zeitspanne oder auch auf die gesamte Geschäftsführung während des betreffenden Geschäftsjahres beziehen. Denn im GmbH-Recht ist eine Beschränkung des Prüfungsgegenstandes auf bestimmte Vorgänge nicht verpflichtend.[285] Da es sich bei der Entlastung ebenfalls

---

[280] *Kühn*, GmbHR 1965, 132, 137; *Goette* in FS Ulmer, S. 136.

[281] Vgl. dazu nur *Schäfer*, ZHR 167 (2003), 66, 67; *Römermann* in Michalski, § 47 Rn. 24; *Roth* in Roth/Altmeppen, § 48 Rn. 11.

[282] Zur gleich gelagerten Problematik im Aktienrecht OLG Brandenburg, AG 2003, 328, 329; *Haager* in Ball/Haager, S. 41; *Spindler* in K. Schmidt/Lutter, AktG, § 142 Rn. 25; *Bezzenberger* in Großkomm AktG, § 142 Rn. 26; vgl. zur GmbH *Vogel*, S. 146.

[283] Wiederum bezogen auf die AG *Kirschner*, S. 54 f.; *von Gleichenstein*, BB 1956, 761; *Kronstein/Zöllner* in KölnKomm AktG, § 142 Rn. 18.

[284] OLG Brandenburg, AG 2003, 328, 329; OLG Düsseldorf, Urt. vom 5. 7. 2012 (I-6 U 69/11), BeckRS 2012, 22395; *Kirschner*, S. 55; *Wilsing/von der Linden* in Heidel, § 142 AktG Rn. 17; *Mock* in Spindler/Stilz, § 142 Rn. 69; *Zwissler* in Wachter, § 142 Rn. 8; *Hüffer*, AktG, § 142 Rn. 9; *Bezzenberger* in Großkomm AktG, § 142 Rn. 26.

[285] Dazu oben S. 150 ff.

um eine Kontrollmaßnahme der Gesellschafter handelt, liegt ein Sonderprüfungsantrag zu den entlastungsrelevanten Sachverhalten für die Gesellschafter im Rahmen des Erwartbaren, sodass die Ankündigung des Tagesordnungspunktes „Entlastung" ihren Zweck, vor Überrumpelung zu schützen, erfüllt.[286] Ein Sonderprüfungsantrag kann zudem im Zusammenhang mit dem Tagesordnungspunkt „Feststellung des Jahresabschlusses" stehen. Das ist dann der Fall, wenn die Prüfung wesentliche zu bilanzierende Vorgänge der Rechnungslegungsperiode betrifft – jedenfalls, sofern Fragen der Rechnungslegung untersucht werden sollen.[287] Auch in einem solchen Fall ist somit keine besondere Ankündigung des Sonderprüfungsbeschlusses nötig.

Ein zu weniger als zehn Prozent am Stammkapital einer GmbH beteiligter Gesellschafter hat demzufolge auch die Möglichkeit, die Beschlussfassung über die Einleitung einer Sonderprüfung zu initiieren, wenngleich nur in sehr eingeschränktem Umfang. Über die Entlastung der Organmitglieder sowie über die Feststellung des Jahresabschlusses wird regelmäßig nur einmal im Jahr im Rahmen einer ordentlichen Gesellschafterversammlung abgestimmt.[288] Im Übrigen ist ein gering beteiligter Gesellschafter darauf angewiesen, dass in irgendeiner Versammlung von anderer Seite die Erörterung genau desjenigen Sachverhalts zum Gegenstand der Tagesordnung gemacht wird, zu dessen Untersuchung das Mitglied eine Sonderprüfung durchführen lassen möchte. Denn eine Entscheidung der Gesellschafter über die so thematisierten Vorgänge lässt sich wegen des dann bestehenden Sachzusammenhangs wieder mittels der Stellung eines „Gegenantrages" erzwingen.[289]

3. Recht des Antragstellers auf materielle Bescheidung?

Von der „Erzwingung" einer Entscheidung kann aber nur die Rede sein, sofern die Gesellschafter über jeden Beschlussantrag auch befinden müssen. An die Stellung eines Beschlussantrages schließt sich prinzipiell der Akt der Beschlussfassung im Wege einer Abstimmung unter den Gesellschaftern an. Möchte insbesondere der Mehrheitsgesellschafter verhindern, dass es überhaupt zur Fassung eines Beschlusses über die ihm unliebsame Sonderprüfung kommt, so wird er regelmäßig bestrebt sein, es überhaupt nicht zu einer Entscheidung in der Sache kommen zu lassen. Er wird die Sonderprüfung vertagen oder schlicht von

---

286 *Fleischer* in Küting/Weber, § 142 AktG Rn. 86.

287 Einen weit gefassten Ansatz vertreten *Haager* in Ball/Haager, S. 41; *Butzke*, Rn. M 6; enger dagegen *Kirschner*, S. 55.

288 Vgl. etwa *Eickhoff*, Rn. 51.

289 So zur AG *Kirschner*, S. 55.

der Tagesordnung absetzen wollen. Für den Fall, dass der Mehrheitsgesellschafter bei dem Beschluss in der Sache gem. § 47 Abs. 4 GmbHG einem Stimmverbot unterläge, ist er zwar auch bei einer derartigen Verfahrensentscheidung – wie oben[290] bereits angesprochen – von seinem Stimmrecht ausgeschlossen. Schon in solchen Fällen können sich jedoch Probleme ergeben, wenn die ausgeschlossenen Mitglieder dennoch bei Fassung des Vertagungs- oder Nichtbefassungsbeschlusses mitstimmen und ein – wegen Berücksichtigung der ungültigen Stimmen – unrichtiges Beschlussergebnis förmlich festgestellt wird.[291] Dieser Beschluss müsste zunächst durch Erhebung der Anfechtungsklage beseitigt werden. Anschließend wäre aber immer noch keine Entscheidung in der Sache erzwungen.[292] Vielmehr könnte die einem Stimmverbot unterliegende Gesellschaftermehrheit immer wieder erneute – wenngleich wiederum fehlerhafte – Nichtbefassungsbeschlüsse herbeiführen, die bei entsprechender Feststellung durch den Versammlungsleiter die Wirkung der Stimmverbote auf ewig torpedieren könnten.[293] Bei offenbarer Unrichtigkeit der Beschlussfeststellung, die nach einer ersten gerichtlichen Entscheidung wegen dann bewusst unrichtiger Verkündung des Ergebnisses anzunehmen sein dürfte, soll das derart festgestellte Beschlussergebnis allerdings von vornherein unbeachtlich sein.[294]

Nicht nur für den Spezialfall, dass bei der Beschlussfassung Stimmverbote eingreifen, wird darüber hinaus mittlerweile[295] überwiegend angenommen, dass jedenfalls einer zu mindestens zehn Prozent am Stammkapital beteiligten Gesellschafterminderheit ein Recht auf Sachbehandlung der gem. § 50 GmbHG angekündigten Beschlussgegenstände zuzugestehen ist.[296] Der Sinn und Zweck dieser Vorschrift, einen effektiven Minderheitenschutz zu gewährleisten, gebiete die Anerkennung dieses Anspruchs auf materielle Bescheidung des von der

---

290 S. 244 m. N.

291 Allgemein zur Problematik der Beschlussfeststellung vgl. die Nachweise in Fn. 252.

292 Wenn noch gar kein sachlicher Beschluss gefasst wurde, hilft entgegen *Römermann* in Michalski, § 50 Rn. 94, auch die positive Beschlussfeststellungsklage noch nicht weiter.

293 Ggf. bestehende Schadensersatzansprüche (dazu oben S. 261) gegen die trotz Stimmverbots mitstimmenden Mitglieder verhelfen dem Minderheitsgesellschafter nicht zur Fassung eines Beschlusses in der Sache.

294 Vgl. dazu bspw. *K. Schmidt/Seibt* in Scholz, § 48 Rn. 53.

295 Nach hergebrachter Auffassung sollte ein solches Recht nicht bestehen. Vgl. etwa *Kühn*, GmbHR 1965, 132, 133; *Schopp*, GmbHR 1976, 126, 130 a. E.; auch heute noch *Römermann* in Michalski, § 50 Rn. 94.

296 *Goette* in FS Ulmer, S. 135 ff.; *K. Schmidt/Seibt* in Scholz, § 50 Rn. 4; *Hüffer* in Ulmer/Habersack/Winter, § 50 Rn. 33; jedenfalls dann *Koppensteiner* in Rowedder/Schmidt-Leithoff, § 50 Rn. 11; i. E. ebenso *Zöllner* in Baumbach/Hueck, § 50 Rn. 27; ähnlich LG Bielefeld, NZG 1998, 511, das seine Entscheidung aber auf andere Erwägungen stützte.

Minderheit gestellten Beschlussantrages. Demzufolge sei ein Nichtbefassungsbeschluss immer, ein Vertagungsbeschluss jedenfalls in Ermangelung gewichtiger Sachgründe unzulässig.[297]

Von einigen wird indes vertreten, ein solcher Verfahrensbeschluss sei wegen Verletzung dieses Bescheidungsrechts wiederum nur mit der Anfechtungsklage angreifbar.[298] Ein Vorgehen entsprechend dieser Sichtweise vermag es aber nicht, den postulierten Bescheidungsanspruch tatsächlich durchzusetzen. Dazu muss es nämlich zu einer Entscheidung in der Sache kommen. Erst so wird der Minderheit die Möglichkeit verschafft, mit Hilfe einer gegen den ablehnenden Sachbescheid gerichteten Anfechtungs- und Beschlussfeststellungsklage ein bestimmtes Beschlussergebnis – etwa die Einleitung einer Sonderprüfung – auch gegen den Willen der stimmverbotswidrig an der Beschlussfassung beteiligten Mehrheitsgesellschafter durchzusetzen.[299] Diese könnten mit der soeben dargelegten Torpedierungstaktik gerade versuchen, einen Sachbeschluss zu verhindern.

Deswegen erscheint eine diesbezüglich von *Zöllner*[300] vorgeschlagene Lösung reizvoll. Befassten sich die Gesellschafter gar nicht in der Sache mit einem von einer Minderheit i. S. d. § 50 GmbHG gestellten Beschlussantrag oder vertagten sie die Beschlussfassung darüber ohne zwingende Sachgründe, so sei ein derartiger Verfahrensbeschluss von vornherein unwirksam. Die stimmberechtigten Gesellschafter, gegebenenfalls die antragstellende Minderheit allein, könnten in einem solchen Fall selbst einen Sachbeschluss fassen. Mit dem Antrag auf Feststellung seiner Wirksamkeit und seiner Maßgeblichkeit gegenüber dem Verfahrensbeschluss könne anschließend Klage erhoben werden. Auf diese Weise ließe sich der Bescheidungsanspruch der Minderheit angemessen durchsetzen, damit die Minderheitsrechte aus § 50 GmbHG nicht wegen taktischer Winkelzüge der Mehrheit leer zu laufen drohten.[301] Die von diesem Ansatz entwickel-

---

297 LG Bielefeld, NZG 1998, 511 f.; *Schäfer*, ZHR 167 (2003), 66, 73 f.; *K. Schmidt/Seibt* in Scholz, § 50 Rn. 4; *Roth* in Roth/Altmeppen, § 50 Rn. 17; *Zöllner* in Baumbach/Hueck, § 50 Rn. 27, vgl. auch § 47 Rn. 18.

298 So ausdrücklich *K. Schmidt/Seibt* in Scholz, § 50 Rn. 4; *Hüffer* in Ulmer/Habersack/Winter, § 50 Rn. 33; ebenso, wenngleich für einen Spezialfall BGHZ 123, 15, 20 ff.

299 Zum Ganzen *Schäfer*, ZHR 167 (2003), 66, 68, 75; ähnlich *Koppensteiner* in Rowedder/Schmidt-Leithoff, § 48 Rn. 15.

300 In Baumbach/Hueck, § 50 Rn. 27. Mit ähnlicher Stoßrichtung BGHZ 123, 15, 22: an diese Entscheidung knüpft *Zöllner* – nachvollziehbar – an und entwickelt sie fort.

301 Ebenso *Hüffer* in Ulmer/Habersack/Winter, § 50 Rn. 33, aber nur für den Fall, dass sich eine gezielte Obstruktion durch die Mehrheitsgesellschafter im Einzelfall als treuwidriges Verhalten qualifizieren lässt. Ablehnend *K. Schmidt/Seibt* in Scholz, § 50 Rn. 4; *Bayer* in Lutter/Hommelhoff, GmbHG, § 50 Rn. 2.

ten Grundsätze passen jedoch nur, sofern die in der GmbH gefassten Beschlüsse nicht förmlich festgestellt werden. Dann handelt es sich aber – jedenfalls sofern der Mehrheitsgesellschafter einem Stimmverbot unterliegt – um Selbstverständliches. Wird der Vertagungs- oder Nichtbefassungsbeschluss aber förmlich festgestellt, ist dieser trotz seiner Rechtswidrigkeit wirksam, da keiner der in § 241 AktG benannten Nichtigkeitsgründe einschlägig ist. Er steht einer Sachentscheidung allein durch die zur Beschlussfassung bereiten Gesellschafter entgegen. Die Wirksamkeit des Beschlusses kann nur mit einer erfolgreichen Anfechtungsklage beseitigt werden. Aus dem Bescheidungsrecht folgt jedoch ein Anspruch gegen die Gesellschaft und die Mitgesellschafter, eine erneute Nichtbefassung bzw. Vertagung zu unterlassen. Er lässt sich mit einem Leistungsurteil gegen die Verpflichteten titulieren und ist als Unterlassungsanspruch gem. § 890 ZPO vollstreckbar.[302]

Man sollte diese Grundsätze aber schließlich nicht nur auf Beschlussanträge einer qualifizierten Minderheit in Situationen i. S. v. § 50 GmbHG anwenden. Auf Verlangen nach § 50 Abs. 1 GmbHG hin sowie nach § 50 Abs. 3 GmbHG durch Gesellschafter selbst einberufene Gesellschafterversammlungen unterscheiden sich in den Regeln, die für ihren Ablauf gelten nicht von anderen Versammlungen. Es existieren keine besonderen Verfahrensbestimmungen für die Behandlung der von einer Gesellschafterminderheit erzwungenen Gegenstände der Tagesordnung.[303] Zudem steht das Antragsrecht in der Mitgliederversammlung jedem einzelnen Gesellschafter als Individualrecht zu; eine Mindestbeteiligung ist zu seiner Ausübung nicht erforderlich.[304] Diese Gründe sprechen dafür, jedem einzelnen Gesellschafter einen Anspruch darauf einzuräumen, dass über den von ihm gestellten Antrag sachlich beschieden wird.[305]

III. Fazit: In Einzelfällen faktisches Minderheitsrecht auf Einleitung einer Sonderprüfung

Wenn im konkreten Einzelfall Stimmverbote eingreifen, wird es nicht selten vorkommen, dass bei der Fassung eines Sonderprüfungsbeschlusses ein oder

---

302 Ein vergleichbarer Ansatz findet sich bei *Schäfer*, ZHR 167 (2003), 66, 83 ff.

303 *Zöllner* in Baumbach/Hueck, § 50 Rn. 1.

304 Vgl. die Nachweise in Fn. 281.

305 So in jüngerer Zeit mit ausführlicher Begründung *Schäfer*, ZHR 167 (2003), 66, 70 ff.; ihm folgend *Zöllner* in Baumbach/Hueck, § 47 Rn. 17 f.; ähnlich *Koppensteiner* in Rowedder/Schmidt-Leithoff, § 48 Rn. 15.

mehrere Minderheitsgesellschafter zur Abstimmungsmehrheit erstarken und somit zur Entscheidung über die Einsetzung einer Sonderprüfung berufen sind.[306]

Selbstverständlich ist es genauso gut möglich, dass gerade ein Minderheitsgesellschafter beim Beschluss über die Prüferbestellung von seinem Stimmrecht ausgeschlossen ist. Einfluss auf das Beschlussergebnis entfalten Stimmverbote aber nur, sofern durch ihr Eingreifen ein Gesellschafter oder eine Gruppe von Mitgliedern über die Abstimmungsmehrheit verfügt, die er bzw. sie ansonsten nicht allein repräsentiert. Dies ist insbesondere der Fall, wenn ein Gesellschafter von seinem Stimmrecht ausgeschlossen ist, dem ein Geschäftsanteil zusteht, auf den betragsmäßig die Mehrheit am Stammkapital der Gesellschaft entfällt. Einem solchen Mehrheitsgesellschafter dürfte die Mitwirkung an der Abstimmung in der Praxis viel häufiger verwehrt sein als der Gesellschafterminderheit. Aufgrund der auf ihn entfallenden Kapitalmehrheit wird er nämlich oftmals als Geschäftsführer der GmbH amtieren. Jedenfalls aber vermag er über das seinem Einfluss unterstehende Weisungsrecht der Gesellschafterversammlung die Geschäftsführung der Gesellschaft weitgehend zu lenken. Der Befund, dass im Einzelfall die gefestigte Mehrheitsherrschaft innerhalb des Verbandes durch Stimmverbote durchbrochen werden kann, offenbart deren generell minderheitsschützende Wirkung.[307] Aufgrund der geschilderten Effekte, die mit dem Eingreifen von Stimmrechtsausschlüssen bei der Entscheidung über die Einleitung einer Sonderprüfung verbunden sein können, mag man davon sprechen, in einer GmbH könne die Sonderprüfungsbefugnis im Einzelfall Gesellschaftern gewissermaßen als „faktisches Minderheitsrecht“[308] eingeräumt sein.

Bezieht man die oben unter II. erörterten Aspekte, die mit der verfahrensmäßigen Vorbereitung eines Sonderprüfungsbeschlusses zusammenhängen, mit in die Betrachtungen ein, erscheint die Formulierung „faktisches Minderheitsrecht“ auch insofern treffend, als die Einleitung einer Sonderprüfung – wie „Minderheitsrechte“ im technischen Sinne – regelmäßig nur von einer *qualifizierten* Gesellschafterminderheit herbeigeführt werden kann.[309] So muss nämlich ein Gesellschafter, der eine Sonderprüfung veranlassen möchte, im Hinblick auf die Minderheitsrechte aus § 50 GmbHG mindestens zu zehn Prozent am Stammkapital der GmbH beteiligt sein, damit ihm – auch allein – jederzeit die Initiierung der zur Prüferbestellung erforderlichen Beschlussfassung möglich ist. Verfügt ein Gesellschafter über einen Geschäftsanteil, der sich auf weniger als

---

306 Diese Erkenntnis wurde oben bereits festgehalten. Vgl. S. 262 f.

307 Davon war ebenfalls bereits die Rede. Vgl. oben S. 263.

308 So die Terminologie von *Heckschen* in Heckschen/Heidinger, § 4 Rn. 114; *Brandner* in FS Nirk, S. 80.

309 Dieser Gedanke findet sich bei *Heckschen* in Heckschen/Heidinger, § 4 Rn. 114.

zehn Prozent des Stammkapitals beläuft, so darf zwar auch dieses Mitglied über einen (vom ihm gestellten) Sonderprüfungsantrag allein befinden, wenn alle oder jedenfalls genug der übrigen Gesellschafter bei der Abstimmung einem Stimmverbot unterliegen. Ein solcher Minderheitsgesellschafter ist jedoch, wenn er nicht selbst Geschäftsführer ist, darauf angewiesen, dass die Geschäftsführungsvorgänge, deren Untersuchung er mit der Sonderprüfung anstrengen möchte, von anderer Seite zum Gegenstand der Tagesordnung einer Gesellschafterversammlung gemacht werden. Nur in solchen Fällen und einmal jährlich, wenn die Versammlung mit der Entlastung der Organmitglieder und der Feststellung des Jahresabschlusses befasst wird, ist der zu unter zehn Prozent beteiligte Gesellschafter prinzipiell in der Lage, eine Sonderprüfung gegen den Willen der Mitgesellschafter einzuleiten.

Ordnet man insofern die Sonderprüfungsbefugnis als „faktisches Minderheitsrecht" ein,[310] so handelt es sich dabei lediglich um eine Beobachtung, die das Ergebnis der rechtlichen Analyse des Beschlussverfahrens beschreibt. Es handelt sich nicht um eine rechtsdogmatische Kategorie. Ein echtes Minderheitsrecht auf Bestellung von Sonderprüfern existiert im GmbH-Recht gerade nicht; gleichwohl kann *im Einzelfall*, ein Minderheitsgesellschafter auch gegen den Willen der Kapitalmehrheit eine Sonderprüfung initiieren, wenn sich das Eingreifen von Stimmverboten zu seinen Gunsten auswirkt. Auch ein GmbH-Gesellschafter mit zehnprozentiger Beteiligung hat es aber gerade nicht in der Hand, zur Untersuchung jedes beliebigen Gegenstandes Sonderprüfer zu bestellen. Vielmehr hängt es immer von dem konkret avisierten Prüfungsgegenstand und von den Stimmverhältnissen in der GmbH ab, ob dem Minderheitsgesellschafter unter Ausnutzung der Stimmverbote die Durchsetzung der angestrebten Sonderprüfung gelingt. Verfügt ein Gesellschafter aber über zumindest zehn Prozent des Stammkapitals, so sollte ihm die Stellung des Sonderprüfungsantrags zu vielen Themen zumindest wesentlich leichter fallen.

Häufig wird der vom Stimmrecht ausgeschlossene Mehrheitsgesellschafter den gerade infolge der Nichtigkeit seiner Stimmen zustande gekommenen Sonderprüfungsbeschluss nicht anerkennen wollen. Der von dem Mehrheitsgesellschafter abhängige oder mit diesem personenidentische Geschäftsführer wird dann ebenfalls die Einsetzung der Sonderprüfung bestreiten und bereits ankündigen, mit dem bestellten Sonderprüfer nicht zu kooperieren. In dieser Situation kommt es dem Minderheitsgesellschafter zugute, dass das Beschlussanfechtungsrecht bzw. das Recht, Beschlussfeststellungsklage zu erheben, jedem einzelnen Mitglied als Individualrecht zusteht.[311] Das gewährleistet, dass sich das

[310] So, auf § 50 GmbHG abstellend, z. B. *Heckschen* in Heckschen/Heidinger, § 4 Rn. 114.

[311] So z. B. *Wolff* in MünchHdb GesR III, § 40 Rn. 63. Vgl. auch oben S. 61 f.

faktische Minderheitsrecht auf Durchführung einer Sonderprüfung prozessual durchsetzen lässt. Die gerichtliche Erzwingung einer GmbH-rechtlichen Sonderprüfung im Rahmen eines Zivilprozesses dürfte sich allerdings als kompliziert und zeitaufwändig darstellen.[312]

Dass der Stimmrechtsausschluss im Einzelfall der Gesellschafterminderheit zur Durchsetzung einer Sonderprüfung verhelfen kann, bildet den Hauptgrund dafür, dass *Brandner* die Voraussetzungen für das Bestehen des aktienrechtlichen Minderheitsrechtes i. S. v. § 142 Abs. 2 AktG auf den GmbH-rechtlichen Stimmverbotstatbestand übertragen möchte.[313] Dass dieser Auffassung so nicht gefolgt werden kann, wurde oben bereits dargelegt.[314] Insbesondere ist es gerade systemimmanent, dass vermittelt durch den Stimmrechtsausschluss bestimmter Verbandsmitglieder ein in geringerem Umfang am Stammkapital beteiligter Mitgesellschafter unter Umständen über die Stimmenmehrheit in der Gesellschafterversammlung verfügen kann.[315] Diese Konsequenz folgt nämlich aus dem Wesen der Stimmverbote und ist nicht unbeabsichtigt.

Auch wenn punktuell die Minderheit zur Entscheidung über die Sonderprüfung berufen sein kann, so wird durch den entsprechenden Beschluss dennoch immer die Kollektivbefugnis der Gesellschaftergesamtheit aus § 46 Nr. 6 oder Nr. 8 GmbHG ausgeübt – nicht ein Minderheits- oder gar ein Individualrecht. Die materiellen Voraussetzungen, die an die fehlerfreie Fassung eines Beschlusses zu stellen sind, dürfen insofern nicht generell strenger sein, wenn faktisch die Minderheit eine Sonderprüfung veranlasst.[316] Es ist für Minderheitsgesellschafter in praktischer, prozessualer Hinsicht zwar kompliziert, eine Sonderprüfung durch Ausnutzung des Umstands zu veranlassen, dass die Mitgesellschafter einem Stimmverbot unterliegen. Das (auch) Minderheitsaktionären in § 142 Abs. 2 AktG spezialgesetzlich eingeräumte Recht, bei Gericht die Bestellung von Sonderprüfern zu verlangen, ist demgegenüber wegen der Anwendbarkeit des FamFG-Verfahrens leichter durchsetzbar. Es muss allerdings umgekehrt betont werden, dass die der Gesellschafterminderheit in einer GmbH durch Stimmrechtsausschlüsse vermittelte Sonderprüfungsbefugnis in materiell-rechtlicher Hinsicht an weniger hohe Voraussetzungen geknüpft wird als das Antragsrecht nach § 142 Abs. 2 AktG. Eine auf Grundlage des aktienrechtlichen Minderheitsrechts beantragte Sonderprüfung hat sich zwingend auf einzelne Vorgänge zu beschränken, die nicht länger als fünf Jahre zurückliegen dürfen, und der betref-

---

312 Dazu noch weiterführend unten S. 308 f. und S. 385 ff.

313 *Brandner* in FS Nirk, S. 82; vgl. dazu oben S. 228.

314 Oben S. 230 f.

315 So zur AG etwa *Kirschner*, S. 55 f.; *Hüffer*, ZHR 174 (2010), 642, 649.

316 Vgl. *Peters/Dechow*, GmbHR 2007, 236, 238; ebenso zur AG *Kirschner*, S. 55 f.

fende Antragsteller muss gem. § 142 Abs. 2 AktG Tatsachen vortragen, die den Verdacht rechtfertigen, es seien bei dem Vorgang Unredlichkeiten oder grobe Pflichtverletzungen vorgekommen. Demgegenüber sind die materiellen Anforderungen an eine mittels Stimmverboten durchgesetzte GmbH-rechtliche Minderheitssonderprüfung aus §§ 46 Nr. 6, 47 Abs. 4 GmbHG herzuleiten. Danach muss der GmbH-Minderheitsgesellschafter seinen Sonderprüfungsantrag prinzipiell nicht auf die Untersuchung einzelner Vorgänge einengen. Er kann die Geschäftsführung durch den Mehrheitsgesellschafter vielmehr auch deutlich umfassender überprüfen lassen. Zudem greift das Stimmverbot bei Einleitung einer Sonderprüfung im Grundsatz schon ein, ohne dass vom Antragsteller bestimmte Verdachtstatsachen darzulegen wären. Eine derartige Substantiierung ist nur dann erforderlich, wenn der Mehrheitsgesellschafter nicht gleichzeitig gekorenes Organmitglied ist oder wenn das Verhalten mehrerer Gesellschafter zusammen überprüft werden soll, deren Involvierung in den Prüfungssachverhalt nicht ohne weiteres offensichtlich ist.

Zusammenfassend lässt sich feststellen, dass die Möglichkeit von Minderheitsgesellschaftern einer GmbH, mithilfe von Stimmverboten selbst eine Sonderprüfung zu veranlassen, im Vergleich zu dem speziellen aktienrechtlichen Minderheitsrecht aus § 142 Abs. 2 AktG zwar materiell-rechtliche Vorzüge, jedoch Nachteile in prozessualer und rechtspraktischer Hinsicht aufweist.[317]

Gerade wenn im Einzelfall die Gesellschafterminderheit einmal zur Abstimmungsmehrheit erstarkt sein sollte, ist von besonderer Bedeutung, dass der Sonderprüfungsbeschluss von GmbH-Gesellschaftern denselben allgemeinen – beweglichen – Stimmrechtsschranken unterliegt wie sämtliche Gesellschafterbeschlüsse. Von den Schranken der Sonderprüfungsbefugnis ist im folgenden 7. Kapitel die Rede.

317 Diese Gedanken werden im folgenden Kapitel noch vertieft. Vgl. unten S. 306 ff.

7. Kapitel: Schranken des Sonderprüfungsbeschlusses

I. Zur Fehlerhaftigkeit von Sonderprüfungsbeschlüssen im Allgemeinen

Die folgenden Ausführungen beziehen sich auf solche Schranken, die das Fassen eines fehlerfreien positiven Sonderprüfungsbeschlusses verhindern können und aufgrund derer insofern die Prüferbestellung gerichtlich angegriffen werden kann. Auf die verschiedenen Arten von Schranken, denen das *einzelne Stimmrecht* jedes Gesellschafters unterliegen kann, ist oben[1] bereits kurz eingegangen worden. Solche Stimmrechtsschranken – sowohl starre als auch bewegliche – wirken sich für den Fall der Teilnahme eines betroffenen Gesellschafters an der Beschlussfassung zugleich als Schranke des *gesamten Beschlusses* aus, sofern sein Zustandekommen auf dem Abstimmungsverhalten des jeweiligen Mitglieds beruht.[2] Das Eingreifen einer *Beschluss*schranke muss jedoch nicht zwangsläufig auf eine *Stimmrechts*schranke zurückzuführen sein. Vielmehr steht jedem Beschluss, der fehlerhaft ist, eine „Schranke" im hier verstandenen Sinne entgegen, wobei die Fehlerhaftigkeit auch aus Umständen resultieren kann, die den Beschluss als ganzen und nicht bloß die Stimmabgabe des einzelnen Mitglieds betreffen.[3] Insofern lassen sich alle denkbaren Beschlussmängel als Schranken des Gesellschafterbeschlusses bezeichnen.

Wie auf sämtliche Entschließungen der Gesellschafter einer GmbH ist auf den Beschluss über die Einsetzung einer Sonderprüfung das allgemeine GmbH-Beschlussmängelrecht anzuwenden. Auch ein Sonderprüfungsbeschluss ist demnach nur dann mit einem Beschlussmangel behaftet, wenn er verfahrensfehlerhaft zustande gekommen ist oder inhaltliche Fehler aufweist. Ein solcher Mangel begründet die Anfechtbarkeit des Beschlusses, sofern nicht sogar die Voraussetzungen eines speziellen Nichtigkeitsgrundes analog § 241 AktG erfüllt sind.[4]

---

1 S. 203 f.

2 Vgl. dazu *Casper* in Bork/Schäfer, § 47 Rn. 72; *Zöllner* in Baumbach/Hueck, Anh § 47 Rn. 84 a. E., 88, 116 f.

3 So auch *Zöllner*, Stimmrechtsschranken, S. 374, 383.

4 Zur vergleichbaren Rechtslage bei der AG *Mock* in Spindler/Stilz, § 142 Rn. 88 f.; *Bezzenberger* in Großkomm AktG, § 142 Rn. 36 f.; *Spindler* in K. Schmidt/Lutter, AktG, § 142 Rn. 33; zum Beschlussmängelrecht bei der GmbH allgemein vgl. nur *K. Schmidt*, GesellschR, S. 1099 ff. m. w. N.

1. Verfahrensmängel

Der Beschluss einer Sonderprüfung, der unter Verstoß gegen klassische Verfahrensbestimmungen – wie solche, die die Einberufung und den Ablauf der Gesellschafterversammlung regeln – gefasst wurde, weist gegenüber anderen verfahrensfehlerhaften Beschlüssen im Grunde keine erwähnenswerten Besonderheiten auf. Einzig den Stimmverboten, die ebenfalls den Verfahrensvorschriften zuzurechnen sind, kommt bei der Einleitung einer GmbH-rechtlichen Sonderprüfung eine hervorzuhebende Bedeutung zu. Voraussetzungen und Wirkungsweise eines Stimmrechtsausschlusses sind in der vorliegenden Arbeit allerdings bereits ausführlich thematisiert worden.[5] Außerdem soll sich dieses Kapitel auf die Untersuchung der Schranken eines die Sonderprüfung befürwortenden Beschlusses beschränken. Es wurde schon ausgeführt, dass in aller Regel solche Gesellschafter von einem Stimmrechtsausschluss betroffen sind, die der Durchführung einer Sonderprüfung typischerweise ablehnend gegenüberstehen. Wirkt der einem Stimmverbot unterliegende Gesellschafter unzulässigerweise an der Beschlussfassung mit, ist der den Prüfungsantrag zurückweisende Beschluss fehlerhaft, sofern dessen Zustandekommen auf dem Mitzählen der unwirksamen Stimme beruhte.[6] Dies würde zwar genauso gelten, wenn umgekehrt gerade die verbotswidrige Beteiligung des Betroffenen an der Abstimmung dem Sonderprüfungsantrag zum Erfolg verhelfen würde. In der Praxis dürfte diese Konstellation allerdings kaum einmal vorkommen. In rechtlicher Hinsicht gilt es zu betonen, dass auch in solchen Situationen die im 6. Kapitel entwickelten Grundsätze zur Anwendung gelangen.

2. Inhaltliche Mängel des Beschlusses

Demgegenüber verdienen eher diejenigen Beschlussschranken ein besonderes Augenmerk, die mit einer inhaltlichen – materiellen – Fehlerhaftigkeit von Sonderprüfungsbeschlüssen zusammenhängen.

Ein speziell Sonderprüfungen betreffender Beschlussmangel, der sich aus dem Inhalt des Beschlossenen ergibt, kann vor allem daraus folgen, dass die Gesellschafter einen untauglichen Prüfungsgegenstand festlegen.[7] Die Wahl eines unzulässigen Prüfungsthemas bewirkt im GmbH-Recht allenfalls die Anfecht-

---

[5] Vgl. oben S. 199 ff.

[6] Vgl. dazu oben S. 204 f. und S. 259 ff. m. N.; vgl. zu Letzterem bezogen auf die AG *Kronstein/Zöllner* in KölnKomm AktG, § 142 Rn. 24

[7] So bereits oben S. 136 f.; vgl. ebenso zur AG statt vieler *Bezzenberger* in Großkomm AktG, § 142 Rn. 36 f.; allgemein zur Problematik tauglicher Gegenstände einer GmbH-Sonderprüfung vgl. oben S. 135 ff.

barkeit des Sonderprüfungsbeschlusses. Die herrschende Literaturmeinung zum Aktienrecht, der zufolge ein solcher Beschluss sogar nichtig sein soll,[8] lässt sich auf das GmbH-Recht nicht übertragen. Diese Ansicht wird nämlich damit begründet, ein Hauptversammlungsbeschluss, der die inhaltlichen Anforderungen des § 142 Abs. 1 Satz 1 AktG missachte, überdehne die den Aktionären zugestandene Kontrollbefugnis und sei als Verstoß gegen die zwingende aktienrechtliche Kompetenzverteilung i. S. v. § 241 Nr. 3 Fall 1 AktG mit dem Wesen der Aktiengesellschaft unvereinbar. Anders als die Zuständigkeiten der Hauptversammlung sind die Kompetenzen der GmbH-Gesellschafter nicht generell limitiert. Zwar ist der Beschluss eines untauglichen Prüfungsthemas fehlerhaft. Da aber sämtliche Befugnisse der GmbH-Gesellschafter prinzipiell umfassend sind, greifen die Gesellschafter mit dem Beschluss einer solchen Maßnahme nicht derart in die Kompetenzen anderer Organe ein, dass dies dem „Wesen der GmbH"[9] zuwiderliefe.

Der Beschluss einer Revision zu einem für eine Sonderprüfung untauglichen Gegenstand ist im GmbH-Recht zudem – wie bereits angerissen[10] – nicht stets anfechtbar. Der Gesellschafterbeschluss mag sich nämlich unter Umständen als Weisung an die Geschäftsführer auslegen lassen, eine entsprechende Prüfung in Auftrag zu geben. Eine solche Interpretation ist allerdings ausgeschlossen, sofern die beschließenden Anteilseigner erkennbar auf Grundlage ihrer Eigenkompetenz zur Überwachung i. S. v. § 46 Nr. 6 GmbHG entscheiden wollen. Dies kann insbesondere dadurch zum Ausdruck kommen, dass die Gesellschafter für sich selbst Vertretungsmacht für die Gesellschaft gegenüber den zu bestellenden Prüfern beanspruchen.

Spezielle inhaltliche Anforderungen an Sonderprüfungsbeschlüsse können zudem bei der Festlegung der Person des Sonderprüfers bzw. des Prüfungsverfahrens eine Rolle spielen. Auf diese Beschlussschranken soll aber aufgrund des stärkeren Sachzusammenhangs erst in Teil C eingegangen werden.[11]

Sofern der zu untersuchende Sachverhalt sonderprüfungsfähig ist, bedarf es darüber hinaus für die Rechtmäßigkeit des Gesellschafterbeschlusses nicht etwa

---

8 So *Schröer* in MünchKomm AktG, § 142 Rn. 51; *Spindler* in K. Schmidt/Lutter, AktG, § 142 Rn. 33; *Bezzenberger* in Großkomm AktG, § 142 Rn. 36; *Mock* in Spindler/Stilz, § 142 Rn. 88; *Zwissler* in Wachter, § 142 Rn. 12; abweichend (für Anfechtbarkeit) z. B. noch *Hefermehl* in Geßler/Hefermehl/Eckardt/Kropff, § 142 Rn. 4.

9 § 241 Nr. 3 Fall 1 AktG erfasst gerade im GmbH-Recht nur einige wenige Extremfälle: dazu etwa *Raiser/Veil*, S. 494.

10 Oben S. 136 f., 141 ff.

11 Konkret dazu S. 335 ff. und S. 351 ff.

generell einer besonderen sachlichen Rechtfertigung.[12] Schließlich resultiert das Sonderprüfungsrecht der Gesellschafter aus ihrer kollektiven Kontrollbefugnis i. S. v. § 46 Nr. 6 GmbHG. Die Gesellschaftergesamtheit muss keine besonderen Gründe – wie zum Beispiel Tatsachen, die auf den Verdacht grober Pflichtverletzungen durch die zu überprüfenden Personen hindeuten – vorweisen können, um die Ausübung ihrer Kompetenz zu rechtfertigen. Wenn dies schon für den Beschluss der aktienrechtlichen Mehrheitssonderprüfung gilt,[13] die als außerordentliche Kontrollbefugnis konzipiert ist, trifft es auf die Entschließung der GmbH-Gesellschafter erst recht zu. In der GmbH ist die Mitgliederversammlung nämlich ordentliches Kontrollorgan. Wie alle Beschlüsse i. S. v. § 46 Nr. 6 GmbHG trägt auch die Einsetzung einer Sonderprüfung als Maßnahme zur Überwachung der Geschäftsführung ihre Rechtfertigung gewissermaßen in sich selbst.

Im Einzelfall können aber der inhaltlichen Fehlerfreiheit eines Sonderprüfungsbeschlusses neben allgemeinen Rechtsgrundsätzen, wie etwa dem Bestimmtheitsgebot,[14] noch die gesellschaftsrechtlichen „Generalklauseln" – vor allem Gleichbehandlungsgrundsatz und Treuepflicht – entgegenstehen.[15] Die größte praktische Relevanz dürfte im Zusammenhang mit der Einleitung einer Sonderprüfung der die einzelnen Gesellschafter treffenden Treuepflicht zukommen. Sie ist sowohl Beschluss- als auch bereits – bewegliche – Stimmrechtsschranke.[16]

II. Insbesondere: Beschlussschranken durch die gesellschaftsrechtliche Treuepflicht

Die mitgliedschaftliche Treuepflicht verlangt von jedem Gesellschafter, sich allgemein gegenüber der GmbH und den Mitgesellschaftern loyal zu verhalten, Schaden von ihnen abzuhalten sowie die Gesellschaftszwecke aktiv zu fördern.[17] Widerspricht ein Sonderprüfungsbeschluss nach Art oder Umfang diesem Loya-

---

12 Zur Rechtslage bei der AG gleichsinnig *Mock* in Spindler/Stilz, § 142 Rn. 76; *Bezzenberger* in Großkomm AktG, § 142 Rn. 30; *Hüffer*, ZHR 174 (2010), 642, 657.

13 So *Mock* in Spindler/Stilz, § 142 Rn. 76.

14 Dazu speziell *Emde*, ZIP 2000, 59, 64. Vgl. auch oben S. 150 f.

15 Vgl. allgemein *K. Schmidt*, GesellschR, S. 1105.

16 Zu Letzterem *Zöllner*, Stimmrechtsschranken, S. 288, 335 ff.

17 OLG Stuttgart, NZG 2000, 159, 161; OLG Düsseldorf, ZIP 1996, 1083, 1087 – „ARAG/Garmenbeck II"; *Lutter*, AcP 180 (1980), 84, 108 ff.; *Immenga*, S. 264; *Saenger*, GesellschR, Rn. 136 f.; *Raiser/Veil*, S. 391 und ff.; *Raiser* in Ulmer/Habersack/Winter, § 14 Rn. 68; *Merkt* in MünchKomm GmbHG, § 13 Rn. 88.

litätsgebot, wirkt sich die Treuepflicht als Schranke der den Gesellschaftern zustehenden Kontrollbefugnis aus. Sie fungiert insbesondere dann als wichtiges Korrektiv, wenn die Durchführung einer Sonderprüfung von einer Gesellschafterminderheit angeordnet wird, die nur aufgrund von Stimmverboten zur Abstimmungsmehrheit erstarkt ist. Der Inhalt der Treuepflicht muss, weil es sich um eine gesellschaftsrechtliche Generalklausel handelt, für jeden Einzelfall neu konkretisiert werden. Daher existieren keine abstrakten Tatbestandsmerkmale, an denen man die Treuwidrigkeit eines Beschlusses eindeutig messen könnte.[18] Jedoch lassen sich – auch für einen Sonderprüfungsbeschluss – spezielle Fallgruppen herausbilden, anhand derer die relevanten Kategorien von Treuepflichtverstößen besser illustriert werden können.

1. Rechtsmissbrauch

Nach allgemeinen bürgerlich-rechtlichen Grundsätzen ist die Wahrnehmung eines Rechts, die in missbräuchlicher Art und Weise erfolgt, als Verstoß gegen § 242 BGB unwirksam.[19] Entsprechend den Kategorien des Gesellschaftsrechts stellt die missbräuchliche Ausübung eines Mitgliedschaftsrechts einen besonders schweren und eindeutigen Unterfall des Treuepflichtverstoßes dar.[20] In Bezug auf die aktienrechtliche Sonderprüfung sind in Rechtsprechung und Schrifttum Aspekte des Rechtsmissbrauchs vor allem im Hinblick auf die Ausübung des Minderheitsrechts aus § 142 Abs. 2 AktG thematisiert worden. Die dort gewonnenen Erkenntnisse lassen sich auf die Einleitung einer GmbH-rechtlichen Sonderprüfung aber durchaus übertragen.[21] Es muss nur betont werden, dass im Recht der GmbH kein eigenständiges Minderheitsrecht auf gerichtliche Prüferbestellung besteht, sodass bei dieser Rechtsform einzig eine missbräuchliche Wahrnehmung des Stimmrechts bei Fassung des Sonderprüfungsbeschlusses vorkommen kann. Diese wirkt sich – bei Relevanz für das Beschlussergebnis – als Beschlussmangel aus.

---

18 Hierzu z. B. *Lutter*, AcP 180 (1980), 84, 105; *Martens*, GmbHR 1984, 265, 267; *Raiser* in Ulmer/Habersack/Winter, § 14 Rn. 69.

19 Vgl. dazu nur BGHZ 12, 154, 157; *Grüneberg* in Palandt, § 242 Rn. 38 ff.

20 Zum Recht der GmbH *Koppensteiner*, ZIP 1994, 1325, 1327; *Pentz* in Rowedder/Schmidt-Leithoff, § 13 Rn. 66; ähnlich *Raiser* in Ulmer/Habersack/Winter, Anh. § 47 Rn. 132, und *Bayer* in Lutter/Hommelhoff, GmbHG, § 47 Rn. 51, die im Rechtsmissbrauch jedenfalls gleichzeitig einen Treuepflichtverstoß erblicken; vgl. auch BGHZ 14, 26, 37 ff.; speziell zur Sonderprüfung des Aktienrechts z. B. *Schröer* in MünchKomm AktG, § 142 Rn. 100; *Hüffer*, ZHR 174 (2010), 642, 658.

21 Ebenso für die Kollektivkompetenz der Hauptversammlung im Aktienrecht *Kirschner*, S. 65; *Hüffer*, ZHR 174 (2010), 642, 657 f. (insb. Fn. 70).

Wie allgemein für jede Art des Rechtsmissbrauchs ist auch für die missbräuchliche Ausübung der Sonderprüfungsbefugnis charakteristisch, dass die durch § 46 Nr. 6 GmbHG zur Verfügung gestellte Kompetenz von der Abstimmungsmehrheit zweckentfremdet wird.[22] Der Missbrauchstatbestand ist nur verwirklicht, wenn neben objektiven auch subjektive Voraussetzungen erfüllt sind. Dazu müssen die jeweils Abstimmenden ausschließlich vom Normzweck der Kontrollbefugnis abweichende Absichten verfolgen, die weder mit dem Verbandsinteresse noch mit mitgliedsimmanenten – berechtigten – Gesellschafterinteressen in Einklang stehen.[23] Ein Fall des Rechtsmissbrauchs liegt somit in jedem Fall vor, wenn das Sonderprüfungsrecht aus illoyalen, grob eigennützigen Motiven heraus instrumentalisiert wird.[24] Dass eine Sonderprüfung jedenfalls auch den Zwecken der Gesellschaft und nicht bloß denen eines Einzelnen dienen muss, ergibt sich schon aus dem Umstand, dass die Kosten der Enquête, die sich schließlich auf eine Kollektivbefugnis stützt, die Gesellschaft zu tragen hat.[25] Das Vorliegen der den Rechtsmissbrauch begründenden inneren Willensrichtung darf unterstellt werden, wenn keine legitime subjektive Motivation des betreffenden Gesellschafters in Betracht kommt, die sein objektives Stimmverhalten schlüssig erklären könnte.[26]

Eine Zweckentfremdung der Sonderprüfungsbefugnis, die sich als Rechtsmissbrauch darstellen würde, ist in den verschiedensten Ausprägungen denkbar. Sie läge beispielsweise vor, wenn es dem die Sonderprüfung initiierenden Gesellschafter gerade darauf ankäme, die Gesellschaft mit dieser Maßnahme zu schädigen. Dabei könnte es sich in Extremfällen sogar um eine schikanöse Stimmrechtsausübung i. S. d. § 226 BGB handeln. Eine ebenso missbräuchliche Instrumentalisierung des Sonderprüfungsrechts wäre gegeben, wenn der abstimmende Gesellschafter mit dem Beschluss einzig bezweckte, Organmitglieder oder Mitgesellschafter wegen bestehender Animositäten zu demontieren bzw. zu zermürben oder sich mit der Prüfungsanordnung persönlich zu profilie-

---

22 Vergleichbar zur AG *Jänig*, S. 316; *Schröer* in MünchKomm AktG, § 142 Rn. 97; vgl. auch OLG Düsseldorf, ZIP 2010, 28, 30 – „IKB".

23 So zur AG *Kirschner*, S. 87; vgl. insgesamt *Jänig*, S. 317 f.; ähnlich zur Kontrollbefugnis aus § 46 Nr. 6 GmbHG *Liebscher* in MünchKomm GmbHG, § 46 Rn. 197.

24 *Leinekugel*, GmbHR 2008, 632, 636; zur AG ebenso OLG Düsseldorf, ZIP 2010, 28, 30 – „IKB"; OLG München, AG 2008, 33, 34; AG Düsseldorf, ZIP 1988, 970 – „Feldmühle"; *Trölitzsch/Gunßer*, AG 2008, 833, 837; *Spindler* in K. Schmidt/Lutter, AktG, § 142 Rn. 59; *Wilsing/von der Linden* in Heidel, § 142 AktG Rn. 32; *Hirschmann* in Hölters, § 142 Rn. 42.

25 *Müller-Michaels/Wingerter*, AG 2010, 903, 906.

26 Zum Aktienrecht *Schröer* in MünchKomm AktG, § 142 Rn. 98; *Kirschner*, S. 86.

ren.[27] Aber selbst, wenn es dem Gesellschafter gerade recht ist, dass eine von ihm initiierte Sonderprüfung die Geschäftstätigkeit der Gesellschaft erheblich beeinträchtigt, begründet dies noch lange keinen Missbrauch des Enquêterechts. Dazu müsste es dem Initiator *ausschließlich* auf eine derartige Obstruktion ankommen, was allerdings nicht sehr oft passieren dürfte.

Häufiger wird er mit der Sonderprüfung weitergehende Ziele verfolgen. Bezweckt etwa der Gesellschafter mit der Prüfungseinleitung die Erlangung bestimmter Zugeständnisse seitens der Mitgesellschafter, so ist seine Stimmabgabe dann rechtsmissbräuchlich, wenn das angestrebte Entgegenkommen sachfremd oder unangemessen wäre.[28] In diesem Zusammenhang lassen sich die Grundsätze über den Missbrauch des Anfechtungsrechts[29] entsprechend auf die Stimmrechtsausübung anlässlich eines Sonderprüfungsbeschlusses anwenden.[30] Demnach ist dieser wegen Rechtsmissbrauchs anfechtbar, wenn seine Befürworter mit der Sonderprüfung einen „Lästigkeitswert“ als Druckmittel aufbauen wollen, mit dem sie Zahlungen oder andere Zugeständnisse von ihren Mitgesellschaftern abzupressen versuchen, obwohl ihnen auf derartiges kein Anspruch zusteht und sie eine entsprechende Forderung auch billigerweise nicht erheben können.[31]

Allerdings sind entsprechende Fälle nur mit äußerster Vorsicht rechtlich zu bewerten. Schließlich darf der Gesellschafter sich bei der Ausübung seines Stimmrechts in gewissem Maße auch von taktischen Erwägungen leiten lassen. Soll die Anordnung einer Sonderprüfung, die der Untersuchung eines zweifelhaften Gebarens der Geschäftsführung dient, den (Mitgesellschafter-) Geschäftsführer beispielsweise dazu bewegen, seine bisherige Geschäftspraxis zu ändern oder zu überdenken, so entspricht dies gerade einem der Zwecke von Kontrollmaßnahmen gem. § 46 Nr. 6 GmbHG. Rechtsmissbrauch setzt dagegen das Er-

---

27 *Schröer* in MünchKomm AktG, § 142 Rn. 98, 101; *Hüffer*, ZHR 174 (2010), 642, 658 f.; *Kirschner*, S. 65, 88.

28 *Wilsing/Ogorek*, GWR 2009, 75, 76; *Schröer* in MünchKomm AktG, § 142 Rn. 97; in diesem Sinne auch KG, ZIP 2012, 672, 674.

29 Dazu grundlegend BGHZ 107, 296, 308 ff. – „Kochs Adler“; zur Geltung dieser für das Aktienrecht entwickelten Prinzipien im GmbH-Recht statt vieler *K. Schmidt* in Scholz, § 45 Rn. 137.

30 *Hirte*, ZIP 1988, 953, 955.

31 Vgl. zum Missbrauch des Anfechtungsrechts BGHZ 107, 296, 311 – „Kochs Adler“, und exemplarisch *Raiser/Veil*, S. 243 f.; in Bezug auf Sonderprüfungen zur GmbH *Leinekugel*, GmbHR 2008, 632, 636; zur AG z. B. OLG Düsseldorf, ZIP 2010, 28, 30 – „IKB“; OLG München, AG 2008, 33, 34 f.; ähnlich AG Düsseldorf, ZIP 1988, 970 – „Feldmühle“; *Jänig*, S. 317; *Bezzenberger* in Großkomm AktG, § 142 Rn. 59; *Fleischer* in Küting/Weber, § 142 AktG Rn. 125; kritisch gegenüber der h. M. *Haager* in Ball/Haager, S. 56.

streben eines *sachfremden* Zugeständnisses voraus. Dazu muss der Gesellschafter es auf ein Entgegenkommen in solchen Bereichen anlegen, die mit dem Prüfungsgegenstand nichts zu tun haben. Der rechtsmissbräuchliche Einsatz des Sonderprüfungsrechts ist insofern zum Beispiel dann vorstellbar, wenn ein austrittswilliger Minderheitsgesellschafter die Prüferbestellung zum Teil seiner Strategie macht, durch „Lästigwerden" den Preis für die Andienung seines Geschäftsanteils an die übrigen Gesellschafter in die Höhe zu treiben. Auch darf er das Erpressungspotenzial des Sonderprüfungsantrags, das sich aus der drohenden Lähmung des Geschäftsbetriebs ergibt, nicht dazu instrumentalisieren, der Mehrheit eine von ihm bevorzugte Unternehmenspolitik aufzuzwingen, wenn sie in keinem Sachzusammenhang zum Prüfungsthema steht.[32]

Der Tatbestand des Rechtsmissbrauchs kann schließlich verwirklicht sein, sofern die abstimmenden Gesellschafter die Sonderprüfung nicht zu legitimen Kontrollzwecken beschließen, sondern sie mit ihr die Gesellschaftsangelegenheiten punktuell oder breitflächig ausspionieren wollen.[33] Ein solcher Fall liegt beispielsweise vor, wenn der Gesellschafter gleichzeitig ein Konkurrent der GmbH ist, der sich erhofft, über die Durchführung der Sonderprüfung an wettbewerbsrelevante Informationen der GmbH zu gelangen.[34] In dieser und der zuvor genannten Fallgruppe knüpft der Vorwurf des Rechtsmissbrauchs daran an, dass der abstimmende Gesellschafter für sich einen Sondervorteil zum Schaden der Gesellschaft oder der übrigen Mitglieder erstrebt. Diese „Todsünde der Stimmrechtsausübung"[35] stellt stets einen Spezialfall des Rechtsmissbrauchs dar, sodass in dogmatischer Hinsicht ein Rückgriff auf den besonderen Anfechtungsgrund des § 243 Abs. 2 AktG analog entbehrlich ist.[36]

Bei der Figur des Rechtsmissbrauchs handelt es sich um eine allgemeine Stimmrechts- und Beschlussschranke, die im Zusammenhang mit Sonderprüfungsbeschlüssen keine erwähnenswerten inhaltlichen Besonderheiten aufweist. Gleichwohl ist die Geltung dieses Rechtsgrundsatzes von erheblicher Bedeutung für die Beschlussfassung über eine Sonderprüfung, bei der Minderheitsgesell-

---

32 Nur zu Letzterem *Wilsing/Ogorek*, GWR 2009, 75, 76; noch strenger *Hüffer*, ZHR 174 (2010), 642, 659: die Sonderprüfung dürfe, damit die aktienrechtliche Kompetenzverteilung gewahrt bleibe, überhaupt nicht eingesetzt werden, um in Geschäftsführungsfragen Druck auf die Verwaltungsorgane auszuüben.

33 *Trölitzsch/Gunßer*, AG 2008, 833, 837; ähnlich *Fleischer* in Küting/Weber, § 142 AktG Rn. 3.

34 Zum GmbH-Recht *Leinekugel*, GmbHR 2008, 632, 636; zum Aktienrecht *Trölitzsch/Gunßer*, AG 2008, 833, 837; *Mock* in Spindler/Stilz, § 142 Rn. 134; vgl. auch AG Ingolstadt, AG 2002, 110 – „Net logistics AG".

35 So *Flume* I 2, S. 213.

36 *K. Schmidt* in Scholz, § 45 Rn. 109; *Zöllner* in Baumbach/Hueck, Anh § 47 Rn. 87, 90.

schaftern vermittelt durch Stimmrechtsausschlüsse die Entscheidungsmacht zufällt. Nach der hier vertretenen Auffassung unterliegt ein Gesellschafter bei der Abstimmung über die Einsetzung einer Sonderprüfung nämlich schon dann einem Stimmverbot, sobald der Prüfungsgegenstand sich zumindest auch auf das Verhalten des Betroffenen bezieht.[37] Da das Vorliegen bestimmter Verdachtstatsachen prinzipiell nicht Voraussetzung für das Eingreifen des Stimmrechtsausschlusses ist, kann der Antragsteller durch entsprechende Formulierung des Beschlussantrags sehr weitgehend beeinflussen, wer bei der Beschlussfassung mitstimmen darf. Die leichte Manipulierbarkeit der Stimmberechtigung macht die Sonderprüfungskompetenz besonders missbrauchsanfällig.

Sofern in bestimmten Konstellationen ein Stimmverbot ausnahmsweise doch nur dann eingreift, wenn der Antragsteller Tatsachen behauptet, die den Verdacht von Pflichtverletzungen durch den Gesellschafter begründen, der vom Stimmrecht ausgeschlossen werden soll,[38] bestehen weitere Missbrauchsmöglichkeiten. Es ist zum Beispiel denkbar, dass sich ein minderheitlich beteiligter Gesellschafter die für die Durchführung einer Sonderprüfung notwendige Stimmenmehrheit verschaffen möchte, indem er frei erfundene, bewusst entstellte oder „ins Blaue hinein" behauptete Tatsachen vorträgt, die – ihre Richtigkeit unterstellt – geeignet sind, einen Anfangsverdacht gegen Mitgesellschafter zu begründen. Ein solches Vorgehen ist ebenfalls eklatant rechtsmissbräuchlich.[39]

Die Treuepflicht bildet in ihrer Ausprägung als Verbot des Rechtsmissbrauchs einen ersten Mechanismus zum Schutz gegen die Instrumentalisierung des Sonderprüfungsrechts. Die missbräuchliche Ausübung der Sonderprüfungsbefugnis ist gleichwohl wegen ihrer hohen subjektiven Voraussetzungen nicht immer leicht nachzuweisen.[40] Außerdem erfasst das Verbot des Rechtsmissbrauchs nur extreme Fälle. Deswegen ist zu untersuchen, auf welche Weise die Treuepflicht der Sonderprüfungsbefugnis über diese Fallgruppe hinaus Grenzen setzt.

2. Treuepflichtverletzung wegen des Fehlens von Verdachtstatsachen i. S. v. § 142 Abs. 2 AktG?

Es lässt sich daran denken, den Beschluss einer Sonderprüfung speziellen, zusätzlichen, aus der Treuepflicht herzuleitenden Anforderungen zu unterstellen,

---

[37] Dazu oben S. 233 ff.

[38] Zu den einzelnen Fällen, bei denen diese zusätzliche Voraussetzung vorliegen muss, oben S. 238 ff. und S. 254 ff.

[39] Ähnlich *Leinekugel*, GmbHR 2008, 632, 636; *Jänig*, S. 317.

[40] So auch *Wilsing/Neumann*, DB 2006, 31, 35.

sofern im konkreten Fall wegen des Eingreifens von Stimmverboten Minderheitsgesellschafter über die Durchführung der Revision zu entscheiden haben. In diesem Sinne hält *Brandner*[41] einen Sonderprüfungsbeschluss in einer durch die Minderheit majorisierten GmbH stets dann für treuepflichtwidrig, wenn keine Tatsachen vorliegen, die den Verdacht rechtfertigen, dass bei dem zu prüfenden Sachverhalt Unredlichkeiten oder grobe Verletzungen des Gesetzes oder der Satzung vorgekommen sind, wie dies von § 142 Abs. 2 AktG für das aktienrechtliche Minderheitsrecht zur Voraussetzung gemacht wird. Die Überlegung, die hinter dieser Auffassung steht, ist offensichtlich: an das faktische Minderheitsrecht von GmbH-Gesellschaftern sollen dieselben Anforderungen gestellt werden, wie an die formelle Minderheitsbefugnis des Aktienrechts. In einem acht Jahre älteren Beitrag wollte *Brandner*[42] sogar bereits das Eingreifen des Stimmverbotes bei der Fassung eines GmbH-rechtlichen Sonderprüfungsbeschlusses vom Vorliegen der Merkmale des § 142 Abs. 2 AktG abhängig machen. Diesem Ansatz wurde oben bereits argumentativ entgegengetreten.[43]

Ebenso wenig vermag es zu überzeugen, die Voraussetzungen des § 142 Abs. 2 AktG über das Vehikel der Treuepflicht auf ein im Einzelfall entstandenes faktisches Minderheitsrecht von GmbH-Gesellschaftern auf Einsetzung einer Sonderprüfung zu übertragen. Wie diese Untersuchung an anderer Stelle ergab,[44] ist eine entsprechende Anwendung des formellen Minderheitsrechts aus § 142 Abs. 2 AktG auf die GmbH ausgeschlossen, weil einem solchen Analogieschluss der Wille des Gesetzgebers entgegensteht. Wenn man aber dem Minderheitsgesellschafter einer GmbH einerseits mangels Analogiefähigkeit von § 142 Abs. 2 AktG ein echtes Minderheitsrecht auf Bestellung von Sonderprüfern verwehrt, so geht es methodisch nicht an, andererseits zum Nachteil der Gesellschafterminderheit in bestimmten Situationen die Voraussetzungen dieser – nicht analogiefähigen – Vorschrift, die das aktienrechtliche Minderheitsrecht beschränken, ins GmbH-Recht importieren zu wollen.

Auch der aufgrund von Stimmverboten zur Entscheidung berufene Minderheitsgesellschafter nimmt nämlich die Kollektivbefugnis der Gesellschaftergesamtheit war. Nur weil Stimmverbote – ihrem Wesen entsprechend – die Mehrheitsverhältnisse innerhalb der Gesellschaft verändern, darf das Prüfungsrecht gem. § 46 Nr. 6 GmbHG nicht automatisch in seiner Reichweite verkürzt werden. Der Minderheitsgesellschafter, der bei Fassung eines Sonderprüfungsbeschlusses über die Stimmenmehrheit verfügt, unterliegt bei der Ausübung seines

41 In FS Lutter, S. 325; zustimmend *Peters/Dechow*, GmbHR 2007, 236, 238.

42 In FS Nirk, S. 83.

43 S. 228.

44 Im Einzelnen dazu oben S. 113 ff., insb. S. 125 ff.

Stimmrechts gewiss besonders starken Treubindungen. Dies lässt sich jedoch allenfalls im Rahmen von Einzelfallabwägungen berücksichtigen. Es verbietet sich, speziell in solchen Fällen die Ausübung der Kollektivbefugnis starr an das Vorliegen erhöhter Voraussetzungen zu knüpfen. Somit ist ein Sonderprüfungsbeschluss nicht ohne weiteres für den Fall treuepflichtwidrig, dass keine gesteigerten Verdachtstatsachen i. S. d. § 142 Abs. 2 AktG durch den Antragsteller vorgewiesen werden können.

3. Unverhältnismäßigkeit

Beschlüsse von GmbH-Gesellschaftern müssen sich am Gebot der Verhältnismäßigkeit als einem weiteren Ausfluss der gesellschaftsrechtlichen Treuepflicht messen lassen. Über diese Aussage besteht, jedenfalls sofern man sie in solcher Pauschalität trifft, in Rechtsprechung und Literatur Einigkeit.[45] Unter dem Gebot der Verhältnismäßigkeit sollte insofern verstanden werden, dass Vor- und Nachteile der Wirkungen des Gesellschafterbeschlusses zueinander in einem angemessenen Verhältnis zu stehen haben.[46] Die folgenden Ausführungen gehen der Frage nach, in welcher Weise und in welchem Ausmaß der Verhältnismäßigkeitsgrundsatz einem Sonderprüfungsbeschluss eine Schranke setzen kann, zumal im Schrifttum verschiedene Stimmen[47] in diesem Prinzip die wichtigste Begrenzung des Sonderprüfungsrechts bei der GmbH erblicken.

a) Verhältnismäßigkeitsgrundsatz im Rahmen von § 142 Abs. 2 AktG

Als Ausgangspunkt der Analyse soll wiederum das Recht der Aktiengesellschaft herangezogen werden. Im dortigen Beschlussmängelrecht hat die Unverhältnismäßigkeit nur für die Spezialfälle der satzungsändernden Grundlagenentscheidungen als Kategorie inhaltlicher Fehlerhaftigkeit des Beschlusses praktische

---

45 BGHZ 80, 69, 74 f. – „Süssen"; OLG Stuttgart, NZG 2000, 159, 161; *Raiser* in Ulmer/Habersack/Winter, § 14 Rn. 78; *Meyer-Landrut* in Meyer-Landrut/Miller/Niehus, § 14 Rn. 26; *Michalski/Funke* in Michalski, § 13 Rn. 147; *Bayer* in Lutter/Hommelhoff, GmbHG, § 14 Rn. 21; *Merkt* in MünchKomm GmbHG, § 13 Rn. 89, 93; vgl. auch *Zöllner*, Stimmrechtsschranken, S. 351 f.; *M. Winter*, S. 144 ff.

46 Dieses Gebot ist hingegen nicht mit dem an sehr strenge Voraussetzungen gebundenen Grundsatz der Verhältnismäßigkeit gleichzusetzen, der im Rechtsstaatsprinzip wurzelnd im Verfassungs- und Verwaltungsrecht Geltung beansprucht.

47 Ausführliche Auseinandersetzung mit dieser Frage bei *Leinekugel*, GmbHR 2008, 632, 635 f.; *Trölitzsch/Leinekugel*, Rn. 51 ff.; vgl. auch *Heckschen* in Heckschen/Heidinger, § 4 Rn. 115.

Bedeutung erlangt.[48] Im Hinblick auf die aktienrechtliche Sonderprüfung ist allerdings umstritten, ob dem Minderheitsantrag auf Bestellung von Sonderprüfern i. S. d. § 142 Abs. 2 AktG mit dem Einwand der Unverhältnismäßigkeit begegnet werden kann. Unter Berufung auf die Materialien zum UMAG[49] sowie die Gesetzessystematik wird von der herrschenden Meinung vertreten, der Antrag sei entsprechend § 148 Abs. 1 Satz 2 Nr. 4 AktG einer Verhältnismäßigkeitsprüfung zu unterziehen.[50] Demzufolge dürften der Bestellung von Sonderprüfern keine „überwiegenden Gründe des Gesellschaftswohls" entgegenstehen. Die Gegenauffassung lehnt die Anwendung eines die allgemeine Missbrauchskontrolle übersteigenden Verhältnismäßigkeitsgrundsatzes auf das Sonderprüfungsrecht ab, weil dieses Prinzip im Wortlaut des § 142 Abs. 2 AktG keinen Niederschlag gefunden habe und die Schwere des nach § 142 Abs. 2 AktG erforderlichen Verdachtes Schranke genug sei.[51]

Innerhalb der herrschenden Auffassung wird überwiegend angenommen, dass die Ausübung des Minderheitsrechts auf Prüferbestellung nur in wirklichen „Geringfügigkeitsfällen" gegen den Grundsatz der Verhältnismäßigkeit verstoßen könne. Voraussetzung sei, dass die Kosten und übrigen für die Gesellschaft negativen Auswirkungen einer Sonderprüfung nicht in einem angemessenen Verhältnis zu dem durch das vermutete Fehlverhalten ausgelösten Schaden stünden.[52] Solche Fälle werden im Aktienrecht allerdings relativ selten sein, weil nur Konstellationen in Betracht kommen, in denen trotz des gem. § 142 Abs. 2 AktG immer erforderlichen Verdachtes von Unredlichkeiten oder groben Pflichtverletzungen von vornherein nur ein geringer Schaden der Gesellschaft zu erwarten sein dürfte.[53] Andere Autoren[54] interpretieren die sich aus dem Verhältnismäßigkeitsgrundsatz ergebende Schranke tendenziell weiter. Sobald die wegen der Sonderprüfung befürchteten Nachteile die gegebenenfalls durch sie

---

48 Vgl. z. B. BGHZ 71, 40, 46 – „Kali + Salz"; BGHZ 83, 319, 321 – „Holzmann".

49 Begr. des RegE, BT-Drucks. 15/5092, S. 18.

50 OLG Düsseldorf, ZIP 2010, 28, 30 – „IKB", mit zustimmender Anm. *Mutter/Quinke*, EWiR § 142 AktG 1/10, S. 171, 172; *Hüffer*, ZHR 174 (2010), 642, 660; *Wilsing/Ogorek*, GWR 2009, 75, 76 f.; *Trölitzsch/Gunßer*, AG 2008, 833, 837 f.; *Kirschner*, S. 89; *Mock* in Spindler/Stilz, § 142 Rn. 129.

51 *Fleischer*, NJW 2005, 3525, 3527; *Holzborn/Jänig* in HeidelbKomm AktG, § 142 Rn. 15b; ebenfalls kritisch *Spindler* in K. Schmidt/Lutter, AktG, § 142 Rn. 52.

52 Begr. des RegE zum UMAG, BT-Drucks. 15/5092, S. 18, OLG Düsseldorf, ZIP 2010, 28, 30 – „IKB", mit zustimmender Anm. *Mutter/Quinke*, EWiR § 142 AktG 1/10, S. 171, 172; *Müller-Michaels/Wingerter*, AG 2010, 903, 909; *Kirschner*, S. 89; *Mock* in Spindler/Stilz, § 142 Rn. 129 f.

53 *Kirschner*, S. 90; ähnlich *Mock* in Spindler/Stilz, § 142 Rn. 130.

54 So *Wilsing/Ogorek*, GWR 2009, 75, 77; *Trölitzsch/Gunßer*, AG 2008, 833, 838; vgl. auch *Wilsing/von der Linden* in Heidel, § 142 AktG Rn. 33 ff.

erzielbaren Vorteile für die Gesellschaft überwögen, sei der Antrag unverhältnismäßig. Die Sonderprüfung müsse stets den Gesellschaftsinteressen dienen. Dem könne etwa eine durch die Revision entstehende negative Auswirkung auf den laufenden Geschäftsbetrieb oder das Ansehen der Gesellschaft in der Öffentlichkeit, die Behinderung der Arbeit des Leitungsorgans oder die Beeinträchtigung des Betriebsklimas entgegenstehen.[55]

b) Nach GmbH-Recht unverhältnismäßige Sonderprüfungsbeschlüsse

Die Argumentationslinien zur Geltung des Verhältnismäßigkeitsgrundsatzes bei der Sonderprüfung des Aktiengesetzes lassen sich nicht eins zu eins auf das Recht der GmbH übertragen. In der aktienrechtlichen Diskussion wird der Aspekt der Verhältnismäßigkeit ausschließlich als Schranke des Minderheitsrechts auf Prüferbestellung erörtert. Im GmbH-Recht existiert dagegen nur die Kollektivbefugnis zur Einleitung einer Sonderprüfung, deren Ausübung sich in erster Linie nach dem allgemeinen Beschlussmängelrecht zu richten hat. Auch sind die von den Befürwortern der Verhältnismäßigkeitsprüfung bemühten Hauptargumente, die an die Entstehungsgeschichte des UMAG und in gesetzessystematischer Hinsicht an § 148 AktG anknüpfen, spezifisch aktienrechtlicher Natur.

So ist die Antwort auf die Frage, unter welchen Voraussetzungen ein Sonderprüfungsbeschluss der GmbH-Gesellschafter wegen Unverhältnismäßigkeit anfechtbar ist, wiederum aus den allgemeinen Grundsätzen des GmbH-Rechts abzuleiten. Der Rückgriff auf einzelne Aspekte der entsprechenden aktienrechtlichen Diskussion wird dadurch allerdings nicht komplett verschlossen. Das Gebot der Verhältnismäßigkeit ist – wie schon erwähnt – als Bestimmungsfaktor aus der gesellschaftsrechtlichen Treuepflicht abzuleiten,[56] sodass durch diesen Grundsatz sämtliche Gesellschafter gebunden werden; dies gilt für den Minderheits- ebenso wie für den Mehrheitsgesellschafter. Der Verhältnismäßigkeitsgrundsatz verbietet dem Gesellschafter die Stimmabgabe, sofern der Nutzen, der mit der zu beschließenden Maßnahme angestrebt wird, nicht in angemessenem Verhältnis zu den Nachteilen steht, die der Gesellschaft oder den Gesellschaftern bei der Realisierung des Beschlusses drohen.[57] Das Prinzip verpflichtet den Gesellschafter vielmehr dazu, bei der Wahrnehmung seines Stimmrechts auf die Interessen des Verbandes und der Mitgesellschafter in angemessener Weise

---

[55] *Wilsing/Ogorek*, GWR 2009, 75, 77; *Trölitzsch/Gunßer*, AG 2008, 833, 838.

[56] Nachweise in Fn. 45.

[57] *Raiser* in Ulmer/Habersack/Winter, § 14 Rn. 78; *Merkt* in MünchKomm GmbHG, § 13 Rn. 93; *Michalski/Funke* in Michalski, § 13 Rn. 147.

Rücksicht zu nehmen.[58] Es gilt zu klären, unter welchen Voraussetzungen sich eine Sonderprüfung unter Zugrundelegung dieses Verständnisses als unverhältnismäßig darstellt. Zwar ist die Verhältnismäßigkeit einer Sonderprüfung stets eine Frage des konkreten Einzelfalls. Gleichwohl lassen sich einige allgemein gültige Aussagen zur Intensität der Angemessenheitskontrolle treffen.

aa) Intensitätsgrad der Verhältnismäßigkeitsprüfung bei der Bestellung von Sonderprüfern

In Bezug auf die Geltung der Treuepflicht und insbesondere des Verhältnismäßigkeitsgrundsatzes muss im Zusammenhang mit der Ausübung des Stimmrechts nach allgemeinen GmbH-rechtlichen Grundsätzen anhand der Art des Beschlussgegenstandes, auf den sich die Abstimmung bezieht, differenziert werden.[59] Dabei lassen sich Gesellschafterbeschlüsse in drei Gruppen einteilen.

Zunächst sind die strukturändernden Beschlussfassungen zu nennen. An sie ist der Maßstab einer strengen materiellen Beschlusskontrolle, die als Verhältnismäßigkeitsprüfung auszugestalten ist, anzulegen, insbesondere wenn durch die Strukturmaßnahme in die Mitgliedschaft der überstimmten Gesellschafter eingegriffen wird.[60] Ein solcher Eingriff muss sich, um die Interessen der Mitgesellschafter zu schützen, sachlich mit dem Gesellschaftsinteresse rechtfertigen lassen. Bei der Entscheidung über Grundlagengeschäfte wird der abstimmende Gesellschafter demzufolge vor allem durch seine Treuepflicht gegenüber den Mitgesellschaftern gebunden.

Die zweite Gruppe von Beschlüssen betrifft die Geschäftsführungsmaßnahmen. Befinden die Gesellschafter einer GmbH über Fragen der Geschäftsführung, was ihnen gem. §§ 37 Abs. 1, 45 Abs. 1 GmbHG gestattet ist, unterliegen sie gleichfalls besonders starken inhaltlichen Bindungen durch die gesellschaftsrechtliche Treuepflicht. Bei dieser Art von Beschlüssen stehen allerdings die Treuepflichten gegenüber dem Verband stärker im Mittelpunkt als diejenigen, die gegenüber den anderen Verbandsmitgliedern bestehen. Wie dem Geschäftsführer der GmbH steht den Gesellschaftern zwar ein weiter unternehmerischer Ermessensspielraum zu, wenn sie Entscheidungen über Geschäftsführungsmaßnahmen treffen. Bei der Stimmabgabe, durch die dieses Ermessen ausgeübt wird, müssen sie sich allerdings ganz hauptsächlich an den Interessen der Ge-

---

58 OLG Stuttgart, NZG 2000, 159, 161.

59 So ausdrücklich *Pentz* in Rowedder/Schmidt-Leithoff, § 13 Rn. 55; *Merkt* in MünchKomm GmbHG, § 13 Rn. 114.

60 Eingehend zum GmbH-Recht *M. Winter*, S. 144 ff.; *Vorwerk/Wimmers*, GmbHR 1998, 717, 721 ff.; außerdem *Pentz* in Rowedder/Schmidt-Leithoff, § 13 Rn. 51.

sellschaft als Richtschnur ihrer Entscheidung orientieren.[61] Das lässt sich damit erklären, dass Geschäftsführungsmaßnahmen wenigstens mittelbar die in der Korporation zu einem bestimmten Zweck gebundenen Vermögensinteressen berühren,[62] sodass bei solchen Entscheidungen die Abstimmungsmehrheit gewissermaßen treuhänderisch als Verwalter des Gesellschaftsvermögens tätig wird.

Bei dem Beschluss einer Überwachungs- oder Prüfungsmaßnahme i. S. v. § 46 Nr. 6 GmbHG handelt es sich nicht um eine Strukturentscheidung der Gesellschafter, die stets im Wege der Satzungsänderung zu vollziehen wäre. Allerdings ist die Ausübung des kollektiven Kontrollrechts ebenso wenig dem Bereich der Geschäftsführung zuzuordnen.[63] Die Überwachungskompetenz gehört vielmehr zu einer dritten Kategorie von Gesellschafterbeschlüssen. Es handelt sich um Beschlüsse zu Maßnahmen innerhalb der Korporation, die vorwiegend das Verhältnis der Gesellschaftsorgane zueinander betreffen. Dazu gehören unter anderem die Bestellung und Abberufung von Geschäftsführern und anderen gekorenen Organmitgliedern, die Entscheidung über deren Entlastung, die Feststellung des Jahresabschlusses und eben auch die Überwachung der Geschäftsführung im engeren Sinne.[64] Diese Beschlussgegenstände erfüllen sämtlich Kontrollfunktionen in einem weit verstandenen Sinne.[65] An solche Beschlüsse – mithin auch an die Einsetzung einer Sonderprüfung – sind im Hinblick auf die Verhältnismäßigkeit der Entscheidung die vergleichsweise geringsten Anforderungen zu stellen.[66] Es ließe sich auch allgemeiner formulieren, dass in dieser Beschlusskategorie die gesellschaftsrechtlichen Treubindungen eine weniger starke Intensität aufweisen. Das liegt daran, dass das Gebrauchmachen von diesen Kompetenzen nach der gesetzlichen Konzeption grundsätzlich erwünscht ist, um das Funktionieren der GmbH-rechtlichen Organisationsverfassung zu gewährleisten. Diese dritte Gruppe von Beschlüssen betrifft nicht die sensiblen Grundlagen der Gesellschaft. Ihr sind auch keine Entscheidungen zuzuordnen, die wichtige Weichenstellungen für die Verwaltung und Mehrung des Gesellschaftsvermögens beinhalten. Es geht vielmehr um die Kompetenzen, die als

---

61 Zum Ganzen BGHZ 65, 15, 19 f. – „ITT“; *Immenga*, S. 267 f.; *Martens*, GmbHR 1984, 265, 267; *Vorwerk/Wimmers*, GmbHR 1998, 717, 720; *Hueck/Fastrich* in Baumbach/Hueck, § 13 Rn. 22, 26; *Raiser* in Ulmer/Habersack/Winter, § 14 Rn. 78; vgl. auch *M. Winter*, S. 95 ff.; *Zöllner*, Stimmrechtsschranken, S. 322 ff.

62 *Immenga*, S. 267 f.

63 Vgl. dazu bereits oben S. 65 und S. 141 ff.

64 Vgl. dazu *Immenga*, S. 268 f.

65 Dies wurde oben bereits ausgeführt. Vgl. S. 58 ff.

66 *Immenga*, S. 267 ff.; *Hueck/Fastrich* in Baumbach/Hueck, § 13 Rn. 27; *Seibt* in Scholz (11. A.), § 14 Rn. 57; speziell zur Einsetzung der Sonderprüfung *Lutter*, AcP 180 (1980), 84, 116.

Bestandteile der inneren Ordnung des Verbandes in die Hände der Gesellschaft gelegt sind. Als Elemente der Treuepflicht sind aber auch in diesem Zusammenhang das Loyalitätsgebot, die Förderpflicht und das Schädigungsverbot, die sich jeweils an die beschließenden Gesellschafter richten, zu berücksichtigen.[67]

Legt man die gerade getroffenen Feststellungen zugrunde, ist der Sonderprüfungsbeschluss von GmbH-Gesellschaftern zwar nicht einer *besonders* strengen Verhältnismäßigkeitsprüfung zu unterziehen. Gleichwohl müssen der Nutzen der Prüferbestellung und die von ihr ausgehenden Belastungen in angemessenem Verhältnis zueinander stehen. Allein die Hürde, die die Grenze zur Unangemessenheit markiert, ist hoch anzusetzen. Insofern ist, anders als etwa von der strengsten Auffassung für das aktienrechtliche Enquêterecht vertreten,[68] ein Sonderprüfungsbeschluss selbst dann noch verhältnismäßig, wenn die Nachteile, die der Gesellschaft durch die Sonderprüfung entstehen, höher zu gewichten sind als die Vorteile, die aus ihr resultieren. So ist etwa der Beschluss einer Enquête nicht schon treuwidrig, sobald die durch sie ausgelösten Kosten die möglicherweise realisierbaren Schadensersatzansprüche gegen Organmitglieder übersteigen können. Die Rechtmäßigkeit der Ausübung von Kontrollrechten lässt sich nämlich nicht allein anhand von Wirtschaftlichkeitskriterien messen. Dass das Sonderprüfungsrecht nicht unbedingt zur Vorbereitung von Haftungsklagen eingesetzt werden muss, wurde hier bereits mehrfach betont.[69] Insofern dürfen keinesfalls nur finanzielle Vor- und Nachteile in die Abwägung mit eingestellt werden.[70] Ohne dass besondere Voraussetzungen erfüllt sein müssen, ist es der Gesellschaftermehrheit schließlich durch § 46 Nr. 6 GmbHG gestattet, die Organmitglieder umfassend zu kontrollieren.[71] Dabei ist die durch den Sonderprüfungsbericht vermittelte Information der Anteilseigner schon ein „Nutzen" an sich. Die Gesellschafter können aufgrund der erworbenen Kenntnisse die verschiedensten Maßnahmen ergreifen, deren Vorteile sich häufig nicht in Geldbeträgen ausdrücken lassen. Man denke nur an die Abberufung von Organmitgliedern oder Änderungen in der Unternehmensorganisation. Zudem ist zum Beispiel auch die oben[72] beschriebene Präventivwirkung der Sonderprüfung mit in die Abwägung einzustellen.[73]

---

67 *Pentz* in Rowedder/Schmidt-Leithoff, § 13 Rn. 58; *Merkt* in MünchKomm GmbHG, § 13 Rn. 130.

68 Vgl. insofern die Nachweise in Fn. 54.

69 Vgl. nur oben S. 24.

70 Ähnlich zur AG etwa *Müller-Michaels/Wingerter*, AG 2010, 903, 910.

71 Allgemein zur Befugnis aus § 46 Nr. 6 GmbHG oben S. 65 ff. m. N.

72 S. 26.

73 Nur dazu in Bezug auf die AG *Müller-Michaels/Wingerter*, AG 2010, 903, 910.

Ein Sonderprüfungsbeschluss ist nach alledem erst dann als unangemessen und somit als treuwidrig zu qualifizieren, wenn die der Gesellschaft drohenden Belastungen völlig außer Verhältnis zum Nutzen der Sonderprüfung für den Verband und seine Mitglieder stehen.[74] Dazu müssen – in materieller und immaterieller Hinsicht – die Nachteile der Enquête erheblich schwerer wiegen als deren Vorteile.[75]

bb) Konkretisierung des Maßstabes: verständlicher Anlass für die Sonderprüfung

Dieses Ergebnis bedarf der näheren Konkretisierung. Um die Unverhältnismäßigkeit eines Sonderprüfungsbeschlusses feststellen zu können, ist es nach den bisher gewonnenen Erkenntnissen erforderlich, den Nutzen, den man sich von der Prüfungsdurchführung erhofft, gegen die Belastungen abzuwägen, die für die Gesellschaft wegen der Enquête zu befürchten sind. Neben möglicherweise hohen Prüfungskosten wird eine Sonderprüfung im GmbH-Recht die Gesellschaft in erster Linie dadurch belasten, dass die Tätigkeit der Sonderprüfer meist erhebliche Behinderungen für den laufenden Geschäftsbetrieb sowie für die Arbeit der Geschäftsführer mit sich bringt.[76] Hingegen ist die Sonderprüfung bei einer GmbH nur selten geeignet, eine negative Öffentlichkeitswirkung zu erzeugen, da die Ergebnisse der Enquête anders als im Aktienrecht nicht an der Publizität des Handelsregisters teilzunehmen haben.[77]

Bei dem im konkreten Einzelfall vorzunehmenden Abwägungsvorgang muss stets berücksichtigt werden, dass sich eine GmbH in aller Regel gegenüber der Gesellschaftergesamtheit nicht auf schutzwürdige Geheimhaltungsinteressen berufen kann. Deswegen sind Beschlüsse, durch die die Gesellschafter kraft ihrer Befugnis aus § 46 Nr. 6 GmbHG von der Geschäftsführung Berichte und Einzelauskünfte einfordern, in der Regel auch dann noch verhältnismäßig, wenn damit eine sehr weitgehende oder gar flächendeckende Überwachung der Geschäftsführer verbunden ist. Letztere leiten die Gesellschaft schließlich nicht in eigener Verantwortung.[78] Auf das kollektive Kontrollrecht gestützte Berichts-

---

[74] Vgl. insofern auch *Lutter*, AcP 180 (1980), 84, 116. Sinngleich zum individuellen Informationsrecht i. S. v. § 51a GmbHG *K. Schmidt* in Scholz, § 51a Rn. 36; *Zöllner* in Baumbach/Hueck, § 51a Rn. 31.

[75] Dies mag i. E. der weniger strengen Strömung innerhalb der h. M. in der aktienrechtlichen Literatur entsprechen. Vgl. die Nachweise in Fn. 52.

[76] So zum GmbH-Recht z. B. *Brandner* in FS Nirk, S. 76; *ders.* in FS Lutter, S. 324; *Leinekugel*, GmbHR 2008, 632, 633; ähnlich *Fleischer*, GmbHR 2001, 45, 51.

[77] Dazu noch unten S. 376 m. N. Zu den Belastungen, die einer AG dadurch drohen können, vgl. nur *Wilsing/Ogorek*, GWR 2009, 75, 77.

[78] Zum Ganzen bereits oben S. 51 f., 66 f., jeweils m. N.

und Auskunftsverlangen an die Geschäftsführer sind insofern erst dann treuwidrig, wenn ohnehin beinahe der Bereich der rechtsmissbräuchlichen oder schikanösen Rechtsausübung erreicht ist. Bei der Einsetzung einer Sonderprüfung handelt es sich demgegenüber um eine für die Gesellschaft mit besonders intensiven finanziellen und organisatorischen Belastungen einhergehende Überwachungsmaßnahme. Bei der Beurteilung, ob diese nachteiligen Auswirkungen zu dem Nutzen der Enquête völlig außer Verhältnis stehen, muss insofern auch berücksichtigt werden, inwiefern den Informationsinteressen der Gesellschafter schon durch Berichtspflichten und Auskünfte der Geschäftsführer sowie durch eigene Einsichtnahmen der Anteilseigner in die Geschäftsunterlagen hinreichend genüge getan wäre oder sogar genüge getan wurde.

Selbst vor diesem Hintergrund kann eine Sonderprüfung aber nur dann als verhältnismäßig angesehen werden, soweit im Hinblick auf die mit ihr verbundenen Belastungen für die Prüferbestellung an sich sowie für die Festlegung des konkreten Prüfungsumfangs ein verständlicher Anlass besteht.[79] Ob die Einleitung einer Sonderprüfung angesichts eines bestimmten Anlasses verständlich ist, muss objektiv aus der Sicht eines verständigen Durchschnittsgesellschafters beurteilt werden.[80] Es besteht allerdings keine Obliegenheit desjenigen, der die Sonderprüfung beantragt, einen konkreten Anlass zu benennen.[81] Vielmehr muss der Mitgesellschafter, der die Prüferbestellung anficht, darlegen und gegebenenfalls beweisen, dass unter Berücksichtigung aller Umstände kein verständlicher Anlass für die Durchführung der konkreten Sonderprüfung gegeben ist. Dies wird dem Anfechtungskläger regelmäßig nicht leicht fallen, weswegen die Beweislastverteilung ungerecht erscheinen mag. Sie ergibt sich aber aus der konsequenten Anwendung des positiven GmbH-Rechts. Zum einen trägt ein Anfechtungskläger nach allgemeinen Regeln die Beweislast für die Umstände, aus denen die Anfechtbarkeit des angegriffenen Beschlusses, wie zum Beispiel dessen Beruhen auf einem Treuepflichtverstoß, folgt.[82] Zum anderen verlangt das GmbH-Recht für die Ausübung der Kontrollbefugnis aus § 46 Nr. 6 GmbHG gerade nur in Ausnahmefällen,[83] dass der Beschlussantragsteller Gründe für das Ergreifen der Überwachungsmaßnahme vorträgt. Die Beweisführung des Anfechtungsklägers wird allerdings dadurch erleichtert, dass es nur darauf an-

79 So ebenfalls *Leinekugel*, GmbHR 2008, 632, 635 f.

80 *Leinekugel*, GmbHR 2008, 632, 636; ähnlich zur Ermittlung eines Treuepflichtverstoßes *Trölitzsch/Gunßer*, AG 2008, 833, 834.

81 Anders *Leinekugel*, GmbHR 2008, 632, 635 f.

82 *Bayer/Illhardt*, GmbHR 2011, 751, 759; *K. Schmidt* in Scholz, § 45 Rn. 161; *Raiser* in Ulmer/Habersack/Winter, Anh. § 47 Rn. 244, 248; vgl. auch zum Aktienrecht BGHZ 71, 40, 48 f. – „Kali + Salz“.

83 Vgl. zu solchen bspw. oben S. 175 f.

kommt, ob für die Sonderprüfung mit dem konkret gewählten Thema und Umfang kein Anlass besteht.

Es bleibt zu klären, unter welchen Voraussetzungen die Gesamtumstände einen hinreichend „verständlichen“, d. h. einen sachlich nachvollziehbaren Anlass für die Einsetzung einer Sonderprüfung begründen. Dabei ist zu berücksichtigen, dass Zweifel an der (fehlenden) Nachvollziehbarkeit des Anlasses eines Sonderprüfungsverlangens sich zugunsten der beantragten Enquête und zulasten des Anfechtungsklägers auswirken. Deswegen ist es hilfreich, das Merkmal von vornherein negativ zu formulieren. Ein Sonderprüfungsbeschluss ist mithin dann unverhältnismäßig, wenn aus Sicht eines objektiven Dritten kein verständlicher, d. h. sachlich nachvollziehbarer Anlass für die angestrebte Sonderprüfung erkennbar ist.

Im Folgenden sollen zum Zwecke der Konkretisierung dieser allgemeinen Erkenntnisse einige bedeutsame Konstellationen exemplarisch zur näheren Betrachtung herausgegriffen werden.

(1) Ein verständlicher Anlass für eine Sonderprüfung ist in jedem Fall gegeben, wenn sogar Tatsachen vorliegen, die den Verdacht von Pflichtverletzungen der zu überprüfenden Personen begründen.[84] Es ist dann eine Frage des Einzelfalles, wie weit der Prüfungsauftrag in solchen Situationen gefasst sein darf. Handelt es sich nur um leichteste Pflichtverletzungen, die womöglich noch nicht einmal zu einem Schaden geführt haben, so mag in besonders gelagerten Ausnahmefällen die Durchführung einer Sonderprüfung angesichts der mit ihr verbundenen Belastungen für die Gesellschaft sogar einmal insgesamt unverhältnismäßig sein. Im Übrigen ist je nach Schwere der in Betracht kommenden Vorwürfe zu entscheiden, ob die Überprüfung sich nur punktuell auf einzelne Geschäftsführungsvorgänge, umfassend auf komplette Geschäftsbeziehungen oder ganze Geschäftssparten oder ob sie sich, wenn der Verdacht verschiedenartiger oder ganz erheblicher Pflichtverletzungen im Raume steht, auch auf die gesamte Tätigkeit einer zu überprüfenden Person innerhalb eines längeren Zeitraums – zum Beispiel eines ganzen Geschäftsjahres – beziehen darf.

(2) Der Verdacht begangener Pflichtverletzungen wird praktisch immer einen verständlichen Anlass für einen Sonderprüfungsantrag darstellen. Daneben kommen aber zahlreiche andere Motive als sachlich nachvollziehbare Anlässe für die Durchführung einer Sonderprüfung in Betracht. Ein solcher Anlass besteht immer, sofern ein verständiger Durchschnittsgesellschafter aufgrund der konkreten Umstände einen erhöhten Kontrollbedarf anmelden würde.[85] Ein der-

---

84 *Leinekugel*, GmbHR 2008, 632, 636; ähnlich *Heckschen* in Heckschen/Heidinger, § 4 Rn. 115; *Peters/Dechow*, GmbHR 2007, 236, 238.

85 *Leinekugel*, GmbHR 2008, 632, 636.

artiger erhöhter Kontrollbedarf liegt beispielsweise schon vor, wenn die Gesellschaft besonders risikoreiche Geschäfte vorgenommen oder dem Unternehmen zuvor unbekannte Geschäftsfelder erschlossen hat oder wenn bedeutende neue Geschäftsbeziehungen zu Mitgesellschaftern eingegangen werden. Das gleiche gilt, wenn eine bestimmte Geschäftsführungsmaßnahme oder der Leistungsaustausch mit einem Mitgesellschafter intransparent erscheint. Ein bestimmter Verdacht muss dann überhaupt nicht vorliegen. Erst recht bedarf es außerdem dann verschärfter Kontrollmaßnahmen, wenn die Berichte und Auskünfte der Organmitglieder ausbleiben sowie wenn sie lückenhaft oder widersprüchlich sind. Ein erhöhtes Kontrollbedürfnis bezüglich der Gesellschaftsangelegenheiten lässt sich außen stehenden Gesellschaftern, die nicht an der Geschäftsführung beteiligt sind, meist schon generell konstatieren. Solange sich die von solchen Gesellschaftern erstrebten Sonderprüfungen auf einzelne Vorgänge beziehen, für die sie sich – aus welchen Gründen auch immer – besonders interessieren, kann kaum eine treuwidrige Stimmabgabe vorliegen. Sofern in der konkreten Gesellschaft die außen stehende Gesellschafter zudem für gewöhnlich nicht oder nur in geringem Umfang in institutionalisierter Weise über die Gesellschaftsangelegenheiten informiert werden, besteht sogar ein „Anlass“, in angemessenen zeitlichen Abständen eine Sonderprüfung zu besonders wichtigen, breiteren Bereichen der Geschäftsführung durchzuführen, um auch diese Anteilseigner unabhängig zu informieren. Für jeden Einzelfall ist stets zu prüfen, ob Ausmaß und Umfang des beschlossenen Prüfungsauftrags im Hinblick auf den Anlass nachvollziehbar und mithin angemessen erscheinen.

(3) So ist ein Sonderprüfungsbeschluss insbesondere dann unverhältnismäßig, wenn der Prüfungsauftrag im Hinblick auf den im Raume stehenden konkreten Anlass uferlos weit reicht.[86] Soll beispielsweise die gesamte Geschäftstätigkeit eines bestimmten Geschäftsführers mit einer Sonderprüfung überprüft werden, müssen schon gewichtige Gründe vorliegen, die einen nachvollziehbaren Anlass für eine so weitgehende Überwachungsmaßnahme bilden. Hauptsächlich wird eine solche „Generalsonderprüfung“ für den Fall statthaft sein, dass dem Organmitglied ganz erhebliche oder mehrere verschiedenartige Pflichtverletzungen substantiiert vorgeworfen werden können, sofern durch die entstehenden Verdachtsmomente das Vertrauen in die Aufgabenwahrnehmung des Geschäftsführers insgesamt erschüttert wird. In den meisten übrigen Fällen wird es regelmäßig angemessener sein, die Organwalter zunächst zur umfassenden Berichterstattung gegenüber den Gesellschaftern zu verpflichten. Eine „Generalsonderprüfung“ dürfte meist erst dann verhältnismäßig sein, wenn die Berichte nicht ausführlich genug oder aus anderen Gründen nicht zufrieden stellend

86 *Leinekugel*, GmbHR 2008, 632, 636 (mit einem Beispiel in Fn. 29).

sind. Bei gegenständlich beschränkten Prüfungsaufträgen ist die Bestellung der Sonderprüfer demgegenüber erst dann unverhältnismäßig, wenn der Prüfungsgegenstand überhaupt keinen inneren Zusammenhang zu dem Anlass aufweist, der der Kontrollmaßnahme zugrunde liegen soll.[87]

(4) Es ist ferner auch dann kein verständlicher Anlass für eine Sonderprüfung gegeben, wenn der zu untersuchende Sachverhalt zweifellos schon völlig offen zutage liegt.[88] Diesem Fall ist die Konstellation gleichzusetzen, dass ein Sonderprüfungsantrag zu einem Gegenstand gestellt wird, zu dem bereits eine erste Sonderprüfung eingeleitet worden ist.[89] In solchen Fällen ist die Durchführung einer Sonderprüfung nicht mehr erforderlich. Ein entsprechender Beschluss ist insofern unverhältnismäßig. Der Sachverhalt liegt aber nicht bereits deswegen offen, weil sämtliche Gesellschafter selbst in die fraglichen Vorgänge verwickelt waren.[90] Es steht dadurch nämlich noch nicht fest, dass allen Gesellschaftern sämtliche Aspekte des Vorgangs bekannt sind.

(5) Selbst wenn Sachverhalte noch im Unklaren liegen und mithin für sich genommen ein verständlicher Anlass für die Ausübung des Enquêterechts bejaht werden kann, ist nicht immer automatisch die Verhältnismäßigkeit der eingesetzten Sonderprüfung zu unterstellen. Wie schon betont wurde, muss nämlich in jedem Einzelfall der Nutzen einer Sonderprüfung gegen die von ihr ausgehenden Belastungen abgewogen werden. Die Nachteile der Sonderprüfung werden zu ihren Vorteilen nicht nur bei Fehlen eines nachvollziehbaren Anlasses für ihre Einsetzung außer Verhältnis stehen.

In Betracht kommt in diesem Zusammenhang nämlich auch, dass angesichts erheblicher Belastungen, die mit der Prüfungsdurchführung verbunden sind, der Prüfungsbeschluss deswegen unverhältnismäßig ist, weil schon bei seiner Fassung feststeht, dass der Bericht der Sonderprüfer den Gesellschaftern keinerlei neue Perspektiven eröffnen wird. Dann würde sich die Prüferbestellung als Vergeudung von Gesellschaftsmitteln darstellen.[91] Eine insofern zweck- und folgenlose Sonderprüfung verstößt regelmäßig gegen die gesellschaftsrechtliche Treu-

---

87 Ähnlich *Leinekugel*, GmbHR 2008, 632, 636.

88 Vgl. zur AG KG, ZIP 2012, 672, 674 m. zustimmender Anm. *Jänig*, EWiR § 142 AktG 1/12, S. 370; *Kirschner*, S. 88; *Fleischer* in Küting/Weber, § 142 AktG Rn. 131; *Spindler* in K. Schmidt/Lutter, AktG, § 142 Rn. 59; *Wilsing/Ogorek*, GWR 2009, 75, 76; *Müller-Michaels/Wingerter*, AG 2010, 903, 906; vgl. auch AG Ingolstadt, AG 2002, 110 – „Net logistics AG"; ähnlich zu § 51a GmbHG *Koppensteiner* in Rowedder/Schmidt-Leithoff, § 51a Rn. 14.

89 Solche „Mehrfachsonderprüfungen" sind ebenfalls unverhältnismäßig. Zur AG *Mock* in Spindler/Stilz, § 142 Rn. 135.

90 Ähnlich *Jänig*, S. 319.

91 *Kronstein/Zöllner* in KölnKomm AktG, § 142 Rn. 15.

epflicht.[92] Dieser Fallgruppe werden in der aktienrechtlichen Literatur häufig unter anderem besonders lang zurückliegende Prüfungssachverhalte zugeordnet.[93] In dieser Hinsicht ist eine gewisse Zurückhaltung geboten – jedenfalls, sofern postuliert werden sollte, eine Sonderprüfung zu Vorgängen, die bei Beschlussfassung bereits vor mehr als fünf Jahren abgeschlossen waren, sei stets unstatthaft, weil entsprechende Ersatzansprüche gegen die Geschäftsführer dann bereits gem. § 43 Abs. 4 GmbHG verjährt seien. Abgesehen davon, dass auch eine zwischenzeitliche Verjährungshemmung nie ausgeschlossen werden kann,[94] würde eine derartige Sichtweise abermals verkennen, dass Prüfungs- und Überwachungsmaßnahmen nicht notwendigerweise der Vorbereitung von Haftungsklagen dienen müssen. Nur, wenn die Gesellschafter auf der Grundlage der Sonderprüfungsergebnisse gar keine rechtlichen oder tatsächlichen gesellschaftsrelevanten Konsequenzen mehr ziehen könnten, sodass unter jedem erdenklichen Gesichtspunkt ein Bezug zur Gegenwart ausgeschlossen erschiene, wäre eine Sonderprüfung zu einem lang zurückliegenden Sachverhalt wegen Zweck- oder Folgenlosigkeit unverhältnismäßig.[95]

(6) Keinesfalls ist die Veranlassung einer Sonderprüfung unverhältnismäßig, weil es aus Sicht der Gesellschaft ein milderes Mittel darstellen würde, wenn der die Prüferbestellung beantragende Gesellschafter stattdessen sein individuelles Informationsrecht ausüben würde – gegebenenfalls unter Inanspruchnahme sachverständiger Hilfe. Das Kollektivrecht aus § 46 Nr. 6 GmbHG ist nicht etwa gegenüber § 51a Abs. 1 GmbHG subsidiär. Kollektive und individuelle Informations- und Überwachungsbefugnisse stehen vielmehr selbständig nebeneinander.[96]

---

92 *Jänig*, S. 318 f.; *Fleischer* in Küting/Weber, § 142 AktG Rn. 129; *Bezzenberger* in GroßkommAktG, § 142 Rn. 37; ähnlich *Wilsing/von der Linden* in Heidel, § 142 AktG Rn. 32: Einordnung als Rechtsmissbrauch; ebenso nunmehr KG, ZIP 2012, 672, 674.

93 Vgl. etwa *Bezzenberger* in GroßkommAktG, § 142 Rn. 20, 58; in diesem Sinne auch *Haager* in Ball/Haager, S. 55.

94 So zur AG auch *Bordt*, S. 55; *Fleischer*, RIW 2000, 809, 813.

95 Zum Ganzen bezogen auf die AG *Kirschner*, S. 36 f.; *Fleischer* in Küting/Weber, § 142 AktG Rn. 77; *Spindler* in K. Schmidt/Lutter, AktG, § 142 Rn. 22; *Schröer* in MünchKomm AktG, § 142 Rn. 24, 97; *Hüffer*, AktG, § 142 Rn. 8; *ders.*, ZHR 174 (2010), 642, 658 f.; *Trölitzsch/Gunßer*, AG 2008, 833, 837; noch großzügiger (keine zeitliche Grenze) *Adler/Düring/Schmaltz*, §§ 142-146 AktG Rn. 10.

96 *Zöllner* in Baumbach/Hueck, § 46 Rn. 50; zum Verhältnis von Auskunfts- und Sonderprüfungsrecht bei der AG sinngleich *Fleischer* in Küting/Weber, § 142 AktG Rn. 75.

III. Folgen der Fehlerhaftigkeit von Sonderprüfungsbeschlüssen

1. Reichweite eines Beschlussmangels

Steht der Entschließung der GmbH-Gesellschafter über die Einsetzung einer Sonderprüfung eine Beschlussschranke entgegen, so ist der Beschluss anfechtbar oder in den Fällen des § 241 AktG analog schon von vornherein nichtig. Die Nichtigkeit sowie die Anfechtbarkeit sollen den Beschluss mit seinem gesamten Inhalt erfassen, sodass sich die Nichtigkeit *per se* oder als Folge des den Beschluss aufhebenden Gestaltungsurteils sowohl auf die Anordnung der Sonderprüfung zu dem festgelegten Thema als auch auf die Auswahl und die Bestellung des Sonderprüfers erstrecken soll.[97]

Richtig ist, dass die Nichtigkeit auch die Prüferbestellung erfasst, wenn an sich nur die Anordnung der Sonderprüfung – zum Beispiel wegen Treuepflichtverstoßes bei der Festlegung des Prüfungsthemas – erfolgreich angefochten wurde. Werden nämlich, wie bei der Einleitung einer Sonderprüfung, in einem einheitlichen Beschluss mehrere Gegenstände zusammengefasst,[98] von denen nur einer angefochten wird, beurteilt sich die Frage, ob der Rest des Beschlusses ohne den fehlerhaften Teil aufrechterhalten werden kann, nach § 139 BGB.[99] Da die Bestellung von Sonderprüfern aber unsinnig ist, sofern kein wirksam festgelegter Prüfungsauftrag vorliegt, ist nicht i. S. v. § 139 BGB a. E. davon auszugehen, die Beteiligten hätten den Teilbeschluss zur Prüferbestellung bei vernünftiger Würdigung auch ohne den fehlerhaften Teil gefasst. Das gilt umso mehr, als ein Beschluss, der nur die Prüferbestellung zum Gegenstand hat, ohne gleichzeitig ein Prüfungsthema festzulegen, selbst fehlerhaft ist, wie sich hier bereits zeigen ließ.[100]

Die umgekehrte Situation, in der der Beschlussmangel der Bestimmung des Sonderprüfers anhaftet, wenn etwa die Gesellschafterversammlung eine ungeeignete Prüfungsperson bestellt hat,[101] ist hingegen anders zu beurteilen. Sofern mit dem Klageantrag nur die Fehlerhaftigkeit der Prüferauswahl angegriffen wird, muss sich die Aufhebung des Bestellungsbeschlusses durch den im Urteil

---

97 So zur AG *Bezzenberger* in Großkomm AktG, § 142 Rn. 38; *Schröer* in MünchKomm AktG, § 142 Rn. 53; *Spindler* in K. Schmidt/Lutter, AktG, § 142 Rn. 33; *Kirschner*, S. 191.

98 Zum doppelten Gegenstand eines Sonderprüfungsbeschlusses vgl. oben S. 194 ff.

99 *Raiser* in Ulmer/Habersack/Winter, Anh. § 47 Rn. 159; zur AG ebenso RGZ 146, 385, 394; OLG Hamburg, WM 2003, 1271, 1274.

100 Vgl. oben S. 195 ff.

101 Zu den Eignungskriterien noch unten S. 335 ff.

enthaltenen Nichtigkeitsausspruch nicht gleichzeitig auf die Einsetzung der Sonderprüfung zur Aufklärung des festgelegten Prüfungssachverhalts erstrecken. Das Interesse der Gesellschafter an der Untersuchung der betreffenden Vorgänge wird regelmäßig fortbestehen, da es nicht notwendig ist, dass gerade ein bestimmter Prüfer die Kontrolltätigkeit vornimmt. Insofern darf in den meisten Fällen i. S. d. § 139 BGB a. E. unterstellt werden, die Gesellschafter hätten die Anordnung der Enquête auch ohne die fehlerhafte Prüferauswahl vorgenommen. Demzufolge ist unter Aufrechterhaltung der Sonderprüfungsanordnung nur die Bestellung eines neuen – nunmehr geeigneten – Sonderprüfers durch alsbaldigen Gesellschafterbeschluss angezeigt. Dass in einer solchen Konstellation der Sonderprüfungsbeschluss für einen kurzen Zeitraum mangels wirksam getroffener Prüferauswahl unvollständig ist, ist nach § 242 BGB hinzunehmen, wenn umgehend eine neue Gesellschafterversammlung anberaumt wird.[102]

2. Prozessuale Geltendmachung der Treuwidrigkeit des Beschlusses

a) Selbständige Geltendmachung durch Klageerhebung

Die Fehlerhaftigkeit eines Sonderprüfungsbeschlusses kann wie sämtliche Mängel GmbH-rechtlicher Gesellschafterbeschlüsse von jedem Gesellschafter mit der Anfechtungs- oder der Nichtigkeitsklage analog §§ 241 ff. AktG geltend gemacht werden.[103] Es ließ sich in diesem Kapitel darlegen, dass es sich bei der gesellschaftsrechtlichen Treuepflicht um die praxisrelevanteste Schranke der kollektiven Sonderprüfungsbefugnis handelt. Die Gegner eines Sonderprüfungsbegehrens werden ihre Argumentation vorwiegend auf diesen Aspekt stützen, wenn sie sich für eine Verhinderungsstrategie entschieden haben.[104] Zwar ist nach überwiegender Auffassung die einzelne Stimme, die unter Verstoß gegen die Treuepflicht abgegeben wird, nichtig.[105] Sofern der Sonderprüfungsbeschluss auf der treuwidrigen Ausübung des Stimmrechts beruht, begründet das seine Fehlerhaftigkeit. Da der Treuepflichtverstoß eines Beschlusses aber keinen Nichtigkeitsgrund aus dem Katalog des § 241 AktG erfüllt, kann ein Gesell-

[102] In diesem Sinne bereits oben S. 197.

[103] Dazu allgemein z. B. *K. Schmidt*, GesellschR, S. 1099 ff., 855 ff.; *Saenger*, GesellschR, S. 404 f., 317 ff. (jeweils m. w. N.).

[104] So auch *Leinekugel*, GmbHR 2008, 632, 636.

[105] BGHZ 102, 172, 176; BGH, WM 1993, 1593, 1595; OLG Hamburg, GmbHR 1992, 43, 45, 47; *Zöllner*, Stimmrechtsschranken, S. 366 ff.; a. A. *Koppensteiner*, ZIP 1994, 1325, 1326 ff.

schafter, der der Ansicht ist, die Einleitung der Sonderprüfung sei in treuwidriger Weise beschlossen worden, dies nur durch Erhebung einer Anfechtungsklage gerichtlich klären lassen.[106] In Fällen, in denen die förmliche Feststellung des Beschlussergebnisses durch einen Versammlungsleiter unterbleibt, ist zur verbindlichen Klärung des Abstimmungsergebnisses wegen der Nichtigkeit der einzelnen treuwidrig abgegebenen Stimmen auch die nicht fristgebundene allgemeine Feststellungsklage statthaft.[107] Es gelten insofern die allgemeinen Regeln zu Beschlussmängelstreitigkeiten im GmbH-Recht, die hier keiner Vertiefung bedürfen.

b) Reaktion auf die bereits erhobene Klage eines Prüfungsbefürworters

Vielmehr sollen an dieser Stelle diejenigen prozessualen Gesichtspunkte eingehender beleuchtet werden, die mit der konfliktträchtigen Einleitung einer Sonderprüfung durch eine aufgrund von Stimmverboten zur Abstimmungsmehrheit erstarkten Gesellschafterminderheit verbunden sind. In diesen Konstellationen wird nämlich in der Regel der Minderheitsgesellschafter, der die Bestellung von Sonderprüfern anstrebt, der erste Konfliktbeteiligte sein, der im Streit um die Durchführung der Sonderprüfung Rechtsschutz ersucht. Oftmals werden nämlich sowohl die – teils selbst vom Stimmrechtsausschluss betroffenen – Mitgesellschafter als auch die Geschäftsführer das Zustandekommen eines Sonderprüfungsbeschlusses bestreiten und deswegen bemüht sein, die Durchführung der Enquête zu verhindern. Insbesondere ist zu erwarten, dass sie die Zusammenarbeit mit dem vom Minderheitsgesellschafter bestimmten Sonderprüfer verweigern und ihm den Zugang zu den Räumlichkeiten und den Unterlagen der Gesellschaft verwehren werden.

Wenn der Versammlungsleiter in der Gesellschafterversammlung die Ablehnung eines Sonderprüfungsantrags feststellt, weil er bei der Ergebnisermittlung solche Stimmen mit berücksichtigt hat, die unter Missachtung eines bestehenden Stimmverbots abgegeben wurden, so sind die Befürworter der Prüfungsdurchführung gehalten, Anfechtungsklage zu erheben und diese um einen positiven Beschlussfeststellungsantrag zu erweitern. Davon ist bereits die Rede ge-

---

106 Allgemein zur Treuwidrigkeit als Beschlussanfechtungsgrund statt aller BGHZ 103, 185, 189 – „Linotype“; BGH, WM 1993, 1593, 1595; *Saenger*, GmbHR 1997, 112, 115; *Raiser* in Ulmer/Habersack/Winter, Anh. § 47 Rn. 132.

107 So OLG Hamburg, GmbHR 1992, 43, 44 ff.; *K. Schmidt*, GmbHR 1992, 9, 12; *Zöllner* in Baumbach/Hueck, Anh § 47 Rn. 105, 124; *Raiser/Veil*, S. 493; a. A. *Roth* in Roth/Altmeppen, § 47 Rn. 50 f.; *Koppensteiner*, ZIP 1994, 1325, 1326 ff.

wesen.[108] Solange die Befürworter nicht klagen, hat ein Gesellschafter, der die Prüfungsdurchführung verhindern möchte, zunächst keinen Anlass, selbst gerichtliche Schritte einzuleiten. Denn aufgrund der Ergebnisfeststellung ist einstweilen die Ablehnung des Sonderprüfungsantrags wirksam. Aus Sicht der Gegner des Beschlussantrags – regelmäßig gehört dazu der vom Stimmrecht ausgeschlossene Mehrheitsgesellschafter – besteht aber die Gefahr, dass das Gericht, weil es vom Eingreifen des Stimmverbots überzeugt ist, das Zustandekommen des Sonderprüfungsbeschlusses positiv feststellt, dieser Beschluss aber seinerseits auf einer Treuepflichtverletzung des Befürworters beruht. Wie lässt sich einem solchen Ergebnis prozessual entgegenwirken?

Bevor kein rechtskräftiges Urteil in dem von den Prüfungsbefürwortern angestrengten Prozess gesprochen ist, wodurch der Sonderprüfungsbeschluss (positiv) festgestellt wird, liegt noch kein dem Sonderprüfungsantrag stattgebender Gesellschafterbeschluss vor. Solange ein solcher noch gar nicht zustande gekommen ist, können die Prüfungsgegner ihn aber auch nicht erfolgreich mit einer weiteren Anfechtungsklage angreifen. Für eine solche bestünde vor Rechtskraft des Feststellungsurteils schon kein Rechtsschutzbedürfnis; jedenfalls wäre sie unbegründet.[109] Der Zulässigkeit einer erneuten Anfechtung des rechtskräftig festgestellten Sonderprüfungsbeschlusses stehen dem Bundesgerichtshof[110] zufolge die *inter-omnes*-Wirkung des Beschlussfeststellungsurteils[111] sowie der Gesichtspunkt der Rechtssicherheit entgegen. In jedem Fall besteht das dringende Bedürfnis, über alle im Zusammenhang mit dem kritischen Gesellschafterbeschluss stehenden Fragen in einem abschließenden Rechtsstreit zu entscheiden.[112]

Es ist deswegen geboten, dass das Gericht bereits im Rahmen der positiven Beschlussfeststellungsklage gegebenenfalls die Frage mitentscheidet, ob der unter Außerachtlassung der verbotswidrigen Stimmen „wirklich" gefasste Beschluss seinerseits aus anderen Gründen fehlerhaft war – ob er insbesondere auf einem Treuepflichtverstoß der die Sonderprüfung befürwortenden Gesellschafter beruhte. Es ist anerkannt, dass die Treuwidrigkeit des festzustellenden Beschlusses den Feststellungsausspruch durch das Gericht unter der Voraussetzung verhindert, dass Prozessbeteiligte den Beschlussmangel einredeweise geltend ma-

108 Vgl. oben S. 260 m. N.

109 *Emde*, ZIP 1998, 1475, 1476; vgl. ähnlich auch BGHZ 76, 191, 200 (zur AG).

110 BGHZ 76, 191, 200.

111 Vgl. dazu bereits oben S. 260 m. N.

112 Dem BGH jedenfalls i. E. folgend *K. Schmidt*, AG 1980, 169, 171; *Emde*, ZIP 1998, 1475, 1476 f.; *Römermann* in Michalski, Anh. § 47 Rn. 580; dagegen für eigenständige Anfechtbarkeit des gerichtlich festgestellten Beschlusses *Bauschatz*, NZG 2002, 317, 319 ff.

chen. Da die Gesellschaft im Rahmen einer Beschlussmängelklage die Beklagte ist, fällt es regelmäßig ihr zu, sich – vertreten durch den Geschäftsführer – gegen die Klagebegehren zu verteidigen. Es ist allerdings zweifelhaft, ob die Gesellschaft auch dazu berechtigt ist, sich im Wege einer prozessualen Einrede auf einen Anfechtungsgrund i. S. v. § 243 AktG analog zu berufen. In der Rechtsprechung geht man offenbar davon aus, dies stehe nur anfechtungsberechtigten Personen zu.[113] Die Gesellschaft selbst gehört aber gerade nicht zu diesem analog § 245 AktG zu bestimmenden Personenkreis.

Wegen der für und gegen jedermann wirkenden Gestaltungskraft eines Anfechtungs- und Beschlussfeststellungsurteils steht es aber jedem Gesellschafter zu, sich an dem Rechtsstreit zu beteiligen, indem er einer Partei als (streitgenössischer) Nebenintervenient i. S. v. § 66 ZPO beitritt.[114] Für die – anfechtungsbefugten – Mitgesellschafter des Sonderprüfungsinitiators bietet sich eine solche Streithilfe auf Seiten der Gesellschaft an, um der Beschlussfeststellungsklage des Initiators einredeweise die Treuwidrigkeit des Sonderprüfungsbeschlusses entgegenhalten zu können.[115] Der Beitritt als Streithelfer auf Beklagtenseite ist – auch unter Berücksichtigung von § 246 Abs. 4 Satz 2 AktG analog – nicht von der Wahrung der Anfechtungsfrist abhängig.[116] Damit die Gesellschafter ihre Befugnis zur Nebenintervention effektiv wahrnehmen können, ist der Geschäftsführer entsprechend dem Rechtsgedanken von § 246 Abs. 4 AktG verpflichtet, jeden einzelnen Anteilseigner der GmbH über die Erhebung der Anfechtungsklage und den Beschlussfeststellungsantrag des Mitgesellschafters zu informieren. Wenn das Gericht nicht davon überzeugt ist, dass der Geschäftsführer dieser Informationspflicht gegenüber den Gesellschaftern nachgekommen ist, hat es vor dem Hintergrund des verfassungsrechtlich garantierten Anspruchs auf rechtliches Gehör i. S. v. Art. 103 Abs. 1 GG von Amts wegen allen Gesellschaftern die Klageschrift zuzustellen.[117]

---

113 Vgl. BGHZ 76, 154, 159; BGHZ 76, 191, 200.

114 So allgemein BGH, NZG 2007, 675, 676 ff. (zur AG); *Bork*, ZIP 1992, 1205, 1210 f.; *Raiser* in Ulmer/Habersack/Winter, Anh. § 47 Rn. 224 f.; *Römermann* in Michalski, Anh. § 47 Rn. 577; *Koppensteiner* in Rowedder/Schmidt-Leithoff, § 47 Rn. 151; *K. Schmidt* in Scholz, § 45 Rn. 156.

115 Zur Eignung der Nebenintervention als Verteidigungsstrategie gegen eine positive Beschlussfeststellungsklage BGHZ 76, 191, 201; BGHZ 97, 28, 31; *Zöllner* in Baumbach/Hueck, Anh § 47 Rn. 189; *K. Schmidt*, AG 1980, 169, 172; *Emde*, ZIP 1998, 1475, 1477 f.

116 *K. Schmidt* in Scholz, § 45 Rn. 156.

117 Zum Ganzen BGHZ 97, 28, 31 f., unter Bezugnahme auf BVerfGE 60, 7 ff.; *Lindacher*, ZGR 16 (1987), 121, 126 f.; *Emde*, ZIP 1998, 1475, 1478; *Wertenbruch* in MünchKomm GmbHG, § 47 Anh. Rn. 201; *Raiser* in Ulmer/Habersack/Winter, Anh. § 47 Rn. 276.

Wird das Beschlussergebnis hingegen nicht von einem Versammlungsleiter förmlich festgestellt, so muss der die Sonderprüfung befürwortende (Minderheits-) Gesellschafter im Konfliktfall mit der allgemeinen Feststellungsklage geltend machen, der von ihm initiierte Beschlussantrag zur Durchführung einer Sonderprüfung sei angenommen worden, weil bestimmte Gegenstimmen wegen § 47 Abs. 4 GmbHG unbeachtlich gewesen seien.[118] In diesem Fall gelten die eben gemachten Ausführungen im Wesentlichen entsprechend. Unabhängig von der umstrittenen Frage, ob dem rechtskräftigen Urteil im Rahmen eines solchen isolierten Beschlussfeststellungsprozesses ebenfalls die *inter-omnes*-Wirkung i. S. v. § 248 AktG zukommt,[119] ist wiederum aus Gründen des rechtlichen Gehörs jeder Gesellschafter über die Klage in Kenntnis zu setzen. Dies ermöglicht es wiederum den Gesellschaftern, die die Sonderprüfung ablehnen, der Gesellschaft als Streithelfer beizutreten, um der Klage einredeweise die Treuwidrigkeit der für die Prüfungsdurchführung abgegebenen Stimmen entgegenhalten zu können.[120]

c) Schutz vor unzureichender Verteidigung gegen die Klage

Der mit der ursprünglichen Beschlussablehnung einverstandene Gesellschafter muss die Nebenintervention aber nicht einzig aus dem Motiv heraus betreiben, Anfechtungsgründe in Bezug auf den Sonderprüfungsbeschluss geltend zu machen, dessen Feststellung mit der Klage erstrebt wird. Möglicherweise möchte der Gesellschafter der Gesellschaft vor allem deshalb als Streithelfer beitreten, weil er eine zu nachlässige Prozessführung seitens des Geschäftsführers fürchtet. In der hier betrachteten Konstellation dürfte dies aber eher selten vorkommen. Der dem Stimmverbot unterliegende (Mehrheits-) Gesellschafter wird seine Interessen nämlich regelmäßig von der Unternehmensleitung hinreichend vertreten wissen.[121]

Umgekehrt aber wird in dieser Hinsicht – dies sei an dieser Stelle noch kurz angesprochen – dem Minderheitsgesellschafter, der eine Sonderprüfung zu initiieren sucht, das Prozessrechtsinstitut der Streithilfe nützen können. Sofern näm-

---

118 Dazu bereits oben S. 260 f. m. N.

119 Dafür etwa OLG München, GmbHR 1996, 451 f.; *K. Schmidt*, GmbHR 1992, 9, 12; *Zöllner* in Baumbach/Hueck, Anh § 47 Rn. 182; *Wertenbruch* in MünchKomm GmbHG, § 47 Anh. Rn. 257; *Roth* in Roth/Altmeppen, § 47 Rn. 132; anders noch ausdrücklich BGHZ 154, 159 f.; ebenfalls für Wirkung nur *inter partes Raiser* in Ulmer/Habersack/Winter, Anh. § 47 Rn. 284.

120 Vgl. *Raiser* in Ulmer/Habersack/Winter, Anh. § 47 Rn. 283; *Zöllner* in Baumbach/Hueck, Anh § 47 Rn. 182.

121 So auch *K. Schmidt*, NJW 1986, 2018, 2021.

lich der Versammlungsleiter die eingreifenden Stimmverbote berücksichtigt und feststellt, der Sonderprüfungsbeschluss sei zustande gekommen, kann der die Enquête ablehnende Mehrheitsgesellschafter diesen Beschluss zum Beispiel unter Berufung auf dessen Treuepflichtwidrigkeit anfechten.[122] Da die Anfechtungsklage stets gegen die Gesellschaft zu richten ist, wird mithin die Gegenseite vom Geschäftsführer der GmbH vertreten, der aber die Sonderprüfung meist selbst verhindern will und der seine Tätigkeit häufig an den Interessen des Mehrheitsgesellschafters ausrichtet, weil er diesem in der Regel seine Bestellung verdankt. Für den Minderheitsgesellschafter ist deswegen das Risiko greifbar, dass die Gesellschaft sich gegen die Anfechtungsklage nur unzureichend verteidigt, etwa den Klägervortrag teilweise zugesteht (§ 288 ZPO) oder jedenfalls nicht bestreitet (§ 138 Abs. 3 ZPO). Im Extremfall könnte es passieren, dass sich die Beklagte überhaupt nicht gegen die Klage verteidigt und somit gem. §§ 276 Abs. 3, 331 ff. ZPO als säumig zu behandeln ist oder das Klagebegehren i. S. v. § 307 ZPO einfach anerkennt.[123] Tritt der Minderheitsgesellschafter der Gesellschaft als Streithelfer bei, hat er es in der Hand, den Verband angemessen gegen die Klage zu verteidigen und einem etwaigen Anerkenntnis zu widersprechen.[124]

IV. Zusammenfassendes Fazit: Anforderungen an die fehlerfreie Veranlassung einer Sonderprüfung

Im Folgenden sollen die Ergebnisse dieses Kapitels nicht völlig isoliert gewürdigt, sondern sogleich im Zusammenhang mit anderen wesentlichen Erkenntnissen der Untersuchung betrachtet werden.

1. Treuepflicht als Korrektiv der umfassenden Prüfungsbefugnis

Der Beschluss einer GmbH-rechtlichen Sonderprüfung unterliegt kaum besonderen positiven Anforderungen inhaltlicher Art. Im Rahmen dieser Arbeit ließ sich zeigen, dass die GmbH-Gesellschafter gem. § 46 Nr. 6 GmbHG den Prüfungsgegenstand praktisch unbegrenzt weit fassen dürfen. Außerdem können in

[122] So schon oben S. 299 ff.

[123] Zu derartigen Risiken des Beschlussmängelrechtsstreits *Bork*, ZIP 1992, 1205, 1206 ff.; *Bauschatz*, NZG 2002, 317, 319.

[124] *Bork*, ZIP 1992, 1205, 1211.

vielen Fällen Minderheitsgesellschafter allein über die Einleitung einer Sonderprüfung befinden, wenn der Mehrheitsgesellschafter nach § 47 Abs. 4 GmbHG bei der Abstimmung von seinem Stimmrecht ausgeschlossen ist. Auch in derartigen Fällen ist die Bandbreite tauglicher Prüfungsgegenstände nicht enger zu fassen, als wenn die Gesellschaftermehrheit entscheiden würde. Die Veranlassung der im GmbH-Recht dergestalt durchsetzbaren „faktischen" Minderheitssonderprüfung ist deshalb von deutlich geringeren Voraussetzungen abhängig als die Ausübung des Minderheitsrechts auf Prüferbestellung i. S. v. § 142 Abs. 2 AktG. Aber selbst die aktienrechtliche Hauptversammlungsrevision des § 142 Abs. 1 AktG unterliegt wegen des Erfordernisses, den Prüfungssachverhalt auf zeitlich und gegenständlich abgrenzbare Vorgänge zu beschränken, strengeren Anforderungen als das GmbH-rechtliche Äquivalent der auf § 46 Nr. 6 GmbHG gestützten Mehrheitssonderprüfung.

Wie sich in diesem Kapitel zeigen ließ, setzt die „bewegliche" Schranke der gesellschaftsrechtlichen Treuepflicht der umfassenden GmbH-rechtlichen Sonderprüfungsbefugnis die wichtigste Grenze. Dies gilt sowohl für Revisionen, die von der Gesellschaftermehrheit veranlasst werden, als auch für die geschilderte Prüfungsanordnung durch eine Minderheit. Tendenziell sind die Treubindungen desjenigen Gesellschafters, der nur vermittelt durch das Eingreifen von Stimmverboten die Abstimmungsmehrheit erlangt hat, aber der Intensität nach stärker, als wenn die Mehrheit aller Gesellschafter bei der Beschlussfassung zu entscheiden hat. Bezogen auf Sonderprüfungen sind vor allem zwei Ausprägungen von Treuepflichtverletzungen zu erwähnen. Das Verbot der missbräuchlichen Stimmrechtsausübung erfasst zunächst bloß besonders eklatante Treuwidrigkeiten und bildet deswegen nur gewissermaßen eine erste Stufe der Mechanismen zum Schutz gegen die zweckwidrige Instrumentalisierung des Sonderprüfungsrechts. Hingegen schränkt das Gebot der Verhältnismäßigkeit das Stimmrecht des GmbH-Gesellschafters bei der Prüferbestellung etwas spürbarer ein. Den aus diesem allgemeinen Gebot ableitbaren Grundsätzen zufolge ist der Beschluss einer Sonderprüfung dann treuwidrig, wenn die Belastungen, die mit der Prüfungsdurchführung verbunden sind, zu dem Nutzen der Revision für die Gesellschaft völlig außer Verhältnis stehen. Ein entscheidendes Kriterium im Rahmen der insofern erforderlichen Abwägungsentscheidung ist dabei, ob im konkreten Einzelfall bei objektiver Betrachtung ein verständlicher, sachlich nachvollziehbarer Anlass für die Einsetzung einer Sonderprüfung vorliegt. Bei der Beurteilung dessen kommt es unter anderem auch auf die von der Geschäftsführung praktizierte Informationspolitik an. Außerdem sind Inhalt und Umfang des Prüfungsthemas im Hinblick auf den Prüfungsanlass eingehend zu würdigen.

In der Praxis dürfte die Treuwidrigkeit eines Sonderprüfungsbeschlusses vor allem in solchen Fällen eine Rolle spielen, in denen die Überwachungsbefugnis aus § 46 Nr. 6 GmbHG faktisch einer Gesellschafterminderheit zufällt. Der Umstand, dass es in der typischerweise personalistisch strukturierten GmbH wegen § 47 Abs. 4 GmbHG leicht zu einer Verschiebung der Mehrheitsverhältnisse kommen kann und selbst dann das Prüfungsthema nahezu frei gewählt werden darf, wird durch die Treuepflichten, denen der einzelne Gesellschafter unterliegt, abgemildert. Unter dem Gesichtspunkt der Verhältnismäßigkeit kann es für den Beschlussantragsteller geboten sein, den Prüfungssachverhalt auf bestimmte Vorgänge zu beschränken. Auch wird in Abhängigkeit vom jeweiligen Einzelfall in bestimmten Konstellationen die Einleitung einer Sonderprüfung nach Umfang und Intensität der beabsichtigten Untersuchungen nur dann noch verhältnismäßig sein, wenn der Anlass der Revision darin besteht, dass Tatsachen vorliegen, die dazu geeignet sind, den Verdacht zu begründen, dass den zu überprüfenden Personen Pflichtverletzungen anzulasten sind. Vermittelt durch die Figur der Treuepflicht spielen manche Kriterien, die aus dem Recht der Sonderprüfung bei der Aktiengesellschaft bekannt sind, gleichfalls eine Rolle für GmbH-rechtliche Sonderprüfungen.

2. Anforderungen an die Einleitung der Sonderprüfung im Rechtsformvergleich

Auch für die Veranlassung von Hauptversammlungs- und Gerichtsrevision i. S. v. § 142 AktG gelten die aus der Treuepflicht abzuleitenden allgemeinen Schranken der Rechtsausübung. Diesen Prinzipien kommt bei der Einleitung einer aktienrechtlichen Sonderprüfung allerdings eine geringere Bedeutung zu als im GmbH-Recht, da viele Sonderprüfungsverlangen, die man als treuwidrig qualifizieren könnte, bereits aufgrund der tatbestandlichen Voraussetzungen des § 142 AktG untauglich und mithin nicht zuzulassen sind. Hinsichtlich der materiell-rechtlichen Anforderungen an die Einleitung von Sonderprüfungen durch die Gesellschafter bestehen zwischen Aktiengesellschaft und GmbH drei wesentliche Unterschiede.

Erstens: Das Aktienrecht bietet die höhere Rechtssicherheit, das GmbH-Recht unter Umständen die höhere Einzelfallgerechtigkeit. Bei der Aktiengesellschaft sind die Vorgaben des materiellen Rechts, unter welchen Voraussetzungen sich eine Sonderprüfung fehlerfrei initiieren lässt, gesetzestechnisch schon weitgehend in normierten, zwingenden Tatbestandsmerkmalen enthalten. Zwar sind auch diese in gewisser Weise ausfüllungsbedürftig. Jedoch sind die gesetzlichen Voraussetzungen einer aktienrechtlichen Sonderprüfung viel leichter handhabbar und gerichtliche Entscheidungen zu §§ 142 ff. AktG deutlich besser zu prognostizieren als die Rechtslage zu entsprechenden Revisionen im GmbH-

Recht. Dort lassen sich nämlich die wenigsten materiell-rechtlichen Vorgaben für den fehlerfreien Beschluss einer Sonderprüfung den tatbestandlichen Voraussetzungen des § 46 Nr. 6 GmbHG entnehmen. Vielmehr kommt es in zahlreichen Fällen auf die entsprechend situationsbezogene Auslegung der gesellschaftsrechtlichen Treuepflicht an. Die Frage, ob sich eine Sonderprüfung zu einem bestimmten Thema in einer GmbH vor dem Hintergrund des materiellen Rechts durchsetzen lässt, ist hauptsächlich anhand von Generalklauseln zu entscheiden, die für sich genommen keinen subsumtionsfähigen Inhalt aufweisen. Dies wird zwar im Einzelfall zu flexiblen, gleichzeitig aber auch zu wenig vorhersagbaren Lösungen führen.

Zweitens: Die Darlegungs- bzw. Beweislast ist insbesondere bei der von einer Minderheit der Anteilseigner veranlassten Sonderprüfung im Aktienrecht anders verteilt als im GmbH-Recht. So müssen Aktionäre, die gestützt auf das Minderheitsrecht aus § 142 Abs. 2 AktG eine Sonderprüfung initiieren möchten, Tatsachen substantiieren, die den Verdacht grober Pflichtverletzungen rechtfertigen. Die Gerichte stellen an diese Darlegungslast hohe Anforderungen.[125] Die Minderheitsgesellschafter einer GmbH, die bei Einleitung einer Sonderprüfung letztlich allein die Kollektivbefugnis der Gesellschaftergesamtheit ausüben, können die Revision unter zunächst sehr geringen Voraussetzungen veranlassen. Die Umstände, die gegebenenfalls die Treuwidrigkeit des Gesellschafterbeschlusses begründen, wodurch das Prüfungsrecht begrenzt wird, hat hingegen derjenige Mitgesellschafter darzulegen und zu beweisen, der den Beschluss gerichtlich anficht oder sich auf den Beschlussmangel in einem anderen Prozess einredeweise beruft. Die Treuwidrigkeit des Sonderprüfungsbeschlusses kann im Einzelfall gerade auch darin bestehen, dass überhaupt keine Verdachtstatsachen gegen die zu überprüfenden Personen vorliegen. In diesen Fällen muss der Anfechtungskläger das Fehlen dieser Tatsachen darlegen und beweisen.

Drittens: Selbst wenn man die materiell-rechtlichen Voraussetzungen und Schranken der Sonderprüfungsbefugnis der Gesellschafter- bzw. Aktionärsminderheit einer Gesamtschau unterzieht, sind die inhaltlichen Hürden an die fehlerfreie Ausübung des „faktischen Minderheitsrechts“ von GmbH-Gesellschaftern insgesamt immer noch niedriger als diejenigen, die für das Gebrauchmachen vom formellen Minderheitsrecht des Aktiengesetzes bestehen. Die Treuepflicht verpflichtet den GmbH-Gesellschafter zwar in einigen Konstellationen dazu, den Gegenstand der angestrebten Sonderprüfung sachlich einzugrenzen. Da das gebotene Ausmaß der gegenständlichen Beschränkung einzelfallabhängig ist,

---

[125] So insbesondere die jüngere obergerichtliche Rechtsprechung. Vgl. etwa OLG Frankfurt am Main, DB 2011, 1626, 1627 – „Commerzbank/Dresdner Bank“; OLG München, AG 2010, 840, 841; OLG Stuttgart, AG 2010, 717, 718.

kann der zulässige Umfang des Prüfungsthemas auch dann immer noch über das Höchstmaß eines Vorgangs i. S. v. § 142 AktG hinausreichen. Nur in einigen Situationen wird es unter Treuepflichtaspekten für die Fehlerfreiheit eines GmbH-rechtlichen Sonderprüfungsbeschlusses erforderlich sein, dass Tatsachen vorliegen, die den Verdacht begründen, dass die zu überprüfenden Personen Pflichtverletzungen begangen haben. Im Rahmen von § 142 Abs. 2 AktG muss der Antragsteller hingegen stets Tatsachen vortragen, die sogar den Verdacht *grober* Verfehlungen rechtfertigen. Schließlich darf die aktienrechtliche Gerichtsrevision nur zur Klärung von Vorgängen eingesetzt werden, die nicht länger als fünf Jahre zurückliegen. Im GmbH-Recht ist die zeitliche Grenze wiederum einzelfallabhängig zu bestimmen. Ein Sonderprüfungsverlangen dürfte regelmäßig erst dann wegen Zeitablaufs treuwidrig sein, wenn die zu überprüfenden Vorgänge erheblich älter als fünf Jahre sind.

Während die materiell-rechtlichen Anforderungen an die Veranlassung einer Sonderprüfung im GmbH-Recht geringer sind als im Aktienrecht – insbesondere wenn sie von der Gesellschafterminderheit initiiert wird –, ist das aktienrechtliche Minderheitsrecht prozessual schneller und einfacher durchsetzbar als das durch Stimmverbote vermittelte GmbH-rechtliche *Pendant*.

Über die Einsetzung einer Sonderprüfung gem. § 142 Abs. 2 AktG hat das Gericht auf Antrag des Aktionärs in einem Verfahren der Freiwilligen Gerichtsbarkeit zu entscheiden. Es nimmt die Prüferbestellung selbst vor. Der betreffende Beschluss kann zwar mit der Beschwerde i. S. v. §§ 58 ff. FamFG angegriffen werden. Die Einlegung dieses Rechtsbehelfs entfaltet aber keinen Suspensiveffekt. Grundsätzlich können die Prüfer daher bereits nach der erstinstanzlichen Entscheidung ihre Arbeit aufnehmen. Das Beschwerdegericht ist allerdings nach § 64 Abs. 3 FamFG befugt, die Vollziehung des erstinstanzlichen Beschlusses nach pflichtgemäßem Ermessen durch Erlass einer einstweiligen Anordnung auszusetzen.[126] Eine solche wird zumindest dann unterbleiben, wenn der Beschluss eindeutig rechtmäßig ist.[127]

Der Konflikt um die Einsetzung einer Sonderprüfung, die von Minderheitsgesellschaftern einer GmbH angestrengt wird, muss dagegen in einem gewöhnlichen Zivilprozess im Rahmen eines Beschlussmängelrechtsstreits entschieden werden. Da die vom Minderheitsgesellschafter erstrebte Beschlussfeststellung durch Gestaltungsurteil zu erfolgen hat,[128] ist die Entscheidung nicht vorläufig vollstreckbar, sondern die Gestaltungswirkung tritt erst mit Rechtskraft der Ent-

---

126 Dazu *Bumiller* in Bumiller/Harders, § 64 Rn. 12 ff.

127 So *Bungert/Rothfuchs*, DB 2011, 1677, 1679.

128 Allg. Meinung: vgl. statt aller *Raiser* in Ulmer/Habersack/Winter, Anh. § 47 Rn. 213.

scheidung ein.[129] Durch die Einlegung eines Rechtsmittels gegen ein der Klage stattgebendes Urteil kann – unabhängig von den Erfolgsaussichten – die Gesellschaft oder ein beigetretener Mitgesellschafter die Prüfungsdurchführung demzufolge noch weiter verzögern.

129 Statt aller *Hüffer* in MünchKomm AktG, § 248 Rn. 11 m. w. N.

8. Kapitel: Gesellschaftsvertragliche Gestaltungsmöglichkeiten

Nach § 45 Abs. 1 GmbHG können die Gesellschafterrechte und deren Ausübung prinzipiell Gegenstand gesellschaftsvertraglicher Bestimmungen sein. § 45 Abs. 2 GmbHG zufolge soll unter anderem § 46 GmbHG nur in Ermangelung spezieller Regelungen in der Satzung zur Anwendung gelangen. Es ist jedoch anerkannt, dass der an sich großzügigen gesellschaftsvertraglichen Gestaltungsfreiheit des GmbH-Rechts in mancher Hinsicht Grenzen gesetzt sind.[1] Es stellt sich vor diesem Hintergrund die Frage, inwiefern die auf § 46 Nr. 6 GmbHG gestützte Sonderprüfungsbefugnis abbedungen, übertragen, ausgestaltet oder auch erweitert werden darf.

I. Kompletter Ausschluss der Sonderprüfungsbefugnis

Zunächst ist zu untersuchen, ob es GmbH-rechtlich gestattet ist, in der Satzung vorzusehen, dass die Gesellschafter zur Einleitung einer Sonderprüfung nicht berechtigt sind. Dabei ist vom gesetzlichen Regelfall auszugehen, dass die GmbH nur über die beiden notwendigen Gesellschaftsorgane – Geschäftsführer und Gesellschafterversammlung – verfügt.

Sofern in der betreffenden Gesellschaft kein besonderes Aufsichtsorgan etabliert ist, besteht in Rechtsprechung und Literatur jedenfalls noch dahingehend Einigkeit, dass es den Gesellschaftern verwehrt ist, in der Satzung vollumfänglich auf ihre Kontrollbefugnis aus § 46 Nr. 6 GmbHG zu verzichten.[2] Würden nämlich die Geschäftsführer insgesamt von jeglicher Überwachung freigestellt, wäre letztlich ihre Verantwortlichkeit gegenüber den Gesellschaftern im Kern abbedungen. Dabei und im Allgemeinen bei der Dominanz der Anteilseigner, die das oberste Organ der GmbH bilden, handelt es sich aber um so wesentliche Strukturelemente der GmbH-rechtlichen Organisationsverfassung, dass sie

---

1 Statt aller *Zöllner* in Baumbach/Hueck, § 45 Rn. 7; *Mollenkopf* in Henssler/Strohn, § 45 GmbHG Rn. 9, 14.

2 BSG, GmbHR 1974, 38, 39; *Fleischer*, GmbHR 2001, 45, 46; *Feine*, S. 507, 511; *Römermann* in Michalski, § 46 Rn. 353; *K. Schmidt* in Scholz, § 46 Rn. 112; *Koppensteiner* in Rowedder/Schmidt-Leithoff, § 46 Rn. 35; *Mollenkopf* in Henssler/Strohn, § 46 GmbHG Rn. 31; *Schindler* in Ziemons/Jaeger, § 46 Rn. 83; *Roth* in Roth/Altmeppen, § 46 Rn. 47 f.; *Fichtelmann* in HeidelbKomm GmbH-R, § 46 GmbHG Rn. 65; a. A. offenbar einzig *Wolff* in MünchHdb GesR III, § 37 Rn. 31.

deswegen nicht der Gesellschafterdisposition unterliegen können.[3] Wenn eine Satzungsgestaltung den institutionellen Rahmen einer Gesellschaftsform erschüttern würde, muss ihr nämlich die Wirksamkeit versagt werden.[4] Dieser Befund zeigt, dass die Geltung des allgemein für das Recht der privaten Verbände postulierten Prinzips, der Machtfülle eines Gesellschaftsorgans müssten Kontrollbefugnisse einer anderen Instanz innerhalb des Verbandes entsprechen, insofern auch im GmbH-Recht nachweisbar ist.[5]

Aus denselben verbandsverfassungsrechtlichen Gründen heraus kann ebenso wenig eine Satzungsregelung getroffen werden, die die Kontrollbefugnisse der Gesellschafter dahingehend verkürzt, dass ihnen zumindest die Veranlassung einer Sonderprüfung komplett versagt wird.[6] Zur Verantwortlichkeit des Leitungsorgans gegenüber einem institutionalisierten Aufsichtsorgan – wie im GmbH-Recht der Gesellschafterversammlung – gehört auch eine gewisse Flexibilität, die dem Kontrollgremium bei der Auswahl der konkreten „Maßregel" zur Überwachung der Geschäftsführung zukommt. Eine Bestimmung, die vorsieht, dass die Kontrolle i. S. v. § 46 Nr. 6 GmbHG nur unmittelbar von der Gesellschaftergesamtheit selbst vorgenommen werden darf, würde die Überwachung der Geschäftsführer zu stark einschränken. Häufig wird nämlich erst die Option, sich bei der Überwachung der Geschäftsführer des Sachverstands Dritter bedienen zu können, den Anteilseignern die effektive Wahrnehmung ihrer Kontrollbefugnis eröffnen. Verfügen nämlich alle oder jedenfalls die nicht geschäftsführenden Gesellschafter nicht über die Kenntnisse, die erforderlich sind, um die Einzelheiten der Geschäftstätigkeit der Gesellschaft verstehen zu können, so nützt ihnen auch die umfassendste Überwachungskompetenz wenig, solange ihnen die Unterstützung sachkundiger Personen verwehrt bleibt. Wenn den Gesellschaftern die Bestellung von Sonderprüfern nicht gestattet wäre, blieben in vielen Fällen die Geschäftsführer zumindest von jeder vernünftigen Überwachung gänzlich freigestellt, was die Position der Anteilseigner als oberstes Gesellschaftsorgan in Frage stellen würde und deswegen mit der Verfassung einer

---

3 In diesem Sinne zum Ganzen *K. Schmidt* in Scholz, § 46 Rn. 112; *Hüffer* in Ulmer/Habersack/Winter, § 46 Rn. 83; *Bergjan* in Saenger/Inhester, § 46 Rn. 53; *Liebscher* in MünchKomm GmbHG, § 46 Rn. 203; *Feine*, S. 507.

4 *Wiedemann* in FS Lutter, S. 806.

5 *A. Teichmann*, Gestaltungsfreiheit, S. 177 ff., 184 ff.

6 *Fleischer*, GmbHR 2001, 45, 46; *Peters/Dechow*, GmbHR 2007, 236, 241; *Leinekugel*, GmbHR 2008, 632, 637; *Zöllner* in Baumbach/Hueck, § 46 Rn. 51; *Hüffer* in Ulmer/Habersack/Winter, § 46 Rn. 83; *Liebscher* in MünchKomm GmbHG, § 46 Rn. 207; *Koppensteiner* in Rowedder/Schmidt-Leithoff, § 46 Rn. 35; vgl. auch *Wiedemann* in FS Lutter, S. 811.

GmbH unvereinbar ist.[7] Wenn sich die Gesellschafter im Gesellschaftsvertrag selbst entmachten, ist nämlich die Grenze zulässiger Satzungsgestaltung überschritten.[8]

Demzufolge kann das Recht zur Einleitung einer Sonderprüfung in der Satzung nicht schlechthin ausgeschlossen werden.

II. Übertragbarkeit der Sonderprüfungskompetenz

Die Verantwortlichkeit der Geschäftsführer gegenüber den Gesellschaftern darf aber prinzipiell mediatisiert werden, sofern in der Gesellschaft ein spezielles Aufsichtsorgan existiert. Davon ist bereits die Rede gewesen.[9]

Sollte in der Gesellschaft ein Aufsichtsrat bestehen, so kann diesem ausdrücklich auch eine Kompetenz zur Bestellung von Sonderprüfern eingeräumt werden.[10] Eine derartige Befugnis des fakultativen Aufsichtsrats ergibt sich schon ohne explizite Regelung aus § 52 Abs. 1 GmbHG i. V. m. § 111 Abs. 2 Satz 2 AktG.[11] Das Sonderprüfungsrecht des Aufsichtsrates reicht hinsichtlich der zulässigen Prüfungsgegenstände weniger weit als das der Gesellschafter. Es darf sich nur auf die Tätigkeit der Geschäftsführer und der bei der GmbH beschäftigten Mitarbeiter beziehen. Zur Kontrolle von Gesellschaftern ist der Aufsichtsrat normalerweise nicht berufen.[12] Außerdem ist auch die aufgrund von § 111 Abs. 2 Satz 2 AktG veranlasste Sonderprüfung, sofern die Satzung nichts anderes bestimmt, nur ein außerordentliches Überwachungsinstrument. Der Bestellung von Sonderprüfern durch den Aufsichtsrat muss ein nachvollziehbarer Anlass zugrunde liegen und der Prüfungsgegenstand muss wie bei § 142 AktG sachlich und zeitlich eingegrenzt sein.[13] Aufsichtsratsmitglieder sind bei der Fassung des Sonderprüfungsbeschlusses gem. § 47 Abs. 4 GmbHG analog unter

7 Vgl. *Hüffer* in Ulmer/Habersack/Winter, § 46 Rn. 83, der sich insofern abermals auf die Stellung der Gesellschafterversammlung als oberstes Gesellschaftsorgan beruft.

8 *Zöllner* in Baumbach/Hueck, § 45 Rn. 7.

9 Oben S. 72 ff.

10 *Heckschen* in Heckschen/Heidinger, § 4 Rn. 322.

11 Dazu bereits oben S. 77 m. N. Ebenso gilt § 111 Abs. 2 S. 2 AktG kraft Verweises in § 1 Abs. 1 S. 1 Nr. 3 DrittelbG bzw. § 25 Abs. 1 S. 1 Nr. 2 MitbestG auch für den obligatorischen Aufsichtsrat, der hier aber nicht näher behandelt werden soll, da seine Existenz niemals die Gesellschafterkompetenz zu verdrängen vermag (vgl. oben S. 74 f. und 164 f.).

12 Die Prüfung möglicher Ersatzansprüche gegen einen Gesellschafter obliegt vielmehr dessen Mitgesellschaftern oder – für den Fall der Delegation – den Geschäftsführern.

13 *Hoffmann-Becking*, ZGR 40 (2011), 136, 143 ff., 148.

denselben Voraussetzungen wie die Gesellschafter[14] von der Mitentscheidung ausgeschlossen.[15] Im Regelfall tritt das Sonderprüfungsrecht des Aufsichtsrates nur neben das der Gesellschafterversammlung, da ohne ausdrückliche Verlagerung der Überwachungskompetenzen auf den Aufsichtsrat – wie oben[16] angesprochen – die Kontrollzuständigkeit der Gesellschafter bestehen bleibt. In solchen Fällen können also sowohl die Gesellschafter als auch der Aufsichtsrat die Durchführung einer Sonderprüfung veranlassen.

Grundsätzlich darf der Gesellschaftsvertrag der GmbH aber auch eine verdrängende Übertragung der Überwachungskompetenzen aus § 46 Nr. 6 GmbHG auf das spezielle Aufsichtsorgan vorsehen.[17] Da es aber auch dann den Gesellschaftern weiterhin zusteht, die Tätigkeit des Aufsichtsrats zu kontrollieren,[18] verbleibt ihnen uneingeschränkt zumindest die Befugnis, Sachverhalte einer Sonderprüfung zu unterziehen, die mit dem Verhalten wenigstens eines Aufsichtsratsmitglieds in Angelegenheiten der Gesellschaft in Zusammenhang stehen. Ob die Gesellschafterversammlung das Gebaren einzelner Gesellschafter weiterhin einer Sonderprüfung unterziehen kann, hängt davon ab, ob dem Aufsichtsrat ausnahmsweise auch die aus § 46 Nr. 8 Fall 1 GmbHG folgende Annexkompetenz[19] zur Geltendmachung von Ersatzansprüchen gegen die Verbandsmitglieder überantwortet worden ist.[20]

1. Meinungsstand: Restkompetenzen trotz verdrängender Zuständigkeitsverlagerung?

In der Literatur ist zudem umstritten, ob der Gesellschaftergesamtheit trotz verdrängender Zuständigkeitsverlagerung auf den Aufsichtsrat unter Umständen noch ein Rest an Überwachungsbefugnissen hinsichtlich der Geschäftsführung zukommt. Nach der wohl herrschenden Meinung[21] soll den Gesellschaftern auch

---

14 Zu den für diese geltenden Stimmverbotstatbeständen oben S. 228 ff.

15 *Immenga/Werner*, GmbHR 1976, 53, 55; *Lohr*, NZG 2002, 551, 552.

16 S. 73 f.

17 Dazu oben S. 73 m. N.

18 Dies ist oben schon angesprochen worden. Vgl. S. 74 m. N.

19 Zu deren Herleitung oben S. 170 ff.

20 Die Übertragung der Zuständigkeit gem. § 46 Nr. 8 GmbHG ist möglich: so z. B. *Hüffer* in Ulmer/Habersack/Winter, § 46 Rn. 117.

21 Z. B. *Zöllner* in Baumbach/Hueck, § 46 Rn. 51; *Schindler* in Ziemons/Jaeger, § 46 Rn. 83; *Fichtelmann* in HeidelbKomm GmbH-R, § 46 GmbHG Rn. 66; *K. Schmidt* in Scholz, § 46 Rn. 112; *Mollenkopf* in Henssler/Strohn, § 46 GmbHG Rn. 33; *Wälzholz* in GmbH-Hdb, Rn. I 1448; *Feine*, S. 507; ähnlich *Wiedemann* in FS Lutter, S. 809; *Bayer*

bei grundsätzlicher Exklusivzuständigkeit des Aufsichtsrates in bestimmten Ausnahmesituationen ein Recht zur unmittelbaren Kontrolle der Geschäftsführer i. S. v. § 46 Nr. 6 GmbHG zustehen. Ein solcher Ausnahmefall sei außer bei Funktionsunfähigkeit des Aufsichtsrats nur bei Vorliegen „wichtiger Gründe" anzunehmen. Von einigen Autoren wird außerdem vertreten, die Befugnis, Sonderprüfer zu bestellen, bleibe den Gesellschaftern immer erhalten.[22] Demgegenüber bestreitet ein Teil des Schrifttums jedwede Residualkompetenz der Verbandsmitglieder.[23] Die privatautonome Entscheidung der Verbandsmitglieder i. S. v. § 45 Abs. 1 GmbHG sei zu respektieren. Schließlich hätten sich die Gesellschafter ihrer Befugnisse freiwillig begeben und seien jederzeit in der Lage, sie mittels Satzungsänderung wieder an sich zu ziehen.[24]

2. Stellungnahme in prinzipieller Hinsicht

Richtigerweise steht den Gesellschaftern bei Vorliegen eines „wichtigen Grundes" das Recht zu, wieder unmittelbar Aspekte der Geschäftsführung zu überwachen – sie jedenfalls mit der hier interessierenden Sonderprüfung untersuchen zu lassen.

Zwar trifft es zu, dass jede Befugnisverlagerung, die sich in einer formgerechten Satzungsbestimmung der Gesellschafter findet, grundsätzlich zu respektieren ist.[25] Es kommt für die Lösung des vorliegenden Problems aber gerade darauf an, inwiefern die Kontrollkompetenz der Gesellschafter satzungsmäßig abbedungen werden *kann*. Damit den Gesellschaftern eine Restkompetenz verbliebe, müsste die die Befugnis verlagernde Satzungsbestimmung den aus der Verbandsverfassung folgenden Kernbestand an unveräußerlichen Zuständigkeiten der Gesellschafter betreffen.[26] Ist bezogen auf bestimmte Fälle die Sonderprüfungsbefugnis der Verbandsmitglieder zu diesem Kernbestand zu zählen? Es wäre diesbezüglich zu pauschal argumentiert, die gesamte Kontrollfunktion der Gesellschafterversammlung gehöre untrennbar zum Wesen der GmbH-

---

in Lutter/Hommelhoff, GmbHG, § 46 Rn. 31; wiederum anders *Hüffer* in Ulmer/Habersack/Winter, § 46 Rn. 83: Auslegungsregel für Zweifelsfälle.

22 *Schindler* in Ziemons/Jaeger, § 46 Rn. 83; *Zöllner* in Baumbach/Hueck, § 46 Rn. 51; *Liebscher* in MünchKomm GmbHG, § 46 Rn. 207; ohnehin in diesem Sinne *Bayer* in Lutter/Hommelhoff, GmbHG, § 46 Rn. 31.

23 *Härer*, S. 73 f.; *Römermann* in Michalski, § 46 Rn. 350; *Wolff* in MünchHdb GesR III, § 37 Rn. 31; *Leinekugel*, GmbHR 2008, 632, 637; *Müller/Wolff*, GmbHR 2003, 810, 812; *Spindler/Kepper*, DStR 2005, 1738, 1741.

24 So z. B. *Müller/Wolff*, GmbHR 2003, 810, 812.

25 So in diesem Zusammenhang *Römermann* in Michalski, § 46 Rn. 350.

26 *Thümmel*, DB 1995, 2461, 2462.

rechtlichen Kompetenzverteilung. Dieses Argument würde nämlich auch dagegen sprechen, den Gesellschaftern überhaupt zu gestatten, dem Aufsichtsrat eine Exklusivzuständigkeit bezüglich der Geschäftsführerüberwachung einzuräumen, was so aber kaum vertreten wird.[27] Eine verdrängende Zuständigkeit kann vielmehr durchaus sinnvoll sein, um eine klare Kompetenzabgrenzung zu gewährleisten, die bei konkurrierenden Befugnissen gerade nicht leicht fällt. Deswegen gilt es zu präzisieren: Die GmbH-rechtliche Organisationsverfassung gebietet, dass den Gesellschaftern auf dem Gebiet der Geschäftsführungskontrolle die „Letztverantwortlichkeit" belassen wird.[28] Zu dieser gehört auch das Gesellschafterrecht, bei Vorliegen eines „wichtigen Grundes" eine Sonderprüfung zu veranlassen.

Das ergibt sich aus Folgendem. Die Gesellschafter dürfen sich wie angesprochen[29] durch eine Satzungsbestimmung nicht komplett selbst entmachten. Schließlich ist die Gesellschafterversammlung ein obligatorisches Gesellschaftsorgan, das mit gewissen Mindestbefugnissen ausgestattet sein muss. Dazu gehört, dass den Verbandsmitgliedern als den Prinzipalen ein Mindestmaß an Überwachungsbefugnissen verbleibt, um auf Grundlage der so gewonnenen Erkenntnisse sachgerechte Entscheidungen treffen zu können. Es bietet sich an, dieses Mindestmaß festzulegen, indem man generalklauselartig das Vorliegen eines „wichtigen Grundes" verlangt.

Beim ursprünglichen Abschluss des Gesellschaftsvertrages sind sämtliche, bei einer späteren Satzungsänderung zumindest noch so viele Gesellschafter beteiligt, dass sie zusammen drei Viertel des Stammkapitals der Gesellschaft repräsentieren. Übertragen die Gesellschafter die Überwachung der Geschäftsführung exklusiv einem Aufsichtsrat, so werden sie dies immer in dem festen Vertrauen darauf tun, die Aufsichtsratsmitglieder würden ihre Kontrollaufgaben pflichtgemäß wahrnehmen. Solche Erwartungen der Gesellschafter, die der betreffenden Bestimmung einer GmbH-Satzung zugrunde liegen, hat der Gesetzgeber ebenfalls mit der im Aktiengesetz zwingend vorgeschriebenen Aufsichtsratsverfassung verbunden. Gleichwohl legt das Aktienrecht gerade für die Fälle, in denen die mediatisierte Kontrolle der Geschäftsführer wider Erwarten nicht funktioniert, weil der Aufsichtsrat seinen Überwachungspflichten nicht nachkommt, mit der Sonderprüfung i. S. v. §§ 142 ff. AktG den Verbandsmitgliedern ein außerordentliches Kontrollinstrument in die Hände. Die Organisationsver-

[27] In diesem Sinne allenfalls *Roth* in Roth/Altmeppen, § 46 Rn. 48, der deswegen genauso argumentiert.

[28] So auch *Wiedemann* in FS Lutter, S. 811; *Zöllner* in Baumbach/Hueck, § 46 Rn. 51; *Mollenkopf* in Henssler/Strohn, § 46 GmbHG Rn. 33.

[29] Vgl. Nachweis in Fn. 8.

fassung einer GmbH, deren Satzung den fakultativen Aufsichtsrat mit einer exklusiven Kontrollzuständigkeit ausstattet, ähnelt stark der Struktur einer Aktiengesellschaft. Man darf unterstellen, dass die punktuelle Durchbrechung der generellen Zuständigkeitsverteilung durch die aktienrechtliche Sonderprüfung ein allgemeines kapitalgesellschaftsrechtliches Prinzip zum Ausdruck bringt. Wenngleich die Überwachung des Leitungsorgans einem speziellen Aufsichtsorgan überantwortet ist, soll offenbar den Gesellschaftern die Letztzuständigkeit in Bezug auf die Geschäftsführungskontrolle verbleiben. Wenn eine GmbH über eine für die Aktiengesellschaft typische Aufsichtsratsverfassung verfügt, spricht insofern alles dafür, dass für die GmbH-Gesellschafter ebenfalls das Sonderprüfungsrecht – wenigstens im Hinblick auf Ausnahmefälle – unverzichtbar ist. In besonderen Situationen muss das im Gesellschaftsvertrag angelegte Kompetenzgefüge mithin durchbrochen werden können.

Diese Folgerung lässt sich durch eine weitere Überlegung stützen. Der Kernbestand unveräußerlicher Gesellschafterzuständigkeiten lässt sich im GmbH-Recht auch anhand der Frage abgrenzen, ob der Schutz der Minderheitsgesellschafter noch hinreichend gesichert ist, wenn die betreffende Befugnis auf den Aufsichtsrat übertragen wird.[30] Die Übertragung aller Aufgaben der Geschäftsführungskontrolle auf einen Aufsichtsrat mindert die Mitwirkungsbefugnisse der Minderheitsgesellschafter in einer GmbH ganz erheblich. Da gem. § 52 Abs. 1 GmbHG i. V. m. § 101 Abs. 1 Satz 1 AktG die Gesellschafter die Aufsichtsratsmitglieder grundsätzlich mit einfacher Mehrheit wählen, kann der Mehrheitsgesellschafter in Ermangelung einer anderweitigen Satzungsbestimmung grundsätzlich allein über die Besetzung sämtlicher Aufsichtsratsmandate befinden. Die Minderheitsgesellschafter könnten so überhaupt nicht mehr über die Ausübung kollektiver Kontrollrechte gegenüber der Geschäftsführung mitentscheiden, obwohl ihnen in der gesetzestypischen GmbH gewisse Einflussnahmemöglichkeiten zukommen, gerade wenn im Einzelfall der Mehrheitsgesellschafter von einem Stimmverbot betroffen ist. Auch dies spricht dafür, dass bei Vorliegen „wichtiger Gründe" ein Sonderprüfungsrecht der Gesellschaftergesamtheit bestehen bleiben muss, damit die Kompetenzverlagerung nicht den Kernbestand unveräußerlicher Gesellschafterbefugnisse verletzt.

Als zusätzliches Indiz für die herrschende Meinung mögen schließlich die Materialien zu der für die siebziger Jahre des letzten Jahrhundert ins Auge gefassten „großen GmbH-Reform" angeführt werden. Diese lassen eindeutig erkennen, dass der Gesetzgeber jedenfalls damals davon ausging, dass den Gesellschaftern auch nach Übertragung der Aufsichtskompetenz auf ein anderes Organ

---

30 So z. B. *Thümmel*, DB 1995, 2461, 2463.

zwingend ein eigenes Recht zur Prüfung und Überwachung der Geschäftsführung verbleiben müsse.[31]

3. Konkretisierung des eigenen Ansatzes

Es bleibt zu klären, unter welchen Voraussetzungen ein „wichtiger Grund" anzunehmen ist, der es rechtfertigt, dass die Gesellschafter trotz Zuständigkeitsverlagerung zur Veranlassung einer Sonderprüfung befugt sind. Dabei ist der grundsätzliche Wille der Verbandsmitglieder zu respektieren, die ordentliche, übliche Überwachungstätigkeit dem Aufsichtsrat zu überlassen. Die Restkompetenz der Gesellschafter besteht demzufolge nur noch in außerordentlichen Fällen. Um das Kriterium der Außerordentlichkeit zu konkretisieren, bietet es sich an, auf die Anforderungen zurückzugreifen, die § 142 AktG an die Veranlassung einer Sonderprüfung stellt, da der Gesetzgeber auf dem Gebiet des Aktienrechts offenbart hat, unter welchen Voraussetzungen er die Durchbrechung der Kompetenzverteilung für geboten hält. Die Mehrheitssonderprüfung ist allerdings auch im Aktienrecht eröffnet, ohne dass ein „wichtiger Grund" vorliegt, da die Außerordentlichkeit der Sonderprüfung schon durch die geringe Sitzungsfrequenz der Hauptversammlung sichergestellt ist. Ein materielles Kriterium findet sich nur in § 142 Abs. 2 AktG. Dessen Rechtsgedanke ist mithin auf das GmbH-Recht zu übertragen.

Insofern ist bei exklusiver Überwachungszuständigkeit des fakultativen Aufsichtsrats die Gesellschafterversammlung der GmbH nur dann zur Einleitung einer unmittelbaren Sonderprüfung der Geschäftsführung berufen, sofern diese sich – erstens – auf bestimmte „Vorgänge" i. S. d. § 142 Abs. 1 AktG beziehen soll.[32] Nach dem Rechtsgedanken des § 142 Abs. 2 AktG müssen – zweitens – Tatsachen vorliegen, die im Hinblick auf den zu prüfenden Sachverhalt den Verdacht grober Pflichtverletzungen durch mindestens einen Geschäftsführer rechtfertigen. Ob die Gesetzes- oder Satzungsverletzung eines Geschäftsführers als „grob" einzustufen ist, ist anhand der Art und des Umfangs der bei der Gesellschaft eingetretenen oder ihr drohenden Nachteile, der Bedeutung der verletzten Pflicht und des Grades des Verschuldens zu bestimmen.[33] Die Grobheit der Pflichtverletzung, hinsichtlich derer der Verdacht besteht, muss eine Sach-

---

[31] Vgl. etwa Begr. Referentenentwurf 1969, S. 220.

[32] Zum Begriff des „Vorgangs" in diesem Kontext oben S. 32 f.

[33] So zu § 142 Abs. 2 AktG Begr. des RegE zum UMAG, BT-Drucks. 15/5092, S. 22; OLG Düsseldorf, ZIP 2010, 28, 30 – „IKB"; *Mock* in Spindler/Stilz, § 142 Rn. 12; *Schröer* in MünchKomm AktG, § 142 Rn. 68; *Spindler* in K. Schmidt/Lutter, AktG, § 142 Rn. 54; vgl. auch *Jänig*, S. 281 f.

aufklärung und mittelbar eine Sanktionierung geradezu erfordern.[34] Trotz satzungsmäßig exklusiver Kontrollkompetenzen des Aufsichtsrats besteht bei Vorliegen dieser Voraussetzungen ein hinreichend „wichtiger Grund" dafür, den Gesellschaftern wegen ihrer Letztzuständigkeit auf dem Gebiet der Geschäftsführerüberwachung weiterhin die Bestellung von Sonderprüfern zu gestatten. Sollte der Aufsichtsrat in Wahrnehmung seiner Aufsichtspflichten bereits zu einer umfassenden Sachverhaltsaufklärung beigetragen haben, kann ein zusätzlicher Sonderprüfungsbeschluss der Anteilseigner aber nach allgemeinen Grundsätzen wegen Unverhältnismäßigkeit treuwidrig sein.[35]

III. Abdingbarkeit des Stimmverbotstatbestandes

Wenngleich den Verbandsmitgliedern die Kollektivbefugnis, die Durchführung einer Sonderprüfung zu veranlassen, gesellschaftsvertraglich nicht zu nehmen ist, könnten Mehrheitsgesellschafter zumindest ein Interesse daran haben, das Eingreifen des Stimmverbotes bei der Fassung des Sonderprüfungsbeschlusses in der Satzung auszuschließen. So ließe sich verhindern, dass vermittelt durch einen den Mehrheitsgesellschafter treffenden Stimmrechtsausschluss der Gesellschafterminderheit die Entscheidung über die Durchführung einer Sonderprüfung zufällt. Es ist daher zu untersuchen, ob das Eingreifen von Stimmverboten bei Fassung eines Sonderprüfungsbeschlusses satzungsdispositiv ist.

1. Meinungsstand

Während gesicherten Erkenntnissen zufolge der Gesellschaftsvertrag Stimmrechtsausschlüsse jedenfalls verschärfen, ergänzen und präzisieren darf,[36] werden unterschiedliche Auffassungen dazu vertreten, inwiefern die Stimmverbotstatbestände sich satzungsmäßig beschränken lassen.

Nach der früher herrschenden Ansicht,[37] die heute nur noch vereinzelt vertreten wird,[38] ist § 47 Abs. 4 GmbHG vollumfänglich disponibel. Die Abding-

---

34 *Hüffer*, ZHR 174 (2010), 642, 655.

35 Vgl. dazu oben S. 296.

36 RGZ 89, 367, 383; RGZ 122, 159, 162; BGHZ 92, 386, 395; *Lohr*, NZG 2002, 551, 560; *Braunfels*, MittRhNotK 1994, 233, 244; *Eickhoff*, Rn. 216; *Hüffer* in Ulmer/Habersack/Winter, § 47 Rn. 191; *Römermann* in Michalski, § 47 Rn. 332 f.

37 RGZ 89, 367, 383; RGZ 122, 159, 162; *Immenga/Werner*, GmbHR 1976, 53, 55; *Siegmund*, BB 1981, 1674, 1678 f.; *Meyer-Landrut* in Meyer-Landrut/Miller/Niehus, § 47 Rn. 33.

38 So insb. *Bacher*, GmbHR 2001, 133, 135 ff.; *Wolff* in MünchHdb GesR III, § 38 Rn. 68.

barkeit der darin enthaltenen Stimmverbote folge bereits aus § 45 Abs. 2 GmbHG. Außerdem sei § 181 BGB, der eine Regelung mit vergleichbarer Stoßrichtung enthalte, ebenfalls abdingbar. In der Literatur wird teilweise auch der strenge Gegenstandpunkt vertreten, wonach keiner der in § 47 Abs. 4 GmbHG niedergelegten Stimmverbotstatbestände gesellschaftsvertraglich verkürzt werden dürfe.[39] § 47 Abs. 4 GmbHG sei schon der Natur nach zwingendes Recht, weil der Sinn und Zweck der Vorschrift darin bestehe, die Gesellschaft in ihrer Willensbildung zu schützen.

Ganz überwiegend wird heute angenommen, dass die Stimmverbotstatbestände des GmbH-Rechts zumindest zum Teil satzungsfest sind. Nach der Rechtsprechung und einigen Vertretern des Schrifttums soll einzig § 47 Abs. 4 Satz 2 Fall 1 GmbHG abbedungen werden können. Die übrigen Tatbestände seien weitgehend unbeschränkbar.[40] Andere Vertreter der Rechtslehre möchten hingegen danach differenzieren, welches der beiden Grundprinzipien, die den Stimmverboten zugrunde liegen, in dem jeweiligen Tatbestand stärker angelegt ist. Die Stimmrechtsausschlüsse, die hauptsächlich auf das Verbot des „Richtens in eigener Sache“ zurückzuführen seien, seien zwingend; jene, die auf dem Verbot des Insichgeschäfts beruhten, könnten demgegenüber im Wesentlichen abbedungen werden.[41]

Nach beiden Ansätzen, die sich der überwiegenden Auffassung zuordnen lassen, ist jedenfalls das Stimmverbot satzungsfest, dem die von einer Sonderprüfung betroffenen Personen unterliegen. Der Stimmrechtsausschluss bei einem Sonderprüfungsbeschluss lässt sich nämlich durch teleologische Extension des § 47 Abs. 4 Satz 1 Fall 1 und Satz 2 Fall 2 GmbHG gewinnen.[42] In diesen beiden Tatbeständen gelangt vornehmlich das allgemeine Verbot, als „Richter in eigener Sache“ zu entscheiden, zum Ausdruck.[43]

---

39 *Flume* I 2, S. 224 ff.; *Swatzina*, S. 136 ff.; *Römermann* in Michalski, § 47 Rn. 342.

40 BGH, DStR 1994, 869, 870; BGHZ 108, 21, 27 f.; BGH, WM 1980, 649, 650; OLG Düsseldorf, GmbHR 2000, 1050, 1053; OLG Hamm, GmbHR 1993, 815; *Lohr*, NZG 2002, 551, 561 f.; *Peters/Strothmann* in FS Meilicke, S. 526 f.; *Hüffer* in Ulmer/Habersack/Winter, § 47 Rn. 193 f.; *Hillmann* in Henssler/Strohn, § 47 GmbHG Rn. 84; *Fichtelmann* in HeidelbKomm GmbH R, § 47 GmbHG Rn. 37; *B. Schmidt* in Ensthaler/Füller/Schmidt, § 47 Rn. 44; *Zöllner* in Baumbach/Hueck, § 47 Rn. 106; *Eickhoff*, Rn. 216; ähnlich *Koppensteiner* in Rowedder/Schmidt-Leithoff, § 47 Rn. 83.

41 *K. Schmidt*, GesellschR, S. 611 f.; *ders.* in Scholz, § 47 Rn. 173; ihm folgend *Bayer* in Lutter/Hommelhoff, GmbHG, § 47 Rn. 33; *Jaeger* in Oppenländer/Trölitzsch, § 19 Rn. 65.

42 Dazu oben S. 207 ff. und S. 223 f.

43 Dazu oben S. 218 m. N.

2. Stellungnahme

Die herrschende Sichtweise, der zufolge das Stimmverbot bei Fassung eines Sonderprüfungsbeschlusses in der Satzung nicht abbedungen werden kann, vermag zu überzeugen.

Für die Gegenauffassung, die sämtliche Stimmverbote für disponibel hält, spricht noch am ehesten, dass es unstreitig zulässig ist, Geschäftsanteile vollständig stimmrechtslos zu stellen. Die Gesellschafter ohne Stimmrecht seien von jeglicher Einflussnahme auf die Willensbildung abgeschnitten, während der Einfluss der übrigen Gesellschafter nur punktuell verkürzt werde, wenn der eigentlich von einem Stimmverbot betroffene Mitgesellschafter aufgrund gegenteiliger Satzungsbestimmung doch mitstimmen darf.[44] Dieser Vergleich rechtfertigt die Gegenauffassung aber nur scheinbar. Schließlich handelt es sich bei einer Gesellschaftsbeteiligung ohne Stimmrecht von vornherein um eine „Mitgliedschaft zweiter Klasse". Die Willensbildung in der Gesellschaft ist in solchen Fällen immer ausschließlich in die Hände der übrigen Gesellschafter gelegt, während von dem Eingreifen von Stimmverboten stets solche Gesellschafter profitieren, deren Geschäftsanteile sie zur Mitentscheidung in den Gesellschaftsangelegenheiten berechtigen.

Nicht stichhaltig ist es außerdem, wenn die Vertreter der früher herrschenden Meinung sich auf § 45 Abs. 2 GmbHG berufen, denn entgegen dessen Wortlaut können die gesetzlichen Wertungen, die den §§ 46 bis 51 GmbHG zugrunde liegen, durchaus die Unabdingbarkeit der jeweiligen Bestimmung begründen. So stehen etwa unstreitig die Regelungen des § 50 GmbHG oder die des § 49 Abs. 3 GmbHG nicht zur Disposition der Gesellschafter.[45] Vorschriften, die Ausdruck unverzichtbarer körperschaftsrechtlicher Prinzipien sind, unterliegen – anders, als der Wortlaut des § 45 Abs. 2 GmbHG vermuten lässt – ebenfalls nicht der Satzungsautonomie der Gesellschafter.[46] Aus solchen institutionellen Gründen sind jedenfalls Satz 1 Fall 1 und Satz 2 Fall 2 des § 47 Abs. 4 GmbHG unabdingbar, da die Gewährleistung einer ordnungsgemäßen gesellschaftsrechtlichen Willensbildung durch das Vorhandensein von Stimmverboten eines der soeben erwähnten unverzichtbaren Prinzipien des Körperschaftsrechts darstellt.[47] Gerade die Stimmverbotstatbestände, die bei der Fassung von Beschlüssen zum Tragen kommen, die mittelbar oder unmittelbar potenzielle

---

44 Dies hebt *Wolff* in MünchHdb GesR III, § 38 Rn. 68, hervor.

45 Insgesamt in diesem Sinne auch *Römermann* in Michalski, § 47 Rn. 342.

46 OLG Düsseldorf, GmbHR 2000, 1050, 1053; *Zöllner* in Baumbach/Hueck, § 45 Rn. 7.

47 Sinngleich BGH, DStR 1994, 869, 870; *Römermann* in Michalski, § 47 Rn. 342; *Lohr*, NZG 2002, 551, 561; *Braunfels*, MittRhNotK 1994, 233, 244; vgl. noch allgemeiner *Zöllner* in Baumbach/Hueck, § 47 Rn. 106.

Pflichtverletzungen des Abstimmenden betreffen, bieten der Gesellschaft einen Mindestschutz vor dem Einfluss der nachvollziehbaren Eigeninteressen des jeweils betroffenen Gesellschafters. Mit der satzungsmäßigen Abbedingung dieser Tatbestände, denen jedenfalls Satz 1 Fall 1 und Satz 2 Fall 2 des § 47 Abs. 4 GmbHG zuzurechnen sind, würden sich die (Minderheits-) Gesellschafter weitgehend selbst entmündigen, indem sie sich den Drittinteressen des Mehrheitsgesellschafters auslieferten.[48] Selbst bei schwersten Verfehlungen des Mehrheitsgesellschafters könnten sich die Mitgesellschafter nicht gegen diesen durchsetzen.[49] Von einer ordnungsgemäßen innergesellschaftlichen Willensbildung, die sich primär am Nutzen der Gesellschaft zu orientieren hat, könnte keine Rede mehr sein.

Dass alle Gesellschafter weiterhin an die verbandsrechtliche Treuepflicht gebunden sind, vermag einen Ausschluss der wichtigsten Stimmverbote nicht zu kompensieren.[50] Als Generalklausel erzeugt die Treuepflicht eine viel geringere Rechtssicherheit. Außerdem trifft den anfechtenden (Minderheits-) Gesellschafter jeweils die Beweislast für die konkrete Treuwidrigkeit des Abstimmungsverhaltens, obwohl die abstrakte Gefahr der treuwidrigen Stimmabgabe in den klassischen Fällen des Stimmrechtsausschlusses nahezu immer vorliegt.

Bei der Ordnungsgemäßheit der Willensbildung innerhalb einer Gesellschaft handelt es sich demzufolge um ein unverzichtbares körperschaftsrechtliches Prinzip, das insofern die teilweise Satzungsfestigkeit des § 47 Abs. 4 GmbHG begründet. Dieser Gedanken lässt sich konkretisieren, indem man formuliert, das Verbot, „Richter in eigener Sache“ zu sein, bilde ein solches zwingendes Prinzip.[51] Man mag auch auf den allgemein minderheitsschützenden Charakter[52] der Stimmverbote abstellen.[53] Auf jeden Fall ist somit der Stimmverbotstatbestand, der beim Beschluss einer Sonderprüfung eingreift, unabdingbar. Es handelt sich tatsächlich – um mit *Flume*[54] zu sprechen – um der Natur nach zwingendes Recht.

---

48 So ebenfalls *Hüffer* in Ulmer/Habersack/Winter, § 47 Rn. 194; *Braunfels*, MittRhNotK 1994, 233, 244.

49 OLG Hamm, GmbHR 1993, 815.

50 Zutreffend BGHZ 108, 21, 27; BGH, DStR 1994, 869, 870; *Lohr*, NZG 2002, 551, 561; auf die Treuepflicht der Gesellschafter, die den nötigen Schutz vermittele, verweist hingegen *Bacher*, GmbHR 2001, 133, 136.

51 OLG Düsseldorf, GmbHR 2000, 1050, 1053; *Lohr*, NZG 2002, 551, 561; *Braunfels*, MittRhNotK 1994, 233, 244.

52 Davon war schon die Rede. Vgl. oben S. 263., 272.

53 So BGH, WM 1980, 649, 650.

54 I 2, S. 225.

Dass – wie die Gegenauffassung anführt – § 181 BGB in der Tat disponibel ist,[55] spricht allenfalls dafür, dass das Stimmverbot aus § 47 Abs. 4 Satz 2 Fall 1 GmbHG in der Satzung ausgeschlossen werden kann, da dieses auf dem Gedanken des Verbots von Insichgeschäften beruht. Die Frage kann für die Zwecke dieser Untersuchung jedoch offen bleiben.

Sofern man – wie hier vertreten – das Stimmverbot bei der Bestellung von Sonderprüfern bereits aus prinzipiellen Gründen heraus als zwingendes Recht erachtet, kann keine dem entgegenstehende Satzungsbestimmung Rechtswirkungen entfalten. Es muss daher nicht mehr untersucht werden, ob eine derartige Regelung als sittenwidrig i. S. d. § 138 Abs. 1 BGB[56] anzusehen wäre.[57]

IV. Möglichkeit der näheren Ausgestaltung des Sonderprüfungsrechts

1. Modifizierung des Kollektivrechts

Die Sonderprüfungsbefugnis der Gesellschafter darf zwar durch den Gesellschaftsvertrag nicht vollständig ausgeschlossen oder komplett auf ein anderes Gesellschaftsorgan übertragen werden.[58] Im Übrigen ist § 46 Nr. 6 GmbHG aber keinesfalls zwingendes Recht. Vielmehr steht die Ausgestaltung der kollektiven Kontrollkompetenzen durchaus zur Disposition der Gesellschafter.[59]

So ist es zulässig, das Recht auf Einsetzung einer Sonderprüfung statutarisch in gewissem Umfang zurückzunehmen.[60] Zum Beispiel darf der Gesellschaftsvertrag Rahmenbedingungen für die Ausübung der Befugnis vorsehen, sofern nur das Enquêterecht in seinem Kern erhalten bleibt.[61] Solange das Sonderprüfungsrecht dadurch nicht völlig ausgehöhlt wird, darf die Satzung die Wirksamkeit eines Sonderprüfungsbeschlusses von der Erfüllung bestimmter materieller Voraussetzungen abhängig machen. So darf beispielsweise verlangt werden,

---

55 Dazu statt aller *Wolf/Neuner*, AT, S. 604 f.; *Schilken* in Staudinger, § 181 BGB (2009) Rn. 49 ff.; *Schramm* in MünchKomm BGB, § 181 Rn. 45.

56 Darauf stellen insb. BGHZ 108, 21, 27, und *Hüffer* in Ulmer/Habersack/Winter, § 47 Rn. 192, ab.

57 So auch *Lohr*, NZG 2002, 551, 562.

58 Dazu soeben oben S. 310 ff.

59 BSG, GmbHR 1974, 38, 39; OLG Düsseldorf, WM 1992, 14, 22; *Leinekugel*, GmbHR 2008, 632, 637; *K. Schmidt* in Scholz, § 46 Rn. 112; *Koppensteiner* in Rowedder/Schmidt-Leithoff, § 46 Rn. 35; *Hüffer* in Ulmer/Habersack/Winter, § 46 Rn. 83.

60 *Fleischer*, GmbHR 2001, 45, 46; *Leinekugel*, GmbHR 2008, 632, 637; *Römermann* in Michalski, § 46 Rn. 351; *Hüffer* in Ulmer/Habersack/Winter, § 46 Rn. 83.

61 *Leinekugel*, GmbHR 2008, 632, 637.

dass sich ein tauglicher Prüfungssachverhalt jeweils auf einen einzelnen gegenständlich abgrenzbaren Vorgang zu beschränken hat. Es ist auch zulässig, die wirksame Veranlassung einer Sonderprüfung daran zu knüpfen, dass derjenige, der den Beschlussantrag stellt, konkrete Anhaltspunkte für Unregelmäßigkeiten oder Satzungsverstöße darzulegen hat.[62] Die Anforderungen lassen sich zum Beispiel in Anlehnung an § 142 Abs. 2 AktG formulieren. Mit einer solchen Regelung lässt sich der missbräuchlichen Ausnutzung des Enquêterechtes bereits vorbeugend entgegenwirken, vor allem wenn ein Minderheitsgesellschafter vermittelt durch Stimmverbote die Sonderprüfung allein durchzusetzen vermag. Zu dem gleichen Zweck ist es außerdem zulässig, die Bestellung von Sonderprüfern von einer Verhältnismäßigkeitsprüfung dergestalt abhängig zu machen, dass der von der Prüfungsdurchführung erwartete Erkenntnisgewinn die mit ihr für die Gesellschaft verbundenen Belastungen rechtfertigen muss.[63]

Auch wird es zulässig sein, im Gesellschaftsvertrag die Bandbreite der zulässigen Prüfungsgegenstände maßvoll zu beschränken. So erscheint es zum Beispiel noch angemessen, die Sonderprüfungsbefugnis hinsichtlich zukünftiger Geschäftsführungsmaßnahmen zu versagen, sofern den Gesellschaftern oder einem Aufsichtsrat andere Kontrollmittel verbleiben, die zum Zwecke zukunftsorientierter Überwachung eingesetzt werden können.

Dass der Sonderprüfungsbeschluss von den Gesellschaftern mit einfacher Stimmenmehrheit gefasst werden kann, soll hingegen unabdingbar sein,[64] obwohl die Satzung im Grundsatz für bestimmte Beschlussgegenstände höhere Mehrheitserfordernisse als in § 47 Abs. 1 GmbHG vorgesehen festlegen darf.[65]

Das Erfordernis einer qualifizierten Abstimmungsmehrheit lässt sich zwar nicht ohne weiteres damit gleichsetzen, dass die Sonderprüfung im Gesellschaftsvertrag ganz ausgeschlossen ist, da die Rückgewinnung der so abbedungenen Kompetenz nicht nur das Zustandekommen einer qualifizierten Mehrheit, sondern einen satzungsändernden Gesellschafterbeschluss erfordern würde. Bei einem solchen greifen beispielsweise niemals Stimmverbote ein,[66] sodass schon aus diesem Grund der komplette Ausschluss der Befugnis den Minderheitenschutz noch stärker einzuschränken vermag. Dennoch kann eine Verschärfung des Mehrheitserfordernisses im Einzelfall dazu führen, dass Gesellschaftern, die nach dem dispositiven Gesetzesrecht eine Sonderprüfung veranlassen könnten, selbst in eklatantesten Fällen das Enquêterecht verwehrt wäre. Da die Auswir-

---

62 *Leinekugel*, GmbHR 2008, 632, 637; *Heckschen* in Heckschen/Heidinger, § 4 Rn. 115.

63 Zum Ganzen *Leinekugel*, GmbHR 2008, 632, 637; ihm folgend *Heckschen* in Heckschen/Heidinger, § 4 Rn. 115.

64 So auch *Leinekugel*, GmbHR 2008, 632, 637.

65 Dazu z. B. *Hillmann* in Henssler/Strohn, § 47 GmbHG Rn. 17.

66 Allg. Meinung, statt aller *Hüffer* in Ulmer/Habersack/Winter, § 47 Rn. 168.

kungen einer solchen Bestimmung insofern ebenso schwer wiegen können wie der satzungsmäßige Ausschluss der Kompetenz schlechthin, muss der Erhöhung der erforderlichen Abstimmungsmehrheit für den Beschluss einer Sonderprüfung zumindest für bestimmte Fälle die Wirksamkeit abgesprochen werden. In konsequenter Fortschreibung der Erkenntnisse, die in dieser Arbeit bereits zu den gesellschaftsvertraglichen Gestaltungsmöglichkeiten gewonnen wurden, muss die Sonderprüfung zumindest dann mit einfacher Stimmenmehrheit beschlossen werden können, sofern ein „wichtiger Grund" im oben[67] verstandenen Sinne gegeben ist.

2. Satzungsmäßige Etablierung eines Minderheitsrechts

Demgegenüber bestehen gegen eine Erweiterung der gesellschafterlichen Kontrollzuständigkeiten im Gesellschaftsvertrag keine Bedenken.[68] Starke Überwachungsbefugnisse der Anteilseigner beschränken schließlich unmittelbar nur den Gestaltungsspielraum der Geschäftsführung, der durch satzungsautonome Entscheidungen der Gesellschafter bis auf ein äußerstes Minimum reduziert werden darf.[69] Da die Geschäftsführer für die Gesellschaft und damit letztlich im Interesse der Anteilseigner tätig werden, gibt es keinen Grund, das Leitungsorgan vor zu großem Einfluss der Gesellschaftergesamtheit abzuschirmen.

Insbesondere darf der Gesellschaftsvertrag über das dispositive Gesetzesrecht hinaus eine qualifizierte Gesellschafterminderheit oder auch jeden einzelnen Gesellschafter mit einem Sonderprüfungsrecht ausstatten.[70] In solchen Fällen ist es sinnvoll, wiederum in der betreffenden Satzungsbestimmung vorzusehen, dass als Prüfungsgegenstände nur abgrenzbare „Vorgänge" herhalten können und dass außerdem Tatsachen vorliegen müssen, die den Verdacht rechtfertigen, dass bei diesem Vorgang (grobe) Gesetzes- oder Satzungsverletzungen der zu überwachenden Personen vorgekommen sind. In dieser Weise kann einer missbräuchlichen Instrumentalisierung der Kontrollkompetenz, die bei Wahrnehmung eines Minderheits- oder Individualrechts häufiger als bei Ausübung der Kollektivbefugnis zu befürchten ist, effektiv entgegengewirkt werden.[71]

---

67 S. 317 ff.

68 *Römermann* in Michalski, § 46 Rn. 350 f.

69 Dazu bereits oben S. 67 m. N.

70 *Peters/Dechow*, GmbHR 2007, 236, 242; *Heckschen* in Heckschen/Heidinger, § 4 Rn. 115; *Feine*, S. 507 f.; *Kirschner*, S. 23; *von Bitter*, ZIP 1981, 825, 830; *Hüffer* in Ulmer/Habersack/Winter, § 51a Rn. 69.

71 *Heckschen* in Heckschen/Heidinger, § 4 Rn. 115; vgl. auch Formulierungsvorschlag bei *Peters/Dechow*, GmbHR 2007, 236, 242.

Darin, wie die Sonderprüfer im Falle einer kraft Satzungsbestimmung von einer Gesellschafterminderheit veranlassten Sonderprüfung zu bestellen sind, sind die Gesellschafter bei der Satzungsaufstellung allerdings nicht völlig frei. So ist es ihnen insbesondere verwehrt, im Gesellschaftsvertrag pauschal die Anordnungen, die § 142 AktG in Bezug auf „Minderheitssonderprüfungen" trifft, für anwendbar zu erklären oder die Bestimmungen dieser Vorschrift wörtlich oder sinngemäß zu übernehmen.[72] § 142 Abs. 2 AktG sieht nämlich vor, dass auf Antrag einer entsprechenden Aktionärsminderheit das Gericht selbst Sonderprüfer zu bestellen hat, wenn die dafür vorgesehenen materiellen Voraussetzungen erfüllt sind. Dazu muss das Gericht eigens einen geeigneten Sonderprüfer auswählen und der Bestellungsbeschluss selbst bringt zusammen mit der Annahmeerklärung des festgelegten Prüfers ein privatrechtliches Vertragsverhältnis zwischen diesem und der Gesellschaft zustande.[73] Der gesetzliche Aufgabenbereich eines Gerichts ist allerdings nicht der Parteidisposition zugänglich.[74] Sofern nicht das Gesetz – wie in § 142 Abs. 2 und 4 AktG – ausdrücklich etwas anderes bestimmt, obliegt es den Gerichten nur, Recht festzustellen, nicht aber rechtsgestaltend tätig zu werden.[75] Demzufolge kann der Gesellschaftsvertrag einer GmbH es dem Gericht nicht wirksam aufgeben, selbst Sonderprüfer zu bestellen. Ebenso wenig können die Gesellschafter in der Satzung im Wege eines Verweises auf die aktienrechtlichen Vorschriften die Verfahrensordnung des FamFG festlegen, die gem. § 142 Abs. 8 AktG auf das Verfahren der Prüferbestellung zur Anwendung gelangen soll. Welche Gerichtsverfahren der Freiwilligen Gerichtsbarkeit zuzuordnen sind, ist nämlich ausschließlich nach dem Prinzip der gesetzlichen Enumeration zu bestimmen. Eine Parteivereinbarung vermag es hingegen nicht, die Verfahrensordnung des FamFG verbindlich festzulegen.[76]

Trotz dieser Einschränkungen verbleiben zahlreiche rechtstechnische Möglichkeiten, mithilfe derer sich ein Minderheits- oder Individualrecht auf Bestellung von Sonderprüfern ausgestalten lässt.

So ist es insbesondere denkbar, die Geschäftsführer in der Satzung zu verpflichten, auf Antrag einer qualifizierten Gesellschafterminderheit (oder eines einzelnen Gesellschafters) eine Sonderprüfung zur Untersuchung eines bestimmten Sachverhalts einzuleiten. Räumt man den Antragsberechtigten einen mit der Geschäftsführerverpflichtung korrespondierenden Anspruch gegen die

[72] So auch *Kirschner*, S. 22; anders *Peters/Dechow*, GmbHR 2007, 236, 242.
[73] *Spindler* in K. Schmidt/Lutter, AktG, § 142 Rn. 61.
[74] BGH, NJW 1995, 1360; BGH, NJW 1998, 1388, 1390.
[75] So z. B. *Grüneberg* in Palandt, § 317 Rn. 2.
[76] Statt vieler *Bumiller* in Bumiller/Harders, § 1 Rn. 17.

GmbH ein, so ließe sich dieser von den antragstellenden Anteilseignern im Wege der zivilprozessualen Klage durchsetzen.[77] Ein solcher Anspruch bestünde aber nur, sofern der Antrag auf die Einleitung einer Sonderprüfung sich auf einen zulässigen Untersuchungsgegenstand bezieht sowie auf die Bestellung eines genau bezeichneten oder noch von dritter Seite festzulegenden, geeigneten Sonderprüfers gerichtet ist.

Alternativ könnte der Gesellschaftsvertrag nach dem Vorbild des § 50 Abs. 3 GmbHG[78] auch vorsehen, dass den Antragstellern ein Selbsthilferecht zustehen soll, wenn die Geschäftsführer ihrem berechtigten Sonderprüfungsverlangen nicht entsprechen. In rechtstechnischer Hinsicht müsste insofern die Satzung den Antragstellern für den Fall Vertretungsmacht für die GmbH einräumen, dass sämtliche Anforderungen an den Sonderprüfungsantrag erfüllt sind und die Geschäftsführer sich ihm gleichwohl widersetzen. Ob es auf diesem Wege zu einer wirksamen Prüferbestellung gekommen ist, ließe sich nur im Wege der zivilprozessualen Feststellungsklage klären.

Ob jedem einzelnen Gesellschafter ein individuelles Sonderprüfungsrecht eingeräumt oder ob nur eine qualifizierte Gesellschafterminderheit mit einer Sonderprüfungsbefugnis ausgestattet werden soll, ist von den Verbandsmitgliedern bei der Gestaltung des Gesellschaftsvertrages unter Berücksichtigung der Gesellschaftsstruktur festzulegen. Sofern sich die Gesellschafter für die Festschreibung eines Minderheitsrechtes entscheiden sollten, ist ihnen zu raten, in Anlehnung an § 50 GmbHG ein Quorum von zehn Prozent der Geschäftsanteile vorzusehen. Wie bereits an anderer Stelle ausgeführt wurde,[79] passt nämlich ein Minderheitenquorum von nur einem Prozent, wie dies von § 142 AktG bekannt ist, allenfalls in extremen Ausnahmefällen zur tatsächlichen Beteiligungsstruktur der GmbH.

Wenn GmbH-Gesellschafter sich dazu entschließen, in der Satzung ein Minderheits- oder Individualrecht auf Sonderprüfung vorzusehen, so dürfte es außerdem nahe liegen, zugleich ein Verfolgungsrecht nach Art der §§ 147 f. AktG im Gesellschaftsvertrag zu etablieren.[80] Schließlich wird die Vorbereitung einer Inanspruchnahme der Geschäftsführer das häufigste Motiv der GmbH-Gesellschafter für die Durchführung einer Sonderprüfung bilden.

---

77 So auch der Gestaltungsvorschlag von *Kirschner*, S. 23.

78 Vgl. dazu oben S. 265.

79 Oben S. 122 ff.

80 Ebenso *Peters/Dechow*, GmbHR 2007, 236, 242.

V. Fazit

Ebenso wenig, wie es zulässig ist, die Geschäftsführer von jeglicher Überwachung durch die Gesamtheit der Verbandsmitglieder freizustellen, können die Gesellschafter in der Satzung komplett auf die auf § 46 Nr. 6 GmbHG gestützte Sonderprüfungsbefugnis verzichten. Es ist jedoch statthaft, die Ausübung des Sonderprüfungsrechts im Gesellschaftsvertrag vom Vorliegen näher zu definierender Voraussetzungen abhängig zu machen. Das Eingreifen der Stimmverbotstatbestände, die beim Beschluss über eine Sonderprüfung einem Gesellschafter die Teilnahme an der Abstimmung verwehren können, lässt sich gesellschaftsvertraglich wiederum nicht ausschließen.

Ist in einer GmbH ein fakultativer Aufsichtsrat installiert, dem eine eigene Befugnis zur Einleitung einer Sonderprüfung zusteht, tritt diese – ohne anderweitige Satzungsregelung – neben das Sonderprüfungsrecht der Gesellschafter aus § 46 Nr. 6 GmbHG. Selbst wenn dem Aufsichtsrat eine die Gesellschafterkompetenz verdrängende Überwachungszuständigkeit eingeräumt sein sollte, verbleibt aber den Anteilseignern zwingend die Letztverantwortlichkeit auf dem Gebiet der Geschäftsführungskontrolle. Das Recht, eine Sonderprüfung zu veranlassen, die unmittelbar die Tätigkeit der Geschäftsführer untersuchen soll, fällt insofern bei Vorliegen eines „wichtigen Grundes“ immer an die Gesellschafter zurück. Ein solcher „wichtiger Grund“ ist gegeben, wenn aufgrund bestimmter Tatsachen der Verdacht besteht, wenigstens einer der Geschäftsführer habe bezogen auf einen näher zu bestimmenden Geschäftsführungsvorgang seine Organpflichten gröblich verletzt.

Die Kollektivbefugnis der Gesellschafter und das gegebenenfalls durch das Eingreifen von Stimmverboten vermittelte faktische Minderheitsrecht auf Durchführung einer Sonderprüfung sind demzufolge weitgehend satzungsfest. Dies ist insbesondere dann für einen Minderheitsgesellschafter mit erheblichen Vorteilen verbunden, wenn der Gesellschaftsvertrag es wirksam untersagt, einen Sachverständigen mit der selbständigen Ausübung des individuellen Informationsrechts gem. § 51a Abs. 1 GmbHG zu betrauen.[81] Den Gesellschaftern steht es frei, darüber hinaus den Minderheitenschutz in der Gesellschaft dadurch zu verstärken, dass in der Satzung ein Minderheits- oder Individualrecht vorgesehen wird, das die eigenständige Einleitung einer Sonderprüfung ermöglicht.

81 Zur Zulässigkeit einer solchen Satzungsgestaltung vgl. bereits oben S. 103 m. N.

Teil C: Sonderprüfer und Prüfungsverfahren

9. Kapitel: Sonderprüferbestellung und Sonderprüfungsvertrag

Neben der Bestimmung des Prüfungsgegenstandes ist die Bestellung bestimmter Personen zu Sonderprüfern die zweite inhaltliche Festlegung, die die Gesellschafter treffen müssen, bevor eine Sonderprüfung durchgeführt werden kann.[1] Diese personelle Dimension des insofern doppelten Beschlussgegenstandes betrifft an sich noch den Themenbereich der Veranlassung einer Sonderprüfung. Weil aber die Prüferbestellung nicht allein durch Fassung des Gesellschafterbeschlusses erfolgt, ist es gerechtfertigt, diesen Teil der Prüfungseinleitung separat und im Kontext mit den sich gedanklich anschließenden Aspekten des Sonderprüfungsverfahrens zu untersuchen, in dessen Zentrum die Befugnisse des Sonderprüfers stehen. Dies soll im Folgenden geschehen.

I. Vorgang der Prüferbestellung

Zur Beantwortung der Frage, auf welche Weise sich die Bestellung eines Sonderprüfers im GmbH-Recht vollzieht, kann auf die entsprechenden Erkenntnisse des Aktienrechts sowie auf die Grundsätze, nach denen gem. § 318 Abs. 1 Sätze 1 und 4 HGB der Abschlussprüfer einer GmbH bestellt wird, zurückgegriffen werden. Aus den Bestimmungen zu diesen kodifizierten Arten von Prüfungen lassen sich nämlich allgemeine Regeln ableiten, die darüber Aufschluss geben, wie ein gesellschaftsfremdes Privatrechtssubjekt eine korporationsrechtlich relevante Stellung in einer Kapitalgesellschaft erlangen kann. Die Bestellung einer Person zum Sonderprüfer erfordert demnach zweierlei: einen Wahlbeschluss der Gesellschafterversammlung und den Abschluss eines Vertrages mit der zu bestellenden Person. Der Wahlbeschluss der Anteilseigner ist in der Regel Bestandteil eines einheitlichen Sonderprüfungsbeschlusses, der zugleich den Prüfungsauftrag in inhaltlicher Hinsicht fixiert. Dabei handelt es sich um denjenigen korporativen Akt, der im gesellschaftsrechtlichen Innenverhältnis den Verbandswillen verbindlich festlegt. Allein der Gesellschafterbeschluss vermag es aber noch nicht, eine gesellschaftsexterne Person verbindlich als Sonderprüfer in

[1] Dazu schon oben S. 134 f. und S. 194 ff.

die Pflicht zu nehmen. Das kann nur durch das Zustandekommen eines schuldrechtlichen Sonderprüfungsvertrages zwischen der Gesellschaft und dem auserkorenen Sonderprüfer geschehen.[2] Demzufolge ist der Bestellvorgang erst mit der Annahme der Bestellung durch den Sonderprüfer abgeschlossen.[3]

1. Auswahl und Festlegung des Sonderprüfers im Gesellschafterbeschluss

Solange die Gesellschafter die sogleich (unter II.) zu erörternden Anforderungen an die zu bestellende Person berücksichtigen, sind sie bei der Auswahl der Sonderprüfer – wie schon bei der Festlegung des Prüfungsgegenstandes – prinzipiell völlig frei. Regelmäßig werden die Gesellschafter im Rahmen ihrer Beschlussfassung den Sonderprüfer selbst namentlich bestimmen. Es wurde bereits ausgeführt, dass es im GmbH-Recht aber ebenso zulässig ist, wenn die Gesellschafter die Prüferauswahl delegieren.[4]

Es ist der Entschlussfreiheit der Gesellschafter überlassen, ob sie eine natürliche Person oder eine Prüfungsgesellschaft[5] und ob sie einen oder gleich mehrere Sonderprüfer zur Durchführung derselben Prüfung bestellen. Da auch Letzteres im tendenziell strengeren Aktienrecht schon dem Wortlaut des § 142 Abs. 1 AktG nach statthaft ist,[6] muss es im GmbH-Recht, das dahingehend gar keine besonderen Voraussetzungen normiert, erst recht zulässig sein. Die Bestellung von zwei oder mehr Sonderprüfern bietet sich vor allem dann an, wenn zur Bewältigung der Prüfungsaufgaben unterschiedliche Arten von Fachkenntnissen benötigt werden.[7] Um Kompetenzkonflikten vorzubeugen, ist es in solchen Fällen zu empfehlen, eine Prüfungsgesellschaft zur Sonderprüferin zu bestellen, die Prüfungspersonen aller geforderten Fachrichtungen beschäftigt.[8] Sofern eine solche Lösung nicht möglich ist oder aus anderen Gründen mehrere Sonderprüfer bestellt werden, sollte bereits im Bestellungsbeschluss das Verhältnis der

---

2 Zum Ganzen bezogen auf die Sonderprüfung bei der AG *Bezzenberger* in Großkomm AktG, § 142 Rn. 23; *Mock* in Spindler/Stilz, § 142 Rn. 67; *Kirschner*, S. 118 f.; zur Abschlussprüfung bei der GmbH *Ebke* in MünchKomm HGB, § 318 Rn. 6, 21 ff.

3 *Schedlbauer*, S. 148; *Mock* in Spindler/Stilz, § 142 Rn. 94.

4 Oben S. 195 ff.

5 Dazu *Jänig*, S. 343; *Mock* in Spindler/Stilz, § 143 Rn. 6 (jeweils zur AG).

6 *Bezzenberger* in Großkomm AktG, § 142 Rn. 24; *Schröer* in MünchKomm AktG, § 143 Rn. 9; *Hüffer*, AktG, § 143 Rn. 2; a. A. jedoch *Mock* in Spindler/Stilz, § 142 Rn. 79: pro Sonderprüfung nur ein Sonderprüfer.

7 *Adler/Düring/Schmaltz*, §§ 142-146 AktG Rn. 24; *Holzborn/Jänig* in HeidelbKomm AktG, § 143 Rn. 3; *Jänig*, S. 343 f.; *Haager* in Ball/Haager, S. 90 f.

8 Ähnlich *Jänig*, S. 343.

Prüfungspersonen zueinander geklärt und deren Prüfungsbereiche voneinander abgegrenzt werden. Unterbleiben derartige Festlegungen, so ist im Zweifel davon auszugehen, dass alle Sonderprüfer die Revision gemeinschaftlich durchführen und verantworten.[9]

Im Aktienrecht wird außerdem gelegentlich angeraten, im Bestellungsbeschluss schon Vorsorge für den Fall zu treffen, dass der in erster Linie bestellte Sonderprüfer den Auftrag nicht annimmt, er später wegfällt oder verhindert ist. Derartigen Konstellationen lässt sich begegnen, indem man bereits bei Fassung des Sonderprüfungsbeschlusses unter der aufschiebenden Bedingung, dass der primär bestimmte Sonderprüfer zur Ausführung der Sonderprüfung nicht bereit oder imstande ist, Ersatzsonderprüfer bestellt.[10] Im GmbH-Recht kann ebenso verfahren werden. Gleichwohl ist eine solche Vorkehrung nur in Gesellschaften nötig, die von dem vom Gesetz vorausgesetzten Realtypus einer GmbH abweichen. Wenn Aktionäre Ersatzprüfer bestellen, so tragen sie damit nämlich dem Umstand Rechnung, dass die Hauptversammlung sehr selten – vielfach nur einmal jährlich – tagt. Sollte etwa der zunächst bestellte Prüfer den Auftrag nicht annehmen, müsste eine außerordentliche Hauptversammlung einberufen werden, was nach Möglichkeit vermieden werden soll. In den meisten Gesellschaften m. b. H. ist die Sitzungsfrequenz der Gesellschafterversammlung demgegenüber viel höher, sodass es dort näher liegt, bei Nichtannahme der Bestellung durch die ausgewählte Prüfungsperson kurzfristig eine neue Versammlung anzuberaumen, um über die Neubestellung zu beraten und zu beschließen.

2. Abschluss des Sonderprüfungsvertrags

a) Vertretung der Gesellschaft gegenüber dem Sonderprüfer

Eine GmbH wird gem. § 35 Abs. 1 Satz 1 GmbHG auch beim Abschluss von Schuldverträgen prinzipiell von ihrem Geschäftsführer vertreten. So sind die Geschäftsführer in fast allen Fällen berufen, die von der Gesellschafterversammlung – im Innenverhältnis – gefassten Beschlüsse nach außen umzusetzen. Aufgrund ihres besonderen Inhalts werden manche Arten von Gesellschafterbeschlüssen aber durch die Verbandsmitglieder selbst vollzogen.[11] Dazu zählt auch der Beschluss, durch den die Gesellschafter Sonderprüfer bestellen. Da eine

---

[9] *Schröer* in MünchKomm AktG, § 142 Rn. 35; *Kirschner*, S. 103; vgl. auch WP-Handbuch, Bd. II, Rn. B 15.

[10] *Von Gleichenstein*, BB 1956, 961, 963; *Adler/Düring/Schmaltz*, §§ 142-146 AktG Rn. 12; *Spindler* in K. Schmidt/Lutter, AktG, § 142 Rn. 26; *Fleischer* in Küting/Weber, § 142 AktG Rn. 84.

[11] Allgemein dazu *Wiedemann* I, S. 177.

Sonderprüfung sich unmittelbar immer auf Geschäftsführungsmaßnahmen zu beziehen hat, die in der Regel – jedenfalls primär – von den Geschäftsführern zu verantworten sind, soll es diesen verwehrt sein, auf die Ausführung des Sonderprüfungsbeschlusses Einfluss zu nehmen. Sie könnten sonst nämlich geneigt sein, die Modalitäten der Prüfungsdurchführung entsprechend ihren Eigeninteressen zu gestalten.[12] Es wurde oben[13] bereits ausgeführt, dass es sich bei der kollektiven Kontrollbefugnis der Gesellschafter um eine ihrer echten Eigenkompetenzen handelt. Insofern verfügen dem *Telos* des § 46 Nr. 6 GmbHG zufolge die Gesellschafter in ihrer Gesamtheit abweichend von § 35 Abs. 1 GmbHG über die organschaftliche Rechtsmacht, die GmbH beim Abschluss des Sonderprüfungsvertrages zu vertreten.[14] Gleiches gilt für die Ausführung eines Sonderprüfungsbeschlusses, den die Gesellschafter aufgrund ihrer Annexkompetenz aus § 46 Nr. 8 Fall 1 GmbHG fassen. Auch ein derartiger Beschluss betrifft eine Eigenkompetenz der Anteilseigner,[15] denen deswegen auch die gesetzliche Vertretungsmacht für die Gesellschaft gegenüber der zu bestellenden Person zukommt.

Sofern der zu bestellende Sonderprüfer ausnahmsweise schon bei der Beschlussfassung anwesend ist, lässt sich der Gesellschafterbeschluss bereits unmittelbar als ein an diesen gerichtetes Angebot auf Abschluss eines Sonderprüfungsvertrages i. S. d. § 145 BGB auslegen, das die Prüfungsperson sodann annehmen kann.[16] Der ausgewählte Prüfer wird allerdings nur selten während der Gesellschafterversammlung zugegen sein. Dennoch kann die organschaftliche Vertretungsmacht für den Vertragsschluss nur von sämtlichen Gesellschaftern als Gesamtheit wahrgenommen werden. Damit sich die Vertretung der Gesellschaft aber nicht allzu schwerfällig gestaltet, sollten die Gesellschafter eine Person bevollmächtigen, die als besonderer Vertreter der GmbH die Ausführung des Sonderprüfungsbeschlusses übernimmt.[17] Zu einem solchen kann die Gesell-

---

12 *Hüffer* in Ulmer/Habersack/Winter, § 46 Rn. 82; *Römermann* in Michalski, § 46 Rn. 339; vgl. sinngleich zur AG *Kirschner*, S. 119 f.

13 S. 65, 141 ff.

14 Allg. Meinung: z. B. *Leinekugel*, GmbHR 2008, 632, 633; *Peters/Dechow*, GmbHR 2007, 236, 237; *Schmiegelt/Gerber* in BeckHdb GmbH, § 3 Rn. 98; *Meyer-Landrut* in Meyer-Landrut/Miller/Niehus, § 46 Rn. 34; *Hüffer* in Ulmer/Habersack/Winter, § 46 Rn. 82; *Römermann* in Michalski, § 46 Rn. 339; *Liebscher* in MünchKomm GmbHG, § 46 Rn. 198.

15 Vgl. dazu ausführlich oben S. 170 ff. m. N.

16 Allgemein dazu BGHZ 52, 316, 321; *Wiedemann* I, S. 177; *Gach/Pfüller*, GmbHR 1998, 64, 65; zur aktienrechtlichen Sonderprüfung *Kronstein/Zöllner* in KölnKomm AktG, § 142 Rn. 20; *Kirschner*, S. 120.

17 So auch *Skauradszun*, GmbHR 2012, 936.

schafterversammlung beispielsweise ein Aufsichtsratsmitglied,[18] aber auch einen Mitgesellschafter bestellen.[19] Bei der Bestellung des besonderen Vertreters unterliegen dieselben Gesellschafter einem Stimmverbot, die schon bei der Fassung des Sonderprüfungsbeschlusses von der Stimmabgabe ausgeschlossen waren. Demgegenüber darf die als Sondervertreter zu bevollmächtigende Person, sollte sie Mitgesellschafter sein, bei dem Bestellungsakt mitstimmen, sofern die Sonderprüfung nicht etwa auch der Untersuchung ihres Verhaltens dient.[20] Die Interessen des Gesellschafters, der die Sonderprüfung durchgesetzt wissen will, stehen nämlich typischerweise nicht im Konflikt zu den Gesellschaftsinteressen. Bei der Bevollmächtigung handelt es sich zwar dem Wortlaut nach um ein Rechtsgeschäft i. S. d. § 47 Abs. 4 Satz 2 Fall 1 GmbHG. Weil der besondere Vertreter durch die Bestellung eine organschaftliche oder zumindest organähnliche Stellung erhält, stellt der dahingehende Gesellschafterbeschluss aber einen korporationsrechtlichen Sozialakt dar, für den dieser Stimmverbotstatbestand teleologisch zu reduzieren ist.[21] Dem Sondervertreter obliegt es dann, mit dem von der Gesellschafterversammlung festgelegten Sonderprüfer den Prüfungsvertrag abzuschließen. Dabei ist er an den von den Gesellschaftern bestimmten Prüfungsgegenstand gebunden. Ihm werden aber regelmäßig weitreichende Entscheidungsbefugnisse hinsichtlich der übrigen Vertragsgestaltung zukommen.[22] Außerdem fungiert der besondere Vertreter auch nach dem Vertragsschluss aus Sicht des Sonderprüfers weiterhin als Empfangsvertreter und somit als Ansprechpartner auf der Seite der GmbH.[23]

---

[18] Dazu bezogen auf das Aktienrecht z. B. *Wilsing/von der Linden* in Heidel, § 142 AktG Rn. 23.

[19] *Leinekugel*, GmbHR 2008, 632, 633; *Skauradszun*, GmbHR 2012, 936, 937; *Römermann* in Michalski, § 46 Rn. 340; *Liebscher* in MünchKomm GmbHG, § 46 Rn. 198. Dies gilt allgemein für Sondervertreter einer GmbH, vgl. exemplarisch *Masuch* in Bork/Schäfer, § 46 Rn. 35.

[20] *Leinekugel*, GmbHR 2008, 632, 633 (Fn. 11); *Skauradszun*, GmbHR 2012, 936, 937.

[21] In diesem Sinne offenbar auch *Skauradszun*, GmbHR 2012, 936, 937 (Fn. 6); zum Ganzen bezogen auf die Bestellung besonderer Vertreter im GmbH-Recht BGHZ 51, 209, 216; BGHZ 97, 28, 34 f.; *Lindacher*, ZGR 16 (1987), 121, 124 f.; *Zöllner* in Baumbach/Hueck, § 46 Rn. 70; *Roth* in Roth/Altmeppen, § 46 Rn. 65; exemplarisch zum Stimmrecht beim Beschluss von „Sozialakten“ BGH, NJW 1991, 172, 173; *K. Schmidt* in Scholz, § 47 Rn. 110 ff.; *Braunfels*, MittRhNotK 1994, 233, 235 ff.

[22] Zur AG *Schröer* in MünchKomm AktG, § 142 Rn. 46; *Bezzenberger* in Großkomm AktG, § 142 Rn. 39.

[23] *Kirschner*, S. 209 (zur AG).

b) Rechtsqualität des Vertrages

In der Literatur werden unterschiedliche Auffassungen zu der Frage vertreten, welchem Vertragstypus der Sonderprüfungsvertrag zuzuordnen ist. Während Rechtsprechung und Schrifttum weit überwiegend davon ausgehen, es handele sich dabei um einen auf Erbringung einer Werkleistung gerichteten Geschäftsbesorgungsvertrag i. S. v. § 675 Abs. 1 i. V. m. §§ 631 ff. BGB,[24] gelangen vereinzelte Autoren zu der Einschätzung, es liege ein Geschäftsbesorgungsvertrag mit Dienstleistungscharakter gem. § 675 Abs. 1 i. V. m. §§ 611 ff. BGB vor.[25]

Da bei der Durchführung einer Sonderprüfung der Sonderprüfer mit selbständigen Tätigkeiten wirtschaftlicher Art befasst ist,[26] handelt es sich bei der Sonderprüfungsvereinbarung jedenfalls um einen Geschäftsbesorgungsvertrag gem. § 675 Abs. 1 BGB. Die Abgrenzung von Dienst- und Werkvertrag hat anhand der Art der vertraglich geschuldeten tätigkeitsbezogenen Leistung zu erfolgen, die durch Auslegung zu ermitteln ist. Der Vorschrift des § 631 Abs. 2 BGB kann das maßgebliche Abgrenzungskriterium entnommen werden. Demnach ist der Werkunternehmer verpflichtet, einen über das schlichte Tätigwerden hinausgehenden Erfolg herbeizuführen, während der Dienstverpflichtete allein die Erbringung der Tätigkeit – gewissermaßen ein „bloßes Bemühen" schuldet.[27] Prinzipiell unterliegt die Ausgestaltung des Sonderprüfungsvertrages zwar der Parteidisposition. Dennoch lassen sich generalisierende Aussagen zur Rechtsqualität des Sonderprüfungsvertrages treffen. Der Sonderprüfer wird durch den Vertrag mit der Gesellschaft verpflichtet, auf der Grundlage von sorgfältig vorzunehmenden Prüfungsmaßnahmen einen schriftlichen Sonderprüfungsbericht anzufertigen. Bei der Prüfungsdurchführung und der berichtsmäßigen Beantwortung der Prüfungsfragen handelt es sich um vom Sonderprüfer herbeizuführende Erfolge i. S. v. § 631 Abs. 2 BGB,[28] sodass der Sonderprüfungsvertrag als Werkvertrag zu qualifizieren ist. Dem wird entgegengehalten, der Schwerpunkt der Sonderprüfertätigkeit liege vielmehr auf unpräziser Aufklärungsarbeit, durch die den Gesellschaftern in erster Linie Informationen beschafft werden sollten.

---

24 Bspw. OLG Düsseldorf, Urt. vom 25. 3. 2011 (22 U 162/10), BeckRS 2011, 11600; *Fleischer* in Küting/Weber, § 142 AktG Rn. 102; *Wilsing/von der Linden* in Heidel, § 142 AktG Rn. 23; *Schröer* in MünchKomm AktG, § 142 Rn. 43; *Bork* in Hommelhoff, Hdb Corporate Governance, S. 751; *von Gleichenstein*, BB 1956, 761, 762; *Hüffer*, ZHR 174 (2010), 642, 676 f.

25 *Haager* in Ball/Haager, S. 74 ff.; *M. G. Jansen*, Sonderprüfung, S. 36 ff.

26 Zu dieser Auslegung des § 675 Abs. 1 BGB vgl. etwa BGHZ 45, 223, 228 f.

27 *Looschelders*, Rn. 541; *Busche* in MünchKomm BGB, § 631 Rn. 14 ff.

28 OLG Düsseldorf, Urt. vom 25. 3. 2011 (22 U 162/10), BeckRS 2011, 11600; *Hüffer*, ZHR 174 (2010), 642, 677; *Kronstein/Zöllner* in KölnKomm AktG, § 142 Rn. 21; ähnlich *Mock* in Spindler/Stilz, § 142 Rn. 99.

Eine solche Tätigkeit ähnele Beratungsleistungen, für die anerkannt ist, dass sie dem Dienstvertragsrecht unterfallen.[29] Jedoch erfolgt die Information der Gesellschafter gerade in Gestalt des zu erstellenden Sonderprüfungsberichtes. Werden die Prüfungsfragen in diesem Bericht nicht mit einer Antwort versehen, hat der Sonderprüfer seine vertraglich übernommene Pflicht noch nicht erfüllt.[30] Auch für Gutachterverträge bzw. für den Auftrag zur Vornahme der verpflichtenden Jahresabschlussprüfung ist anerkannt, dass die Gutachtenerstattung bzw. die Entscheidung über die Erteilung des Bestätigungsvermerks einen werkvertragsmäßigen Erfolg darstellen.[31] Die zu solchen Verträgen herausgebildeten Grundsätze lassen sich auf den Sonderprüfungsvertrag im Wesentlichen übertragen.[32] Demzufolge handelt es sich beim Sonderprüfungsvertrag um einen Geschäftsbesorgungsvertrag mit Werkvertragscharakter.

II. Anforderungen an die Person des Sonderprüfers

Nachdem nunmehr geklärt wurde, auf welche Weise die Gesellschafter einer GmbH Sonderprüfer bestellen können, soll im Weiteren ergründet werden, welchen Anforderungen eine Person zu genügen hat, damit sie die Funktion eines Sonderprüfers ausfüllen darf. In Anlehnung an die Differenzierung, die § 143 AktG in seinen Absätzen 1 und 2 vornimmt, lassen sich die Eignungskriterien, die an den Sonderprüfer zu stellen sind, grob in solche fachlicher und persönlicher Art einteilen.

1. Fachliche Eignung

Eines der Hauptmotive für die Durchführung einer Sonderprüfung besteht darin, dass sich die Initiatoren der Prüfung erhoffen, durch die Einschaltung des Sonderprüfers besonders sachkundig aufbereitete Informationen zu den Gesellschaftsangelegenheiten zu erlangen. Dieses Ziel kann unter anderem dadurch erreicht werden, dass an den zu bestellenden Sonderprüfer besondere Anforderungen in fachlicher Hinsicht gestellt werden. Das Aktienrecht sieht in § 143

---

29 So *Haager* in Ball/Haager, S. 74 f.

30 OLG Düsseldorf, Urt. vom 25. 3. 2011 (22 U 162/10), BeckRS 2011, 11600.

31 Zum Gutachtervertrag *Busche* in MünchKomm BGB, § 631 Rn. 2, 261 f.; *Looschelders*, Rn. 623; zum Vertrag mit dem Abschlussprüfer BGH, NJW 2000, 1107; *Wiedmann* in Ebenroth/Boujong/Joost/Strohn, § 318 Rn. 11.

32 *Adler/Düring/Schmaltz*, §§ 142-146 AktG Rn. 13; *Spindler* in K. Schmidt/Lutter, AktG, § 142 Rn. 36; *Bezzenberger* in Großkomm AktG, § 142 Rn. 41.

Abs. 1 AktG entsprechende Kriterien vor.[33] Bei der Bestellung von Sonderprüfern in einer GmbH ist vorrangig zu berücksichtigen, ob eventuell die Satzung Vorgaben bezüglich der fachlichen Qualifikation des Sonderprüfers enthält. Sollte dies nicht der Fall sein, so sind die GmbH-Gesellschafter dennoch nicht unmittelbar an die Bestimmungen des § 143 AktG gebunden.[34] Wie schon oben[35] im Hinblick auf die Festlegung des Sonderprüfungsgegenstandes ausgeführt wurde, ist die Rechtsgrundlage für die Bestellung von Sonderprüfern nämlich allein § 46 Nr. 6 GmbHG. Diese Norm sieht keine besonderen Voraussetzungen vor – weder in Bezug auf den Prüfungsgegenstand noch auf die Person des Sonderprüfers. Ebenso wenig, wie hinsichtlich des Prüfungsgegenstands § 142 Abs. 1 Satz 1 AktG analog heranzuziehen ist,[36] ist bezüglich der Prüferbestellung bei der GmbH methodisch eine starre Analogie zu § 143 AktG zu rechtfertigen. Dieser bedarf es ohnehin nicht, denn durch den Rückgriff auf allgemeine Prinzipien des GmbH-Rechts werden weitgehend mit § 143 AktG vergleichbare Ergebnisse erzielt.

Der Sonderprüfungsbeschluss unterliegt nämlich dem allgemeinen Beschlussmängelrecht. In inhaltlicher Hinsicht muss er sich vor allem an der gesellschaftsrechtlichen Treuepflicht messen lassen.[37] Es verletzt die Treuepflicht gegenüber der Gesellschaft, wenn Sonderprüfer bestellt werden, die ihrer Aufgabe nicht gewachsen sind. Denn mit der Durchführung einer Sonderprüfung geht immer eine erhebliche Belastung für die laufende Geschäftsführung einher. Außerdem verursacht eine solche Enquête regelmäßig nicht ganz unbedeutende Kosten.[38] Machen die Gesellschafter nun von der Möglichkeit Gebrauch, ihre Überwachungsbefugnisse durch einen Dritten wahrnehmen zu lassen, so ist dies nur zulässig, sofern die Bestellung das Gesellschaftsinteresse nicht in treuwidriger Weise missachtet. Sollte die zum Prüfer zu bestellende Person aber nicht alle Fähigkeiten mitbringen, die erforderlich sind, um eine sachgerechte Geschäftsführungskontrolle durchzuführen, würden durch ihre Bestellung Gesellschaftsressourcen verschwendet. Der Beschluss verstieße daher gegen die gesellschaftsrechtliche Treuepflicht.

Insofern lässt sich positiv formulieren, dass ein Sonderprüfer nur dann in fachlicher Hinsicht geeignet ist, wenn er über die Fähigkeiten und Kenntnisse

---

33 Vgl. dazu bereits oben S. 40 ff.

34 So auch *Kirschner*, S. 21.

35 S. 79 ff. und S. 137 ff.

36 Dazu oben S. 79 ff.

37 Dazu bereits – bezogen auf die Prüfungsanordnung – oben S. 279 ff. Vgl. im Allgemeinen auch *K. Schmidt*, GesellschR, S. 858 f.; *Saenger*, GesellschR, Rn. 621.

38 So z. B. OLG Frankfurt am Main, DB 2011, 1626, 1627 – „Commerzbank/Dresdner Bank".

verfügt, die für die Erfüllung des Prüfungsauftrags benötigt werden. Wie im Rahmen von § 143 Abs. 1 AktG lassen sich Art und Ausmaß der geforderten Sachkunde immer nur konkret in Abhängigkeit von dem jeweiligen Sonderprüfungsthema bestimmen.[39] Demzufolge ist die GmbH-Sonderprüfung etwa keineswegs eine Vorbehaltsprüfung für Wirtschaftsprüfer, wie dies gem. § 319 Abs. 1 HGB für die Jahresabschlussprüfung gilt.[40] Im Hinblick auf die meisten Prüfungsgegenstände dürfte dennoch eine ausreichende Vorbildung des Sonderprüfers im Bereich der Buchführung vonnöten sein, da eine Revision der Rechnungslegung vielfach den wesentlichen Schlüssel zur Aufklärung von Geschäftsführungsvorgängen liefert. Bedarf es aber ausschließlich anderer Kenntnisse, so müssen sich die Gesellschafter bei der Prüferauswahl entscheidend am Vorhandensein dieses erforderlichen Spezialwissens orientieren.[41] Zusätzlich zu oder anstelle von Expertise auf dem Gebiet der Buchführung kann es etwa geboten sein, dass der Sonderprüfer über einen speziellen rechtlichen, branchen- und markttypischen oder gar technischen Sachverstand verfügt. Als Sonderprüfer kommen insofern neben Wirtschaftsprüfern vor allem vereidigte Buchprüfer, Rechtsanwälte und Steuerberater, gegebenenfalls aber auch technische Sachverständige – zum Beispiel Ingenieure – in Betracht.[42] Häufig wird es sinnvoll sein, eine Wirtschaftsprüfergesellschaft oder eine Sozietät von Rechtsanwälten mit der Sonderprüfung zu betrauen, die jeweils gehalten sein kann, für spezielle Detailfragen externen Sachverstand hinzuzuziehen.[43]

2. Persönliche Eignung

Verglichen mit der fachlichen Qualifikation des Sonderprüfers weist dessen persönliche Eignung eine noch größere Bedeutung für die zweckentsprechende Vornahme einer Sonderprüfung auf. Vor allem müssen dessen Neutralität und Unabhängigkeit gewährleistet werden.[44] Dieses Erfordernis folgt zunächst schon

---

[39] Ähnlich *Leinekugel*, GmbHR 2008, 632, 633; *Heckschen* in Heckschen/Heidinger, § 4 Rn. 116; zur vergleichbaren Rechtslage bei der AG z. B. *Haager* in Ball/Haager, S. 90; *Bezzenberger* in Großkomm AktG, § 143 Rn. 4.

[40] Vgl. entsprechend zur Sonderprüfung bei der AG oben S. 41 m. N.

[41] *Kirschner*, S. 100 ff.; *Kronstein/Zöllner* in KölnKomm AktG, § 143 Rn. 2.

[42] Zur AG *M. G. Jansen*, Sonderprüfung, S. 62 f.; *Kirschner*, S. 101 f.; *Fleischer* in Küting/Weber, § 143 AktG Rn. 5; *Holzborn/Jänig* in HeidelbKomm AktG, § 143 Rn. 2 f.; *Schröer* in MünchKomm AktG, § 143 Rn. 8 f.; *Mock* in Spindler/Stilz, § 143 Rn. 6.

[43] So z. B. *Schedlbauer*, S. 146; *Kirschner*, S. 102 f.; *Adler/Düring/Schmaltz*, §§ 142-146 AktG Rn. 24 f.; vgl. auch *Leinekugel*, GmbHR 2008, 632, 633.

[44] *Leinekugel*, GmbHR 2008, 632, 633; *Heckschen* in Heckschen/Heidinger, § 4 Rn. 116; vgl. entsprechend zur AG oben S. 41.

aus Sinn und Zweck der Sonderprüfung. Deren Vorteil gegenüber dem individuellen Informationsrecht aus § 51a GmbHG besteht insbesondere darin, dass der Sonderprüfer seinen Bericht objektiv und unvoreingenommen zu erstatten hat[45] und seine Tätigkeit somit dem Verband insgesamt nützlich ist. Die Neutralitätspflicht ist erforderlich, um das Vertrauen aller Seiten in den Sonderprüfer und seine Arbeit sicherzustellen. Der entscheidende Grund dafür, dass die Prüfungsperson unbedingt neutral sein muss, liegt aber darin, dass der Sonderprüfer mit der Wahrnehmung derjenigen kollektiven Kontrollbefugnis betraut wird, die sämtlichen Gesellschaftern gemeinschaftlich zusteht. Bei der Prüfungsdurchführung wird er demgemäß „im Namen" der Gesellschaftergesamtheit tätig und ist insofern verpflichtet, vollkommen unbeeinflusst von den möglicherweise divergierenden Einzelinteressen der verschiedenen Gesellschafter zu agieren. Würde die Gesellschafterversammlung nämlich ihre Kontrollbefugnis selbst ausüben, dürften sämtliche Gesellschafter die Informationen entgegennehmen. Da der Sonderprüfungsbeschluss i. S. v. § 46 Nr. 6 GmbHG mit einfacher Stimmenmehrheit gefasst werden kann und – vermittelt durch das Eingreifen von Stimmverboten – sogar Gesellschafter, die nur über eine Minderheitsbeteiligung am Stammkapital verfügen, die Stimmenmehrheit erlangen können, muss man die bei der Abstimmung unterlegenen Gesellschafter dadurch schützen, dass ausschließlich neutrale Personen zum Sonderprüfer bestellt werden dürfen. Andernfalls würde es dem Gesellschafter, der über die Abstimmungsmehrheit verfügt, ermöglicht, das kollektive Informationsrecht zur Verfolgung eigener Interessen zu missbrauchen. Zwar darf sich das Verbandsmitglied wie stets bei dem Gebrauch seines Stimmrechts auch bei der Abstimmung über die Einleitung einer Sonderprüfung von persönlichen Interessen leiten lassen,[46] denn prinzipiell liegt die Kontrolle der Geschäftsführung immer zumindest auch im Gesellschaftsinteresse. Möchte der Gesellschafter aber, dass ein sachverständiger Dritter die Unternehmensleitung vorwiegend in seinem eigenen Sinne untersucht, so muss er dazu auf sein Individualrecht aus § 51a GmbHG zurückzugreifen, wobei die Kosten, die durch die Ausübung dieser Befugnis entstehen, dann von ihm selbst zu tragen sind.[47] Einzig wenn sämtliche Gesellschafter mit der Bestellung eines objektiv ungeeigneten Sonderprüfers einverstanden sind, ist der Bestellungsbeschluss nicht fehlerhaft.[48]

---

45 Davon ist oben bereits die Rede gewesen. Vgl. S. 100 f.

46 Allgemein dazu bereits oben S. 200 f.

47 Zur Hinzuziehung eines Sachverständigen bei der Ausübung des Rechts aus § 51a GmbHG oben S. 98 ff.

48 Vgl. allgemein in diesem Sinne *M. Winter*, S. 198; *Decher* in MünchHdb GesR III, § 68 Rn. 18.

Die Anforderungen an die persönliche Eignung eines Sonderprüfers sind methodisch wiederum aus der gesellschaftsrechtlichen Treuepflicht abzuleiten. Damit sich die Neutralität des Sonderprüfers sicherstellen lässt, ist seine Bestellung schon dann treuepflichtwidrig, wenn aufgrund von objektiven Anhaltspunkten die Besorgnis besteht, dass die Prüfungsperson nicht unbefangen ist. Diese Aussage lässt sich mit § 319 Abs. 2 HGB begründen. Zwar scheidet eine Analogie zu § 143 Abs. 2 AktG, der auf § 319 Abs. 2 und 3 HGB verweist, bereits aus methodologischen Gründen aus.[49] Die in den handelsrechtlichen Vorschriften enthaltenen Rechtsgedanken können aber auch ohne den Umweg über das Aktiengesetz herangezogen werden, um die den GmbH-Gesellschaftern bei der Bestellung eines Sonderprüfers gegenüber der Gesellschaft auferlegten Treubindungen zu konkretisieren. Die Bestimmungen des § 319 Abs. 2 und 3 HGB sehen nämlich ihrerseits Bestellverbote vor, die die Mitglieder einer Kapitalgesellschaft bei der Auswahl eines Jahresabschlussprüfers zu beachten haben. Sie gelten damit auch unmittelbar für eine GmbH, die der Prüfungspflicht des § 316 HGB unterliegt. Da die Neutralitätspflicht eines Abschlussprüfers mit der eines Sonderprüfers durchaus vergleichbar ist, was der Verweis des § 143 Abs. 2 AktG nur noch zusätzlich unterstreicht, liegt es nahe, dass man sich zur Ausformung der generalklauselartigen Treuepflicht bei Sonderprüferbestellungen der in § 319 Abs. 2 und 3 HGB enthaltenen Rechtsgedanken bedient.

Demzufolge ist jedenfalls in der Regel die Bestellung eines Sonderprüfers bei der GmbH dann treuepflichtwidrig, wenn eine der in § 319 Abs. 3 HGB benannten Konstellationen verwirklicht ist. Bei den dort normierten Fällen handelt es sich jeweils um Situationen, in denen eine typische Gefahrenlage für die Unbefangenheit der Prüfungsperson besteht. Aus der Anwendung des § 319 Abs. 3 Satz 1 Nr. 1 HGB zu entnehmenden Rechtsgedankens ergibt sich zum Beispiel, dass kein Gesellschafter der zu prüfenden GmbH zum Sonderprüfer bestellt werden darf – ganz gleich, ob er über die dafür notwendige fachliche Qualifikation verfügt.[50] Nach Nr. 2 derselben Vorschrift gilt das gleiche für sämtliche Organmitglieder der Gesellschaft. Zusätzlich zum Katalog des § 319 Abs. 3 HGB kommt es im GmbH-Recht – wegen des Maßstabs der Treuepflicht – immer noch auf den jeweiligen Einzelfall an. Es sind viele von § 319 Abs. 3 HGB unbenannte Fälle denkbar, in denen dennoch entsprechend § 319 Abs. 2 HGB die Besorgnis besteht, dass der zu bestellende Prüfer befangen ist. Das gilt vor allem für sämtliche Personen, die mit einzelnen Gesellschaftern oder Organmitglie-

---

49 Vgl. dazu die parallele Argumentation auf S. 79 ff. und S. 113 ff.

50 Ebenso, allerdings unter Berufung auf den Rechtsgedanken des § 142 Abs. 4 AktG, *Leinekugel*, GmbHR 2008, 632, 633; zur Sonderprüfung bei der GmbH anders noch *Feine*, S. 507.

dern in irgendeiner Weise – etwa durch Verwandtschaft oder Freundschaft – persönlich verbunden sind oder die zu solchen Akteuren oder zur Gesellschaft selbst Beziehungen geschäftlicher oder finanzieller Natur unterhalten.[51] Eine solche Verbindung ist im Einzelfall immer dann schädlich, wenn sie die ernsthafte Befürchtung begründet, dass der Sonderprüfer bei seiner Tätigkeit nicht die gebotene Neutralität an den Tag legen wird.

Sollte die zu bestellende Person zuvor beispielsweise schon beratend für die Gesellschaft oder für die beteiligten Personen tätig geworden sein, ist die Befangenheit allerdings noch nicht automatisch gegeben. Bei dauernder Beratungstätigkeit hinsichtlich rechtlicher oder steuerlicher Fragen kann zwar meist von der Befangenheit ausgegangen werden. Hingegen wird in der Regel die einmalige, vorübergehende Erbringung von Beratungsleistungen unschädlich sein.[52] Jedenfalls ist die Bestellung einer Person zum Sonderprüfer ausgeschlossen, wenn deren vorherige Beratungstätigkeit irgendwie mit dem Gegenstand der Sonderprüfung zusammenhing, mag dieser Bezug auch noch so locker sein.[53]

Es stellt sich schließlich die Frage, ob auch der Abschlussprüfer der Gesellschaft mit der Durchführung einer Sonderprüfung betraut werden darf. Ein solches Vorgehen bietet den Vorteil, dass der Abschlussprüfer sich nicht erst in aufwändiger Weise ein Grundverständnis von der Geschäftstätigkeit der Gesellschaft beschaffen muss, weil er aufgrund seiner Vorbefassung darüber bereits verfügt.[54] In manchen Fällen werden außerdem erst die Feststellungen des Abschlussprüfers den Anlass für die Einleitung einer Sonderprüfung gegeben haben.[55] Nach dem Gesagten muss es in den meisten Konstellationen zulässig sein, den Abschlussprüfer der GmbH zum Sonderprüfer zu bestellen.[56] Sofern bei dessen Auswahl § 319 Abs. 2 und 3 HGB in direkter Anwendung beachtet wurde, verfügt der Abschlussprüfer nämlich gerade über die geforderte Neutralität. Sein früheres Tätigwerden für die Gesellschaft begründet deswegen keine Be-

---

51 Vgl. zur Rechtslage bei der AG insofern *Fleischer* in Küting/Weber, § 143 AktG Rn. 22; *Bezzenberger* in Großkomm AktG, § 143 Rn. 11; *Holzborn/Jänig* in HeidelbKomm AktG, § 143 Rn. 10; *Kirschner*, S. 110; ähnlich zum GmbH-Recht *Leinekugel*, GmbHR 2008, 632, 633.

52 *Haager* in Ball/Haager, S. 82 f.

53 *Jänig*, S. 356.

54 Vgl. in diesem Zusammenhang zum Erstprüfungscharakter der Sonderprüfung unten S. 353 f.

55 So z. B. auch *Adler/Düring/Schmaltz*, §§ 142-146 AktG Rn. 26.

56 Vgl. insofern *Leinekugel*, GmbHR 2008, 632, 633: „Frage des Einzelfalls“. Ebenso zur AG *Adler/Düring/Schmaltz*, §§ 142-146 AktG Rn. 26; *Fleischer* in Küting/Weber, § 143 AktG Rn. 13; WP-Handbuch, Bd. II, Rn. B 16; *Schedlbauer*, S. 147; für Inkompatibilität hingegen *Jänig*, S. 356.

fangenheit. Der Abschlussprüfer ist nur dann wegen nahe liegender Voreingenommenheit für die Funktion des Sonderprüfers ungeeignet, wenn mit der Enquête Vorgänge untersucht werden sollen, die auch die Arbeit des Abschlussprüfers in der Vergangenheit selbst betreffen.

3. Rechtsfolgen der Bestellung ungeeigneter Sonderprüfer

Wenn in einer Aktiengesellschaft aus fachlichen oder persönlichen Gründen ungeeignete Sonderprüfer bestellt wurden, können Aktionäre unter den Voraussetzungen des § 142 Abs. 4 AktG bei Gericht die Ersetzung der Prüfungspersonen beantragen. Dass ein damit vergleichbares Minderheitsrecht der GmbH-Gesellschafter sich aus dem Gesetz nicht herleiten lässt, wurde an anderer Stelle schon dargelegt.[57] So verbleibt den mit der Bestellung unzufriedenen Verbandsmitgliedern nur die Option, den Gesellschafterbeschluss, durch den der ungeeignete Sonderprüfer bestimmt wurde, gerichtlich anzugreifen. Während im aktienrechtlichen Schrifttum manche Stimmen sämtliche Hauptversammlungsbeschlüsse, auf deren Grundlage ungeeignete Sonderprüfer bestellt werden, als bloß wegen Gesetzesverstoßes gem. §§ 243, 248 AktG anfechtbar ansehen,[58] nehmen andere Autoren diesbezüglich eine differenzierende Position ein, die zu einer teilweise schärferen Sanktionierung führt. Sie vertreten, dass ein Beschluss, der gegen die Bestellverbote gem. § 143 Abs. 2 AktG i. V. m. §§ 319 ff. HGB verstoße, sogar von Anfang an nichtig sei. Eine Missachtung der fachlichen Eignungskriterien i. S. v. § 143 Abs. 1 AktG habe hingegen nur die Anfechtbarkeit des Beschlusses zur Folge.[59] Dieser strengere Ansatz knüpft damit an die mittlerweile gemeinhin akzeptierte Erkenntnis an, dass ein gegen § 319 HGB verstoßender Beschluss zur Bestellung von Abschlussprüfern immer wegen der Verletzung einer im öffentlichen Interesse erlassenen Vorschrift gem. § 241 Nr. 3 AktG nichtig ist.[60] Für einen derart fehlerhaften Abschlussprüfer-

---

57 Vgl. oben S. 106 ff.

58 So etwa *Kirschner*, S. 187 ff.; *Haager* in Ball/Haager, S. 85 f.; *Schröer* in MünchKomm AktG, § 143 Rn. 11 f., 23; *Hirschmann* in Hölters, § 143 Rn. 8, 10; *Adler/Düring/Schmaltz*, §§ 142-146 AktG Rn. 23, 29.

59 Wohl h. M., z. B. *Jänig*, S. 344 f., 351 f.; *Butzke*, Rn. M 26; *Hüffer*, AktG, § 143 Rn. 5 f.; *Bezzenberger* in Großkomm AktG, § 143 Rn. 8, 26; *Spindler* in K. Schmidt/Lutter, AktG, § 143 Rn. 7, 32.

60 Dazu BGHZ 135, 260, 261 f. – „Allweiler"; *Ebke* in MünchKomm HGB, § 319 Rn. 33; *Wiedmann* in Ebenroth/Boujong/Joost/Strohn, § 319 Rn. 26. Beachte daneben allerdings Ersetzungsverfahren nach § 318 Abs. 3 S. 1 HGB.

wahlbeschluss der GmbH-Gesellschafter soll § 241 Nr. 3 AktG nach einhelliger Auffassung analog gelten.[61]

Gleichwohl ist es nicht zwingend, die Nichtigkeitsfolge, die in dem Fall der Bestellung von aus persönlichen Gründen ungeeigneten Abschlussprüfern eingreift, auf den Sonderprüfungsbeschluss zu übertragen. Zunächst ist anzumerken, dass sich die Sonderprüfung gerade darin von der Abschlussprüfung unterscheidet, dass sie eben nicht im öffentlichen Interesse oder zum Schutz der Gesellschaftsgläubiger angeordnet wird, sondern ganz vorrangig den Gesellschaftern als fakultativ einsetzbares Kontrollinstrument zur Verfügung steht.[62] Dieses Argument wird auch im Hinblick auf die aktienrechtliche Sonderprüferbestellung vielfach von denjenigen angeführt, die annehmen, auch ein Verstoß gegen § 143 Abs. 2 AktG begründe lediglich die Anfechtbarkeit des Hauptversammlungsbeschlusses.[63] Dies muss für das GmbH-Recht erst recht gelten, weil dort weder § 143 AktG noch § 319 HGB analog anzuwenden sind. Vielmehr verstößt die Bestellung eines ungeeigneten Sonderprüfers durch GmbH-Gesellschafter allein gegen die gesellschaftsrechtliche Treuepflicht, selbst wenn zu deren Konkretisierung auf die Bestellverbotstatbestände des § 319 Abs. 2 und 3 HGB zurückgegriffen werden darf. Ein Treuepflichtverstoß verletzt aber nur die Interessen des Verbandes oder allenfalls die der Mitgesellschafter, nicht aber die der Allgemeinheit. Es ist kein Nichtigkeitsgrund analog § 241 AktG einschlägig, sodass die in Frage stehende Treuepflichtverletzung nur die Anfechtbarkeit des Beschlusses gem. §§ 243, 248 AktG analog zur Folge haben kann.

Der mit einem ungeeigneten Sonderprüfer abgeschlossene Sonderprüfungsvertrag ist, sofern sich seine Nichtigkeit nicht aus anderen Gründen ergibt, zunächst wirksam. Der Vertrag ist insbesondere nicht gem. § 134 BGB nichtig, denn weder in direkter noch in analoger Anwendung kann der Wirksamkeit der Vereinbarung zwischen Gesellschaft und Sonderprüfer § 319 HGB entgegenstehen, der als Verbotsgesetz anerkannt ist.[64] Sobald der Bestellungsbeschluss aber

---

61 *Wiedmann* in Ebenroth/Boujong/Joost/Strohn, § 319 Rn. 26.

62 Dies wurde oben bereits dargelegt. Vgl. S. 27 f. und S. 96 f.

63 *Haager* in Ball/Haager, S. 85; *Mock* in Spindler/Stilz, § 143 Rn. 40; vgl. außerdem *Jänig*, S. 345.

64 Zur Verbotsgesetzqualität des § 319 HGB insb. BGHZ 118, 142, 144 ff. Dass der Sonderprüfungsvertrag im GmbH-Recht nicht nichtig ist, spricht zudem abermals gegen die Nichtigkeit des Sonderprüfungsbeschlusses. Denn die Befürworter der Nichtigkeitsfolge in der aktienrechtlichen Diskussion argumentieren zum Teil damit, dass die Nichtigkeit des Beschlusses aus der des Vertrages folge, da der Beschluss insofern auf einen unmöglichen Erfolg – den Vertragsschluss – gerichtet sei. Vgl. in diesem Sinne bspw. *Spindler* in K. Schmidt/Lutter, AktG, § 143 Rn. 32; *Fleischer* in Küting/Weber, § 143 AktG Rn. 17.

wirksam angefochten worden ist, ergeben sich Konsequenzen für den Sonderprüfungsvertrag. Im Regelfall wird die Gesellschafterversammlung für den Vertragsschluss mit dem Sonderprüfer einen besonderen Vertreter bestimmen. Die Anfechtungsklage dürfte dann regelmäßig dahingehend auszulegen sein, dass dessen Einsetzung gleichzeitig mit der Prüferbestellung angefochten werden soll, da beide Regelungen meist in demselben Beschluss getroffen werden und der besondere Vertreter üblicherweise nur zum Vertragsschluss mit dem von den Gesellschaftern bestimmten Sonderprüfer befugt sein soll. Da das Anfechtungsurteil einen Gesellschafterbeschluss *ex tunc* für nichtig erklärt,[65] verlöre in einer solchen Konstellation der besondere Vertreter rückwirkend seine Vertretungsmacht. Die Wirkungen für den Sonderprüfungsvertrag ergäben sich dann aus §§ 177 ff. BGB. Eine Haftung des Sondervertreters gegenüber dem Sonderprüfer aus § 179 BGB dürfte aber in aller Regel an § 179 Abs. 3 Satz 1 BGB scheitern, da die Prüfungsperson von den Umständen, aus denen sich ihre fehlende Eignung ergibt, zumeist wissen müsste. In den Fällen, in denen die Gesellschaftergesamtheit selbst ein Angebot auf Abschluss des Sonderprüfungsvertrages unterbreitet, fehlt auch ihr die Vertretungsmacht für die GmbH. Sollte der Sonderprüfer sogar bei Fassung des Sonderprüfungsbeschlusses in der Gesellschafterversammlung zugegen gewesen sein, sodass der Beschluss selbst als Vertragsangebot auszulegen war, so ist mit der Nichtigkeit des Beschlusses auch der Vertrag nichtig.[66] Die soeben geschilderten Rechtsfolgen treten allerdings ohnehin nur ein, sofern der Sonderprüfer bereits bei Fassung des Sonderprüfungsbeschlusses für die Wahrnehmung seiner Aufgaben ungeeignet war. Entfällt die Eignung später, so bleibt nur, den Sonderprüfer abzuberufen und den Vertrag zu kündigen.[67]

III. Rechtsstellung des Sonderprüfers gegenüber der Gesellschaft

1. Rechte und Pflichten des Sonderprüfers kraft des Sonderprüfungsvertrages

Früher wurde in der aktienrechtlichen Literatur noch vereinzelt angenommen, ein Sonderprüfer werde mit der Vollendung der Bestellung zu einem Organ der

65 *Hüffer* in MünchKomm AktG, § 248 Rn. 14.

66 Vgl. aus der aktienrechtlichen Perspektive ähnlich *Schröer* in MünchKomm AktG, § 142 Rn. 53; *Jänig*, S. 345; a. A. *Mock* in Spindler/Stilz, § 142 Rn. 99, 102: Kündigung wegen Störung der Geschäftsgrundlage.

67 Dazu sogleich unten S. 347 ff.

Gesellschaft.[68] Es mögen dem Rechtsverhältnis zwischen Sonderprüfer und der Gesellschaft zwar korporationsrechtliche Elemente innewohnen, da dem Abschluss des Sonderprüfungsvertrages stets ein Wahlbeschluss der Anteilseigner vorauszugehen hat und sich die Befugnisse des Prüfers innerhalb des Verbandes zum Teil aus der gesellschaftsrechtlichen Organisationsverfassung herleiten lassen. Dennoch gleicht die Tätigkeit des Sonderprüfers prinzipiell der eines Sachverständigen, der sich vertraglich verpflichtet, einen Sachverhalt zu ergründen und hierzu ein Gutachten zu erstellen. Demzufolge ist der Inhalt der Rechtsbeziehung zwischen dem Sonderprüfer und der zu prüfenden Gesellschaft im Aktien- wie im GmbH-Recht ganz hauptsächlich nach schuldvertragsrechtlichen Grundsätzen zu bestimmen.[69] Da diese Arbeit das Ziel verfolgt, vorwiegend die gesellschaftsrechtlichen Aspekte der Sonderprüfung bei einer GmbH zu untersuchen, soll auf die sich aus dem Prüfungsvertrag ergebende Rechtsstellung des Sonderprüfers nur mit wenigen Worten eingegangen werden.

Welche Rechte und Pflichten die Beziehung zwischen dem Sonderprüfer und der GmbH bestimmen, ist demgemäß in erster Linie dem Sonderprüfungsvertrag zu entnehmen. Prinzipiell sind die die GmbH vertretenden Gesellschafter und der Sonderprüfer frei darin, was sie diesbezüglich vereinbaren. Sofern Einzelheiten des Rechtsverhältnisses vertraglich nicht ausdrücklich fixiert wurden, muss der Vertrag, der auf Grundlage des Sonderprüfungsbeschlusses zustande gekommen ist, nach §§ 133, 157 BGB ausgelegt werden. Daneben bestehen die allgemeinen gesetzlichen Pflichtenstandards. So trifft etwa den Sonderprüfer bereits die vorvertragliche Pflicht, seine fachliche und persönliche Eignung zur Durchführung der konkret beschlossenen Sonderprüfung unaufgefordert zu prüfen und die Bestellung gegebenenfalls abzulehnen. Handelt er dieser Pflicht zuwider, kann er unter den Voraussetzungen der §§ 280 Abs. 1, 311 Abs. 2 Nr. 1, 241 Abs. 2 BGB zum Schadensersatz gegenüber der Gesellschaft verpflichtet sein.[70] Der Sonderprüfungsvertrag erlegt es dem Sonderprüfer als Hauptleistungspflicht i. S. v. § 631 Abs. 1 Fall 1 BGB auf, den durch den Gesellschafterbeschluss festgelegten Gegenstand einer umfassenden Prüfung zu unterziehen und über die Ergebnisse dieser Prüfung einen schriftlichen Bericht zu verfassen. Erst mit der Vorlage des Sonderprüfungsberichtes erfüllt der Prüfer seine Pflicht

---

68 *Bordt*, S. 128 f.

69 Mittlerweile allgemeine Meinung zum Aktienrecht: vgl. *Bezzenberger* in GroßkommAktG, § 142 Rn. 41; *Mock* in Spindler/Stilz, § 142 Rn. 36 ff.; *Fleischer* in Küting/Weber, § 142 AktG Rn. 103; *Hüffer*, ZHR 174 (2010), 642, 677. Der besondere Vertreter i. S. v. § 147 AktG ist hingegen ein Gesellschaftsorgan: dazu BGH, AG 2011, 875, 876 – „HVB/UniCredit".

70 *Jänig*, S. 385; *Kirschner*, S. 157, 206 f.; *Schröer* in MünchKomm AktG, § 142 Rn. 92, § 143 Rn. 14.

zur Herstellung des versprochenen Werkes.[71] Gem. § 631 Abs. 1 Fall 2 BGB kann der Sonderprüfer eine Vergütung für seine Tätigkeit beanspruchen. Nähme er die Prüfungsmaßnahmen unentgeltlich vor, ließe allein dieser Umstand bereits Zweifel an seiner Unabhängigkeit aufkommen. Regelmäßig wird das geschuldete Honorar im Sonderprüfungsvertrag explizit festgelegt sein.[72] Ansonsten wird nach § 632 BGB die für eine derartige Tätigkeit übliche Vergütung stillschweigend vereinbart. Auslagen sind dem Sonderprüfer nach §§ 675 Abs. 1, 670 BGB zu ersetzen.[73]

Die Parteien können auch weitere Pflichten ausdrücklich im Sonderprüfungsvertrag regeln. Sofern dies nicht geschehen sollte, ist es jedoch der Auslegung zugänglich, dass die Gesellschafter die Durchführung einer „Sonderprüfung" beschließen und zu diesem Zweck ein „Sonderprüfungsvertrag" geschlossen wird. Der Begriff der „Sonderprüfung" ist eindeutig aktienrechtlich vorgeprägt. Ein solches zugunsten der Anteilseigner wirkendes Rechtsinstitut ist nämlich nur im Aktiengesetz positiv-rechtlich niedergelegt. Verwenden die Vertreter einer GmbH und die zu bestellende Prüfungsperson diesen Terminus, so kann dies, wenn nichts Abweichendes bestimmt wurde, von einem objektiven Dritten nur dahingehend verstanden werden, dass der benannte Sachverhalt einer Revision nach Art der Sonderprüfung, die aus den §§ 142 ff. AktG bekannt ist, unterzogen werden soll. In Ermangelung anderweitiger Bestimmungen finden auf das Rechtsverhältnis zwischen GmbH und Sonderprüfer und auf das Verfahren einer GmbH-rechtlichen Sonderprüfung somit die in §§ 142 bis 146 AktG getroffenen Regelungen als Inhalt des Sonderprüfungsvertrages Anwendung.[74] Dazu zählen auch die Aussagen des § 144 AktG, der auf die unmittelbar nur den Abschlussprüfer betreffende Vorschrift des § 323 HGB verweist. § 323 Abs. 1 Sätze 1 und 2 HGB normiert in nicht abschließender Weise Verhaltenspflichten, die kraft des jeweiligen Prüfungsvertrages den Sonderprüfer ebenso wie den Abschlussprüfer treffen, die man aber zum Teil ohnehin als selbstverständlich voraussetzen mag. So hat der Sonderprüfer die Prüfung gewissenhaft und unparteiisch durchzuführen und ist zur Verschwiegenheit zu den im Rahmen seiner Tätigkeit bekannt gewordenen Informationen verpflichtet; zudem ist es ihm verwehrt, die bei der Prüfungsdurchführung in Erfahrung gebrachten Geschäfts-

---

71 Ähnlich *Kirschner*, S. 123, *Bezzenberger* in Großkomm AktG, § 142 Rn. 42 f.; *Wilsing/von der Linden* in Heidel, § 142 AktG Rn. 24.

72 Zur Honorarvereinbarung mit dem Sonderprüfer *Skauradszun*, GmbHR 2012, 936, 937.

73 Zum Ganzen *Mock* in Spindler/Stilz, § 142 Rn. 189; *Fleischer* in Küting/Weber, § 142 AktG Rn. 149; *Schröer* in MünchKomm AktG, § 142 Rn. 48, 88.

74 Vergleichbare Argumentation bezogen auf den Gesellschafterbeschluss bei *Lehmann*, S. 72.

und Betriebsgeheimnisse zu verwerten.[75] Für Wirtschaftsprüfer folgen diese Verhaltensanforderungen bereits aus § 43 Abs. 1 WPO. Darüber hinaus muss der Sonderprüfer seine Untersuchungen eigenverantwortlich vornehmen, das heißt ohne bei der Erforschung und Beurteilung des Sachverhalts Weisungen unterworfen zu sein.[76] Es obliegt ihm, seine Tätigkeit nachvollziehbar zu dokumentieren.[77] Wenngleich er sich durch Dritte unterstützen lassen darf, ist ihm schließlich doch die Delegation des Prüfungsauftrags im Ganzen verwehrt.[78]

2. Verantwortlichkeit und Haftung des Sonderprüfers für Pflichtverletzungen

Sollte der Sonderprüfer die ihm auferlegten Pflichten verletzen, stellt sich die Frage, inwiefern er deswegen der Gesellschaft oder Dritten gegenüber haftet.

Gegenüber der GmbH kommen vertragliche Schadensersatzansprüche wegen Pflichtverletzungen in Betracht. Obwohl sich – wie soeben dargelegt – im GmbH-Recht die Verhaltenspflichten des Sonderprüfers regelmäßig durch Auslegung des Sonderprüfungsvertrages entsprechend § 144 AktG i. V. m. § 323 HGB konstruieren lassen, ist die spezielle Schadensersatzanspruchsgrundlage des § 323 Abs. 1 Satz 3 HGB auf die GmbH-Sonderprüfung nicht anzuwenden. Da in § 323 Abs. 1 HGB auch eine unmittelbare Haftung der Prüfungsgehilfen des Sonderprüfers gegenüber der Gesellschaft vorgesehen ist, würde sich eine Einbeziehung der Aussagen dieser Vorschrift als Vertrag zulasten Dritter darstellen, der in dieser Hinsicht keine Rechtsfolgen herbeiführen könnte.[79] Außerdem ist die Ersatzpflicht gem. § 323 Abs. 2 HGB durch Haftungshöchstbeträge je durchgeführter Prüfung begrenzt. Sofern dies nicht ausdrücklich vereinbart wird, kann deswegen nicht davon ausgegangen werden, dass die Parteien eine Sonderprüferhaftung entsprechend der Vorschrift des § 323 HGB vertraglich vereinbaren wollen, da dies nicht i. S. v. § 157 BGB mit deren Interessenlage einherginge. In Ermangelung spezieller Vertragsbestimmungen kann die GmbH vom Sonderprüfer unter den Voraussetzungen des allgemeinen Leistungsstörungsrechts auf Schadensersatz in Anspruch genommen werden. Bei mangelhafter Erstellung des Sonderprüfungsberichtes kommen Ansprüche aufgrund von

---

75 Zur Sonderprüfung bei der AG sehr eingehend *Kirschner*, S. 123 ff.; vgl. auch *M. G. Jansen*, Sonderprüfung, S. 62 ff.

76 *Spindler* in K. Schmidt/Lutter, AktG, § 142 Rn. 36, § 144 Rn. 14, 16.

77 *Adler/Düring/Schmaltz*, §§ 142-146 AktG Rn. 38; *Bezzenberger* in Großkomm AktG, § 145 Rn. 15.

78 *Kirschner*, S. 139; *Fleischer* in Küting/Weber, § 144 AktG Rn. 15.

79 Dazu allgemein *Flume* II, S. 9, 906.

§§ 634 Nr. 4, 280 ff. BGB in Betracht. Schlichte Verstöße gegen die zahlreichen Verhaltensgebote, die der Sonderprüfer zu beachten hat, sind als Nebenpflichtverletzungen nach §§ 280 Abs. 1, 241 Abs. 2 BGB zu sanktionieren. Bei einer pflichtwidrig durchgeführten Sonderprüfung kann der bei der Gesellschaft entstandene Schaden zum Beispiel darin bestehen, dass Missstände nicht aufgedeckt wurden, obwohl der Prüfer sie hätte erkennen müssen, und dadurch die Verantwortlichen aufgrund zwischenzeitlich eingetretener Verjährung von der GmbH nicht mehr in Anspruch genommen werden können.[80]

Gegenüber Dritten haftet der Sonderprüfer ebenfalls nur nach allgemeinen Grundsätzen. Als geschädigte Dritte kommen unter Umständen Gesellschafter in Betracht, wobei immer sorgfältig zu untersuchen ist, ob tatsächlich ein Eigenschaden des Anteilseigners vorliegt oder ob nur seine Beteiligung „reflexhaft" an Wert eingebüßt hat, weil der GmbH ein Schaden entstanden ist.[81] Sofern für den Sonderprüfer hinreichend deutlich ist, dass beispielsweise ein Minderheitsgesellschafter seine künftigen Entscheidungen von den Ergebnissen des Sonderprüfungsberichtes abhängig machen wird, mag der Prüfer wegen etwaiger Pflichtverletzungen diesem gegenüber zum Schadensersatz nach den Grundsätzen über den Vertrag mit Schutzwirkung für Dritte[82] verpflichtet sein. Dabei handelt es sich um den Unterfall der sog. „Expertenhaftung".[83] Eine Haftung des Sonderprüfers gegenüber dem Gesellschafter aus §§ 280 Abs. 1, 311 Abs. 3, 241 Abs. 2 BGB[84] ist demgegenüber nur in Ausnahmefällen denkbar, da der Sonderprüfer nicht Einfluss auf die Vertragsbeziehung zwischen der GmbH und ihren Gesellschaftern – mithin auf das Mitgliedschaftsverhältnis – nimmt.

IV. Beendigung von Prüferbestellung und Prüfungsvertrag

Die Rechtsbeziehungen zwischen der Gesellschaft und dem Sonderprüfer können auf verschiedene Weise beendet werden, bevor der Sonderprüfungsbericht erstattet worden ist. Dabei ist wiederum streng zwischen der innergesellschaftlichen Willensbildung und dem Außenverhältnis der Gesellschaft zu der Prüfungsperson zu unterscheiden.

---

80 Nur dazu etwa *Mock* in Spindler/Stilz, § 144 Rn. 23.

81 *Fleischer* in Küting/Weber, § 144 AktG Rn. 26; *Jänig*, S. 387.

82 Zu den Voraussetzungen dieses Rechtsinstituts *Gottwald* in MünchKomm BGB, § 328 Rn. 161 ff., insb. Rn. 176 ff.

83 Insgesamt dazu *Jänig*, S. 385 ff.

84 Zu diesem Rechtsinstitut grundlegend *Th. Grote*, Eigenhaftung Dritter, passim.

1. Widerruf des Bestellungsbeschlusses (Innenverhältnis)

Um einer Person ihre Rechtsstellung als Sonderprüfer nehmen zu können, muss prinzipiell immer zunächst der diese Position begründende Bestellungsbeschluss beseitigt werden. Diese Folge lässt sich vor allem herbeiführen, indem die Gesellschafter wiederum einen entsprechenden Beschluss fassen. Ebenso, wie die Anteilseigner die Beendigung der Prüfungsanordnung beschließen dürfen,[85] kann gestützt auf § 46 Nr. 6 GmbHG als *actus contrarius* die Gesellschafterversammlung jederzeit, ohne dass sie dafür einen Grund vorweisen müsste, den bestellten Sonderprüfer durch Widerruf der Bestellung im Beschlusswege abberufen. Auf die Fassung des Abberufungsbeschlusses sind die Stimmverbote, die bei der Abstimmung über die Prüferbestellung gelten, entsprechend anwendbar.[86] Wurden mehrere Sonderprüfer bestellt, dürfen auch einzelne von ihnen abberufen werden. Die Abberufung von Sonderprüfern kann erfolgen, ohne dass gleichzeitig die Anordnung der Sonderprüfung aufzuheben wäre. Vielmehr kann die Revision zu dem festgelegten Prüfungsthema mit einem neu bestellten Sonderprüfer fortgesetzt werden.[87] Wenn umgekehrt allerdings die Anordnung der Sonderprüfung zu dem ausgewählten Prüfungsgegenstand beendet wird, wird dadurch automatisch auch die Bestellung des oder der Sonderprüfer hinfällig. Dies wurde oben[88] – zumindest für den Fall der Nichtigkeit der Prüfungsanordnung bzw. des gerichtlichen Nichtigkeitsausspruches nach erfolgreicher Anfechtung des Sonderprüfungsbeschlusses – in diesem Sinne erläutert. Die Rechtslage ist damit zu begründen, dass Sonderprüfer nur bestellt werden können, um einen bestimmten Sachverhalt zu untersuchen, und dass die isolierte Bestellung von Sonderprüfern ohne festes Prüfungsthema keinen Sinn ergibt, weil sich die Anforderungen an die Prüfungsperson immer nach dem jeweiligen Prüfungsgegenstand zu richten haben. Dieser Gedanke lässt sich ohne weiteres auf jede Konstellation übertragen, in der die Prüfungsanordnung zurückgenommen wird, etwa wenn die Gesellschafter sie durch Beschluss aufheben.

---

85 Dazu wurde oben bereits ausgeführt. Vgl. S. 193 f. m. N.

86 Zum Ganzen, wenngleich bezogen auf das Aktienrecht, *Bork* in Hommelhoff, Hdb Corporate Governance, S. 758; *Kronstein/Zöllner* in KölnKomm AktG, § 142 Rn. 44; *Spindler* in K. Schmidt/Lutter, AktG, § 142 Rn. 75; *Wilsing/von der Linden* in Heidel, § 142 AktG Rn. 53.

87 Zur AG *Mock* in Spindler/Stilz, § 142 Rn. 104.

88 S. 298.

2. Kündigung des Sonderprüfungsvertrages (Außenverhältnis)

Prinzipiell führt die Aufhebung der Bestellung nicht automatisch zur Unwirksamkeit des Sonderprüfungsvertrages, der für das Außenverhältnis der Gesellschaft zum Sonderprüfer allein maßgeblich ist. Nur sofern der Bestellungsbeschluss durch ein Anfechtungsurteil kassiert und für nichtig erklärt wird, wirkt sich dies – wie gezeigt[89] – auch unmittelbar auf den Bestand des Sonderprüfungsvertrages aus. In den Fällen, in denen die Gesellschafter bloß von ihrer Befugnis zur Abberufung des Sonderprüfers Gebrauch machen, wirkt die Aufhebung der Bestellung nicht *ex tunc*, sondern nur für die Zukunft. Der Abberufungsbeschluss kann dann nur dadurch umgesetzt werden, dass der Sonderprüfungsvertrag durch Kündigung beendet wird.[90] Wie schon beim Abschluss des Sonderprüfungsvertrages verfügt bei der Abgabe sämtlicher Willenserklärungen gegenüber dem Sonderprüfer nicht der Geschäftsführer, sondern nur die Gesellschafterversammlung über die organschaftliche Vertretungsmacht für die GmbH. Demgemäß müssen entweder die Gesellschafter selbst die Kündigung des Prüfungsvertrages gegenüber dem Sonderprüfer aussprechen oder dazu abermals einen besonderen Vertreter bevollmächtigen. Schon der Abberufungsbeschluss selbst kann aber als Kündigungserklärung auszulegen sein. Er muss dem Sonderprüfer nur zugehen, insbesondere ihm durch die Gesellschafter veranlasst zur Kenntnis gelangen.[91] Solange kein besonderer Ablehnungsgrund in der Person des Sonderprüfers gegeben ist oder ihm eine Leistungsstörung vorgeworfen werden kann, was zum Rücktritt gem. § 323 BGB oder zur Kündigung aus wichtigem Grund gem. § 314 BGB berechtigen könnte,[92] steht den Gesellschaftern im Falle der Abberufung des Sonderprüfers nur das ordentliche jederzeitige Kündigungsrecht des Bestellers eines Werkes aus § 649 Satz 1 BGB zur Seite. Bei grundloser Abberufung des Sonderprüfers ist dieser daher gem. § 649 Satz 2 BGB berechtigt, die vereinbarte Vergütung zu verlangen, ohne dass er

---

89 Oben S. 342 f.

90 OLG Düsseldorf, Urt. vom 25. 3. 2011 (22 U 162/10), BeckRS 2011, 11600; *Schröer* in MünchKomm AktG, § 142 Rn. 90; *Mock* in Spindler/Stilz, § 142 Rn. 99; *Haager* in Ball/Haager, S. 72 f.; a. A. offenbar *Bezzenberger* in Großkomm AktG, § 142 Rn. 43: automatische Beendigung des Vertrages.

91 Äquivalent zum Aktienrecht *Kirschner*, S. 192 f.

92 Im Aktienrecht wird gelegentlich auch ein Kündigungsrecht wegen Störung der Geschäftsgrundlage gem. § 313 BGB angenommen: so bspw. *Wilsing/von der Linden* in Heidel, § 142 AktG Rn. 53. Der Tatbestand dieser Vorschrift dürfte jedoch in Anbetracht der typischen vertraglichen Risikoverteilung regelmäßig am fehlenden normativen Element scheitern. Das Risiko, dass die Gesellschafter grundlos die Bestellung rückgängig machen, ist nämlich nicht dem Sonderprüfer zugewiesen.

den Prüfungsbericht zu erstellen hätte. Er muss sich dann nur etwaige Ersparnisse durch die vorzeitige Vertragsbeendigung anrechnen lassen.[93]

Auch dem Sonderprüfer stehen die allgemeinen werkvertragsrechtlichen Möglichkeiten zu, sich vom Prüfungsvertrag zu lösen. Darauf soll hier nicht näher eingegangen werden, weil gegenüber dem allgemeinen Werkvertragsrecht keine Besonderheiten bestehen.

93 Zum Ganzen *Kirschner*, S. 200; *Fleischer* in Küting/Weber, § 142 AktG Rn. 152; *Bezzenberger* in Großkomm AktG, § 142 Rn. 44; *Kronstein/Zöllner* in KölnKomm AktG, § 142 Rn. 44; vgl. auch OLG Düsseldorf, Urt. vom 25. 3. 2011 (22 U 162/10), BeckRS 2011, 11600.

10. Kapitel: Durchführung des Sonderprüfungsverfahrens

I. Grundzüge des Prüfungsverfahrens

1. Rechtlicher Rahmen für den Verfahrensablauf

Da im GmbH-Gesetz der Ablauf eines Sonderprüfungsverfahrens ebenso wenig geregelt ist wie dessen Veranlassung, unterliegt auch die Ausgestaltung des Prüfungsprozesses prinzipiell der freien Gesellschafterdisposition.[1] Vorrangig ist zwar auch diesbezüglich die Satzung. Allerdings werden typischerweise in kaum einem GmbH-Gesellschaftsvertrag Verfahrensbestimmungen für die Durchführung einer Sonderprüfung enthalten sein. In Ermangelung von Gesetzes- und Satzungsvorschriften dürfen die Gesellschafter in dem von ihnen zu fassenden Sonderprüfungsbeschluss eigens festlegen, auf welche Weise die eingeleitete Sonderprüfung vorgenommen werden soll. Solche Vorgaben können das Prüfungsverfahren detailliert regeln. Sie können sich aber auch auf bloße Teilaspekte des Prüfungsablaufs beschränken. Insbesondere steht es den Gesellschaftern frei, über die Abfolge der Prüfungsschritte, die dem Sonderprüfer zustehenden Befugnisse sowie die Art der Kommunizierung der Prüfungserkenntnisse an die Gesellschaft bzw. deren Repräsentanten zu entscheiden.

Sofern – wie vermutlich in den meisten Fällen – auch die Gesellschafter bei der Prüfungseinleitung nicht ausdrücklich bestimmen, wie die Sonderprüfung vonstatten zu gehen hat, müssen die Vorgaben für das Prüfungsverfahren dem Gesellschafterbeschluss durch Auslegung entnommen werden. Wenn keine anderen Anhaltspunkte vorliegen, spricht die objektive Auslegung des Beschlusses i. S. v. §§ 133, 157 BGB dafür, dass die Gesellschafter die Sonderprüfung so durchgeführt wissen wollen, wie es der „üblichen Vorgehensweise" entspricht. Wie oben[2] schon in Bezug auf Rechte und Pflichten des Sonderprüfers dargelegt wurde, ist der Begriff der „Sonderprüfung", sofern er im gesellschaftsrechtlichen Kontext Verwendung findet, eindeutig aktienrechtlich vorgeprägt. Es existiert nicht etwa eine Bedeutung des Wortes „Sonderprüfung" in der Alltagssprache, die vernünftigerweise einschlägig sein könnte, wenn GmbH-Gesellschafter eine Sonderprüfung beschließen. Die Vorstellung der Gesellschafter vom „üblichen" Ablauf eines Sonderprüfungsverfahrens wird sich deswegen im Regelfall leitbildhaft an der Ausgestaltung des aus dem Aktiengesetz bekannten Rechtsinstituts orientieren. Ist kein entgegenstehender Wille der Gesellschafter erkenn-

1 Angedeutet bei *Lehmann*, S. 72.

2 S. 345 f.

bar, muss somit der Sonderprüfungsbeschluss in einer GmbH dahingehend ausgelegt werden, dass prinzipiell die Verfahrensregeln der §§ 142 bis 146 AktG zur Anwendung gelangen sollen.[3] Von einem solchen Auslegungsergebnis kann allerdings nur insoweit ausgegangen werden, als sich die Rechtsfolgen, die die aktienrechtlichen Vorschriften vorsehen, im GmbH-Recht überhaupt herbeiführen lassen.

Der Gesellschafterbeschluss – einschließlich der darin festgelegten Verfahrensbestimmungen – entfaltet wiederum unmittelbar nur innerhalb der Gesellschaft Bindungswirkung. Die Gesellschafterversammlung oder der von ihr bestellte besondere Vertreter wird das gesellschaftsintern beschlossene Prüfungsverfahren aber auch zum Gegenstand des Vertrags mit dem Sonderprüfer machen, sodass die Verfahrensbestimmungen dann auch für Letzteren verbindlich sind. Durch Abschluss des Prüfungsvertrages wird nämlich der Gesellschafterbeschluss umgesetzt.[4] Enthält auch der Vertrag keine speziellen Bestimmungen zum Prüfungsverfahren, gilt für dessen Auslegung das gleiche wie für die Interpretation des Sonderprüfungsbeschlusses.

Unter Zugrundelegung der soeben skizzierten generellen Überlegungen soll in diesem noch verbleibenden Kapitel die Dogmatik eines GmbH-rechtlichen Sonderprüfungsverfahrens zumindest in ihren Grundzügen erschlossen werden.

2. Typischer Prüfungsablauf: Die Etappen einer GmbH-Sonderprüfung im Überblick

Zwar existieren keine verbindlichen, festen Vorgaben dazu, wie eine Sonderprüfung im Einzelnen durchzuführen ist. Es lassen sich dennoch einige allgemeingültige Aussagen zum Ablauf eines typischen Prüfungsverfahrens treffen. Die folgenden Ausführungen dienen insoweit auch Illustrationszwecken.

Der Prüfungsablauf hat sich am Ziel des Sonderprüfungsverfahrens zu orientieren, das darin besteht, dass der Sonderprüfer den Gesellschaftern umfassend Bericht zu demjenigen Sachverhalt erstattet, der mit der Durchführung der Revision untersucht werden soll. Dass die Sonderprüfung mit der Anfertigung eines Berichtes abzuschließen ist, lässt sich – unter Berücksichtigung der soeben gemachten Ausführungen – dem Gesellschafterbeschluss sowie dem Prüfungsvertrag durch Auslegung unter Heranziehung des Rechtsgedankens von § 145 Abs. 6 AktG entnehmen. Die Berichtspflicht folgt aber auch schon daraus, dass die Sonderprüfung, die von einer gesellschaftsexternen Prüfungsperson durchgeführt wird, letztlich der Gesellschafterinformation dienen muss, da Rechtsgrund-

---

3 In diesem Sinne *Lehmann*, S. 72.

4 Allgemein bereits dazu oben S. 331 f.

lage dieses Instituts das kollektive Kontrollrecht der Gesellschafter i. S. d. § 46 Nr. 6 GmbHG ist. Es bedarf keiner weiteren Erläuterung, dass die Durchführung einer Prüfung aber nur dann einen Informationsgewinn für die Gesellschafter mit sich bringen kann, wenn diese die Prüfungsergebnisse abschließend erfahren. Das kann sinnvoll nur in Form eines Berichtes der Prüfungspersonen erfolgen. Die einzelnen Schritte des Prüfungsverfahrens müssen final auf die Berichterstattung ausgerichtet sein. Dazu verpflichtet den Sonderprüfer auch der mit der Gesellschaft geschlossene Vertrag, der sich gerade auf einen bestimmten Prüfungsauftrag bezieht. Die vom Sonderprüfer geschuldeten Tätigkeiten lassen sich grob vier Prüfungsphasen zuordnen: (1) Planung und Vorbereitung, (2) Sachverhaltsermittlung, (3) gegebenenfalls Würdigung und Bewertung des festgestellten Sachverhaltes und (4) Kommunizierung der Prüfungsergebnisse.[5]

Der Sonderprüfer muss zunächst die Phase der Sachverhaltsermittlung sorgfältig und gewissenhaft planen und angemessen vorbereiten.[6] Zur gründlichen Vorbereitung auf die zu ergreifenden Prüfungsmaßnahmen ist er schon deswegen gehalten, weil es ihm aufgrund vertraglicher Rücksichtnahmepflichten obliegt, ineffiziente und überflüssige Untersuchungen zu vermeiden, um den Prüfungsbericht zeitnah erstellen zu können und die Gesellschaft nicht mehr als unbedingt nötig zu belasten.[7] Allerdings sind der Prüfungsvorbereitung dadurch rein tatsächliche Grenzen gesetzt, dass zu Beginn der Sonderprüfung häufig noch völlig unklar ist, wo die Schwerpunkte der Ermittlungsarbeiten zu setzen sind, und dass sich entsprechend dem Wesen der Enquête der Sachverhalt eben immer erst im Verlauf der Prüfung nach und nach erschließt.[8]

Da die spezifische Leistung des Sonderprüfers regelmäßig in der Aufklärung des Prüfungssachverhalts in tatsächlicher Hinsicht liegt,[9] wird die Phase der Sachverhaltsermittlung für gewöhnlich den zentralen Kern des Prüfungsverfahrens bilden.[10] Die Ermittlungsarbeit des Prüfers besteht darin, auf unterschiedliche Weise Informationen zum Gegenstand der Sonderprüfung zu gewinnen. Diese sind in aller Regel nur in ganz geringem Umfang aus allgemein zugänglichen Quellen zu beschaffen. Hauptsächlich wird der Sonderprüfer die Sachaufklärung betreiben, indem er auf die in der Gesellschaft selbst vorhandenen Res-

---

5 Vgl. zum Sonderprüfungsverfahren bei einer AG insgesamt *Kirschner*, S. 204 ff.; *Ball* in Ball/Haager, S. 161 ff.

6 *Fleischer* in Küting/Weber, § 145 AktG Rn. 5; *Schedlbauer*, S. 150; *Kirschner*, S. 212. Umgekehrt zur Vorbereitung der Gesellschaft auf die Sonderprüfung *Bungert/Rothfuchs*, DB 2011, 1677, 1678 ff.

7 Ähnlich *Kirschner*, S. 212.

8 *Ball* in Ball/Haager, S. 162.

9 So bspw. *Hüffer*, ZHR 174 (2010), 642, 663.

10 So *Kirschner*, S. 223.

sourcen und Kenntnisse zurückgreift, insbesondere Einsicht in den bei ihr vorhandenen Datenbestand nimmt und Auskünfte von den für sie tätigen Personen verlangt. Auf die Befugnisse, die dem Prüfer dazu eingeräumt werden, wird noch zurückzukommen sein.[11] Der Sonderprüfer muss den fraglichen Sachverhalt restlos aufklären, um in der Lage zu sein, ihn unter Berücksichtigung der seinerzeit bestehenden Verhältnisse umfassend geistig nachzuvollziehen.[12] Die Beachtung dieser Maßgabe ist zur sachgerechten Erstellung des Prüfungsberichts geboten. Vor diesem Hintergrund gestaltet sich die Phase der Sachverhaltsermittlung als sehr aufwändig. Denn im Gegensatz zur jährlich wiederkehrenden Abschlussprüfung, zu deren Bewältigung der Prüfer regelmäßig auf die in den Vorjahren gewonnenen Stammdaten zu dem zu prüfenden Unternehmen zurückgreifen kann, weist die Sonderprüfung praktisch immer Erstprüfungscharakter auf und muss zudem – wie soeben schon erwähnt – immer als Vollprüfung durchgeführt werden. Letzteres bedeutet, dass der Sonderprüfer für eine lückenlose Untersuchung der relevanten Tatsachen sorgen muss und sich bei seiner Ermittlungstätigkeit nicht auf stichprobenartige Nachforschungen beschränken darf.[13]

Die verbleibenden beiden Phasen des Prüfungsprozesses gehen fließend ineinander über. Je nachdem, wie der Prüfungsauftrag lautet, kann es dem Sonderprüfer unter Umständen zusätzlich noch obliegen, die ermittelten Tatsachen unter Gesichtspunkten von Recht- oder Zweckmäßigkeit zu bewerten. Üblicherweise wird er eine solche Würdigung der Prüfungserkenntnisse ohnehin erst im Rahmen der Erstellung des Prüfungsberichts vornehmen. Insofern lässt sich die Ergebniswürdigung auch bereits der Berichtsphase zuordnen. Mit der Vollendung der Berichterstattung in der gebotenen Form erfüllt der Sonderprüfer seine vertraglichen Primärpflichten gegenüber der Gesellschaft.[14] Dadurch gelangt das Sonderprüfungsverfahren zum Abschluss.[15]

---

[11] Dazu sogleich unten S. 356 ff.

[12] *Schedlbauer*, S. 150; *Kirschner*, S. 213.

[13] Zum Ganzen *Kirschner*, S. 223, 213 f.; vgl. zu dem für die Sonderprüfung geltenden Vollprüfungsgebot auch *Schedlbauer*, S. 151; *Adler/Düring/Schmaltz*, §§ 142-146 AktG Rn. 37; *Fleischer* in Küting/Weber, § 145 AktG Rn. 6 f. *Bezzenberger* in Großkomm AktG, § 145 Rn. 8.

[14] Ausführlicher zum Sonderprüfungsbericht noch unten S. 373 ff.

[15] Zur Abschlussfunktion des Berichts im Aktienrecht *Jänig*, S. 391.

3. Maßgaben für die Arbeit des Sonderprüfers

Da der Sonderprüfer – wie bereits angesprochen[16] – den Prüfungssachverhalt eigenverantwortlich, d. h. insbesondere weisungsfrei, aufzuklären und zu bewerten hat, entscheidet er auch grundsätzlich allein darüber, in welcher Weise das Prüfungsverfahren durchzuführen ist, mithin welche Prüfungsmaßnahmen im Einzelnen ergriffen werden sollen.[17] Gerade die unabhängige Sachverhaltsaufklärung und -bewertung durch den Sonderprüfer bildet eine der besonderen Stärken des Instituts der Sonderprüfung. Die prinzipielle Freiheit des Sonderprüfers, über die Art und Weise der Prüfungsdurchführung zu befinden, erfährt Einschränkungen nur durch die vertragliche Pflichtenbindung gegenüber der Gesellschaft. So beziehen sich der Beschluss, mit dem die Sonderprüfung angeordnet wird, und auf diesen aufbauend auch der Vertrag zwischen der Gesellschaft und dem Sonderprüfer immer auf einen bestimmten Prüfungsgegenstand. Er gibt dem Prüfer den Umfang der Ermittlungstätigkeit vor. Aus ihm lässt sich deswegen ableiten, welche Prüfungshandlungen ergriffen werden sollten.[18] Da aber auch die Erlangung von Umfeldwissen von enormer Bedeutung für die sachkundige Erstellung des Sonderprüfungsberichts sein kann, sind die Grenzen der dem Sonderprüfer zustehenden Prüfungsbefugnisse großzügig zu bemessen. So sind seine Prüfungsrechte weder zeitlich noch gegenständlich auf die zu ergründenden Vorgänge beschränkt.[19]

Weil der Sonderprüfer an keinerlei Weisungen gebunden ist, hat er unklare Prüfungsaufträge selbständig und in eigener Verantwortung auszulegen.[20] Es ist ihm aber nicht gestattet, den Gegenstand der Sonderprüfung eigenmächtig zu erweitern, einzuschränken oder ansonsten zu verändern.[21]

---

16 Oben S. 346 m. N.

17 So zur AG OLG Düsseldorf, Urt. vom 25. 3. 2011 (22 U 162/10), BeckRS 2011, 11600; *Kirschner*, S. 204; *Jänig*, S. 381.

18 Vgl. zur GmbH *Leinekugel*, GmbHR 2008, 632, 634; zur AG *Adler/Düring/Schmaltz*, §§ 142-146 AktG Rn. 37, *Bezzenberger* in Großkomm AktG, § 145 Rn. 8; *Spindler* in K. Schmidt/Lutter, AktG, § 145 Rn. 5; *Fleischer* in Küting/Weber, § 145 AktG Rn. 3.

19 *Haager* in Ball/Haager, S. 92; dazu unten mehr, vgl. S. 366 f.

20 *Kirschner*, S. 209 ff.; *Bezzenberger* in Großkomm AktG, § 145 Rn. 7; *Spindler* in K. Schmidt/Lutter, AktG, § 145 Rn. 4; *Adler/Düring/Schmaltz*, §§ 142-146 AktG Rn. 40; *Hüffer*, ZHR 174 (2010), 642, 663.

21 *Bezzenberger* in Großkomm AktG, § 145 Rn. 7; *Fleischer* in Küting/Weber, § 145 AktG Rn. 4; zur nachträglichen Veränderung des Prüfungsgegenstands durch die Gesellschafter vgl. bereits oben S. 193 f.

II. Befugnisse des Sonderprüfers zur Sachverhaltsermittlung

1. Rechtsdogmatische Herleitung

Dem Sonderprüfer des Aktienrechts räumt das Gesetz in § 145 Abs. 1 bis 3 AktG eigene Rechte gegenüber den Organmitgliedern der zu prüfenden Gesellschaft ein. Diese lassen sich gegen unkooperative Vorstandsmitglieder durch Verhängung von Zwangsgeldern gem. § 407 Abs. 1 AktG sogar selbständig durchsetzen. Zwar ist der Sonderprüfungsbeschluss der GmbH-Gesellschafter regelmäßig dahingehend auszulegen, dass das Prüfungsverfahren entsprechend dem aktienrechtlichen Vorbild durchgeführt werden soll.[22] Da aber die aktienrechtlichen Vorschriften zu den Prüferbefugnissen im GmbH-Recht nicht im Wege des Analogieschlusses zur Anwendung gelangen können, ist zu erörtern, ob es bei der GmbH rechtlich überhaupt möglich ist, dass der Sonderprüfer Prüfungsrechte nach dem Vorbild des § 145 AktG erhält.

Im GmbH-Recht, das spezielle Bestimmungen zu Sonderprüfungen nicht vorsieht, können dem Sonderprüfer selbst nämlich keine eigenen gesellschaftsrechtlich vermittelten Prüfungsbefugnisse zustehen, wie dies aus dem Aktienrecht bekannt ist. Es muss untersucht werden, wie stattdessen die Informationsrechte des Sonderprüfers bei einer GmbH dogmatisch zu konstruieren sind. Wenn in der Literatur von „Ansprüchen" des Sonderprüfers gegen die Organmitglieder der GmbH die Rede ist,[23] ist damit sicherlich nicht gemeint, dass dem Sonderprüfer ein echter eigener Anspruch i. S. v. § 194 BGB gerichtet auf Informationserteilung unmittelbar gegen die Geschäftsführer zustehen soll.[24] Der Sonderprüfer wird nämlich persönlich nur kraft des Sonderprüfungsvertrages berechtigt und verpflichtet. Die Leistungspflichten, die der Prüfer aus diesem Vertrag beanspruchen kann, sind rein schuldrechtlicher Natur und treffen allein die GmbH als Rechtssubjekt. Aber auch gegen die Gesellschaft räumt der Sonderprüfungsvertrag dem Sonderprüfer keinen Anspruch auf Bereitstellung von Informationen ein, sofern dies nicht ausnahmsweise ausdrücklich bestimmt wird. Eine derartige Gestaltung wäre für einen Werkvertrag nicht nur äußerst unüblich, sondern entspräche auch nicht der Interessenlage der Parteien. Der Sonderprüfungsvertrag wird nämlich nicht abgeschlossen, um Informationsinteressen des Sonderprüfers zu befriedigen. Dessen Information ist nur Mittel zum Zweck der Geschäftsführungskontrolle im Interesse der Gesellschafter. Abgese-

---

[22] Dazu oben S. 351 ff.

[23] So *Leinekugel*, GmbHR 2008, 632, 634.

[24] Im Aktienrecht sind durch § 145 Abs. 2 und 3 dagegen die Organmitglieder persönlich verpflichtet: so etwa *Haager* in Ball/Haager, S. 97.

hen davon verfügt die Gesellschafterversammlung auch nicht über die Vertretungsmacht, dem Prüfer vertraglich derartige Ansprüche einzuräumen, denn diese würden über das zur Durchführung angemessener Prüfungs- und Überwachungsmaßnahmen erforderliche Maß hinausgehen. Ein echter Erfüllungsanspruch steht dem Sonderprüfer kraft des Vertrags mit der Gesellschaft nur auf die Zahlung der vereinbarten Vergütung zu. Bei der Informationserteilung seitens der Gesellschaftsorgane an den Sonderprüfer handelt es sich entsprechend den werkvertragsrechtlichen Kategorien i. S. v. §§ 642, 643 BGB nur um die Erfüllung von Obliegenheiten zur Mitwirkung an der Erstellung des Sonderprüfungsberichtes – mithin des geschuldeten Werkes.[25]

Da demzufolge dem Sonderprüfer keine eigenen Informationsansprüche eingeräumt werden, muss umgekehrt gefragt werden, auf welcher rechtlichen Grundlage die Geschäftsführer dennoch verpflichtet sein können, den Sonderprüfer bei dessen Maßnahmen zur Informationsgewinnung zu unterstützen. Betrachtet man die organisationsverfassungsrechtlichen Strukturen einer GmbH, so können dem Sonderprüfer Informationsbefugnisse gegenüber den Geschäftsführern nur dergestalt vermittelt werden, dass er zur Wahrnehmung der prinzipiell den Gesellschaftern in § 46 Nr. 6 GmbHG zugewiesenen Kompetenzen berechtigt ist. Wie wird dies aber rechtstechnisch bewerkstelligt? Die Befugnis aus § 46 Nr. 6 GmbHG wird den Gesellschaftern als Organzuständigkeit zugewiesen – nicht etwa als Anspruch im Sinne des Schuldrechts. Eine Übertragung der Überwachungsbefugnis auf den Sonderprüfer scheidet deswegen aus. Das Kollektivrecht der Gesellschafter, bei dem es sich um eine Organkompetenz handelt, lässt sich nämlich nur einem anderen Gesellschaftsorgan überantworten,[26] nicht aber einem gesellschaftsfremden Dritten.[27] Denn dies widerspräche dem Gebot der gesellschaftsrechtlichen Autonomie eines privatrechtlichen Verbandes.[28] Allenfalls ließe sich noch daran denken, dass der Sonderprüfer i. S. d. § 185 Abs. 1 BGB im Prüfungsbeschluss konkludent dazu ermächtigt würde, die Gesellschafterrechte aus § 46 Nr. 6 GmbHG im eigenen Namen geltend zu machen. Einer solchen Konstruktion stehen aber genau dieselben Bedenken entgegen wie einer teilweisen Übertragung der Befugnis. Sowohl Übertragung als

25 Vgl. dazu in anderem Zusammenhang zum Aktienrecht ähnlich *Kronstein/Zöllner* in KölnKomm AktG, § 145 Rn. 14; *Schröer* in MünchKomm AktG, § 142 Rn. 50.

26 Dazu oben S. 56 ff. und S. 312 ff.

27 *K. Schmidt* in Scholz, § 46 Rn. 112; *Fichtelmann* in HeidelbKomm GmbH-R, § 46 GmbHG Rn. 65; vgl. ähnlich *Ulmer* in FS Werner, S. 921; *A. Teichmann*, Gestaltungsfreiheit, S. 199. Allgemein zur Unzulässigkeit der Betrauung gesellschaftsfremder Dritter mit organschaftlichen Befugnissen *A. Teichmann*, Gestaltungsfreiheit, S. 189 ff.; *Ulmer* a. a. O., S. 916 ff.; *K. Schmidt* a. a. O., § 45 Rn. 15.

28 *K. Schmidt* in Scholz, § 45 Rn. 15.

auch Ermächtigung würden zudem ohnehin immer einen satzungsändernden Gesellschafterbeschluss erfordern, weil sie die organschaftliche Kompetenzverteilung in der Gesellschaft veränderten.

In dogmatischer Hinsicht erscheint es deshalb vorzugswürdig, davon auszugehen, dass jeder Sonderprüfungsbeschluss bereits die konkludente Erteilung einer Weisung an die Geschäftsführer beinhaltet, für die Dauer des Sonderprüfungsverfahrens den vom Sonderprüfer geäußerten Informationsverlangen so zu entsprechen und ihn mit seinen Ermittlungen so gewähren zu lassen, als würde statt seiner die Gesellschaftergesamtheit die Kontrollkompetenz aus § 46 Nr. 6 GmbHG selbst wahrnehmen. Diese Konstruktion hat letztlich zur Folge, dass die Gesellschafterversammlung ihre Organbefugnis weiterhin eigens ausübt. Der Sonderprüfer konkretisiert bei seinen Ermittlungen bloß gleichsam das generelle Informationsverlangen der Gesellschafter. Die einzelnen Begehren des Sonderprüfers lösen für den Geschäftsführer nur deswegen Verbindlichkeit in Gestalt einer Folgepflicht aus, weil die Gesellschafter dies in ihrer Weisung so bestimmt haben. Zwar ist – wie erwähnt – schon der ursprüngliche Sonderprüfungsbeschluss als Weisungserteilung an die Geschäftsführung auszulegen. Diese wird wirksam und bindend, sobald sie dem Geschäftsführer zur Kenntnis gelangt oder in anderer Weise zugeht. Zu Klarstellungszwecken können aber auch nach Einleitung der Sonderprüfung jederzeit weitere Beschlüsse gefasst werden, in denen die Geschäftsführer ausdrücklich zur Zusammenarbeit mit dem Sonderprüfer angewiesen werden. Es handelt sich dabei nicht um eine Weisungserteilung in Geschäftsführungsfragen i. S. d. § 37 Abs. 1 GmbHG. Vielmehr ergeht eine solche Weisung, um eine auf § 46 Nr. 6 GmbHG gestützte Maßnahme umzusetzen,[29] sodass auf den entsprechenden Gesellschafterbeschluss beispielsweise wiederum das schon bei Einleitung der Sonderprüfung einschlägige Stimmverbot anzuwenden ist.

2. Rechte des Sonderprüfers im Einzelnen

a) Bandbreite und Umfang der Prüfungsrechte gegenüber dem Geschäftsführer

Legt man den Sonderprüfungsbeschluss der GmbH-Gesellschafter dahingehend aus, dass die aktienrechtlichen Vorschriften zum Sonderprüfungsverfahren sinngemäß gelten sollen, so haben die Geschäftsführer nach dem Rechtsgedanken

---

29 Zu solchen Weisungen *Römermann* in Michalski, § 46 Rn. 334, der allerdings eine Abgrenzung zu § 37 Abs. 1 GmbHG für nicht erforderlich hält; vgl. dazu insgesamt auch oben S. 65.

des § 145 Abs. 1 und 2 AktG dem Sonderprüfer zu gestatten, die Bücher, Schriften und Vermögensgegenstände der Gesellschaft zu prüfen, sowie dessen Verlangen nach „Aufklärungen“ und „Nachweisen“ zu entsprechen. Dies ist bei der GmbH auch rechtlich umsetzbar. Die konkludent im Sonderprüfungsbeschluss enthaltene Gesellschafterweisung verpflichtet die Geschäftsführer zu einer § 145 AktG entsprechenden Kooperation mit dem Sonderprüfer. Gestützt auf § 46 Nr. 6 GmbHG dürften nämlich die Gesellschafter als Gesamtheit auch selbst umfassend Einsicht in den gesamten Datenbestand der Gesellschaft nehmen, deren Vermögensgegenstände besichtigen und von den Geschäftsführern Berichte und einzelne Auskünfte zu den Gesellschaftsangelegenheiten verlangen.[30] Aufgrund der generellen Gesellschafterweisung, die mit der Prüfungseinleitung verbunden ist, sind die Geschäftsführer gehalten sicherzustellen, dass diese Informationsmittel ebenfalls dem Sonderprüfer zur Verfügung stehen. Auf diese Weise wird ihm bei einer GmbH – ebenso wie bei einer Aktiengesellschaft – prinzipiell der ungehinderte Zugriff auf alle Erkenntnisquellen innerhalb des Unternehmens ermöglicht.

Für Zwecke einer Sonderprüfung kommt regelmäßig dem Einsichtsrecht des Prüfers die weitaus größte Bedeutung zu, weil ihm der Einblick in die „Bücher und Schriften“ der Gesellschaft für gewöhnlich den zuverlässigsten Erkenntnisgewinn versprechen wird,[31] zumal sich verborgene Umstände regelmäßig nur durch umfassende Sondierung der einschlägigen Unterlagen aufdecken lassen.[32] Dem Einsichtsrecht unterliegt der gesamte Datenbestand der Gesellschaft. Dazu gehören alle dokumentierten Erklärungen und Vorgänge unabhängig von der äußeren Gestalt der Dokumentation.[33] Daneben darf der Sonderprüfer jeden Vermögensgegenstand der Gesellschaft in Augenschein nehmen, insbesondere Grundstücke und Anlagen betreten – selbstverständlich nur mit Rücksicht auf den laufenden Betrieb. Der Geschäftsführer ist aufgrund der Gesellschafterweisung wie nach § 145 Abs. 1 AktG nicht nur zur passiven Erduldung der Einsichtnahmen und Prüfungen verpflichtet, sondern ihn trifft darüber hinaus eine aktive Unterstützungspflicht.[34] So hat er zum Beispiel bestimmte Unterlagen auf

---

30 Das ist bereits ausführlich dargelegt worden: vgl. oben S. 67 ff. m. N.

31 *Hüffer*, ZHR 174 (2010), 642, 668; *Kirschner*, S. 227; *Fleischer* in Küting/Weber, § 145 AktG Rn. 11.

32 *Jänig*, S. 358.

33 Zum Kollektivrecht aus § 46 Nr. 6 GmbHG vgl. insofern bereits oben S. 68; zum Einsichtsrecht bei der aktienrechtlichen Sonderprüfung *Hüffer*, ZHR 174 (2010), 642, 668 m. w. N.

34 *Leinekugel*, GmbHR 2008, 632, 634; vgl. auch *Skauradszun*, GmbHR 2012, 936, 938; vgl. entsprechend zu § 145 Abs. 1 AktG BayObLG, ZIP 2000, 668, 669; *Kirschner*,

Verlangen bereitzustellen, Originale vorzulegen und gegebenenfalls Daten „lesbar“ zu machen. Die Förderpflicht umfasst es auch, dem Sonderprüfer geeignete und angemessene Räumlichkeiten, Hilfsmittel (wie z. B. EDV-Zugang, Kopiergerät und weitere Büroausstattung) sowie gegebenenfalls Hilfskräfte zur Verfügung zu stellen.[35] Unter Umständen mag es in einigen Situationen zweckmäßig sein, wenn die Geschäftsführer, um eine zügige Durchführung der Sonderprüfung zu gewährleisten, bereits von sich aus, eine Auswahl an Datenmaterial, mithin einen „Datenraum“ zusammenstellen, wie dies etwa im Rahmen einer sog. *due diligence* gängige Praxis ist. Mit dessen Hilfe kann sich der Sonderprüfer einen ersten Überblick über die Gesellschaftsverhältnisse verschaffen.[36]

Parallel oder ergänzend zu derartigen Einsichtnahmen steht es dem Sonderprüfer – im Sinne der Bestimmung des § 145 Abs. 2 AktG – auch zu, von den Geschäftsführern die Erteilung von Auskünften zu verlangen. Wie es der Kollektivbefugnis der Gesellschafter i. S. v. § 46 Nr. 6 GmbHG entspricht, kann der Sonderprüfer die Art und Weise der Informationserteilung selbst festlegen. Regelmäßig wird er die Auskunftserteilung in Schriftform einfordern. Es kann aber ebenso sinnvoll sein, die Geschäftsführer persönlich zu befragen und über ein solches Gespräch ein Protokoll aufzunehmen.[37] Die Befugnis des § 46 Nr. 6 GmbHG ermöglicht es dem Sonderprüfer, sowohl umfassende Berichte als auch Antworten zu konkreten Einzelfragen anzufordern.[38] Im Regelfall dürfte es sich anbieten, zu Beginn des Prüfungsverfahrens die Geschäftsführung zur Erstellung eines zusammenfassenden Einführungsberichtes zu verpflichten.[39] Parallel wird sich der Sonderprüfer durch Ausübung des Einsichtsrechts aber immer zunächst einen eigenen Eindruck von dem zu prüfenden Unternehmen verschaffen wollen.[40] Auch im Zusammenhang mit der Auskunftserteilung an den Sonderprüfer

---

S. 228; *Schröer* in MünchKomm AktG, § 145 Rn. 7; *Mock* in Spindler/Stilz, § 145 Rn. 13.

35 *Leinekugel*, GmbHR 2008, 632, 634; vgl. zur Sonderprüfung bei der AG *Bork* in Hommelhoff, Hdb Corporate Governance, S. 756; *Bezzenberger* in Großkomm AktG, § 145 Rn. 9; *Hirschmann* in Hölters, § 145 Rn. 3; *Jänig*, S. 359; *Hüffer*, ZHR 174 (2010), 642, 669; *Bungert/Rothfuchs*, DB 2011, 1677, 1679.

36 Dies entspricht einem Vorschlag von *Bungert/Rothfuchs*, DB 2011, 1677, 1679.

37 Zur AG *Kirschner*, S. 231 ff.; *Mock* in Spindler/Stilz, § 145 Rn. 14; *Fleischer* in Küting/Weber, § 145 AktG Rn. 14; vgl. zum Ablauf protokollierter „Interviews“ *Bungert/Rothfuchs*, DB 2011, 1677, 1680.

38 Dazu bereits oben S. 67 f., 69 f. m. N.

39 So zum Aktienrecht *Kirschner*, S. 217; *Bungert/Rothfuchs*, DB 2011, 1677, 1679; *Bezzenberger* in Großkomm AktG, § 145 Rn. 17; *Fleischer* in Küting/Weber, § 145 AktG Rn. 14; *Mock* in Spindler/Stilz, § 145 Rn. 14.

40 *Jänig*, S. 359.

trifft die Geschäftsführer eine Förder- oder Kooperationspflicht.[41] Dies entspricht der gängigen Auslegung von § 145 Abs. 2 AktG[42] und gilt, wie bereits ausgeführt,[43] im Rahmen von § 46 Nr. 6 GmbHG ohnehin. So hat der Geschäftsführer etwa nicht nur auf die gezielt gestellten Fragen Antwort zu geben, sondern muss unaufgefordert alle sachdienlichen Informationen ausbreiten und auch von sich aus ergänzende Aufklärungen vornehmen, wenn diese erkennbar notwendig sind.[44]

Die Unterscheidung von Einsichtnahme- und Auskunftsverlangen ist teilweise nicht einfach. Die beiden Haupterscheinungsformen der Prüferrechte gehen im Grunde fließend ineinander über, da gelegentlich Unterlagen erläutert und Auskünfte durch Belege nachgewiesen werden müssen. Auch ist die Auskunftserteilung selbst durch Vorlage von Dokumenten möglich. Letztlich kommt es auf eine trennscharfe Abgrenzung von Auskunft und Einsicht aber auch nicht an, weil es sich jeweils nur um verschiedene Ausprägungen des einheitlichen Kontrollrechts der Gesellschafter aus § 46 Nr. 6 GmbHG handelt.

b) Auskunftsrechte gegenüber weiteren Personen

Bei der Vornahme der Ermittlungshandlungen durch den Sonderprüfer ist dessen wichtigster Ansprechpartner der Geschäftsführer der jeweiligen Gesellschaft. Vor allem weil er als Leitungsorgan der GmbH für diese die Sachherrschaft über die in den Gesellschaftsräumen befindlichen Gegenstände ausübt,[45] kann die Erduldung der Einsichtnahmen des Sonderprüfers zum Beispiel nur von ihm verlangt werden. Es bleibt zu untersuchen, inwieweit die Sonderprüfer imstande sind, von weiteren Personen zumindest Auskünfte einzufordern. Als Verpflichtete kommen dabei potenziell andere gegenwärtige Organmitglieder, Mitarbeiter und ehemalige Organwalter der Gesellschaft sowie Unternehmen, die mit dieser verbunden sind, in Betracht.

---

41 *Leinekugel*, GmbHR 2008, 632, 634.

42 BayObLG, ZIP 2000, 668, 669; *M. G. Jansen*, Sonderprüfung, S. 69 f.; *Butzke*, Rn. M 27; *Bork* in Hommelhoff, Hdb Corporate Governance, S. 756; *Spindler* in K. Schmidt/Lutter, AktG, § 145 Rn. 10.

43 Vgl. oben S. 68 f. und insbesondere *B. Schneider*, GmbHR 2008, 638, 639, jeweils m. w. N.

44 *Leinekugel*, GmbHR 2008, 632, 634; zur AG ebenso OLG Düsseldorf, Urt. vom 25. 3. 2011 (22 U 162/10), BeckRS 2011, 11600; *Jänig*, S. 359; *Kirschner*, S. 231; *Bezzenberger* in GroßKomm AktG, § 145 Rn. 17; *Schröer* in MünchKomm AktG, § 145 Rn. 12; *Fleischer* in Küting/Weber, § 145 AktG Rn. 14.

45 Dazu *K. Schmidt*, GesellschR, S. 266 f.

aa) Mitglieder weiterer Gesellschaftsorgane

Unter Heranziehung des Rechtsgedankens von § 145 Abs. 2 AktG, der die Pflicht zur Erteilung von „Aufklärungen und Nachweisen" gegenüber dem Sonderprüfer auf Aufsichtsratsmitglieder erstreckt,[46] wird die Auslegung des Sonderprüfungsbeschlusses ergeben, dass die Prüfungsperson auch bei der Durchführung einer GmbH-rechtlichen Sonderprüfung Auskünfte von den Mitgliedern zusätzlicher Gesellschaftsorgane einfordern kann. Dazu zählen sämtliche Aufsichtsrats- und Beiratsmitglieder. Die Aussage des § 145 Abs. 2 AktG ist im GmbH-Recht im Ergebnis auch rechtlich umsetzbar. Es ließ sich zwar bereits zeigen, dass die Gesellschafter in Wahrnehmung ihrer Eigenkompetenz aus § 46 Nr. 6 GmbHG das Verhalten von Mitgliedern eines fakultativen zusätzlichen Gesellschaftsorgans wie auch das von solchen eines obligatorischen Aufsichtsrats zum Gegenstand einer Sonderprüfung machen können.[47] Damit muss aber nicht automatisch einhergehen, dass diese Personen im Rahmen der Prüfungsdurchführung gegenüber dem Sonderprüfer auskunftsverpflichtet sind. Jedoch wurde an anderer Stelle schon dargelegt,[48] dass jedenfalls die Mitglieder eines fakultativen Aufsichtsrats oder eines Beirats den Gesellschaftern als oberstem Gesellschaftsorgan unmittelbar und umfassend rechenschaftspflichtig sind. Gegenüber einem von den Gesellschaftern bestellten Sonderprüfer sind sie demzufolge ebenso wie die Geschäftsführer zur Erteilung von Auskünften verpflichtet, weil der Sonderprüfer mit seinen einzelnen Ermittlungsmaßnahmen wiederum nur das generell im Sonderprüfungsbeschluss zum Ausdruck kommende Informationsverlangen der Gesellschaftergesamtheit konkretisiert. In Bezug auf die Mitglieder eines obligatorischen Aufsichtsorgans lässt sich nicht entsprechend argumentieren. Der mitbestimmte GmbH-Aufsichtsrat erfüllt allerdings in struktureller Hinsicht in etwa diejenige Funktion, die dem Aufsichtsrat in der Organisationsverfassung einer Aktiengesellschaft zukommt.[49] Da die Mitglieder des aktienrechtlichen Aufsichtsorgans einem Sonderprüfer aber aufgrund von § 145 Abs. 2 AktG zur Auskunftserteilung verpflichtet sind, liegt es nahe, dass dies für die Organwalter des obligatorischen GmbH-Aufsichtsrats ebenfalls gelten muss. Die Normen des Aktienrechts lassen sich zwar nicht analog auf die GmbH-rechtliche Sonderprüfung anwenden. Eine unmittelbare Auskunftspflicht der Mitglieder des mitbestimmten Aufsichtsrats dürfte sich aber in aller Regel je-

---

46 Dadurch beabsichtigte der Gesetzgeber (vgl. Begr. RegE zum AktG 1965, abgedr. bei *Kropff*, S. 210), das „oft sehr wertvolle Wissen der Aufsichtsratsmitglieder" in den Dienst der Sonderprüfung zu stellen.

47 Vgl. dazu oben S. 157 ff.

48 Oben S. 74 und S. 159 jeweils m. N.

49 Vgl. ähnlich bereits oben S. 162.

denfalls aus einer ergänzenden Auslegung des Anstellungsvertrages zwischen den Organwaltern und der Gesellschaft nach §§ 133, 157, 242 BGB ergeben. Sofern nämlich bei Abschluss eines solchen Vertrages die Möglichkeit bedacht würde, dass es jederzeit zur Durchführung einer Sonderprüfung kommen kann, könnten sich redlicherweise weder die Gesellschaft noch die Aufsichtsratsmitglieder der Aufnahme einer Vertragsbestimmung verschließen, der zufolge die Organwalter die etwaigen Fragen eines Sonderprüfers diesem gegenüber unmittelbar zu beantworten hätten.[50]

bb) Mitarbeiter und ehemalige Organmitglieder

Zudem wird der Sonderprüfer regelmäßig ein großes Interesse daran haben, Mitarbeiter der Gesellschaft unmittelbar befragen zu können. Die Angestellten verfügen nämlich in vielen Fällen über ein größeres Wissen zu den Einzelheiten gesellschaftsinterner Vorgänge als die Geschäftsleitung. Wenn außerdem die Geschäftsführer fürchten, wegen der Vorgänge, auf die sich die Sonderprüfung bezieht, von der Gesellschaft auf Schadensersatz in Anspruch genommen zu werden, werden diese den Sonderprüfern weniger wertvolle Informationen liefern, als es von den Mitarbeitern zu erwarten ist.[51] Vertreter der Schrifttums gehen davon aus, der von den GmbH-Gesellschaftern bestellte Sonderprüfer könne auch unmittelbar die Mitarbeiter der Gesellschaft befragen.[52] Dies trifft im Ergebnis zu. Ein solches unmittelbares Auskunftsrecht gegenüber den Mitarbeitern steht den Gesellschaftern – und somit auch dem Sonderprüfer – aber nicht ohne weiteres zu, weil die Arbeitnehmer gerade nicht Teil der gesellschaftsrechtlichen Organisationsverfassung der GmbH sind. Vielmehr muss der Sonderprüfer sich mit dem Anliegen, die Mitarbeiter befragen zu wollen, zunächst an die Geschäftsführer wenden, die diesem Verlangen nachzukommen haben.[53] Die Rechte und Pflichten der Angestellten gegenüber der Gesellschaft folgen nämlich allein aus Arbeitsverträgen. Kraft derer sind die Mitarbeiter an die von der Gesellschaft als Arbeitgeberin gem. § 106 GewO erteilten Weisungen gebunden. Diese können gerade auch in der Aufforderung bestehen, bestimmte Fragen zu beantworten. Die Vertretungsmacht zur Ausübung dieses Weisungsrechts im Namen der GmbH kommt grundsätzlich den Geschäftsführern als den gesetzlichen Ver-

---

50 Zur Herleitung und Methodik der ergänzenden Vertragsauslegung im Allgemeinen *Flume* II, S. 321 ff.; eingehend noch *Larenz/Wolf*, AT (9. A.), S. 540 ff.; nunmehr kritischer *Wolf/Neuner*, AT, S. 403 f.

51 In diesem Sinne bezogen auf die AG *Jänig*, S. 368.

52 So *Skauradszun*, GmbHR 2012, 936, 939 f.; *Leinekugel*, GmbHR 2008, 632, 634; *Peters/Dechow*, GmbHR 2007, 236, 241; *Fleischer*, GmbHR 2001, 45, 50.

53 Vgl. in diesem Sinne *Fleischer*, GmbHR 2001, 45, 50; dagegen für ein unmittelbares Auskunftsrecht gegenüber Mitarbeitern *Skauradszun*, GmbHR 2012, 936, 939 f.

tretern der Gesellschaft zu. Daneben darf nicht noch der Sonderprüfer selbständig den Mitarbeitern die Beantwortung bestimmter Fragen aufgeben, weil es den Beschäftigten kaum zugemutet werden könnte, sich im Streitfall zwischen der Weisung des Geschäftsführers und der des Sonderprüfers zu entscheiden.[54] Die Geschäftsführer sind allerdings ihrerseits aufgrund des Sonderprüfungsbeschlusses i. S. v. § 46 Nr. 6 GmbHG den Gesellschaftern gegenüber zur aktiven Kooperation mit dem Sonderprüfer verpflichtet.[55] Wenn jener nun verlangt, bestimmte Mitarbeiter unmittelbar befragen zu dürfen, hat der Geschäftsführer dem Ansinnen kraft der ihm obliegenden Förderpflicht zu entsprechen.[56] Der Geschäftsführer kann dem Sonderprüfer aber die direkte Befragung von Mitarbeitern auch schlechthin gestatten und deren Kooperation mit dem Prüfer durch die Erteilung einer generellen Weisung an die Beschäftigten aufgrund des arbeitsrechtlichen Direktionsrechts sicherstellen.[57]

In ähnlicher Weise muss verfahren werden, wenn der Sonderprüfer Auskünfte von ehemaligen Organmitgliedern oder früheren Mitarbeitern begehrt. Sind die jeweiligen Personen nicht von sich aus bereit, die Fragen des Sonderprüfers zu beantworten, ist der Geschäftsführer verpflichtet, etwaige Informationsansprüche der Gesellschaft gegen die Ausgeschiedenen geltend zu machen und notfalls gerichtlich durchzusetzen.[58] Derartige Verpflichtungen der Informationsträger können insbesondere aus nachwirkenden Treuepflichten gegenüber der Gesellschaft resultieren.[59] Die Auskunftspflicht muss dann aber unmittelbar an den Sonderprüfer als den von der Gesellschaft Bevollmächtigten erfüllt werden.[60]

---

54 Ebenso OLG München, ZIP 2008, 73, 78 f. – „HVB/UniCredit".

55 Davon war bereits die Rede. Vgl. oben S. 358 ff.

56 Zur Erforderlichkeit dieser Vorgehensweise im Aktienrecht und zur dahingehenden Ermöglichungspflicht des Vorstands OLG München, ZIP 2008, 73, 78 f. – „HVB/UniCredit"; *Jänig*, S. 368 f.; *Kirschner*, S. 254 f.; *Hoffmann-Becking*, ZGR 40 (2011), 136, 153 f.; *Fleischer* in Küting/Weber, § 145 AktG Rn. 17; anders *Hüffer*, ZHR 174 (2010), 642, 669 f. (Fn. 129), der nur eine Auskunftsverpflichtung der Angestellten gegenüber dem Vorstand annehmen möchte, die von diesem dann wiederum an den Sonderprüfer weiterzuleiten sei.

57 Ähnlich zur AG *Hoffmann-Becking*, ZGR 40 (2011), 136, 152.

58 Zur AG *Schröer* in MünchKomm AktG, § 145 Rn. 14; *Bezzenberger* in Großkomm AktG, § 145 Rn. 18; *Hirschmann* in Hölters, § 145 Rn. 5; *Kirschner*, S. 254 f.

59 *Haager* in Ball/Haager, S. 97; *Kronstein/Zöllner* in KölnKomm AktG, § 145 Rn. 10.

60 *Kirschner*, S. 253 f.; *Hirschmann* in Hölters, § 145 Rn. 5; a. A. *Noack*, Wpg 1994, 225, 233 f.; *Bungert/Rothfuchs*, DB 2011, 1678.

cc) *Verbundene Unternehmen*

Nach § 145 Abs. 3 AktG stehen einem Sonderprüfer die Auskunftsrechte i. S. v. Absatz 2 derselben Vorschrift auch gegenüber Konzernunternehmen sowie herrschenden und abhängigen Unternehmen zu. Die Aussage dieser aktienrechtlichen Norm würde im GmbH-Recht allerdings selbst dann keine Rechtswirkungen entfalten, wenn man den Inhalt der Vorschrift im Wege der Auslegung in den Sonderprüfungsbeschluss und den Vertrag mit dem Sonderprüfer hineinlesen wollte. Denn, soweit dem Sonderprüfer Rechte gegenüber Gesellschaften eingeräumt würden, die nicht selbst Vertragspartner des Sonderprüfungsvertrages sind, würde es sich bei dem Gesellschafterbeschluss und dem Vertragsschluss um unzulässige Rechtsgeschäfte zulasten Dritter handeln.[61]

Angesichts dessen ist es dem Sonderprüfer im Rahmen eines GmbH-rechtlichen Prüfungsverfahrens nur eingeschränkt möglich, Informationen direkt von Organmitgliedern verbundener Unternehmen erteilt zu bekommen. Nur der Gesellschaft selbst stehen unter den allgemeinen Voraussetzungen Informationsrechte gegenüber den mit ihr verbundenen Unternehmen zu. Der Sonderprüfer ist abermals auf den Umweg verwiesen, vom Geschäftsführer der zu prüfenden GmbH zu verlangen, gegebenenfalls bestehende Informationsrechte gegenüber den anderen Gesellschaften der Unternehmensgruppe geltend zu machen.[62] Insofern lassen sich die Prüfungsrechte des Sonderprüfers bei einer GmbH in Bezug auf verbundene Unternehmen nicht pauschal bestimmen. Es würde den Rahmen dieser Arbeit sprengen, die Informationsrechte einer Gesellschaft gegenüber anderen Konzernunternehmen erschöpfend darzustellen. Es sei aber festgestellt, dass die Informationsrechte gegenüber abhängigen Gesellschaften wesentlich schlagkräftiger und umfassender ausfallen als die gegenüber herrschenden Unternehmen.[63] Gegenüber einem von ihr abhängigen Unternehmen stehen der GmbH zumindest diejenigen Informationsmöglichkeiten zu, derer sich jedes Mitglied dieser Gesellschaft bedienen kann. Informationsrechte gegenüber abhängigen Gesellschaften unterscheiden sich demzufolge vor allem aufgrund der jeweiligen Rechtsform[64] – mithin sind sie gegenüber einer GmbH als Beteiligungsgesellschaft (§ 51a GmbHG) weiterreichender als gegenüber einer Aktiengesellschaft (§ 131 AktG). Im Vertragskonzern können der GmbH gegenüber einem von ihr abhängigen Unternehmen darüber hinaus noch effektivere Infor-

---

61 Ähnlich zu entsprechenden Satzungsbestimmungen *Kirschner*, S. 22; zur Nichtexistenz von Verträgen zulasten Dritter vgl. nur *Flume* II, S. 9, 906.

62 Noch weitergehend für unmittelbare Berechtigung des Sonderprüfers *Leinekugel*, GmbHR 2008, 632, 634.

63 Ähnlich *Leinekugel*, GmbHR 2008, 632, 634.

64 *Kort*, ZGR 16 (1987), 46, 47.

mationsmöglichkeiten zustehen, die der Geschäftsführer auf Verlangen des Sonderprüfers nutzbar machen müsste. Hingegen bestehen gegenüber einem die GmbH beherrschenden Unternehmen Auskunftsrechte von vornherein nur in besonderen Situationen und in ganz engen Grenzen.

3. Reichweite der Prüferrechte

a) Einfluss des Prüfungsgegenstandes

Die Befugnisse des Sonderprüfers erfahren zunächst durch den Gegenstand der Sonderprüfung eine gewisse Begrenzung. Wenn die Gesellschafter dies nicht ausdrücklich bestimmen, so ist in diesem Sinne jedenfalls die im Sonderprüfungsbeschluss zum Ausdruck kommende konkludente Weisung an die Geschäftsführer auszulegen. Das folgt schon aus dem Umstand, dass die Sonderprüfung zwingend zu einem festgelegten Thema veranlasst werden muss, das freilich im GmbH-Recht auch sehr weit gefasst sein darf. Die Geschäftsführer werden durch die Gesellschafterweisung nur insoweit verpflichtet, dem Ansinnen des Sonderprüfers zu entsprechen, als sich noch in irgendeiner Weise ein gedanklicher Bezug zwischen dessen Informationsbegehren und dem Prüfungsthema herstellen lässt. Strenger wird man die Beschränkungen, die sich aus dem Gegenstand der Prüfung ergeben, jedoch nicht fassen können.

Damit er in der Lage ist, einen brauchbaren, fundierten Prüfungsbericht zu erstellen, muss es dem Sonderprüfer nämlich zustehen, sich ungeachtet des konkreten Prüfungsgegenstandes ein breites Hintergrund- und Umfeldwissen zu den Angelegenheiten der zu prüfenden Gesellschaft anzueignen. In Ermangelung speziellerer Bestimmungen ergibt die Auslegung des Gesellschafterbeschlusses unter Berücksichtigung des Rechtsgedankens von § 145 Abs. 1 AktG, dass zum Zwecke einer effektiven Prüfungsdurchführung insbesondere das Einsichtsrecht des Sonderprüfers prinzipiell umfassend sein muss. § 145 Abs. 1 AktG sieht für das Recht zur Prüfung der „Bücher und Schriften" der Gesellschaft – im Unterschied zu Absatz 2 – nämlich keinerlei Einschränkungen vor. Derartiges widerspräche auch dem Sinn und Zweck des Prüfungsrechts, das gerade die Verschaffung der erforderlichen Hintergrundkenntnisse sowie die Beachtung des Vollprüfungsgebotes sicherstellen soll. Die Sonderprüfung könnte ihre Funktion, verborgene Umstände aufzudecken, nicht erfüllen, wenn der Sonderprüfer nicht weitgehend bedingungslosen Zugang zu den Gesellschaftsunterlagen erhielte.[65]

---

[65] So einhellige Auffassung zum Einsichtsrecht i. S. d. § 145 Abs. 1 AktG bei der AG: vgl. z. B. *Kirschner*, S. 229; *Jänig*, S. 358; vgl. auch *Wilsing/von der Linden/Ogorek*, NZG 2010, 729, 731; *Bork* in Hommelhoff, Hdb Corporate Governance, S. 756; *Hüffer*, AktG, § 145 Rn. 2; *Fleischer* in Küting/Weber, § 145 AktG Rn. 12.

Die Kooperationspflicht des Geschäftsführers endet in Bezug auf das Einsichtsrecht deswegen – wie bereits angesprochen – erst dann, wenn sich bei objektiver Betrachtung ein Bezug der angeforderten Unterlagen zum Gegenstand der Sonderprüfung unter keinem vernünftigen Gesichtspunkt mehr erkennen lässt und der Geschäftsführer dies namens der Gesellschaft darlegen und beweisen kann.[66]

Während es – wie soeben angesprochen – kaum möglich ist, im Rahmen der Sichtung von Unterlagen einzig diejenige Dokumentation zu überprüfen, die in unmittelbarem Zusammenhang mit dem Thema der Sonderprüfung steht, muss es dem Sonderprüfer bei der Einforderung von Auskünften naturgemäß leichter fallen, sich zielgerichtet am Prüfungsthema zu orientieren. Diesen Gedanken vollzieht § 145 Abs. 2 AktG nach, dessen Aussage sich durch Auslegung des Gesellschafterbeschlusses auch auf die GmbH anwenden lässt. Danach kann ein Sonderprüfer nur die Erteilung solcher Auskünfte von den verpflichteten Personen verlangen, „welche die sorgfältige Prüfung der Vorgänge notwendig macht“. Die Auskunftsbegehren des Sonderprüfers müssen sich somit in dem durch das Prüfungsthema vorgegebenen Rahmen halten.[67] Die Beurteilung, welche Informationen „notwendig“ sind, steht dabei allerdings immer noch allein dem Sonderprüfer zu,[68] damit die Eigenverantwortlichkeit der Vornahme seiner Prüfungsmaßnahmen sichergestellt bleibt. Sofern sich der Bezug der erstrebten Auskunft zum Gegenstand der Sonderprüfung nicht von selbst erschließt, ist der Sonderprüfer lediglich gehalten, den Denkzusammenhang, der die Auskunft „notwendig“ macht, zu plausibilisieren.[69] Gelingt ihm dies, ist die Auskunft zu erteilen.

b) Weitere Informationsverweigerungsrechte

Darüber hinaus steht den verpflichteten Personen das Recht, die Informationserteilung an den Sonderprüfer zu verweigern, nur in wenigen Ausnahmefällen zu. Das ist damit zu erklären, dass die Befugnisse des Prüfers sich wie gezeigt dogmatisch aus dem kollektiven Kontrollrecht der Gesellschafter herleiten lassen.[70]

---

66 Sinngleich zur AG *König*, S. 47 ff.; *Bezzenberger* in Großkomm AktG, § 145 Rn. 16; *Schröer* in MünchKomm AktG, § 145 Rn. 10; *Zwissler* in Wachter, § 145 Rn. 3; *Mock* in Spindler/Stilz, § 145 Rn. 12; *Bungert/Rothfuchs*, DB 2011, 1677, 1678.

67 Zu § 145 Abs. 2 AktG *Kirschner*, S. 232; *Schröer* in MünchKomm AktG, § 145 Rn. 16; *Fleischer* in Küting/Weber, § 145 AktG Rn. 18; *Spindler* in K. Schmidt/Lutter, AktG, § 145 Rn. 12.

68 So auch *Schedlbauer*, S. 151; *Jänig*, S. 360; *Adler/Düring/Schmaltz*, §§ 142-146 AktG Rn. 33; *Hüffer*, ZHR 174 (2010), 642, 670.

69 *Kirschner*, S. 232 f.; *Spindler* in K. Schmidt/Lutter, AktG, § 145 Rn. 12; *Mock* in Spindler/Stilz, § 145 Rn. 16; *Kronstein/Zöllner* in KölnKomm AktG, § 145 Rn. 9.

70 Vgl. dazu oben S. 357 f.

Die Geschäftsführer können einem Informationsverlangen der Gesellschaftergesamtheit i. S. v. § 46 Nr. 6 GmbHG aber im Grundsatz überhaupt kein Auskunftsverweigerungsrecht entgegenhalten.[71] Dies ergibt sich – abgesehen von der starken Stellung der Gesellschafter im Organgefüge der GmbH – schon daraus, dass die Geschäftsführer sogar ein Informationsverlangen, das auf das mitgliedschaftliche Individualrecht aus § 51a GmbHG gestützt wird, nur dann zurückweisen dürfen, wenn diese Entscheidung der Geschäftsführer gem. § 51a Abs. 2 GmbHG von einem Gesellschafterbeschluss gedeckt wird.[72] Das kollektive Kontrollrecht nach § 46 Nr. 6 GmbHG verpflichtet den Geschäftsführer aber bereits durch Gesellschafterbeschluss zur Informationserteilung, sodass dieser konsequenterweise das Verlangen überhaupt nicht zurückweisen kann. Der Geschäftsführer braucht ein Begehren des Sonderprüfers allerdings dann nicht zu erfüllen, wenn dieser selbst den Umstand rechtsmissbräuchlich auszunutzen sucht, dass eine generelle Gesellschafterweisung ihm umfassende Prüfungsbefugnisse einräumt, solange er sich nur im Rahmen des Prüfungsgegenstandes bewegt. Ein derartiger Rechtsmissbrauch durch den Sonderprüfer selbst dürfte jedoch selten vorkommen.

Dieser Fall ist nämlich von der Konstellation zu unterscheiden, in der bereits der Beschluss der Sonderprüfung, der von einem Versammlungsleiter förmlich festgestellt wurde, auf einem Treuepflichtverstoß beruht. Wird ein solcher Beschluss nicht rechtzeitig angefochten, so wird er endgültig rechtswirksam[73] und muss trotz Treuwidrigkeit ausgeführt werden. Gegenüber dem Sonderprüfer darf der Geschäftsführer dann nicht unter Berufung auf die Treuwidrigkeit oder Rechtsmissbräuchlichkeit der beschlossenen Sonderprüfung die Informationserteilung verweigern. Dies lässt sich anhand einer Konstellation verdeutlichen, für die etwa *Leinekugel*[74] eine Zurückweisungsbefugnis des Geschäftsführers gegenüber den Informationsverlangen eines Sonderprüfers annimmt. Er plädiert dafür, dass dem Geschäftsführer ein Informationsverweigerungsrecht analog § 51a Abs. 2 Satz 1 GmbHG zustehen solle, wenn der den Beschluss maßgeblich herbeiführende Gesellschafter versuche, sich über den Umweg der Sonderprüfung eine Information zu beschaffen, deren Erlangung ihm bei Ausübung seines individuellen Informationsrechts wegen ebendieser Vorschrift verwehrt wäre. § 51a Abs. 2 Satz 1 GmbHG setzt voraus, dass zu besorgen ist, der Gesellschafter werde die Informationen zu gesellschaftsfremden Zwecken verwenden und dadurch der Gesellschaft oder einem verbundenen Unternehmen einen nicht

---

71 Dazu bereits oben S. 62 m. N.

72 *Meyer-Landrut* in Meyer-Landrut/Miller/Niehus, § 46 Rn. 35.

73 Statt aller *Raiser* in Ulmer/Habersack/Winter, Anh. § 47 Rn. 97.

74 GmbHR 2008, 632, 635.

unerheblichen Nachteil zufügen. Sollte ein Gesellschafter aus dieser Motivation heraus durch seine Stimmabgabe maßgeblich zum Beschluss der Sonderprüfung beitragen, wäre bereits der entsprechende Beschluss treuwidrig. Sofern eine förmliche Beschlussfeststellung unterblieben ist, ist der Beschluss *ipso iure* unwirksam und der Geschäftsführer dürfte in der Tat die Zusammenarbeit mit dem Sonderprüfer verweigern. Wurde der Beschluss dagegen festgestellt, so hätte er rechtzeitig mit der Anfechtungsklage angegriffen werden müssen, damit der Geschäftsführer die Informationsbegehren des Sonderprüfers zurückweisen dürfte. Wenn dagegen bei beschlussmängelfreier Einleitung einer Sonderprüfung der Sonderprüfer selbst Informationen mit der in § 51a Abs. 2 GmbHG niedergelegten Intention zu erlangen sucht, kann der Geschäftsführer – wie soeben ausgeführt – deren Erteilung verweigern, weil dann der Sonderprüfer in Person rechtsmissbräuchlich handelt.

Außer in Fällen rechtsmissbräuchlicher Ausübung der Prüferrechte dürfen die dem Sonderprüfer auskunftspflichtigen Personen nach allgemeinen Grundsätzen die Informationserteilung allenfalls dann noch verweigern, wenn sie sich hierdurch strafbar machten.[75] Hingegen berechtigt es nicht zur Informationsverweigerung, wenn dem Informationsträger im Prozess ein Auskunftsverweigerungsrecht – gem. § 384 Abs. 2 Nr. 2 Fall 2 ZPO oder gem. § 55 Abs. 1 StPO – zustünde. Denn das Bestehen einer privatrechtlichen Auskunftsverpflichtung trifft noch keine Aussage über die Verwertbarkeit erteilter Auskünfte in einem Strafverfahren.[76]

4. Durchsetzung der Prüferrechte

Schlussendlich verbleibt es, die wichtige Frage zu untersuchen, auf welche Weise sich die dem Sonderprüfer eingeräumten Prüfungsbefugnisse von diesem selbst oder von den Prüfungsinitiatoren durchsetzen lassen. Häufig werden sich Organmitglieder nämlich einer Kooperation mit dem Sonderprüfer verschließen und nicht gewillt sein, dessen berechtigten Informationsbegehren zu entsprechen, weil sie die Aufdeckung eigener Pflichtverletzungen im Zuge der Prüfungsdurchführung befürchten müssen.[77] Hat vermittelt durch das Eingreifen von Stimmverboten eine Gesellschafterminderheit die Sonderprüfung veranlasst,

---

75 So zur AG statt aller *Haager* in Ball/Haager, S. 99; *Mock* in Spindler/Stilz, § 145 Rn. 17.

76 Zum Aktienrecht ebenso *Jänig*, S. 361 ff.; *Kirschner*, S. 235 ff.; *Spindler* in K. Schmidt/Lutter, AktG, § 145 Rn. 14; a. A. *Bungert/Rothfuchs*, DB 2011, 1677, 1681; *Butzke*, Rn. M 27; *Schröer* in MünchKomm AktG, § 145 Rn. 18.

77 *Jänig*, S. 372 f.

so kommt noch hinzu, dass die Organwalter der Gesellschaft in der Regel von der die Sonderprüfung ablehnenden Gesellschaftermehrheit abhängig sind und schon aus diesem Grund oft geneigt sein werden, die Prüfungsdurchführung zu unterbinden oder zu behindern.

Im Aktienrecht werden Verstöße gegen § 145 AktG dergestalt sanktioniert, dass das Registergericht gegen die Vorstandsmitglieder gem. § 407 Abs. 1 AktG ein Zwangsgeld verhängen kann. Sofern der Sonderprüfer gem. § 145 Abs. 2 und 3 AktG Auskünfte einfordert, erfüllen die falsche Beantwortung von Fragen sowie das Verschweigen wesentlicher Umstände zudem den Straftatbestand des § 400 Abs. 1 Nr. 2 AktG. Dass die aktienrechtlichen Sanktionsnormen nicht auf die GmbH angewandt werden können, versteht sich von selbst, weil Vorschriften, die Ermächtigungsgrundlagen zu Zwangsmaßnahmen oder Straftatbestände enthalten, dem Analogieverbot unterliegen.[78]

Wie lassen sich aber die Informations- und Kooperationspflichten der Organmitglieder in einem GmbH-rechtlichen Sonderprüfungsverfahren durchsetzen? Der Sonderprüfer, dem die Prüfungsbefugnisse – wie erläutert[79] – nicht als eigene subjektive Rechte zugewiesen sind, vermag es schon deswegen nicht, die Erfüllung der den einzelnen Informationsträgern auferlegten Förderpflichten selbst zu erzwingen. Ihm steht es allenfalls offen, die unterbliebene Mitwirkung durch die Organmitglieder auf Grundlage des Werkvertragsrechts (§§ 642, 643 BGB) gegenüber der Gesellschaft zu sanktionieren.[80] Für die Durchsetzung der vom Sonderprüfer beabsichtigten Prüfungsmaßnahmen können darüber hinaus nur die Gesellschafter sorgen, deren Kontrollkompetenz die Prüfungsperson bei der Prüfungsdurchführung wahrnimmt. Ihnen bieten sich vor allem die Möglichkeiten, personelle Konsequenzen zu ergreifen oder eine Gesellschafterklage zu erheben.

a) Abberufung, Kündigung oder Ausschluss aus wichtigem Grund

Verweigert ein Organmitglied dem wirksam bestellten Sonderprüfer pflichtwidrig die geschuldete Zusammenarbeit, so werden die Gesellschafter, die die Sonderprüfung initiiert haben, das unkooperative Organmitglied häufig sogleich abberufen wollen. Bei der Abberufung handelt es sich zwar um ein Instrument, mit

---

78 Dazu etwa *Engisch*, S. 258 ff. m. w. N.

79 Vgl. oben S. 356 f.

80 Dazu bezogen auf das Aktienrecht z. B. *Kirschner*, S. 202 f.; *Bezzenberger* in Großkomm AktG, § 142 Rn. 45, § 145 Rn. 28; *Schröer* in MünchKomm AktG, § 142 Rn. 50; *Fleischer* in Küting/Weber, § 145 AktG Rn. 27; dazu auch OLG Düsseldorf, Urt. vom 25. 3. 2011 (22 U 162/10), BeckRS 2011, 11600. Zu den Regressmöglichkeiten der Gesellschaft in solchen Fällen vgl. noch unten S. 376 f. m. N.

dem sich Fehlverhalten sanktionieren lässt. Zur Durchsetzung der Prüferrechte verhilft sie allerdings nur bedingt. Indem dem Organmitglied mit dem Widerruf seiner Bestellung gedroht wird, kann man es zur Erfüllung seiner Pflichten anhalten. Durch die Abberufung selbst erlangt der Sonderprüfer hingegen noch nicht die begehrten Informationen. Dies muss dann ein noch verbliebener oder ein neu bestellter Geschäftsführer ermöglichen.

Wenn Geschäftsführer es unterlassen, dem Sonderprüfer die Ausübung seiner Einsichts- und Prüfungsrechte zu gewähren und seine Anfragen zu beantworten, handeln sie damit automatisch der ausdrücklich oder konkludent erteilten Gesellschafterweisung zuwider, die berechtigten Informationsverlangen des Sonderprüfers zu erfüllen. Im Allgemeinen bildet die beharrliche Nichtbefolgung von Gesellschafterweisungen einen wichtigen Grund zur Abberufung eines Geschäftsführers.[81] Demzufolge rechtfertigt der Umstand, dass der Geschäftsführer seine Kooperationspflichten im Rahmen eines Sonderprüfungsverfahrens massiv verletzt, in aller Regel seine Abberufung aus wichtigem Grund sowie die außerordentliche Kündigung seines Anstellungsvertrages.[82] Ein wichtiger Grund dürfte zumindest immer dann vorliegen, wenn der Geschäftsführer jegliche Zusammenarbeit mit dem Sonderprüfer ablehnt. Bei den Beschlussfassungen über die Abberufung und die Kündigung aus wichtigem Grund sind der jeweils betroffene Gesellschafter-Geschäftsführer und diejenigen Mitgesellschafter, denen gemeinschaftlich mit diesem begangene Pflichtverletzungen vorgeworfen werden, in extensiver Auslegung des § 47 Abs. 4 GmbHG von ihrem Stimmrecht ausgeschlossen, weil sie ansonsten als „Richter in eigener Sache“ mitentscheiden würden.[83] Dies ermöglicht es auch denjenigen Prüfungsinitiatoren, die nur über eine Minderheitsbeteiligung verfügen, aber vermittelt durch das Eingreifen von Stimmverboten den Sonderprüfungsbeschluss herbeiführen konnten, unkooperative Geschäftsführer ihres Amtes zu entheben. Für die Mitglieder anderer Gesellschaftsorgane gelten die vorstehenden Ausführungen weitgehend entsprechend.

Allerdings dürfte solange kein wichtiger Grund zur Abberufung eines sich verweigernden Organmitglieds vorliegen, als der Sonderprüfungsbeschluss noch Gegenstand gerichtlicher Auseinandersetzungen ist. Diese Untersuchung hat

---

81 *U. H. Schneider* in Scholz, § 38 Rn. 49; *Kleindiek* in Lutter/Hommelhoff, GmbHG, § 38 Rn. 21; vgl. auch ähnlich zu Verstößen gegen die innergesellschaftliche Kompetenzordnung BGH, NZG 2002, 46, 47; OLG München, DB 2009, 1231, 1232 f.

82 *Leinekugel*, GmbHR 2008, 632, 634; *Skauradszun*, GmbHR 2012, 936, 938.

83 BGHZ 86, 177, 178 f.; BGH, NJW 1987, 1890, 1891; BGH, ZIP 1992, 760, 761; OLG Stuttgart, GmbHR 2006, 1258, 1260; *K. Schmidt* in Scholz, § 47 Rn. 141; *Casper* in Bork/Schäfer, § 47 Rn. 50; *Paefgen* in Ulmer/Habersack/Winter, § 38 Rn. 86; *Hüffer*, ebda., § 47 Rn. 175.

bisher aufzeigen können, dass die Rechtsfragen um die Veranlassung einer GmbH-rechtlichen Sonderprüfung durchaus komplex sind und bisher keine höchstrichterliche Rechtsprechung zu diesem Problemkreis existiert. Zumindest solange dieser gerichtlich weitgehend ungeklärte Rechtszustand andauert, muss, abgesehen von Fällen, in denen die Klageerhebung offensichtlich i. S. v. § 114 ZPO mutwillig ist, jedenfalls ein Fremdgeschäftsführer berechtigt sein, die Kooperation mit dem Sonderprüfer zu verweigern, bis eine rechtskräftige Entscheidung in dem Beschlussmängelrechtsstreit ergangen ist.[84] Wenn der Sonderprüfungsbeschluss aber gerichtlich bestätigt wurde oder die Anfechtungsfrist verstrichen ist, ist der Konflikt um die Rechtmäßigkeit der Prüfungseinleitung endgültig geklärt. Spätestens von da an sind alle Geschäftsführer zur pflichtgemäßen Zusammenarbeit mit dem Sonderprüfer verpflichtet. Sollte schließlich auch nach rechtskräftiger Entscheidung ein Mitgesellschafter als Geschäftsführer oder kraft seines Einflusses auf die Geschäftsführung immer noch beharrlich versuchen, die Durchführung der Enquête zu behindern, wird dieser Umstand womöglich als derart schwere Treuepflichtverletzung zu werten sein, dass sie den Ausschluss des Gesellschafters aus dem Verband zu rechtfertigen vermag.[85]

b) Erzwingung der Kooperation im Wege der Gesellschafterklage

Dem Gesellschafter, der die Sonderprüfung befürwortet und sie initiiert hat, wird es mitunter weniger darauf ankommen, den opponierenden Geschäftsführer von seinem Amt abzuberufen, als diesen vielmehr zur Pflichterfüllung gegenüber dem Sonderprüfer anzuhalten. Um die letzte Eskalationsstufe des Konfliktes – nämlich den Widerruf der Organbestellung – zu vermeiden, könnte es – zumindest auf den ersten Blick – für den Gesellschafter eine Option sein, die Kooperationspflichten der Geschäftsführung mittels einer sog. „Gesellschafterklage“ durchzusetzen. Deren dogmatische Konstruktion sowie deren Voraussetzungen sind allerdings selbst in ihren Grundsätzen bislang nicht abschließend geklärt.[86] In der vorliegend interessierenden Situation käme die Gesellschafterklage in der Ausprägung der Vornahmeklage eines einzelnen Gesellschafters aus eigenem Recht gegen die Gesellschaft wegen der Verletzung der körperschaftsrechtlichen Kompetenzordnung in Betracht. Die Klage hätte sich gegen die Nichtbefolgung der im Sonderprüfungsbeschluss konkludent enthaltenen Weisung an die Geschäftsführer zu wenden. Von den wenigen Stimmen in der Lite-

---

84 *Leinekugel*, GmbHR 2008, 632, 635 (Fn. 22), 636 f.

85 *Leinekugel*, GmbHR 2008, 632, 636.

86 Dazu überblickhaft *K. Schmidt*, GesellschR, S. 641 ff., 648 ff.; *Raiser*, ZHR 153 (1989), 1 ff.; *Schiessl* in MünchHdb GesR III, § 31 Rn. 21 ff., jeweils m. w. N.

ratur,[87] die sich mit der Frage befassen, wird die Gesellschafterklage auf Durchführung von Beschlüssen der Gesellschafterversammlung als positive Konsequenz aus der „Holzmüller“-Entscheidung des Bundesgerichtshofs[88] anerkannt. Gegen einen Gesellschafter-Geschäftsführer kommt unter Umständen daneben ein unmittelbarer Anspruch des Mitgesellschafters aus der gesellschaftsrechtlichen Treuepflicht in Betracht, sodass in einer solchen Konstellation auch eine Klage gegen den Gesellschafter in Person begründet sein kann.[89]

Eine ausführliche Auseinandersetzung mit dem Wesen der Gesellschafterklage ließe sich im Rahmen dieser Arbeit nicht leisten und wäre zudem für die Zwecke dieser Untersuchung nicht zielführend. Wenn nämlich bereits unter den Gesellschaftern Streit über die Durchführung der Sonderprüfung besteht, wird dieser regelmäßig schon im Rahmen der Beschlussmängelklage gegen den betreffenden Gesellschafterbeschluss sehr intensiv ausgetragen werden. Sollte nach dem für die Prüfungsinitiatoren erfolgreichen Abschluss eines solchen ersten Rechtsstreits ein Geschäftsführer oder ein Mitgesellschafter immer noch die Durchführung der Enquête mehr als nur unerheblich obstruieren, so werden die Prüfungsbefürworter in aller Regel keinen zweiten Prozess führen wollen, sondern dann vielmehr die Abberufung und den Ausschluss der Opponenten bevorzugen.

III. Verfahrensziel: Erstellung des Sonderprüfungsberichts

Das Verfahren einer GmbH-rechtlichen Sonderprüfung wird dadurch abgeschlossen, dass der Sonderprüfer einen Bericht über die Ergebnisse seiner Untersuchungen erstattet. Es wurde bereits dargelegt,[90] dass die Berichtspflicht des Sonderprüfers aus dem mit der Gesellschaft geschlossenen Prüfungsvertrag resultiert und auf § 631 Abs. 1 Fall 1 BGB zu stützen ist. Dieser Vertrag kann ausdrückliche Bestimmungen zur Berichtspflicht vorsehen. Sofern eine solche Festlegung unterbleibt, lassen sich die konkreten rechtlichen Anforderungen, die der Prüfungsvertrag an den Sonderprüfungsbericht stellt, wiederum durch (ergänzende) Vertragsauslegung ermitteln. Bei der Bestimmung von Inhalt und Umfang der Berichtspflicht aufgrund des mutmaßlichen Parteiwillens hat man

---

87 *Zöllner*, ZGR 17 (1988), 392, 415 f.; *Raiser,* ZHR 153 (1989), 1, 33; *Saenger*, GmbHR 1997, 112, 119 f.; ähnlich *Becker*, S. 594 f.

88 BGHZ 83, 122 ff. – „Holzmüller“.

89 *Saenger*, GmbHR 1997, 112, 120; *Schiessl* in MünchHdb GesR III, § 31 Rn. 24.

90 Oben S. 344 f.

sich wiederum an den in § 145 AktG enthaltenen Rechtsgedanken und am Sinn und Zweck des Prüfungsberichts sowie des Instituts der Sonderprüfung insgesamt zu orientieren.[91]

Entsprechend § 145 Abs. 6 Satz 1 AktG hat der Sonderprüfer über die Ergebnisse der Prüfung schriftlich zu berichten. Adressatin des Sonderprüfungsberichtes ist die Gesellschafterversammlung,[92] da es sich bei der Sonderprüfungsbefugnis um einen Bestandteil des kollektiven Kontrollrechts der Gesellschafter i. S. v. § 46 Nr. 6 GmbHG handelt. Die Kommunizierung der Prüfungserkenntnisse an die Gesellschafterversammlung in Gestalt des Berichtes verleiht der Sonderprüfung erst den Charakter eines Informationsinstruments der Anteilseigner. Angesichts von Sinn und Zweck der Berichtspflicht, die Gesellschafter über die zu prüfenden Vorgänge adäquat zu unterrichten, darf der Sonderprüfer sich nicht auf eine knappe Zusammenfassung der Prüfungsresultate beschränken, sondern er schuldet die Erstellung eines umfassenden Erläuterungsberichtes.[93] Darin muss er die Erkenntnisse so darstellen, dass ein durchschnittlicher Gesellschafter ohne besondere fachliche Vorbildung die Ausführungen aus sich heraus verstehen kann, damit er in die Lage versetzt wird, sich zum Gegenstand der Sonderprüfung ohne Heranziehung zusätzlicher Informationen ein eigenes Urteil zu bilden.[94] Entsprechend den oben angesprochenen Verhaltenspflichten des Sonderprüfers muss der Bericht objektiv, wahr, vollständig, sachlich und übersichtlich sein.[95] Der Sonderprüfer hat in erster Linie über den von ihm ermittel-

---

91 Der Zweck der Sonderprüfung soll auch im Aktienrecht von entscheidender Bedeutung sein. Vgl. insofern *König*, S. 76 ff.; *Bezzenberger* in Großkomm AktG, § 145 Rn. 30; *Kronstein/Zöllner* in KölnKomm AktG, § 145 Rn. 16; *Jänig*, S. 392; *Ball* in Ball/Haager, S. 185; *Bork* in Hommelhoff, Hdb Corporate Governance, S. 757.

92 *Leinekugel*, GmbHR 2008, 632, 635; *Fleischer*, GmbHR 2001, 45, 48. Adressat der aktienrechtlichen Sonderprüfung ist ebenfalls das Organ der Verbandsmitglieder, nämlich die Hauptversammlung: vgl. ebenso *Adler/Düring/Schmaltz*, §§ 142-146 AktG Rn. 42.

93 Zur AG *Jänig*, S. 393; vgl. auch *Adler/Forster*, Wpg 1957, 357 f.; *König*, S. 76 f.; *M. G. Jansen*, Sonderprüfung, S. 77 f.; *Mock* in Spindler/Stilz, § 145 Rn. 38; *Spindler* in K. Schmidt/Lutter, AktG, § 145 Rn. 22.

94 Zur AG ebenso *Hüffer*, ZHR 174 (2010), 642, 663; *Kirschner*, S. 295 f.; *Fleischer* in Küting/Weber, § 145 AktG Rn. 29; *Adler/Düring/Schmaltz*, §§ 142-146 AktG Rn. 42; *Bezzenberger* in Großkomm AktG, § 145 Rn. 30; dagegen *Noack*, Wpg 1994, 225, 234, für weniger strenge Anforderungen.

95 Vgl. *Kirschner*, S. 296 ff.; *König*, S. 88 ff.; *M. G. Jansen*, Sonderprüfung, S. 77; *Spindler* in K. Schmidt/Lutter, AktG, § 145 Rn. 22; *Fleischer* in Küting/Weber, § 145 AktG Rn. 31; *Holzborn/Jänig* in HeidelbKomm AktG, § 145 Rn. 9.

ten tatsächlichen Sachverhalt umfassend und sorgfältig Bericht zu erstatten.[96] Es hängt jeweils vom konkreten Prüfungsauftrag ab, ob der Prüfer darüber hinaus die ergründeten Tatsachen sachverständig würdigen und beurteilen muss.[97] Sofern er eine derartige Recht- oder Zweckmäßigkeitsprüfung schuldet, hat er seine Einschätzung nachvollziehbar und in der angemessenen Ausführlichkeit zu begründen.[98]

Sobald der Sonderprüfungsbericht fertig gestellt ist, muss er nach dem Rechtsgedanken von § 145 Abs. 6 Satz 3 AktG vom Sonderprüfer unterzeichnet und unverzüglich dem Geschäftsführer der geprüften Gesellschaft zugeleitet werden. Sollte die Gesellschafterversammlung einen besonderen Vertreter für den Abschluss des Prüfungsvertrags bestellt haben,[99] so ist der Bericht (zumindest auch) ihm als Ansprechpartner des Sonderprüfers zu übergeben. Dies dürfte eine an der Interessenlage der Gesellschaft orientierte Auslegung des Sonderprüfungsvertrags ergeben. Wegen der typischen Realstruktur einer GmbH hat die Gesellschaft über den Gedanken des § 145 Abs. 6 Satz 4 AktG hinausgehend jedem Gesellschafter auch unaufgefordert eine Abschrift des Berichtes zu erteilen oder ihm diesen in Dateiform zukommen zu lassen. Entsprechend § 145 Abs. 6 Satz 5 AktG ist der Geschäftsführer verpflichtet, den Sonderprüfungsbericht bei der Einberufung der nächsten Gesellschafterversammlung als Gegenstand der Tagesordnung anzukündigen. Die Gesellschafter können schon beim Beschluss der Sonderprüfung anordnen, dass nach Erhalt des Prüfungsberichts unaufgefordert eine außerordentliche Gesellschafterversammlung einzuberufen ist. In personalistisch strukturierten Gesellschaften wird der Sonderprüfungsbeschluss angesichts der Außerordentlichkeit einer solchen Entscheidung auch ohne ausdrückliche Vorgabe der Gesellschafter in diesem Sinne auszulegen sein.[100] Es mag schließlich in einigen Fällen sogar angebracht sein, wenn die Gesellschafter bei der Prüfungseinleitung darauf hinwirken, mit dem Sonderprüfer zu

---

96 Dies hervorhebend z. B. *Adler/Forster*, Wpg 1957, 357, 358; *Bungert/Rothfuchs*, DB 2011, 1677, 1681; *Bezzenberger* in Großkomm AktG, § 145 Rn. 31; *Schröer* in MünchKomm AktG, § 145 Rn. 27.

97 In der Regel wird auch eine Beurteilung verlangt. So exemplarisch *Adler/Forster*, Wpg 1957, 357, 358; *Adler/Düring/Schmaltz*, §§ 142-146 AktG Rn. 42; vgl. dazu auch schon oben S. 8 und S. 149 m. N.

98 *Kirschner*, S. 295; *Hüffer*, ZHR 174 (2010), 642, 664; *Mock* in Spindler/Stilz, § 145 Rn. 42; *Schröer* in MünchKomm AktG, § 145 Rn. 28; *Fleischer* in Küting/Weber, § 145 AktG Rn. 34.

99 Vgl. dazu oben S. 332 f.

100 Zur andersartigen diesbezüglichen Rechtslage bei der AG vgl. etwa *Kirschner*, S. 304 f.; *Jänig*, S. 397; *Spindler* in K. Schmidt/Lutter, AktG, § 145 Rn. 33.

vereinbaren, dass dieser die Prüfungsergebnisse zusätzlich in der Gesellschafterversammlung mündlich vorzustellen und zu erläutern hat.

Im Gegensatz zur aktienrechtlichen Sonderprüfung ist der Prüfungsbericht nicht zum Handelsregister einzureichen.[101] Das folgt schon daraus, dass im GmbH-Recht eine entsprechende gesetzliche Anordnung fehlt. Außerdem dient bei der GmbH – anders als im Aktienrecht – die Registerpublizität nicht auch der Gesellschafter- oder der Kapitalmarktinformation.[102]

IV. Folgen einer durchgeführten Sonderprüfung

1. Kostentragungsverpflichtung

Die Kosten einer durchgeführten Sonderprüfung setzen sich hauptsächlich aus dem Honorar und den Auslagen des Sonderprüfers zusammen.[103] Diese Kosten müssen im Verhältnis zum Sonderprüfer zunächst immer allein von der Gesellschaft getragen werden. Als Bestellerin ist nämlich allein sie aufgrund des Sonderprüfungsvertrages nach § 631 Abs. 1 Fall 2 BGB gegenüber dem Sonderprüfer zur Entrichtung der vereinbarten Vergütung verpflichtet.[104] Dieser Umstand mag für den einzelnen Gesellschafter ein Motiv dafür bilden, auf die Ausübung seines individuellen Informationsrechts zu verzichten, und stattdessen eine Sonderprüfung anzustrengen, für deren Kosten dann die Gesellschaft einzustehen hat.[105]

Allerdings kann die Gesellschaft in vielen Fällen nach den allgemeinen zivilrechtlichen Bestimmungen bei anderen Personen wegen der Prüfungskosten Regress nehmen. Werden durch die Sonderprüfung etwa anfänglich bestehende Verdachtsmomente gegen Mitglieder von Organen der GmbH bestätigt, die den Anlass für die Einleitung der Revision bildeten, so sind die Kosten der Enquête im Regelfall dem i. S. v. § 249 Abs. 1 BGB erstattungsfähigen Schaden zuzu-

---

[101] *Fleischer*, GmbHR 2001, 45, 48; *Peters/Dechow*, GmbHR 2007, 236, 238; *Leinekugel*, GmbHR 2008, 632, 635; *Skauradszun*, GmbHR 2012, 936, 941; so auch *M. G. Jansen*, Sonderprüfung, S. 111; ebenso BayObLG, DB 1985, 2138 f., zum Registerzwang im Falle einer von der Gesellschafterversammlung einer KG erzwungenen Sonderprüfung.

[102] So in erster Linie *Peters/Dechow*, GmbHR 2007, 236, 238 f.; ebenso *Fleischer*, GmbHR 2001, 45, 48; *Skauradszun*, GmbHR 2012, 936, 941.

[103] Vgl. dazu nur *Schröer* in MünchKomm AktG, § 142 Rn. 48, 88.

[104] *Peters/Dechow*, GmbHR 2007, 236, 241; *Bergjan* in Saenger/Inhester, § 46 Rn. 40; missverständlich *Leinekugel*, GmbHR 2008, 632: „entsprechend § 146 AktG". Bei der Hauptversammlungsrevision des Aktienrechts folgt die Kostentragungspflicht auch aus dem Vertrag selbst: vgl. nur *Kirschner*, S. 140 m. w. N.

[105] In diesem Sinne bereits oben S. 101 f.

rechnen.[106] Der Umstand, dass die Gesellschafter sich zur Durchführung einer Sonderprüfung veranlasst sehen, dürfte nämlich in aller Regel eine adäquatkausale Folge der Pflichtwidrigkeiten des jeweiligen Organmitglieds darstellen.[107] In solchen Fällen kann die Gesellschaft die Prüfungskosten demzufolge gem. § 43 Abs. 2 GmbHG oder nach § 52 Abs. 1 GmbHG i. V. m. §§ 116, 93 AktG von den pflichtvergessenen Organmitgliedern ersetzt verlangen. Dieselbe Schadensersatzpflicht trifft auch Organwalter, wenn sie nur unzureichend mit dem Sonderprüfer kooperieren und dieser deswegen nach § 642 BGB unter dem Gesichtspunkt des Annahmeverzuges berechtigt ist, von der Gesellschaft eine angemessene Entschädigung zu verlangen, oder die Gesellschaft aufgrund dessen andere Vermögensschäden erleidet.[108]

Entstehen der Gesellschaft durch eine treuepflichtwidrig veranlasste Sonderprüfung unnötige Kosten oder andere Vermögensschäden, so sind in derartigen Konstellationen diejenigen Gesellschafter, deren Stimmabgaben den Treuepflichtverstoß begründen, gem. § 280 Abs. 1 BGB dem Verband wegen Verletzung der Mitgliedschaft zum Ersatz verpflichtet.[109] Richtigerweise darf in solchen Fällen die Schadensersatzpflicht einen Gesellschafter aber nur dann treffen, wenn er eine mindestens grob fahrlässige Treuepflichtverletzung begangen hat.[110] Sollte jedoch selbst die in treuwidriger Weise eingeleitete Sonderprüfung erstmals Tatsachen aufgedeckt haben, aufgrund derer der Gesellschaft Ersatzansprüche gegen Organmitglieder oder Gesellschafter zustehen, so mindert dieser Umstand die Ersatzpflicht des treuwidrig abstimmenden Gesellschafters entsprechend den Grundsätzen der Vorteilsausgleichung.[111]

---

106 Zur AG ebenso *Bode*, AG 1995, 261, 264 f.; *Kirschner*, S. 140 f.; *Fleischer* in Küting/Weber, § 146 AktG Rn. 11; *Hüffer*, AktG, § 146 Rn. 3; *Spindler* in K. Schmidt/Lutter, AktG, § 146 Rn. 18.

107 *Kirschner*, S. 141.

108 *Kirschner*, S. 203, 276 f.; *Jänig*, S. 374; *Schröer* in MünchKomm AktG, § 145 Rn. 25; *Spindler* in K. Schmidt/Lutter, AktG, § 145 Rn. 21.

109 In diesem Sinne zur missbräuchlichen oder treuwidrigen Veranlassung einer Sonderprüfung bezogen auf die AG *Fleischer* in Küting/Weber, § 146 AktG Rn. 10; *Mock* in Spindler/Stilz, § 146 Rn. 14, 17; nur zum Minderheitsrecht *Jänig*, S. 417. Allgemein zur Schadensersatzpflicht von GmbH-Gesellschaftern gegenüber dem Verband BGHZ 65, 15, 19 ff. – „ITT"; *Ziemons*, S. 75 ff.; *M. Winter*, S. 83 ff.; vgl. auch bereits oben S. 169.

110 So zur AG *Spindler* in K. Schmidt/Lutter, AktG, § 146 Rn. 17; *Mock* in Spindler/Stilz, § 146 Rn. 15; sogar für Vorsatzerfordernis *Fleischer* in Küting/Weber, § 146 AktG Rn. 10; so lässt sich auch die Entscheidung BGHZ 129, 136, 162 ff. – „Girmes", deuten.

111 Ähnlich *Haager* in Ball/Haager, S. 130.

2. Konsequenzen aufgrund der Prüfungserkenntnisse

Zu den möglichen Konsequenzen, die die Gesellschafter aufgrund der Erkenntnisse ziehen können, die ihnen die Prüfungsdurchführung vermittelt hat, sollen hier nur noch wenige Worte verloren werden, weil derartiges im Rahmen dieser Arbeit schon in den verschiedensten Zusammenhängen thematisiert wurden.[112]

In derjenigen Gesellschafterversammlung, für die der Sonderprüfungsbericht als Gegenstand der Tagesordnung angekündigt wurde, wird naturgemäß eine Beratung über den Umgang mit den Prüfungsergebnissen stattfinden. Es wird vom konkreten Inhalt der Erkenntnisse abhängen, ob die Gesellschafter die im Sonderprüfungsbericht enthaltenen Informationen zum Anlass nehmen wollen, bestimmte Folgemaßnahmen zu ergreifen. So ist es auch in ihr Belieben gestellt, die Erläuterungen unter Umständen einfach nur zur Kenntnis zu nehmen und nichts Weiteres zu veranlassen.[113] Wenn die Sonderprüfer in ihrem Bericht aber Missstände dargelegt haben, die die Gesellschaft betreffen, bieten sich den GmbH-Gesellschaftern mehr Reaktionsmöglichkeiten als der Hauptversammlung einer Aktiengesellschaft. So ist nämlich kraft ihrer Allzuständigkeit die Gesellschafterversammlung anders als die Aktionärsgesamtheit auch imstande, unternehmerische Entscheidungen zu treffen, um die identifizierten Unzulänglichkeiten abzustellen. Die Gesellschafter können etwa Änderungen in der Unternehmensorganisation oder der Geschäftspolitik beschließen und die diesbezüglichen Vorhaben über das ihnen zustehende Weisungsrecht durchsetzen. Dazu ist allerdings nur die Gesellschaftermehrheit imstande.

Insbesondere, wenn die Sonderprüfung Verfehlungen von Organmitgliedern oder einzelnen Gesellschaftern aufgedeckt hat, werden zumindest manche Anteilseigner rechtliche Konsequenzen ziehen wollen.[114] In Betracht kommen dabei – wie schon verschiedentlich angesprochen – die Verweigerung der Entlastung von pflichtvergessenen Organmitgliedern, die Geltendmachung von Ersatzansprüchen gegenüber Organwaltern oder Mitgesellschaftern,[115] der umgehende Widerruf der Organbestellung verbunden mit der außerordentlichen fristlosen Kündigung des korrespondierenden Anstellungsvertrags[116] sowie (angesichts

[112] Vgl. v. a. oben S. 23 ff.

[113] So zur AG *Fleischer* in Kütung/Weber, § 145 AktG Rn. 45; *Butzke*, Rn. M 32.

[114] Vgl. zu den Konsequenzen (insb. in Bezug auf die AG) oben S. 23 ff. m. N.

[115] Zum Nutzen der Sonderprüfung für die Vorbereitung von Haftungsklagen bei der GmbH bspw. *Brandner* in FS Lutter, S. 323; *Fleischer*, GmbHR 2001, 45, 50 f.; *Leinekugel*, GmbHR 2008, 632, 633; *Römermann* in Michalski, § 46 Rn. 341 ff.

[116] Vgl. zum Bestellungswiderruf nach Sonderprüfung z. B. KG, Urt. vom 16. 6. 2011 (19 U 116/10), BeckRS 2011, 17866; ThürOLG, NZG 2010, 226 ff.; vgl. auch OLG Düsseldorf, WM 1992, 14 ff.; *Leinekugel*, GmbHR 2008, 632, 633.

massiver Verfehlungen) auch der Ausschluss eines Mitgesellschafters aus dem Verband.[117] Da bei dem Beschluss über sämtliche dieser Maßnahmen ebenfalls die betroffenen Mitgesellschafter von der Ausübung ihres Stimmrechts ausgeschlossen sind,[118] können in ähnlicher Weise wie bei der Veranlassung einer Sonderprüfung auch die nur minderheitlich beteiligten Gesellschafter eine entsprechende Entschließung zu solchen Sanktionen herbeiführen.

Die wichtigsten Maßnahmen aufgrund der Prüfungsergebnisse dürften die Abberufung eines Geschäftsführers aus wichtigem Grund sowie die Verfolgung etwaiger Ersatzansprüche der Gesellschaft darstellen. Die Feststellungen des Sonderprüfers entfalten in einem Schadensersatzprozess der Gesellschaft gegen einen (auch ehemaligen) Geschäftsführer oder Mitgesellschafter oder in einem Prozess, in dem über die Wirksamkeit eines Bestellungswiderrufs befunden werden soll, freilich keine präjudizielle Wirkung. Die Gesellschaft bzw. ein von ihr bestellter besonderer Vertreter kann den Sonderprüfungsbericht aber als Privatgutachten in einen solchen Rechtsstreit einführen. Es handelt sich dann um einen sehr qualifiziert substantiierten Parteivortrag des Verbandes,[119] der dessen Erfolgsaussichten entscheidend erhöhen kann.[120]

Im GmbH-Recht bestünde sogar die Möglichkeit, über das Ergreifen bestimmter Maßnahmen bereits im Voraus zu beschließen. Wenn beispielsweise schon vor der Prüfungsdurchführung starke Verdachtsmomente gegen einen Geschäftsführer oder Gesellschafter bestehen, so kann die zum Sonderprüfer bestellte Person auch von vornherein damit betraut werden, die Angelegenheit nach Fertigstellung des Sonderprüfungsberichts selbständig weiter zu verfolgen. Der Sonderprüfer kann es insofern etwa als besonderer Vertreter der Gesellschaft übernehmen, einen sich an die Sonderprüfung anschließenden Haftungsprozess für die Gesellschaft zu führen.[121] Anders als im Aktienrecht sind nämlich die Rechtsinstitute der Sonderprüfung und der Sondervertretung in personeller Hinsicht nicht zwingend streng voneinander zu trennen.

---

117 Dazu *Leinekugel*, GmbHR 2008, 632, 633.

118 Entlastung: § 47 Abs. 4 Satz 1 Fall 1 GmbHG; Anspruchsverfolgung: § 47 Abs. 4 Satz 2 Fall 2 GmbHG; Abberufung und Ausschluss aus wichtigem Grund: aufgrund des Verbots, „Richter in eigener Sache“ zu sein, vgl. dazu nur BGHZ 34, 367, 371; *K. Schmidt* in Scholz, § 46 Rn. 76, § 47 Rn. 141 m. w. N.

119 Zur AG *Kirschner*, S. 342 f.; *Fleischer* in Kütung/Weber, § 145 AktG Rn. 47.

120 Vgl. z. B. die Bezugnahmen des Urteils des ThürOLG, NZG 2010, 226 ff., auf den seitens der GmbH eingereichten Sonderprüfungsbericht.

121 *Liebscher* in MünchKomm GmbHG, § 46 Rn. 199.

Teil D: Schluss

11. Kapitel: Bedeutung und Potenzial von Sonderprüfungen in der GmbH-rechtlichen Praxis

Nachdem vorstehend die rechtlichen Rahmenbedingen einer GmbH-Sonderprüfung ausführlich untersucht und erläutert worden sind, gilt es nun, auf der Grundlage der rechtsdogmatischen Erkenntnisse Bilanz zu ziehen und dabei die gewonnenen Ergebnisse im Zusammenhang kritisch zu würdigen. Dabei soll in erster Linie hinterfragt werden, inwiefern im GmbH-Recht überhaupt sinnvolle und realistische Einsatzmöglichkeiten für das Institut der Sonderprüfung bestehen.

Wie eingangs der Untersuchung bereits erwähnt wurde, werden Sonderprüfungen in GmbH-rechtlichen Publikationen nur selten behandelt. Den meisten Gesellschaftsrechtlern ist das aus dem Aktienrecht geläufige Überwachungsinstrument als Bestandteil des GmbH-Rechts sogar völlig fremd. Gleichwohl geben Praktiker vereinzelt an, im Rahmen ihrer Tätigkeit schon einmal mit einer bei einer GmbH veranlassten Sonderprüfung befasst gewesen zu sein.[1] Dabei handelt es sich jedoch um Ausnahmen. Insgesamt lässt sich konstatieren, dass Sonderprüfungen im GmbH-Recht bisher eine bloß untergeordnete Rolle spielen. Die praktische Bedeutung der sehr konfliktträchtigen und gesellschaftsrechtlich besonders interessanten Konstellationen, in denen die Gesellschafter selbst Sonderprüfer bestellen, dürfte derzeit noch äußerst gering sein. Freilich existiert hierzu keinerlei empirisches Datenmaterial. Es lassen sich dennoch einige generelle Überlegungen zur Bedeutung der GmbH-Sonderprüfung anstellen.

Wie die vorliegende Untersuchung aufzuzeigen vermochte, kann die Durchführung einer Sonderprüfung, die von unternehmensexternen Sachverständigen verantwortet wird, auch den Gesellschaftern einer GmbH in besonders nützlicher und effektiver Weise Informationen und Erkenntnisse zu den Angelegenheiten der Gesellschaft vermitteln. Zu den zahlreichen Vorzügen, die eine Son-

---

[1] So etwa *Leinekugel*, GmbHR 2008, 632, der bekundet, nach seinen Erfahrungen sei die Bedeutung von Sonderprüfungen im GmbH-Recht wesentlich größer, als es die wenigen zu diesem Komplex ergangenen Gerichtsentscheidungen vermuten lassen.

derprüfung den Gesellschaftern im Vergleich zu anderen Informations- und Kontrollmöglichkeiten zu bieten imstande ist, zählt insbesondere, dass die Gesellschafter von den Sonderprüfern im höchsten Maße objektiv gewonnene und sachkundig aufbereitete Informationen erhalten. Aus der Perspektive derjenigen Gesellschafter, die bestimmte Informationen erlangen wollen, verleiht außerdem der Umstand, dass die Prüfungskosten immer von der Gesellschaft zu tragen sind, der Einleitung einer Sonderprüfung besondere Attraktivität. Gerade angesichts des Umstands, dass die GmbH-Gesellschafter viel weitreichender über die Geschicke der Gesellschaft befinden dürfen als etwa Aktionäre, müssten die Anteilseigner einer GmbH an sachgerechten Informationen besonders stark interessiert sein. Was sind also die Gründe dafür, dass die Sonderprüfung in der GmbH-rechtlichen Praxis bislang offenbar nicht zu den Standardinstrumenten der innergesellschaftlichen Kontrolle gehört und welches Anwendungspotenzial wohnt außerordentlichen Revisionen im GmbH-Recht inne?

Zunächst ist festzuhalten, dass es gewiss auch in Unternehmen, die in der Rechtsform einer GmbH verfasst sind, gängige Praxis ist, dass die Verantwortlichen zur Aufklärung und Beurteilung bestimmter Sachverhalte externen Sachverstand hinzuziehen. Dies dürfte so vor allem zum Zwecke der Beantwortung sehr komplexer, schwieriger Fragestellungen geschehen. Häufig werden – insbesondere größere – Gesellschaften Wirtschaftsprüfer betrauen, wenn es darum geht, wichtige in Planung befindliche Geschäftsführungsmaßnahmen vorzubereiten oder zu begleiten. Solche Aufträge lassen sich zwar oft noch unter die zu Beginn dieser Arbeit erläuterte Definition der Sonderprüfung subsumieren. Bei derartigen „Prüfungen", deren Veranlassung zur pflichtgemäßen Geschäftsführung in einer unternehmerisch tätigen Gesellschaft gehört, stehen in der Regel aber von den Prüfern zu erbringende Beratungsleistungen im Vordergrund. Sie werfen keine korporationsrechtlichen Fragestellungen auf und beschäftigen deswegen weder die gesellschaftsrechtliche Rechtsprechung noch die diesbezügliche Literatur.

Aus der gesellschaftsrechtlichen Perspektive heraus sind Sonderprüfungen demgegenüber nur als Instrumente zur Verhaltenskontrolle von Funktionsträgern von Interesse – insbesondere aus Anlass zweifelhafter Vorkommnisse oder vermuteter Pflichtverletzungen innerhalb des Verbandes. Auch solche Prüfungen werden im GmbH-Recht eine nicht zu unterschätzende Rolle spielen. Dabei stehen jedoch in der Praxis offensichtlich nicht die förmlich von den Gesellschaftern als Kontrollmaßnahmen beschlossenen Sonderprüfungen im Vordergrund, mit der sich diese Arbeit eingehend befasst hat. Sofern etwa in der Gesellschaft ein Aufsichtsrat gebildet ist, wird dieser es für gewöhnlich übernehmen, Unregelmäßigkeiten bei der Geschäftsführung aufzuklären. Dass es nicht unüblich ist, wenn der Aufsichtsrat einer GmbH zu diesem Zwecke eine außerordentliche Revision einleitet, belegen beispielsweise zwei jüngere höchstrichterliche Entscheidungen, denen Sachverhalte zugrunde lagen, in denen der in der jeweiligen GmbH bestehende Aufsichtsrat Sonderprüfer bestellt hatte.[2]

Wenn – wie in den meisten Gesellschaften m. b. H. – kein Aufsichtsrat existiert, wird es bei der Veranlassung einer Sonderprüfung in einem Großteil der Fälle dennoch nicht auf die vielfältigen Aspekte des Beschlussrechts ankommen, die im Rahmen dieser Arbeit erörtert wurden. Solange nämlich im Hinblick auf die Einleitung der Enquête unter den Gesellschaftern kein Konflikt besteht, spielen die rechtlichen Eigenschaften des Gesellschafterbeschlusses insgesamt eine weit weniger wichtige Rolle.[3] Wenn beispielsweise ein Fremdgeschäftsführer im Verdacht steht, seine Pflichten gegenüber der Gesellschaft verletzt zu haben, und er deswegen nicht mehr das Vertrauen der Gesellschaftermehrheit genießt, so wird diese die Bestellung des Geschäftsführers meist schon widerrufen haben, wenn die Durchführung einer Sonderprüfung erwogen wird. Denn regelmäßig erfolgt die Prüferbestellung nur, wenn die Gesellschafter ein ganz erhebliches Misstrauen gegen den Geschäftsführer hegen, was praktisch immer ein Motiv für eine umgehende Abberufung des Organwalters darstellt. Wollen die Gesellschafter nach der Neubesetzung der Geschäftsleitung mehrheitlich zur Vorbereitung eines Schadensersatzprozesses gegen den abberufenen Geschäftsführer Sonderprüfer bestellen, so ist es nicht zwingend notwendig, einen auf § 46 Nr. 6 GmbHG gestützten Sonderprüfungsbeschluss zu fassen. Vielmehr kann die Gesellschafterversammlung, ohne dass es auf die Beachtung der in dieser Untersuchung erarbeiteten Anforderungen ankäme, den neuen Geschäftsführer auch gestützt auf ihre Allzuständigkeit anweisen, die Durchführung einer Sonderprüfung zu dem von den Gesellschaftern gewünschten Thema zu organisieren. In der Rechtswirklichkeit wird die Gesellschaftermehrheit sich häufig noch nicht einmal um eine Beschlussfassung der Anteilseigner bemühen, sondern beim Geschäftsführer die Bestellung von Sonderprüfern lediglich informell „anregen", weil dieser einem solchen Ansinnen in aller Regel entsprechen dürfte. Demzufolge werfen – vereinfacht gesagt – die von einer breiten Gesellschaftermehrheit getragenen Sonderprüfungen kaum Rechtsfragen auf, die mit dogmatischen Erkenntnissen zu § 46 Nr. 6 GmbHG zu lösen wären. Allenfalls in Konstellationen, in denen es den Prüfungsinitiatoren besonders auf die Objektivität und Neutralität des Sonderprüfers ankommt, ist es, auch wenn die Sonder-

2 KG, Urt. vom 16. 6. 2011 (19 U 116/10), BeckRS 2011, 17866; ThürOLG, NZG 2010, 226 ff.

3 Als Beispielsfall für eine mit den Stimmen des Mehrheitsgesellschafters einer GmbH beschlossene Sonderprüfung lässt sich anführen OLG Düsseldorf, Urt. vom 3. 5. 2001 (6 U 71/00), BeckRS 2001, 30178511 = GmbHR 2002, 169 (nur LS).

prüfung von der breiten Anteilseignermehrheit getragen wird, besonders angezeigt, einen formell auf § 46 Nr. 6 GmbHG gestützten Gesellschafterbeschluss zu fassen und nicht die Geschäftsführer mit der Bestellung der Sonderprüfer zu betrauen, sondern zu diesem Zwecke einen besonderen Vertreter zu bestellen. Daran mag etwa der öffentlichen Hand als Gesellschafterin gelegen sein, da sie regelmäßig stark an formalisierten, klaren und transparenten Strukturen interessiert ist. Aber auch, wenn es zwischen beteiligten Privatrechtssubjekten noch nicht zum Zerwürfnis gekommen ist, sondern mit der Prüfungsdurchführung gerade Verdachtsmomente ausgeräumt werden sollen und die Enquête so in gewisser Weise mediative Wirkung entfalten soll, ist es nahe liegend die Objektivität der Sonderprüfung durch eine formalisierte Beschlussfassung zu unterstreichen. Solche von der breiten Gesellschaftermehrheit befürworteten Sonderprüfungen sind bezogen auf die Binnenorganisation der Gesellschaft insgesamt wenig konfliktträchtig. Dies mag erklären, warum sie die *Rechts*praxis selten beschäftigen. Daraus kann allerdings nicht geschlossen werden, dass sie insgesamt nur geringe praktische Bedeutung besäßen.

Dass über die Durchführung einer Sonderprüfung im Wege eines Gesellschafterbeschlusses entschieden wird, der den in dieser Arbeit herausgebildeten Anforderungen an den Prüfungsgegenstand und das Beschlussverfahren genügt sowie die einschlägigen besonderen Beschlussschranken beachtet, ist in der Praxis vor allem dann erforderlich, wenn ein Verbandsmitglied die Prüferbestellung gegen den Willen seiner Mitgesellschafter durchsetzen möchte. Bei solchen Fällen, in denen ein formal korrektes Vorgehen, das einer gerichtlichen Überprüfung standhält, angezeigt ist, wird es sich häufig um Situationen handeln, in denen gerade einem Gesellschafter-Geschäftsführer Verfehlungen vorgeworfen werden. Auch kommt in Betracht, dass man dem Mitgesellschafter Pflichtwidrigkeiten im Hinblick auf seine Stellung als Verbandsmitglied oder als Mitglied eines anderen Gesellschaftsorgans anlastet oder ihn zumindest derer verdächtigt. Der Sonderprüfungsbeschluss wird in derartigen Konstellationen immer vor dem Hintergrund einer Gesellschafterstreitigkeit gefasst.[4] Selbst wenn der Sonderprüfungsantrag sich formell gegen den Fremdgeschäftsführer richtet, so ist die Enquête vielfach Bestandteil und Eskalationsstufe einer tiefgreifenden Auseinandersetzung unter den Gesellschaftern, sodass die Prüfungseinleitung dann letztendlich mittelbar auch einen Mitgesellschafter angreift.[5] Da der Mehrheitsgesellschafter regelmäßig über einen starken Einfluss auf die Organmitglieder und mithin auch auf die einzelnen Maßnahmen der Geschäftsführung verfügt, haben die nicht mit einem Geschäftsführeramt ausgestatteten Minderheitsgesellschafter

---

4 Gutes Beispiel in dieser Hinsicht OLG Düsseldorf, WM 1992, 14 ff. (v. a. S. 22).

5 Ähnliche Einschätzung bei *Leinekugel*, GmbHR 2008, 632.

häufig ein besonders ausgeprägtes Informationsbedürfnis. Ein ähnliches Einsatzgebiet für eine Sonderprüfung – bei allerdings etwas geringerem Bedarf nach zusätzlichen Informationen – mag auch bestehen, wenn einer von mehreren geschäftsführenden Gesellschaftern die Tätigkeit der jeweils anderen kontrollieren möchte, selbst sofern der Prüfungsinitiator Mehrheitsgesellschafter ist oder in der Gesellschaft paritätische Beteiligungsverhältnisse bestehen.

Gerade einem Minderheitsgesellschafter kann die Durchführung einer Sonderprüfung entscheidend dabei helfen, eine (unter Umständen im Wege der *actio pro socio* erhobene) Schadensersatzklage zugunsten der Gesellschaft zu substantiieren oder das für eine Abberufung des Überprüften aus wichtigem Grund erforderliche Tatsachenmaterial zusammenzutragen. Demzufolge handelt es sich bei der vermittelt durch Stimmverbote eingeleiteten „Minderheitssonderprüfung" um den aus praktischer Sicht drängendsten und aus rechtlicher Sicht interessantesten Anwendungsfall des Sonderprüfungsrechts aus § 46 Nr. 6 GmbHG. Zwar wurde im Rahmen dieser Arbeit das bei der GmbH in Betracht kommende „faktische Minderheitsrecht" als ein aus einer besonderen Konstellation resultierender Ausnahmefall charakterisiert. Zugleich musste aber gerade diesem Phänomen das Hauptaugenmerk der Untersuchung geschenkt werden. Paradoxerweise kommt es nämlich auf die rechtsdogmatischen Fragen der mitgliedschaftlichen Kollektivbefugnisse aus § 46 Nr. 6 GmbHG vor allem dann an, wenn eine Gesellschafter*minderheit* sich diese zunutze machen möchte.

Trotz der hohen Attraktivität des mit der Durchführung einer Sonderprüfung verbundenen Erkenntnisgewinns beschreiten Minderheitsgesellschafter augenscheinlich nur sehr selten den Weg, ein Sonderprüfungsverfahren durchzusetzen. Als Ausgangspunkt einer Erklärung für diesen Befund muss angeführt werden, dass jeder GmbH-Gesellschafter auch ohne Einsatz des Sonderprüfungsrechts in der Lage ist, sich sehr weitgehend und umfassend Informationen durch die Ausübung seines individuellen Auskunfts- und Einsichtsrechts aus § 51a Abs. 1 GmbHG zu verschaffen. Dabei darf er sich prinzipiell auch der Unterstützung sachverständiger Dritter bedienen. Allerdings ließ sich im Rahmen dieser Untersuchung aufzeigen, dass das Sonderprüfungsrecht in vielerlei Hinsicht dem Gesellschafter beachtliche Vorzüge gegenüber seinem individuellen Informationsrecht bietet. Dazu zählen unter anderem die gegenüber § 51a Abs. 1 GmbHG weiterreichenden Prüfungsrechte des Sonderprüfers, die Objektivität des Prüfungsberichtes, die zwingende Kostentragung durch die Gesellschaft sowie der Umstand, dass die Befugnis, bei der Ausübung des Rechts aus § 51a Abs. 1 GmbHG Sachverständige hinzuzuziehen, abdingbar ist.[6] Dass Minderheitsgesellschafter dennoch zwecks Informationsgewinnung fast ausschließlich ihr In-

6 Vgl. zum Ganzen eingehend oben S. 100 ff.

dividualrecht nutzen, ist insbesondere auf zwei Gründe zurückzuführen: zum einen auf die fehlende ausdrückliche Verankerung der GmbH-rechtlichen Sonderprüfung im Gesetz, zum anderen auf die *de lege lata* recht umständliche prozessuale Durchsetzung einer solchen Enquête.

Im Gegensatz zum Sonderprüfungsrecht ist das individuelle Informationsrecht der GmbH-Gesellschafter in § 51a GmbHG explizit positiv-rechtlich verankert. In Fällen, in denen nicht ohnehin eine spezielle, privatautonom getroffene Regelung einschlägig ist, präferiert die Praxis regelmäßig die Anwendung von Rechtsinstituten, die im Gesetz eindeutig geregelt sind. Denn insofern besteht eine erhöhte Rechtssicherheit. Auch wegen der umfangreichen Rechtsprechung und Literatur zum individuellen Informationsrecht des GmbH-Gesellschafters sind die tatbestandlichen Voraussetzungen des § 51a GmbHG sowie die auf Seiten der Gesellschaft potenziell bestehenden Einwendungen rechtsdogmatisch in hohem Maße ausgeformt, sodass es dem Praktiker verhältnismäßig leicht fallen dürfte, die Erfolgsaussichten eines auf Informationserteilung gerichteten Rechtsstreits abzuschätzen. Demgegenüber hat sich der Gesetzgeber 1980 bewusst dagegen entschieden, im GmbH-Recht eine Gerichtsrevision nach aktienrechtlichem Vorbild zu etablieren, die jedem einzelnen Verbandsmitglied ein Sonderprüfungsrecht eingeräumt hätte.[7] Deswegen sind die Minderheitsgesellschafter in einer GmbH zur Veranlassung einer Sonderprüfung weiterhin auf die kompliziert anmutende Vorgehensweise verwiesen, unter Ausnutzung von Stimmverbotstatbeständen einen auf § 46 Nr. 6 GmbHG gestützten Gesellschafterbeschluss herbeizuführen. Während es für die außergerichtliche Geltendmachung des Individualrechts aus § 51a Abs. 1 GmbHG genügt, ein jederzeit mögliches einfaches Informationsverlangen an den Geschäftsführer zu richten, muss der nur minderheitsbeteiligte Initiator einer Sonderprüfung zunächst eine Gesellschafterversammlung einberufen, die Einleitung der Sonderprüfung zum Gegenstand der Tagesordnung machen, einen sorgfältig formulierten Beschlussantrag stellen und gegebenenfalls die Abhaltung einer Abstimmung erzwingen. Je nach Struktur der Gesellschaft und den innergesellschaftlichen Gepflogenheiten – zu denken ist etwa an die Sitzungsfrequenz der Gesellschafterversammlung etc. – kann die Beschlussherbeiführung aber auch ohne übermäßigen Aufwand gelingen. Da die genaue Formulierung des Beschlussantrags über das Eingreifen eines Stimmverbots und damit über den Erfolg des Begehrens entscheidet und da insgesamt die Vorgehensweise zur Einleitung einer Sonderprüfung wohl überlegt und geplant sein sollte, wird aber der Gesellschafter regelmäßig nicht umhin kommen, sich Rechtsrat einzuholen. In diesem Zusammenhang ist allerdings zu bedenken, dass ein rechtsunkundiger Gesell-

7 Dazu eingehend oben S. 128 ff.

schafter auch für die Ausübung des individuellen Informationsrechts auf einen Rechtsbeistand angewiesen sein wird – jedenfalls in dem hier zu untersuchenden Fall, dass es zwischen den Gesellschaftern zu einem Konflikt gekommen sein sollte.

Zwar ließ sich im Rahmen dieser Untersuchung nachweisen, dass das faktische Minderheitsrecht des GmbH-Gesellschafters auf Bestellung von Sonderprüfern nur geringen materiell-rechtlichen Anforderungen unterliegt. Wegen des sehr weitgreifenden Stimmverbotstatbestands, dessen Erfüllung sich durch die Festlegung des Beschlussantrags zusätzlich beeinflussen lässt, und wegen der enormen Bandbreite der i. S. v. § 46 Nr. 6 GmbHG tauglichen Prüfungsgegenstände ist ein GmbH-Minderheitsgesellschafter in viel mehr Situationen in der Lage eine Sonderprüfung zu veranlassen als ein Minderheitsaktionär,[8] zumal die Rechtsprechung die Voraussetzungen des § 142 Abs. 2 AktG inzwischen recht streng auslegt.[9] Gleichwohl kann sich die prozessuale Durchsetzung des Sonderprüfungsbeschlusses als äußerst langwierig und hürdenreich darstellen. Je nachdem, ob eine förmliche Beschlussfeststellung durch einen Versammlungsleiter stattgefunden hat und wie diese ausgefallen ist, muss der Prüfungsinitiator Anfechtungsklage (kombiniert mit einem positiven Beschlussfeststellungsantrag) oder einfache Feststellungsklage erheben bzw. werden die Mitgesellschafter ihrerseits den Beschluss gerichtlich anfechten. In allen diesen Konstellationen kommt es jeweils zu einem regulären Zivilprozess, der sich über zumindest zwei Instanzen erstrecken kann. Deswegen wird stets einige Zeit verstreichen, bis ein rechtskräftiges Urteil ergangen ist, weswegen der Sonderprüfer vielfach noch an der Durchführung der Ermittlungsmaßnahmen gehindert wird. Solange nämlich der Rechtsstreit anhängig ist, wird die Geschäftsführung die Zusammenarbeit mit dem Sonderprüfer in aller Regel noch verweigern dürfen. Erst nachdem der Beschlussmängelstreit zugunsten des Prüfungsinitiators entschieden wurde, steht fest, dass die Sonderprüfung wirksam eingeleitet worden ist. Dann müssen die Gesellschaftsorgane definitiv mit dem bestellten Sonderprüfer zusammenarbeiten. Sofern sie die Enquête weiterhin torpedieren oder auch nur ihrer Kooperationspflicht nicht voll entsprechen, ist der die Prüfung befürwortende Gesellschafter gehalten, in Ansehung dieses Fehlverhaltens Sanktionen gegen die unkooperativen Organmitglieder zu ergreifen – insbesondere ihre Abberufung aus wichtigem Grund zu betreiben –, um so die Beachtung des Sonderprüfungsbeschlusses zu erzwingen. Aufgrund des Urteils in dem Beschluss-

8 Dies wurde bereits angesprochen. Vgl. oben S. 307 f.

9 Zu Letzterem vgl. etwa OLG Stuttgart, AG 2010, 717, 718; OLG München, AG 2010, 840, 841; OLG Frankfurt am Main, DB 2011, 1626, 1627 – „Commerzbank/Dresdner Bank“.

mängelrechtsstreit ist nämlich noch keine Zwangsvollstreckung möglich. Eine Durchsetzung der Prüferrechte mit staatlichen Zwangsmitteln käme erst in Betracht, wenn der Initiator nach Durchführung eines erneuten Zivilrechtsstreits im Sinne einer sog. Gesellschafterklage einen entsprechenden Titel erwirkte. Ein solches Vorgehen stellt aus praktischer Sicht keine ernsthaft in Erwägung zu ziehende Alternative gegenüber der Abberufung eines beharrlichen Opponenten von seinem Amt oder dem Ausschluss eines sich dem Beschlussmängelurteil widersetzenden Mitgesellschafters aus der GmbH dar.

Die gerichtliche Entscheidung eines Streites um die Pflicht zur Informationserteilung aus § 51a GmbHG erfolgt demgegenüber gem. § 51b Satz 1 GmbHG i. V. m. § 132 AktG – ebenso wie die Sonderprüferbestellung aufgrund von § 142 Abs. 2 AktG – in einem Antragsverfahren nach dem FamFG. Von der Zuweisung dieses Informationserzwingungsverfahrens zum Regime der Freiwilligen Gerichtsbarkeit versprach sich der Gesetzgeber zwar seinerzeit, den Rechtsstreit über die Gewährung der beanspruchten Informationen zu beschleunigen.[10] Indes haben fundierte Untersuchungen überzeugend nachgewiesen, dass die gesellschaftsrechtlichen Streitverfahren des FamFG keineswegs verfahrenstechnisch schneller abzuwickeln sind als ein „gewöhnlicher" Zivilprozess im Sinne der ZPO.[11] Allerdings kann die erstinstanzliche Entscheidung im Informationserzwingungsverfahren wegen § 51b Satz 1 GmbHG i. V. m. § 132 Abs. 3 AktG in vielen Fällen nicht mit einem Rechtsmittel angegriffen werden. Außerdem ist der Beschluss im Verfahren nach § 51b GmbHG wie ein Leistungsurteil nach § 132 Abs. 4 Satz 2 AktG i. V. m. §§ 888, 890 ZPO vollstreckbar.

Zumindest in dieser Hinsicht ist die Durchsetzbarkeit des individuellen Informationsrechts etwas effektiver gewährleistet als ein von der Gesellschafterminderheit herbeigeführter Sonderprüfungsbeschluss. Wie soeben erläutert dürfte die Erzwingung der Informationserteilung nach §§ 51a, 51b GmbHG aber nicht *wesentlich* zügiger erfolgen als die prozessuale Durchsetzung der Sonderprüfung.[12] Im Falle eines Gesellschafterkonflikts, angesichts dessen die Geschäftsführung den Begehren eines Minderheitsgesellschafters nicht mehr entspricht, sind beide zur Verfügung stehenden Informationsinstrumente meist nicht umgehend, sondern erst nach gerichtlicher Auseinandersetzung durchsetzbar. Letztlich dürfte demzufolge der vorrangige Grund dafür, dass die Gesellschafter die Sonderprüfungsbefugnis viel seltener als ihr individuelles Informa-

---

10 So die Begr. RegE 1977 (zur GmbH-Novelle 1980), BT-Drucks. 8/1347, S. 45; ebenso schon (zu § 132 AktG) Begr. RegE AktG 1965, abgedr. bei *Kropff*, S. 189.

11 *Back*, S. 189 ff. und passim.

12 *Skauradszun*, GmbHR 2012, 936, hält die Sonderprüferbestellung angesichts der Nachteile des Verfahrens nach § 51b GmbHG sogar für das effektivere Informationsinstrument.

tionsrecht nutzen, nicht in der Durchsetzbarkeit der jeweiligen Rechtsposition, sondern darin bestehen, dass sich die Rechtslage zur Sonderprüfungskompetenz der Gesellschafter eben nicht eindeutig aus dem Gesetz ergibt, sondern sich erst nach eingehender rechtlicher Analyse erschließt, wie diese Arbeit belegt. Diese Rechtsunsicherheiten werden sich in tatsächlicher Hinsicht nämlich auch darin äußern, dass ein faktisch von der Minderheit bestellter Sonderprüfer oft nur dann zur Übernahme des Prüfungsauftrags bereit erklären wird, wenn er nicht eine Sicherheit für seine Vergütungsansprüche erhält – zum Beispiel eine Bürgschaft des Prüfungsinitiators.

Wegen der angesprochenen unabweisbaren Vorzüge einer Sonderprüfung gegenüber dem Informationsrecht aus § 51a GmbHG müsste die Handlungsoption der Prüferbestellung durch einen Minderheitsgesellschafter nur etwas stärker in das Bewusstsein der gesellschaftsrechtlichen Praxis rücken, damit sie häufiger eingesetzt wird. Zwar erfordert die Prüfungseinleitung ein in gewisser Weise taktisch-planvolles Vorgehen. Aber die Sonderprüfung ist ohnehin gerade dann von Nutzen, wenn es um die Klärung sehr komplexer Sachverhalte geht und ein innergesellschaftlicher Konflikt sich zu einer Ausnahmesituation entwickelt hat, in der die Aufklärung bestimmter Verfehlungen das weitere Schicksal und Fortkommen der Gesellschaft möglicherweise entscheidend beeinflussen wird. An solchen „Wendepunkten im Leben eines Unternehmens“[13] mag der von der Durchführung einer Sonderprüfung zu erwartende Erkenntnisgewinn sowie die mit ihr verbundene Versachlichung der innergesellschaftlichen Auseinandersetzung den Aufwand rechtfertigen, der mit der Prüfungseinleitung *de lege lata* verbunden ist. Trotz seines sehr schlagkräftigen Informationsrechts aus § 51a GmbHG ist es für einen Gesellschafter deswegen attraktiv, eine für ihn und die Gesellschaft besonders wichtige Frage mit einer Sonderprüfung zu untersuchen. Wenn eine derartige Ausnahmesituation vorliegt, zum Beispiel der Gesellschafter erwägt, gegenüber einem langjährigen Mitgesellschafter-Geschäftsführer Ersatzansprüche der Gesellschaft geltend zu machen, wird er auch bereit sein, den durchaus hürdenreichen Weg bis zur Bestellung von Sonderprüfern zu gehen. In der praktischen Anwendung wohnt demzufolge auch der GmbH-rechtliche Sonderprüfung der Charakter eines außerordentlichen Kontrollinstruments inne.

Entsprechend den Ergebnissen dieser Untersuchung dürfte es außerdem auch zahlreiche Fälle geben, in denen ein Zivilprozess über den Sonderprüfungsbeschluss recht schnell zum Abschluss gebracht werden kann. Für das Gericht dürfte nämlich die Entscheidung eines Rechtsstreits über die Einleitung einer „Minderheitssonderprüfung“ hauptsächlich davon abhängen, welche Gesellschafter bei der Fassung des Sonderprüfungsbeschlusses von einem Stimm-

13 So charakterisiert *Schedlbauer*, S. 27, die Haupteinsatzgebiete von Sonderprüfungen.

rechtsausschluss betroffen waren. Da dies den Erkenntnissen dieser Arbeit zufolge in vielen Konstellationen durchaus eindeutig oder zumindest umgehend aufklärbar ist, dürfte der Rechtsstreit vielfach sehr zügig entscheidungsreif sein. Zu denken ist zum Beispiel an die Standardsituation, dass gegen den Willen des (Mehrheits-) Gesellschafter-Geschäftsführers der nicht geschäftsführende (Minderheits-) Gesellschafter einer Zwei-Personen-GmbH einen Sonderprüfungsbeschluss fasst, nach dem der bestellte Prüfer einen bestimmten fragwürdigen Geschäftsführungsvorgang eingehend untersuchen soll. Sollte es in einem derartigen Fall zu einer gerichtlichen Auseinandersetzung kommen, ließe diese sich sehr schnell entscheiden. Möglicherweise wird der stetige Bedeutungszuwachs der Gerichtsrevision im Aktienrecht auf das GmbH-Recht derart ausstrahlen, dass die Akzeptanz der GmbH-Sonderprüfung als außerordentliches Informationsmittel unter Praktikern wachsen wird.

In jedem Fall aber bildet die Sonderprüfung ein wirkmächtiges „Kampfmittel" im Arsenal des GmbH-Gesellschafters für den Konflikt mit Mitgesellschaftern. Insbesondere in personalistisch strukturierten Gesellschaften m. b. H., vor allem wenn an ihr nur zwei Gesellschafter paritätisch beteiligt sind, kommt es nicht selten zu Streitigkeiten. Die Auseinandersetzungen werden dann häufig mit hohem Aufwand geführt.[14] Wenn das Vertrauen unter den Gesellschaftern zerstört ist, ist der Konflikt letztendlich immer nur durch das Ausscheiden mindestens eines der Gesellschafter aus dem Verband zu lösen. Der Beschluss einer Sonderprüfung kann zusätzlich zum Zweck der Informationsgewinnung das strategisch motivierte Beschreiten einer weiteren Eskalationsstufe im Rahmen eines Gesellschafterstreites bedeuten. Ebenso, wie es innerhalb einer streitigen Gesellschafterversammlung einer Zwei-Personen-GmbH, zur gegenseitigen Abberufung vom Geschäftsführeramt kommen kann, ist es denkbar, dass ein Gesellschafter oder zusätzlich der andere den Beschlussantrag stellt, das Verhalten des jeweiligen Mitgesellschafters einer Sonderprüfung zu unterziehen. Häufig wird der Gesellschafter in solchen Fällen nur vordergründig Informationsgewinnung anstreben, daneben aber versuchen, über den Lästigkeitswert der Sonderprüfung eigene Interessen durchzusetzen.[15]

Es existieren demzufolge schon *de lege lata* durchaus sehr verschiedene Anwendungsfelder für eine GmbH-rechtliche Sonderprüfung. Dabei kommt aus rechtlicher Sicht der von einer Gesellschafterminderheit herbeigeführten Sonderprüfung aber eine besonders hervorgehobene Bedeutung zu.

Im Verlauf der Untersuchung wurde zudem herausgearbeitet, dass es *de lege ferenda* angebracht erscheint, allen GmbH-Gesellschaftern, die zu wenigstens

14 Auch insofern exemplarisch OLG Düsseldorf, WM 1992, 14 ff. (v. a. S. 22).

15 Ebenso *Leinekugel*, GmbHR 2008, 632.

zehn Prozent am Stammkapital der Gesellschaft beteiligt sind, gesetzlich ein Minderheitsrecht auf gerichtliche Bestellung von Sonderprüfern nach Art des § 142 Abs. 2 AktG einzuräumen.[16] Insoweit ließ sich anhand eines Vergleichs der Interessenlagen und der gesetzgeberischen Wertungen im Aktien- und GmbH-Recht darlegen, dass das Rechtsinstitut der Gerichtsrevision mindestens ebenso zur Struktur der Organisationsverfassung einer GmbH passt wie zu der einer Aktiengesellschaft. Entsprechende Gesetzgebungsinitiativen wären zu begrüßen. Um uferlos weiten Prüfungsanträgen und dem missbräuchlichen Einsatz des Sonderprüfungsrechts vorzubeugen, wäre es angezeigt, die Ausübung des Minderheitsrechts – wie im Aktienrecht – davon abhängig zu machen, dass der Antragsteller den Prüfungsgegenstand auf einzelne Vorgänge beschränkt und Tatsachen vorträgt, die den Verdacht von Pflichtverletzungen rechtfertigen. Diese müssen nicht unbedingt „grob" sein. In ähnlicher Weise könnte man auch das bei Beschlüssen i. S. v. § 46 Nr. 6 GmbHG einschlägige Stimmverbot tatbestandlich einschränken. Indes ist nicht zu erwarten, dass es in nächster Zeit zu derartigen Änderungen des GmbH-Gesetzes kommen wird. Es kann allerdings nicht ausgeschlossen werden, dass die erhebliche Bedeutungszunahme der aktienrechtlichen Sonderprüfung sowie die angesprochene gesetzliche Etablierung von Sonderprüfungsrechten bei kleinen Kapitalgesellschaften in den Nachbarrechtsordnungen Deutschlands auch hierzulande entsprechende Reformüberlegungen anstoßen könnte.

Solange der Gesetzgeber aber weiterhin auf die Einführung einer GmbH-rechtlichen Gerichtsrevision verzichtet, mag es in der Rechtspraxis sinnvoll sein, Bestimmungen zur Einleitung und Durchführung einer Sonderprüfung in den Gesellschaftsvertrag aufzunehmen.

---

16 Vgl. oben S. 132 f.

12. Kapitel: Zusammenfassung der wesentlichen Untersuchungsergebnisse

Grundlagen

(1) Bei der Sonderprüfung handelt es sich um eine aperiodische Revision, die von unternehmensfremden Privatrechtssubjekten als Prüfern aufgrund eines bestimmten Prüfungsauftrags vorgenommen wird. Sie wird aus freien Stücken von dem dazu berechtigten Initiativorgan mit dem Ziel angeordnet, einen festgelegten Sachverhalt aufzuklären und gegebenenfalls sachverständig zu beurteilen.

(2) Sonderprüfungen können aus gesellschaftsrechtlicher Perspektive von unterschiedlichen Initiativorganen veranlasst werden. Im Aktienrecht können die Aktionäre Sonderprüfungen nur unter Beachtung der gesetzlichen Vorgaben in §§ 142 ff., 258 ff., 315 AktG einleiten. Daneben sind Vorstand und Aufsichtsrat kraft der ihnen allgemein zugewiesenen Kompetenzen in der Lage, informelle Sonderprüfungen zu veranlassen, ohne dass besondere materielle oder verfahrensmäßige Voraussetzungen zu beachten wären. Da sich die Sonderprüfungen des GmbH-Rechts mangels gesetzlicher Regelung sämtlich als „informell" charakterisieren lassen, ist es angebracht, die Einteilung GmbH-rechtlicher Revisionen allein anhand des jeweiligen Initiativorgans vorzunehmen: Sonderprüfungen können von den Gesellschaftern, einem zusätzlichen Aufsichtsorgan oder auch von den Geschäftsführern selbst initiiert werden. Bestellt das Leitungsorgan einer Kapitalgesellschaft Sonderprüfer, so handelt es sich dabei in dogmatischer Hinsicht um eine einfache Geschäftsführungsmaßnahme.

(3) Die Sonderprüfung bildet ein einzelnes Instrumentarium innerhalb des gesellschaftsrechtlichen Überwachungs- und Informationssystems. Mit ihr wird die Geschäftsführungstätigkeit in einer Gesellschaft einer unternehmensinternen, wenngleich mediatisierten Kontrolle durch die Gesellschafter oder durch ein anderes Gesellschaftsorgan unterzogen.

(4) Das Institut der gesellschafterseits veranlassten Sonderprüfung dient auf der ersten Ebene dazu, den festgelegten Prüfungssachverhalt durch einen unabhängigen Prüfer sachverständig aufzuklären und dadurch Informationsasymmetrien zwischen Gesellschaftern und den Verwaltungsorganen zu überwinden. Darüber hinaus sollen die Gesellschafter aufgrund des Prüfungsberichts in die Lage versetzt werden, ihre übrigen Befugnisse sinnvoll

auszuüben. In der Regel wird eine Sonderprüfung zur Beschaffung von Beweismitteln eingesetzt, um so das Ergreifen weiterer Maßnahmen fundiert vorzubereiten. Hauptsächlich leiten Gesellschafter Sonderprüfungen mit dem Ziel ein, die Erfolgsaussichten der Geltendmachung von Ersatzansprüchen gegenüber Organmitgliedern oder Mitgesellschaftern zu verbessern oder diese zumindest besser abschätzen zu können. Außerdem wirkt das Institut der Sonderprüfung auch präventiv.

(5) Die Hauptversammlungsrevision i. S. v. § 142 Abs. 1 AktG durchbricht die aktienrechtliche Kompetenzverteilung, nach der an sich der Aufsichtsrat den Vorstand zu überwachen hat, und bietet der Aktionärsmehrheit eine außerordentliche Befugnis zur Kontrolle der Geschäftsführung. So ermöglicht es die Mehrheitssonderprüfung der Hauptversammlung vor allem, einem zwischen Aktionären und Verwaltung entstandenen – vertikalen – Prinzipal-Agenten-Konflikt entgegenzuwirken, wenn der Aufsichtsrat einen pflichtwidrig agierenden Vorstand nicht oder nur unzureichend überwacht.

(6) Der besondere Wert des aktienrechtlichen Instituts der Sonderprüfung liegt darin, dass es in Gestalt der Gerichtsrevision i. S. v. § 142 Abs. 2 AktG auch von einer qualifizierten Aktionärsminderheit eingesetzt werden kann. Sofern ein oder mehrere Mehrheitsaktionäre die Aktiengesellschaft beherrschen, besteht eine horizontale Prinzipal-Agenten-Problematik. Wenn Minderheitsaktionäre Vorwürfe gegen die Geschäftsführung erheben, droht die Gefahr, dass die Aktionärsmehrheit sich dem Beschluss einer Sonderprüfung aus sachfremden Erwägungen heraus verschließt. Als formelles Minderheitsrecht vermag die Gerichtsrevision eine solche Konstellation zu bewältigen.

(7) Anders als in der Aktiengesellschaft steht den Gesellschaftern einer GmbH gem. § 51a GmbHG ein sehr weitreichendes Auskunfts- und Einsichtsrecht gegenüber der Geschäftsführung zu, bei dessen Ausübung der Gesellschafter sich auch der Hilfe sachverständiger Dritter bedienen kann. Dennoch weist das Sonderprüfungsrecht für die Gesellschafter einige Vorteile gegenüber diesem Informationsrecht auf, mit denen sich die eigenständige Bedeutung des Instituts der Sonderprüfung auch im GmbH-Recht begründen lässt. So vermag eine Sonderprüfung, dem Gesellschafter weniger stark durch die Geschäftsführung gefilterte Informationen zu verschaffen. Die Neutralität des Sonderprüfers kann zur Bereinigung von Konflikten innerhalb der Gesellschaft beitragen. Der Prüfungsperson stehen umfassendere Prüfungsrechte zu – verglichen mit denjenigen, die § 51a GmbHG vorhält. Ferner sind die Kosten der Sonderprüfung von der Gesellschaft zu tragen.

Schließlich ist das Sonderprüfungsrecht anders als die Zuhilfenahme Dritter bei der Ausübung des individuellen Informationsrechts weitgehend satzungsfest.

Herleitung von Kollektivbefugnis und Minderheitsrecht

(8) Die Befugnis der Gesellschafterversammlung, durch Mehrheitsbeschluss die Durchführung einer Sonderprüfung anzuordnen, folgt unmittelbar und allein aus § 46 Nr. 6 GmbHG, nicht etwa aus einer entsprechenden Anwendung von § 142 Abs. 1 Satz 1 AktG. Die für einen solchen Analogieschluss erforderlichen Voraussetzungen sind nicht gegeben, sodass für die Einleitung einer Sonderprüfung bei der GmbH nicht die besonderen Anforderungen des Aktienrechts erfüllt sein müssen.

(9) Sofern GmbH-Gesellschafter eine Sonderprüfung ausdrücklich „entsprechend § 142 AktG" beschließen und gleichwohl die Voraussetzungen jener Vorschrift an den Prüfungsgegenstand nicht beachten, führt dies dennoch nicht automatisch zur Fehlerhaftigkeit der Gesellschafterentscheidung, da ein solcher Beschluss auslegungsfähig ist.

(10) Ein Minderheits- oder Individualrecht der GmbH-Gesellschafter sieht das GmbH-Gesetz nicht vor. Das Institut der Gerichtsrevision ließe sich im GmbH-Recht allenfalls in Analogie zu § 142 Abs. 2 AktG herleiten. Dazu müsste das GmbH-Gesetz eine Wertungslücke aufweisen. Letztlich lässt sich § 142 Abs. 2, Abs. 4 AktG nicht analog auf die GmbH anwenden, weil die Nichtaufnahme der gerichtlich angeordneten Sonderprüfung in das GmbH-Gesetz im Zuge seiner Novellierung im Jahr 1980 dem gesetzgeberischen Plan entsprach. In dieser Hinsicht ist das Regelwerk deswegen als abschließend anzusehen.

(11) Jedoch offenbart eine vergleichende Analyse von Interessenlagen, Wertungen und Strukturen, die den Kontrollkonzepten der Kapitalgesellschaften zugrunde liegen, dass es wie im Aktienrecht auch bei der GmbH angebracht wäre, einer qualifizierten Gesellschafterminderheit die Befugnis einzuräumen, die gerichtliche Bestellung von Sonderprüfern zu veranlassen. Die Herbeiführung einer derartigen Rechtslage erscheint insofern *de lege ferenda* erstrebenswert.

Gegenstand der Sonderprüfung

(12) Zwecks Einleitung einer Sonderprüfung sind notwendigerweise zumindest zwei Anordnungen zu treffen: einerseits muss darüber entschieden werden,

welche Fragestellung mit der Sonderprüfung untersucht werden soll, andererseits muss die zum Sonderprüfer zu bestellende Person ausgewählt werden. Der nach § 46 Nr. 6 GmbHG erforderliche Gesellschafterbeschluss muss insofern einen doppelten Inhalt aufweisen, indem er sowohl zum Prüfungsgegenstand als auch zur Auswahl des Sonderprüfers Festlegungen vorzunehmen hat.

(13) Die Anordnung des Untersuchungsgegenstandes hat zwingend im Sonderprüfungsbeschluss selbst zu erfolgen. Demgegenüber sind die Gesellschafter frei darin, entweder auch die Person des Sonderprüfers selbst zu bestimmen oder eine andere Instanz mit der Benennung des Sonderprüfers betrauen. Ohne eine Entscheidung der Gesellschafter zur Prüferauswahl ist der Sonderprüfungsbeschluss unvollständig. Dieser Mangel lässt sich allerdings analog § 244 AktG durch ergänzende Beschlussfassung beheben.

(14) Als *actus contrarius* steht es den Gesellschaftern ebenfalls zu, die einmal eingeleitete Sonderprüfung durch einfachen Beschluss vorzeitig zu beenden, abzuändern oder zu ergänzen, ohne dass besondere Gründe vorliegen müssten.

(15) Bei dem Beschluss einer Sonderprüfung unterliegen die Gesellschafter prinzipiell keinen besonderen Einschränkungen inhaltlicher Art. Das folgt schon aus ihrer Allzuständigkeit. Grenzen für die Festlegung des Prüfungsgegenstandes ergeben sich insofern nur aus dem allgemeinen Beschlussmängelrecht.

(16) Allerdings kann von der Einleitung einer Sonderprüfung schon in terminologischer Hinsicht nur dann gesprochen werden, sofern der Gesellschafterbeschluss Ausfluss der Kontrollbefugnis der Gesellschafter gem. § 46 Nr. 6 GmbHG ist, die ihnen als primäre Eigenzuständigkeit zugewiesen ist. Nur sofern der Prüfungsbeschluss auf diese Vorschrift gestützt wird, können Gesellschafter bei der Abstimmung einem Stimmverbot unterliegen und nur dann sind auch die Gesellschafter selbst zur Vertretung der Gesellschaft nach außen berechtigt.

(17) Die Kontrollkompetenz der Gesellschafter reicht inhaltlich weniger weit als ihre Allzuständigkeit. Ein auf § 46 Nr. 6 GmbHG gestützter Beschluss muss sich auf die „Geschäftsführung" beziehen. Dies umfasst jedenfalls den gesamten Verantwortungsbereich des Geschäftsführers, sofern der Sachverhalt einen Bezug zu den Angelegenheiten der Gesellschaft aufweist. Außerdem muss dem Gegenstand der Prüfung ein wenigstens irgendwie denkbares Verhalten des Geschäftsführers oder einer anderen der

Gesellschafterkontrolle unterworfenen Person zugrunde liegen können, das die Gesellschaftsangelegenheiten betrifft.

(18) Es ist nicht geboten, nur zeitlich und sachlich abgrenzbare Sachverhalte zum Gegenstand einer Sonderprüfung bei der GmbH zu bestimmen. Im Unterschied zu § 142 Abs. 1 AktG ist auf den Sonderprüfungsbeschluss nach § 46 Nr. 6 GmbHG nur der sehr weit gefasste Bestimmtheitsgrundsatz der allgemeinen Rechtsgeschäftslehre anzuwenden. Den an die Prüfung anzulegenden Maßstab können die Gesellschafter prinzipiell frei festlegen. Abgesehen von der schlichten Verifizierung von Tatsachen darf der Sonderprüfer auch mit der Untersuchung von Recht- und Zweckmäßigkeit der zu prüfenden Vorgänge betraut werden.

(19) In personeller Hinsicht sind jedenfalls Sachverhalte sonderprüfungsfähig, denen das Verhalten eines – früheren oder gegenwärtigen – Geschäftsführers zugrunde liegen kann. Während an den Umfang der auf § 46 Nr. 6 GmbHG gestützten Sonderprüfung grundsätzlich keine speziellen Anforderungen zu stellen sind, ist ein Gesellschafter-Geschäftsführer, dem ein Sonderrecht zur weisungsfreien Geschäftsführung eingeräumt wurde, keiner Zweckmäßigkeits-, sondern allenfalls einer Rechtmäßigkeitskontrolle unterworfen.

(20) Auch Sachverhalte, die sich auf das Verhalten anderer gekorener Organmitglieder einer GmbH beziehen, sowie solche, die bei der Gesellschaft beschäftigte Mitarbeiter betreffen, sind unmittelbar gemäß dem erweiternd auszulegenden § 46 Nr. 6 GmbHG einer Sonderprüfung zugänglich. Die Mitglieder eines fakultativen Aufsichtsrats oder Beirats, gegebenenfalls Liquidatoren sowie die Arbeitnehmer der Gesellschaft unterliegen der vollumfänglichen Kontrolle durch die Gesellschaftergesamtheit. Sonderprüfungen zu Sachverhalten, die ausschließlich das Verhalten von Mitgliedern eines obligatorischen Aufsichtsrats betreffen, müssen hingegen auf sachlich und zeitlich abgrenzbare „Vorgänge" nach Art des § 142 Abs. 1 AktG beschränkt sein.

(21) Die Befugnis, eine Sonderprüfung zu veranlassen, mit der ausschließlich unmittelbar das Verhalten eines einzelnen Gesellschafters untersucht werden soll, steht der Gesellschafterversammlung als Annexkompetenz zu ihrer Zuständigkeit aus § 46 Nr. 8 Fall 1 GmbHG zu. Eine solche Enquête muss sich auf bestimmte Vorgänge beziehen und darf nur auf Tatsachenermittlung und Rechtmäßigkeitskontrolle gerichtet sein. Es sind in diesem Zusammenhang nur solche Sachverhalte prüfungsfähig, aufgrund derer eine Haftung des Gesellschafters wenigstens potenziell denkbar, d. h. nicht

von vornherein ausgeschlossen ist. Gestützt auf § 46 Nr. 6 GmbHG lässt sich das Gebaren nicht geschäftsführender Gesellschafter allenfalls mittelbar einer Sonderprüfung unterziehen.

(22) In sachlicher Hinsicht ist es – ganz im Gegensatz zum Aktienrecht – nach § 46 Nr. 6 GmbHG auch zulässig, mit einer Sonderprüfung zukünftige, erst in Planung befindliche Geschäftsführungsmaßnahmen untersuchen zu lassen.

(23) Konzernsachverhalte können nur dann zum Gegenstand einer Sonderprüfung gemacht werden, wenn es sich dabei um Angelegenheiten der GmbH handelt, bei der die Prüfung veranlasst wird. Unproblematisch sonderprüfungsfähig sind insofern Sachverhalte, die die Beziehungen der GmbH zu verbundenen Unternehmen betreffen. Vorgänge innerhalb einer abhängigen Gesellschaft sind nur dann prüfungstauglich, wenn sie spürbare Auswirkungen auf die herrschende GmbH haben oder wenn die Konzernbeziehung besonders intensiv ist. Vorgänge innerhalb der herrschenden Gesellschaft unterliegen bei einer abhängigen GmbH nur der Sonderprüfungsbefugnis als Annex zu § 46 Nr. 8 Fall 1 GmbHG und das nur, sofern im Hinblick auf den Sachverhalt die Muttergesellschaft Verhaltenspflichten gegenüber der Tochter-GmbH zu beachten hat.

Stimmverbote und Beschlussverfahren

(24) Beim Beschluss über die Bestellung von Sonderprüfern stehen diejenigen Gesellschafter, deren Verhalten mit der Sonderprüfung untersucht werden soll, unter dem Einfluss erheblicher, dem Gesellschaftsinteresse gegenläufiger Eigeninteressen. Dieser Umstand würde es rechtfertigen, die betroffenen Gesellschafter einem Stimmverbot zu unterwerfen. Einen solchen Stimmrechtsausschluss sieht das Gesetz für Beschlussfassungen nach § 46 Nr. 6 GmbHG aber nirgends ausdrücklich vor.

(25) Das Eingreifen eines Stimmverbotes bei Fassung eines Sonderprüfungsbeschlusses in einer GmbH lässt sich nicht durch einen Analogieschluss zu § 142 Abs. 1 Satz 2 AktG begründen. Die in den gesetzgeberischen Wertungen zum Ausdruck kommende Interessenlage, die diesen speziellen aktienrechtlichen Tatbestand beherrscht, findet im Recht der GmbH keine Entsprechung. Vielmehr würde die Anwendung von § 142 Abs. 1 Satz 2 AktG auf eine gesetzestypische GmbH teils zu weit reichende (automatischer Ausschluss sämtlicher Organmitglieder) und teils nicht weit genug reichende Resultate (nur Gesellschafter sind erfasst, die Organmitglieder sind) liefern. Außerdem verdient auch in methodologischer Hinsicht eine

autonom GmbH-rechtliche Lösung den Vorzug gegenüber der Analogie zum Aktienrecht.

(26) Ob ein Gesellschafter bei der Abstimmung über die Einleitung einer Sonderprüfung von der Ausübung seines Stimmrechts ausgeschlossen ist, bemisst sich insofern nach § 47 Abs. 4 Satz 1 Fall 1 und Satz 2 Fall 2 GmbHG. Diese beiden Stimmverbotstatbestände, denen das allgemeine Prinzip zugrunde liegt, dass kein Gesellschafter bei einer Beschlussfassung als „Richter in eigener Sache" mitentscheiden darf, sind im Wege teleologischer Extension auch auf einen Beschluss zu Überwachungs- und Prüfungsmaßnahmen anzuwenden.

(27) Das dergestalt herzuleitende Stimmverbot erfasst sowohl die Anordnung der Sonderprüfung zu einem bestimmten Prüfungsthema als auch die Bestellung des Sonderprüfers. Es ist außerdem auf Beschlüsse über die Beendigung der Sonderprüfung, die Änderung des Prüfungsgegenstandes oder die Abberufung eines Sonderprüfers anwendbar. Da § 47 Abs. 4 Satz 1 Fall 1 und Satz 2 Fall 2 GmbHG nur Beschlussgegenstände mit Vergangenheitsbezug betreffen, greift der Stimmrechtsausschluss nicht bei Sonderprüfungen, die sich auf die zukünftige Geschäftsführung beziehen.

(28) Welche Gesellschafter bei der Abstimmung über die Einleitung einer Sonderprüfung einem Stimmverbot unterliegen, hängt von dem beantragten Gegenstand der Enquête ab, über die Beschluss gefasst werden soll. Der zu überprüfende Sachverhalt muss zunächst einen Gegenstand bilden, der nach § 46 Nr. 6 GmbHG oder aufgrund der Annexkompetenz der Gesellschafter zu § 46 Nr. 8 Fall 1 GmbHG sonderprüfungstauglich ist. Hinsichtlich der Voraussetzungen des Stimmverbotstatbestandes ist im Übrigen in personeller Hinsicht zu differenzieren.

(29) Ein Gesellschafter, der gekorenes Mitglied eines Gesellschaftsorgans ist oder als Mitarbeiter bei der GmbH beschäftigt wird, ist von seinem Stimmrecht ausgeschlossen, wenn die Sonderprüfung zumindest auch dazu dient, sein Verhalten zu kontrollieren, der Prüfungsgegenstand mithin auch ihn „betrifft". Um dies feststellen zu können, muss der Beschlussantrag ausgelegt werden. Sofern ein Gesellschafter darin nicht bereits namentlich oder auf andere Weise bezeichnet wird, unterliegt er nur einem Stimmverbot, wenn seine Involvierung in den zu prüfenden Sachverhalt aus Sicht eines objektiven Dritten in Person der Gesellschafter offenkundig ist. Benennt der Antragsteller den Prüfungsgegenstand beispielsweise nach Art eines „Vorgangs" i. S. v. § 142 Abs. 1 AktG, so sind diejenigen (Gesellschafter-)

Geschäftsführer vom Stimmrecht ausgeschlossen, deren Verantwortungsbereich die zu prüfende Einzelmaßnahme zuzuordnen ist.

(30) Der Stimmrechtsausschluss eines Gesellschafters, der weder Organmitglied noch Mitarbeiter der Gesellschaft ist, richtet sich allein nach § 47 Abs. 4 Satz 2 Fall 2 GmbHG. Deswegen greift das Stimmverbot beim Beschluss einer Sonderprüfung immer nur unter der zusätzlichen Voraussetzung ein, dass der antragstellende Gesellschafter substantiiert und nachvollziehbar Tatsachen darlegt, die geeignet sind, den Verdacht zu begründen, der betreffende Gesellschafter habe eine aus dem Gesellschaftsverhältnis herrührende Pflicht verletzt.

(31) Weil das Eingreifen eines Stimmrechtsausschlusses entscheidend vom Gegenstand der Sonderprüfung abhängt, über deren Einleitung befunden werden soll, kann es ein Gesellschafter durch geschickte Formulierung des Beschlussantrages in gewisser Weise steuern, auf welche Personen sich der Stimmrechtsausschluss erstreckt. Abgesehen von der Möglichkeit, den Sonderprüfungsbeschluss wegen Treuwidrigkeit anzufechten, wenn durch missbräuchlich weite Formulierung des Beschlussantrags das Eingreifen der Stimmverbote sachwidrig ausgeweitet wird, muss auf Antrag über mehrere, künstlich in einem Beschlussantrag zusammengefasste, Beschlussgegenstände getrennt abgestimmt werden.

(32) Damit die Geltung des Stimmverbots nicht nach freiem Belieben des Antragstellers erstreckt werden kann, steht jedem einzelnen Gesellschafter das Recht zu, getrennte Beschlussfassungen zu verlangen, solange das im Beschlussantrag formulierte Prüfungsthema verschiedene Sachverhalte umfasst. Ein einheitlicher Sachzusammenhang, bei dessen Vorliegen eine Trennung der Beschlussgegenstände ausscheidet, besteht, wenn sich die zu überprüfenden Geschehnisse noch in sachlicher und zeitlicher Hinsicht sinnvoll individualisieren, d. h. zusammenfassen lassen. Finden getrennte Abstimmungen statt, unterliegen bei der Beschlussfassung zu jedem Prüfungsgegenstand nur die von diesem jeweils betroffenen Gesellschafter dem Stimmverbot.

(33) Wenn entsprechend dem Beschlussantrag auch das Verhalten einer Person einer Sonderprüfung unterzogen werden soll, deren Involvierung in die zu überprüfenden Geschehnisse nicht schon offensichtlich ist, so liegt nur dann ein einheitlicher Prüfungsgegenstand vor, wenn sich aus Tatsachenbehauptungen des Antragstellers die konkrete Möglichkeit ergibt, dass die benannte Person an den Prüfungsvorgängen beteiligt war, und durch substantiierten Sachvortrag der Vorwurf gemeinsamer Pflichtverletzungen in

Bezug auf diese Geschehnisse erhoben wird. Ist diese Voraussetzung nicht erfüllt, kann wiederum eine Trennung des Beschlussgegenstandes wegen mangelnden Sachzusammenhangs verlangt werden. Über eine Sonderprüfung zum Verhalten der nicht offensichtlich involvierten Person muss dann separat beschlossen werden.

(34) Entsprechend der Rechtslage bei periodenbezogenen Entlastungsbeschlüssen bildet eine periodenbezogene sog. „Generalsonderprüfung" – also eine solche Prüfung, die die gesamte Geschäftsführungstätigkeit innerhalb eines bestimmten längeren Zeitraums untersuchen soll – nur dann einen einheitlichen Sachverhalt, wenn sich der Prüfungsgegenstand allein auf das Verhalten einer einzelnen Person bezieht. Sollte die beantragte Generalsonderprüfung die Kontrolle des Verhaltens verschiedener Personen zum Gegenstand haben, so muss auf Verlangen über jeden der Betroffenen einzeln abgestimmt werden.

(35) In einer gesetzestypischen GmbH mit personalistischer Realstruktur wird das Eingreifen des Stimmverbots bei einem Sonderprüfungsbeschluss häufig zur Folge haben, dass wegen der regelmäßig starken Einbindung der Mehrheitsgesellschafter in die Gesellschaftsangelegenheiten bei der Beschlussfassung die Gesellschafterminderheit plötzlich über die Mehrheit der Stimmen verfügt und somit allein über die Bestellung von Sonderprüfern befinden kann. Es lässt sich vor diesem Hintergrund davon sprechen, auch im GmbH-Recht existiert ein – faktisches – Minderheitsrecht auf Bestellung von Sonderprüfern.

(36) Damit es zur Beschlussfassung über die Bestellung von Sonderprüfern kommt, muss aber zunächst überhaupt eine Gesellschafterversammlung stattfinden, deren Tagesordnung die Einleitung der Sonderprüfung als Beschlussgegenstand ausweist. Weil nicht geschäftsführende Gesellschafter nur dann in der Lage sind, eine Beschlussfassung zu einem Thema ihrer Wahl herbeizuführen, wenn sie gem. § 50 GmbHG zu mindestens zehn Prozent am Stammkapital der Gesellschaft beteiligt sind, können Gesellschafter mit kleineren Geschäftsanteilen einen Sonderprüfungsantrag nur als „Gegenantrag" zu einem bereits angekündigten Tagesordnungspunkt stellen.

(37) Ist vom Versammlungsleiter zu Unrecht festgestellt worden, der Beschlussantrag auf Einleitung einer Sonderprüfung sei abgelehnt worden, weil bestehende Stimmverbote fälschlich nicht berücksichtigt wurden, so kann jeder einzelne Gesellschafter den Beschluss gerichtlich mit der Anfechtungs-

klage angreifen, die mit einem Antrag auf positive Feststellung des Beschlussergebnisses kombiniert werden sollte.

Schranken des Sonderprüfungsrechts

(38) Die wichtigste Schranke eines Sonderprüfungsbeschlusses ist in der allgemeinen verbandsrechtlichen Treuepflicht der Gesellschafter gegenüber der GmbH und den Mitgesellschaftern zu erblicken. Sie wirkt sich gerade in denjenigen Fällen als entscheidendes Korrektiv aus, in denen die Durchführung einer Sonderprüfung von einer Gesellschafterminderheit angeordnet wird, die nur aufgrund des Eingreifens von Stimmverboten zur Abstimmungsmehrheit erstarkt ist.

(39) Einen besonders eklatanten Unterfall der Treuepflichtverletzung bei einer Beschlussfassung bildet die rechtsmissbräuchliche Stimmabgabe eines Gesellschafters. Ein Missbrauch der Sonderprüfungskompetenz liegt vor, wenn die in § 46 Nr. 6 GmbHG normierte Kollektivbefugnis von der Abstimmungsmehrheit zweckentfremdet wird. Dies setzt eine sachwidrige Instrumentalisierung des Kontrollrechts voraus. Die Stimmabgabe eines Gesellschafters stellt sich auch dann als rechtsmissbräuchlich dar, wenn er bewusst wahrheitswidrig Tatsachen vorträgt, die den Verdacht von Pflichtverletzungen eines Mitgesellschafters rechtfertigen, um diesen von seinem Stimmrecht auszuschließen.

(40) Um eine weitere, für die Prüferbestellung besonders relevante Ausprägung von Treuepflichtverletzungen handelt es sich bei der Unverhältnismäßigkeit eines Gesellschafterbeschlusses. Ein Sonderprüfungsbeschluss ist erst dann wegen Verstoßes gegen Gebote der Verhältnismäßigkeit als unangemessen und somit treuwidrig zu qualifizieren, wenn die der Gesellschaft drohenden Belastungen völlig außer Verhältnis zum Nutzen der Sonderprüfung für den Verband und seine Mitglieder stehen. Dazu müssen – in materieller und immaterieller Hinsicht – die Nachteile der Enquête erheblich schwerer wiegen als deren Vorteile.

(41) In erster Linie ist ein Sonderprüfungsbeschluss dann unverhältnismäßig, wenn im Hinblick auf die mit der Prüfungsdurchführung verbundenen Belastungen für einen objektiven Dritten kein verständlicher – d. h. sachlich nachvollziehbarer – Anlass ersichtlich ist, der einen vernünftigen Gesellschafter dazu bewegen könnte, eine Sonderprüfung in dem konkreten Umfang einzuleiten.

(42) Ein Gesellschafter, der die Prüfungsdurchführung ablehnt, kann die Treuwidrigkeit des Beschlusses prozessual mit der Anfechtungsklage geltend

machen. Wird die Sonderprüfung vermittelt durch das Eingreifen von Stimmverboten faktisch von Minderheitsgesellschaftern beschlossen, so werden diese in der Regel zur Durchsetzung der angestrebten Revision die ersten prozessualen Schritte einleiten. In einem Beschlussfeststellungsprozess hat der die Prüfung ablehnende (Mehrheits-) Gesellschafter die Möglichkeit, der beklagten Gesellschaft als Streithelfer beizutreten und der Klage des Mitgesellschafters einredeweise die Treuwidrigkeit des noch festzustellenden Sonderprüfungsbeschlusses entgegenzuhalten.

(43) Die materiell-rechtlichen Vorgaben (bestehend aus Voraussetzungen und Schranken des Beschlusses), die erfüllt sein müssen, um das den GmbH-Gesellschaftern faktisch zustehende Minderheitsrecht durchsetzen zu können, bilden insgesamt eine geringere Hürde als diejenigen, die an die Ausübung der Befugnis nach § 142 Abs. 2 AktG gestellt werden. Auch gestaltet sich die Verteilung der Darlegungs- und Beweislast für den eine Sonderprüfung initiierenden Minderheitsgesellschafter in einer GmbH günstiger als für einen Minderheitsaktionär in vergleichbarer Situation. Demgegenüber gewährleistet das aktienrechtliche formelle Minderheitsrecht die größere Rechtssicherheit. Es ist außerdem viel einfacher und schneller gerichtlich durchsetzbar als das faktische Minderheitsrecht des GmbH-Rechts.

Gesellschaftsvertragliche Gestaltungsmöglichkeiten

(44) Ebenso wenig, wie es in einer GmbH möglich ist, die Geschäftsführer wirksam satzungsmäßig von jeglicher Überwachung freizustellen, ist es statthaft, die Kontrollkompetenzen der Gesellschafter im Gesellschaftsvertrag dahingehend zu verkürzen, dass das Recht zur Einleitung einer Sonderprüfung schlechthin ausgeschlossen wird. Denn bei der institutionalisierten Verantwortlichkeit der Geschäftsführer gegenüber den Gesellschaftern, die angemessene Kontrollmöglichkeiten geradezu erfordert, handelt es sich um ein wesentliches Strukturmerkmal der GmbH, das jedenfalls im Kern nicht abbedungen werden darf.

(45) Ist die Überwachungskompetenz aus § 46 Nr. 6 GmbHG im Wege verdrängender Zuständigkeitsverlagerung auf einen fakultativen Aufsichtsrat übertragen worden, so verbleibt den Gesellschaftern dennoch eine Residualbefugnis zur Veranlassung einer Sonderprüfung für den Fall, dass ein „wichtiger Grund" dies rechtfertigt. Wie ein Strukturvergleich mit der Aktiengesellschaft offenbart, ist ein „wichtiger Grund" jedenfalls dann gegeben, wenn nach dem Rechtsgedanken des § 142 AktG Vorgänge überprüft

werden sollen, hinsichtlich derer aufgrund von Tatsachen der Verdacht besteht, ein Geschäftsführer habe sich grobe Pflichtverletzungen zuschulden kommen lassen.

(46) Das Stimmverbot, das bei dem Beschluss einer Sonderprüfung eingreift, lässt sich im Gesellschaftsvertrag nicht wirksam abbedingen, da Stimmrechtsausschlüsse, die dem Verbot entspringen, „Richter in eigener Sache" zu sein, zu den unverzichtbaren Prinzipien des Körperschaftsrechts gehören.

(47) Hingegen lässt sich das Sonderprüfungsrecht im Gesellschaftsvertrag durchaus näher ausgestalten. Die Wirksamkeit des Sonderprüfungsbeschlusses kann beispielsweise vom Vorliegen bestimmter materieller Voraussetzungen abhängig gemacht werden. Das Erfordernis der einfachen Mehrheit ist dagegen – jedenfalls für den Fall, dass ein „wichtiger Grund" vorliegt – zwingend.

(48) Im Rahmen der Satzungsgestaltung ist es auch möglich, ein Minderheits- oder Individualrecht auf Durchführung einer Sonderprüfung vorzusehen. Rechtstechnisch ließe sich dies etwa umsetzen, indem den berechtigten Gesellschaftern bei Vorliegen bestimmter festzulegender Voraussetzungen ein von den Geschäftsführern zu erfüllender Anspruch gegen die Gesellschaft auf Bestellung von Sonderprüfern eingeräumt würde. Dieser müsste im Wege der Leistungsklage im Zivilprozess durchgesetzt werden. Es ließe sich aber auch daran denken, den anspruchsberechtigten Personenkreis mit einem Selbsthilferecht nach Vorbild des § 50 Abs. 3 GmbHG auszustatten.

Sonderprüfer und Prüfungsverfahren

(49) Die Bestellung zum Sonderprüfer setzt neben dem Wahlbeschluss der Gesellschafterversammlung den Abschluss eines schuldrechtlichen Vertrages mit der zu bestellenden Person voraus. Bei diesem Sonderprüfungsvertrag handelt es sich um einen Geschäftsbesorgungsvertrag mit Werkvertragscharakter. Weil die von § 46 Nr. 6 und Nr. 8 Fall 1 GmbHG geregelten Befugnisse originäre Eigenkompetenzen der Gesellschafter darstellen, steht diesen gegenüber den zu bestellenden Prüfungspersonen die gesetzliche Vertretungsmacht für die Gesellschaft zu.

(50) Die Anforderungen an die fachliche und persönliche Eignung der zu bestellenden Person sind wiederum aus der gesellschaftsrechtlichen Treuepflicht abzuleiten. Ein Sonderprüfer muss über die Fähigkeiten und Kenntnisse fachlicher Art verfügen, die für die Erfüllung des jeweiligen Prüfungsauftrags benötigt werden. In persönlicher Hinsicht ist die Neutralität der zum

Sonderprüfer zu bestellenden Person die wichtigste Voraussetzung, weil der Sonderprüfungsbeschluss aufgrund der Kollektivbefugnis der Gesellschaftergesamtheit gefasst wird und es der Interessenlage in der Gesellschaft insofern nur entsprechen kann, wenn die Sonderprüfung objektiv und unvoreingenommen durchgeführt wird. Zur Beantwortung der Frage, unter welchen Voraussetzungen eine Person unter Treuepflichtgesichtspunkten als Sonderprüfer persönlich ungeeignet ist, darf auf die in § 319 Abs. 2 und 3 HGB enthaltenen Rechtsgedanken zurückgegriffen werden.

(51) Die sich aus dem Sonderprüfungsvertrag ergebenden Rechte und Pflichten unterliegen grundsätzlich der Parteidisposition. Werden keine detaillierten Festlegungen getroffen, so lässt sich die Verwendung des aktienrechtlich vorgeprägten Begriffs „Sonderprüfung" dahingehend auslegen, dass die in §§ 142 ff. AktG getroffenen Regelungen, soweit sie das Verhältnis von Sonderprüfer und Gesellschaft betreffen, Bestandteil des Prüfungsvertrags werden sollen. Auf diese Weise finden zum Beispiel die in § 144 AktG i. V. m. § 323 Abs. 1 Sätze 1 und 2 HGB niedergelegten Verhaltenspflichten des Sonderprüfers auch bei einer GmbH-rechtlichen Sonderprüfung Anwendung. Die spezielle Haftungsnorm des § 323 Abs. 1 Satz 3 HGB lässt sich dagegen nicht vertraglich auf den Sonderprüfer einer GmbH erstrecken. Dieser haftet vielmehr nach den – dispositiven – Vorschriften des allgemeinen Leistungsstörungsrechts.

(52) Die Wirksamkeit des Bestellungsbeschlusses als Akt der gesellschaftsinternen Willensbildung und die des Sonderprüfungsvertrages sind stets unabhängig voneinander zu beurteilen. Wird der Gesellschafterbeschluss aber gerichtlich für nichtig erklärt, so werden wegen der *ex-tunc*-Wirkung des Urteils der Gesellschafterversammlung und einem womöglich bestellten besonderen Vertreter rückwirkend die Vertretungsmacht zum Abschluss des Prüfungsvertrages entzogen, der damit (schwebend) unwirksam ist. Dies gilt ebenso, wenn der Sonderprüfungsbeschluss schon gar nicht wirksam zustande gekommen ist. Eine spätere Aufhebung der Prüferbestellung durch Gesellschafterbeschluss wirkt hingegen nur *ex nunc*, sodass der Vertrag mit dem Sonderprüfer separat durch Kündigung beendet werden muss.

(53) Den Gesellschaftern steht es zu, in der Satzung oder auch im Sonderprüfungsbeschluss Vorgaben für das Sonderprüfungsverfahren zu machen, an die der Sonderprüfer allerdings nur aufgrund vertraglicher Vereinbarung gebunden ist. Sofern solche Festlegungen unterbleiben, ist der Gesellschafterbeschluss dahingehend auszulegen, dass das Prüfungsverfahren entsprechend der Vorschriften der §§ 142 bis 146 AktG durchzuführen ist, soweit sich dies im GmbH-Recht rechtlich umsetzen lässt.

(54) Der Sonderprüfer bei einer GmbH kann weder aus eigenem Recht von den Gesellschaftsorganen Informationen verlangen, noch ist es ihm nach Art des § 185 Abs. 1 BGB gestattet, die Gesellschafterkompetenz aus § 46 Nr. 6 GmbHG in eigenem Namen auszuüben. Vielmehr ist im Sonderprüfungsbeschluss der Gesellschafter eine konkludente Weisungserteilung an den Geschäftsführer enthalten, den Sonderprüfer mit seinen Ermittlungen so gewähren zu lassen und ihn dabei so zu unterstützen, als würden die Gesellschafter selbst ihre Kontrollbefugnisse aus § 46 Nr. 6 GmbHG wahrnehmen. Diese generelle Weisung wird nachträglich durch die einzelnen Informationsverlangen der Prüfungsperson konkretisiert.

(55) Auf dieser dogmatischen Grundlage steht es dem Sonderprüfer prinzipiell zu, umfassend Einsicht in den gesamten Datenbestand der Gesellschaft zu nehmen, was die Geschäftsführung zu dulden hat. Er kann zudem von den Geschäftsführern und den Mitgliedern aller weiteren Gesellschaftsorgane Berichte und gezielte Auskünfte einfordern. Der Geschäftsführer ist auf Verlangen des Sonderprüfers ferner verpflichtet, diesem die Befragung von ehemaligen Organmitgliedern und gegenwärtigen und früheren Mitarbeitern der Gesellschaft sowie – soweit rechtlich möglich – von Leitungsorganen der verbundenen Unternehmen zu ermöglichen.

(56) Verstoßen die Organmitglieder beharrlich oder massiv gegen ihre Pflicht zur Kooperation mit dem Sonderprüfer, bildet dies grundsätzlich einen wichtigen Grund, um die Organbestellung zu widerrufen und den Anstellungsvertrag fristlos zu kündigen. Während eines schwebenden Beschlussmängelrechtsstreits in Bezug auf die Prüfungseinleitung steht es den Organmitgliedern allerdings zu, dem Sonderprüfer sämtliche Informationen zu verwehren. Die dem einzelnen Gesellschafter prinzipiell offen stehende Möglichkeit, die Prüferrechte im Wege der Gesellschafterklage durchzusetzen, dürfte nur in Ausnahmefällen praktikabel sein.

Bedeutung und Potenzial der GmbH-rechtlichen Sonderprüfung

(57) Eine förmliche, auf § 46 Nr. 6 GmbHG gestützte Beschlussfassung über die Einleitung einer Sonderprüfung erlangt vor allem dann praktische Bedeutung, wenn es unter den Gesellschaftern zu einem Konflikt gekommen ist. Im Falle einer Gesellschafterstreitigkeit werden aufgrund des regelmäßig höheren Informationsbedürfnisses der Minderheitsgesellschafter hauptsächlich sie an der Einleitung einer Sonderprüfujng interessiert sein. Obwohl es sich bei einer Sonderprüfung, die wegen des Eingreifens von Stimmverbo-

ten von einer Gesellschafterminderheit veranlasst wird, rechtssystematisch um einen Sonderfall handelt, dürfte diese Konstellation den Hauptanwendungsfall der Situationen darstellen, in denen die Gesellschafter von der ihnen zugewiesenen Sonderprüfungsbefugnis Gebrauch machen.

(58) Dass Minderheitsgesellschafter einer GmbH zwecks Erlangung von Informationen in der Rechtswirklichkeit fast ausschließlich auf die Ausübung des mitgliedschaftlichen Individualrechts aus § 51a Abs. 1 GmbHG vertrauen und dass das faktische Minderheitsrecht auf Prüferbestellung demgegenüber kaum genutzt wird, ist im Wesentlichen auf zwei Gründe zurückzuführen: Es ist *de lege lata* recht umständlich und langwierig, eine Minderheitssonderprüfung prozessual durchzusetzen. Außerdem lässt sich die Zurückhaltung der gesellschaftsrechtlichen Praxis beim Einsatz der Sonderprüfung damit erklären, dass dieses Rechtsinstitut – anders als das individuelle Auskunfts- und Einsichtsrecht – im Gesetz nicht ausdrücklich geregelt ist.

(59) Allerdings sind mit der Durchführung einer Sonderprüfung auch enorme Vorteile gegenüber den anderen Informationsmitteln der Gesellschafter verbunden. Deswegen lohnt sich der Aufwand, den eine gegen den Willen der Mitgesellschafter durchgesetzte Prüferbestellung erfordert, jedenfalls dann, wenn ein innergesellschaftlicher Konflikt sich zu einer derartigen Ausnahmesituation entwickelt hat, dass die Aufklärung komplexer Sachverhalte, insbesondere die Verifizierung von erfolgten Verfehlungen, das weitere Schicksal der Gesellschaft entscheidend beeinflussen kann. In der praktischen Anwendung stellt sich demzufolge auch die GmbH-rechtliche Sonderprüfung als außerordentliches Kontrollinstrument dar.

www.ingramcontent.com/pod-product-compliance
Ingram Content Group UK Ltd.
Pitfield, Milton Keynes, MK11 3LW, UK
UKHW021919290926
8980IPUK00015B/1355

9 783631 629635